中国濒危语言志
汉语方言系列

总主编 曹志耘
主 编 王莉宁

福建武平军家话

练春招 著

商务印书馆
The Commercial Press

图书在版编目(CIP)数据

福建武平军家话/练春招著.--北京：商务印书馆，2024.--（中国濒危语言志）.--ISBN 978-7-100-24241-7

Ⅰ.H177

中国国家版本馆CIP数据核字第2024RT2495号

权利保留，侵权必究。

福建武平军家话

练春招　著

出版发行：商务印书馆
地　　址：北京王府井大街36号
邮政编码：100710
印　　刷：北京雅昌艺术印刷有限公司
开　　本：787×1092　1/16　　印　张：22¼
版　　次：2024年12月第1版　　印　次：2024年12月北京第1次印刷
书　　号：ISBN 978-7-100-24241-7
定　　价：228.00元

武平县中山镇地形地貌　武平县中山镇武溪村/2019.08.05/邱煜彬 摄

武平县中山镇村貌　武平县中山镇武溪村/2019.08.03/邱煜彬 摄

调查现场　武平县中山镇武溪村 /2016.09.01/ 方晓婷 摄

中山古镇　武平县中山镇老城、新城、城中村 /2016.09.01/ 方晓婷 摄

序

2022年2月16日，智利火地岛上最后一位会说Yagán语的老人，93岁的Cristina Calderón去世了。她的女儿Lidia González Calderón说："随着她的离去，我们民族文化记忆的重要组成部分也消失了。"近几十年来，在全球范围内，语言濒危现象正日趋普遍和严重，语言保护也已成为世界性的课题。

中国是一个语言资源大国，在现代化的进程中，也同样面临少数民族语言和汉语方言逐渐衰亡、传统语言文化快速流失的问题。根据我们对《中国的语言》（孙宏开、胡增益、黄行主编，商务印书馆，2007年）一书的统计，在该书收录的129种语言当中，有64种使用人口在10 000人以下，有24种使用人口在1000人以下，有11种使用人口不足百人。而根据"语保工程"的调查，近几年中至少又有3种语言降入使用人口不足百人语言之列。汉语方言尽管使用人数众多，但许多小方言、方言岛也在迅速衰亡。即使是那些还在使用的大方言，其语言结构和表达功能也已大大萎缩，或多或少都变成"残缺"的语言了。

冥冥之中，我们成了见证历史的人。

然而，作为语言学工作者，绝不应该坐观潮起潮落。事实上，联合国教科文组织早在1993年就确定当年为"抢救濒危语言年"，同时启动"世界濒危语言计划"，连续发布"全球濒危语言地图"。联合国则把2019年定为"国际土著语言年"，接着又把2022—2032年确定为"国际土著语言十年"，持续倡导开展语言保护全球行动。三十多年来，国际上先后成立了上百个抢救濒危语言的机构和基金会，各种规模和形式的濒危语言抢救保护项目在世界各地以及网络上展开。我国学者在20世纪90年代已开始关注濒危语言问题，自21世纪初以来，开展了多项濒危语言方言调查研究课题，出版了一系列重要成果，例如孙宏开先生主持的"中国新发现语言研究丛书"、张振兴先生等主持的"汉语濒危方言调查研究丛书"、鲍厚星先生主持的"濒危汉语方言研究丛书（湖南卷）"等。

自2011年以来，党和政府在多个重要文件中先后做出了"科学保护各民族语言文字"、

"保护传承方言文化"、"加强少数民族语言文字和经典文献的保护和传播"、"科学保护方言和少数民族语言文字"等指示。为了全面、及时抢救保存中国语言方言资源，教育部、国家语委于2015年启动了规模宏大的"中国语言资源保护工程"，专门设立了濒危语言方言调查项目，迄今已调查106个濒危语言点和138个濒危汉语方言点。对于濒危语言方言点，除了一般调查点的基本调查内容以外，还要求对该语言或方言进行全面系统的调查，并编写濒危语言志书稿。随着工程的实施，语保工作者奔赴全国各地，帕米尔高原、喜马拉雅山区、藏彝走廊、滇缅边境、黑龙江畔、海南丛林等地都留下了他们的足迹和身影。一批批鲜活的田野调查语料、音视频数据和口头文化资源汇聚到中国语言资源库，一些从未被记录过的语言、方言在即将消亡前留下了它们的声音。

为了更好地利用这些珍贵的语言文化遗产，在教育部语言文字信息管理司的领导下，商务印书馆和中国语言资源保护研究中心组织申报了国家出版基金项目"中国濒危语言志"，并有幸获得批准。该项目计划按统一规格、以EP同步的方式编写出版50卷志书，其中少数民族语言30卷，汉语方言20卷（第一批30卷已于2019年出版，并荣获第五届中国出版政府奖图书奖提名奖）。自项目启动以来，教育部语言文字信息管理司领导高度重视，亲自指导志书的编写出版工作，各位主编、执行编委以及北京语言大学、中国传媒大学的工作人员认真负责，严格把关，付出了大量心血，商务印书馆则配备了精兵强将以确保出版水准。这套丛书可以说是政府、学术界和出版社三方紧密合作的结果。在投入这么多资源、付出这么大努力之后，我们有理由期待一套传世精品的出现。

当然，艰辛和困难一言难尽，不足和遗憾也在所难免。让我们感到欣慰的是，在这些语言方言即将隐入历史深处的时候，我们赶到了它们身边，倾听它们的声音，记录它们的风采。我们已经尽了最大的努力，让时间去检验吧。

曹志耘

2024年3月11日

目录

第一章 导论	1
第一节 调查点概况	2
第二节 武平中山军家话	4
一 军家话的名称及其归属	4
二 军家话的形成与分布	5
第三节 军家话使用情况调查	13
一 调查概况	13
二 军家话掌握情况	14
三 军家话使用现状	16
四 军家人的母语认同感	20
第四节 军家话研究现状	25
第五节 调查说明	27

第二章 语音	29
第一节 声韵调	30
一 声母	30
二 韵母	30
三 声调	32
第二节 单字音表	33
第三节 连读变调与轻声	47
一 连读变调	47
二 轻声	53
第四节 异读	56
一 文白异读	56
二 其他异读	58
第五节 其他音变	61
一 语流音变	61
二 "AAAA"式重叠音变	63
第六节 古今语音比较	65
一 声母的古今比较	65
二 韵母的古今比较	68
三 声调的古今比较	78
第七节 音韵特点	79
一 声母特点	79
二 韵母特点	80
三 声调特点	82

第三章	同音字汇		83

第四章	词汇特点		99
第一节	方言特别词		101
一	区别于周边客家话的词语特点		101
二	区别于周边客家话的词语列举		103
三	军家话的特别词举例		110
第二节	方言古语词		113
第三节	民俗文化词		122
一	节庆饮食		122
二	岁时习俗		129
三	婚丧习俗		130

第五章	分类词表		137
第一节	《中国语言资源调查手册·汉语方言》		139
一	天文地理		139
二	时间方位		140
三	植物		141
四	动物		143
五	房舍器具		144
六	服饰饮食		145
七	身体医疗		146
八	婚丧信仰		148
九	人品称谓		148
十	农工商文		150
十一	动作行为		151
十二	性质状态		155
十三	数量		157
十四	代副介连词		158
第二节	《汉语方言词语调查条目表》		160
一	天文		160
二	地理		161
三	时令时间		163
四	农业		164

五　植物	166	
六　动物	169	
七　房舍	171	
八　器具用品	172	
九　称谓	174	
十　亲属	176	
十一　身体	177	
十二　疾病医疗	179	
十三　衣服穿戴	181	
十四　饮食	182	
十五　红白大事	184	
十六　日常生活	185	
十七　讼事	187	
十八　交际	188	
十九　商业交通	188	
二十　文化教育	190	
二十一　文体活动	191	
二十二　动作	192
二十三　位置	195
二十四　代词等	196
二十五　形容词	196
二十六　副词介词等	197
二十七　量词	198
二十八　附加成分等	201
二十九　数字等	202
三十　拟声词	205

第六章　语法　　207

第一节　词法　　208

　一　构词法　　208

　二　名词词缀　　209

　三　数量、方所和指代　　213

　四　性状与程度　　221

　五　介引与关联　　225

六	动词的体貌	229	第八章	话语材料	287
七	语气词	235	第一节	俗语、谚语和谜语	289
第二节	句法	239	一	俗语、谚语	289
一	处置句和被动句	239	二	谜语	295
二	双宾句	241	第二节	歌谣和吟诵	297
三	比较句	242	一	歌谣	297
四	疑问句	245	二	吟诵	299
五	否定句	247	第三节	故事	302
六	可能句	249	第四节	讲述	318
七	动补句	251			

第七章　语法例句　255

第一节　《中国语言资源调查手册·汉语方言》　257

第二节　《汉语方言语法调查例句》　263

参考文献　331

调查手记　335

后　记　341

第一章 导论

第一节

调查点概况

武平县位于福建省龙岩市西南部，是闽、粤、赣三省交界的一个县份。介于东经115°51′—116°23′，北纬24°47′—25°29′之间。东邻福建省上杭县，西接江西省寻乌县、会昌县，南连广东省蕉岭县、平远县，北靠福建省长汀县，是闽西、粤东、赣南的重要交通枢纽和物资中转、集散地，素有闽西"金三角"之称。

武平县地处武夷山脉最南端，为低山丘陵地区，地势由西北向东南倾斜，沟壑纵横，山脉连绵。最高峰梁山顶，海拔1538米。西北部多山地，东南部多平地。气候温和，雨量充沛，四季分明，夏长冬短，冬无严寒，夏无酷暑，干湿季节分明。河流属汀江、梅江、赣江水系，全县大小河流200多条，流域面积50平方公里以上的有18条。

武平夏、商时属扬州之域，西周属七闽地，东周称越国地，秦属闽中郡，汉时为南海王织的封地，吴时改属建安郡。晋太康三年（282年）析建安郡置晋安郡，领八县，武平为新罗县地。唐开元二十四年（736年）置汀州，设南安（今平川镇）、武平（今中山镇）二镇，隶属长汀。南唐保大四年（946年），并南安、武平二镇为武平场，场治在武溪源（今中山镇）。宋淳化五年（994年）升武平场为武平县。

1913年废除府州制，以省统道，以道统县，武平属汀漳道。此后，武平先后属福建省第八、第七行政督察区。第二次国内革命战争期间，武平县是中央苏区的重要组成部分。1929年10月，成立武平县苏维埃政府，隶属闽西苏维埃政府。1931年1月，武平的武东、武北地区与上杭联合成立杭武县苏维埃政府，隶属福建省苏维埃政府。同年12月撤销杭武县，武东、武北划归武平县。1935年，红军离开中央革命根据地后，武平县苏维埃政府逐步停止活动。

1949年10月1日，中华人民共和国成立。10月17日，武平县解放。11月7日成立武平县人民政府。此后，武平先后隶属福建省第八专员公署、龙岩专区、龙岩地区、龙岩市。

1988年，全县划为3个镇、14个乡、1个居民委员会、209个村民委员会、2578个自然村、2487个村民小组。2000年，全县划为6个镇、11个乡、3个居民委员会、214个村民委员会、2561个村民小组。（武平县地方志编纂委员会，2007）2018年全县辖平川街道办事处，岩前、十方、中山、中堡、桃溪、城厢、湘店、大禾、中赤等14个镇，民主、下坝2个乡，16个居民委员会，209个村民委员会，全县行政区域面积2638.3平方千米。（武平县地方志编纂委员会，2018）根据武平县公安局户籍登记及第七次人口普查资料，县境户籍人口396 664，常住人口278 238。① 境内人口主要为汉族，通行客家话。

中山镇原名武溪源，位于武平县西南部中山河中游，北靠东留乡往江西，西邻民主乡，南接下坝乡至广东。距县城11千米，是武平升县以前的镇治、场治所在地，又是升县后的最初县治所在地。1940年因被民国政府评为模范示范乡而更名为中山。苏维埃时期属中山区，新中国成立后先后划为第三区、中山区，1958年设中山公社，1984年改称中山乡，1990年撤乡设镇至今。2014年，被住建部和国家文物局评为中国历史文化名镇。辖区有上岭、上峰、武溪、太平、三联、老城、新城、城中、阳民、龙济、卦坑共11个行政村，159个村民小组。总人口2万人，总面积191平方千米，耕地1.2万亩。②

调查点武溪村地处中山镇西边，共有16个村民小组，3个自然村，总人口1328人。武溪村是个四面环山的盆地，以前称为"高山揾湖"。武溪村有一条小溪，沿着村边而过，沿溪两岸长了很多乌竹。据老男发音人邱桂兆先生讲述，过去武溪叫"乌竹溪"，后来才叫"武溪"。

---

① 武平县公安局2020年度《人口及其变动情况统计年报表》（内部资料）和武平县第七次全国人口普查领导小组办公室编《2020武平县人口普查年鉴》（内部资料）。
② 见武平县人民政府网站。

第二节

武平中山军家话

一 军家话的名称及其归属

武平县中山镇通行两种方言：客家话和军家话。客家话是全县通用的方言，当地人称之为"白声"。军家话是明代军籍官兵及其后裔所说的话。军家话最初其实并不叫"军家"话，而是"[tɕʰin³¹ka³¹]"话。笔者1990年2月读研期间曾找同学邱香调查过军家话，据她介绍，他们是说"[tɕʰin³¹ka³¹]"的，至于为何说[tɕʰin³¹ka³¹]而非[tɕin³¹ka³¹]，她也不得而知。在本次调查过程中，老女和青男两位发音人都在话语讲述中自然而然说到"[tɕʰin³¹ka³¹]"。林清书（2011：11）也提到："在龙岩市政府工作的军家人王文汉先生认为把他们叫做'军家人'是不对的，在他们自己的口语中，是自称[tshiŋ³¹ka³¹]。根据当地的传说，军家人是明朝的时候从南京来到武平的，他们是朱元璋的爱卿，所以应该叫做'卿家人'，他们说的话应该叫做'卿家话'。"我们由此推测，"[tɕʰin³¹ka³¹]"（卿家）应该是他们最初的说法，"[tɕin³¹ka³¹]"（军家）则是后来随着学界的关注而产生的新说法。由于"军家"的名称正好与他们世代相传的军籍后裔身份相符，故而就逐渐流传开来。

历史上因驻军或军屯而形成的汉语方言岛散布于我国多处，它们被称为"军话""军声"或"军家话"，但其性质和归属则因军籍将士的来源及形成时的主体方言而异。严修鸿（1995：210—226）调查了军家话单字音2000余个，常用词1052条，通过与客家方言及赣方言的比较，认为"'军家话'的特征部分多与赣东北南城、弋阳一带的赣方言相同，这与军籍的主体来自赣东北的史实是可以互相印证的。可以说，今天'军家话'正是赣方言与客家方言长期混合杂交的结果"。林清书（2000：27—32）通过军家话与武平客家话、赣方言的语音词汇比较，结合军家话的历史来源分析，认为"军家话原本是明代洪武至嘉靖年间的金溪话,由于受到武平客家话的影响,逐步成为一种赣客方言的混合型方言,所以比较容易保留祖籍地方言的特点"。林清书(2011:11—16)对中山军家话的祖先是赣方言进行进一步的补充论证,对以赣方言为基础逐步成为军家人内部统一使用的军家话的过程进行具体的分析,通过军家话77个特色词的比较,认为军家话是"以抚州话为主的,吸收了部分武平客家话成分的一种混合型的方言"。

二 军家话的形成与分布

(一)军家话的形成

军家话的形成与明代的驻军屯田制度有关。[清]张廷玉等《明史·兵志二》(1974:2193)记载:"天下既定,度要害地,系一郡者设所,连郡者设卫。大率五千六百人为卫,千一百二十人为千户所,百十有二人为百户所。"其时福建设了7卫25所,武平所属汀州卫。明洪武二十四年(1391年)筑武平所城,设置武平千户所,简称武所。明太祖朱元璋曾派将领贾辅率十八将军及士兵驻守中山。至今军家人中还流传着"十八将军吃猪毛"的故事(详见第八章第三节)。当时推行军士屯田政策,驻军士兵三分守城,七分垦荒种地。不少军士服役后就地解甲归田,成了当地居民。洪武至嘉靖年间中山先后修筑了相连的老城、新城、片月城三个城池驻扎官兵和眷属。

对于这段历史,年纪稍长的军家人基本耳熟能详。我们采访了老干部洪军先生,他娓娓道来:明朝初期,武平属三省边境,在中山设千户所,贾辅率1200兵力于洪武十六年(1383年)到中山,之后剿灭土匪贼寇,军籍人要求回京城原籍,朝廷不允。为保平安,洪武二十四年(1391年)开始筑城,洪武二十八年(1395年)结束,前后5年筑成老城……军家话形成于明朝。军籍人享受的俸禄是朝廷的,他们在群众中声望很高,军家话传播很快,大家以讲军家话为荣,有些客家姓氏如太平麻姑墩的钟、刘两姓就改说军家话了。军籍人一边耕田,一边守城,向当地人学习农耕技术。军家话与客家话互相汲取营养,取长补短,你中有我,我中有你。军家话的源头来自多个省份,江西人特别多。洪姓来自江西抚州金溪,至今已经十七代了。

根据王增能(1989:6—17)的考证,武所建立前后,迁来中山的军籍姓氏有据可查者计有35姓,他们是:丘(邱)、艾、何、王、李、危、车、吴、周、胡、洪、徐、夏、翁、陈、陶、连、许、张、黄、舒、程、彭、余、邬、贾、董、刘、郑、古、祝、侯、傅、龙、欧。这35姓中县志及族谱可考者28姓,他们来源复杂,在地域上包括浙江、安徽、山东、江西、广东等省,以及本汀州的上杭县。其中最多的是从江西来的,有16姓,而这16姓中来自江西抚州的又有14姓之众,丘(邱)、艾、李、余、车、周、许、舒、邬、董、刘、洪等12姓来自抚州金溪县,程、王2姓来自抚州临川县。因此,王增能推测:"所谓军家话必定是以赣方言为主，吸收了其他地方的方言特别是客家方言的许多营养，逐渐地形成起来的。"林清书（2011：11）也认为："抚州人在军家人中占有较大的比例，较有可能形成强大的阵容。因此，抚州人特别是金溪县人最有可能将祖籍地的方言保留下来。""军家人中人数最多的集中来到武平的是赣东北人，所以，多数军家人说的是赣东北方言。周围只有武平客家话，没有其他方言影响它的发展。所以，今天军家话的面貌，是明朝赣东北方言和武平客家话长期磨合的结果。"

（二）军家话的分布

军家话主要分布在中山镇老城、新城、城中、阳民、龙济、武溪、太平、三联、卦坑等9个行政村。中山镇所辖11个行政村中只有上峰、上岭两个行政村没有军家话分布。除中山镇外，下坝乡的磜头塘、城厢镇的长居村及下舒屋村亦有少数军家人，均不足百人。其中长居村与下舒屋村原属中山太平村，1958年从太平村析出。

根据2016年8月我们调查时中山镇政府提供的数据，中山镇总人口为19 596人，讲军家话的共1593户，6418人，占全镇人口数的32.75%。其中太平村讲军家话的人最多，占全镇人口数的6.82%，阳民（5.49%）、老城（4.90%）、武溪（4.85%）、龙济（4.16%）、城中（3.06%）五村次之，新城（2.43%）、三联（0.61%）、卦坑（0.44%）最少。具体数据见表1-1。

表1-1 军家话区域分布总表

行政村	自然村	姓氏	户数（户）	人口数（人）	村人口数（人）	讲军家话人口数（人）	讲军家话人口数占全村人口数的比例	讲军家话人口数占全镇人口数的比例
三联村	陶金坑	危氏	29	119	1533	119	7.76%	0.61%
龙济村	蛤蟆石	翁氏	7	47	1576	815	51.71%	4.16%
		危氏	23	62				
		李氏	1	4				
		邬氏	3	10				
	案上	危氏	75	188				
		邱氏	2	13				
	瓜子坪	危氏	31	106				
		廖氏	4	9				
		周氏	2	4				

续表

行政村	自然村	姓氏	户数(户)	人口数(人)	村人口数(人)	讲军家话人口数(人)	讲军家话人口数占全村人口数的比例	讲军家话人口数占全镇人口数的比例
龙济村	增坑围	钟氏	25	62	1576	815	51.71%	4.16%
	杉湖里	徐氏	19	41				
	刘家坑	刘氏	22	76				
		危氏	2	10				
	安全	危氏	12	33				
	新泉	危氏	6	13				
	下畲	李氏	2	8				
		危氏	18	47				
	上畲	翁氏	1	7				
		危氏	6	17				
	罗田溪	危氏	9	28				
		周氏	3	9				
		罗氏	2	8				
	三才石	李氏	5	13				
卦坑村	洪家岗	李氏	5	19	94	87	92.55%	0.44%
	三口井	危氏	15	42				
	岗上	危氏	5	20				
		熊氏	2	6				
阳民村	汉文岭	邬氏	8	53	1375	1075	78.18%	5.49%
		危氏	16	98				
		邱氏	5	23				
		徐氏	3	17				
		周氏	2	10				
	罗庚坝	钟氏	21	67				
		危氏	4	18				
	岐岭下	余氏	9	40				
		汤氏	7	30				
		危氏	6	26				

续 表

行政村	自然村	姓氏	户数（户）	人口数（人）	村人口数（人）	讲军家话人口数（人）	讲军家话人口数占全村人口数的比例	讲军家话人口数占全镇人口数的比例
阳民村	增家垻	洪氏	71	380	1375	1075	78.18%	5.49%
		刘氏	2	14				
	杨柳陂	危氏	39	135				
		洪氏	1	9				
		程氏	1	6				
		杨氏	1	6				
		余氏	7	35				
		林氏	1	6				
		陈氏	9	43				
	蕉头坝	钟氏	12	47				
		危氏	2	12				
太平村	白鹭滩	危氏	2	10	2334	1336	57.24%	6.82%
		何氏	15	75				
		钟氏	5	35				
		邱氏	3	12				
		程氏	9	44				
		李氏	2	9				
	相公垻	贾氏	45	156				
		李氏	3	14				
	麻姑墩	刘氏	74	317				
		钟氏	61	226				
		危氏	2	10				
	高国前	王氏	26	127				
		危氏	3	13				
		潘氏	7	29				
		邬氏	2	12				
	程屋	程氏	39	164				
	黄沙坑	洪氏	3	16				
	赖家坪	危氏	9	40				

续表

行政村	自然村	姓氏	户数（户）	人口数（人）	村人口数（人）	讲军家话人口数（人）	讲军家话人口数占全村人口数的比例	讲军家话人口数占全镇人口数的比例
太平村	富家坝	傅氏	5	16	2334	1336	57.24%	6.82%
		危氏	1	5				
		周氏	1	6				
新城村	红岭上	徐氏	18	72	2589	476	18.39%	2.43%
		陈氏	23	95				
		陶氏	11	47				
		钟氏	6	24				
	下庙坊	程氏	9	32				
		周氏	18	72				
	朝阳门	徐氏	21	83				
	移民组	危氏	8	38				
		熊氏	2	13				
城中村	大河背	陈氏	20	76	2106	600	28.49%	3.06%
		刘氏	5	31				
		舒氏	11	52				
	上庙坊	舒氏	7	33				
		危氏	14	80				
		周氏	6	21				
	田心坊	程氏	28	124				
		危氏	45	183				
老城村	城内	危氏	32	138	2975	960	32.27%	4.90%
		陶氏	6	15				
	西山岗	王氏	91	329				
		潘氏	4	19				
		钟氏	4	20				
	岗下	余氏	7	36				
		张氏	3	10				
	西门	洪氏	19	82				
	刘家围	刘氏	72	281				

续表

行政村	自然村	姓氏	户数（户）	人口数（人）	村人口数（人）	讲军家话人口数（人）	讲军家话人口数占全村人口数的比例	讲军家话人口数占全镇人口数的比例
老城村	石排下	程氏	3	15	2975	960	32.27%	4.90%
		欧氏	3	15				
武溪村	下村	邱氏	129	552	1328	950	71.54%	4.85%
	羊古塘	刘氏	9	48				
		洪氏	7	27				
		熊氏	4	18				
		陈氏	4	18				
	中岭背	林氏	8	49				
	半径	李氏	23	93				
		黄氏	13	57				
		洪氏	7	28				
		张氏	5	27				
		许氏	3	12				
		王氏	2	6				
		谢氏	2	10				
		林氏	1	5				
合计				6418				32.76%[①]

中山镇素有"百姓镇"之称，最多的时候达到108姓，据说现在尚存102姓。关于军籍将士，也有35姓之说。据上表调查统计，中山镇9个行政村里，说军家话的人总共有31个姓氏，分别是危、刘、邱、洪、钟、王、程、陈、徐、李、贾、周、余、舒、何、邬、陶、林、黄、翁、潘、熊、张、汤、傅、欧、许、谢、廖、罗、杨。其中危姓有1491人，占了全镇讲军家话人数的23.23%，其次是刘姓（11.95%）、邱姓（9.35%）、洪姓（8.44%），杨姓最少，只占了0.09%，具体情况见表1-2。

---
① 因每项都是约数，合计与正文中的略有差异。

表1-2　军家话姓氏分布情况表

姓氏\行政村（讲军家话人口数(人)）	三联村	龙济村	卦坑村	阳民村	太平村	新城村	城中村	老城村	武溪村	合计（占全镇讲军家话人数的比例）
危	119	504	62	289	78	38	263	138		1491（23.23%）
刘		76		14	317		31	281	48	767（11.95%）
邱		13		23	12				552	600（9.35%）
洪				389	16			82	55	542（8.44%）
钟		62		114	261	24		20		481（7.49%）
王					127			329	6	462（7.20%）
程				6	208	32	124	15		385（6.00%）
陈				43		95	76		18	232（3.61%）
徐		41		17	155					213（3.32%）
李		25	19		23				93	160（2.49%）
贾					156					156（2.43%）
周		13		10	6	72	21			122（1.90%）
余				75				36		111（1.73%）
舒							85			85（1.32%）
何					75					75（1.17%）
邬		10		53	12					75（1.17%）
陶						47		15		62（0.97%）
林				6					54	60（0.93%）
黄									57	57（0.89%）
翁		54								54（0.84%）
潘					29			19		48（0.75%）
熊				6		13		18		37（0.58%）
张								10	27	37（0.58%）
汤					30					30（0.47%）
傅						16				16（0.25%）
欧								15		15（0.23%）

续表

姓氏 \ 行政村·讲军家话人口数（人）	三联村	龙济村	卦坑村	阳民村	太平村	新城村	城中村	老城村	武溪村	合计（占全镇讲军家话人数的比例）
许									12	12（0.19%）
谢									10	10（0.16%）
廖		9								9（0.14%）
罗		8								8（0.12%）
杨				6						6（0.09%）
合计	119	815	87	1075	1336	476	600	960	950	6418（99.99%）[①]

三联村和卦坑村讲军家话人的姓氏比较少，三联村仅危姓会讲军家话，卦坑村也只有危姓、李姓、熊姓3个姓氏会讲军家话。其余5个行政村讲军家话人的姓氏比较多样化，都在3个姓氏以上，其中阳民村和太平村最多，有14个姓氏。

---

① 因每项都是约数，总数略小于100%。

第三节

军家话使用情况调查

一 调查概况

为了准确掌握福建武平中山军家话的使用情况,我们对中山镇有军家话分布的村落进行了问卷调查。本次调查共发放问卷300份,回收280份,有效问卷258份。问卷回收情况见图1-1。

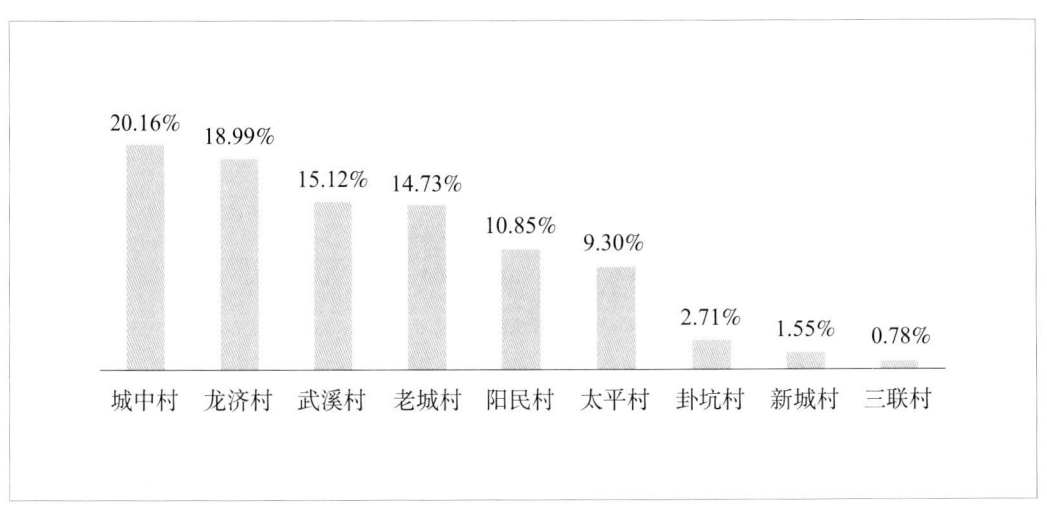

图1-1 调查问卷回收情况

问卷中调查地点信息有5.81%为空白,我们无从判断是哪个村的,故未列入上图中。

我们把调查对象按性别、年龄、职业、文化程度等方面进行了分类,基本情况见表1-3。

表1-3 调查对象基本情况表

基本信息		人数（人）	占比
性别	男	140	54.26%
	女	118	45.74%
年龄	9—30岁	48	18.60%
	31—60岁	161	62.40%
	61岁以上	39	15.12%
	空白	10	3.88%
职业	务农	116	44.96%
	外出经商、务工	35	13.57%
	教师	11	4.26%
	学生	47	18.22%
	其他	49	18.99%
学历	小学	61	23.64%
	初中	97	37.60%
	中师	8	3.10%
	中专或高中（含职高）	50	19.38%
	大专	12	4.65%
	本科及其以上	12	4.65%
	其他	18	6.98%

调查对象中男性居多，占了54.26%，年龄主要分布在31到60岁，职业以务农为主，中师以上学历的人数较少。由于调查对象这部分信息填写不完整，有些信息存在漏选的现象，因此，如果表格中的数据相加不等于100%，剩余的均处理为空白，以下表格相同，不再予以说明。我们下文的分析侧重面上的总体情况及年龄因素，其他因素暂不考虑。

二 军家话掌握情况

在9个行政村调查的258个受访者中，有93.41%的受访者会说军家话，并且有72.87%的受访者表示自己对军家话的掌握达到熟练，军家话说得流利地道。军家话掌握程度总体情况见表1-4。

表1-4 军家话掌握情况总表

掌握情况		人数（人）	占比
是否会说军家话	会	241	93.41%
	不会	17	6.59%
掌握程度	熟练听说，地道流利	188	72.87%
	比较熟练，说得不够地道	34	13.18%
	能听懂，能说部分词句	13	5.04%
	基本能听懂，不太会说	3	1.16%
	只能听懂部分词句	3	1.16%
	完全不会	17	6.59%

注：填了此项的调查人员，有些未填年龄，故此处的数据与表1-6、1-7不一致。

从调查的整体情况看，由于问卷主要发放在军家人聚集的地方，因此会说军家话的人占了绝对优势。受访者对自己军家话掌握的情况较为自信，过半的人认为自己能够熟练地听说。我们的调查还显示，77.52%的人小时候最先学会说军家话，33.72%的人最先学会说客家话，只有8.91%的人最先学会说普通话。详情见表1-5。

表1-5 最先学会的语言情况表

最先学会的语言	人数（人）	占比
军家话	200	77.52%
客家话	87	33.72%
普通话	23	8.91%

注：有些调查对象不清楚最先学会哪种话，存在多选的情况，所以人数和超过调查总数，占比和大于100%。

从年龄段来看，各个年龄段中会与不会军家话的情况不尽相同，具体情况见表1-6。

表1-6 不同年龄阶段是否会说军家话情况表

年龄	是否会说	人数（人）	占比
9—30岁	会	40	83.33%
	不会	8	16.67%
31—60岁	会	155	96.27%
	不会	6	3.73%

续表

年龄	是否会说	人数（人）	占比
61岁以上	会	36	92.31%
	不会	3	7.69%

对于会讲军家话者，掌握军家话的熟练程度不同年龄段的表现亦有所区别。31岁以上者熟练程度明显比30岁以下者高，其两个年龄段能熟练听说的均超过85%，而30岁以下者仅仅过半。详细情况见表1-7。

表1-7 各个年龄阶段对军家话掌握程度表

年龄	熟练听说，地道流利的人数（人）及比例	比较熟练，说得不够地道的人数（人）及比例	能听懂，能说部分词句的人数（人）及比例	基本能听懂，不太会说的人数（人）及比例	只能听懂部分词句的人数（人）及比例
9—30岁	21	9	4	3	3
	52.50%	22.50%	10.00%	7.50%	7.50%
31—60岁	133	16	6	0	0
	85.81%	10.32%	3.87%	0%	0%
61岁以上	33	0	3	0	0
	91.67%	0%	8.33%	0%	0%

三 军家话使用现状

由于历史和社会地理环境的原因，会说军家话的人基本上也同时会说客家话或普通话，分析军家话在村民生活中的使用场合和使用频率具有重要的参考意义。

（一）家庭语言使用情况

家庭是方言使用最主要的场合，军家人在家庭中是否经常使用军家话与家人交流，关系到军家话的保留与传承。从我们调查的情况来看，有86.05%的受访者与家人沟通时最常说的是军家话，有20.54%的受访者与家人常说客家话，还有少部分的受访者与家人常说普通话，总体而言军家话在家庭语言的使用中占了绝对的优势。在家庭内部，主要是对家里的父亲、母亲、兄弟姐妹说军家话，分别占了61.24%、49.22%、45.35%，而对配偶只有32.56%的受访者会使用军家话，对孩子也只有38.76%的受访者会使用军家话。家庭语言使用详细情况见表1-8。

表1-8 家庭语言使用情况表

家庭语言使用		人数（人）	占比
与家人最常说的话	军家话	222	86.05%
	客家话	53	20.54%
	普通话	24	9.30%
对家里的谁说军家话	对父亲	158	61.24%
	对母亲	127	49.22%
	对配偶	84	32.56%
	对兄弟姐妹	117	45.35%
	对孩子	100	38.76%

注："与家人最常说的话"存在一些多选的情况，故而人数超过有效问卷总数，占比和也大于100%。

从上表可以看到，在家庭中与配偶说话时使用军家话的比例最小，这与现代社会中很多配偶都是外来媳妇有关。对孩子使用军家话的比例也较低，显示出军家话在代际间使用呈弱化趋势。

除了问卷调查，我们也对一些家庭进行了访谈。

城中村口头文化发音人程明泉老师一家九口人。妻子是客家人，但嫁进来之后很快就学会了军家话。两个女儿都招了上门女婿，女婿也是军家人。三个孙辈（两个孙子一个孙女）都被要求说军家话，也都能够流利地说军家话。家庭语言比较单一，只说军家话。据我们了解，这样的家庭正逐渐减少。

武溪村口头文化发音人，80多岁的邱冠玉老先生，母亲是江西人（已过世），会说军家话；妻子是客家人，会听不会说；三男两女五个孩子都能流利地说军家话；80后的大孙子、大孙女也能说，但不太流利；90后的孙辈就完全不会说了。军家话仅仅在父子、父女及五个子女之间使用，家庭语言为军家话、客家话与普通话。

武溪村老男发音人邱桂兆、老女发音人邱荣凤两家的情况也类似。他们都是世代居住在武溪的军家人，子女们都能流利地说军家话，家庭语言以军家话为主，但目前孩子们都在县城买了房子，孙辈也都在县城或外地上学，从小脱离了说军家话的语言环境，所以军家话的传承就出现了一定的障碍。孙辈难得回老家一趟，爷爷奶奶也只能迁就他们，改说普通话。

新城村口头文化发音人危金志老师一家十口人，妻子是客家人，两个儿媳妇也是客家人，两个儿子会说军家话，其他人会听不会说。家庭语言主要为客家话，但与两个儿子说军家话。四个孙辈（两个孙子两个孙女）尚在读幼儿园、小学，都只会说普通话，不会说军家话与客家话，也不愿意学军家话。大人即使对他们说客家话或军家话，他们也只会用普通话回答。这样就使得家庭语言不是客家话就是普通话，军家话只退缩在父子三人之间使用。尽管危老师很希望军家话能够在孙辈传承下去，但也无可奈何。

语言是否代际传承是评估语言活力最常用的指标，而语言活力又是衡量语言是否濒危以及濒危程度的一个重要标准。从我们上面的调查可知，军家人中越来越多的新生代只会说普通话，不会说方言，语言活力在新生代儿童中正在逐渐丧失。虽然从目前来看，军家话在一些家庭中尚处于相对强势的地位，但是，随着家庭交际范围的缩小，家庭结构从传统的四世同堂、联合家庭转变为核心家庭，长辈们作为家庭中军家话的传承和守护者，若是与晚辈们交流时更倾向于使用晚辈们的语言，那么军家话在家庭中的强势地位也将会逐渐削弱。

（二）社区语言使用情况

当村民们走出一个个家庭，变成不同家庭之间的互动时，军家话的使用情况如何呢？我们在问卷中设置了受访者在接电话、陌生人问路、菜市场买菜等语境下语言的使用情况。调查结果显示，接电话首先问候他人时，绝大部分的受访者会使用军家话；陌生人问路时，受访者使用军家话、客家话、普通话的频率不分上下；菜市场买菜时，44.19%的人会选择军家话，42.64%的人会选择客家话，仅少数受访者会使用普通话。跟本村会说军家话的人聊天，86.43%的受访者会选择军家话，跟本村不说军家话的人聊天，受访者则会稍微倾向于使用客家话。可以看出受访者在社区语言使用的选择上是多样的，军家话、客家话、普通话出现了兼用现象，但军家话和客家话还是占了优势。社区语言使用详细情况见表1-9。

表1-9 社区语言使用情况表

社区语言使用	军家话 人数	军家话 占比	客家话 人数	客家话 占比	普通话 人数	普通话 占比	空白 人数	空白 占比
接电话首先问候他人时	143	55.43%	55	21.32%	60	23.26%	0	0%
陌生人问路时首先说	74	28.68%	88	34.11%	93	36.05%	3	1.16%
菜市场买菜时	114	44.19%	110	42.64%	34	13.18%	0	0%
跟本村说军家话的人聊天	223	86.43%	27	10.47%	8	3.10%	0	0%
跟本村不说军家话的人聊天	90	34.88%	143	55.43%	22	8.53%	3	1.16%

（三）工作语言使用情况

军家人对工作语言的使用，在单位和同事谈工作时，有25.19%的受访者会选择军家话，32.17%会选择客家话，39.53%会选择普通话，普通话略占优势。村委会、镇政府、县城工作语言的使用存在一种过渡状态：村委会办事选择使用军家话的更多，镇政府办事选择客家话的更多，去县城时选择普通话的受访者要略微多一些。这种地域的过渡状态是与社会发展息息相关的，也存在着一种共同语与方言之间的对比，在稍微正式的场合以及城市化程度更高的地方，普通话显然是占一定优势的。工作语言使用详细情况见表1-10。

表1-10　工作语言使用情况表

工作语言使用	军家话 人数	军家话 占比	客家话 人数	客家话 占比	普通话 人数	普通话 占比	空白 人数	空白 占比
单位和同事谈工作	65	25.19%	83	32.17%	102	39.53%	8	3.10%
村委会办事	136	52.71%	95	36.82%	24	9.30%	3	1.16%
镇政府办事	51	19.77%	104	40.31%	98	37.98%	5	1.94%
去县城	52	20.16%	92	35.66%	94	36.43%	20	7.75%

（四）学校语言使用情况

对学校的语言使用情况，我们主要通过受访者在学校课堂内外的语言选择来分析。普通话作为学校教育的正式语言，在课堂教学中显然是占优势的，有63.57%的受访者表示在老师教学、提问，学生读书、回答问题时使用的是普通话。这种情况是必然的，有利于文化知识的传播，也符合国家语言文字工作法规。可喜的是，在课堂外，课间休息的时候仍有39.92%的受访者会使用军家话，但客家话和普通话也分别占了26.36%和27.52%。学校语言使用详细情况见表1-11。

表1-11　学校语言使用情况表

学校语言使用	军家话 人数	军家话 占比	客家话 人数	客家话 占比	普通话 人数	普通话 占比	空白 人数	空白 占比
课堂教学（老师教学、提问，学生读书、回答问题）	44	17.05%	34	13.18%	164	63.57%	16	6.20%
学校课外（课间休息、跟同学们一起玩）	103	39.92%	68	26.36%	71	27.52%	16	6.20%

值得庆幸的是，一些有识之士已经意识到军家话传承的紧迫性，尝试把军家话带入课堂。武平县中山中心学校组织编写了校本教材《军家话》，我们这次调查的口头文化发音人危龙泉老师从2012年开始就在该校以兴趣小组的形式开设了军家话选修课，作为校本特色

课程，教授军家的历史来源、故事传说、三句半、童谣和军家话发音特点等，受到了学生们的欢迎。但比较遗憾的是，该课程随着危老师的调离而停开。

（五）个体语言使用情况

思考问题或是自言自语时，使用的语言一般是我们最熟悉的语言。从调查结果来看，有62.40%的受访者自言自语时使用军家话，51.94%的受访者数数时使用军家话，49.22%的受访者在思考问题时使用军家话，用客家话或是普通话自言自语、数数、思考问题的受访者虽然少于使用军家话的，但仍然占了相当的比例，不容忽视。背乘法口诀时，使用军家话和普通话的受访者占了总人数的40.31%和41.86%，只有15.12%的受访者会选择客家话。此外，在读书看报时个体语言的使用已呈现出普通话的优势地位，读书看报时，有49.61%的受访者会使用普通话，31.78%的受访者使用军家话，仅有16.28%的受访者会使用客家话。个体语言使用情况见表1-12。

表1-12　个体语言使用情况调查表

个体语言使用	军家话 人数	军家话 占比	客家话 人数	客家话 占比	普通话 人数	普通话 占比	空白 人数	空白 占比
思考问题	127	49.22%	57	22.09%	62	24.03%	12	4.65%
读书看报	82	31.78%	42	16.28%	128	49.61%	6	2.33%
数数	134	51.94%	41	15.89%	77	29.84%	6	2.33%
背乘法口诀	104	40.31%	39	15.12%	108	41.86%	7	2.71%
自言自语	161	62.40%	52	20.16%	36	13.95%	9	3.49%

四　军家人的母语认同感

军家人的母语认同感我们可以从语言的情感态度、功能评价和行为倾向三个方面来考察。

（一）语言情感态度

语言情感是指人们对某一语言喜爱程度的主观感受。母语情感的深厚与否对语言使用者日常交际用语的选择、语言使用的发展趋势都有较大的影响。若语言使用者对自己所操语言是热爱的、自信的，则会倾向于选择使用该语言，使该语言得到相应的保护与传承；若语言使用者对自己所操语言不热爱不自信，则会在日常交际用语的选择上漠视该语言或对其产生抵触情绪。军家人的语言情感态度详细情况见表1-13。

表1-13 语言情感态度评价表

语言情感		人数（人）	占比
您是否觉得军家话亲切好听？	亲切好听	240	93.02%
	一般	15	5.81%
	不好听	1	0.39%
	空白（不表态）	2	0.78%
您觉得什么话听起来最舒服？	军家话	213	82.56%
	客家话	22	8.53%
	普通话	23	8.91%
如果您和听话人都是讲军家话的，对方不与您讲军家话，您的感觉如何？	很别扭，不舒服	146	56.59%
	无所谓	84	32.56%
	不会出现这种情况	24	9.30%
	空白（不表态）	4	1.55%
您有"宁卖祖宗田，不卖祖宗言"的想法吗？	有	216	83.72%
	没有	24	9.30%
	无所谓	13	5.04%
	空白（不表态）	5	1.94%

由上表我们可以看出，军家话使用者中有93.02%的人认为军家话亲切好听；82.56%的人认为军家话听起来最舒服；在双方都是讲军家话的情况下，若是有一方不讲军家话，56.59%的人会觉得很别扭，不舒服；83.72%的人有"宁卖祖宗田，不卖祖宗言"的想法。说明军家人的母语情感是深厚的，对军家话是自信的，对军家话的认可度总体较高。

（二）语言功能评价

对语言的实际功能评价会影响语言的习得与使用动机。对军家话、客家话、普通话三者的作用，59.30%的人认为最有用的语言是普通话，35.27%的人认为是军家话，只有4.65%的人认为是客家话。语言功能评价情况见表1-14。

表1-14 语言实际功能评价表

您觉得什么话最有用？	人数（人）	占比
军家话	91	35.27%
客家话	12	4.65%
普通话	153	59.30%
空白	2	0.78%

从上表可知，绝大多数的受访者认为普通话是最有用的语言，其次是军家话，最后是客家话。对于军家话与客家话的使用功能，这个调查结果有点儿出乎我们意料，它跟实际情况并不相符。这里应该是军家话母语情感起了一定的干扰作用。军家人对所操方言或语言的功能评价如图1-2所示，越接近外圈，越觉得实用；越接近内圈，越觉得没用。

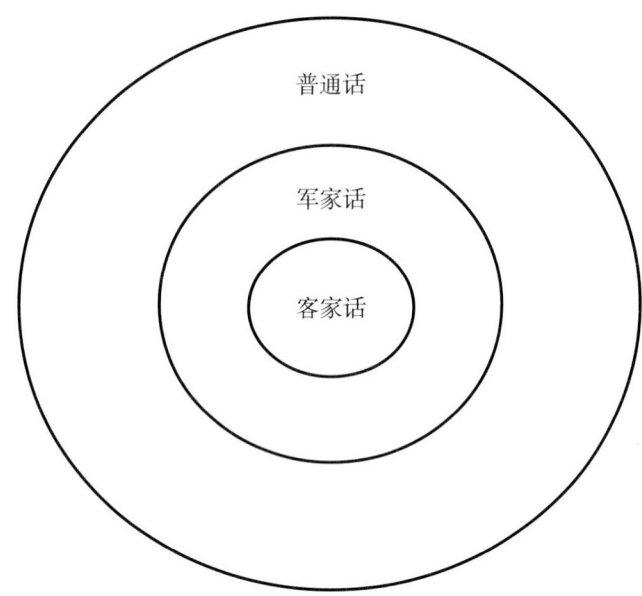

图1-2　语言实际功能评价图

（三）语言行为倾向

语言行为倾向可以反映语言代际传承的选择动因。我们设计了"军家人是否一定要讲军家话？""您觉得小孩子应不应该学讲军家话？""您觉得军家话是否有必要保护起来？""现在讲军家话的人似乎越来越少，您感觉如何？""如果军家话没人说了，会不会觉得很可惜？"等问题来考察。军家人语言行为倾向详情见表1-15。

表1-15　军家话行为倾向统计表

语言行为倾向		人数	占比
军家人是否一定要讲军家话？	一定要讲	186	72.09%
	不一定，顺其自然	63	24.42%
	无所谓	7	2.71%
	空白（不表态）	2	0.78%

续表

语言行为倾向		人数	占比
您觉得小孩子应不应该学讲军家话？	应该，要刻意跟小孩子说军家话，让孩子学会	190	73.64%
	应该，但不刻意教	48	18.6%
	无所谓	18	6.98%
	不应该	0	0%
	空白（不表态）	2	0.78%
您觉得军家话是否有必要保护起来？	有必要	252	97.67%
	没必要	1	0.39%
	无所谓	5	1.94%
现在讲军家话的人似乎越来越少，您感觉如何？	担心，应该让更多人说	242	93.8%
	不担心，没什么关系	10	3.88%
	无所谓	5	1.94%
	空白（不表态）	1	0.39%
如果军家话没有人说了，会不会觉得很可惜？	会	251	97.29%
	不会	0	0%
	无所谓	7	2.71%

调查结果显示：72.09%的人认为军家人一定要说军家话；73.64%的人认为小孩应该学习军家话并且要刻意跟小孩说军家话，让其学会；97.67%的人认为军家话有必要保护起来；93.80%的人对越来越少人说军家话的现状表示担心，希望让更多人说；97.29%的人认为，如果军家话没有人说了，那是很可惜的。

根据以上数据，我们可以看到，中山镇的军家人对军家话比较自信，情感总体比较深厚，并且认可度较高，语言保护意识也比较强。这或许与军家人长期以来的心理优势和独立意识有关。在军家人心目中，他们都是将军之后，身份地位与当地民户不同。他们的先人曾立下种种规矩，要求军家后代在家里必须讲军家话，不准讲客家话，娶进来的外来媳妇也必须改说军家话，并传给子女。军家人内部还流传着这样的谚语："吃郎饭转郎声，唔转郎声就骨头轻。"意为，吃了男家的饭要转男家的口音，不转男家口音的话就是不识好歹。正因为军家人有这种心理优势和内聚力，军家话才能在周边强势的客家话包围之中顽强地生存下来，历经五六百年维持双言格局而没有被打破。

但是，从我们上文对军家话使用情况和掌握程度的调查来看，虽然军家话在人们日常交际中发挥着重要作用，在大多数军家人看来，军家话在家庭中的地位仍是不可替代的，但随着时代的发展，周围环境的影响，外出谋生人数的增多，人际交往中军家话受到普通话和客家话的冲击。人们对外通用普通话或客家话，军家话更多地只在家庭或熟人之间使用，其使用功能正逐渐萎缩，使用频度逐渐降低，使用范围受到限制。越来越多的军家人更倾向于选择普通话或客家话与他人进行交际，军家话的使用呈现出弱化的趋势。而且，年龄越小的调查对象对军家话的掌握程度越低，表明该地年轻人说军家话的能力弱化趋势明显。如我们前文访谈所述，目前越来越多的新生代只会说普通话，不会说方言，语言活力在新生代儿童中正逐渐丧失，军家话的代际传承出现了一定的障碍。这种情况势必会导致使用军家话的人口越来越少。可以预料，在普通话和周边强势方言的双重夹击之下，处于弱势的军家话最终必将面临消亡的危险。

第四节

军家话研究现状

关于其他地区的"军话"或"军声",国内已多有研究,在此不赘。

关于武平中山军家话的研究,目前成果主要有两大角度:一是史学角度,主要是对军家人和军家话的姓氏来源进行考证;二是语言本体的研究,对军家话的语音词汇进行描写和比较。

最早著文介绍武平中山军家人和军家话的,当属王增能。他对武平历史做了大量的调查和研究,发表了许多有重要价值的成果。在《武平所考》一文中通过对武平所军籍姓氏源流的考证,介绍了军家人的历史来源,分析了武平所的"将军"和军家话的关系,并发表了对军家话的看法。林清书(1989:110—115)《闽西方言与闽西移民史》一文从闽西移民史的角度,专节提到"军家人与军家话"。林镜贤(1992:31—36)《武平所考之一二》也从历史角度考察了中山百家姓、军籍姓氏、十八将军与军家话等问题。此外,还有一些研究者也从史学或社会学的角度涉及军家人与军家话的相关研究,如钟毅锋(2008:88—92)《客家内部的分解与整合——以武平中山为例》,从社会学的"族群理论"对军家话和客家话的关系进行了阐释。

对军家话本体的研究最早见于梁玉璋(1990:192—203)《武平县中山镇的"军家话"》一文,该文描写了军家话的语音系统,分析了军家话的语音特点,并列举了一些词汇。1993年版的《武平县志·方言志》,篇后附录提供了中山军家话音系和一些字音词汇例子。严修鸿(1995:210—226)《武平中山镇的"军家话"》一文从军家方言岛的形成与分布、声韵调系统的详细描写与比较、词汇的分类列举与比较等方面报告了军家话的概貌,首次关注到军家话的连读变调和轻声问题。林清书(2000:27—32,2011:11—16)《武平中山军家话与赣方言》《再说武平中山军家话与客赣方言的关系》两文从军家话的历史来源、语音比较、词汇比较等方面对军家话与客赣方言的关系进行了专门的探讨。这些研究为我们提供了很多可资参考的宝贵材料，也给了我们很大的启发。

综上，目前军家话研究成果主要集中在历史来源考证及语音词汇的描写与比较方面，尚未见到语法方面的研究成果，亦未见到关注军家话社区双方言交际现状量化研究的相关成果。因此，我们认为，从纵深方向进一步挖掘军家话语音、词汇、语法材料，关注军家话社区语言生活的动态材料，全方位呈现军家话的语言及使用面貌，对保护这个濒危方言具有重要的意义。这也是本书选题的出发点。

第五节

调查说明

笔者对军家话的调查始于1990年2月，当时曾找中学同学邱香调查了《方言调查字表》中的3000余字音。本课题的调查始于2016年7月底，2016年7月底到8月初，笔者赴中山武溪、阳民、龙济、太平、老城、城中等村了解军家话的基本情况，并按语保项目的要求物色老男、老女、青男、青女及口头文化发音人，最后确定以相对偏僻并且军家人居住相对集中的武溪村为主要调查点。

在确定了调查点和发音人后，2016年8月初正式开始了中国语言生活绿皮书《中国语言资源调查手册·汉语方言》中的语音、词汇、语法项目的调查工作。9日，闽粤琼澳濒危方言项目组管理者、我的同门师弟庄初升教授莅临武平，我们一起到武溪村核听了老女邱荣凤的发音。同月，在研究生方晓婷、已毕业研究生刘立恒及其学生张思慧等人的协助下，完成了语保工程规定的有关内容的摄录工作。9月初，再进武溪村和阳民村，进一步调查核实军家话来源及系属等相关问题。

2017年2月，笔者趁假期回乡之机，补充调查了《汉语方言词语调查条目表》。8月，调查了《汉语方言语法调查例句》《汉语方言语法调查问卷》，并对一些家庭进行访谈，同时发放了相关问卷，初步完成了语保规定项目的调查。2018年7月，再次进一步核实了同音字表及词汇、语法条目。

下面是本次调查的发音合作人的基本情况。特志于此，以致谢忱。

邱桂兆，男，1948年8月生，中山镇武溪村邱屋人，初中文化，农民，曾任武溪村支书，父母和配偶均为军家人，会说军家话、客家话和普通话。承担"方言老男""口头文化"的调查和摄录任务，同时承担传统纸笔调查语音、词汇、语法部分的主要发音人。

邱煜彬，男，1981年10月生，中山镇武溪村邱屋人，初中文化，农民，父母均为军家人，配偶为民主乡客家人，会说军家话、客家话和普通话。承担"方言青男""地方普通话"的调查和摄录任务。

邱荣凤，女，1957年1月生，中山镇武溪村邱屋人，初中文化，农民，父母和配偶均为军家人，会说军家话、客家话和普通话。承担"方言老女""口头文化"的调查和摄录任务。

邱林芳，女，1984年9月生，中山镇武溪村邱屋人，大专文化，小学教师，父母均为军家人，2016年调查时尚未结婚。曾在武汉读书三年，后在晋江市东石镇廷都中心小学任教，节假日均回武溪，一次性外出时间最长不超过四个月，会说军家话、客家话和普通话。承担"方言青女"的调查和摄录任务。

邱冠玉，男，1937年5月生，中山镇武溪村邱屋人，小学文化，干部，会说军家话、客家话和普通话。承担"口头文化""地方普通话"的调查和摄录任务，同时担任传统纸笔调查词汇部分的补充核实发音人。

洪炳东，男，1964年7月生，中山镇阳民村增家墩自然村人，大学文化，时任武平县人大常委会办公室主任，会说军家话、客家话和普通话。承担"口头文化"的调查和摄录任务。

危金志，男，1948年3月生，中山镇新城村人，大专文化，退休教师，会说军家话、客家话和普通话。承担"口头文化"的调查和摄录任务。

程明泉，男，1951年12月生，中山镇城中村人，初中文化，退休教师，会说军家话、客家话和普通话。承担"口头文化""地方普通话"的调查和摄录任务。

危龙泉，男，1972年11月生，中山镇龙济村人，大专文化，中山中心学校教师，会说军家话、客家话和普通话。承担"口头文化"的调查和摄录任务。

第二章 语音

第一节

声韵调

一 声母

军家话共有声母21个，包括零声母在内。

p 八兵逼斧	pʰ 派片爬病	m 麦明妹问	f 飞肥活县	v 味温王云
t 多东知六	tʰ 讨天甜毒	n 闹南泥暖		l 老蓝连路
ts 资张争纸	tsʰ 草字拆茶初		s 丝山书床船	
tɕ 酒九接跛	tɕʰ 清轻抽谢姓~	nʑ 年热玉月~光	ɕ 想谢多~手响	
k 高关家讲	kʰ 开看康去	ŋ 软敖月~份牛	h 好灰狭溪	
ø 安用药容				

说明：

1. [n]和[nʑ]无对立，[n]与洪音相拼，[nʑ]与细音相拼。
2. 唇齿音[v]摩擦不明显。
3. 零声母逢细音时带有较明显的摩擦。

二 韵母

军家话共有韵母50个，包括自成音节的[m]在内。

ɿ 师丝试刺	i 米对戏飞	u 苦猪妇儿老
a 茶牙瓦蛇	ia 写借野爷	ua 瓜挂
ɛ 嘿语气词□ [sɛ²³]口语中表示肯定		uɛ 开赔改灰

e 鱼事白洗仔ㄦ子		ue 鬼亏贵桂
ɚ 而儿新呃语气词		
o 歌婆坐过	io 靴茄哟语气词	
ai 排鞋戒白台	iai 戒文解文	uai 快怪拐
au 宝饱早孝		
ɔɯ 豆走狗箍	iəɯ 笑桥要妙	
	iu 油抽手九	
an 南山咸兰		uan 关惯掼
ɛn 根灯争文层零	iɛn 盐年权钱	uɛn 半短官满
en 深寸春云升	in 心新任金	uen 滚棍魂裙
aŋ 硬争白横声	iaŋ 病星兄命	uaŋ 梗
ɔŋ 糖床王讲	iɔŋ 响想两抢	
əŋ 东懂动窗	iəŋ 用穷荣共	
aʔ 盒鸭辣瞎		uaʔ 刮括
ɛʔ 北色墨测	iɛʔ 接贴热节	uɛʔ 月～份国割刷
eʔ 十出食佛	iʔ 急七一橘	ueʔ 骨窟
ak 白尺石客	iak 锡踢吃壁	
ɔk 托郭壳学	iɔk 药削脚弱	
ək 谷六叔毒	iək 绿局肉玉	
m 五吴唔不午		

说明：

1. 合口呼韵母 [u] 舌位比较靠前，唇形也略扁，实际音值接近 [ʉ]。

2. 合口呼韵母 [u] 与 [k kʰ] 相拼时有轻微的唇齿化现象，新派更明显。

3. 单韵母 [i] 零声母及与 [tɕ tɕʰ ɕ] 相拼时实际音值为典型的高元音 [i]；与其他声母相拼时有时开口度略松，与 [k kʰ] 相拼时有时接近 [e]，或与 [e] 两读，无音位对立。

4. [e] 开口度不太稳定，有时略大，有时略小。[eʔ] 与 [ts tsʰ s f v] 相拼时是典型的 [e]，与其他声母相拼时开口度一般略小。[e eʔ] 两韵与 [i iʔ] 有混同之势，有些字明显处于过渡状态，或可两读，无音位对立。

5. [o io] 两韵中 [o] 的开口度略小，唇形也略扁。

6. [ai iai uai au] 等韵的韵尾不到位，实际音值为 [e o]。

7. [uɛ uɛn uɛʔ ɔu] 等韵的韵头 [u] 开口度略大，近于 [o]。

8. [ai iai uai an uan] 等韵中韵腹实际音值为 [a]，[a ia ua aʔ uaʔ] 等韵中的韵腹实际音值

为[ʌ]，[au aŋ iaŋ uaŋ ak iak]等韵中韵腹实际音值为[ɑ]，[au]的韵腹有时接近[ɔ]。

9. 声化韵[m]可自由变读为[ŋ]。

三　声调

军家话共有单字调5个。

阴平[31]	东通动卖洞
阳平[23]	门龙牛同皮
上声[35]	懂古草买老
去声[51]	冻怪痛快去
入声[45]	急刻麦六白

说明：

1. 阴平调为典型的中降调，有时起点略有高低。

2. 阳平调一般较平展，实际调值为[223]，稍有降升，但降幅不到1度，有时上扬较明显，强调时可上扬接近[24]。

3. 上声调为中升调，起点略低。

4. 去声调为高降调，起点比上声调的终点略低。前头略有上升，实际调值为[451]，但音感上升幅不明显，以降为主。有时降不到底，终点比阴平调的终点略高。

5. 入声为短促调，实际调值为[45]，有时略低，也稍舒缓。为了标音简明，下文统一标作[45]，不再使用下划线。

第二节

单字音表

表中同一横行的字声母相同，同一竖行的字韵母和声调相同。有音无字的用数字序号表示，并在表下加注。空格表示没有声韵调配合关系。例字单下划线表白读音，双下划线表文读音。

表 2-1 单字音表之一

声母\韵调	ɿ 阴平 31	ɿ 阳平 23	ɿ 上声 35	ɿ 去声 51	i 阴平 31	i 阳平 23	i 上声 35	i 去声 51	u 阴平 31	u 阳平 23	u 上声 35	u 去声 51
p					杯	①	比	币	③	④	补	布
pʰ					披	皮	痞	屁	普	扶	莆	墓
m					咪	迷	米	秘		诬	母	付
f					飞	肥	水	费	夫	胡	府	务
v					位	围		卫		乌	舞	
t					低		底	对	都	⑤	肚	妒
tʰ					地	提		剃	度	图	土	吐
n									怒	奴		⑥
l					类	来	李	泪	路	卢	卤	露
ts	资		子	志					租		组	著
tsʰ	字	迟	齿	刺					粗	除		醋
s	思	时	死	始					苏	殊	**所**	素
tɕ					机	②	嘴	记				
tɕʰ					许	齐	起	气				
ɲ					义	疑	女	遇				
ɕ					西		喜	岁				
k					**渠**			锯	姑	⑦	古	故
kʰ					**攰**			去	枯		苦	库
ŋ							危					
h												
ø					医	移	以	意				

渠 ki³¹ 第三人称代词

攰 kʰi³¹ 累

所 su³⁵ 又音

①pi²³ 烂～□pia²³ 指非常烂,含贬义

②tɕi²³ 拟声词,老鼠叫的声音

③pu³¹ 蹲

④pu²³ 拟声词,婴儿拉屎的征兆

⑤tu²³ 用针、棍子、刀等刺、捅

⑥nu⁵¹ ～屎狗 搬弄是非的人

⑦ku²³ 不善言辞

表2-2 单字音表之二

声\韵调	a 阴平 31	a 阳平 23	a 上声 35	a 去声 51	ia 阴平 31	ia 阳平 23	ia 上声 35	ia 去声 51	ua 阴平 31	ua 阳平 23	ua 上声 35	ua 去声 51
p	巴	①	把	坝	⑦							
pʰ	葩	爬		怕			⑧	⑨				
m		骂	麻	马	摸							
f	话	华		化				⑩				
v	话		搲		哇	哇		哇				
t	爹		打									
tʰ		他										
n	拿	②										
l	拉	③		④			⑪					
ts	渣		者	乍								
tsʰ	车	茶	扯	岔								
s	沙	蛇	耍	晒								
tɕ					⑫	⑬	姐	借				
tɕʰ					且	斜		笡				
ɲ							惹	⑭				
ɕ					些	斜	写	泻				
k	家	嘎	假	嫁					瓜	呱	寡	挂
kʰ		⑤							夸		垮	跨
ŋ		牙	瓦	伢								
h	夏	虾	⑥					⑮				
ø	亚		哑		也	爷	野	⑯				

话 fa³¹ 讲~说话
话 va³¹ ~事做主
搲 va³⁵ 动词,抓。量词,(抓一)把
嘎 ka²³ 拟声词,鸡下蛋后发出的声音
哇 via³¹ 拟声,可"AAAA"变读重叠,指话多,嚷嚷个不停。
笡 tɕʰia⁵¹ 斜
①pa²³ 软屁:~屙~指胡言乱语
②na²³ 头~头
③la²³ ~人家女方第一次到男方家看家境|~田到田间巡视
④la⁵¹ 手指~手指缝
⑤kʰa²³ 拟声词,吐痰的声音
⑥ha³⁵ 未听清时反问声
⑦pia²³ 拟声词,打~坝=一种折纸游戏
⑧pʰia³¹ 贪心,什么都想要
⑨pʰia⁵¹ 拟声词,打破碗碟等器皿的声音
⑩fia⁵¹ ~开来撒开
⑪lia³⁵ [哩呀]的合音,语气词
⑫tɕia³¹ ~子瘸子
⑬tɕia²³ ~□□tiʔ³³kɔk⁴⁵逗小孩发笑
⑭ɲia⁵¹ 头发往上翘
⑮hia³⁵ 语流中表示停顿或舒缓语气
⑯ia⁵¹ □tsʰai²³ ~昨天

表2-3　单字音表之三

韵 调 声	ε 阴平 31	ε 阳平 23	ε 上声 35	ε 去声 51	uε 阴平 31	uε 阳平 23	uε 上声 35	uε 去声 51	e 阴平 31	e 阳平 23	e 上声 35	e 去声 51
p								背				
pʰ					背	赔						
m					妹	梅		妹				
f												
v	喂											
t					堆			碓				
tʰ						代		⑤				
n										内		泥
l			咧									来
ts		①				⑥			追		仔	最
tsʰ					睬				吹		锄	脆
s		②			衰				睡	随	使	税
tɕ												
tɕʰ												
ȵ												
ɕ												
k					该		改	盖				锯
kʰ					开							去
ŋ					碍		呆			鱼		艾
h		③	④		灰		海					
∅					煨		⑦	爱	欸			

背 puε⁵¹ 脊～
背 pʰuε³¹ ～书
妹 muε⁵¹ 受客家话影响的又音
来 le²³ 又音
锯 ke⁵¹ 又音
去 kʰe⁵¹ 又音
艾 ŋe⁵¹ ～草

①tsε²³ 打
②sε²³ 口语中表肯定
③hε²³ ～个哪个
④hε³⁵ ～人谁
⑤tʰuε²³ 男阴
⑥tsuε²³ 用手指敲打
⑦uε³⁵ 玩

表2-4　单字音表之四

韵\调声	ue 阴平31	ue 阳平23	ue 上声35	ue 去声51	ə 阴平31	ə 阳平23	ə 上声35	ə 去声51	o 阴平31	o 阳平23	o 上声35	o 去声51
p pʰ m f v									波 颇 磨 倭	① 婆 嬷 禾		簸 破 ②
t tʰ n l									多 拖 糯 摎	③ 陀 挪 罗	朵 妥	剁 唾 老
ts tsʰ s									坐 蓑	④	左 所	做 错
tɕ tɕʰ ɲɕ ɕ												
k kʰ ŋ h	龟 亏		鬼 葵 魏	贵 跪 愧					哥 颗 饿 贺	咯 俄 河	果 可 火	过 课 ⑤ 货
∅					呃	儿			窝	禾		哦

儿ə²³ 新派音

禾 vo²³ 受客家话影响的又音

摎 lo³¹ 两种以上的东西混杂在一起

老 lo⁵¹ ～蟹螃蟹

哦 o⁵¹ 大声喊叫：打～嗬放声尽情喊"哦"的声音

① po²³ 拍打：～屎窟打屁股

② vo⁵¹ 大声喊叫

③ to²³ 拟声词，水流声，可"AAAA"变读重叠

④ tso²³ 用水淋

⑤ ŋo⁵¹ ～牯傻子

表 2-5　单字音表之五

韵\调声	io 阴平 31	io 阳平 23	io 上声 35	io 去声 51	ai 阴平 31	ai 阳平 23	ai 上声 35	ai 去声 51	iai 阴平 31	iai 阳平 23	iai 上声 35	iai 去声 51
p					①	跛	罢	拜				
pʰ					败	排		派				
m					卖	埋	买					
f					坏	怀						
v					歪	②						
t						呆		带				
tʰ						待	台	太				
n						耐	奶	捺				
l						赖	③	癞				
ts					灾		**载**	再				
tsʰ					猜	才	采	菜				
s					腮	柴		赛				
tɕ											解	介
tɕʰ		茄										
ȵ	揉											
ɕ	靴											
k					街		解	届				
kʰ					凯			④				
ŋ					外	崖		艾				
h					蟹	鞋						
∅					哀		矮					

载 tsai³⁵ 年　　　　　　　　②vai²³ 喊叫

艾 ŋai⁵¹ 姓　　　　　　　　③lai²³ 有气无力

①pai³¹ 左手左□lai²³ ~左撇子　　④kʰai⁵¹ 敲打（头）

表2-6　单字音表之六

声母＼韵调	uai 阴平31	uai 阳平23	uai 上声35	uai 去声51	au 阴平31	au 阳平23	au 上声35	au 去声51	əɯ 阴平31	əɯ 阳平23	əɯ 上声35	əɯ 去声51
p					包		宝	报				
pʰ					暴	袍		泡				
m					毛	冇		①	茂	牡	某	⑨
f									否	浮		
v												
t					刀	②	岛	到	兜		抖	斗
tʰ					道	逃	讨	套	豆	头		透
n					闹	挠	脑	③			⑩	纽
l					④	劳	老	涝	漏	楼	娄	⑪
ts					遭		早	罩	沼		走	照
tsʰ					操	曹	草	造	超	潮	⑫	凑
s					骚	⑤	嫂	扫	烧	绍	少	召
tɕ												
tɕʰ												
ȵ												
ɕ												
k	乖		拐	怪	高		搞	告	勾	⑬	狗	够
kʰ				块	交	⑥	考	靠	抠		口	扣
ŋ					傲	熬	咬	⑦	偶	牛	藕	
h					号	毫	好	酵	后	侯		
∅					凹	⑧	拗	奥	欧	呕	怄	怮

交 kʰau³¹ 〜手叉着手，指游手好闲

①mau⁵¹ 没牙齿的人咀嚼食物

②tau²³ □lau⁵¹ 〜当地人的小名

③nau⁵¹ 慢

④lau³¹ 锅〜烟锅烟子

⑤sau²³ 焯

⑥kʰau²³ 拟声词，啃骨头的声音

⑦ŋau⁵¹ 挪动（头部）

⑧au²³ 拟声词，装老虎叫的声音

⑨məɯ⁵¹ 〜牯当地人的小名

⑩nəɯ²³ 稠

⑪ləɯ⁵¹ 呼叫（鸡、狗等）

⑫tsʰəɯ³⁵ 讨债

⑬kəɯ²³ 弯曲

表2-7 单字音表之七

韵 调 声	iəɯ 阴平 31	iəɯ 阳平 23	iəɯ 上声 35	iəɯ 去声 51	iu 阴平 31	iu 阳平 23	iu 上声 35	iu 去声 51	an 阴平 31	an 阳平 23	an 上声 35	an 去声 51
p pʰ m f v	标 飘 庙	嫖 苗	表 瞟	票 猫					班 办 慢 患 弯	蛮 桓 顽	版 盼 瞒 反	幻 挽 ④
t tʰ n l	刁 挑 料	条 聊	鸟 了	钓 跳 ①	丢 柳	留		溜	单 贪 难 烂	潭 南 蓝	胆 坦 揽	旦 叹 ⑤
ts tsʰ s									沾 参 三	蚕	斩 铲 伞	蘸 杉 散
tɕ tɕʰ ɲ ɕ	娇 敲 鸟 肖	乔 饶	缴 俏 小	叫 翘 笑	邹 丘 妞 休	② 求 ③	酒 丑 扭	昼 臭 手 秀				
k kʰ ŋ h									甘 堪 岸 憨	岩 含	感 眼	间 坎 ⑥ 喊
∅	妖	尧	舀	要	又	尤	有	幼	庵	⑦		暗

鸟 tiəɯ³⁵ ～刮 骂人

了 liəɯ³⁵ ～解

要 iəɯ⁵¹ 重要

难 nan³¹ 患难

散 san⁵¹ 分散

①liəɯ⁵¹ 动词，用脚踢

②tɕiu²³ 拧毛巾

③ɕiu²³ "AAAA" 变读重叠，指游手好闲

④van⁵¹ 讲～渠知 告诉他

⑤nan⁵¹ 小疖子

⑥ŋan⁵¹ ～子 没出息的人

⑦an²³ 硌（脚）

表2-8 单字音表之八

韵\调声	uan 阴平 31	uan 阳平 23	uan 上声 35	uan 去声 51	εn 阴平 31	εn 阳平 23	εn 上声 35	εn 去声 51	iεn 阴平 31	iεn 阳平 23	iεn 上声 35	iεn 去声 51
p					崩	凭朋		③	编偏	便	扁片	变骗
pʰ												
m					孟				**面**	棉	免	**面**⑪
f					县				宏			
v					冤	圆	远	院				
t					登汀	④腾	等	凳⑤	掂天	田	点	店
tʰ												
n						能		⑥				
l						凌		靓	敛	廉	潋	
ts					专蹲	⑦缠	展	战⑧				
tsʰ												
s					森	蝉	闪	扇				
tɕ									尖签念	前年嫌	检浅捻显	剑欠瘾线
tɕʰ												
ȵ												
ɕ									仙			
k	关	①		惯	跟	鹽凝	**肯**银	更**肯**⑨				
kʰ	②			掼								
ŋ												
h					恨	痕	很	⑩				
∅					恩			**应**	淹	盐	演	艳

鹽 kεn²³ 盖（盖子）

肯 kʰεn³⁵ 唔～不肯

肯 kʰεn⁵¹ ～定

应 εn⁵¹ 应答

面 miεn³¹ 脸～｜～条

面 miεn⁵¹ 受客家话影响的又音

①kuan²³ 瞪大眼睛斜视

②kʰuan³¹ 地下打滚

③pεn⁵¹ ～到擦碰到

④tεn²³ ～牯～重沉甸甸的，指非常重

⑤tʰεn⁵¹ ～手帮忙

⑥nεn⁵¹ 雷公晲～闪电

⑦tsεn²³ 敲打（头）

⑧tsʰεn⁵¹ 被车压。擀（面）

⑨ŋεn⁵¹ 鸡生病，无精打采

⑩hεn⁵¹ 雷公～天雷声很响

⑪fiεn⁵¹ ～人打人，动作较泛

表2-9 单字音表之九

韵 调 声	uɛn 阴平 31	uɛn 阳平 23	uɛn 上声 35	uɛn 去声 51	en 阴平 31	en 阳平 23	en 上声 35	en 去声 51	uen 阴平 31	uen 阳平 23	uen 上声 35	uen 去声 51
p pʰ m f v	潘	盘	鳗	半 满	彬 烹 问 昏 温	贫 民 魂 云	本 品 闽 粉 稳	鬓 喷 问 奋 问				
t tʰ n l	端 段 乱	 团 鸾	短 暖 卵	断 健	蹲 吞 嫩 论	 林	顿 屯 	拖 挺 ①				
ts tsʰ s	穿 酸	椽	喘	钻 串 算	针 村 身	 陈 辰	镇 蠢 婶	圳 寸 舜				
tɕ tɕʰ ɲ ɕ												
k kʰ ŋ h	官 宽 汗	 权 寒	赶 款 软	干看 汉					 昆		滚 捆	棍 困
ø	安		碗	按								

僆 luɛn⁵¹：鸡～未下蛋的小母鸡

问 men⁵¹ 受客家话影响的又音

①lɛn⁵¹ 叨念

表2-10 单字音表之十

韵\调声	in 阴平 31	in 阳平 23	in 上声 35	in 去声 51	aŋ 阴平 31	aŋ 阳平 23	aŋ 上声 35	aŋ 去声 51	iaŋ 阴平 31	iaŋ 阳平 23	iaŋ 上声 35	iaŋ 去声 51
p					扮			绷	⑥		丙	柄
pʰ						庞		胖		坪		⑦
m					蟒	②			病	名		
f					晃			晃	命			
v					横	横			星			
t							③			钉		
tʰ										听		
n						腩		④				
l						铃	冷			领	零	岭
ts					争		整	正				
tsʰ						郑	程	撑				
s						声	成	省				
tɕ	今		锦	禁					惊		井	镜
tɕʰ	亲	寻	①	侵					净	晴	请	锵
ȵ		认	人							迎		
ɕ	心	旬	笋	信					星		醒	姓
k					庚		哽	径				
kʰ					坑							
ŋ					硬							
h					夯	行						
∅	音	吟	饮	印	罂			⑤	映	赢	影	瞹

扮 paŋ³¹ 拉

晃 faŋ³¹ ～眼

晃 faŋ⁵¹ ～荡

横 vaŋ³¹ ～走｜～倒倒下

横 vaŋ²³ ～直

行 haŋ²³ ～走

瞹 iaŋ⁵¹ 看：～牛放牛

①tɕʰin³⁵ ～头低头｜～倒弯腰

②maŋ²³ 不，没有

③taŋ²³ 吃：～哩一餐就走哩指到别人家吃了一顿拍拍屁股就走人了

④naŋ⁵¹ 用力拉屎

⑤aŋ⁵¹ 再：～好都冇用再好都没用

⑥piaŋ³¹ 摔（碗）

⑦pʰiaŋ⁵¹ 劈

表2-11 单字音表之十一

韵 调 声	uaŋ 阴平 31	uaŋ 阳平 23	uaŋ 上声 35	uaŋ 去声 51	ɔŋ 阴平 31	ɔŋ 阳平 23	ɔŋ 上声 35	ɔŋ 去声 51	iɔŋ 阴平 31	iɔŋ 阳平 23	iɔŋ 上声 35	iɔŋ 去声 51
p					帮		绑	谤				
pʰ					①	旁						
m					莽	忙	网					
f					荒	肪		放				
v					汪	黄	枉	忘				
t					档		党	当				
tʰ					汤	堂	躺	烫				
n					瓤	囊	②	浪				
l					壤	郎	③	朗	亮	良	两	
ts					庄		掌	账				
tsʰ					仓	肠	厂	唱				
s					桑	床	嗓					
tɕ									姜		奖	酱
tɕʰ									枪	墙	抢	**像**
ȵ									让	娘	仰	**娘**
ɕ									香	详	想	向
k	桄		梗		岗	④	港	杠				
kʰ					康	狂	⑤	亢				
ŋ						昂		⑥				
h					项	杭						
∅					肮		**昂**		央	羊	养	

桄 kuaŋ³¹ ～子 桌椅的横撑

当 tɔŋ⁵¹ ～铺

昂 ɔŋ³⁵ ～直背 挺直背

像 tɕʰiɔŋ⁵¹ 相～

娘 ȵiɔŋ⁵¹ ～～ 姑姑

① pʰɔŋ³¹ 拍桌子

② nɔŋ³⁵ 程度副词：～好 很好

③ lɔŋ³⁵ 程度副词：～好 很好

④ kɔŋ²³ 拟声词：～□tɕʰia⁵¹ 锣鼓声

⑤ kʰɔŋ³⁵ 臭～ 米糠变质

⑥ ŋɔŋ⁵¹ 傻：～牯仔 傻子

表2-12 单字音表之十二

声\韵\调	əŋ 阴平 31	əŋ 阳平 23	əŋ 上声 35	əŋ 去声 51	iəŋ 阴平 31	iəŋ 阳平 23	iəŋ 上声 35	iəŋ 去声 51	m 阴平 31	m 阳平 23	m 上声 35	m 去声 51
p / pʰ / m / f / v	碰 / 梦 / 风 / 翁	蓬 / 蒙 / 红	捧 / 罾	① / 喷 / 瓮								
t / tʰ / n / l	东 / 动 / 聋	咚 / 同 / 隆	董 / 桶 / 农 / 垄	冻 / 痛 / ② / 窿	龙			④				
ts / tsʰ / s	宗 / 聪 / 双	丛	总 / 㧅	粽 / 铳 / 送								
tɕ / tɕʰ / ɲ / ɕ					供 / 共 / 兄	穷 / 浓 / 雄	拱	供 / ⑤				
k / kʰ / ŋ / h	公 / 恐 / 哄	③	拱 / 孔	供 / 贡 / 轰								
∅						用	荣		误	吴	五	

喷 pʰəŋ⁵¹ ～香香喷喷

㧅 səŋ³⁵ 推

供 kəŋ⁵¹ 上～

哄 həŋ³¹ 乱～～

供 tɕiəŋ³¹ 生（小孩）。喂（猪）

供 tɕiəŋ⁵¹ 又音

①pəŋ⁵¹ 拟声词，鞭炮声，枪声

②nəŋ⁵¹ ～头□□tɕi³³kʰai⁵¹ 头发蓬乱

③kəŋ²³ 拟声词，小孩子玩水的声音

④liəŋ³¹ 走溜走

⑤ɲiəŋ⁵¹ ～角河流的死角

表2-13 单字音表之十三

声\调\韵	aʔ	uaʔ	εʔ	iεʔ	uεʔ	eʔ	iʔ	ueʔ	ak	iak	ɔk	iɔk	ək	iək
	入声45	入声45	入声45	入声45	入声45	入声45	入声45	入声45	入声45	入声45	入声45	入声45	入声45	入声45
p	八	拔	北	鳖	拨	逼			百	壁	博		不	
pʰ	拔		迫	别	泼	匹			白	劈	薄		仆	
m	袜		墨	灭	末				麦		莫		木	
f	法		血	穴		佛					霍		福	
v	滑		挖			物			划		握		屋	
t	答		得	跌	掇	滴			④		托		六	
tʰ	踏		特	铁	脱	笛	特		缢	踢	诺		独	
n	纳		②						⑤		落		⑦	
l	辣			列	捋	力	立						鹿	录
ts	砸		则		③	汁			只		作		竹	
tsʰ	插		测		撮	出			拆		凿		族	
s	杀		舌		刷	食			石		索		叔	
tɕ				夹		急				迹		脚		足
tɕʰ				切		七				席		却		局
ȵ				业		日				额		弱		玉
ɕ				协		习				惜		削		宿
k	鸽	刮	革		国		骨	隔		各		谷		
kʰ	恰		刻		渴		窟			扩		哭		
ŋ	①				月					岳				
h	合		黑		喝					学				
∅	鸭		噎		遏		一		厄	⑥	恶	约		育

缢 tʰak⁴⁵ 用绳子捆

①ŋaʔ⁴⁵ 吃，诙谐说法

②nεʔ⁴⁵ 用手掐

③tsuεʔ⁴⁵ 吮吸，小孩吃奶

④tak⁴⁵ ～进～出 频繁进出并开门关门

⑤nak⁴⁵ 做糕点时用手抓捏

⑥iak⁴⁵ ～手 挥手

⑦nək⁴⁵ 打～ 打寒噤，吓一跳

第三节

连读变调与轻声

军家话的特色之一就是连读变调复杂，轻声词丰富。军家话有5个声调，每个调类都有不同程度的变调和轻声。本节主要探讨军家话的连读变调规律和轻声情况。军家话后变调并不像前变调那么有规律，有些字作为词语后字时读音与原来的单字调完全不同，而且未必是由连读的前字引起的。由于后变调现象并无明显的规律，且多有词缀"仔""哩""子""头"等参与其中，所以虽然有时读音显得并不那么"轻"或"短"，甚至发音还很到位，如调值变为[35]、[51]的后字，但我们仍统一处理为轻声。

一 连读变调

（一）二字组连读变调

军家话连读变调较为复杂，严修鸿（1995：210—226）已关注到这个问题，并制作了军家话二字组连读变调表。由于调查地点和调查时间不同，我们的调查结果略有差异。军家话二字组前变调情况大致如下：

1. 前字为阴平调[31]

阴平调变调不明显，快读时因为时长的关系，前字有时降得没那么到位，慢说时一般不变调。当后字读轻声时，阴平调前字的降幅稍微减弱，有少数轻声词前字的阴平调也可变读为[23]，详见本节"轻声"部分的相关说明。

2. 前字为阳平调[23]

阳平调在阴平、去声、入声前不变调，在阳平、上声前的变调情况如下：

（1）阳平 + 阳平：前字变读为[31]，与阴平调的调值相同，例如：

河舷河边[ho²³ɕiɛn²³→ho³¹ɕiɛn²³]　　油条[iu²³tʰiəɯ²³→iu³¹tʰiəɯ²³]

闲谈[han²³tʰan²³→han³¹tʰan²³]　　时常[sɿ²³sɔŋ²³→sɿ³¹sɔŋ²³]

零钱[lɛn²³tɕʰiɛn²³→lɛn³¹tɕʰiɛn²³]　　年头[ȵiɛn²³tʰəɯ²³→ȵiɛn³¹tʰəɯ²³]

（2）阳平 + 上声：前字一般变读为[31]，与阴平调的调值相同，例如：

牛牯公牛[ŋəɯ²³ku³⁵→ŋəɯ³¹ku³⁵]　　馋水[tsʰan²³fi³⁵→tsʰan³¹fi³⁵]

洋碱肥皂[iɔŋ²³tɕiɛn³⁵→iɔŋ³¹tɕiɛn³⁵]　　呆鬼傻子[ŋuɛ²³kuɛ³⁵→ŋuɛ³¹kuɛ³⁵]

年尾[ȵiɛn²³mi³⁵→ȵiɛn³¹mi³⁵]　　泉水[tɕʰiɛn²³fi³⁵→tɕʰiɛn³¹fi³⁵]

有时前字只是略降，不到[31]，我们统一处理为[31]，如：

轮子[lɛn²³tsɿ³⁵→lɛn³¹tsɿ³⁵]　　难顶难受[nan²³tɛn³⁵→nan³¹tɛn³⁵]

唔好不好[m²³hau³⁵→m³¹hau³⁵]

有时变调不明显，仅仅是不上扬而已，实际调值为[22]，例如：

苹果[pʰɛn²³ko³⁵→pʰɛn²²ko³⁵]　　黄酒[vɔŋ²³tɕiu³⁵→vɔŋ²²tɕiu³⁵]

锣鼓[lo²³ku³⁵→lo²²ku³⁵]

严修鸿（1995：210—226）调查的结果显示阳平调前字在上声调前变读为[22]。我们本次的调查发现确实有变读为[22]调的，但为数不多，大多数为略降或降调。这或许也属于变化过程中的一种变调现象，我们上述所举例子也可说明这个变化过程，大致路径为"微扬→平调→微降→降调"。为了标音简明，对于这些少数变调不明显的词我们仍标原调[23]，不另外设新调值。

3. 前字为上声调[35]

上声调在阴平、去声、入声前不变调，在阳平、上声前的变调情况如下：

（1）上声 + 阳平：前字变读为[55]，例如：

水田[fi³⁵tʰiɛn²³→fi⁵⁵tʰiɛn²³]　　水湖小水坑[fi³⁵fu²³→fi⁵⁵fu²³]

嘴唇[tɕi³⁵sɛn²³→tɕi⁵⁵sɛn²³]　　酒娘未勾兑水分的糯米酒[tɕiu³⁵ȵiɔŋ²³→tɕiu⁵⁵ȵiɔŋ²³]

纸钱[tsɿ³⁵tɕʰiɛn²³→tsɿ⁵⁵tɕʰiɛn²³]　　起来[tɕʰi³⁵li²³→tɕʰi⁵⁵li²³]

（2）上声 + 上声：前字变读为[33]，例如：

冷水[laŋ³⁵fi³⁵→laŋ³³fi³⁵]　　滚水开水[kuɛn³⁵fi³⁵→kuɛn³³fi³⁵]

水果[fi³⁵ko³⁵→fi³³ko³⁵]　　狗牯公狗[kəɯ³⁵ku³⁵→kəɯ³³ku³⁵]

哑牯哑巴[a³⁵ku³⁵→a³³ku³⁵]　　左手[tso³⁵ɕiu³⁵→tso³³ɕiu³⁵]

4. 前字为去声调[51]

去声字变调最为复杂，在各调类前都产生变调，详细变调情况如下：

（1）去声＋阴平：前字变读为[53]，例如：

杉树 [tsʰan⁵¹su³¹→tsʰan⁵³su³¹]　　　　猫公猫 [miəɯ⁵¹kəŋ³¹→miəɯ⁵³kəŋ³¹]

赴墟赶集 [fu⁵¹ɕi³¹→fu⁵³ɕi³¹]　　　　菜刀 [tsʰai⁵¹tau³¹→tsʰai⁵³tau³¹]

背心 [puɛ⁵¹ɕin³¹→puɛ⁵³ɕin³¹]　　　　嫁妆 [ka⁵¹tsɔŋ³¹→ka⁵³tsɔŋ³¹]

（2）去声＋阳平：前字变读为[55]，例如：

睆牛放牛 [iaŋ⁵¹ŋəɯ²³→iaŋ⁵⁵ŋəɯ²³]　　　　猫嬷母猫 [miəɯ⁵¹mo²³→miəɯ⁵⁵mo²³]

剃头 [tʰi⁵¹tʰəɯ²³→tʰi⁵⁵tʰəɯ²³]　　　　贡脓溃脓 [kəŋ⁵¹nəŋ²³→kəŋ⁵⁵nəŋ²³]

酱油 [tɕiɔŋ⁵¹iu²³→tɕiɔŋ⁵⁵iu²³]　　　　拜堂 [pai⁵¹tʰɔŋ²³→pai⁵⁵tʰɔŋ²³]

（3）去声＋上声：前字变读为[33]，例如：

猫牯公猫 [miəɯ⁵¹ku³⁵→miəɯ³³ku³⁵]　　　　困眼睡觉 [kʰuen⁵¹ŋan³⁵→kʰuen³³ŋan³⁵]

细雨 [ɕi⁵¹i³⁵→ɕi³³i³⁵]　　　　孝仔孝子 [hau⁵¹tse³⁵→hau³³tse³⁵]

烫斗熨斗 [tʰɔŋ⁵¹tʰəɯ³⁵→tʰɔŋ³³tʰəɯ³⁵]　　　　嫁女 [ka⁵¹ȵi³⁵→ka³³ȵi³⁵]

（4）去声＋去声：前字变读为[33]，例如：

进去 [tɕin⁵¹kʰi⁵¹→tɕin³³kʰi⁵¹]　　　　种菜 [tsəŋ⁵¹tsʰai⁵¹→tsəŋ³³tsʰai⁵¹]

妒忌 [tu⁵¹tɕi⁵¹→tu³³tɕi⁵¹]　　　　做戏 [tso⁵¹tɕʰi⁵¹→tso³³tɕʰi⁵¹]

中暑 [tsəŋ⁵¹su⁵¹→tsəŋ³³su⁵¹]　　　　布店 [pu⁵¹tiɛn⁵¹→pu³³tiɛn⁵¹]

（5）去声＋入声：前字变读为[33]，例如：

教室 [kau⁵¹seʔ⁴⁵→kau³³seʔ⁴⁵]　　　　放学 [fɔŋ⁵¹hɔk⁴⁵→fɔŋ³³hɔk⁴⁵]

做客 [tso⁵¹kʰak⁴⁵→tso³³kʰak⁴⁵]　　　　记得 [tɕi⁵¹tɛʔ⁴⁵→tɕi³³tɛʔ⁴⁵]

钢笔 [kɔŋ⁵¹peʔ⁴⁵→kɔŋ³³peʔ⁴⁵]　　　　送帖 [səŋ⁵¹tʰiɛʔ⁴⁵→səŋ³³tʰiɛʔ⁴⁵]

5. 前字为入声调[45]

入声调在阴平、阳平前不变调，在上声、去声、入声前变读[33]，短促调。因为军家话的入声韵皆有塞音韵尾，可与上声、去声的舒声变调[33]相区别，为了标音简明，下文统一标作[33]，不再使用下划线。

（1）入声＋上声：前字变读为[33]，例如：

着火 [tsʰɔk⁴⁵ho³⁵→tsʰɔk³³ho³⁵]　　　　落雨下雨 [lɔk⁴⁵i³⁵→lɔk³³i³⁵]

白酒 [pʰak⁴⁵tɕiu³⁵→pʰak³³tɕiu³⁵]　　　　贼牯小偷 [tsʰɛʔ⁴⁵ku³⁵→tsʰɛʔ³³ku³⁵]

罚款 [faʔ⁴⁵kʰuen³⁵→faʔ³³kʰuen³⁵]　　　　佮伙合伙 [kaʔ⁴⁵ho³⁵→kaʔ³³ho³⁵]

（2）入声＋去声：前字变读为[33]，例如：

出去 [tsʰeʔ⁴⁵kʰi⁵¹→tsʰeʔ³³kʰi⁵¹]　　　　合算 [haʔ⁴⁵suɛn⁵¹→haʔ³³suɛn⁵¹]

责怪 [tsɛʔ⁴⁵kuai⁵¹→tsɛʔ³³kuai⁵¹]　　　　吃昼吃午饭 [tɕʰiak⁴⁵tɕiu⁵¹→tɕʰiak³³tɕiu⁵¹]

出葬出殡 [tsʰeʔ⁴⁵tsɔŋ⁵¹→tsʰeʔ³³tsɔŋ⁵¹]　　　　学费 [hɔk⁴⁵fi⁵¹→hɔk³³fi⁵¹]

（3）入声 + 入声：前字变读为[33]，例如：

吸石磁铁[ɕiʔ⁴⁵saʔ⁴⁵→ɕiʔ³³saʔ⁴⁵]　　　　　日日[niʔ⁴⁵niʔ⁴⁵→niʔ³³niʔ⁴⁵]
吃药[tɕʰiak⁴⁵iɔk⁴⁵→tɕʰiak³³iɔk⁴⁵]　　　　扎实[tsaʔ⁴⁵seʔ⁴⁵→tsaʔ³³seʔ⁴⁵]
翼甲翅膀[iʔ⁴⁵kaʔ⁴⁵→iʔ³³kaʔ⁴⁵]　　　　　　踢脚踢腿运动[tʰiak⁴⁵tɕiɔk⁴⁵→tʰiak³³tɕiɔk⁴⁵]

军家话二字组连读变调情况详见表2-14：

表2-14　军家话二字组连读变调情况表

前字＼后字	阴平 31	阳平 23	上声 35	去声 51	入声 45
阴平31	31＋31 天弓	31＋23 归来	31＋35 烧水	31＋51 天气	31＋45 猪血
阳平23	23＋31 雷公	31＋23 闲谈	31＋35 牛牯	23＋51 棉絮	23＋45 前日
上声35	35＋31 点心	55＋23 水田	33＋35 冷水	35＋51 手棍	35＋45 晓得
去声51	53＋31 菜刀	55＋23 剃头	33＋35 露水	33＋51 进去	33＋45 教室
入声45	45＋31 读书	45＋23 割禾	33＋35 落雨	33＋51 出去	33＋45 吃药

（二）三字组连读变调

军家话三字组的连读变调与二字组基本相同，大体可以类推，但也有一些特殊之处，主要是去声作为首字的连读变调较复杂。如去声字在阴平调前本应变读[53]调，但三字组首字却可以变读为[33]调。例如，"涝灾"军家话说"做大水"，按二字组变调规律类推应读[tso⁵¹⁻⁵³tʰai³¹fi³⁵]，但实际却变读为[tso⁵¹⁻³³tʰai³¹fi³⁵]。军家话去声首字的三字组连读变调虽然复杂，但仍有较强的规律，它的变调与后两字均有关系。一般来说，后两字如果都为降调，如后两字为阴平调，则该首字也为降调。如果后两字调值低，则前字变读为高平调，反之，如果后两字中某字调值较高，则首字变读为中平调。如"过大年"，因后两字调值较低，首字变读为高平调[55]，而上面所举例子"做大水"，则因为第三字"水"调值较高，所以"做"变读为中平调[33]。根据我们的调查，军家话去声首字的三字组连读变调规律如下：中间为阴平字的，基本根据第三字的读音情况而变，变读情况与二字组相同，即第三字为阴平，首字为降调，第三字为阳平，首字变读高平调，第三字为其他调类，首字变读中平调；中间为阳平、上声、去声和入声字的，基本可以根据二字组连读变调规律类推。军家话去声首字的连读变调情况见表2-15，其他调类首字的三字组可按二字组规律类推，此处不再一一列举。

表2-15 军家话去声首字的三字组连读变调情况表

调类及变调简况	例词（1+2式）	例词（2+1式）
去声 + 阴平 + 阴平 （去声调首字变读53）	53 + 31 + 31 细新妇童养媳 çi$^{51-53}$çin^{31}fu^{31}	53 + 31 + 31 破面风逆风 p^{h}o$^{51-53}$miɛn^{31}fəŋ^{31}
去声 + 阴平 + 阳平 （去声调首字变读55）	55 + 31 + 23 过大年 ko$^{51-55}$t^{h}ai^{31}ȵiɛn^{23}	55 + 31 + 23 臭鼻虫臭虫 tɕiu$^{51-55}$p^{h}i^{31}ts^{h}əŋ^{23}
去声 + 阴平 + 上声 （去声调首字变读33）	33 + 31 + 35 做大水 tso$^{51-33}$t^{h}ai^{31}fi^{35}	
去声 + 阴平 + 去声 （去声调首字变读33）	33 + 31 + 51 困当昼睡午觉 k^{h}uen$^{51-33}$toŋ^{31}tɕiu^{51}	33 + 31 + 51 向天困仰面睡 çiɔŋ$^{51-33}$t^{h}iɛn^{31}k^{h}uen^{51}
去声 + 阴平 + 入声 （去声首字变读33）	33 + 31 + 45 翘交脚跷二郎腿 tɕ^{h}iəɯ$^{51-33}$k^{h}au^{31}tɕiɔk^{45}	
去声 + 阳平 + 阴平 （去声首字变读55）	55 + 23 + 31 半临夜傍晚 puɛn$^{51-55}$len^{23}ia^{31}	
去声 + 阳平 + 阳平 （去声首字变55，中间的阳平字变读31）	55 + 31 + 23 过阳年过元旦 ko$^{51-55}$iɔŋ$^{23-31}$ȵiɛn^{23}	
去声 + 阳平 + 上声 （去声首字变33，中间的阳平字变读31）	33 + 31 + 35 对唔起对不起 ti$^{51-33}$m$^{23-31}$tɕ^{h}i^{35}	
去声 + 阳平 + 去声 （去声首字变55）		55 + 23 + 51 撑门棍家里的顶梁柱 ts^{h}aŋ$^{51-55}$men^{23}kuen^{51}
去声 + 阳平 + 入声 （去声首字变55）	55 + 23 + 45 过阳节过元旦 ko$^{51-55}$iɔŋ^{23}tɕiɛʔ^{45}	55 + 23 + 45 桂圆肉 kue$^{51-55}$vɛn^{23}ȵiək^{45}
去声 + 上声 + 阴平 （去声首字变读33）	33 + 35 + 31 种水痘 tsəŋ$^{51-33}$fi^{35}t^{h}əɯ^{31}	33 + 35 + 31 喷屎公蜣螂 p^{h}en$^{51-33}$sʅ^{35}kəŋ^{31}
去声 + 上声 + 阳平 （去声首字变读33，中间的上声字变读55）	33 + 55 + 23 到转来转过来 tau$^{51-33}$tsen$^{35-55}$li^{23}	33 + 55 + 23 蛀米虫 tsu$^{51-33}$mi$^{35-55}$ts^{h}əŋ^{23}
去声 + 上声 + 上声 （前两字变读33）	33 + 33 + 35 喊哑牯叫哑巴 han$^{51-33}$a$^{35-33}$ku^{35}	33 + 33 + 35 半桶水 puɛn$^{51-33}$t^{h}əŋ$^{35-33}$fi^{35}
去声 + 上声 + 去声 （去声首字变读33）	33 + 35 + 51 做把戏 tso$^{51-33}$pa^{35}tɕ^{h}i^{51}	

续 表

调类及变调简况	例词（1+2式）	例词（2+1式）
去声 + 上声 + 入声 （去声首字变读33）	33 + 35 + 45 翘屎窟撅屁股 tɕʰiəɯ⁵¹⁻³³sɿ³⁵kʰueʔ⁴⁵	
去声 + 去声 + 阴平 （去声首字变读33，第二个去声字变读53）	33 + 53 + 31 放炮仗 foŋ⁵¹⁻³³pʰau⁵¹⁻⁵³tsʰɔŋ³¹	33 + 53 + 31 正栋间正房 tsen⁵¹⁻³³təŋ⁵¹⁻⁵³kan³¹
去声 + 去声 + 阳平 （去声首字变读33，第二个去声字变读55）	33 + 55 + 23 看倒头人刚断气时让重要亲朋去看 kʰuɐn⁵¹⁻³³tau⁵¹⁻⁵⁵tʰəɯ²³	
去声 + 去声 + 上声 （前两个去声字变读33）	33 + 33 + 35 到处走 tau⁵¹⁻³³tsʰu⁵¹⁻³³tsəɯ³⁵	
去声 + 去声 + 去声 （前两个去声字变读33）	33 + 33 + 51 倒悔气后悔 tau⁵¹⁻³³fi⁵¹⁻³³tɕʰi⁵¹	
去声 + 去声 + 入声 （前两个去声字变读33）		33 + 33 + 45 背崠骨龙骨 pue⁵¹⁻³³təŋ⁵¹⁻³³kueʔ⁴⁵
去声 + 入声 + 阴平 （去声首字变读33）	33 + 45 + 31 去读书 kʰi⁵¹⁻³³tʰək⁴⁵su³¹	
去声 + 入声 + 阳平 （去声首字变读33）		33 + 45 + 23 晒谷坪 sa⁵¹⁻³³kək⁴⁵pʰiaŋ²³
去声 + 入声 + 上声 （去声首字变读33，中间的入声字变读33）	33 + 33 + 35 怕跌古害羞 pʰa⁵¹⁻³³tiɛʔ⁴⁵⁻³³ku³⁵	33 + 33 + 35 钢去声笔水 kɔŋ⁵¹⁻³³peʔ⁴⁵⁻³³fi³⁵
去声 + 入声 + 去声 （去声首字变读33，中间的入声字变读33）	33 + 33 + 51 细脚棍小腿 ɕi⁵¹⁻³³tɕiɔk⁴⁵⁻³³kuen⁵¹	
去声 + 入声 + 入声 （去声首字变读33，中间的入声字变读33）	33 + + 33 + 45 肺结核 fi⁵¹⁻³³tɕiɛʔ⁴⁵⁻³³hɛʔ⁴⁵	

　　除了上述有规律的变调外，军家话中还有一些其他变调，如阴平调有时可变读为[23]，与阳平调的调值相同，尤其是当后一音节读轻声时，如：大方 [tʰai³¹⁻²³foŋ⁰]、大家 [tʰai³¹⁻²³ka⁰]、大肚 [tʰai³¹⁻²³tu⁰]、自家 [tsʰɿ³¹⁻²³ka⁰]、鼻公鼻子 [pʰi³¹⁻²³kəŋ⁰]、外孙 [ŋai³¹⁻²³sen⁰]、肚头里面 [tu³¹⁻²³tʰəɯ⁰]。这个变调应该是受后字音节轻读的影响。少数重叠词的后字也可变读为[23]，如：哥哥 [ko³¹ko²³]、嘎嘎 [ka³¹ka²³]、妈妈 [ma³¹ma²³]、刚

刚[kəŋ³¹kəŋ²³]。这些变读没有明显的规律，不可类推，如：妹妹[muɛ³¹muɛ³¹]、弟弟[tʰi³¹tʰi³¹]、公公[kəŋ³¹kəŋ³¹]，重叠词的后字就读原调阴平调。

军家话入声不分阴阳，只有一个高促调，但清音声母入声字经常受到周边客家话的影响，在语流中读作低促调，大致为2度（客家话阳入读高促调，阴入读低促调），如"识得"，本该读[seʔ⁴⁵⁻³³tɛʔ⁴⁵]，但却常读成[seʔ⁴⁵tɛʔ²]或[seʔ²tɛʔ²]（下文转写时记音低促调的，全部为客家音）。另外，阴平调和上声调也常受到客家话的影响而产生变读，阴平调前字有时读作[33]或[35]（客家话的阴平字单字调[35]，语流中常变读为[33]），上声调有时读作[31]，与阴平调窜位（客家话的上声调调值[31]），如"老师"本该读[lau³⁵sɿ³¹]，却经常不自觉地混读作[lau³¹sɿ³⁵]，后者为客家话音。这类现象在故事和话语讲述中非常常见。我们转写时均如实记录，以示军家话这种混合型方言的特征。

二 轻声

军家话后字的变调主要是轻声。军家话的轻声词非常丰富，这也是军家话与周边客家话的一大区别特征。严修鸿（1995：210—226）调查了1000多条词目，就发现轻声词有200多条，比重不小，而且调值多样。我们本次的调查也发现，包括入声在内，每个调类都可变读轻声。光是《中国语言资源调查手册·汉语方言》中所收的1200个基本词条，就有270多个轻声词。轻声词基本为名词，其他词类很少。轻声的调值复杂，有[33][32][31][231][35][51][55]。[35]调、[51]调并不轻短，[31]调有时略轻短，有时也不轻短，其他轻声调音程比较轻短。各调值例词略举如下：

（1）调值为[33]者，前字为阴平字。例如：

今年[tɕin³¹ȵien²³→tɕin³¹ȵien³³]　　朝晨 早晨[tsəu³¹sen²³→tsəu³¹sen³³]

味道[vi³¹tʰau³¹→vi³¹tʰau³³]　　衫袖[san³¹tɕʰiu³¹→san³¹tɕʰiu³³]

当昼 中午[tɔŋ³¹tɕiu⁵¹→tɔŋ³¹tɕiu³³]　　地方[tʰi³¹fɔŋ³¹→tʰi³¹fɔŋ³³]

乌蝇 苍蝇[vu³¹in²³→vu³¹in³³]　　蜂糖[fəŋ³¹tʰɔŋ²³→fəŋ³¹tʰɔŋ³³]

面盆[miɛn³¹pʰen²³→miɛn³¹pʰen³³]　　面帕[miɛn³¹pʰa⁵¹→miɛn³¹pʰa³³]

衣裳[i³¹sɔŋ²³→i³¹sɔŋ³³]　　番豆 花生[fan³¹tʰəu³¹→fan³¹tʰəu³³]

亮子 窗户[liɔŋ³¹tsɿ³⁵→liɔŋ³¹tsɿ³³]　　棺材[kuɛn³¹tsʰai²³→kuɛn³¹tsʰai³³]

清明[tɕʰiaŋ³¹miaŋ²³→tɕʰiaŋ³¹miaŋ³³]　　妹郎 妹夫[muɛ³¹lɔŋ³¹→muɛ³¹lɔŋ³³]

锅头 锅[ko³¹tʰəu²³→ko³¹tʰəu³³]　　肩头[tɕiɛn³¹tʰəu²³→tɕiɛn³¹tʰəu³³]

柱头[tsʰu³¹tʰəu²³→tsʰu³¹tʰəu³³]　　后日[həu³¹ȵiʔ⁴⁵→həu³¹ȵiʔ³³]

正月[tsaŋ³¹ŋuɛʔ⁴⁵→tsaŋ³¹ŋuɛʔ³³]　　亲戚[tɕʰin³¹tɕiʔ⁴⁵→tɕʰin³¹tɕiʔ³³]

（2）调值为[32]者，前字为阳平字及少数变读为[23]调的阴平字，后字主要为阴平字。阴平字本调为[31]，读轻声时发音比较轻短，微降，降幅不到1度，略异于[33]调。

前字为阳平字：

台风 [tʰai²³fəŋ³¹→tʰai²³fəŋ³²]　　　尘灰 [tsʰen²³huɛ³¹→tsʰen²³huɛ³²]

牡丹 [mɯ²³tan³¹→mɯ²³tan³²]　　　棉花 [miɛn²³fa³¹→miɛn²³fa³²]

梅花 [muɛ²³fa³¹→muɛ²³fa³²]　　　胡豆 [fu²³tʰəɯ³¹→fu²³tʰəɯ³²]

黄豆 [vɔŋ²³tʰəɯ³¹→vɔŋ²³tʰəɯ³²]　　　床单 [sɔŋ²³tan³¹→sɔŋ²³tan³²]

时候 [sɿ²³həɯ³¹→sɿ²³həɯ³²]　　　虾公虾 [ha²³kəŋ³¹→ha²³kəŋ³²]

糖蜂 [tʰɔŋ²³fəŋ³¹→tʰɔŋ²³fəŋ³²]　　　城头 [saŋ²³tʰəɯ³¹→saŋ²³tʰəɯ³²]

前字为变读[23]调的阴平字：

鼻公 [pʰi³¹kəŋ³¹→pʰi²³kəŋ³²]　　　自家 [tsʰɿ³¹ka³¹→tsʰɿ²³ka³²]

大家 [tʰai³¹ka³¹→tʰai²³ka³²]　　　外孙 [ŋai³¹sen³¹→ŋai²³sen³²]

大方 [tʰai³¹fɔŋ³¹→tʰai²³fɔŋ³²]　　　地下 [tʰi³¹ha³¹→tʰi²³ha³²]

（3）调值为[31]者，前字各调都有。例如：

星哩星星 [ɕiaŋ³¹li³⁵→ɕiaŋ³¹li³¹]　　　梳哩梳子 [se³¹li³⁵→se³¹li³¹]

下昼下午 [ha³¹tɕiu⁵¹→ha³¹tɕiu³¹]　　　沙子 [sa³¹tsɿ³⁵→sa³¹tsɿ³¹]

包粟玉米 [pau³¹ɕiək⁴⁵→pau³¹ɕiək³¹]　　　田塍田埂 [tʰiɛn²³sen²³→tʰiɛn³¹sen³¹]

媒人 [muɛ²³n̠in²³→muɛ³¹n̠in³¹]　　　洋油煤油 [iɔŋ²³iu²³→iɔŋ³¹iu³¹]

牛嬷母牛 [ŋɯ²³mo²³→ŋɯ³¹mo³¹]　　　明年 [miaŋ²³n̠iɛn²³→miaŋ³¹n̠iɛn³¹]

去年 [kʰi⁵¹n̠iɛn²³→kʰi⁵³n̠iɛn³¹]　　　筷子 [kʰuai⁵¹tsɿ³⁵→kʰuai⁵³tsɿ³¹]

桌仔 [tsɔk⁴⁵tse³⁵→tsɔk⁴⁵tse³¹]　　　屋仔房子 [vək⁴⁵tse³⁵→vək⁴⁵tse³¹]

石头 [sak⁴⁵tʰəɯ²³→sak⁴⁵tʰəɯ³¹]　　　额头 [n̠iak⁴⁵tʰəɯ²³→n̠iak⁴⁵tʰəɯ³¹]

（4）调值为[231]者，前字为阴平调，这类轻声词不多。例如：

旱地 [huɛn³¹tʰi³¹→huɛn³¹tʰi²³¹]　　　冬至 [təŋ³¹tsɿ⁵¹→təŋ³¹tsɿ²³¹]

帽子 [mau³¹tsɿ³⁵→mau³¹tsɿ²³¹]　　　豆腐 [tʰəɯ³¹fu³¹→tʰəɯ³¹fu²³¹]

右手 [iu³¹ɕiu³¹→iu³¹ɕiu²³¹]　　　工钱 [kəŋ³¹tɕʰiɛn²³→kəŋ³¹tɕʰiɛn²³¹]

欺负 [tɕʰi³¹fu³¹→tɕʰi³¹fu²³¹]　　　多谢 [to³¹ɕiaŋ³¹→to³¹ɕiaŋ²³¹]

（5）调值为[35]者，前字为阴平调，后字为阳平调，这类轻声词只有少数。例如：

上头 [sɔŋ³¹tʰəɯ²³→sɔŋ³¹tʰəɯ³⁵]　　　下头 [ha³¹tʰəɯ²³→ha³¹tʰəɯ³⁵]

外头 [ŋai³¹tʰəɯ²³→ŋai³¹tʰəɯ³⁵]　　　猪嬷母猪 [tsu³¹mo²³→tsu³¹mo³⁵]

肩头 [tɕiɛn³¹tʰəɯ²³→tɕiɛn³¹tʰəɯ³⁵]

（6）调值为[51]者，前字除阴平调外，其余各调都有。例如：

蝉仔_{蝉，知了}[sɛn²³tse³⁵→sɛn²³tse⁵¹]　　裙仔_{裙子}[kʰuen²³tse³⁵→kʰuen²³tse⁵¹]

桁仔_{檩条}[haŋ²³tse³⁵→haŋ²³tse⁵¹]　　镰仔_{镰刀}[liɛn²³tse³⁵→liɛn²³tse⁵¹]

婆哩_{妻子}[pʰo²³li³⁵→pʰo²³li⁵¹]　　桃哩_{桃子}[tʰau²³li³⁵→tʰau²³li⁵¹]

麻哩_{芝麻}[ma²³li³⁵→ma²³li⁵¹]　　李仔 [li³⁵tse³⁵→li³⁵tse⁵¹]

膝头_{膝盖}[tɕʰiʔ⁴⁵tʰəɯ²³→tɕʰiʔ³³tʰəɯ⁵¹]　　舌嫲_{舌头}[sɛʔ⁴⁵ma²³→sɛʔ³³ma⁵¹]

耳朵 [ȵi³⁵tau³⁵→ȵi³⁵tau⁵¹]　　尾巴 [mi³⁵pa³¹→mi³⁵pa⁵¹]

纽子_{纽扣}[nəɯ³⁵tsʅ³⁵→nəɯ³⁵tsʅ⁵¹]　　饺子 [tɕiəɯ³⁵tsʅ³⁵→tɕiəɯ³⁵tsʅ⁵¹]

老虎 [lau³⁵fu³⁵→lau³⁵fu⁵¹]　　锁匙 [so³⁵sʅ²³→so³⁵sʅ⁵¹]

鲫鱼 [tɕiʔ⁴⁵ŋe²³→tɕiʔ³³ŋe⁵¹]　　嫂嫂 [sau³⁵sau³⁵→sau³⁵sau⁵¹]

媼娲_{祖母}[au³⁵va³¹→au³⁵va⁵¹]　　做本生_{做生日}[tso⁵¹pen³⁵sɛn³¹→tso³³pen³⁵sɛn⁵¹]

此外，有极个别[51]调轻声出现在三音节词的中间，如"老人家"中的"人"。

（7）调值为[55]者，比较罕见，我们只发现了几例：

里头 [li³⁵tʰəɯ²³→li³⁵tʰəɯ⁵⁵]　　寮仔_{堆放柴草或杂物的小房子}[liəɯ²³tse³⁵→liəɯ²³tse⁵⁵]

军家话的轻声从调类来看，阴平调后面的音节读轻声的最多，调值也复杂多变，可读[33][31][35][231]等多种调值，其他调类后面的音节读轻声的较少，阳平调后主要读[31]、[32]和[51]，上声调后主要读[51]和[31]，以[51]为常，去声调后的轻声词最少。

需要说明的是，军家话的"阳平＋阳平"组合的变调有两种：一种是[31+23]，前字变读，后字不变，这是主流，详见上文"二字组连读变调"部分的相关说明；另一种是[31+31]，前后都变，且都与阴平调的单字调相同。后者我们处理为轻声。

军家话有些轻声调值与单字调相同，[31]调与阴平调相同，[35]调与上声调相同，[51]调与去声调相同。王旭东（1992：124—128）讨论了北京话的"轻声去化"现象，汪化云（2013：149—158）揭示了湖北团风方言中的"轻声读阴去"现象，邢向东（1999，2020：130—148）详细深入地讨论了陕西神木方言轻声的性质，其中提到该方言有些重叠词后字不"轻"也不"短"的现象，吴建生（2008：303—311）也讨论了山西万荣方言的轻声不"轻"现象。军家话的轻声与上述诸情况类似，既有轻声不"轻"不"短"的现象，也有轻声读去声的现象。除此之外，军家话的轻声还有与阴平、上声同调的现象。其具体性质和变读机制尚待进一步研究。

第四节

异读

一 文白异读

军家话的异读现象主要体现为文白异读，声母、韵母、声调三个方面都存在或多或少的读书音与口语音的差异。

（一）声母的异读

声母的异读主要有以下几类：

1. 有些非组声母字白读为重唇音，文读为轻唇音。例如：

浮流开三奉：pʰau²³~起来—fəɯ²³~动　　覆通合三敷：pʰək⁴⁵揞揞~困（脸朝下睡）—fək⁴⁵~盖

伏通合三奉：pʰək⁴⁵~倒（趴倒）—fək⁴⁵三~　　分臻合三非：pen³¹/peʔ⁴⁵~人骂（被人骂）—fen³¹两~钱

问臻合三微：men³¹~渠借书—ven⁵¹~题　　望宕合三微：moŋ³¹~渠（指望他）—vɔŋ³¹希~

2. 有些见组声母字白读为舌根音，文读为舌面音。例如：

结山开四见：kɛʔ⁴⁵打~—tɕiɛʔ⁴⁵团~　　戒蟹开二见：kai⁵¹~指—tɕiai⁵¹~烟

旧流开三群：kʰəɯ³¹~饭—tɕʰiu³¹新~　　圈山合三溪：kʰuen³¹~圆—tɕʰiɛn³¹两~

月山合三疑：ŋuɛʔ⁴⁵~份—ȵiɛʔ⁴⁵~光　　额梗开二疑：ŋak⁴⁵~名—ȵiak⁴⁵~头

业咸开三疑：ŋuɛʔ⁴⁵毕~—ȵiɛʔ⁴⁵工　　屈臻合三溪：kʰueʔ⁴⁵~尾—tɕʰiʔ⁴⁵~服

3. 有些三等字白读为塞擦音，文读为擦音，或者反之。例如：

喜止开三晓：tɕʰi³⁵欢~—ɕi³⁵~庆　　试止开三书：tsʰɿ⁵¹~啊仔（试一试）—sɿ⁵¹考~

谢假开三邪：tɕʰia³¹姓~—ɕiaŋ³¹老/ɕiak⁴⁵新~，多~

席梗开三邪：tɕʰiak⁴⁵~子—ɕiʔ⁴⁵主~　　像宕开三邪：tɕʰioŋ⁵¹相~—ɕioŋ⁵¹头~

集深开三从：tɕʰiʔ⁴⁵~中—ɕiʔ⁴⁵~体　　尚宕开三禅：tsʰoŋ³¹和~—soŋ³¹高~

4.个别知组字白读为塞音，文读为塞擦音。例如：

知止开三知：ti³¹~晓—tsʅ⁵¹~识　　　　择梗开二澄：tʰɔk⁴⁵~菜—tsʰɛʔ⁴⁵选~

5.还有个别异读是送气不送气的区别。白读不送气，文读送气，或者反之。例如：

贴咸开四透：tiɛʔ⁴⁵~纸—tʰiɛʔ⁴⁵倒~　　　交效开二见：kʰau³¹~手（叉着手，指不干活）—kau³¹~通

从上述例子可以看到，声母的异读有的是单纯的声母发生变化，如"伏、覆、望、喜"等字；有的也伴随了韵母或声调的变化，如"浮、月、业、戒、屈、结、旧、圈、额、席、择"等字韵母也发生了变化，而"谢、知、分、问"等字则同时伴有韵或调的不同。

（二）韵母的异读

与声母的异读类似，韵母的异读有的是单纯的韵母发生变化，有的也伴随了声母的变化，如上文所举的"浮、月、业、戒、屈、结、旧、圈、额、席、择"等字，均表现为声、韵皆不同，而非单纯的声母或韵母不同。这些例字我们下文不再列举。

军家话韵母的异读主要集中在梗摄字，其他摄的字异读很少。

1.梗摄字的文白异读在韵头、韵腹、韵尾三处都有不同程度的体现。一般白读主元音为[a]，文读主元音为[ɛ] [e]或[i]；有的白读音有介音，文读音无介音；阳声韵白读韵尾为后鼻音[ŋ]，文读为前鼻音[n]；入声韵白读为塞音韵尾[k]，文读为喉塞音韵尾[ʔ]。例如：

生梗开二生：saŋ³¹有~（活的）—sɛn³¹~命　　　争梗开二庄：tsaŋ³¹~斗—tsɛn³¹斗~

平梗开三並：pʰiaŋ²³~地—pʰen²³武~　　　明梗开三明：miaŋ²³清~—men²³朝（朝代）

命梗开三明：miaŋ³¹~长—men³¹革~　　　清梗开三清：tɕʰiaŋ³¹~明—tɕʰin³¹~楚

零梗开四来：liaŋ²³~工—lɛn²³~分　　　整梗开三章：tsaŋ³⁵~修—tsɛn³⁵~齐

正梗开三章：tsaŋ⁵¹~去（刚去）—tsɛn⁵¹~确　　　格梗开二见：kak⁴⁵拖~（抽屉）—kɛʔ⁴⁵及~

惜梗开三心：ɕiak⁴⁵~渠（疼他）—ɕiʔ⁴⁵可~

2.其他摄的字异读较少。例如：

事止合三崇：se³¹做~—sʅ³¹~情　　　摸遇合一明：mia³¹~东西—mo³¹~索

含咸开一匣：hɛn²³~稳（含着）—han²³包~　　　赚咸开二澄：tsʰan³¹~钱—tsʰuɛn³¹~钱

顶梗开四端：ten³⁵难~（难受）—ten³⁵屋~　　　特曾开一定：tʰɛʔ⁴⁵~意—tʰiʔ⁴⁵~务｜~殊

（三）声调的异读

军家话声调的异读比较少见，往往也伴随着韵母或声母的不同。例如：

挖山合二影：va³¹~泥—vaʔ⁴⁵/vɛʔ⁴⁵~隆（挖洞）　　　揞咸开一影：ɛn³¹~摸俜俜（捉迷藏）—ɛʔ⁴⁵~稳（揞住）

垫山开四定：tʰiɛn³¹~钱—tʰiɛʔ⁴⁵~钱　　　敦臻合一端：ten⁵¹~齐—ten³¹伦~

另外，上文声母异读部分提到的"知、分、问"等字都同时伴随着声调的异读。

二 其他异读

（一）新老差异

军家话新老差异体现为音类差异、音值异读以及个别字音的差异。

1. 音类差异

军家话有些音处于发展变化过程中，例如[e]～[i]，新派没有[e]韵，老派止摄、蟹摄及个别遇摄字逢[ts tsʰ s]声母时还有比较稳定的[e]韵母，新派比老派舌位略高，倾向于与[i]合并。例字详见表2-16。

表2-16 军家话新老派音类差异表

单字	锄遇合三崇	在蟹开一从	罪蟹合一从	脆蟹合一清	事白止合三崇	垂止合三禅	追止合三知
老派	tsʰe²³	tsʰe³¹	tsʰe³¹	tsʰe⁵¹	se³¹	tsʰe²³	tse³¹
新派	tsʰi²³	tsʰi³¹	tsʰi³¹	tsʰi⁵¹	si³¹	tsʰi²³	tsi³¹

与其他声母相拼的字，老派往往处于摇摆之中，也有与[i]相混合并之势，例如"泥"，老男发音人单字很清楚发[ne²³]，但说"水泥"和"泥水师傅"时又明显发成[ɲi²³]，老女也说[ɲi²³]；又如"去"字，个别口头文化发音人读[kʰe⁵¹]，但老男发音人音色偏向[i]，仅仅是口型略松、舌位略低而已；第三人称代词"渠"、"锯子"的"锯"、表示疲劳的"疲"等也是如此，总体音色偏向[i]。

阳声韵[en]与入声韵[eʔ]新老派都保留，新派似乎更为稳定，与阴声韵不同步。反而老派发音人在该韵母与[p pʰ t tʰ l]等声母相拼时常在[en]和[in]、[eʔ]和[iʔ]之间摇摆。

2. 音值差异

军家话还有几组音明显存在新老派的音值差异。

（1）[ai iai uai]的韵尾，老派实际音值为[e]，动程比较明显，新派实际音值为[ɛ]，动程不明显，处在丢失过程中，几乎要与[a]合并了。有个别字率先变化，走在前列，例如"晒"字，老派和新派都读[sa⁵¹]，晒＝舍宿~，韵尾已经完全丢失。但像"怪、快、块"等字，老派还有明显的韵尾，怪[kuai⁵¹]≠挂[kua⁵¹]，而新派韵尾已经丢失，怪＝挂[kua⁵¹]。可以预见，这些韵尾的音值差异最终将演变为音类的差异。

[au]的情况类似，老派韵尾实际音值为[o]，动程比较明显，新派实际音值为[ɔ]，动程不明显，处在丢失过程中。

（2）与老派相比，新派[an uan]的收尾音明显靠后，有与[aŋ uaŋ]相混之势。[aʔ uaʔ]发音也略靠后，也有与[ak iak]相混之势。目前这两组音仍有一定的区别，山≠生，八≠百。

根据严修鸿（1995：210—226）的调查记录，新派"山、咸两摄字部分混同梗摄，如：山＝生，八百＝百八"。严修鸿调查的地点为城中村，与武平城关地理上更为接近，受城关话的影响更大，所以变化也更快，20多年前就已经完成了音值向音类的演变。

3.个别字音的差异

军家话新老差异还表现为个别字音的异读。例如"谢"字，姓谢的"谢"读[tɕʰia³¹]，新老派相同，"多谢"的"谢"老派读[ɕiaŋ³¹]，新派读[ɕiak⁴⁵]；又如"尚"字，"和尚"的"尚"老派[tsʰɔŋ³¹][sɔŋ³¹]皆可，"高尚"的"尚"读[sɔŋ³¹]，新派"和尚""高尚"皆读[sɔŋ³¹]，不读[tsʰɔŋ³¹]；再如"幼儿园"的"儿"，老派读[lu²³]，新派读[ə²³]。

（二）发音人个体差异产生的异读

军家话有些异读表现为发音人之间的个体差异，例如同样是老派发音人，有个别发音人[an][aŋ]不分，产生了前后鼻音相混的读音；相当于"很"的程度副词，有的读[lɔŋ³⁵]，有的读[nɔŋ³⁵]；"错"音[tsʰo⁵¹]，"醋"音[tsʰu⁵¹]，错≠醋，有个别发音人"错＝醋"，音[tsʰu⁵¹]；"两"，一般读[liɔŋ³⁵]，有个别发音人读[tiɔŋ³⁵]；"龙"，一般读[liəŋ²³]，有个别发音人读[tiəŋ²³]；"眼"，一般读[ŋan³⁵]，有发音人读成[ŋan³¹]；"转"，一般读[tsɛn³⁵]，也有读[tsuen³⁵]或[tsɛn³¹]的；"妹""面脸"音[muɛ³¹][miɛn³¹]，有些发音人读[muɛ⁵¹][miɛn⁵¹]；表示没有的"无"，俗写作"冇"，音[mau²³]，有个别发音人读[mo²³]；被学界认为客赣方言区别特征之一的助词"个"，一般读[ko⁵¹]，也有个别发音人读[ke⁵¹]；"火"，一般读[ho³⁵]，也有个别发音人读[fo³⁵]；"自家"，老男说[tsʰɿ³¹⁻²³ka⁰]，也有个别发音人说[tsʰɿ³¹ka³⁵]或[sɿ³¹ka³⁵]；等等。[tiɔŋ³⁵][tiəŋ²³][ŋan³¹][tsuen³⁵][muɛ⁵¹][miɛn⁵¹][mo²³][ke⁵¹][fo³⁵][sɿ³¹ka³⁵]等音明显是受周边客家话的影响而致。

（三）受周边客家话影响产生的又音或受普通话影响产生的新文读音

军家话有些异读表现为受周边客家话影响而产生的又音。军家话本身受客家话包围，随着城镇化的进展，军家人与客家人已呈交错杂居之势。通常会说军家话的人都同时会说客家话或普通话，而会说客家话的人却未必听得懂军家话，这就使军家话只在家庭或熟人之间使用，对外则通用客家话或普通话。这样也就难以避免地会在军家话中带上一些客家话或普通话的成分，发生一些变异。上文已经提到，有些字音因为不同的发音人受到周边客家话的影响而发音不同。同一发音人也经常因受影响而变读，以声调方面的影响最大。由于军家话的阴平调和上声调的调值正好与周边客家话相反，所以阴平和上声"窜调"的现象非常常见，尤其是在话语讲述时更为明显，有时前后文甚至上下句中不自觉地出现军家话与客家话两种读音，可见二者融合之深。例略举如下（下文所举例字把客家话音也一并列于后以供比较）。

表 2-17 军家话的又音或新文读音表

单字	军家话	军家话又音或新文读音	客家话	普通话
禾	o²³	vo²³	vo²²	
县	fɛn³¹	vɛn³¹	viɛn³¹	
火	ho³⁵	fo³⁵	fo³¹	
自	tsʰɿ³¹	sɿ³¹	sɿ³¹	
两	liɔŋ³⁵	tiɔŋ³⁵	tiɔŋ³¹	
龙	liəŋ²³	tiəŋ²³	tiəŋ²²	
外	ŋai³¹	ŋuɛ³¹	ŋuɛ³¹	
妹	muɛ³¹	muɛ⁵¹	muɛ⁵¹	
老	lau³⁵	lau³¹	lau³¹	
师	sɿ³¹	sɿ³⁵	sɿ³⁵	
走	tsəu³⁵	tsɯ³¹	tsɛ³¹	
把	pa³⁵	pa³¹	pa³¹	
点	tiɛn³⁵	tiɛn³¹	tian³¹	
稳	vɛn³⁵	vɛn³¹	vɛn³¹	
倒	tau³⁵	tau³¹	tau³¹	
都	tu³¹	tu³⁵	tu³⁵	
眼	ŋan³⁵	ŋan³¹	ŋan³¹	
个	ko⁵¹	ke⁵¹	ke⁵¹	
转	tsɛn³⁵	tsɛn³¹/tsuɛn³⁵	tsuɛn³¹	
家	ka³¹	ka³⁵	ka³⁵	
血	fɛʔ⁴⁵	ɕiɛʔ⁴⁵	fiɛʔ²	ɕiɛ²¹⁴/ ɕyɛ⁵¹
下	ha³¹	ɕia³¹	ha³¹/ha³⁵	ɕia⁵¹
去	kʰi⁵¹	tɕʰi⁵¹	kʰi⁵¹	tɕʰy⁵¹
在	tsʰe³¹	tsʰai³¹	tsʰuɛ³⁵	tsai⁵¹
来	li²³	lai²³	li²²	lai³⁵
搬	puɛn³¹	pan³¹	pan³⁵	pan⁵⁵
满	muɛn³⁵	man³⁵	man³⁵	man²¹⁴

（四）方位词"上"的异读

军家话的"上"做动词时，音[sɔŋ³¹]，如"上去"[sɔŋ³¹kʰi⁵¹]。做方位词时，如果是前字，也读作[sɔŋ³¹]，如"上头上面"[sɔŋ³¹tʰəɯ⁰]、"上下"[sɔŋ³¹ha³¹]；如果是后字，则"上"要读作[hɔŋ³¹]或轻声[hɔŋ⁰]，如"桌上"[tsɔk⁴⁵hɔŋ³¹]、"门上"[mɛn²³hɔŋ⁰]。详见第六章第一节方位词部分的相关说明。

第五节

其他音变

一 语流音变

在连续的语流中,由于说话快慢的影响,有些音节的声母或韵母会发生一定的变化。军家话常见的语流音变现象有变声、变韵和合音。

(一) 变声

军家话中有些音节的声母因相邻音节的影响而发生了一些改变,主要是由同化、异化和增音而致。

1.同化

有些不同音的相邻音节,其中一个受到另一个的影响,而变得相同或相近。例如:

红霞 fəŋ³¹ha²³→fəŋ³¹ŋa²³

上间……的时候 sɔŋ³¹kan³¹→sɔŋ³¹ŋan³¹

屋下_{家里} vək⁴⁵ha³¹→vək⁴⁵kʰa³¹

"红霞"本来应读[fəŋ³¹ha²³],实际发音为[fəŋ³¹ŋa²³];"屋下_{家里}"本应读[vək⁴⁵ha³¹],有的发音人实际发音为[vək⁴⁵kʰa³¹],后一音节的声母因前一音节的韵尾影响而改变。"下"是古全浊声母字,所以变读后是送气的[kʰa³¹],而非不送气的[ka³¹]。也可能是韵尾 k 与"下"的声母 h 合音所致。

军家话的同化不限于相邻的音之间,还可以发生在两个音节的声母之间,由不相同变得相同或相近。例如:表示性状方式的指示代词"囊⁼哩_{这样}|挪⁼哩_{这样}",本应读[nɔŋ²³li⁰]或[no²³li⁰],因前一音节的声母是鼻音,后一音节的声母由边音变读为鼻音。

囊⁼哩:nɔŋ²³li⁰→nɔŋ²³ni⁰

挪﹦哩：no²³li⁰ →no²³ɲi⁰

2.异化

有些本来相同或相近的音，其中一个由于某种原因变得不相同或不相近。军家话的异化现象在声调方面表现比较明显，我们第三节连读变调部分探讨的两个上声、两个去声、两个入声相连的音节，第一个音节要变读就属于异化现象。例如"阳平＋阳平"本应是"23＋23"，实际却变读为"31＋23"，由相同变为不相同。军家话的声母是否也有这种变化现象呢？我们仅发现了一例可能的异化，因为是孤例，不能说明问题，仅列于此。菜地，军家话说"地联﹦"[tʰi³¹lien⁰]，"锄地"说"锄地联﹦"[tsʰe²³tʰi³¹lien⁰]，但山上的农业用地则说"岭岗个地田"[liaŋ³⁵kɔŋ³¹ko⁰tʰi³¹tʰien⁰]。我们有理由推测，"地联﹦"有可能是"地田"之音变。

3.增音

军家话中有些零声母音节因受前一音节最后一个音的影响而增加了某个辅音声母。这种增音现象实际上也是因同化而产生的。例如："不会"，原发音是[m²³uɛ³¹]，实际发音为[m²³muɛ³¹]，后一音节受前一音节影响而增加了声母[m]；"不要"，原发音是[m²³iəu⁵¹]，实际经常说成[m²³ɲiəu⁵¹]或[ŋ²³ɲiəu⁵¹]；语气词"啊"和"欸"，单字发音为[a]和[e]，语流中如果前一音节的最后一个音是鼻音的话，往往会增加鼻音声母[ŋ]，发成[ŋa][ŋe]，"唔听老人家讲啊"[ŋ²³tʰiaŋ³¹lau³⁵ɲin⁰ka³¹kɔŋ³⁵ŋa³¹]中的"啊"，因前头一个音节"讲"的韵尾是舌根音[ŋ]，所以"啊"变读为[ŋa]。

（二）变韵

军家话中我们尚未发现因同化或异化而产生的变韵现象，但有与上述声母变化类似的增音现象，即零声母音节字受前字音节最后一个音的影响而增加了某个介音，例如面称妈妈说[i⁵³iau³¹]，面称爸爸说[u⁵³uau³¹]，后一音节的介音[i]和[u]当是受前一音节影响而增加的。又如，上举语气词"啊"和"欸"，语流中经常因前一音节最后一个音的情况而发成[ia][ua]和[ie][ue]。例如"因为屋下十分苦啊因为家里非常穷"[in³³vi²³vək⁴⁵kʰa³¹seʔ⁴⁵fen³¹kʰu³⁵ua³¹]中的"啊"，因前头一个音节"苦"的韵母是[u]，所以"啊"变读为[ua]（哇）；"阿出去行哩啊仔我出去走了走"[a³¹tsʰeʔ³³kʰi⁵¹haŋ²³li⁰ia³¹tse⁰]中的"啊"，因前头一个音节"哩"的韵母是[i]，所以"啊"变读为[ia]（呀）。这与普通话语气词"啊"的音变情况大体相同。

另外，军家话中有些音节的韵母在语流中会因说话的快慢发生一些变化，从而产生一些阴声韵与入声韵互通的现象。例如副词"都"的单字音为[tu³¹]，语流中常读成[tək⁴⁵]，如"阿讲唔过渠，□人都讲唔过盖﹦个家伙头我说不过他，谁都说不过这个家伙。"[a³¹kɔŋ³⁵ŋ²³ko⁵³ki³¹, hɛ³⁵ɲin⁰tək⁴⁵kɔŋ³⁵ŋ²³ko³³kuɛ³³ko⁰ka³¹ho³¹tʰəu²³]中的"都"，就从阴声韵[u]变成了入声韵[ək]；又如副词"也"，单字音为[ia³¹]，语流中也常读成

[iaʔ⁴⁵]，"岭岗生得十分秀气，也岸˭还灵气山生得十分秀气，也非常有灵气。"[liaŋ³⁵kɔŋ³¹saŋ³¹tɛʔ³³seʔ⁴⁵fen³¹ɕiu³³tɕʰi⁵¹, iaʔ⁴⁵ŋan³¹han²³len²³tɕʰi⁵¹]中的"也"，就由[ia³¹]变读为[iaʔ⁴⁵]；再如口语中句子开头习惯上带的一个无实在意义的[ka²³]，语流中也会变读为[kaʔ⁴⁵]。这些音节在韵母改变的同时声调也发生了改变。实际上，这些韵母的变化是由声调的变化带来的，因为语流中说话速度较快，声调由舒声调变成了促声调，从而使韵母由阴声韵变成了入声韵。这些变化与我们上节讨论的韵母异读不同，它们不是这些字独立稳定的读音，而仅仅是在语流中的音变而已。

（三）合音

军家话还有个别音节存在合音现象，主要是一些语气词，如语气词"哩"和"哟"合音为[哩哟]，音[lio⁰]：渠一欢喜欸就唱起歌仔来[哩哟]他一高兴就唱起歌来了。[ki³¹iʔ⁴⁵huɛn³¹tɕʰi³¹ie⁰tɕʰiu³¹tsʰɔŋ³³tɕʰi³⁵kɔ³¹tse⁰li²³lio⁰]；语气词"哩"和"呃"合音为[哩呃]，音[liə⁰]：姐夫仔来[哩呃]，姐夫仔来[哩呃]姐夫来了，姐夫来了！[tɕia³⁵fu³¹tse⁰li²³liə⁰, tɕia³⁵fu³¹tse⁰li²³liə⁰]；语气词"哩"和"哟"合音为[哩啊]，音[lia⁰]：渠今年几大仔[哩啊]他今年多大了？[ki³¹tɕin³¹ȵiɛn⁰tɕi³⁵tʰai³¹tse⁰lia⁰]。

二 "AAAA"式重叠音变

军家话还有一种特殊的音变，即通过语音形式的变化，把某一语音成分重复四遍，构成"AAAA"式重叠，表示某一动作或声音、状态持续不断。此类成分大多模拟声音，往往含贬义。这类四A式的语音模式大概是：阴平—阳平—去声—去声，后两个去声连读时前一个变读[33]。例如：

to³¹to²³to³³to⁵¹ 多多多多，水流不断的样子。
ko³¹ko²³ko³³ko⁵¹ 咯咯咯咯，形容母鸡下蛋后叫个不停。
ɕiu³¹ɕiu²³ɕiu³³ɕiu⁵¹ 手手手手，甩着个手，游手好闲。
la³¹la²³la³³la⁵¹ 啦啦啦啦，形容嘴巴厉害，话多。
kua³¹kua²³kua³³kua⁵¹ 呱呱呱呱，形容某人多嘴多舌或很能吹牛皮。
via³¹via²³via³³via⁵¹ 哇哇哇哇，指话多，嚷嚷个不停，像懂得很多的样子。
tɕi³¹tɕi²³tɕi³³tɕi⁵¹ 叽叽叽叽，形容老鼠叫声不断。
ȵiu³¹ȵiu²³ȵiu³³ȵiu⁵¹ 扭扭扭扭，指小孩子身体扭来扭去。

第六节

古今语音比较

本节主要比较军家话与中古音的关系。中古音是指从隋经唐至宋这个历史时期的汉语语音。本节主要参照商务印书馆出版的《方言调查字表》（修订本），该字表收字主要依据《广韵》，参考《集韵》。下列表格所列军家话字音以单音节词为主，间收多音节词中所体现的语素读音。有些字在不同条件下有不同读音，如果可以作为今读的代表，需要区别时在字后加小字或阿拉伯数字做标记，标记信息与本书第三章"同音字汇"一致。

一 声母的古今比较

军家话的声母与中古音的对应关系详见表2-18。

表2-18　军家话古今声母比较表

		清				全浊	
		全清		次清		平	仄
帮组	帮	包 pau³¹ 八 paʔ⁴⁵	滂	抛 pʰau³¹ 派 pʰai⁵¹	并	爬 pʰa²³ 田 tʰiɛn²³	病 pʰiaŋ³¹ 笨 pen⁵¹
非组	非	飞 fi³¹ 分 fen³¹ 分 peʔ⁴⁵	敷	副 fu⁵¹ 方 fɔŋ³¹ 捧 pəŋ³¹	奉	肥 fi²³ 浮 fəɯ²³ 伏 pʰau²³	份 fen³¹ 缝 pʰəŋ³¹ 伏 fɔk⁴⁵ pʰək⁴⁵
端泥组	端	多 to³¹ 东 təŋ³¹	透	讨 tʰau³⁵ 天 tʰiɛn³¹	定	桃 tʰau²³ 甜 tʰiɛn²³	大 tʰai³¹ 队 ti⁵¹
精组	今洪	精	早 tsau³⁵ 租 tsu³¹	清	草 tsʰau³⁵ 寸 tsʰen⁵¹	从	瓷 tsʰɿ²³ 存 tsʰen²³	坐 tsʰo³¹ 字 tsʰɿ³¹ 载~重 tsai⁵¹
	今细		酒 tɕiu³⁵ 进 tɕin⁵¹		浅 tɕʰiɛn³⁵ 亲 tɕʰin³¹		钱 tɕʰiɛn²³ 全 tɕʰiɛn²³	贱 tɕʰiɛn³¹ 匠 ɕiɔŋ³¹
知组	知	张 tsɔŋ³¹ 知 tsɿ⁵¹ ti³¹ 昼 tɕiu⁵¹	彻	撑 tsʰaŋ⁵¹ 春 tsʰen³¹ 抽 tɕʰiu³¹	澄	茶 tsʰa²³ 池 tsʰɿ²³ 绸 tɕʰiu²³	住 tsʰu³¹ 撞 tsʰɔŋ³¹ 择~菜 tʰɔk⁴⁵
庄组	庄	渣 tsa³¹ 庄 tsɔŋ³¹ 皱 tɕiu⁵¹	初	初 tsʰu³¹ 疮 tsʰɔŋ³¹ 策 tsʰɛʔ⁴⁵	崇	锄 tsʰe²³ 崇 tsʰəŋ²³ 床 sɔŋ²³ 愁 səɯ²³	助 tsʰu³¹ 状 tsʰɔŋ³¹ 铡 tsaʔ⁴⁵ 事 se³¹
章组	章	章 tsɔŋ³¹ 纸 tsɿ³⁵ 主 tsu³⁵ 周 tɕiu³¹	昌	车 tsa³¹ 昌 tsʰɔŋ³¹ 撑 tsʰaŋ⁵¹ 臭 tɕʰiu⁵¹	船	乘 sen²³ 船 sɛn²³ 唇 sen²³ 蛇 sa²³	剩 sen³¹ 顺 sen³¹ 实 seʔ⁴⁵ 舌 sɛʔ⁴⁵
日母							
见晓组	今洪	见	高 kau³¹ 季 kue⁵¹ 街 kai³¹	溪	考 kʰau³⁵ 巧 kʰau³⁵ 溪 hai³¹	群	狂 kʰɔŋ²³ 葵 kʰue²³	跪 kʰue³¹ 旧 kʰəɯ³¹
	今细		鸡 ki³¹ 九 tɕiu³⁵		轻 tɕʰiaŋ³¹ 区 tɕʰi³¹ 去 kʰi⁵¹		权 tɕʰiɛn²³ 奇 tɕʰi²³ 渠第三人称 ki³¹	舅 tɕʰiu³¹ 巨 tɕi³¹
影组	影	阿 a³¹ 烟 iɛn³¹ 弯 van³¹ 稳 ven³⁵					

续表

	次浊		清	全浊			
				平	仄		
明	门 men²³ 帽 mau³¹					帮组	
微	武 vu³⁵ 袜 ma?⁴⁵					非组	
泥	脑 nau³⁵ 年 ɲiɛn²³	来	老 lau³⁵ 六 tək⁴⁵			端泥组	
			心	三 san³¹ 洗 se³⁵	邪	随 se²³ 词 tsʰɿ²³	颂 səŋ⁵¹	今洪	精组
				心 ɕin³¹ 线 ɕiɛn⁵¹ 膝 tɕʰi?⁴⁵		详 ɕiɔŋ²³ 徐 tɕʰi²³ 斜 tɕʰia²³	袖 tɕʰiu³¹ 谢 多～ ɕian³¹ 谢姓～ tɕʰia³¹	今细	
							知组	
			生	山 san³¹ 产 san³⁵ 　 tsʰan³⁵			庄组	
			书	手 siu³⁵ 鼠 tsʰu⁵¹ 水 fi³⁵	禅	时 sɿ²³ 蝉 sɛn²³ 仇 tɕʰiu²³	社 sa³¹ 豉 sɿ³¹ 受 ɕiu³⁵	章组
日	人 ɲin²³ 二 lu³¹ 容 iəŋ²³ 闰 vɛn³¹ 软 ŋuɛn³⁵ 瓤 nɔŋ³¹					日母	
疑	鹅 ŋo²³ 牙 ŋa²³ 牛 ŋəɯ²³		晓	好 hau³⁵ 花 fa³¹	匣	河 ho²³ 华 fa²³ 禾 o²³ 禾又 vo²³	夏 ha³¹ 县 fɛn³¹ 滑 va?⁴⁵ 械 kʰai³¹	今洪	见晓组
	疑 ɲi²³ 艺 i³¹			晓 ɕiəɯ³⁵ 戏 tɕʰi⁵¹		回 fi²³ 淆 iəɯ²³	现 ɕiɛn³¹ 协 ɕiɛ?⁴⁵	今细	
云	有 iu³⁵ 雨 i³⁵ 王 vɔŋ²³ 雄 ɕiɔŋ²³	以	油 iu²³ 维 vi²³ 铅 vɛn²³ 融 iəŋ²³			影组	

二 韵母的古今比较

军家话的韵母与中古音的对应关系详见表2-19至2-23。

表2-19 军家话古今韵母比较表之一（果、假、遇、蟹摄）

			一等			二等				三等		
			帮系	端系	见系	帮系	泥组	知庄组	见系	帮组	非组	泥组
果	开	o io a ai		多 to³¹ 那 na³¹ 大 tʰai³¹	哥 ko³¹ 阿我 a³¹							
	合	o io	婆 pʰo²³	坐 tsʰo³¹	货 ho⁵¹							
假	开	a ia				爬 pʰa²³	拿 na³¹	茶 tsʰa²³	牙 ŋa²³			
	合	a ua						傻 sa³¹	瓦 ŋa³⁵ 瓜 kua³¹			
遇	合	u i o e m	布 pu⁵¹	土 tʰu³⁵ 做 tso⁵¹ 五 m̩³⁵	古 ku³⁵						符 fu²³	吕 li³⁵
蟹	开	ai iai uɛ i e ɛ ɿ a	贝 pi⁵¹	菜 tsʰai⁵¹ 胎 tʰuɛ³¹ 在 tsʰe³¹	慨 kʰai³¹ 改 kuɛ³⁵ 艾 ŋe⁵¹	派 pʰai⁵¹	奶 nai²³	柴 sai²³ 洒 sa³¹	鞋 hai²³ 介 tɕiai⁵¹	毙 pi³¹		厉 li³¹
	合	ai uai i e uɛ uɛ a ua	杯 pi³¹ 妹 muɛ³¹	对 ti⁵¹ 最 tse⁵¹ 碓 tuɛ⁵¹	外 ŋai³¹ 块 kʰuai⁵¹ 回 fi²³ 灰 huɛ³¹ 画 fa³¹ 挂 kua⁵¹				坏 fai³¹ 快 kʰuai⁵¹		肺 fi⁵¹ 吠 pʰuɛ³¹	

续表

三等					四等						
精组	庄组	知章组	日母	见系	帮组	端组	泥组	精组	见系		
				茄 tɕʰio²³						o io a ai	开 果
				靴 ɕio³¹						o io	合
写 ɕia³⁵		车 tsʰa³¹	惹 ȵia³⁵	夜 ia³¹						a ia	开 假
										a ua	合
徐 tɕʰi²³	初 tsʰu³¹ 锄 tsʰe²³	猪 tsu³¹	如 lu²³ 乳 i³⁵	居 tɕi³¹ 鱼 ŋe²³						u i o e m	合 遇
祭 tɕi⁵¹		世 sʅ⁵¹		艺 i³¹	米 mi³⁵	题 tʰi²³	丽 li³¹ 泥 ne²³	脐 tɕʰi²³ 洗 se³⁵	溪 hai³¹ 计 tɕi⁵¹	ai iai uɛ i e ʅ a	开 蟹
岁 ɕi⁵¹ 脆 tsʰe⁵¹		税 se⁵¹		卫 vi⁵¹ 鳜 kue⁵¹					桂 kue⁵¹	ai uai i e ue uɛ a ua	合

表 2-20　军家话古今韵母比较表之二（止、效、流、咸、深摄）

			一等			二等				三等		
			帮系	端系	见系	帮系	泥组	知庄组	见系	帮组	非组	泥组
止	开	ɿ i e ə ai u								皮 pʰi²³		利 li³¹ 尼 ne²³
	合	i e ue uɛ									肥 fi²³	
效	开	au əɯ iəɯ	宝 pau³⁵	刀 tau³¹	高 kau³¹	饱 pau³⁵ 猫 miəɯ⁵¹	闹 nau³¹	炒 tsʰau³⁵	交 kau³¹	表 piəɯ³⁵		疗 liəɯ²³
流	开	u iu uɯ iəɯ au	母 mu³⁵ 亩 məɯ³⁵	走 tsəɯ³⁵	狗 kəɯ³⁵					彪 piəɯ³¹	富 fu⁵¹ 矛 mau²³	流 liu²³ 廖 liəɯ³¹
咸舒	开	an ɛn iɛn uɛn	贪 tʰan³¹	暗 an⁵¹ 揞 ɛn³¹			斩 tsan³⁵ 赚 tsʰuɛn³¹	咸 han²³				
	合	an									凡 fan²³	
咸入	开	aʔ ɛʔ iɛʔ uɛʔ	答 taʔ⁴⁵	盒 haʔ⁴⁵ 喝 huɛʔ⁴⁵			插 tsʰaʔ⁴⁵	狭 haʔ⁴⁵ 夹 tɕiɛʔ⁴⁵				猎 liɛʔ⁴⁵
	合	aʔ									法 faʔ⁴⁵	
深舒	开	in en ɛn								品 pen³⁵		林 len²³
深入	开	iʔ eʔ ɛʔ iɛʔ										立 liʔ⁴⁵

续表

	三等				四等							
精组	庄组	知章组	日母	见系	帮组	端组	泥组	精组	见系			
次 tsʰʅ⁵¹	师 sʅ³¹ 事 se³¹ 筛 sai³¹	知 tsʅ⁵¹ ti³¹ 舐 se³¹	耳 ȵi³⁵ 儿新ə²³ 二 lu³¹	蚁 ȵi³⁵						ʅ i e ə ai u	开	止
醉 tɕi⁵¹	衰 suɛ³¹	水 fi³⁵		位 vi³¹ 危老ŋe²³ 跪 kʰue³¹						i e ue uɛ	合	
笑 ɕiəu⁵¹		赵 tsʰəu³¹	饶 ȵiəu²³	桥 tɕʰiəu²³	条 tʰiəu²³	尿 ȵiəu³¹		箫 ɕiəu³¹	晓 ɕiəu³⁵	au məu iəu	开	效
酒 tɕiu³⁵	瘦 səu⁵¹	丑 tɕʰiu³⁵		九 tɕiu³⁵ 牛 ŋəu²³						u iu əu iəu au	开	流
尖 tɕien³¹		染 ȵien³¹		剑 tɕien⁵¹	甜 tʰien²³	念 ȵien³¹		嫌 ɕien²³		an ɛn iɛn uɛn	开	咸舒
										an	合	
接 tɕieʔ⁴⁵	涉 sɛʔ⁴⁵			业工~ ȵiɛʔ⁴⁵ 业毕~ ŋuɛʔ⁴⁵	跌 tieʔ⁴⁵			协 ɕieʔ⁴⁵		aʔ ɛʔ ieʔ uɛʔ	开	咸入
										aʔ	合	
心 ɕin³¹	岑 tsʰen²³ 森 sen³¹	针 tsen³¹	任 ȵin³¹	今 tɕin³¹						in en ɛn	开	深舒
习 ɕiʔ⁴⁵	涩 sɛʔ⁴⁵	十 seʔ⁴⁵	人 ȵiɛʔ⁴⁵	级 tɕiʔ⁴⁵						iʔ eʔ ɛʔ iɛʔ	开	深入

表2-21 军家话古今韵母比较表之三（山、臻摄）

			一等			二等				三等		
			帮系	端系	见系	帮系	泥组	知庄组	见系	帮组	非组	泥组
山舒	开	an εn iɛn uɛn		丹 tan³¹	肝 kuɛn³¹	班 pan³¹		山 san³¹	简 kan³⁵ 艰 tɕiɛn³¹	偏 pʰiɛn³¹		连 liɛn²³
	合	an uan εn iɛn uɛn	般 pan⁴⁴ 半 puɛn⁵¹	短 tuɛn³⁵	丸 vɛn²³ 管 kuɛn³⁵			闩 suɛn³¹	环 fan²³ 关 kuan³¹		万 van³¹	恋 liɛn³¹
山入	开	aʔ ɛʔ iɛʔ uɛʔ		辣 laʔ⁴⁵	割 kuɛʔ⁴⁵	八 paʔ⁴⁵ 抹 muɛʔ⁴⁵		察 tsʰaʔ⁴⁵	瞎 haʔ⁴⁵	别 piɛʔ⁴⁵		列 liɛʔ⁴⁵
	合	aʔ uaʔ ɛʔ iɛʔ uɛʔ	钵 puɛʔ⁴⁵	夺 tʰuɛʔ⁴⁵	活₂ faʔ⁴⁵ 活₁ huɛʔ⁴⁵			刷 suɛʔ⁴⁵	挖₂ vaʔ⁴⁵ 刮 kuaʔ⁴⁵ 挖₁ vɛʔ⁴⁵	发 faʔ⁴⁵	阅 iɛʔ⁴⁵	劣 liɛʔ⁴⁵
臻舒	开	in en ɛn		吞 tʰen³¹	根 kɛn³¹					民 men²³		邻 len²³
	合	in en uen ɛn	本 pen³⁵	村 tsʰen³¹	婚 fen³¹ 困 kʰuen⁵¹						文 ven²³	轮 len²³
臻入	开	iʔ eʔ ɛʔ								笔 peʔ⁴⁵ 密 mɛʔ⁴⁵		栗 liʔ⁴⁵
	合	iʔ eʔ ueʔ ɛʔ	没沉~ meʔ⁴⁵ 没~有 mɛʔ⁴⁵	突 tʰiʔ⁴⁵ 卒 tseʔ⁴⁵	骨 kueʔ⁴⁵	忽 feʔ⁴⁵					佛 feʔ⁴⁵	律 liʔ⁴⁵

续表

三等					四等							
精组	庄组	知章组	日母	见系	帮组	端组	泥组	精组	见系			
千 tɕʰien³¹		善 sen³¹	燃 lan²³ 然 ien²³		边 pien³¹	天 tʰien³¹	年 nien²³	前 tɕʰien²³	见 tɕien⁵¹	an en ien uen	开	山舒
全 tɕʰien²³		砖 tsen³¹	软 ȵuen³⁵	园 ven²³ 原 ȵien²³ 拳 kʰuen²³				县 fen³¹	玄 ɕien²³	an uan ɛn ien uen	合	
		舌 seʔ⁴⁵	热 ȵieʔ⁴⁵	杰 tɕʰieʔ⁴⁵	篾 mieʔ⁴⁵	铁 tʰieʔ⁴⁵		节 tɕieʔ⁴⁵	结打~ keʔ⁴⁵ 结~果 tɕieʔ⁴⁵	aʔ ɛʔ ieʔ ueʔ	开	山入
雪 ɕieʔ⁴⁵		说 sueʔ⁴⁵		月~光 ȵieʔ⁴⁵ 月~份 ȵueʔ⁴⁵				血 feʔ⁴⁵	缺 tɕʰieʔ⁴⁵	aʔ uaʔ ɛʔ ieʔ ueʔ	合	
信 ɕin⁵¹	衬 tsʰen⁵¹	珍 tsen³¹	人 ȵin²³	近 tɕʰin³¹						in en ɛn	开	臻舒
笋 ɕin³⁵ 遵 tsen³¹		顺 sen³¹	闰 ven³¹	军 tɕin³¹ 云 ven²³ 银 ŋen²³						in en uen ɛn	合	
七 tɕʰiʔ⁴⁵	虱 seʔ⁴⁵	室 seʔ⁴⁵	日 ȵiʔ⁴⁵	一 iʔ⁴⁵						iʔ eʔ ɛʔ	开	臻入
		出 tsʰeʔ⁴⁵		橘 tɕiʔ⁴⁵ 屈~尾 kʰueʔ⁴⁵						iʔ eʔ ueʔ ɛʔ	合	

表2-22 军家话古今韵母比较表之四（宕、江、曾摄）

			一等			二等				三等		
			帮系	端系	见系	帮系	泥组	知庄组	见系	帮组	非组	泥组
宕舒	开	ɔŋ iɔŋ	帮 pɔŋ³¹	塘 tʰɔŋ²³	抗 kʰɔŋ⁵¹							娘 ȵiɔŋ²³
	合	ɔŋ			光 kɔŋ³¹						方 fɔŋ³¹	
宕入	开	ɔk iɔk	薄 pʰɔk⁴⁵	托 tʰɔk⁴⁵	各 kɔk⁴⁵							
	合	ɔk iɔk			郭 kɔk⁴⁵							
江舒	开	ɔŋ iɔŋ aŋ əŋ				邦 pɔŋ³¹ 庞 pʰaŋ²³		撞 tsʰɔŋ³¹ 双 səŋ³¹	讲 kɔŋ³⁵ 腔 tɕʰiɔŋ³¹ 降下~ kaŋ⁵¹			
江入	开	ɔk ək iək				剥 pɔk⁴⁵		捉 tsɔk⁴⁵ 啄 tək⁴⁵	学 hɔk⁴⁵ 狱 iək⁴⁵			
曾舒	开	in en ɛn	朋又 pʰen²³ 朋 pʰɛn²³	灯 ten³¹	肯 kʰɛn³⁵					冰 pen³¹		凌 len²³ ~冰 len²³
	合	əŋ			宏 fəŋ²³							
曾入	开	iʔ eʔ ɛʔ iɛʔ	北 peʔ⁴⁵	贼 tsʰɛʔ⁴⁵ 忒 tʰiɛʔ⁴⁵	克 kʰɛʔ⁴⁵					逼 peʔ⁴⁵		力 liʔ⁴⁵ 力又 leʔ⁴⁵
	合	iʔ ueʔ			国 kueʔ⁴⁵							

续表

三等					四等							
精组	庄组	知章组	日母	见系	帮组	端组	泥组	精组	见系			
枪 tɕʰiɔŋ³⁵	壮 tsɔŋ⁵¹	张 tsɔŋ³¹	瓤 nɔŋ²³ 让 niɔŋ³¹	姜 tɕiɔŋ³¹						ɔŋ iɔŋ	开	宕舒
				狂 kʰɔŋ²³						ɔŋ	合	
		勺 sɔk⁴⁵	弱 niɔk⁴⁵	脚 tɕiɔk⁴⁵						ɔk iɔk	开	宕入
				镢 tɕiɔk⁴⁵						ɔk iɔk	合	
										ɔŋ iɔŋ aŋ ɐŋ	开	江舒
										ɔk ək iək	开	江入
		蒸 tsen³¹		应~该 in⁵¹ 应~答 ɛn⁵¹						in en ɛn	开	曾舒
										əŋ	合	
息 ɕiʔ⁴⁵	色 sɛʔ⁴⁵	直 tsʰeʔ⁴⁵		极 tɕʰiʔ⁴⁵						iʔ eʔ ɛʔ iɛʔ	开	曾入
				域 iʔ⁴⁵						iʔ ueʔ	合	

表2-23 军家话古今韵母比较表之五（梗、通摄）

			一等			二等				三等		
			帮系	端系	见系	帮系	泥组	知庄组	见系	帮组	非组	泥组
梗舒	开	in en ɛn aŋ iaŋ uaŋ ɔŋ				烹 pʰen³¹ 猛 mɛn³¹ 彭 pʰaŋ²³ 盲 mɔŋ²³	冷 laŋ³⁵	生 sen³¹ saŋ³¹	行~为 ɕin²³ 更 kɛn³¹ 坑 kʰaŋ³¹ 梗 kuaŋ³⁵	兵 pen³¹ 病 pʰiaŋ³¹		令 len³¹ 岭 liaŋ³⁵
	合	in en aŋ iaŋ ɔŋ əŋ iəŋ							横 vaŋ²³ 矿 kʰɔŋ⁵¹ 轰 həŋ⁵¹			
梗入	开	iʔ eʔ ɛʔ akʔ iak ɔk				百 pak⁴⁵ 拍 pʰɔk⁴⁵		择~选 tsʰɛʔ⁴⁵ 拆 tsʰak⁴⁵ 择~菜 tʰɔk⁴⁵	核果~ feʔ⁴⁵ 核审 hɛʔ⁴⁵ 客 kʰak⁴⁵ 额~头 ɲiak⁴⁵	碧 peʔ⁴⁵		
	合	ak ɔk							划 vak⁴⁵ 获 fɔk⁴⁵			
通舒	合	əŋ iəŋ	蓬 pʰəŋ²³	东 təŋ³¹	公 kəŋ³¹						风 fəŋ³¹	隆 ləŋ²³ 龙 liəŋ²³
通入	合	ək iək	木 mək⁴⁵	读 tʰək⁴⁵	谷 kək⁴⁵						目 mək⁴⁵	六 tək⁴⁵ 绿 liək⁴⁵

续表

三等					四等						
精组	庄组	知章组	日母	见系	帮组	端组	泥组	精组	见系		
静 tɕʰin³¹				京 tɕin³¹	瓶 pʰen²³	停 tʰen²³ 钉 tɛn³¹	宁 nen²³		形 ɕin²³	in en ɛn aŋ iaŋ uaŋ ɔŋ	开
井 tɕiaŋ³¹		声 saŋ²³		赢 iaŋ²³		听 tʰiaŋ²³		青 tɕʰiaŋ³¹			梗舒
				倾 tɕʰin³¹ 永 ven³⁵ 兄 fiaŋ³¹ 荣 iəŋ²³					萤 in²³ 迥 tɕiəŋ³¹	in en aŋ iaŋ ɔŋ əŋ iəŋ	合
迹 tɕiʔ⁴⁵		适 seʔ⁴⁵ 尺 tsʰak⁴⁵		益 iʔ⁴⁵	壁 piak⁴⁵	滴 teʔ⁴⁵ 踢 tʰiak⁴⁵	历 liʔ⁴⁵	析 ɕiʔ⁴⁵ 锡 ɕiak⁴⁵	击 tɕiʔ⁴⁵ 吃 tɕʰiak⁴⁵	iʔ eʔ ɛʔ ak iak ɔk	开
迹 tɕiak⁴⁵											梗入
										ak ɔk	合
纵 tsəŋ⁵¹ 从 tɕʰiəŋ²³	崇 tsʰəŋ²³	虫 tsʰəŋ²³	茸 iəŋ²³	恐 kʰəŋ³¹ 共 tɕʰiəŋ³¹						əŋ iəŋ	合	通舒
俗 ɕiək⁴⁵	缩 sək⁴⁵	属 sək⁴⁵	肉 niək⁴⁵	菊 tɕʰiək⁴⁵						ək iək	合	通入

三 声调的古今比较

军家话的声调与中古音的对应关系详见表2-24。表中例字多的为声调演变的常例，较少的为变例，个别的为例外或特例。

表2-24 军家话古今声调比较表

古音 \ 今音		阴平 31	阳平 23	上声 35	去声 51	入声 45
平声	清	高灯天知飞心			杉撑知	
	次浊	拿拉毛聋	门罗余南龙牛		猫	
	全浊		爬平塘红群神			
上声	清	普		古比短手草酒	暑统	
	次浊	鲁努你也		五女雨暖米冷		
	全浊	坐在淡步舅近	绍			
去声	清				爱抗菜怕世放	
	次浊	路用卖硬帽魏			墓慕暮露艾	
	全浊	地病树饭就赵			诵颂	
入声	清					接节一八百谷
	次浊					六药日辣落月
	全浊					盒十滑直白读

第七节

音韵特点

本节讨论军家话的古今语音对应关系和音韵特点。军家话保留了源方言的一些语音特点，但由于形成和发展过程中均受到客家话的包围和影响，因此内部语音层次较为混杂。

一 声母特点

1. 古全浊声母字今读清音声母，塞音塞擦音声母不论平仄，一律读送气音，与客赣方言完全相同，例如：排 pʰai²³｜败 pʰai³¹｜白 pʰak⁴⁵｜同 tʰəŋ²³｜洞 tʰəŋ³¹｜读 tʰək⁴⁵｜邓 tʰɛn³¹｜求 tɕʰiu²³｜臼 kʰəu³¹｜舅 tɕʰiu³¹｜局 tɕʰiok⁴⁵｜锄 tsʰe²³｜罪 tsʰe³¹｜直 tsʰeʔ⁴⁵。也有少数字读相应的不送气清音，例如：罢 pai³¹｜敝 pi⁵¹｜弊 pi⁵¹｜毙 pi³¹｜笨 pen⁵¹｜勃 pok⁴⁵｜肚腹~ tu³⁵｜队 ti⁵¹｜诞 tan⁵¹｜巨 tɕi³¹。

2. 少数非组声母字读重唇音 [p pʰ m]，反映了"古无轻唇音"的特点，例如：斧 pu³⁵｜伏趴 pʰək⁴⁵｜吠 pʰue³¹｜冯 pʰəŋ²³｜缝—条~ pʰəŋ³¹｜扶 pʰu²³｜伏~小鸡 pʰu³¹｜浮白 pʰau²³｜尾 mi³¹｜网 məŋ³⁵｜袜 maʔ⁴⁵｜蚊 men³¹｜忘 məŋ³¹｜诬 mu²³。

3. 泥母洪音字读舌尖鼻音 [n]，细音字读舌面鼻音 [ɲ]，例如：拿 na³¹｜男 nan²³｜纳 naʔ⁴⁵｜怒 nu³¹｜女 ɲi³⁵｜娘 ɲiɔŋ²³｜年 ɲiɛn²³｜聂 ɲiɛʔ⁴⁵。

4. 来母字基本上读边音 [l]，例如：蓝 lan²³｜郎 lɔŋ²³｜老 lau³⁵｜罗 luo²³｜路 lu³¹｜论 len³¹｜来 li²³｜利 li³¹｜良 liɔŋ²³｜吕 li³⁵；也有个别读舌尖塞音 [t] 或 [tʰ]，例如：六 tək⁴⁵｜俐 tʰi³¹伶~（干净）｜两 liɔŋ³⁵/tiɔŋ³⁵。个别字泥来不分，如"浪街逛街"的"浪"读 [lɔŋ⁵¹]，"浪费"的"浪"读 [nɔŋ⁵¹]；又如，表示高程度，相当于普通话"很"的副词 [lɔŋ³⁵]，个别发音人又说成 [nɔŋ³⁵]。

5. 精、知、庄、章四组声母合流，洪音读 [ts tsʰ s]，细音读 [tɕ tɕʰ ɕ]。精组字如：早

tsau³⁵ | 猜 tsʰai³¹ | 私 sŋ³¹ | 酒 tɕiu³⁵ | 千 tɕʰiɛn³¹ | 小 ɕiau³⁵；知组字 如：猪 tsu³¹ | 超 tsʰəu³¹ | 昼 tɕiu⁵¹ | 抽 tɕʰiu³¹；庄组字如：抓 tsa³¹ | 炒 tsʰau³⁵ | 师 sŋ³¹ | 皱 tɕiu⁵¹；章组字如：朱 tsu³¹ | 烧 səu³¹ | 周 tɕiu³¹ | 臭 tɕʰiu⁵¹ | 手 ɕiu³⁵。

6. 邪母字有读如从母的现象，例如：斜 tɕʰia²³ | 谢姓~ tɕʰia³¹ | 徐 tɕʰi²³ | 袖 tɕʰiu³¹ | 囚 tɕʰiu²³ | 泗 tɕʰiu²³ | 寻 tɕʰin²³ | 松~树 tɕʰiəŋ²³ | 词 tsŋ²³ | 祠 tsŋ²³ | 辞 tsŋ²³ | 饲 tsŋ²³。

7. 少数知组声母字白读为端组 [t tʰ]，反映了"古无舌上音"的特点，例如：知白 ti³¹ | 啄 tək⁴⁵ | 涿 tək⁴⁵ | 择白 tʰɔk⁴⁵。

8. 日母字洪音字读 [l] 声母，混同来母，例如：二 lu³¹ | 耳木~ lu³¹ | 如 lu²³ | 然 lan²³ | 燃 lan²³；细音字读 [ȵ] 声母，混同泥母，例如：热 ȵiɛʔ⁴⁵ | 饶 ȵiau²³ | 日 ȵiʔ⁴⁵ | 惹 ȵia³¹ | 人 ȵin²³ | 染 ȵiɛn³¹；洪细音都可以读零声母，例如：而 ə²³ | 扰 iau³¹ | 绒 iɔŋ²³。

9. 见晓组声母一般洪音读 [k kʰ h]，细音读 [tɕ tɕʰ ɕ]，例如：歌 ko³¹ | 街 kai³¹ | 高 kau³¹ | 开 kʰue³¹ | 看 kʰuen⁵¹ | 苦 kʰu³⁵ | 火 ho³⁵ | 孝 hau⁵¹ | 鞋 hai²³ | 九 tɕiu³⁵ | 寄 tɕi⁵¹ | 吃 tɕʰiak⁴⁵ | 奇 tɕʰi²³ | 休 ɕiu³¹ | 虚 ɕi³¹ | 现 ɕiɛn³¹。也有少数细音字读 [k kʰ]，例如：渠第三人称 ki³¹ | 鸡 ki³¹ | 去 kʰi⁵¹ | 锯 ki⁵¹ | 蹴 kʰi³¹。

10. 古晓匣母合口字有读如非母 [f] 的现象，这在各地客家话中非常常见，例如：花 fa³¹ | 华 fa²³ | 化 fa⁵¹ | 话 fa³¹ | 胡 fu²³ | 户 fu³¹ | 互 fu³¹ | 回 fi²³ | 怀 fai²³ | 环 fan²³ | 幻 fan⁵¹ | 悔 fi⁵¹ | 挥 fi³¹ | 血 fɛʔ⁴⁵ | 兄 fiaŋ³¹ | 县 fen³¹。

11. 古见溪母和晓匣母有个别混读的现象。古见溪母读如晓匣母的如：酵 hau⁵¹ | 溪 hai³¹ | 恢 hue³¹。古晓匣母读如见溪母的如：校学~ kau³¹ | 溃 kʰue⁵¹ | 绘 kʰue⁵¹ | 况 kʰɔŋ⁵¹ | 戏 tɕʰi⁵¹ | 械 kʰai³¹ | 洽 kʰaʔ⁴⁵。

12. 古晓匣母合口字有少数读作 [v] 声母或 [ø]，例如：歪 vai³¹ | 完 vɛn²³ | 丸 vɛn²³ | 滑 vaʔ⁴⁵ | 猾 vaʔ⁴⁵ | 还~钱 van²³ | 县又 vɛn³¹ | 禾又 vo²³ | 禾 o²³ | 肴 iau²³ | 淆 iau²³。

13. 疑母洪音读 [ŋ] 声母，例如：鹅 ŋo²³ | 牙 ŋa²³ | 瓦 ŋa³⁵ | 外 ŋai³¹ | 熬 ŋau²³ | 牛 ŋəu²³ | 岩 ŋan²³ | 眼 ŋan³⁵ | 月~份 ŋuɛʔ⁴⁵；细音读 [ȵ] 声母，与泥母细音合流，例如：蚁 ȵi³⁵ | 疑 ȵi²³ | 业文 ȵiɛʔ⁴⁵ | 言 ȵiɛn²³ | 研 ȵiɛn³¹ | 元 ȵiɛn²³ | 原 ȵiɛn²³ | 源 ȵiɛn²³ | 愿 ȵiɛn³¹；也有部分读 [ø]，例如：艺 i³¹ | 仪 i²³ | 毅 i³¹。

14. 影云以母字一般读 [ø]，也有部分合口字读唇齿音 [v] 声母，例如：蛙 va³¹ | 乌 vu³¹ | 冤 vɛn³¹ | 稳 vɛn³⁵ | 卫 vi⁵¹ | 围 vi²³ | 胃 vi³¹ | 圆 vɛn²³ | 院 vɛn⁵¹ | 远 vɛn³⁵ | 云 vɛn²³ | 王 vɔŋ²³ | 铅 vɛn²³ | 匀 vɛn²³。

二 韵母特点

1. 军家话没有撮口呼韵母，这与大多数客家话相同。部分合口三四等字读作齐齿呼、开口呼或合口呼。读作齐齿呼的如：居 tɕi³¹ ｜ 虚 ɕi³¹ ｜ 余 i²³ ｜ 句 tɕi⁵¹ ｜ 雨 i³⁵ ｜ 虑 li³¹ ｜ 全 tɕʰiɛn²³ ｜ 选 ɕiɛn³⁵；读作开口呼的如：鱼 ŋe²³ ｜ 血 fɛʔ⁴⁵ ｜ 县 fɛn³¹ ｜ 园 vɛn²³ ｜ 员 vɛn²³ ｜ 院 vɛn⁵¹ ｜ 远 vɛn³⁵ ｜ 云 vɛn²³；读作合口呼的如：拳 kʰuɛn²³ ｜ 权 kʰuɛn²³ ｜ 裙 kʰuen²³。

2. 阳声韵与入声韵对应整齐，除梗摄的 [uaŋ] 韵没有相应的入声韵外，其他阳声韵皆阳-入相配，例如：an/aʔ、uan/uaʔ、ɛn/ɛʔ、iɛn/iɛʔ、uɛn/uɛʔ、en/eʔ、uen/ueʔ、in/iʔ、aŋ/ak、iaŋ/iak、ɔŋ/ɔk、ioŋ/iɔk、əŋ/ək、ieŋ/iek。

3. 果摄开合口不分，开口一等、合口一等皆读 [o]，开口三等、合口三等皆读 [io]。开口一等的如：多 to³¹ ｜ 左 tso³⁵ ｜ 歌 ko³¹ ｜ 可 kʰo³⁵ ｜ 饿 ŋo³¹ ｜ 何 ho²³；合口一等的如：波 po³¹ ｜ 婆 pʰo²³ ｜ 坐 tsʰo³¹ ｜ 座 tsʰo³¹ ｜ 锁 so³⁵ ｜ 过 ko⁵¹ ｜ 果 ko³⁵ ｜ 火 ho³⁵ ｜ 课 kʰo⁵¹；开口三等的如：茄 tɕʰio²³；合口三等的如：瘸 tɕʰio²³ ｜ 靴 ɕio³¹。

4. 假摄开口二等、三等部分有别，二等以 [a] 为常例，三等章组字读 [a]，其余读 [ia]。二等字如：把 pa³⁵ ｜ 麻 ma²³ ｜ 骂 ma³¹ ｜ 拿 na³¹ ｜ 茶 tsʰa²³ ｜ 沙 sa³¹ ｜ 家 ka³¹ ｜ 牙 ŋa²³ ｜ 下 ha³¹ ｜ 哑 a³⁵；三等字读 [a] 的如：遮 tsa³¹ ｜ 车 马~ tsʰa²³ ｜ 蛇 sa²³ ｜ 扯 tsʰa³⁵ ｜ 射 sa³¹ ｜ 社 sa³¹，读 [ia] 的如：姐 tɕia³⁵ ｜ 借 tɕia⁵¹ ｜ 写 ɕia³⁵ ｜ 谢 姓~ tɕʰia³¹ ｜ 爷 ia²³ ｜ 野 ia³⁵ ｜ 夜 ia³¹。

5. 遇摄一等疑母字读声化韵 [m̩]（[ŋ̍]），例如：误悟 m̩³¹ ｜ 吴蜈梧唔 木~ m̩²³ ｜ 五伍午 m̩³⁵。三等鱼虞不分，读 [u] 或 [i]。少数字白读 [e]，与蟹摄、止摄部分字合流。例如：鱼渔 ŋe²³ ｜ 锄 tsʰe²³ ｜ 梳 se³¹ ｜ 洗 se³⁵ ｜ 最 tse⁵¹ ｜ 催 tsʰe³¹ ｜ 罪 tsʰe³¹ ｜ 脆 tsʰe⁵¹ ｜ 税 se⁵¹ ｜ 追 tse³¹ ｜ 吹 tsʰe³¹ ｜ 垂 tsʰe²³ ｜ 随 se²³。

6. 蟹摄字读音层次众多，比较杂乱，可读 [ai iai uai i e ue uɛ ɿ] 等韵母。开口一二等以 [ai] 为常例，三四等以 [i] 为常例，但有部分开口一等字与合口一等合流，读 [uɛ]。开口一等字如：胎 tʰuɛ³¹ ｜ 该 kuɛ³¹ ｜ 开 kʰuɛ³¹ ｜ 呆 ŋuɛ²³ ｜ 碍 ŋuɛ³¹ ｜ 海 kuɛ³⁵ ｜ 害 kuɛ³¹ ｜ 爱 uɛ⁵¹；合口一等字如：背 puɛ⁵¹ ｜ 赔 pʰuɛ²³ ｜ 梅 muɛ²³ ｜ 妹 muɛ³¹ ｜ 碓 tuɛ⁵¹ ｜ 灰 huɛ³¹ ｜ 会 ~不~ uɛ³¹。也有少数开口一等字读 [i] 或 [e]，与三四等或合口字混同，例如：贝 = 辈 pi⁵¹ ｜ 沛 = 配 pʰi⁵¹ ｜ 来 = 雷 li²³ ｜ 在 = 罪 tsʰe³¹。还有一些字音韵地位相同但读音不同，例如：态 tʰai⁵¹ ≠ 贷 tʰuɛ³¹ ｜ 待 tʰai³¹ ≠ 怠 tʰuɛ³¹ ｜ 陪 pʰi²³ ≠ 赔 pʰuɛ²³ ｜ 佩 pʰi⁵¹ ≠ 背 ~诵 pʰuɛ⁵¹ ｜ 对 ti⁵¹ ≠ 碓 tuɛ⁵¹。

7. 效摄一二等韵完全相同，读 [au]，例如：保 = 饱 pau³⁵ ｜ 冒 = 貌 mau³¹ ｜ 高 = 交 kau³¹ ｜ 稿 = 搅 kau³⁵ ｜ 考 = 巧 kʰau³⁵；三四等韵读 [əɯ][iəɯ]，与流摄一等及三等部分字合流。效摄三等字如：朝 今~ tsəɯ³¹ ｜ 超 tsʰəɯ³¹ ｜ 赵 tsʰəɯ³¹ ｜ 烧 səɯ³¹ ｜ 表 piəɯ³⁵ ｜ 苗 miəɯ²³ ｜ 小 ɕiəɯ³⁵ ｜ 桥 tɕʰiəɯ²³；四等字如：刁 tiəɯ³¹ ｜ 条 tʰiəɯ²³ ｜ 尿 ȵiəɯ³¹ ｜ 料 liəɯ³¹ ｜ 晓 ɕiəɯ³⁵。流摄一等字如：亩 məɯ³⁵ ｜ 兜 təɯ³¹ ｜ 楼 ləɯ²³ ｜ 漏 ləɯ³¹ ｜ 狗 kəɯ³⁵ ｜ 后 həɯ³¹；三等字如：否 fəɯ³¹ ｜ 谋 məɯ²³ ｜ 牛 ŋəɯ²³ ｜ 愁 səɯ²³ ｜ 瘦 səɯ⁵¹ ｜ 廖 liəɯ³¹ ｜ 彪 piəɯ³¹ ｜ 谬 miəɯ³¹。

8. 没有闭口韵，咸山两摄合流，深臻曾三摄合流。咸摄开合口不分，皆读[an]/[aʔ]、[iɛn]/[iɛʔ]，山摄除[an]/[aʔ]、[iɛn]/[iɛʔ]两对外，开口一等和合口一等部分字合流，读[uɛn]/[uɛʔ]。开口一等字如：肝 kuɛn³¹｜看 kʰuɛn⁵¹｜寒 huɛn²³｜旱 huɛn³¹｜汉 huɛn⁵¹｜安 uɛn³¹｜割 kuɛʔ⁴⁵｜渴 kʰuɛʔ⁴⁵；合口一等字如：半 puɛn⁵¹｜满 muɛn³¹｜短 tuɛn³⁵｜团 tʰuɛn²³｜暖 nuɛn³¹｜官 kuɛn³¹｜抹 muɛʔ⁴⁵｜阔 kʰuɛʔ⁴⁵。

9. 梗摄字有比较丰富的文白异读，白读[aŋ]/[ak]、[iaŋ]/[iak]，文读[ɛn]/[ɛʔ]、[en]/[eʔ]、[in]/[iʔ]，文读音与深臻曾三摄部分字合流，例如：丁＝登 tɛn³¹｜经＝今＝巾 tɕin³¹｜征＝针＝真＝蒸 tsen³¹｜析＝习＝悉＝息 ɕiʔ⁴⁵｜适＝湿＝失＝食 seʔ⁴⁵。

三　声调特点

1. 军家话单字调比较简单，只有5个。除平声分阴阳外，其他调类皆无独立的阳调类。

2. 浊上字、浊去字与阴平调合流，例如：社＝射＝奢 sa³¹｜部＝步＝铺~设 pʰu³¹｜柱＝住＝初 tsʰu³¹｜弟＝第＝梯 tʰi³¹｜是＝示＝师 sɿ³¹｜道＝盗＝滔 tʰau³¹｜舅＝就＝丘 tɕʰiu³¹｜受＝寿＝收 ɕiu³¹｜淡＝蛋＝贪 tʰan³¹｜肾＝慎＝身 sen³¹。

3. 次浊声母字分两路走，部分归阴调，部分归阳调。次浊平声随浊音声母走，读阳平调，例如：罗 lo²³｜奴 nu²³｜卢 lu²³｜犁 li²³｜眉 mi²³｜劳 lau²³｜楼 ləu²³｜留 liu²³｜连 liɛn²³｜云 vɛn²³｜羊 ioŋ²³；也有少数字读阴平调，例如：拿 na³¹｜聋 ləŋ³¹｜笼 ləŋ³¹｜毛 mau³¹｜研 ȵiɛn³¹｜瓢 noŋ³¹。次浊上声随清音声母走，留在上声调，例如：女 ȵi³⁵｜吕 li³⁵｜美 mi³⁵｜理 li³⁵｜老 lau³⁵｜野 ia³⁵｜懒 lan³⁵｜岭 liaŋ³⁵｜雨 i³⁵；也有少数随浊音归入阴平调，例如：努 nu³¹｜鲁 lu³¹｜你 ȵi³¹｜也 ia³¹。次浊去声随浊音声母走，归入阴平调，例如：怒 nu³¹｜路 lu³¹｜例 li³¹｜内 ȵi³¹｜闹 nau³¹｜尿 ȵiəu³¹｜漏 ləu³¹｜嫩 nen³¹｜夜 ia³¹｜样 ioŋ³¹｜命 miaŋ³¹｜硬 ŋaŋ³¹。

4. 入声不分阴阳，只有一个调，例如：接 tɕiɛʔ⁴⁵｜谷 kək⁴⁵｜屋 vək⁴⁵｜白 pʰak⁴⁵｜读 tʰək⁴⁵｜舌 sɛʔ⁴⁵｜列 liɛʔ⁴⁵｜热 ȵiɛʔ⁴⁵｜月 ŋuɛʔ⁴⁵。

第三章 同音字汇

说明：

1.本字汇根据中国社会科学院语言研究所编辑的《方言调查字表（修订本）》（商务印书馆2015年版）调查整理，删除方言中不用或发音人不会读的生僻字，补充了方言词汇和语法条目中出现而《方言调查字表》未收的字，包括一些本字不明的语素。

2.本字汇发音人主要是老派代表邱桂兆先生，也增补了少量其他发音人的又读音，以小字"又"表示。不同发音人之间的又读较多，无法尽收。

3.对于较为生僻但方言常用的字、有词汇分布差异的文白异读字、来源不同的简化字，均用小字释义或举例词。

4.本字不明写不出字形的音节一律用"□"代替，后面加小字注释或举例。举例时用"~"代替该字。若一个词中，不止一个音节本字不明，则先出现的音详细释义，若释义较长，后出现的音用"参见某音"，不再解释。

5.有的字有异读，如果属文白异读，用小字标出"文""白"；如果是新老异读，则用小字标出"新""老"；如果是任意的异读，或不明异读，则按该字的常用程度（1更常用，2次之）在右下角用数字"1""2"表示。

6.本字汇按声韵调顺序排列，先以韵母为序，同一韵母内的字按声母次序排列，声韵相同的字再以声调为序排列。

ɿ

ts [31]资兹滋姿咨孜之芝支枝荔~肢 [35]子紫姊籽梓滓指动词纸止址趾芷 [51]志痣致知文智至制置稚旨指手~滞齿

tsʰ [31]治字自疵饲 [23]迟词祠辞糍磁瓷慈鹚雌持池驰弛 [35]此耻 [51]刺赐次试白翅

s [31]思丝私似斯嘶撕寺诗恃司嗣巳祀誓视是事文市师施氏士仕尸示逝嗜豉自又 [23]时 [35]死史驶屎矢 [51]始匙世四肆柿试文势

i

p [31]杯卑碑悲鄙髀鸡~（鸡腿）蝗牛虻□螺丝~（螺丝刀） [23]□烂~□pia²³（指非常烂，含贬义） [35]比毙臂 [51]贝币辈痹篦蓖痹蔽弊闭背~短撑（抬杠）柿树~（刀斧砍下来的碎木片）

pʰ [31]披鼻被~子婢倍备丕胚批蜱干~（臭虫） [23]皮疲脾啤琵枇培陪裴 [35]痞 [51]屁庇配呸佩沛

m [31]咪 [23]弥迷谜眉楣糜靡 [35]米每尾 [51]觅秘泌眯

f [31]飞会开~汇挥辉麾非菲匪翡妃 [23]肥回茴 [35]水 [51]肺费废秽卉惠慧悔毁

v [31]位未味胃谓渭畏猥威委微薇徽□动词，撒：~肥料（撒肥料） [23]围违苇维惟唯纬遗为作~ [51]卫伟为~了尉慰蔚

t [31]低知白 [35]底 [51]对兑队

tʰ [31]地弟第梯递腿推俐伶~（干净） [23]提题堤蹄啼 [51]剃退

l [31]类厉励荔例丽利痢莉俐隶吏虑滤屡履累~积累连~累很~锐 [23]来犁梨雷蕾离篱黎藜厘狸驴蕊 [35]李吕铝侣旅儡

礼里理鲤哩①名词词缀，相当于"子"。②助词，相当于"了1"。③语气词，相当于"了2" [51]泪

tɕ [31]几荼~饥机讥叽既基车~马炮巨距矩驹居据渠~道枝一~花 [23]□拟声词，模拟老鼠的叫声 [35]几~个嘴己举 [51]句拘寄记纪醉济剂计忌妓继际聚髻厩鸡~（鸡窝）□□kue?⁴⁵汤~（潜水）

tɕʰ [31]徛站立区驱躯技欺妻凄栖趋具俱惧 [23]奇琦骑崎其棋期琪旗祺麒淇骐蜞徐齐脐祁祈岐歧芪鳍瞿 [35]起取娶喜白启岂 [51]气汽戏器企弃

ȵ [31]义议你腻饵 [23]疑泥又 [35]女耳~朵语蚁 [51]遇□花~仔（花蕾）□指示代词，远指

ɕ [31]希稀西系联~熙嬉序需须叙虚嘘墟绪许絮虽犀 [35]喜文 [51]岁细

k [31]渠第三人称鸡街义系~鞋带 [51]锯

kʰ [31]蹊累，《集韵》去声废韵连秒切："蹊，小溺也，一曰倦也。" [51]去契

ŋ [23]危新

ø [31]医艺衣依易异毅伊肄芋裕誉预寓愉愈喻榆逾娱椅谊淤 [23]移仪夷姨于竽迂孟余饴宜愚俞 [35]以倚与予雨宇羽禹乳 [51]意亿以又

u

p [31]□蹲 [23]□拟声词，婴儿拉屎的征兆 [35]补 [51]布怖

pʰ [31]普谱溥~出（溢出）铺~设l店~脯浦捕部簿步埠孵伏扶富切，孵卵 [23]蒲葡菩瓠~瓜扶□一~（一堆）□明~仔（墨鱼）[35]莆

m [23]诬模~子模~范 [35]母姆拇 [51]墓慕暮募

f	[31]夫父敷乎呼户护沪腐互傅妇负 [23]符胡湖糊蝴葫瑚壶狐弧鹄 [35]府俯腑辅虎琥唬 [51]赋付附赴戽富副		具）[51]怕帕
		m	[31]骂 [23]麻嫲嘛蟆妈□弯腰 [35]马码蚂玛
v	[31]乌呜邬武₁污巫痦 [35]舞侮浒武₂ [51]务雾呜拟声词，刮风声	f	[31]花话讲~画 [23]华中~华~山铧哗桦划~算 [51]化
t	[31]都~城₁~是 [23]□用针、棍子、刀等刺、捅 [35]肚鱼~猪~肚腹~堵赌睹 [51]妒	v	[31]挖文娃洼哇蛙娲话~事（做主）[35]揪①动词，抓。②量词，（抓一）把 [51]娲媪~（轻声变读，表奶奶）
tʰ	[31]度渡镀 [23]图途涂徒屠荼 [35]土 [51]兔吐~痰吐呕~杜	t	[31]爹 [35]打
		tʰ	[31]他她它
n	[31]怒努 [23]奴 [51]□~屎狗（搬弄是非的人）	n	[31]拿 [23]□头~（头）
l	[31]路璐鹭鲁噜二耳木~ [23]卢芦炉庐驴儿如茹儒濡鲈鸬 [35]卤掳撸橹房 [51]露	l	[31]拉垃~□tsʰa³¹（漂浮在水面上的树枝、树叶、稻草之类的垃圾）□~□tɕʰia²³（蜘蛛）[23]□~人家（女方第一次到男方家察看家境）│~田（到田间巡视）[51]□手指~（手指缝）
ts	[31]租猪诸朱诛珠株蛛煮 [51]著注铸 [35]组祖阻主	ts	[31]渣喳遮差欠，少：~五角钱 [35]者 [51]乍炸诈榨窄蔗鹧
tsʰ	[31]粗初助柱住挂苎楚础褚 [23]除厨储 [51]醋处相~处~所鼠暑白错义	tsʰ	[31]车叉权差~别│~不多□垃~（漂浮在水面上的树枝、树叶、稻草之类的垃圾）[23]茶搽查 [35]扯 [51]岔叉~士（下棋时上士，即士走上去）
s	[31]苏酥书舒树疏注~疏~远枢输 [23]薯殊 [35]所义 [51]素诉暑文数~学恕庶戍竖赐恩~	s	[31]沙莎纱砂痧鲨傻射麝赊社洒 [23]蛇 [35]耍舍~得 [51]晒舍宿~率~领
k	[31]姑菇估~计孤咕辜钴沽蛊鸪蛄 [23]□不善言辞 [35]古牯股鼓 [51]故顾固锢雇	k	[31]家加迦珈嘉佳嘎拟声词：~~蛋（鸡蛋鸭蛋，对小孩说）[23]嘎拟声词，鸡下蛋后的叫声□话语开头习惯性的发语词 [35]假贾檟~槭 [51]嫁稼架驾价
kʰ	[31]枯鈷油茶、花生等榨油后剩下的渣滓 [35]苦 [51]库裤	kʰ	[23]□拟声词，吐痰时喉咙清痰的声音
		ŋ	[23]牙芽衙崖涯捱 [35]瓦雅 [51]伢屙~佬（婴儿）
	a		
p	[31]巴疤芭笆爸靶吧 [23]□屙~（胡言乱语）[35]把①~握。②量词，抓一~。③介词，引进受事对象 [51]坝霸□拟声词，模拟把纸用劲摔在地上的声音：打□pia²³ ~（一种折纸游戏，把纸折叠成四方形，用劲摔到地下，看其正反面定胜负）	h	[31]下底~下~降夏厦 [23]虾霞暇瑕蛤 [35]□未听清时反问
		ø	[31]亚娅阿~姨阿我 [35]哑
pʰ	[31]葩 [23]爬琶杷耙钯扒笆~篮（竹制器		

ia

p	[23]□拟声词：打~□pa⁵¹（见"pa⁵¹"字条解释）□烂□pi²³（指非常烂，含贬义）
pʰ	[31]□贪心，什么都想要 [51]□拟声词，打破碗碟等器皿的声音，也可用作动词：~烂（打破）
m	[31]摸白。①动词：抚~。②形容词，形容做事慢
f	[51]□~开来（撒开）
v	[31]哇拟声，可"AAAA"变读重叠，指话多，嚷嚷个不停 [23]哇拟声，同前 [51]哇拟声，同前
l	[35]□合音语气词[哩啊]
tɕ	[31]□~子（瘸子）[23]□~□tɕi³³□kɔk⁴⁵（逗小孩）[35]姐 [51]借~书借~故□叽叽~~（叽叽喳喳）
tɕʰ	[31]且谢姓 [23]佘畲斜□la³¹~（蜘蛛）[51]筲斜□鸡往外扒拉的动作：鸡~（竹制的赶鸡用具）□拟声词：~子（一种打击乐器，用铜制成，两手各拿一片，对敲后发出~的声音）│□kɔŋ²³~□kɔŋ²³~（形容锣鼓声）
ȵ	[35]惹 [51]□头发往上翘□竹~秆扫（竹扫把）
ɕ	[31]些 [23]邪 [35]写 [51]泻
h	[35]□语流中表示停顿或舒缓语气
∅	[31]也夜喏唱~□概数，表示数量较多，几~十人（好几十人）[23]爷耶 [35]野 [51]□□tsʰai²³~（昨天）

ua

k	[31]瓜呱拟声，可"AAAA"变读重叠，形容多嘴多舌[23]呱拟声，同前 [35]寡剐 [51]挂卦呱拟声，同前
kʰ	[31]夸垮挎 [35]桍树~（树枝）[51]跨

ɛ

v	[31]喂句中语气词，一般用于句子开头某些成分之后。
l	[31]咧语气词

ts	[23]□打
s	[23]□口语中表肯定
h	[23]□~个（哪个）[35]□~人（谁）

uɛ

p	[51]背脊~
pʰ	[31]背①~诵②耳~（耳朵听不清）③得~（受贿）│送~（行贿）吥坏 [23]赔
m	[31]妹 [23]梅霉枚煤媒 [51]妹又
v	[31]会又,~不~
t	[31]堆 [51]碓□呆~（糊涂）
tʰ	[31]代袋贷侩怠胎 [23]□男阴
tsʰ	[31]䁳 [23]□用手指敲打
s	[31]衰
k	[31]该赅脖子正面部分 [35]改□~里（这里）[51]盖丐钙□指示代词，近指
kʰ	[31]开
ŋ	[31]碍外文。另~ [23]呆五来切：~痴
h	[31]灰恢害亥 [35]海□~里（哪里）
∅	[31]会~不~煨 [35]□玩（耍）[51]爱

e

n	[31]内 [23]泥尼
l	[23]来又
ts	[31]追锥椎□手~（手跗子）[35]仔崽 [51]最赘缀坠
tsʰ	[31]吹炊罪在白崔催摧 [23]锄垂捶锤陲槌 [51]脆翠萃粹碎文
s	[31]事白睡瑞梳舐 [23]随 [35]洗白使 [51]碎白税
k	[51]锯又个又□~竹（竹的一种，形体较小）
kʰ	[51]去又
ŋ	[23]鱼渔危桅 [51]艾~草
∅	[31]欸语气词

ue

k	[31]龟归规圭硅闺珪鲑盔瑰 [35]鬼傀轨诡 [51]贵桂季鳜
kʰ	[31]亏柜窥 [23]癸葵睽奎魁逵 [35]跪 [51]愧溃愦馈匮聩刽桧
ŋ	[31]魏

ə

∅	[31]呃_{语气词} [23]而儿_新

o

p	[31]波玻玻坡 [23]□~屎窟（打屁股） [51]簸
pʰ	[31]颇 [23]婆 [51]破
m	[31]磨~石（石磨）摸_文 [23]嬷魔模
f	[35]火_又
v	[31]倭 [23]禾_又 [51]□_{大声喊叫}
t	[31]多哆跺 [23]□_{拟声词，水流声，可"AAAA"四声变读重叠} [35]朵躲 [51]剁堕
tʰ	[31]拖舵惰 [23]陀驼驮 [35]妥椭 [51]唾
n	[31]糯懦 [23]挪揉磨~刀捼~墨（研墨）
l	[31]掺_{两种以上东西混杂在一起} [23]罗箩锣螺萝啰腡_{手指纹}柔揉粿 [51]老~蟹（螃蟹）□_{拟声，吃饭时食物大口进嘴的声音}
ts	[23]□_{用水淋} [35]左佐 [51]做
tsʰ	[31]坐座挫 [51]错锉
s	[31]蓑梭唆 [35]所锁琐
k	[31]哥歌戈锅□_{相当于"现在""正在"} [23]咯_{拟声词，母鸡叫的声音，可四声变读重叠} [35]果裹 [51]过个
kʰ	[31]科颗棵窠 [35]可 [51]课
ŋ	[31]饿卧 [23]俄鹅蛾娥峨 [51]□_{~牯（傻子）}
h	[31]贺祸啕_{打哦~（放声尽情喊"哦"的声音）} [23]河何荷_{薄~荷~花}和_{~气} [35]火伙 [51]货
∅	[31]窝涡蜗莴阿_{~弥陀佛}屙婀哦□_{~糟（肮脏）} [23]禾和_{~尚} [51]哦_{打~啕（放声尽情喊"哦"的声音）}

io

tɕʰ	[23]茄瘸
ȵ	[31]揉
ɕ	[31]靴

ai

p	[31]□_{左手左□lai²³~（左撇子）} [23]跛~足 [35]罢摆 [51]拜
pʰ	[31]败稗 [23]排牌 [51]派
m	[31]卖迈 [23]埋 [35]买
f	[31]坏 [23]怀槐淮
v	[31]歪 [23]□_{喊叫}
t	[31]歹呆_{丁来切} [51]带戴
tʰ	[31]待大_{藤状植物的苗往外生长} [23]台抬苔 [51]太态汰泰
n	[31]耐乃奈奈 [23]奶 [51]捺
l	[31]赖籁 [23]□_{有气无力~尿（遗尿）}□_{称物时秤尾低，不足秤} [51]癞
ts	[31]灾栽斋 [35]载_年 [51]再载_{~重}磜_{水~（瀑布），此字当地常作为地名用字}
tsʰ	[31]猜差_{出差}钗寨在_文 [23]才材财豺裁□_{~□ia⁵¹（昨天）} [35]采睬彩踩 [51]菜蔡
s	[31]腮鳃筛酾 [23]柴□_{肚子因缺油而感觉饿} [51]赛帅
k	[31]街阶皆 [35]解_{白。~开} [51]届尬界_白戒_{白。金~指}
kʰ	[31]概溉慨凯恺楷错械核揩 [51]□_{敲打（头）：~五鼓戳（五指并拢，用指关节敲打人的头。也}

	说"□tsen²³五鼓戳"或"□ŋai⁵¹鼓指戳")□□nəŋ³³头□tɕi³³~（头发蓬乱）□磨磨~~（磨磨蹭蹭）	s	[31]骚臊稍捎梢筲 [23]缫□焯 [35]嫂 [51]扫~地丨~帚
ŋ	[31]外白。~头丨~婆（老鹰）[23]崖涯 [51]艾姓□动词：~鼓指戳（同上 "□kʰai⁵¹五鼓戳"）	k	[31]高篙镐膏羔糕睾交郊胶蛟跤较校学~校上~丨~对鲛教~书 [35]搞稿狡铰绞搅 [51]告郜窖珓圣~觉睡~教~育□相当于"这里"，常用于故事结束之时：故事就讲到~[哩哟]□□pʰuen³¹~（蚌）
h	[31]蟹溪骇 [23]鞋孩谐		
∅	[31]哀埃挨 [35]矮 [31]隘		
	iai		
tɕ	[35]解文。讲~丨理~ [51]介疥芥界文戒文。~酒	kʰ	[31]交~手（叉着双手，指什么活也不干）[23]□拟声词，啃骨头的声音 [35]考巧 [51]靠犒拷烤
	uai	ŋ	[31]傲 [23]熬赦嗷□歪 [35]咬 [51]□转动（头部）
k	[31]乖 [35]拐蚜青蛙丨哄（小孩）[51]怪	h	[31]号呼~号~叫孝薅效 [23]毫豪嚎 [35]好~坏郝 [51]好喜~昊耗皓浩灏酵
kʰ	[51]块快筷会~计	∅	[31]凹□意"~（呼称母亲）[23]鳌嗷拟声词，模拟老虎的声音 [35]拗袄媪 [51]奥澳懊坳
	au		**əɯ**
p	[31]包胞孢煲堡 [35]宝保饱 [51]报豹鲍	m	[31]茂贸 [23]牡谋 [35]某亩 [51]□~牯（当地人的小名）
pʰ	[31]暴爆抛抱跑藨薻~（野生莓类）□~啊了：包圆儿 [23]袍刨浮白 [51]泡炮疱	f	[31]否缶 [23]浮文
m	[31]毛冒帽貌 [23]矛茅冇没有 [51]□没牙齿的人嚼食物	t	[31]兜 [35]斗一~米抖陡 [51]斗~锄头柄斗~争窦狗~（狗窝）
t	[31]刀叨倒打~丨~水 [23]□lau⁵¹~（当地人的小名）[35]岛祷 [51]到倒反过来：~板（天花板）	tʰ	[31]豆偷敨~气（呼吸）[23]头投骰 [51]透逗
tʰ	[31]道稻滔韬盗导 [23]桃逃萄掏淘陶焘涛 [35]讨 [51]套	n	[23]□稠 [35]纽
n	[31]闹□~仔①相当于"那儿" ②相当于"……的时候"[23]挠 [35]脑恼 [51]□慢	l	[31]漏陋 [23]楼喽搂耧蝼 [35]篓 [51]□呼叫鸡、狗等
l	[31]□锅~糊（锅烟子）[23]劳捞唠痨牢 [35]老佬 [51]涝氇稀疏	ts	[31]朝今~召昭招沼钊 [35]走 [51]照诏奏
ts	[31]遭糟艚干蚤 [35]爪早枣澡藻搔 [51]罩笊燥躁噪灶	tsʰ	[31]超赵兆肇骤 [23]朝~代嘲潮 [35]□讨债 [51]凑
tsʰ	[31]操抄钞 [23]巢曹槽漕嘈 [35]草皂吵炒 [51]造糙夠秒	s	[31]烧叟搜艘馊嗖飕 [23]绍韶愁 [35]

	少多~ [51]召少~年瘦邵嗽		iu
k	[31]勾沟钩阉鸠 [23]□弯曲□看 [35]狗苟枸 [51]够勾~当构购垢	t	[31]丢
		l	[31]柳 [23]留瘤榴流硫琉刘浏 [51]溜遛
kʰ	[31]抠臼旧白 [35]口 [51]扣叩寇		
ŋ	[31]偶 [23]牛 [35]藕	tɕ	[31]邹纠揪 [23]□拧毛巾、螺丝 [35]酒九久玖韭灸 [51]昼皱绉救究疚柩咎□指人不太好讲话
h	[31]后厚候 [23]侯喉猴瘊		
ø	[31]欧殴鸥瓯讴 [23]呕 [35]怄 [51]怄沤	tɕʰ	[31]丘邱秋鳅袖抽就舅旧文 [23]求球裘囚泅酋绸惆筹畴踌仇酬 [35]丑 [51]臭兽
	mei		
p	[31]标彪飙猋镖 [35]表俵	ȵ	[31]妞扭可"AAAA"变调重叠，指小孩子身体扭来扭去[23]扭见前 [35]扭见前 [51]扭见前
pʰ	[31]飘 [23]嫖瓢剽藻浮萍 [35]瞟 [51]票漂~白漂~亮鳔		
		ɕ	[31]休修羞朽收寿受授售□~ɕiu²³ɕiu³³ɕiu⁵¹可"AAAA"变调重叠，指游手好闲 [23]□ɕiu³¹~ɕiu³³ɕiu⁵¹,同前 [35]手守首 [51]秀绣锈□ɕiu³¹ɕiu²³ɕiu³³~，同前
m	[31]庙秒妙渺缈藐邈淼缪谬 [23]苗描瞄 [51]猫		
t	[31]刁叼貂雕 [35]鸟1~刮人（骂人）[51]钓吊调~动掉		
		ø	[31]又右佑幽悠 [23]尤忧犹优由邮油游 [35]有 [51]幼友柚釉鼬诱
tʰ	[31]挑调音~刜雕刻 [23]条调~和 [51]跳佻窕		an
		p	[31]班斑颁扳 [35]板版叛板
l	[31]料廖寥蓼 [23]聊辽疗寮撩僚瞭 [35]了~结 [51]□踢: 脚一~（指用脚由下往上一踢）□~牙（翘起的牙齿）	pʰ	[31]办瓣伴拌□摔（东西）[51]盼扮判襻
		m	[31]曼慢馒漫蔓嫚幔浼身上的污垢 [23]蛮 [35]瞒
tɕ	[31]娇骄姣矫浇焦 [35]缴侥饺 [51]叫醮	f	[31]患番翻饭犯 [23]环还~原凡帆钒烦繁樊藩桓 [35]反 [51]幻宦贩范翻又
tɕʰ	[31]敲锹轿嚞噍缲~边（锁边）[23]乔桥侨荞峤樵瞧 [51]俏翘撬窍		
		v	[31]弯湾万晚皖鲩 [23]顽文还~钱完文 [35]挽~救 [51]挽提（篮子），背（书包）。□讲~渠知（告诉他）
ȵ	[31]鸟2尿 [23]饶绕 [51]翘~马仔（跷跷板）		
ɕ	[31]肖悄消销嚣萧箫潇姣女性风骚妖冶 [35]小晓 [51]笑鞘刀~|笔~	t	[31]丹单郸耽担~任|挑~ [35]胆疸 [51]诞旦
ø	[31]妖要~求腰邀扰耀鹞吆 [23]尧姚瑶遥摇窑肴淆 [35]舀 [51]要重~	tʰ	[31]贪淡滩摊坦弹子~蛋 [23]潭谭燂谈痰坛檀昙弹~琴 [35]坦毯 [51]探叹炭碳

n	[31]难患~ [23]南男楠蝻蚺难①做起事费事的，不容易。②慢 [51]□小疝子□用脚踩	t	[31]登丁灯瞪 [23]□~牯~重（沉甸甸的，指非常重） [35]等顶文鼎 [51]凳蹬
l	[31]缆榄滥烂 [23]蓝篮兰拦栏岚阑澜然文燃 [35]览揽懒	tʰ	[31]汀邓賸~头（担子两头均衡） [23]疼腾滕藤~椅藤沿着，顺着，跟着；~渠去（跟他去） [51]~手（帮忙）｜~伙（凑热闹）
ts	[31]詹瞻簪沾毡暂□走~（偏离正常，指口音不纯正） [35]斩崭站盏 [51]蘸占战湛赞	n	[23]能宁□想 [51]□指人时不穷尽列举，"……~人"相当于"……等人"，也可用于指物。□雷公瞑~（闪电）
tsʰ	[31]参惨挲赚又餐灿 [23]蚕惭谗馋蟾残 [35]铲产文 [51]杉绽	l	[31]另 [23]凌白，~冰（冰）零文楞 [51]靓□你~（轻声，你们）
s	[31]三山衫珊姗 [35]陕伞产白散药~ [51]散分~删疝	ts	[31]专砖毡粘曾增争文筝睁挣 [23]□敲打（头）：~五鼓戳（五指并拢，用指关节敲打人的头。也说"□kʰai⁵¹五鼓戳"） [35]展转 [51]战
k	[31]甘~草柑泔尴间中~ [35]感减敢橄简 [51]监舰鉴间~断	tsʰ	[31]蹭赠传~记 [23]缠曾层传~达 [51]窜白①被车压。②擀：~面
kʰ	[31]堪勘磡龛刊 [35]□大拇指与中指或食指张开的距离，也可读阴平 [51]坎砍	s	[31]森参人~善膳僧生文牲笙甥□啮牙~齿（咬牙切齿） [23]蝉禅~宗｜~让船闭眼 [35]闪省~长 [51]扇□用巴掌打
ŋ	[31]岸颔下巴□1程度副词，相当于"很" [23]岩颜顽白 [35]眼玩□2程度副词，相当于"很" □~额（额头向前突） [51]~子（没出息的人）	k	[31]跟根更~换粳耿 [23]𦆯盖：~盖子 [51]更~加□山脊梁□淋淋~~（浑身湿透）
h	[31]憾撼酣限苋~菜陷馅 [23]含晗咸函涵衔闲还~有 [51]喊	kʰ	[31]□鸡~子（竹子编的罩鸡的器具） [23]凝 [35]肯~不~恳 [51]肯~定
ø	[31]庵俺鹌 [35]□硌（脚）□~~覆困（趴着睡） [51]暗□生石~（一种脚痛，碰到石头会痛）	ŋ	[23]银 [51]□鸡生病，无精打采
	uan	h	[31]恨幸 [23]痕恒衡绲捆得紧 [35]很恨 [51]□雷公~天（雷声很响）
k	[31]关 [23]□瞪大眼睛斜视 [51]惯	ø	[31]恩揞用双手按住 [51]应~答
kʰ	[31]□地下打滚 [51]掼摛（篮子）		ien
	ɛn	p	[31]鞭编边蝙鯾 [35]扁匾 [51]变遍
p	[31]崩冰奔 [51]□擦碰上	pʰ	[31]篇偏辫辩便方~ [23]便~宜 [35]片 [51]骗
pʰ	[31]凭~靠 [23]朋	m	[31]缅渑面~条｜脸~ [23]棉绵 [35]免勉娩 [51]面又
m	[31]孟猛锰		
f	[31]县		
v	[31]冤县又 [23]圆园员铅丸完白 [35]远 [51]院怨		

第三章 同音字汇

91

f	[23]宏白 [51]□~人（用力打人，动作较泛）
t	[31]掂颠癫 [35]点典碘 [51]店
tʰ	[31]天添垫电甸殿奠佃垫 [23]田填甜恬舔
l	[31]敛殓练链恋炼楝 [23]廉镰濂连莲帘鲢联怜 [35]潋水干
tɕ	[31]尖歼兼肩坚奸煎茧捐娟鹃绢券 [35]检捡俭笕剪碱卷柬 [51]剑建见箭荐涧谏
tɕʰ	[31]签牵千迁芊仟谦件健犍腱犍践贱溅钱遣谴倦圈圆~｜猪~ [23]乾前钱钳虔全泉颧 [35]浅癣旋头发~犬 [51]欠歉情劝
ȵ	[31]念验愿研 [23]年黏言严元原源鲇~鱼拈~起来□~ȵien⁵¹（唠叨）[35]捻撚以指~碎 [51]瘾□ȵien²³~（唠叨）
ɕ	[31]仙鲜先羡轩掀现宣喧绚炫眩 [23]嫌涎贤玄弦悬舷旋选 [35]险显选 [51]线宪献
∅	[31]淹阉烟胭焰嫣渊 [23]盐阎檐炎延筵妍沿然白，自~（舒服）缘袁辕援媛 [35]掩演 [51]艳厌燕雁彦谚晏堰砚 □~脚（抖腿）

uɛn

p	[31]般搬 [51]半
pʰ	[31]潘□~kau⁵¹（蚌）[23]盘
m	[23]鳗 [35]满
v	[35]碗腕
t	[31]端 [35]短 [51]断决~破台阶
tʰ	[31]段锻缎断~了 [23]团
n	[35]暖
l	[31]乱卵又 [23]栾鸾 [35]卵□多人疯抢东西 [51]㹢鸡~（未下蛋的小母鸡）
ts	[51]钻篡
tsʰ	[31]氽撺川穿篡赚₁ [23]橼 [35]喘 [51]串窜蹿篡
s	[31]酸闩栓拴 [51]算涮
k	[31]甘~蔗干~湿肝竿杆观参~官棺鳏 [35]秆赶擀管馆 [51]干~部贯灌罐观寺~冠~军
kʰ	[31]宽 [23]拳权 [35]款 [51]看
ŋ	[35]软
h	[31]汗旱焊翰瀚欢唤焕换罕鼾 [23]寒韩 [51]汉
∅	[31]安鞍 [35]碗腕宛 [51]按案

en

p	[31]彬兵宾滨槟缤 [35]禀本 [51]殡鬓笨并迸□~□paŋ⁵¹（拉扯），可AABB重叠，~~paŋ³³paŋ⁵¹，指拉拉扯扯。
pʰ	[31]烹并□表程度：~轻（指轻飘飘的没有重量）[23]贫频盆平文评瓶屏萍朋又凭文~ [35]品 [51]喷~水聘娉
m	[31]问白闷蚊命文 [23]民门明文萌盟鸣冥溟暝 [35]闽□~头（小孩摇头）[51]问又
f	[31]昏婚分份芬纷氛混馄荤勋 [23]魂焚 [35]粉 [51]粪奋愤忿□吃，指胃口好
v	[31]闻润温瘟运隐 [23]云耘芸匀昀浑~浊文纹玟雯炆闻吻刎 [35]稳永 [51]问文揾
t	[31]蹲吨敦~厚墩炖饨 [35]顿顶白 [51]扽敦都困切，筷子~齐来（把筷子竖立整齐）□□taŋ²³~子（冰锥）
tʰ	[31]吞囤饨盾遁定艇铤 [23]屯臀豚亭

	婷停廷庭蜓 [35]挺		aŋ
n	[31]嫩	p	[31]拚拉，拔 [51]绷衣服太紧│□pen⁵¹~（拉扯。见前"□pen⁵¹"）
l	[31]论令另鳞扔赁 [23]林淋临邻铃伶磷仑轮伦抡纶囵沦菱陵凌文仍 [51]□明念	pʰ	[31]髼大缸□~乌（吹灭灯火）[23]庞棚鹏彭膨 [51]胖□空心，不实：~谷（瘪谷）
ts	[31]针斟真贞珍诊榛臻尊遵樽征蒸 [35]镇枕准振震整文拯 [51]圳正~反证政症	m	[31]蜢草~（蚱蜢）[23]□不，没有
		f	[31]晃~眼 [51]晃~荡
tsʰ	[31]深白春椿村伸~腰趁阵称~呼逞~能 [23]沉陈尘辰文存澄成文诚岑鹑 [35]蠢 [51]寸衬称相~秤	v	[31]横~走（倒下）[23]横~直
		t	[23]□吃：~哩一餐就走了（指到别人家吃了一顿拍拍屁股就走人了）│□~ten⁵¹子（冰锥）
s	[31]深文甚身申伸~冤审娠肾慎顺孙损剩升盛兴~沈 [23]辰白晨唇臣纯醇淳神绳成年~乘塍田~（田埂）承丞 [35]婶 [51]舜瞬胜~任│~败圣	n	[23]腩脚~肚（腿肚子）│屙~公（脱肛）[51]□用力拉屎│~脚（跺脚）
		l	[23]铃啷□鲜水~□kaŋ⁵¹（稀稀的流质物）[35]冷
	in	ts	[31]争白正~月 [35]整。修理 [51]正白
tɕ	[31]今矜金襟津巾斤筋谨瑾君军均钧京鲸荆精睛菁晶经 [35]锦紧景警 [51]禁~不住│~止浸进晋俊郡劲敬竞竟境婧	tsʰ	[31]郑□~子（一种早稻）[23]程橙裎炒米~（米花糕）[51]撑
		s	[31]生白声 [23]成白城 [35]省节~
tɕʰ	[31]钦近亲菌尽卿清文静靖氢顷倾 [23]寻琴禽擒勤秦群情琼 [35]□~头（低头）│~倒（弯腰）[51]侵寝庆	k	[31]庚羹耕 [35]哽 [51]径降下~□鲜水□laŋ²³~（稀稀的流质物）
		kʰ	[31]坑
ȵ	[31]认忍 [23]人	ŋ	[31]硬□~~滚（形容某种声音一直在叫）
ɕ	[31]心辛新薪欣迅殉熏薰馨兴~旺 [23]旬询荀循巡形型邢刑行~为行品~ [35]笋榫 [51]信讯兴高~训性文囟	h	[31]夯 [23]行~走桁檩条
		ø	[31]罂 [51]□再：~好都有用（再好都没用）
			iaŋ
ø	[31]音阴荫壬任因殷引允尹孕鹰婴樱鹦缨莺英 [23]吟淫蝇盈 [35]饮引 [51]印韵应~该│~用│响~	p	[31]□摔：~碗 [35]丙炳饼 [51]柄偋躲藏
		pʰ	[31]病 [23]平白坪 [51]□劈
		m	[31]命蒙动词：~稳鼓来打（指背着他人做事情）[23]名铭明白
	uen	f	[31]兄白
k	[35]滚 [51]棍	t	[31]钉订疔□抬头
kʰ	[31]昆崑鲲琨坤 [23]裙 [35]捆 [51]困~难困~眼：睡觉	tʰ	[31]听

l	[31]领 [23]伶~俐（干净）零白 [35]岭	ts	[31]脏肮~赃张庄装章樟 [35]长生~涨掌 [51]仗打~账帐胀葬
tɕ	[31]惊 [35]井颈 [51]镜		
tɕʰ	[31]净青清白蜻轻 [23]晴 [35]请 [51]锵拟声词：~咚~咚~（指锣鼓声）	tsʰ	[31]仓苍舱沧疮丈杖仗炮~（鞭炮）昌菖娼藏西~脏内~撞闯尚白长~饭碗（饭吃不完，剩在碗里）[23]藏隐~长~短肠场 [35]厂 [51]畅唱倡创丈~人公（岳父）
n̠	[23]迎	s	[31]伤桑丧婚~丨~失霜孀商上~山丨~面尚文 [23]床常裳偿 [35]嗓爽赏
ɕ	[31]星腥 [35]醒 [51]姓性白谢老。多~		
∅	[31]映 [23]赢营 [35]影 [51]暎~牛（放牛）	k	[31]冈岗刚纲缸肛江扛豇光 [23]□拟声词：~□tɕʰia⁵¹（指锣鼓声），可AABB重叠□~□kai⁵¹子（蜻蜓）□拟声词，造土纸的声音 [35]讲港广 [51]杠钢□单向~（单身汉）
	uaŋ		
k	[31]桄~子（桌椅的横撑）[35]梗		
	ɔŋ	kʰ	[31]康糠慷匡筐框眶 [23]狂 [35]□臭~（米糠变质）[51]亢抗炕伉旷况矿
p	[31]邦帮 [35]榜绑 [51]谤磅镑梆~锤（大铁锤）	ŋ	[35]昂 [51]□~牯仔（傻瓜）
pʰ	[31]□拍桌子 [23]旁滂螃傍庞胖被蚊子咬后起的肿块	h	[31]项巷上用在名词后面表示位置：桌~ [23]行~列丨银~航杭降投~
m	[31]莽蟒望白 [23]亡忙芒茫盲虻 [35]网忘	∅	[31]肮~脏 [35]昂~直背（挺直胸膛）□~下仔（睡一会儿）
f	[31]荒慌谎方芳访纺仿相~丨~佛 [23]肪妨房防 [51]放		**iɔŋ**
v	[31]汪往旺望文 [23]黄簧磺璜王皇蝗□阿~，轻声，我们）□打~vɔŋ⁵¹（荡秋千）[35]枉 [51]妄汪拟声词，狗叫声□打□vɔŋ²³~（荡秋千）	t	[35]两乂
		l	[31]亮量数~ [23]良粮凉量~长短梁梁辆 [35]两~个两儿~几钱
t	[31]当应~丨~作档 [35]党挡 [51]当~铺	tɕ	[31]将~来浆姜疆僵缰 [35]蒋奖桨 [51]将大~酱□~仔（这么，怎么，怎样）
tʰ	[31]汤荡坦~荡1涮洗：~碗（涮碗）[23]堂棠螗唐糖塘 [35]躺倘 [51]烫趟宕~车（延误乘车时间）	tɕʰ	[31]枪羌强勉~ [23]墙强~大 [35]抢 [51]像相~
n	[31]瓢 [23]囊 [35]□2程度副词，相当于"很" [51]浪~费	n̠	[31]让酿 [23]娘 [35]仰 [51]娘~~（姑姑）
l	[31]壤嚷攘 [23]郎廊狼琅榔螂啷瑯 [35]□1程度副词，相当于"很"荡2涮洗 [51]浪~街（逛街）朗	ɕ	[31]香乡相互~箱厢湘襄镶象像好~橡匠 [23]详祥 [35]想享响 [51]相~片向像头~
		∅	[31]央秧殃样穣热闹酿~肠（香肠）[23]羊洋烊佯阳杨扬疡 [35]养痒

əŋ

p [35]捧 [51]□拟声词，鞭炮声，枪声。□形容人精明过头，反而失算：~牯｜~鬼（指精明过头的人）

pʰ [31]碰缝一条~ [23]蓬篷冯 [51]喷~香

m [31]懵梦~想 [23]蒙朦濛雾~纱（雾） [35]瞢眼睛看不清

f [31]风枫疯讽凤丰锋峰蜂奉俸封梦发眠~（做梦） [23]红洪鸿虹弘宏文逢

v [31]翁嗡 [51]瓮蕹

t [31]东冬□用头顶：~头帕（头巾） [23]咚拟声词：~tɕʰia⁵¹~tɕʰia⁵¹（形容锣鼓声） □~乱（手忙脚乱）用棍子捅 [35]董懂 [51]冻栋崬

tʰ [31]动通捅 [23]同铜桐筒童瞳 [35]桶 [51]痛统

n [23]农侬脓哝 [51]□~头□tɕi³³kʰai⁵¹（头发蓬乱）

l [31]聋笼拢弄 [23]隆窿1~空（小洞）珑陇 [35]垄 [51]窿2洞

ts [31]宗综棕踪鬃中当~忠衷钟盅终春~米 [35]总肿种~类 [51]粽众纵中射~种~树

tsʰ [31]聪匆葱囱充重轻~怂~恿宠 [23]丛虫崇重~复 [51]铳

s [31]双松嵩 [35]㧐 [51]送宋诵颂讼

k [31]公蚣工功攻宫弓新恭躬供文。□~□kɔk⁴⁵~鸟（布谷鸟） [23]□拟声词，小孩子玩水的声音 [35]巩拱文 [51]供上~汞虹古送切：~脓（溃脓）

kʰ [31]空~虚恐 [35]孔□翘屁股 [51]贡空~缺控烘

h [31]哄乱~~ [51]轰

iəŋ

t [23]龙文

l [31]□~走（溜走） [23]龙

tɕ [31]弓老供①生：~小孩。②喂：~猪 [35]拱白 [51]供又

tɕʰ [31]共 [23]穷松~树丛

ȵ [23]浓秾（草）密 [51]□~角（河流的死角）

ɕ [31]兄文凶匈汹胸 [23]熊雄

ø [31]用拥庸雍痈泳咏 [23]荣嵘容蓉溶榕熔瑢融戎绒茸

aʔ

p [45]八扒捌叭□表程度：~靓（非常漂亮）

pʰ [45]拔

m [45]袜

f [45]法乏发罚伐阀筏活2

v [45]滑猾挖白1

t [45]答搭嗒瘩湆~湿（湿透）笪□吃：零~（零食）

tʰ [45]踏塔塌榻逷溻汗~湿了达

n [45]纳呐钠

l [45]辣蜡腊邋癞

ts [45]匝砸咂眨闸褶~子（皱纹）铡扎

tsʰ [45]插杂察擦嚓□黄~（蟑螂）

s [45]杀刹煞炸清水煮蛋□扎

k [45]鸽合十~一升蛤佮~本（合伙）□句子开头的发语词，无实义

kʰ [45]恰洽掐

ŋ [45]嗑□吃，诙谐说法，贬义□动词：~开一点（打开一点）~下（眼前）

h [45]合哈盒瞎辖侠峡狭匣

ø [45]鸭押压□打~气（打喷嚏）

uaʔ

k [45]括刮□~赤痢（痢疾，也用于否定别人说的话，或用于骂人）□□lak⁴⁵~（没一丁点儿瘦肉的肥肉）

	□吃，贬义，用于骂小孩		公~□nen[51]（闪电）月~光（月亮）
	εʔ	ɕ	[45]歇协楔屑卸泄雪薛谑□妒~（妒忌）
p	[45]北不白	ø	[45]页叶液掖腋烨晔靥酒~（酒窝）腌阅悦粤曰越文
pʰ	[45]迫		
m	[45]墨密秘~蜜默没埋~｜~有□①搞，弄。②使		ueʔ
		p	[45]钵拨
f	[45]血或惑	pʰ	[45]泼钹
v	[45]乙挖白2越白	m	[45]末沫抹
t	[45]得德	t	[45]掇
tʰ	[45]特白。~意	tʰ	[45]脱夺
n	[45]□①掐。②截留下一些本该拿给别人的东西	l	[45]捋
l	[45]勒肋竻荆棘，刺□屑~（垃圾）	ts	[45]□吮吸，小孩吃奶
ts	[45]则侧折~断哲浙责□~药（抓药）	tsʰ	[45]撮
tsʰ	[45]测彻撤辙贼策啜吮吸择文。选~	s	[45]刷说□~鼻脓（吸溜鼻涕）
s	[45]舌设涉色塞涩虱蝎折弄~了	k	[45]国割葛
k	[45]结打~格文革	kʰ	[45]渴阔掘
kʰ	[45]刻咳克磕	ŋ	[45]月~份业毕~
h	[45]黑□住核审~	h	[45]喝活1遽~（勤快）□小孩听话
ø	[45]噎揞动词，（用手）遮捂	ø	[45]遏
	iεʔ		eʔ
p	[45]鳖憋瘪瘪□溅□淡~~（很淡，指没什么味道）	p	[45]逼笔必毕弼碧璧分介词，给、被□弹：~手指（弹手指）
pʰ	[45]别撇卜萝~	pʰ	[45]匹辟避癖僻
m	[45]灭篾蔑	m	[45]密与"疏"相对
f	[45]穴	f	[45]佛拂忽核果~□扔
t	[45]跌贴白	v	[45]物郁孤僻□脑沟~（后脑窝子）□臭狐~（狐臭）
tʰ	[45]铁迭贴文帖碟蝶谍牒叠忒~大（太大）垫~坐（用东西铺或衬，使坐处加高、加厚或平正。）	t	[45]滴嫡的目~
l	[45]列咧裂烈冽猎劣□舔	tʰ	[45]敌笛狄凸
tɕ	[45]夹荚颊挟浃接节洁结~果劫揭决诀	l	[45]力又□擦~哩皮（蹭破了皮）
tɕʰ	[45]妾切怯窃杰截捷绝倔厥撅噘缺	ts	[45]汁卒织质秩
ȵ	[45]业工~热聂蹑镊孽捏涅镍□雷	tsʰ	[45]出直值侄拭擦

s	[45]食十式实实失室术述释适		ŋ	[45]额名~
	iʔ		h	[45]赫吓核牛~卵（当地一种野果，学名木通果）
tʰ	[45]特文。~务突~出		ø	[45]厄扼轭
l	[45]力立笠粒历律栗率速~			iak
tɕ	[45]急积即鲫唧蝍草~仔（蟋蟀）吉击橘脊籍藉激绩寂戚表程度：~韧迹文		p	[45]壁□①用巴掌打。②摔：~碗□做事厉害
			pʰ	[45]劈左~子（左撇子）
tɕʰ	[45]七柒漆膝疾乞迄讫屈文及极□~□ tɕʰiɔk⁴⁵（回敬别人不吉利话语时的用语）		tʰ	[45]踢剔籴
			tɕ	[45]迹白遽速度快
			tɕʰ	[45]吃屐木~席~子
ȵ	[45]日		ȵ	[45]额~头逆
ɕ	[45]习息悉蟋袭吸昔惜文。可惜恤戍析文夕席主~		ɕ	[45]惜白。疼~锡谢新。多~
			ø	[45]□~手（挥手）
ø	[45]一逸益亦译液域疫役			ɔk
	ueʔ		p	[45]博搏剥驳脖勃饽
k	[45]骨□~汤□tɕi⁵¹（潜水）		pʰ	[45]薄泊拍朴扑雹
kʰ	[45]窟掘屈白。~尾（短尾）｜~手~脚（缺胳膊短腿）		m	[45]莫膜幕寞馍漠茉~莉花
			f	[45]霍藿豁获
	ak		v	[45]握沃□形容词，很会顶嘴镬
p	[45]百柏伯擘檗□表程度：鼻公~塞（鼻子气息不通）		t	[45]□剁□吃（大餐）□~舌头（大舌头）□落~名（最后一名）□~~跌（不断往下掉）
pʰ	[45]白帛魄		tʰ	[45]托择白。~菜
m	[45]麦脉陌□（用棍子）打		n	[45]诺
v	[45]划		l	[45]落烙骆酪洛络乐音~｜快~
t	[45]□~进~出（频繁进出并开门锁门）		ts	[45]作着~衣裳酌卓桌琢捉斫拙
tʰ	[45]缒用绳子捆		tsʰ	[45]凿昨着睡~绰戳镯
n	[45]□做糕点时用手抓捏		s	[45]索勺芍朔塑烁硕
l	[45]沥坜沟~（小沟）剾用刀划□~水（舀水）□~□kuaʔ⁴⁵（没有一丁点儿瘦肉的肥肉）		k	[45]各阁搁胳郭廓觉角桷橡子□~□kən³¹鸟（布谷鸟）
ts	[45]摘只炙		kʰ	[45]扩确壳搉用石头丢
tsʰ	[45]斥拆册栅坼疲		ŋ	[45]岳
s	[45]石		h	[45]鹤学
k	[45]隔格白		ø	[45]恶
kʰ	[45]客			

iɔk

tɕ	[45]	脚爵钁
tɕʰ	[45]	却宁跑□□tɕʰiʔ⁴⁵~（回敬别人不吉利话语时的用语）
ȵ	[45]	弱若虐疟
ɕ	[45]	削
∅	[45]	约药跃

ək

p	[45]	不文
pʰ	[45]	仆讣卜~卦伏白朴膆蚊虫叮咬后肿起的小疙瘩
m	[45]	目木牧穆睦
f	[45]	福幅蝠复腹覆服伏文缚
v	[45]	屋
t	[45]	督笃六豚底端□打嚏~子（打嗝儿）
tʰ	[45]	独读犊毒突~然秃
n	[45]	朒~缩（犹豫不决、欲进不进、退缩不前）□打~（打寒噤，吓一跳）

l	[45]	鹿禄摝搅拌
ts	[45]	竹筑祝粥烛嘱
tsʰ	[45]	族逐~步轴促触□被水淹□~上~下（走上走下，贬义）
s	[45]	叔淑熟缩速赎属蜀束
k	[45]	谷
kʰ	[45]	哭酷

iək

l	[45]	录绿
tɕ	[45]	足逐追赶
tɕʰ	[45]	局菊鞠曲
ȵ	[45]	玉肉
ɕ	[45]	宿肃粟畜~生畜~牧蓄俗续
∅	[45]	育辱褥浴欲狱郁

m

∅	[31]误悟 [23]吴蜈梧唔不 [35]五伍午

第四章 词汇特点

本章拟从词汇比较的角度，分析军家话与周边客家话及源方言之间的关系，并从方言特别词、方言古语词、民俗文化词等角度考察军家话词汇的构成及特点。

第一节

方言特别词

军家话与客家话在词汇方面同中有异，同为大同，异为小异。严修鸿（1995：210—226）曾根据《客赣方言调查报告》所列词条（删除68条），调查了1052条词语。通过比较分析，将它们分为三类：第一类是与客赣词形相同的，共439条，占调查总数的42%；第二类是与赣方言不同而与客家话相同的，共455条，占调查总数的43%；第三类是军家话的特色词，即与当地客家话不同的词条，共158条，占调查总数的15%。第一类是客赣方言在发生学角度亲近关系的反应；第二类主要是军家话向当地客家话的借词，是几百年来客方言对军家话方言岛渗透影响的结果；第三类主要是赣方言词汇在军家话中的残留，其中131条是与赣东北南城、弋阳一带相同的，仅27条（占调查总数的2%）既不同于赣方言也不同于客家话。也就是说占所调查数98%的军家话词语可以在客赣方言中找到根据。林清书（2011：11—16）列了77个军家话特色词，并将之与客赣方言进行比较，统计比较的结果显示军家话与赣方言临川片的相关度最高。

军家话与客家话虽然共性成分居多，但仍有一些自己的特色词汇。军家人中流传着"拖板"与"搭盖"的故事：据说清兵第二次屠城杀军家人时，为避免错杀客家人，就拿了个锅盖放在关卡，问经过者怎么说，凡答"搭盖"者为客家人，放行，凡答"拖板"者为军家人，格杀勿论。这里就是利用了军家话的特色词来辨别军家人的身份。

一 区别于周边客家话的词语特点

军家话区别于周边客家话的词语，差异主要体现在词形上，构词和词音方面也有一定的差异。

(一)词形差异

1. 词形完全不同

军家话有一批口语中常用的基本词,词形与客家话完全不同。这部分词有的是古今汉语说法不同,有的是方言创新的说法,例如:吃(饭)、喝(水)、抽(烟),军家话说"吃",客家话说"食";衣服,军家话说"衣裳",客家话说"衫裤";睡觉,军家话说"困眼",客家话说"睡目";儿子,军家话说"仔(崽)",客家话说"徕子"或"大细子";插秧,军家话说"栽禾",客家话说"莳田";判断动词"是",军家话说"是",客家话说"系";等等。这类例子不少,详见表4-1。从这些例子我们可以看出,有些词语古今汉语不同,军家话偏向现代汉语的说法,而客家话相对而言保留的古语词较多。

2. 词形部分不同

军家话还有一批词,词形与客家话部分有别(一般会有某个成分相同),有几种不同表现:

(1)词根不同

二者的词形差异表现在词根方面,复合词中的某个词根语素不同,例如簸箕,军家话说"团箕",客家话说"簸箕";称呼爷爷,军家话说"公公",客家话说"爹爹""公爹";动手打架,军家话说"打仗",客家话说"打交"或"相打";洗澡,军家话说"洗澡",客家话说"洗浴"或"洗身";婆婆,军家话说"家婆",客家话说"家娘";现在,军家话说"当下",客家话说"今下";等等。均表现为某个体现主要词汇意义的词根语素不同。

(2)词缀不同

二者的词形差异表现在词缀不同。军家话有一些异于周边客家话的词缀,例如军家话有丰富的"仔"缀和"哩"缀,客家话更多的是"子"缀。如军家话的"星哩""梳哩""桃哩""麻哩",客家话说"星子""梳子""桃子""麻子";军家话的"公哩""婆哩",客家话说"老公""老婆";军家话的"桌仔""柜仔""扇仔""李仔",客家话说"桌子""柜子""扇子""李子";等等。还有一些词语军家话有词缀,客家话用单音词。如"房子",军家话说"屋仔",客家话说"屋";碓,军家话说"碓嫲",客家话说"碓"。这样音节数目也不相同,构词方式也有别,一个是两个语素派生构词,一个是单个语素直接成词。

(3)音节数目不同

军家话与客家话的词形差异有时表现为二者的音节数不同,例如女婿,军家话说"郎",客家话说"婿郎";豆腐乳,军家话说"豆霉",客家话说"豆腐乳";父亲,军家话说"爷老子",客家话说"爹哩""爷哩";傍晚,军家话说"临夜仔",客家话说"挨夜""随夜";土鳖,军家话说"牛屎婆婆",客家话说"喷屎公";等等。

此外,还有个别其他表现,如"告诉",军家话说"讲□[van^{51}]……知",客家话说

"学……知"。

（二）词音差异

军家话与客家话的词汇差异有时体现在词音方面，有些词虽然词形一样，但二者词音差异甚大，听感上不易辨别它们是同一个词。例如"个"军家话音[ko⁵¹]，客家话音[ke⁵¹]，这被认为是客赣方言的区别性特征之一；"木耳"军家话音[mək⁴⁵lu⁰]，客家话音[mək²mi³¹]；数词"二"军家话音[lu³¹]，客家话音[ŋ³¹]或[ni⁵¹]；"女儿"军家话音[ȵi³⁵]，客家话音[ŋ³¹li⁰]等等。另外，军家话有丰富的轻声词，这也有别于周边客家话（详见第二章相关分析）。

（三）构词差异

军家话与客家话的词汇差异有时也体现在构词方式不同，例如"打架"，军家话说"打仗"是述宾式构词，客家话说"打交"也是述宾，但说"相打"则为偏正式构词；又如"县城""辣椒""荸荠"，军家话说"县头""辣子""马子"，是派生构词，客家话说"县城""番椒""马荠"，是偏正式复合构词；再如"爷爷"，军家话不分叙称呼称，都说"公公"，属重叠构词，客家话呼称"爹爹"亦为重叠构词，但叙称"公爹"则属偏正式复合构词。这类例子不少，不再细述。

二 区别于周边客家话的词语列举

下面我们列举军家话中有别于武平客家话的词语，以表格的形式呈现，可以清楚看出与客家话的相异点；同时把赣方言有相应说法的也罗列出来，可以清楚看出军家话与赣方言之间的传承与变异关系。

表 4-1 军家话与武平客家话词汇差异表

词目	军家话	客家话	赣方言①
吃（饭）	吃 tɕʰiak⁴⁵	食 seʔ⁵	吃
喝（酒）	吃 tɕʰiak⁴⁵	食 seʔ⁵	吃
抽（烟）	吃 tɕʰiak⁴⁵	食 seʔ⁵	吃
吃早饭	吃朝 tɕʰiak⁴⁵tsɤ³¹	食朝 seʔ⁵tsau³⁵、食早晨饭 seʔ⁵tsau³¹sen²²pʰuɛn³¹	吃早饭
吃午饭	吃昼 tɕʰiak⁴⁵tɕiu⁵¹	食昼 seʔ⁵tse⁵¹	吃昼饭

---

① 赣方言有相应说法的仅列于此作为参照，并非某个具体方言点，材料主要参考李如龙、张双庆（1992）《客赣方言调查报告》、熊正辉（1995）《南昌方言词典》、颜森（1995）《黎川方言词典》、刘纶鑫（1999）《客赣方言比较研究》，还有笔者调查的抚州金溪点。

续 表

词目	军家话	客家话	赣方言
吃晚饭	吃夜 tɕʰiak⁴⁵ia³¹	食夜 seʔ⁵ia³¹	吃夜饭
是	是 sɿ³¹	系 hi⁵¹	是
不是	唔是 m²³sɿ³¹	唔系 m²²mi⁵¹	不是
要	要 iəɯ⁵¹	爱 uɛ⁵¹	要
不要	唔要 m²³n̠iəɯ⁵¹	唔爱 m²²muɛ³⁵	不要
玩儿	□uɛ³⁵、□耍 uɛ³⁵sa³⁵	嫽 liau³¹、嫽耍 liau³¹sa³¹	歇 ɕiɛ⁴⁴
我	阿 a³¹、阿哩 a³¹li⁰	我 ŋa²²	我、阿、阿（哩）
我们	阿□ a³¹vɔŋ⁰、阿□ a³¹lɛn⁰	我们人 ŋa²²mɛn⁵¹nin²²	我哩、阿哩、我们
我的	阿个 a³¹ko⁰	我个 ŋa²²kɛ⁵¹	阿个 a³¹ko⁰、我个
你们	你□ ni³¹lɛn⁰	□□人 hŋ²²nɛn⁵¹n̠in²²	你哩、你多人、你们
衣服	衣裳 i³¹sɔŋ⁰	衫裤 san³⁵fu⁵¹	衣裳
口袋衣服上的	衣裳袋 i³¹sɔŋ⁰tʰuɛ³¹	衫袋 san³³tʰuɛ³¹	衣裳袋、荷包
锅	锅头 ko³¹tʰəɯ⁰	镬头 uɛʔ⁵tʰɛ²²	锅、锅哩
锅盖	拖板 tʰo³¹pan³⁵	木搭 muk²taʔ²	锅盖
哭	啼 tʰi²³	叫 tɕiau⁵¹、叫嘴 tɕiau³³tsi⁵¹	哭、啼
漂亮	俏 tɕʰiəɯ⁵¹	精 tɕiaŋ³⁵	客气、标致、俏
疼	痛 tʰɔŋ⁵¹	疾 tɕʰiʔ⁵	痛
睡觉	困 kuen⁵¹、困眼 kuen³³ŋan³⁵	睡 si³¹、睡目 si³¹muk²	困、困觉
插秧	栽禾 tsai³¹o²³	莳田 sɿ³¹tʰiɛn²²	栽禾
糕点统称词	糍 tsʰɿ²³	粄 pan³¹	
糖糕、年糕	糖糍糍 tʰɔŋ²³kau³¹tsʰɿ²³	糖粄 tʰɔŋ²²pan³¹	年糕
用手捏制成的糕点	捏糍 n̠iɛʔ⁴⁵tsʰɿ²³	捏粄 n̠iaʔ²pan³¹	
形状像青蛙的糕点	蜗仔糍 kuai³⁵tse⁰tsʰɿ²³	蜗子粄 kua³¹tsɿ³¹pan³¹	
用灰水制成的黄色糕点	黄粄糍 vɔŋ³¹pan⁵⁵tsʰɿ²³	黄粄 vɔŋ²²pan³¹	

词目	军家话	客家话	赣方言
用芋头或芋子加粳米粉制成的糕点	芋仔糍 i³¹tse⁰tsʰɿ²³	芋子粄 i³¹tsɿ³¹pan³¹	
糯米制的煮时加了糯米酒的无馅小汤圆	酒糍仔 tɕiu⁵⁵tsʰɿ²³tse⁰	酒粄子 tɕiu³¹pan³¹tsɿ³¹	
清明时节做的加了苎叶的糕点	苎叶糍 tsu³¹ieʔ⁴⁵tsʰɿ²³	苎叶粄 tʰu³³iaʔ⁴⁵pan³¹	
清明时节做的加了艾叶的糕点	艾糍 ŋe⁵⁵tsʰɿ²³	艾粄 ŋi⁵³pan³¹	艾叶米果
用"禾米"做的糕点	禾米糍 o²³mi⁵⁵tsʰɿ²³	禾米粄 o²³mi³¹pan³¹	
用簸箕蒸制的带馅料的长条形糕点	团箕仔糍 tʰuen²³tɕi³¹tse⁰tsʰɿ²³	簸箕粄 po⁵³tɕi³⁵pan³¹	
粳米制的搓成手指状长条形的糕点	搅浆米糍 kau³⁵tɕiɔŋ³¹mi⁵⁵tsʰɿ²³	搅粄子 kau³¹pan³¹tsɿ³¹	
糯米制的无馅小汤圆	𤉸汤糍 lək⁴⁵tʰɔŋ³¹tsʰɿ²³	𤉸汤粄 lək⁵tʰɔŋ³⁵pan³¹	
用紫色薯蓣煎制的糕点	薯糍 su³¹tsʰɿ⁰	薯包子 fu²²pau³⁵tsɿ³¹	
用糯米粉煎制的圆形或椭圆形糕点	粿子 ko³³tsɿ³⁵	煎粄 tɕien³⁵pan³¹	粿子、米粿
勤快	遽活 tɕiak³³hueʔ⁴⁵	扎实 tsaʔ²seʔ⁵	勤快、勤力
鲜鱼汤~	清气 tɕʰin³¹tɕʰi⁵¹	鲜 ɕien³⁵	
棵一~树	蔸 təu³¹	头 tʰɛ²²	蔸、棵
举~旗子	迎 n̻iaŋ²³	斜 =tɕʰia²²	撑、举
撑~伞	擎 tɕʰiaŋ²³	斜 =tɕʰia²²	举、擎、撑
起床	起床 tɕʰi⁵⁵sɔŋ²³	跣床 hɔŋ⁵⁵sɔŋ²²	起来
现在	当下 tɔŋ³¹ha⁰	今下 tɕin³⁵ŋa³¹	如今、而今、现在
洗澡	洗澡 se³³tsau³⁵	洗浴 si³¹iuk⁵	洗澡
游泳	洗澡仔 se³³tsau³⁵tse⁰	洗浴子 si³¹iuk⁵tsɿ³¹	划水
潜水	骨=汤记= kueʔ³³mi³³tɕi⁵¹	汤汤子 mi³¹mi³¹tsɿ³¹	汤水、骨汤子
打架	打仗 ta³⁵tsɔŋ⁵¹	打交 ta³¹kau³⁵、相打 ɕiɔŋ³⁵ta³¹	打架、相打

续 表

词目	军家话	客家话	赣方言
吵架	吵仗 tsʰau²³tsɔŋ⁵¹	吵交 tsʰau²²kau³⁵、相骂 ɕiɔŋ³³ma⁵¹	相骂、驳嘴
簸箕簸米用	团箕 tʰuɛn²³tɕi³¹	簸箕 po⁵³tɕi³⁵	盘箕
爷爷呼称	公公 kəŋ³¹kəŋ³¹	爹爹 ta³³ta³⁵	公公、爹爹
爷爷叙称	公公 kəŋ³¹kəŋ³¹	公爹 kəŋ³³ta³⁵	公公、爹爹
婆婆	家婆 ka³¹pʰo⁰	家娘 ka³³ȵiɔŋ²³	家婆、家娘、婆娘
丈夫	公哩 kəŋ³¹li⁰	老公 lau³¹kəŋ³⁵	老公、男客
妻子	婆哩 pʰo²³li⁰	老婆 lau³¹pʰo²²	老婆、女客、堂客
娶妻子	讨婆哩 tʰau⁵⁵pʰo²³li⁰	讨老婆 tʰau³¹lau³¹pʰo²²	讨老婆、讨女客
内兄弟	婆哩舅 pʰo²³li⁰tɕiu³¹	妻舅 tɕʰi³³tɕiu³⁵	霞⁼舅
女婿	郎 lɔŋ²³	婿郎 si⁵³lɔŋ²²	郎、郎婿、姑爷
父亲	爷老子 ia²³lau³⁵tsʅ⁰	爹哩 ta³³li³⁵	爷老子、爹爹、爷老、爷
母亲	娘 ȵiɔŋ²³	娱哩 uɛ³³li³⁵	娘、姆妈、娘老
父母	爷老子娘 ia²³lau³⁵tsʅ⁰ȵiɔŋ²³	爷娱 ia²²uɛ³⁵	爷娘、爷老娘
儿子	仔（崽）tse³⁵	徕子 lai⁵³tsʅ³¹ 大细子 tʰai³¹si⁵³tsʅ³¹	崽
女儿	女 ȵi³⁵	女哩 ŋ³¹li³⁵	女
姑姑	娘娘 ȵiɔŋ³³ȵiɔŋ⁵¹	姑姑 ku³³ku³⁵、姑哩 ku³³li³⁵	姑姑、姑娘、大姑娘
叔母	婶婶 sen³³sen³⁵	叔婆 suk²mi³⁵	婶婶、婶、婶娘
儿媳妇	新妇 ɕin³¹fu³¹	生⁼婆 sɛn³³mi³⁵	新妇
外祖父叙称	外公公 ŋaɛ²³kəŋ³¹kəŋ³¹	外公爹 ŋuɛ³¹kəŋ³³ta³⁵	外公、家公
岳父叙称	丈人公 tsʰɔŋ⁵³ȵin⁰kəŋ³¹	丈门佬 tsʰɔŋ³³men²²lau³¹	丈人公、丈人、外父
岳母叙称	丈人婆 tsʰɔŋ⁵³ȵin⁰pʰo⁰	丈婆婆 tsʰɔŋ³³mi³⁵pʰo²²、丈婆娱 tsʰɔŋ³³mi³⁵uɛ³⁵	丈人婆、丈母、外母、丈母娘
女人	妇娘仔 fu³¹ȵiɔŋ⁰tse⁰	布⁼娘子 pu⁵⁵ȵiɔŋ²²tsʅ³¹	女个、女人、女客
亲家母	亲母 tɕʰin³¹mu³¹	青⁼□ tɕian³⁵məŋ⁵¹	亲母
姐夫呼称	姐夫仔 tɕia³⁵fu⁰tse⁰	姊丈 tɕi³¹tsʰɔŋ³⁵	姐夫

续表

词目	军家话	客家话	赣方言
妹妹	妹妹 mue³¹mue³¹	老妹 lau³¹mue⁵¹	老妹、妹得、妹崽、妹子、妹妹
妹夫呼称	妹郎 mue³¹lɔŋ⁰	老妹婿 lau³¹mue³³si⁵¹	妹夫、妹婿、妹郎
单身汉	单向⁼钢⁼ tan³¹ɕiɔŋ³³kɔŋ⁵¹	打单只 ta³¹tan³⁵tsak²	打单身个
豆腐乳	豆霉 tʰɛ³¹mue²³	豆腐味 tʰɛ³¹fu³¹vi³¹	霉豆腐
星星	星哩 ɕiaŋ³¹li⁰	星子 sen³⁵tsʅ³¹	星、星儿、星哩
梳子	梳哩 se³¹li⁰	梳子 sʅ³⁵tsʅ³¹	梳哩、梳子
桃子	桃哩 tʰau²³li⁰	桃子 tʰau²²tsʅ³¹	桃哩、桃子、桃儿
荸荠	马子 ma³⁵tsʅ⁰	马荠 ma³⁵tɕʰi²²	荸荠、马荠、马子
桌子统称	桌仔 tsɔk⁴⁵tse⁰	桌子 tsɔk²tsʅ³¹	桌子、桌哩
柜子	柜仔 kʰue³¹tse⁰	柜子 kui³¹tsʅ³¹	柜、柜子
瓶子装酒的~	罂仔 aŋ³¹tse⁰	罂 aŋ³¹	盅子、瓯子、杯子
大牙	牙公 ŋa²³kɔŋ³¹	牙窖 ŋa²²kau⁵¹	大牙齿
很	岸⁼ŋan³¹、□lɔŋ³⁵	□an³¹	蛮、恶
什么	什哩 seʔ⁴⁵li⁰	袜⁼事 maʔ²sʅ³¹	什哩、啥么、么哩
做什么	做什哩 tso³³seʔ⁴⁵li⁰	做袜⁼事 tso⁵³maʔ²sʅ³¹	做什哩、做啥么、做么哩、做什仔
怎样	酱⁼仔 tɕiɔŋ⁵³tse⁰	□之 ȵiɛn³¹tsʅ³⁵	tɕʰiã⁴²tsʅ³⁵
这个	盖⁼个 kue³³ko⁰	□个 nɔŋ³¹kɛ⁰	该个 koi⁴⁴ko⁰、这个
那个	□个 ȵi³³ko⁰	□个 ka³¹kɛ⁰	许个、许只
哪个	□个 hɛ²³ko⁵¹	□个 ȵi³¹kɛ⁰	哪个
谁	□人 hɛ³⁵ȵin⁰	莽人 man³¹ȵin²²	哪个
这里	改⁼里 kue²³li⁰	□□ nɔŋ³¹no²²	该吁 koi⁴⁴ta⁰
那里	□样 ȵi⁵³iɔŋ³¹	□罗⁼ ka³¹lo²²	那里、那坨、许里
哪里	海⁼里 hue³⁵li⁰	哪罗⁼ nɛ³¹lo²²	哪里、哪得
这样	盖⁼样 kue⁵³iɔŋ³¹	囊⁼哩 nɔŋ³¹li³⁵	该样
那样	□样 ȵi⁵³iɔŋ³¹	□之 an³¹tsʅ³⁵	许样、那样
弯~曲	□ kəu²³	弯 van³⁵	弯
不在他~家	□在 maŋ³¹tsʰe³¹	唔在 ŋ²²tsʰue³⁵	不在

词目	军家话	客家话	赣方言
后悔	倒悔气 tau³³fi³³tɕʰi⁵¹	怄气 ɛ³³tɕʰi⁵¹	后悔
打哈欠	开瘾 kʰuɛ³¹ɲien⁵¹	擘嘴 pak²tsi⁵¹	打哈欠、打阿鼾
打瞌睡	啄眼闭 tək³³ŋan³⁵pi⁵¹	啄目睡 tuk²muk²si³¹	打瞌睡、舂瞌困
打呼噜	打困睡 ta³⁵kʰuen⁵³se³¹	鼾睡 huen⁵³si³¹	打呼、打鼾睡
找寻~	跟 kɛn³¹、寻 tɕʰin²³	寻 tɕʰin²²	寻
扛把锄头~在肩上	石˭ sak⁴⁵	斜˭ tɕʰia²² 背 pi⁵¹	肩、石˭、驮、扛
闭~眼	□ sɛn²³	暝杀˭ ɲiaʔ²saʔ²	眯、闭
猜谜语	猜古 tsʰai³¹ku³⁵	猜谜 tsʰai³³mi²²	猜谜仔
翻跟头	栽翻斗 tsai³¹fan³¹tɯ³⁵	打翻车 ta³¹fan³³tsʰa³⁵	打翻斗、翻筋头
男阴	□ tʰuɛ²³	屭子 ten³¹tsɿ³¹	卵
阴茎	□棍 tʰuɛ²³kuen⁵¹	屭棍 ten³¹kuen⁵¹	
精液	□水 tʰuɛ³¹fi³⁵	屭屎 ten³¹sɿ³¹	
乳房	奶姑 nai²³ku⁰	□姑 nɛn⁵³ku³⁵	奶、奶子、奶哩
乳汁	奶 nai²³	□ nɛn⁵¹	奶
吃奶	吃奶 tɕʰiak⁴⁵nai²³	食□ seʔ⁵nɛn⁵¹	吃奶
断奶	脱奶 tʰuɛʔ⁴⁵nai²³	断□ tuen³¹nɛn⁵¹	断奶、脱奶
做寿	做本生 tso³³pen³⁵sen⁰	做生日 tso⁵³saŋ³⁵ɲiʔ²	做生日
棉衣	袄仔 au³⁵tse⁰	袄子 au³¹tsɿ³¹	棉袄、袄哩、布襕
房子	屋仔 vək⁴⁵tse⁰	屋 uk²	屋、房仔
盖房子	做屋仔 tso³³vək⁴⁵tse⁰	做屋 tso⁵³uk²	做屋
窗户	亮子 lioŋ³¹tsɿ⁰	窗子 tsʰŋ³⁵tsɿ³¹	窗子、格子
恶心要呕吐	恶恶转 ok³³ok³³tsɛn³⁵	想吐 ɕioŋ³¹tʰu⁵¹	作呕、想吐
垃圾	屑擘˭ ɕieʔ³³lɛʔ⁴⁵	地沙 tʰi³¹sa³⁵	署屑 ŋot⁵ɕiet⁵
杀猪	杀猪 saʔ⁴⁵tsu³¹	治直之切猪 tsʰɿ²²tu³⁵	杀猪
内衣	底褂仔 ti³⁵kua⁵³tse⁰	底衫 ti³¹san³⁵	汗褂子
领子	领仔 liaŋ³⁵tse⁰	衫领子 san³³tiaŋ³⁵tsɿ³¹	衣领
母牛统称	牛嬤 ŋɯ³¹mo⁰	牛嬤 ŋe³¹ma²²	牛婆、牛嬤、牛嫲
母猪	猪嬤 tsu³¹mo⁰	猪嬤 tu³³ma²²	猪婆、猪嬤、猪嫲
猪崽	猪仔 tsu³¹tse³⁵	□猪子 nɛn⁵³tu³⁵tsɿ³¹	猪崽、猪子

续表

词目	军家话	客家话	赣方言
母猫	猫嬷 miau⁵³mo²³	猫嬤 miau⁵⁵ma²²	猫婆、猫嬷、猫嬤
母狗	狗嬷 kəu⁵⁵mo²³	狗嬤 kɛ³¹ma²²	狗婆、狗嬷、狗嬤
母鸡已下过蛋的	鸡嬷 ki³¹mo²³	鸡嬤 ki³¹ma²²	鸡婆、鸡嬷、鸡嬤
鸟	禾雀 o²³tɕiɔk⁴⁵	鸟子 tiau³⁵tsɿ³¹	鸟嘚、鸟哩
丝瓜无棱的	纺线 fɔŋ²³ɕien⁵¹	乱⁼缀 luen³¹tsi⁵¹	纺线、天罗
蒜头	蒜蔸 suɛn⁵³təu³¹	蒜头 suɛn⁵⁵tʰɛ²²	蒜子、大蒜子、大蒜种
芥菜的根茎部分	菜蔸 tsʰai⁵³təu³¹	菜头 tsʰuɛn⁵⁵tʰɛ²²	菜脑、菜心
稻茬儿	禾蔸 o²³təu³¹	禾头 o³¹tʰɛ²²	禾蔸
松球	松角嘎 tʰiəŋ³¹kɔk⁴⁵ka²³	松角卵子 tʰiəŋ³¹kɔk²luen³¹tsɿ³¹	松子、松树球
城里	城头 saŋ²³tʰəu⁰	城里 saŋ²²li³¹	城里头、城肚里
城内	城肚头 saŋ³¹tu²³tʰəu⁰	城肚里 saŋ²³tu³¹li³¹	城里头、城肚里
上面从~滚下来	上头 sɔŋ³¹tʰəu⁰	上背 sɔŋ³¹puɛ⁵¹	上头、上脑、上底
下面从~爬上去	下头 ha³¹tʰəu⁰	下背 ha³³puɛ⁵¹	下头、下脑、下底、底下
后面	屎窟头 sɿ³⁵kʰuɛʔ⁴⁵tʰəu²³	背后 puɛ⁵³he³⁵	后头、后背
里面躲在~	里头 li³⁵tʰəu⁰	肚里 tu³¹li³¹	里头
外面衣服晒在~	外头 ŋai³¹tʰəu⁰	出背 tsʰeʔ²²puɛ⁵¹	外头
白天	日时头 ȵiʔ⁴⁵sɿ⁰tʰəu⁰	日底 ȵiʔ²ti³¹	日里、日上、昼时
夜晚	夜时头 ia³¹sɿ⁰tʰəu⁰	夜晡 ia³¹pu³⁵	夜里、夜上、夜头
傍晚	临夜仔 lɛn²³ia³¹tsɛ⁰	挨夜时之 a³⁵ia³¹sɿ⁵³tsɿ³⁵、夜夜子矣 ia³¹ia³¹tsɿ³¹i⁵¹	夜边、暗边子
半夜	半临夜 puɛn⁵⁵lɛn²³ia³¹	半夜时 pan⁵³ia³¹sɿ²²	半夜
昨天	才⁼□ tsʰai²³ia⁵¹	斜⁼晡 tɕʰia²²pu³⁵	昨日
去年	去年 kʰi³¹ȵiɛn⁰	旧年（子） tɕʰiu³¹ȵiɛn²³（tsɿ³¹）	旧年、去年
米汤	饮汤 in³⁵tʰɔŋ⁰	粥饮 tsuk²in³¹	饮汤、饭汤

续　表

词目	军家话	客家话	赣方言
小溪	细河仔 $\varepsilon i^{55} ho^{23} tse^{0}$	溪 hai^{35}	港、细河、溪子
瀑布	水磜 $fi^{35} tsai^{51}$		
抱把小孩~在怀里	捧 $pəŋ^{35}$	□ $le\textipa{?}^{5}$	捧
背~孩子	驮 $t^{h}o^{23}$	背 pi^{51}	驮
唾沫	馋水 $ts^{h}an^{31}fi^{35}$	口澜 $hɛ^{31}lan^{35}$	口水、口澜、口馋

　　从上表可以看到，军家话与武平客家话不同的词语大多能在赣方言中找到踪迹。颜森（1986：19—38）认为："赣语和客家话的区别主要反映在词汇上的不同。赣语说'喫饭喫茶'，客家话说'食饭食茶'。赣语交合说'戳'，客家话说'鸟'。赣语说'我箇'，客家话说'偃介'。赣语说'是'，客家话说'係'。赣语说'活鱼'，客家话说'生鱼'（对'死鱼'而言）。"罗杰瑞（张惠英译1995：196）通过"我、一般否定、公鸡、儿子、鼻、系词"等词语的比较，认为："客、赣基本词汇很不同。（1）从第一人称看，上古歌部的发展，客家话中是 *ar＞ai，赣语则是 o 或 ɔ 了。（2）客家话否定词同闽、粤，赣语否定词和北方及中部的方言相近。（3）客家话动物性别标于词尾，赣语则可标于词头，也可标于词尾。《汉语方言概要》（袁1960）载南昌方言动物性别标法，5个词标于词头，4个词标于词尾。显然，标在词头是受北方话的影响，所以，南昌话、临川话受北方话的影响大得多。（4）儿子的说法，赣、湘、粤一致，客家显得独特。（5）'鼻'字，赣语来自入声，客家和粤、闽都来自去声。（6）系词，客家用中古的'係'，赣语用'是'。"上述各家提到的几个典型的特色词在今天的军家话中基本客赣两方各占一半。李如龙、张双庆（1992）对照了1120条词语，发现客赣明显有别的词语478条。笔者（1998）曾对客家话3000多条词汇进行对照，认为客赣方言在词汇方面显示了较大的差异，很多基本或常用语词二者有别。刘纶鑫（1999）进行大规模的客赣比较，详细比较了客赣方言语音词汇方面的同异。林清书（2000：27—32）认为，今天的军家话大概可以分为三个层次：第一，祖籍地的方言；第二，赣方言和客家话重叠的部分；第三，客家话。这应该是符合军家话的语言事实的。根据我们的调查，军家话中还有一些与客家话杂交合璧的成分，例如糕点的统称词军家话说"糍"，客家话说"粄"；柴火军家话说"柴"，客家话说"樵"，结果军家话就有了"黄粄糍""黄粄柴"这样杂交合璧的说法。

三　军家话的特别词举例

　　军家话的特别词是指不同于周边客家话，也少见于赣方言的词。军家话虽然处在客家话的包围之中，长期受到客家话的横向渗透，但由于其来源并非单一方言，所以，尽管其词汇与客赣方言大同小异，仍有一批自己的特别词。从表4-1我们可以看到，军家话中有一些词既不同于周边的客家话，也有别于赣方言。这些特别词有的是形成之初多元性的反映，有的是军家客家的合璧词，有的则是军家话的创新词。下面列举这些词语。

表4-2 军家话特别词表

词条	军家话	词条	军家话
昨天	才=□ tsʰai²³ia⁵¹	游泳	洗澡仔 se³³tsau³⁵tse⁰
白天	日时头 niʔ⁴⁵sʅ⁰tʰəɯ⁰	翻跟头	栽翻斗 tsai³¹fan³¹təɯ³⁵
夜晚	夜时头 ia³¹sʅ⁰tʰəɯ⁰	打哈欠	开瘾 kʰue³¹nien⁵¹
傍晚	临夜仔 len²³ia³¹tse⁰	打瞌睡	啄眼闭 tək³³ŋan³⁵pi⁵¹
半夜	半临夜 puɛn⁵⁵len²³ia³¹	打呼噜	打困睡 ta³⁵kʰuen⁵³se³¹
现在	当下 toŋ³¹ha⁰	打架	打仗 ta³⁵tsɔŋ⁵¹
城里	城头 saŋ²³tʰəɯ⁰	吵架	吵仗 tsʰau²³tsɔŋ⁵¹
城内	城肚头 saŋ³¹tu²³tʰəɯ⁰	恶心要呕吐	恶恶转 ɔk³³ɔk³³tsɛn³⁵
窗户	亮子 liɔŋ³¹tsʅ⁰	后面	屎窟头 sʅ³⁵kʰue⁴⁵tʰəɯ²³
锅盖	拖板 tʰo³¹pan³⁵	小溪	细河仔 ɕi⁵⁵ho²³tse⁰
瀑布	水磜 fi³⁵tsai⁵¹	弯~曲	□ kəɯ²³
大牙	牙公 ŋa²³kəŋ³¹	闭~眼	□ sɛn²³
男阴	□ tʰue²³	找寻~	跟 kɛn³¹
阴茎	□棍 tʰuɛ²³kuen⁵¹	后悔	倒悔气 tau³³fi³³tɕʰi⁵¹
精液	□水 tʰuɛ³¹fi³⁵	玩儿	□ ue³⁵、□耍 ue³⁵sa³⁵
做寿	做本生 tso³³pen³⁵sen⁰	唾沫	馋水 tsʰan³¹fi³⁵
很	岸=ŋan³¹、□ lɔŋ³⁵	丈夫	公哩 kəŋ³¹li⁰
勤快	遽活 tɕiak³³hueʔ⁴⁵	妻子	婆哩 pʰo²³li⁰
鲜鱼汤~	清气 tɕʰin³¹tɕʰi⁵¹	娶妻子	讨婆哩 tʰau⁵⁵pʰo²³li⁰
不在他~家	□在 maŋ³¹tsʰe⁵¹	内兄弟	婆哩舅 pʰo²³li⁰tɕʰiu³¹
怎样	酱=仔 tɕiɔŋ⁵³tse⁰	姑姑	娘娘 ȵiaŋ³³ȵiaŋ⁵¹
那样	□样 ȵi⁵³iɔŋ³¹	谁	□人 he³⁵ȵin⁰
那个	□个 ȵi³³ko⁰	豆腐乳	豆霉 tʰəɯ³¹muɛ²³

续 表

词条	军家话	词条	军家话
哪个	□个 hɛ²³ko⁵¹	松球	松角嘎 tɕʰiəŋ³¹kɔk⁴⁵ka²³
鸟统称	禾雀 o²³tɕiɔk⁴⁵	蒜头	蒜蔸 suɛn⁵³təu³¹
用簸箕蒸制的带馅料的长条形糕点	团箕仔糍 tʰuɛn²³tɕi³¹tseºtsʰɿ²³	芥菜的根茎部分	菜蔸 tsʰai⁵³təu³¹
糯米制的无馅小汤圆	煺汤糍 lək⁴⁵tʰɔŋ³¹tsʰɿ²³	用芋头或芋子加粳米粉制成的糕点	芋仔糍 i³¹tseºtsʰɿ²³
糖糕、年糕	糖糕糍 tʰɔŋ²³kau³¹tsʰɿ²³	清明时节做的加了艾叶的糕点	艾糍 ŋɛ⁵⁵tsʰɿ²³
用紫色薯蓣煎制的糕点	薯糍 su³¹tsʰɿº	用"禾米"做的糕点	禾米糍 o²³mi⁵⁵tsʰɿ²³
形状像青蛙的糕点	蜗仔糍 kuai³⁵tseºtsʰɿ²³	粳米制的搓成手指状长圆形的糕点	搅浆米糍 kau³⁵tiɔŋ³¹mi⁵⁵tsʰɿ²³
清明时节做的加了苎叶的糕点	苎叶糍 tsu³¹iɛʔ⁴⁵tsʰɿ²³	用灰水制成的黄色糕点	黄板糍 vɔŋ³¹pan⁵⁵tsʰɿ²³
捏糕	捏糍 niɛʔ⁴⁵tsʰɿ²³	糯米制的煮时加了糯米酒的小汤圆	酒糍仔 tɕiu⁵⁵tsʰɿ²³tseº

第二节

方言古语词

军家话中保留了一批古语词,这些古语词大多见于南方诸方言,尤其是周边的客家话。本节列举和简要考释一些军家话中常见的古语词,对于一些南方诸方言共有,又早已为人们所熟知的词语,如"阔宽、狭窄、乌黑、光亮、细小、索绳子、面脸、行走、翼翅膀"等,不属本节列举范围。

颔[ŋan³¹]:下巴,军家话说"下颔"。《方言》卷十:"颔、颐,颌也。南楚谓之颔,秦晋谓之颌,颐其通语也。"《素问·疟论》:"阳明虚,则寒栗鼓颔也。"王冰注:"气不足则恶寒战栗而颐颔振动也。"[唐]白居易《马上作》:"蹉跎二十年,颔下生白须。"《集韵》上声感韵户感切,又五感切。军家话音合五感切,次浊上声读阴平调。

颏[kuɛ³¹]:脖子正面部分,军家话说"颏下",大脖子(甲状腺肿大)说"大颏"。《玉篇》页部:"颏,颐下。""颐"指下巴,下巴下面正是脖子正面部分。[清]许梿《洗冤录详议·尸格·附颔颏辨》:"颏者,结喉两旁肉之虚软处。"《广韵》平声咍韵户来切,又古亥切,军家话音合古亥切。又引申指禽类脖子下面装食物的器官。

蜱[pi³¹]:牛虻,军家话说"牛蜱"。《说文解字》(以下简称《说文》)虫部:"蜱,啮牛虫也。"王筠《说文句读》:"《玉篇》:'蜱,牛虱也。'元应曰:'今牛、马、鸡、狗皆有蜱也。'《通俗文》:'狗虱曰蜱。'"《广韵》平声齐韵边兮切:"牛虱。"音义合。

桄[kuaŋ³¹]:桌子、椅子的横撑,军家话说"桌桄""凳桄"。《广雅·释水》:"艣谓之桄。"[清]王念孙疏证:"此谓船前横木也。桄之言横也。"[唐]玄应《一切经音义》卷十四:"古文䊺、横二形同,音光。《声类》作'軦,车下横木也'。今车、床及梯、櫑下横木皆曰桄,是也。"《农政全书·蚕桑·桑几》:"桑几,状如高凳,平穿二桄,就作登级。"《广韵》去声宕韵古旷切:"桄,织机桄。"又古黄切。军家话音合平声古黄切。

崠[təŋ⁵¹]：（山）脊、（尾）脊。山脊，军家话说"岭岗崠"，山坡说"笪崠"，屋脊说"屋崠"。《玉篇》山部："崠，山名。"《集韵》平声东韵都笼切："崠，山名，一曰山脊。"又去声送韵多贡切："崠，山脊。"[清]顾祖禹《读史方舆纪要·江西六·赣州府》："湖陂巡司，在县东北，防鹅公崠、黄竹岭之险。"所举例子为客家话区，今客家地区高山多以"××崠"命名，也广泛用于山区地名通名，又从山脊引申指屋脊，音均合去声多贡切，军家话亦合多贡切。

溓[lien³⁵]：池塘或田里的水将干。如当地谚语"立春雨水，脚睁冇溓水""谷子一落水，脚睁冇溓水"，意为立春雨水季节经常下雨，谷子播种之后要经常下田，脚后跟基本上干不了（指脚上的水还未干又要下田）。《说文》水部："溓，薄水也，一曰中绝小水。"《玉篇》水部："溓，薄也。"《广韵》平声添韵勒兼切："溓，大水中绝小水出也。"又上声忝韵力忝切、琰韵良冉切，军家话音合上声力忝切。

渠[ki³¹]：第三人称代词。《集韵》鱼韵求於切："偍，吴人呼彼称，通作渠。"《三国志·吴志·赵达传》："女婿昨来，必是渠所窃。"[唐]寒山《诗三百三首》之六十三："蚊子叮铁牛，无渠下觜处。"此词见于南方客赣粤诸方言，字形多俗写作"佢"。

绽[tsʰan⁵¹]：树木长新枝或人从旁支生出，如"私生子"军家话说"野绽仔"。[北周]庾信《杏花》："春色方盈野，枝枝绽翠英。"[唐]杜甫《陪郑广文游何将军山林十首》之五："绿垂风折笋，红绽雨肥梅。"《广韵》去声裥韵丈苋切，音义合。

藻[pʰiəu²³]：浮萍。《广韵》平声宵韵符霄切："藻，《方言》云：'江东谓浮萍为藻。'"[元]仇远《新安郡圃》："古树巢空群鸟散，荒池沙满碎藻干。"

桷[kɔk⁴⁵]：椽子，军家话说"桷仔"。《尔雅·释宫》："桷谓之榱。"[唐]陆德明释文引《字林》云："周人名椽曰榱，齐鲁名榱曰桷。"《说文》木部："桷，榱也，椽方曰桷。从木，角声。《春秋传》曰：'刻桓宫之桷'。"[清]段玉裁注："桷之言棱角也，椽方曰桷，则知桷圜曰椽矣。"《广韵》入声觉韵古岳切，音义合。

桁[haŋ²³]：檩条，军家话说"桁仔"。"桁头瓦桷"泛指建房子的檩条椽子之类的木料。《玉篇》木部："桁，屋桁也。"《文选·何晏〈景福殿赋〉》："桁梧复叠，势合形离。"[唐]李善注："桁，梁上所施也。桁与衡同。"[晋]王嘉《拾遗记·周灵王》："（千寻大树）大干为桁栋，小枝为楣桷。"《广韵》平声庚韵户庚切："桁，屋桁。"音义俱合。

罂[aŋ³¹]：坛子，军家话说"罂"。瓶子，军家话说"罂仔"，药罐子说"药罂仔"。《说文》缶部："罂，缶也。"段玉裁注："罂，缶器之大者。"《广雅·释器》："罂，瓶也。"《广韵》平声耕韵乌茎切："甖（罂），瓦器。"《墨子·备穴》："令陶者为罂，容四十斗以上……使聪耳者伏罂而听之，审知穴之所在。"《论衡·遣告》："酿酒于罂，烹肉于鼎，皆欲其气味调得也。"音义俱合。

穰[ioŋ³¹]：人多热闹。《广雅·释诂四》："穰，丰也。"《正字通》禾部："穰，禾实丰也……凡物丰盛者，亦曰穰。"《诗·周颂·执竞》："降福穰穰。"毛传："穰穰，众也。"《汉书·张敞传》："长安中浩穰，于三辅尤为剧。"[唐]颜师古注："穰，盛也，言人众之多也。"可见，穰从禾实丰引申为物丰，再引申为人丰。《广韵》平声阳韵汝阳切，又有异读在上声养韵汝养切。不管平声还是上声，军家话音义皆合。近代汉语亦有用例，《水浒传》五十二回："高唐州城池虽小，人物稠穰，军广粮多。"音义俱合。

秾[n.iəŋ²³]：草木茂盛浓密。《广韵》平声钟韵女容切："秾，花木厚。"又而容切，义同。"厚"在古代可指"浓"，今闽方言"厚"字仍有此义。《诗·召南·何彼秾矣》："何彼秾矣，唐棣之华。"[宋]朱熹《诗集传》："秾，盛也。"[宋]陆游《湖上今岁游人颇盛戏作》诗："龙船看罢日平西，柳暗花秾步步迷。"音义俱合。

笮[tsak⁴⁵]：压。《说文》竹部："笮，迫也。在瓦之下棼上。"[清]王筠《说文句读》："棼，复屋栋也。案：栋今谓之檩。笮在瓦、棼之间，为所迫窄，故名笮也。"《玉篇》竹部："笮，压也。"《国语·鲁语》："夫栋折而榱崩，吾惧压焉。"韦昭注："压，笮也。"《论衡·幸偶》："蝼蚁行于地，人举足而涉之，足所履，蝼蚁笮死。"《广韵》入声陌韵侧伯切，音义俱合。

汨[mi⁵¹]：潜水，军家话说"骨⁼汨记⁼"。[汉]贾谊《吊屈原赋》："袭九渊之神龙兮，汨深潜以自珍。"[南朝]裴骃《史记集解》引徐广曰："汨，潜藏也。"《集韵》去声队韵莫佩切："汨，潜藏也。"音义俱合。

涿[tək⁴⁵]：淋。淋雨，军家话说"涿雨"。《说文》水部："涿，流下滴也。"段玉裁注："今俗谓一滴曰一涿，音如笃。"《集韵》屋韵都木切，音义俱合。

燂[tʰan²³]：（把毛刮不干净的猪蹄）放在火上烧去毛。《说文》火部："燂，火热也。"《广雅·释诂三》："燂，煖也。"《广韵》平声覃韵徒含切。此词近代汉语沿用，如[明]汤显祖《邯郸记·召还》："你打的我血淋侵达喇的痛镬镬也，怎再领得起你那十指钻钳泼火燂。"音义俱合。

炙[tsak⁴⁵]：烤。烤火（取暖），军家话说"炙火"；煎药说"炙药"。"炙"原义为烤肉，《说文》："炙，炙肉也，从肉在火上。"引申为烘烤。《论衡·逢遇》："且夏时炉以炙湿，冬时扇以翣火。"《徐霞客游记·滇游日记十一》："急入其厨，索火炙衣。"

煠（煠）[saʔ⁴⁵]：用清水煮。用清水煮带壳的蛋，军家话说"煠蛋"。《广韵》入声洽韵士洽切："煠，汤煠。"又叶韵式涉切："煠，煠爓。"[唐]刘恂《岭表录异下》："（水母）先煮椒桂或豆蔻，生姜缕切而煠之。"《农政全书·荒政·草部》："山苋菜……采苗叶煠熟，换水浸去酸味，淘净，油盐调食。"[清]翟灏《通俗编·杂字》："今以食物纳油及汤中一沸而出曰煠。"音义俱合。

啮[ŋaʔ⁴⁵]：咬、啃。《说文》齿部："啮，噬也。"段玉裁注："《释名》曰：'鸟曰啄，兽曰啗。"《管子·戒》:"东部有狗喔喔,旦暮欲啗我猳而不使也。"《礼记·曲礼上》:"侍食于长者……毋啗骨。"《广韵》入声五结切:"啗,噬也。"今军家话称人及动物咬都说"啗"。

舐(䑋)[se³¹]:用舌头舔物。蜗牛军家话说"舐螺仔"。《说文》舌部:"䑋,以舌取食也。"《广韵》上声纸韵神纸切,义同。《庄子·列御寇》:"秦王有病召医,破痈溃痤者得车一乘,舐痔者得车五乘。"《后汉书·杨彪传》:"愧无日磾先见之明,犹怀老牛舐犊之爱。"音义俱合。

擘[pak⁴⁵]:撕(开)、张(开)。"擘"是军家话的常用动词,撕纸张说"擘纸",把东西分开说"擘开",张开眼说"擘眼",张嘴说"擘嘴",开裆裤说"擘屎裤"。《说文》手部:"擘,扐也。"段玉裁注:"今俗语谓裂之曰擘开。"《广雅·释诂一》:"擘,扐也。"又《释言》:"擘,剖也。"《玉篇》手部:"擘,裂也。"《史记·刺客列传》:"既至王前,专诸擘鱼,因以匕首刺王僚。"音义俱合。

偋[piaŋ⁵¹]:把东西藏起来或人躲藏起来。捉迷藏军家话说"揞摸偋偋"。《说文》人部:"偋,僻寠也。"段玉裁注:"寠者,无礼之居也。"《广韵》去声劲韵防正切:"偋,隐僻也,无人处。"浊去字本该读送气音,但军家话读如阴去调。本字作"屏"意义亦合,《尚书·金縢》:"尔不许我,我乃屏璧与珪。"孔传:"屏,藏也。"《宋史·赵普传》:"会车驾至,仓卒不及屏,帝顾问何物,普以实对。"但"屏"的读音为《广韵》平声清韵府盈切(阴平)、平声青韵薄经切(阳平)、上声静韵必郢切(阴上),《集韵》去声径韵步定切(浊去)。

揞[ɛn³¹]/[ɛʔ⁴⁵]:用手捂。捂住军家话说"揞稳"[ɛn³¹ven³¹～ɛʔ⁴⁵ven³¹],捉迷藏说"揞[ɛn³¹]摸偋偋"。"[ɛn³¹]"和"[ɛʔ⁴⁵]"当为阳入对转。《方言》卷六:"揞、掩、错、摩,藏也。荆楚曰揞……"《广雅·释诂四》:"揞,藏也。"王念孙疏证:"揞,犹掩也。方俗语有侈俭耳。《广韵》:'揞,手覆也。'覆亦藏也,今俗语犹谓手覆物为揞矣。"此词近代汉语习用,[元]乔吉《南吕一枝花·私情》:"攒科,斗喊,风声儿惹起如何揞。"

敦[ten⁵¹]:把东西竖起来,如"筷子敦齐来"即是把筷子竖整齐,提土旁叫"敦土旁"。《庄子·列御寇》:"伯昏瞀人北面而立,敦杖蹙之乎颐。"陆德明《经典释文》:"敦,音顿。司马云:'竖也。'"《广韵》去声恩韵都困切:"敦,竖也。"音义俱合。今普通话"敦"只读平声dūn,不读去声dùn。

斗(鬭)[tɔu⁵¹]:遇合、拼合,如"锄头柄斗起来"意为把锄头和柄拼合起来。《说文》:"斗,遇也。"段玉裁注:"凡今人云斗接者是遇之理也。"[唐]李贺《梁台古意》诗:"台前斗玉作蛟龙,绿粉扫天愁露湿。"王琦注:"木石镶榫合缝之处谓之斗。"[唐]韦庄《和郑拾遗秋日感事》诗:"八珍罗膳府,五采斗筐床。"今简化作"斗"。

摎[lo³¹]:把东西混杂在一起,军家话说"摎(佫)"。《集韵》平声肴韵力交切:"摎,物相交也。"《太玄·玄攡》:"死生相摎。"音合义通。

佮[kaʔ⁴⁵]：①动词，合、凑。②介词，和、跟、给、替。③连词，和、跟。合伙儿，军家话说"佮伙"，合作的人说"佮伙个"，打工说"佮人做事"，把东西混杂在一起说"摎佮"。《说文》人部："佮，合也。"［清］王筠《说文释例》："是合佮义同音异。通力合作、合药及俗语合伙，皆佮之音义也。今无复用佮者。"《玉篇》人部："佮，合取也。"《广韵》入声合音古沓切。音义俱合。

棘[lɛʔ⁴⁵]：荆棘、刺。杉针军家话说"杉毛棘"，野生草莓说"棘藨"。军家话还有谚语说"大棘开花好秒田，细棘开花好栽禾"。《广韵》入声职韵林直切："棘，赵魏间呼棘，出《方言》。"音义俱合。

藨[pʰau³¹]：野生莓类，军家话说"棘藨"。《尔雅·释草》："藨，麃。"郭璞注："藨即莓也。今江东呼为藨莓。子似覆盆而大，赤，酢甜可啖。"《本草纲目·草部·蓬蘽》："一种蔓小于蓬蘽，一枝三叶，叶面青，背淡白而微有毛，开小白花，四月实熟，其色红如樱桃者，俗名藨田藨，即《尔雅》所谓藨者也。"《广韵》平声豪韵普袍切："藨，醋莓可食。"音义合。

蚺[nan²³]：蟒蛇，军家话说"蚺蛇"。《玉篇》虫部："蚺，大蛇也，肉可以食。"《广韵》平声盐韵汝盐切，义同。［三国］嵇康《答难养生论》："蚺蛇珍于越土。"音义俱合。此字经常被写作"蝻"。按，"蝻"为蝗之幼虫，《太平广记》卷四七九引《玉堂闲话》："晋天福之末，天下大蝗……其蝻之盛也，流引无数。"［宋］梅尧臣《正仲见赠依韵和答》："凤凰五色毛，曷羨未翅蝻。"［清］孔尚任《桃花扇》："似蝻出田，蝗为现在之灾。"可见"蝻"非蛇类。

窦[təu⁵¹]：鸟、兽的窝。"窦"原义为空、孔，《说文》穴部："窦，空也。"段玉裁注："空、孔古今语，凡孔皆谓之窦。"《左传·哀公元年》："后缗方娠，逃出自窦。"《乐府诗集·梁鼓角横吹曲·紫骝马歌辞》："兔从狗窦入，雉从梁上飞。"此"狗窦"意为狗洞，引申指"窝"，如《夷坚志·丙志·张二子》："俄顷鸡唱，父诣厨作粥，牝猫适产五子于窦中。"《广韵》去声候韵田候切，今军家话读阴去。

雺[məŋ²³]：雾，军家话说"雺纱"，下雾说"落雺纱""落雺雺"。《说文》雨部："霚，雺，籀文省。"《集韵》遇韵亡遇切："霚，《说文》：'地气发天不应'古从矛，或作雾。"《尔雅·释天》"天气下地不应曰雺。"郭璞注："雺，言蒙昧。"雾浓则蒙昧。《广韵》平声东韵莫红切，又去声宋韵莫综切，义同。今军家话音合莫红切。［唐］刘禹锡《楚望赋》："天濡而雺，土泄而泥。"《新唐书·刘文静裴寂传赞》："应龙之翔，云雺瀜然而从。"音义合。

塍[sen²³]：田埂，军家话说"田塍"。《说文》土部："塍，稻田畦也。"《广韵》平声蒸韵食陵切："塍，稻田畦也。畔也。"［唐］刘禹锡《插田歌》："田塍望如线，白水光参差。"音义俱合。

虹（贡）[kəŋ⁵¹]：伤口溃脓，军家话说"虹脓（贡脓）"。《集韵》去声送韵"虹"有古送一切。《尔雅·释言》："虹，溃也"。郭注："谓溃败。"〔清〕翟灏《通俗编·杂字》："虹，去声……今云疮溃曰虹。"也作"贡"，《文选·班固〈幽通赋〉》："周贾荡而贡愤兮，齐死生与祸福"。李善注引曹大家曰："贡，溃也"。《西游记》七十三回："这颗头今日也不济了，常时刀砍斧剁，莫能伤损，却怎么被这金光撞软了皮肉，久以后定要贡脓。纵然好了，也是个破伤风。"

瞢[muŋ²³]：模糊不清。《说文》目部："瞢，目不明也。"《广韵》平声东韵莫中切，义同。引申指昏暗不明，〔唐〕玄应《一切经音义》卷二十五引《三苍》："瞢，不明也。"《周礼·春官·视祲》："掌十之法……六曰瞢。"郑玄注："瞢，日月瞢瞢无光也。"今军家话眼睛看不清说"眼珠瞢"，东西看不清或天气昏暗也说"瞢"，音义俱合。

縢（榺、搨、塍、䌰）[tʰen³¹]：担子两头均衡，军家话说"縢头"。《方言》卷七："縢，儋也。"郭璞注："今江东呼儋两头有物为縢，音邓。"《集韵》去声嶝韵唐亘切："榺，负担也，或从手。"《广雅·释诂三》："搨，担也。"王念孙疏证："《方言》注云，今江东呼儋两头有物为塍。《后汉书·儒林传》云'制为縢囊。'搨、塍、䌰并通。"〔清〕朱宠《孺妇俞氏家传》："遇党族有吉庆宴会事，迳将姑搨至坐间。"音义俱合。

绹[tʰak⁴⁵]：用绳子捆绑。如军家话中绑起来说"绹起来"，拴牛说"绹牛"，上吊说"绹颈"。《古今韵会举要》合韵托合切："绹，以索冒物也。"《资治通鉴·唐则天后万岁通天元年》："契丹设伏横击之，飞以绹玄遇、仁节，生获之。"《聊斋志异·王者》："公益妄之，怒不容辩，命左右者飞索以绹。"音义俱合。

摝[lək⁴⁵]：用手或器具搅拌。《广韵》入声屋韵卢谷切："摝，振也，《周礼》曰'摝铎'，郑玄云'掩上振之为摝'。"〔宋〕陈旉《农书·薅耘之宜》："不问草之有无，必遍以手排摝，务令稻根之傍，液液然而后已。"音义俱合。

长[tsʰoŋ³¹]：剩余（米饭）。饭吃不完，剩在碗里，军家话说"长饭碗"。《广韵》去声漾韵直亮切："长，多也。"《集韵》去声漾韵："余也。"〔明〕周梦旸《常谈考误·长音仗》："长字三音：平声在阳韵，上声在养韵，去声在漾韵；平上二声人多知之，去声鲜有不误者。《韵会·漾韵》注：'长音仗。度长短曰长，一曰余也。'《广韵》：'多也，冗也，剩也。'"今普通话成语"身无长物"保留了此义，但音 cháng，不再读 zhàng。

溚[taʔ⁴⁵]：湿漉漉的样子，军家话说"溚湿"。《集韵》入声合韵德合切："溚，湿也"。〔清〕桂馥《札朴·乡里旧闻·杂言》："借湿润物曰溚"。音义合。

朒[nək⁴⁵]：犹豫不决、欲进不进、退缩不前，军家话说"朒缩"或"朒之朒缩"。朒，《广韵》入声屋韵女六切。《汉书·五行志第七下之下》："当春秋时，侯王率多缩朒不任事。"《明史·张任学传》："时群盗纵横，而诸将缩朒不敢击。"音义合。

屈[kʰueʔ⁴⁵]：粗短、无尾。军家话中尾巴短或无尾说"屈尾"，断腿说"屈脚"。《说文》

尾部:"屈,无尾也。"一说短尾,[清]段玉裁《说文解字注》尾部:"屈,凡短尾曰屈……今俗语尚如是。引申为凡短之称。"《集韵》入声迄韵渠勿切:"屈,《博雅》:'短也。'"《韩非子·说林下》:"鸟有翢翢者,重首而屈尾。"《淮南子·说山训》:"飞不以尾,屈尾飞不能远。"今军家话引申指物长得粗短、人没有手指或断臂断腿,如"屈手""屈脚",甚至嘴巴笨也说"嘴屈"。

着[tsʰɔk⁴⁵]:对、准确无误。如账目算得正确军家话说"账算着了"。[宋]王道父《山歌》:"种田不收一年辛,取妇不着一生贫。"《水浒全传》十六回:"只因用人不着,半路被贼人劫将去了。"《金瓶梅》三回:"老身这条计虽然入不得武成王庙,端的强似孙武子教女兵,十捉八九着。"

伶俐[liaŋ²³tʰi³¹]:干净。清水军家话说"伶俐水"。此词近代汉语习用,《元曲选·赚蒯通》剧一:"只差一两个能干的人唤他来,可擦的一刀两段,便除了后来祸患,岂不伶俐!"《勘金环》剧四:"他把我连问到五六番,屈打到二三十,则我这皮肉怎生当的?休休休!则不如我早偿了命倒伶俐。"《农桑辑要》卷二"木棉":"用水淘过子粒,……用小灰搓得伶俐。"

掗[va³⁵]:用手抓物。《类篇》上声马韵乌瓦切:"掗,吴俗谓手爬物曰掗。"《集韵》麻韵乌瓜切:"掗,手捉物。"此词近代汉语也常用,如[明]张岱《陶庵梦忆·炉峰月》:"余挟二樵子从壑底掗而上,可谓痴绝。"《陈州粜米》剧一〔油葫芦〕白:"我量与你米,打个鸡窝,再掗了些。"今军家话抓一把也说"掗一掗",前者是动词,后者是量词。

豚(尻、凥)[tək⁴⁵]:器物底端。如碗底儿军家话说"碗豚",锅底儿说"锅头豚",缸底儿说"缸豚",小肚子说"肚豚下"。《广雅·释亲》:"豚,臀也。"《玉篇》肉部:"豚,尻也。"《广韵》入声屋韵丁木切:"豚,尾下窍也。凥,俗。"又沃韵冬毒切:"凥,尻凥,俗。"《玉篇》尸部:"凥,俗豚字。"[清]蒲松龄《日用俗字·庄农章》:"庄稼忙乱无头凥,只有冬月稍清闲。"或作"尻",《集韵》入声屋韵都木切:"豚,《博雅》:臀也,或作尻。俗作凥,非是。""豚"即屁股,用来指称器物底端是取其"坐"义。音合义通。

𪙏[ku³¹]:油茶或花生榨油后剩下的饼状渣滓,军家话说"茶𪙏""番豆𪙏"。《类篇》木部平声模韵空胡切:"𪙏,𪙏饼。"《类篇》木部平声臻韵疏臻切:"𪙏,麻滓。"音义合。

髀[pi³¹]:指腿。大腿军家话说"大脚髀"。军家话俗语"大脚髀唔敢擛分各另人看"意为家丑不可外扬。《说文》骨部:"髀,股也。"《广韵》上声旨韵卑履切:"髀,股外。"《礼记·深衣》:"带,下毋压髀,上毋压胁。"《三国志·蜀志·先主传》:"表疑其心,阴御之。"[南朝]裴松之注引《九州春秋》:"备曰:'吾常身不离鞍,髀肉皆消,今不复骑,髀里肉生。'"今军家话除指人的腿外,动物的腿如鸡腿、鸭腿等也称作"鸡髀""鸭髀"。

浼(漫)[man³¹]:身上的污垢。《说文》:"浼,污也。"《孟子·公孙丑上》:"尔焉能浼我哉?"赵岐注:"恶人何能污于我邪?"《淮南子·人间训》:"夫积爱成福,积怨成祸,若痈疽之必溃也，所浼者多矣。"高诱注："浼，污也。"《集韵》上声缓韵母伴切，义同。又有异读在去声换韵莫半切。读上声、去声均合。本字作"漫"亦通。《吕氏春秋·诚廉》："与其并乎周以漫吾身也，不若避之以洁吾行。"高诱注："漫，污。"《广韵》去声换韵莫半切，音义合。今军家话"浼"（漫）做名词用。

柿[pʰi⁵¹]：用刀斧砍削下来的碎木片，军家话说"树柿"。《说文》木部："柿，削木札朴也，陈楚谓椟为柿。"《广韵》去声废韵芳废切："柿，斫木札也。"[唐]玄应《一切经音义》为柿字注："《三苍》：'柿，札也。'今江南谓破削木片为柿，关中谓之札，或曰柿札。柿，音敷废反。"音义合。

荡（盪）[tʰɔŋ³¹]：涮洗。漱口军家话说"荡口"，涮碗说"荡碗"。《说文》皿部："荡，涤器也。"引申为洗涤，[清]段玉裁《说文解字注》："荡，凡贮水于器中，摇荡之去滓，或以硗垢瓦石和水吰漳之，皆曰荡。荡者，涤之甚者也。"《汉书·元后传》："且羌胡尚杀首子以荡肠正世，况于天子而近已出之女也。"颜师古注："荡，洗涤也。"《广韵》上声荡韵徒朗切，音义合。

扨[sən³¹]：推。下象棋时拱卒军家话说"扨卒"，拉拉扯扯说"扔扔扨扨"。《集韵》上声肿韵笋勇切："扨，执也，推也。"此词近代汉语习用，《醒世恒言》卷一："贾婆不管三七二十一，和张婆两个，你一推，我一扨，扨他出了大门。"

忒[tʰieʔ⁴⁵]：太，过于。太多军家话说"忒多"，太大说"忒大"。《说文》心部："忒，更也。"[清]段玉裁《说文解字注》："忒之引申为已甚，俗语用之。或曰大，他佐切，或曰太，或曰忒。俗语曰忒杀。"[宋]杨万里《题张坦夫腴庄图》："不分腴庄最无赖，一时奄有忒伤廉。"《广韵》入声德韵他德切，音义合。

揾[ven⁵¹]：浸泡、沾。武溪村四面环山，中间较低，以前叫"高山揾湖"。《说文》手部："揾，没也。"段玉裁注："没者，湛也，谓湛浸于中也。"[唐]寒山《诗》之二○七："蒸豚揾蒜酱，炙鸭点椒盐。"[唐]李肇《唐国史补》卷上："（张）旭饮酒辄草书，挥笔而大叫，以头揾水墨中而书之，天下呼为张颠。"《广韵》去声恩韵乌困切，音义俱合。

凭[pʰen³¹]：靠在椅背、墙或其他物体上，如靠在沙发上说"凭啊沙发上"。《说文》几部："凭，依几也。《周书》：'凭玉几。'"《广韵》去声证韵皮证切，义同。[唐]李群玉《湖寺清明夜遣怀》："柳暗花香愁不眠，独凭危槛思凄然。"音义俱合。

刐[tʰiəɯ³¹]：雕刻。"刐菩萨"指雕刻木头菩萨。《玉篇》尸部他凋切："刐，剔也。"《集韵》平声萧韵他雕切，义同。音义俱合。

伏[pʰu³¹]：孵卵。军家话孵小鸡说"伏鸡仔"，抱窝鸡（正在孵蛋的母鸡）说"赖伏鸡嬷"。《广韵》去声宥韵扶富切："伏，鸟菢子。"《正字通·人部》："伏，禽覆卵也。"《庄子·庚桑楚》："越鸡不能伏鹄卵。"《汉书·五行志中》："丞相府史家雌鸡伏子。"军家话浊去字归阴平，音义俱合。就军家话和武平客家话而言，"孵"字音义亦完全相合，然梅县客家话该词读去声[pʰu⁵³]，当为扶富切的"伏"。

交[kau³¹]：副词，遍、全。如找遍了军家话说"跟交了"。"交"自古就有俱之义。《尚书·禹贡》："四海会同，六府孔修，庶士交正。"孔安国传："交，俱也，众士俱得其正。"《国语·越语下》："君臣上下交得其志。"韦昭注："交，俱也。"

第三节

民俗文化词

语言是社会生活的产物，它既是民俗文化的组成部分，也是民俗文化的重要载体。方言词语不仅仅是语言符号，而且是具有象征作用的民俗符号，在民俗文化的传承中发挥着重大的作用。本节主要探讨军家话的民俗文化词。

一 节庆饮食

军家人的节庆饮食与当地客家人无异，主食为米食，由米食衍生出一系列的美味食品。

糒[ɕiak⁴⁵]：指用碓碓碎或用机器碾碎的米粉，用于制作各类糕点。

糍[tsʰɿ²³]：各式米制糕点的总称。

糍粑[tsʰɿ²³pa³¹]：把糯米蒸熟捣碎后做成的食品。

打糍粑[ta⁵⁵tsʰɿ²³pa³¹]：先用饭甑[fan³¹tsen⁵¹]把糯米蒸熟，然后把糯米饭放到碓臼[tuɛ⁵³kʰɯ³¹]里，用"糍棍"[tsʰɿ²³kuen⁵¹]打碎，打碎后捏成一个个圆形或扁形，再放锅里蒸或煎。打糍粑是一项重要的活动，一般立秋时节或重要节日才打。

图 1　糍粑　武平县中山镇武溪村 /2019.10.01/ 邱林芳 摄

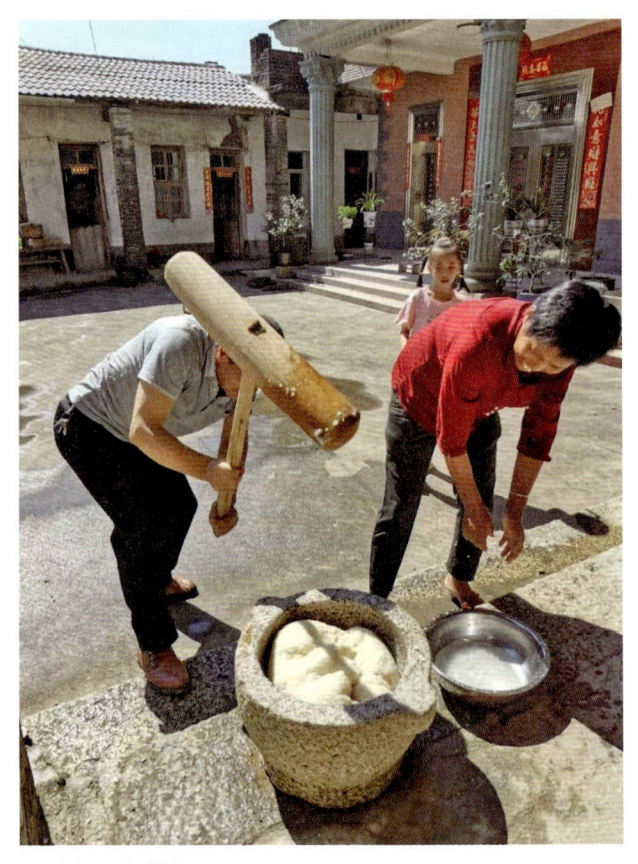

图 2　打糍粑　武平县中山镇武溪村 /2019.10.01/ 邱林芳 摄

捏糍[niɛʔ⁴⁵tsʰɿ²³]：大米制成的食品。将大米磨成的米浆搅匀，放进锅里熬制成糍团，做成一个个薄皮，里面包上各种馅料，形似饺子，因用手捏而得名"捏糍"。一般在农历二月初二做"捏糍"。

图 3　捏糍　武平县中山镇武溪村 /2019.05.18/ 张四亦 摄

蜗仔糍[kuai³⁵tse⁰tsʰɿ²³]：大米制的糕点。将稻草烧成灰，煮成灰水，再把大米粉与灰水混合、搅匀，放进锅里慢慢熬成糍团，然后掰成一段段，捼长，捏扁，因形似青蛙而得名。蒸煎皆可。

图 4　蜗仔糍　武平县中山镇武溪村 /2019.08.14/ 邱煜彬 摄

黄粄糍[vɔŋ³¹pan⁵⁵tsʰɿ²³]：用糯米掺大米制成的食品。旧时一般糯米与大米三七开，现在也可以纯糯米。做此糍需先将黄粄柴[vɔŋ³¹pan⁵⁵sai²³]（黄瑞木）烧成灰，煮成灰水。用此水做出来的糍色泽鲜黄，因此得名。此糍一般在四月八（见本节岁时习俗）这个盛大节日做，以蒸炒为主。

芋仔糍[i³¹tse⁰tsʰɿ²³]：用芋头或芋子加大米粉制成的食品。小芋子要先用盐腌，然后煮熟捣碎，大芋头则擦成丝，与米浆混合，搅拌均匀，煎炸蒸煮皆可，以蒸为多，蒸好后切成块状。

苎叶糍[tsʰu³¹iɛ⁴⁵tsʰɿ²³]、艾糍[ŋe⁵⁵tsʰɿ²³]：清明时节做的糍，将嫩苎叶或艾草放开水里焯一焯，然后捞起揉搓去苦水，捣碎，放进粳米磨成的米浆里搅拌，搓揉成团，再捏成圆形、扁形或耳朵状，蒸炸皆可。因其颜色碧绿，所以清明节吃苎叶糍、艾糍也叫"吃青糍"[tɕʰiak⁴⁵tɕʰiaŋ³¹tsʰɿ²³]。

禾米糍[o²³mi⁵⁵tsʰɿ²³]：用"禾米"[o²³mi³⁵]做的糍。"禾谷"[o²³kək⁴⁵]是当地的一种晚稻品种，产量低，但"禾米"味道香郁。这个品种如今已不再种植，所以禾米糍也将不存。

团箕仔糍[tʰuɛn²³tɕi³¹tse⁰tsʰɿ²³]：大米制的食品。将磨好的米浆均匀摊在团箕（簸箕）中蒸熟成薄皮，再包上肉、香菇、豇豆等切碎做成的馅料，包裹成长条形，因制作工具而得名。现在也可用平底铝盘把米浆蒸成薄粉皮，不一定用团箕。

图 5　团箕仔糍　武平县中山镇武溪村 /2019.05.18/ 张四亦 摄

搅浆米糍 [kau³⁵tɕiɔŋ³¹mi⁵⁵tsʰʅ²³]：大米制的搓成手指状的糕点。因制作时米浆要放进锅里熬干水分，搅拌成糍团，故名。

燶汤糍 [lək⁴⁵tʰɔŋ³¹tsʰʅ²³]：糯米制的无馅小汤圆。煮时放到开水里烫一烫，待一个个糍浮到水面即可，"烫"军家话说"燶"，故名。

酒糍仔 [tɕiu⁵⁵tsʰʅ²³tseº]：糯米制的煮时加了糯米酒的无馅小汤圆。一般给产妇坐月子吃，也供"做三朝"（见本节婚丧习俗）时的宾客食用。

糖糕糍 [tʰɔŋ²³kau³¹tsʰʅ²³]：年糕，用黏性大的米或米粉做成的食品。

薯糍 [su³¹tsʰʅº]：薯蓣做的糕点。把紫色薯蓣用擂钵擂成胶汁，加入剁碎的葱蒜，也可加肉末等混合调匀，再用勺子舀进油锅里煎熟即可。

馃子 [ko³³tsʅ³⁵]：将加热的糖浆水拌糯米粉，然后搓成圆形或长条形，用油炸成的糕点。

层层糕 [tsʰɛn³¹tsʰɛn²³kau³¹]：用粳米做成多层的糕点。先蒸好一层，再放米浆蒸第二层，如此反复，层层叠叠，做成多层。吃时可一层层揭开。

糕仔 [kau³¹tseº]：用大米粉制的白色米糕。

炒米粳 [tsʰau³³mi⁵⁵tsʰaŋ²³]：米花糕。一般用爆米花、花生仁、芝麻和糖等制作而成。

仙人冻 [ɕien³¹ȵin º tɤŋ⁵¹]：用草本植物仙人草熬制成的食品，呈胶冻状或啫喱状，色褐晶莹，甜润嫩滑，风味独特，是夏季消暑解渴小吃。现今也可用仙草粉直接调制。

酿豆腐 [iɔŋ³¹tʰəu³¹fuº]：也可说 [ȵiɔŋ³¹tʰəu³¹fuº]，把豆腐切成小方块，在中心部位挖一小凹槽，把猪肉、鱼、香菇等剁碎做成馅料，填入豆腐块的凹槽里，然后加水煮或放入油锅中煎炸。

图6 酿豆腐 武平县中山镇武溪村/2019.08.14/邱煜彬 摄

笋干[ɕin³⁵kuɐn³¹]：以笋为原料，把竹笋去壳切根修整，根据笋的大小对半切开或切成四片，然后高温蒸煮，自然晾晒或烘干而成。笋干煲红烧肉是军家人节日餐桌上常见的菜肴。

冬笋[təŋ³¹ɕin³⁵]：是立冬前后由竹的地下根茎侧芽发育而成的笋芽。因尚未出土，笋质幼嫩，深受人们的喜爱。武溪因为山多竹多，所以冬笋很多，挖笋周期也比较长，农民冬天往往靠挖冬笋赚钱。沿着竹的地下根茎，有时能挖到数根甚至一堆笋，有时只有一根，后者叫"孤老笋"[ku³¹lau³³ɕin³⁵]。

红菌[fəŋ²³tɕʰin³¹]：红菇。武溪森林资源非常丰富，有大片的常绿阔叶林，适合红菇生长。红菇全部为野生，虽然一年可以采摘两轮，但采摘期很短，前后不到一个月。红菇不仅是武溪人餐桌上的美味佳肴，也是他们经济收入的来源之一。

图 7　红菌　武平县中山镇武溪村 /2019.06.21/ 邱煜彬 摄

菌王 [tɕʰin³¹voŋ²³]：当地人对灵芝的称呼。是名贵药材，一般生长在湿度高且光线昏暗的山林中，主要生长在腐树或是树木的根部。武溪多山，适合灵芝生长。近年来由于气候和环境的变化，野生灵芝越来越少，目前市面上的灵芝基本上是人工种植或仿野生的。作为药用兼食用的菌类，灵芝可用于炖鸽子、鸡、鸭等。

图 8　菌王　武平县中山镇武溪村 /2019.05.27/ 邱煜彬 摄

除了主副食和菜式，武溪处于山区，靠山吃山，还有不少野果。

牛核卵 [ŋəu²³hak³³luɛn³⁵]：也叫"加藤瓜"[ka³¹tʰen²³kua³¹]，当地的野果，学名木通果，因其果实的形状像公牛的睾丸而得名。果实有黑色的籽，成熟后果浆鲜黄，味道甘甜。军家话俗语"八月牛核卵，个个都饱满"[paʔ³³ŋuɛʔ⁴⁵ŋəu²³hak³³luɛn³⁵, ko³³ko⁵¹tu³³pau³³muɛn³⁵]，说明了该果实的长势及成熟时间。

图9　牛核卵　武平县中山镇武溪村/2018.11.08/邱煜彬 摄

几酒子 [tɕi³¹tɕiu³¹tsɿ³⁵]：落叶乔木，学名枳椇。果实近球形，果柄肉质，肥厚弯曲，红褐色，味甜，可以生吃或酿酒，故名"几酒子"。果柄、种子、树皮等可入药。[明] 李时珍《本草纲目·果三·枳椇》："枳椇木高三四丈。叶圆大如桑柘，夏日开花，枝头结实，如鸡爪形，长寸许，纽曲开作二三歧，俨若鸡之足距，嫩时青色，经霜乃黄，嚼之味甘如蜜。"

当莲子 [toŋ³¹liɛn²³tsɿ⁰]：常绿灌木，学名桃金娘。成熟果实为紫黑色浆果，可食，也可酿酒。军家话俗语"九月节，当莲子□□跌"[tɕiu³⁵ŋuɛʔ³³tɕiɛʔ⁴⁵, toŋ³¹liɛn²³tsɿ³⁵tək³³tək³³tiɛʔ⁴⁵]，说明进入九月份果实已熟透，再不采摘就会掉落了。

图10　酒饭团　武平县中山镇武溪村/2018.09.28/邱煜彬 摄

酒饭团 [tɕiu³⁵fan³¹tʰuɛn²³]：又叫黑老虎，多年生藤类植物，果实熟透后呈红色或暗紫色，有酒香味且形似酿酒时抓压成的一个个饭团，故而得名。也叫"娘饭团"[niɔŋ²³fan³¹tʰuɛn²³]。

二　岁时习俗

军家人的岁时习俗一般与周边客家人基本相同，但也有一些较为特殊的节日。本节简略介绍几个比较大型或特殊的节日及习俗，其他在此不赘。

打船灯[ta⁵⁵sɛn²³tɛn³¹]：是广泛流行于客家地区的传统民俗活动，也是军家客家密切交融的见证。表演时，一年轻力壮的男子藏在船舱内靠安装的挎带扛起船灯，并不停地左右、前后摇摆，表演船在各种水情的江河中航行。船头船尾各一人，船头一人扮"船公"[sɛn²³kəŋ³¹]，船尾一人扮"船婆"[sɛn³¹pʰo²³]，两人边划、边唱、边舞。

图 11　打船灯　武平县中山镇武溪村/2017.02.09/练春招 摄

舞龙灯[vu⁵⁵liəŋ²³tɛn³¹]：舞龙灯是广泛流行于我国各地的古老的传统民俗活动。武溪的舞龙灯一般在大型的节日进行，如元宵节、四月八。舞龙灯的人身着黄色衣裳，戴着黄色头帕。龙身用竹扎成圆龙状，节节相连，外面覆罩画有龙鳞的黄布。龙前由一人持竿领前，竿顶竖一巨球，作为引导。舞时，巨球前后左右摇摆，龙首做抢球状，引起龙身游走飞动。

图 12　舞龙灯　武平县中山镇武溪村/2017.02.09/练春招 摄

闹灯[nau³¹tɛn³¹]：正月十五闹元宵，武溪村从中华人民共和国成立前至今都有上灯和闹灯的习俗。

游庆[iu²³tɕʰin⁵¹]：指农历四月初八举行的扛菩萨出游活动。四月八为中山武溪盛大的节日，也是当地军家人和客家人一年中最热闹的节日，谓"打醮连过节"。这天要把庙堂里的菩萨放下来，擦洗干净，然后扛着它出游。菩萨出游有一定的路线，扛菩萨的一定要是男人，而且要是武溪村的男人，不能是外地人。菩萨游到谁的家门口谁家就要烧香放鞭炮，有的还会包红包挂到菩萨的身上。扛菩萨之后就是各种表演，有舞龙灯，或者上刀山、下油锅等各种热闹的节目。

四月八，大水打菩萨[sʅ³³ŋuɛʔ³³paʔ⁴⁵, tʰai³¹fi³⁵ta⁵⁵pʰu²³saʔ⁴⁵]：或说"四月八，大水扛菩萨"[sʅ³³ŋuɛʔ³³paʔ⁴⁵, tʰai³¹fi³⁵kɔŋ³¹pʰu²³saʔ⁴⁵]，意为四月份雨水多，大水会把菩萨冲走。此语来源于每年农历四月初八武溪村的扛菩萨游庆习俗。农历四月初八是武溪村"扛菩萨"打醮的日子，是日整个武溪村往往比过年还热闹。除了隆重的扛菩萨游庆之外，还会有上刀山、下油锅和其他文艺表演，近年来更是以"古镇中山武溪民俗文化旅游节"的形式开展各种庆典活动。

图13　游庆　武平县中山镇武溪村/2016.05.14/林传府 摄

三　婚丧习俗

（一）婚育

讲亲[kɔŋ³⁵tɕʰin³¹]：指媒人到男、女双方家告知对方的具体情况。

小看[ɕiəu³⁵kʰuɛn⁵¹]：男女双方经媒人介绍后男方到女方家初次见面。男方要带菜，带去的菜女方做成菜肴的话就表示有意交往，否则就无意交往。

踏人家[tʰaʔ⁴⁵n̠in²³ka³¹]：也说"逻人家"[la³¹n̠in²³ka³¹]，指女方第一次到男方家"探家底"。

小讲[ɕiəu³³kɔŋ³⁵]："小看"之后女方若是有意，接下来男方需送彩礼给女方。

大讲[tʰai³¹kɔŋ³⁵]：男家送彩礼给女方，送的礼要比"小讲"丰厚。

过彩[ko³³tsʰai³⁵]：定婚。男方家人和媒人去女方家，并要带部分聘金、新娘的戒指及公鸡、鸭子各一只，猪肉若干、鱼一条及其他菜料，女方也要准备一个给男方的物品（如钢笔、手表之类的）。当男方参加"过彩"仪式的人到了女方家后，女孩要给每个客人敬茶，表示对这门亲事的认同。"过彩"互送礼物之后，表示双方已进入准夫妻状态了。

筜落[tsak³³lɔk⁴⁵]：也说"筜日子[tsak³³n̠iʔ⁴⁵tsɿ⁰]"，由男方父母、媒人及亲朋好友若干，带上双方事先商定好的大部分聘金和人头饼（按亲戚朋友的人数定额分发的饼）、蛋、请客用的菜、公鸡、未下蛋的母鸡、烟、酒、给女孩的衣裤及其他已商定物资等（这些所需物资也可以按数量折价付钱给女方家）到女方家，女方会通知亲戚朋友来并设宴款待，然后把男方送来的礼品按辈分和亲疏关系散发给亲友们。

送年节[sɔŋ⁵⁵n̠iɛn²³tɕiɛʔ⁴⁵]：即送年送节，指男女双方确定恋爱关系后，男方逢过年、"五月节"和"九月节"，要带上鸡鸭各一只，猪肉五斤和鱼一条去女方家孝敬女方父母。

送日子[sɔŋ³³n̠iʔ⁴⁵tsɿ⁰]：指结婚请客前，男方请风水先生择日，吉日择定后，男方带着吉日通知书和"三牲"（供祭祀用的猪肉、公鸡、鱼）一副、烟一条及其他探亲礼物（如糖果、水果等）去女方家。

拖青[tʰo³¹tɕʰiaŋ³¹]："青"一般为幼杉树，寓"男女联姻，万古长青"之意。"拖青"指送嫁队伍须有一男童拖着幼杉树，到了男家之后要扔上房顶，表示"上天作证"。

上门[sɔŋ³¹mɛn²³]：指婚事办完后第二天，新郎新娘要带着一些礼物（如鸡、鸭、猪肉等）回娘家。新郎新娘回家时，娘家要给他们送纸、笔、墨和葱、蒜、红头绳等，寓意让他们夫妻生出聪明会算、有出息的后代。

做朝[tso⁵³tsəu³¹]：指结婚第三天娘家叫亲朋好友到男方家做客。男方家要备丰盛的酒席款待客人。

做炒酒[tso³³tsʰau³³tɕiu³⁵]：指小孩出生的第二天，用油煎的糯米糕点煮米酒请邻居来吃。意在向大家报喜家里添了人丁。

做三朝[tso⁵³san³¹tsəu³¹]：指小孩出生的第三天，请小范围的亲朋好友来祝贺，来的客人一般要带上鸡、蛋等给产妇的营养品。酒席要有鸡酒、酒糟仔等。

报姜酒[pau³³tɕiɔŋ³¹tɕiu³⁵]：指主人要用酒壶装上整只杀好的鸡和用生姜、红曲煮好的鸡酒到亲朋好友的家里，并通知做满月的日期。

做满月 [tso³³muɛn³⁵ŋuɛʔ⁴⁵]：指小孩满月摆酒席宴请宾客。一般是小孩出生的第 30 日，但过去有些家里较穷的人家会提前做满月，亲友们会送鸡、蛋或小孩衣裳，这样可以节约买鸡、蛋和衣裳的资金。

做过周 [tso³³ko⁵³tɕiu³¹]：指小孩出生一周岁摆酒席。宾客们送的礼物与满月时基本相同，多加一双软底鞋子。

上灯 [sɔŋ³¹tɛn³¹]：正月元宵节前后的重要活动。上灯谐音"上丁"，上一年中添了男丁的家庭要准备两盏灯，家里挂一盏，祠堂挂一盏。祠堂的灯是上一年中所有生了男丁的家庭凑起来的。上灯的时间从农历正月十三日起至正月十九日止。按上一年中男丁的出生时间来排列上灯顺序，上一年中第一个生了男丁的家庭第一个上灯添油，称为"头灯"[tʰəu²³tɛn³¹]，第二个为"二灯"[lu²³tɛn³¹]，第三个为"三灯"[san³¹tɛn³¹]，如此顺数排列，一般正月十九"下灯"[ha³¹tɛn³¹]。如果上一年中出生的男丁超过七个，可以一天安排两个家庭上灯，如果不足七个，那就轮完再重新轮。总之，这段时间天天要有添丁家庭到祠堂"添灯油"[tʰien³¹tɛn³¹iu²³]（谐"添丁油"）烧香，中间灯火不能熄灭。"熄灯"[ɕiʔ⁴⁵tɛn³¹]谐"熄丁"，不吉，大忌。每次添油都要烧香放鞭炮，家人要准备好糖果、花生、糕点等，散发给看热闹的孩子们。正月十九下灯之后要把灯烧了，寓意来年灯火更旺。

图 14　上灯　武平县中山镇武溪村 /2017.02.9/ 练春招 摄

送上灯 [səŋ⁵³sɔŋ³¹tɛn³¹]：生了男孩的人家在小孩出生的第二年元宵节要"上灯"请客，丰俭视家庭经济条件而定，去祝贺的宾客要带上鸡、酒和鞭炮烟花等礼品送给主人。

三牲 [san³¹sɛn³¹]：用于祭祀供奉的猪肉、公鸡、鱼，一般猪肉切成一到两斤重的块状，鸡、鱼整只杀好，三种都须蒸熟。上灯时也要备好三牲，放在神祖牌前。

图15 三牲　武平县中山镇武溪村/2017.02.09/练春招 摄

上香[soŋ³¹ɕioŋ³¹]：点燃香之前要先朝天敬天地，然后再转过身来朝神祖牌敬祖宗。祠堂上完香再回到家里上。

图16 上香　武平县中山镇武溪村/2017.02.09/练春招 摄

（二）丧葬

孝杖棍[hau³³tsʰɔŋ³¹kuen⁵¹]：哭丧棒。如果去世的是男性，一般用空心的竹筒做成，如果去世的是女性，则用梧桐树做成，每根一尺长。丧家治丧期间，孝子要随身带着孝杖棍，不可离身。

系秆索[ki³¹kuen³⁵sɔk⁴⁵]：系孝长棍的稻草绳。办丧事时，由抬遗体上山埋葬的人，即后文所说的"八仙"用"系秆索"帮孝子把孝长棍系在腰间。

看倒头[kʰuen³³tau⁵⁵tʰɯ²³]：指人刚去世时放在家里大厅的铺板上，让重要的亲朋去看。

看落棺[kʰuen³³lɔk⁴⁵kuen³¹]：入殓，也说"捉落棺"[tsɔk³³lɔk⁴⁵kuen³¹]，指把逝者遗体从大厅铺板上移到棺材里去。一般要请风水先生选好时间，不能随便落棺。

成服[tsʰen²³fək⁴⁵]：指家里人去世后，一般在下午酉时，孝子孝孙须跪地由"八仙"帮其穿孝服。孝子还要头戴由"八仙"用竹子做的牛嘴笼，手拿孝长棍，孙子及女性头戴白布。跪地穿孝衣时，已外嫁的女人脸朝外，其余男女都是脸朝厅堂内。

缴钱[tɕiəɯ⁵⁵tɕʰien²³]：困难户举办的丧事形式。人去世后，装进棺材，并于当晚或次日晚买一顶纸扎的"灵屋"和"灵牌"，无鼓手喇叭，仅请一个和尚念经，和尚一边念经一边用凿子把草纸凿成钱样，称为"金银纸"，烧给阴间的人，称为"缴钱"。期间要请"八仙"把棺材移到屋外院子里，并于下午酉时"成服"。"成服"以后，戴孝的人在当晚和次日早晨用餐时都不能坐上饭桌，要拿一个竹制的笟篱放在地板上，把饭菜放在笟篱里，所有戴孝的人围着笟篱蹲着吃饭。

半夜光[puen⁵⁵ia²³kɔŋ³¹]：一种办丧事的形式。做"半夜光"的形式和"缴钱"的相同，但要多买一个纸折的"带路童子"、一只"白鹤"，大厅中堂要挂一幅帐帘，增加一班吹班于"成服"当天晚上与和尚分别吹吹打打至深夜十二点，故称"半夜光"。孝子要跟着和尚走动，期间主家要准备点心给大家充饥。

做斋[tso⁵³tsai³¹]：指办丧事前，丧家请人来吹吹打打。有不同档次的"斋"，如"半消斋"和"大旺斋"。

半消斋[puen⁵³ɕiɯ³¹tsai³¹]：形式与"半夜光"相同，但时间要一天一夜。和尚要唱一天一夜的经，孝子孝孙要跟着和尚走来走去，并请两个乐队班子，与和尚配合奏乐曲。棺材未送上山前，戴孝人都不能坐上饭桌吃饭。

大旺斋[tʰa³¹vɔŋ³¹tsai³¹]：形式和"半消斋"的相同，但时间较长，要两天两夜。这期间戴孝人不能坐上饭桌吃饭。

返山[fan³¹san³¹]：把死者遗体送上山埋葬。

串九品[tsʰuen⁵³tɕiu³¹pʰen³¹]：把死者遗体送上山埋葬的途中，要选择一个地点把棺材放下来，棺材不能直接放在地上，需要用木棍垫起来，由打铜锣的人带着孝子孝孙围着棺木转九圈，和尚则手拿铜钹和符纸朝着与孝子孝孙等相反的方向走九圈，叫"串九品"。最后"八仙"把棺木抬上山，其余的人回家。

把路祭[pa³⁵lu³¹tɕi⁵¹]：指送葬途中把棺材抬到处于交通要道的三岔路口，停放下来在那里进行祭拜活动，祭拜形式和"半消斋"相同，时间大约要两个小时。在祭拜过程中，任何人都不能路过此地，要等祭拜结束棺材抬走后才能通行。这种祭拜一般为权贵人家所用。

拿白[na³¹pʰak⁴⁵]：指送葬时一般的邻居拿白布，较亲的要戴白头巾。

八仙[paʔ⁴⁵ɕien³¹]：抬遗体上山埋葬的人，一般为八人，被称为"八仙"，也有丧家请四个人的，也一样称为"八仙"。丧家对"八仙"要客客气气，不能怠慢。送死者遗体上山埋葬后，当天的晚餐"八仙"独立一桌吃饭，即便只有四人，别人也不可凑上去，而且菜皆为双份。

办十碗[pʰan³¹seʔ³³uen³⁵]：死者遗体送上山埋葬后，丧家要办酒席犒劳"八仙"，因该酒席要有十样菜，所以叫"办十碗"。第二天亲友还要上山到坟地查看，也要"办十碗"感谢大家。"办十碗"还有"双十碗"和"单十碗"之分。犒劳"八仙"的十样菜都要双份，叫"双十碗"，其他的每样菜单份即可，叫"单十碗"。

红蛋[fəŋ²³tʰan³¹]：染了红色、带壳煮熟的鸡蛋或鸭蛋。送葬或到坟地巡视回来后每个人都要吃两个红蛋，寓吃了身体健康、一切红红火火、顺顺利利之意。

换豆腐吃哩[uen³¹tʰəu³¹fu⁰tɕʰiak⁴⁵li⁰]：戏称"死"。因办丧事期间，餐桌上一般都会有豆腐这道菜。丧家办午餐要一律白色：白米饭、白豆腐（不能煎）、冬瓜、萝卜、白菜、白猪肉（不能红烧）、白木耳……表示丧家心情沉重。

金罂[tɕin³¹aŋ³¹]：装逝者遗骨的坛子。军家人旧俗实行二次葬，逝者土葬后八到十年需要把坟地挖开，捡起遗骨（称为"捡尸"[tɕien³⁵sʅ³¹]），依序装进金罂里，再移葬至已选好的风水宝地。

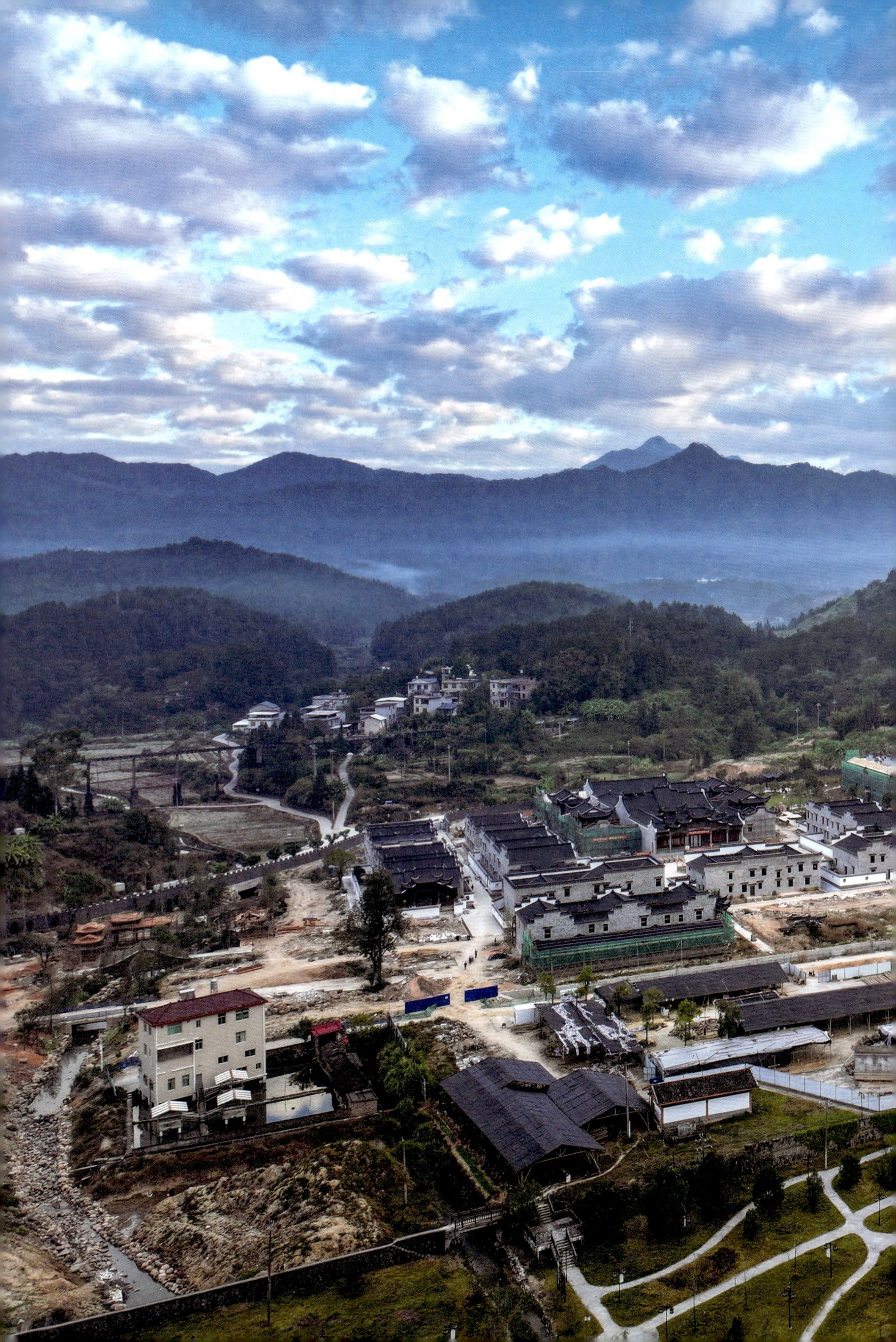

第五章 分类词表

说明：

1.本章收录福建武平军家话的词汇，共计4000余条。其中第一节收录《中国语言资源调查手册·汉语方言》中的词汇条目，根据调查点方言实际情况有所删减。共14类，1198条（不含同义词），均附视频。视频目录与《中国语言资源调查手册·汉语方言》词汇条目一致。（本方言不说的除外，同义词共用一个视频条目）第二节收词以《汉语方言词语调查条目表》为基础，根据军家话的实际情况有所增删。增加了"拟声词"部分和一些适合军家话的条目，调查条目表当中有些调查不出的则阙如。本节内容共30类，3000余条，均不附视频。第一节已出现的条目，第二节不再重复。

2.第四章已收的词，本分类词表在词条前加*号，只列条目和注音，不做说明或解释。

3.本分类词表所收词语主要发音人是邱桂兆先生，邱冠玉先生和邱荣凤女士也提供了一些语料，此外也适当补收了少量中青年的词语，不另外标明。其中第一节《中国语言资源调查手册·汉语方言》部分的发音人是邱桂兆先生。

4.有本字的尽量使用本字，如"劈"，《广韵》入声职韵林直切："劈，赵魏间呼棘，出《方言》"。

5.适当使用一些当地人们熟知的俗字，如"冇""蚎""桯"等。

6.无本字和俗字的适当使用同音字，同音字在该字的右上角加"＝"表示，如：拂$^=$扔，丢弃[fɛʔ⁴⁵]、能$^=$思索[nɛn²³]。

7.有音无字的音节用"□"表示，如：□玩儿[uɛ³⁵]、□稠[nəɯ²³]。

8.军家话轻声词丰富，调值多样，词表中统一标0，读音详细情况见第二章的相关分析。

第一节

《中国语言资源调查手册·汉语方言》

一	天文地理	六	服饰饮食	十一	动作行为
二	时间方位	七	身体医疗	十二	性质状态
三	植物	八	婚丧信仰	十三	数量
四	动物	九	人品称谓	十四	代副介连词
五	房舍器具	十	农工商文		

一　天文地理

热头 niɛʔ⁴⁵tʰəu⁰ 太阳

月光 niɛʔ⁴⁵kɔŋ³¹ 月亮

*星哩 ɕiaŋ³¹li⁰

云 ven²³

风 fəŋ³¹

台风 tʰai²³fəŋ⁰

雷公睒□ li²³kəŋ³¹ȵiɛʔ³³nɛn⁵¹ 闪电

雷公 li²³kəŋ³¹ 雷

雨 i³⁵

落雨 lɔk³³i³⁵ 下雨

*涿 tək⁴⁵

晒 sa⁵¹ ～谷

雪 ɕiɛʔ⁴⁵

凌冰 lɛn²³pɛn³¹ 冰

雹 pʰɔk⁴⁵ 冰雹

霜 sɔŋ³¹

*雾纱 məŋ³⁵sa³¹

露 lu⁵¹

天弓 tʰiɛn³¹tɕiəŋ³¹ 虹，统称

天狗吃日 tʰiɛn³¹kəu³⁵tɕʰiak³³ȵiʔ⁴⁵ 日食

天狗吃月 tʰiɛn³¹kəu³⁵tɕʰiak³³ȵiɛʔ⁴⁵ 月食

天气 tʰiɛn³¹tɕʰi⁵¹

天晴 tʰiɛn³¹tɕʰiaŋ²³

阴天 in³¹tʰiɛn³¹

天旱 tʰiɛn³¹huɛn³¹

做大水 tso³³tʰai³¹fi³⁵ 涝

天光 tʰiɛn³¹kɔŋ³¹ 天亮

水田 fi⁵⁵tʰiɛn²³

旱地 huɛn³¹tʰi⁰

*田塍 tʰiɛn³¹sen⁰

路 lu³¹

岭岗 liaŋ³⁵kɔŋ³¹ 山

窝 o³¹ 山谷

江 kɔŋ³¹

溪 hai³¹

圳 tsen⁵¹ 水沟儿

湖 fu²³

塘 tʰɔŋ²³ 池塘

水湖 fi⁵⁵fu²³ 水坑儿

大水 tʰai³¹fi³⁵ 洪水

族⁼ tsʰək⁴⁵ 淹：分水～哩被水淹了

河舷 ho³¹ɕiɛn²³ 河岸

坝 pa⁵¹

地龙转侧 tʰi³¹liaŋ²³tsɛn³⁵tsɛʔ⁴⁵ 地震

窟窿 kʰueʔ³³lɔŋ⁵¹

缝 pʰəŋ³¹ 缝儿

石头 sak⁴⁵tʰəɯ⁰

泥 ne²³ 土

辣泥 iəɯ⁵⁵ne²³ 湿泥

水泥 fi⁵⁵ne²³

沙子 sa³¹tsɿ⁰

砖 tsɛn³¹

瓦 ŋa³⁵

煤 muɛ²³

洋油 iɔŋ³¹iu⁰ 煤油

炭子 tʰan⁵³tsɿ⁰ 木炭

灰 huɛ³¹

尘灰 tsʰen²³huɛ⁰ 灰尘

火 ho³⁵

烟 iɛn³¹

着火 tsʰək³³ho³⁵

水 fi³⁵

冷水 laŋ³³fi³⁵ 凉水

烧水 səɯ³¹fi³⁵ 热水

滚水 kuen³³fi³⁵ 开水

吸石 ɕiʔ³³sak⁴⁵ 磁铁

二 时间方位

时候 sɿ²³həɯ⁰

什哩时候 seʔ⁴⁵li⁰sɿ²³həɯ⁰ 什么时候

当下 tɔŋ³¹ha⁰ 现在

以前 i⁵⁵tɕʰiɛn²³

以后 i³⁵həɯ³¹

一生世人 iʔ⁴⁵sen³¹sɿ⁵⁵n̠in²³ 一辈子

今年 tɕin³¹n̠iɛn⁰

明年 miaŋ³¹n̠iɛn⁰

后年 həɯ³¹n̠iɛn⁰

去年 kʰi⁵³n̠iɛn⁰

前年 tɕʰiɛn³¹n̠iɛn⁰

往年 vɔŋ³¹n̠iɛn²³

年头 n̠iɛn³¹tʰəɯ²³ 年初

年尾 n̠iɛn³¹mi³⁵ 年底

今朝 tɕin³¹tsəɯ³¹ 今天

天光 tʰiɛn³¹kɔŋ³¹ 明天

后日 həɯ³¹n̠iʔ⁰ 后天

大后日 tʰai²³həɯ³¹n̠iʔ⁰ 大后天

才⁼□ tsʰai²³ia⁵¹ 昨天

前日 tɕʰiɛn²³n̠iʔ⁴⁵ 前天

大前日 tʰai³¹tɕʰiɛn²³n̠iʔ⁴⁵ 大前天

一日到夜 iʔ³³n̠iʔ³³tau⁵³ia³¹ 整天

日日 n̠iʔ³³n̠iʔ⁴⁵ 每天

　每日 mi³⁵n̠iʔ⁴⁵

朝晨 tsəɯ³¹sen⁰ 早晨

上昼 sɔŋ³¹tɕiu⁰ 上午
　　昼边 tɕiu⁵³piɛn³¹
当昼 tɔŋ³¹tɕiu⁰ 中午
下昼 ha³¹tɕiu⁰ 下午
临夜仔 lɛn²³ia³¹tse⁰ 傍晚
日时头 ȵiʔ⁴⁵sɿ³¹tʰɯ⁰ 白天
夜时头 ia³¹sɿ⁰tʰɯ⁰ 夜晚
半临夜 puɛn⁵⁵lɛn²³ia³¹ 半夜
正月 tsaŋ³¹ŋuɛʔ⁰ 农历一月
正月初一 tsaŋ³¹ŋuɛʔ⁰tsʰu³¹iʔ⁴⁵ 大年初一
正月半 tsaŋ³¹ŋuɛʔ⁰ puɛn⁵¹ 元宵节
清明 tɕʰiaŋ³¹miaŋ⁰
五月节 m³⁵ŋuɛʔ³³tɕiɛʔ⁴⁵ 端午
七月节 tɕʰiʔ³³ŋuɛʔ³³tɕiɛʔ⁴⁵ 农历七月十五
八月节 paʔ³³ŋuɛʔ³³tɕiɛʔ⁴⁵ 中秋
冬至 tɤŋ³¹tsɿ⁰
十二月 seʔ⁴⁵luʔ³¹ŋuɛʔ⁰ 腊月
过大年 ko⁵⁵tʰai³¹ȵiɛn²³ 除夕
　　年三十日 ȵiɛn²³san³¹seʔ³³ȵiʔ⁴⁵
历书 liʔ⁴⁵su³¹
老历 lau³⁵liʔ⁴⁵ 阴历
新历 ɕin³¹liʔ⁴⁵ 阳历
　　阳历 iɔŋ²³liʔ⁴⁵
星期日 sɛn³¹tɕʰi²³ȵiʔ⁴⁵
地方 tʰi³¹fɔŋ⁰
什哩地方 seʔ⁴⁵liºtʰi³¹fɔŋ⁰ 什么地方
屋下 vək⁴⁵ha³¹ 家里
城头 saŋ²³tʰɯ⁰ 城里
乡下 ɕiɔŋ³¹ha⁰
上头 sɔŋ³¹tʰɯ⁰ 上面
下头 ha³¹tʰɯ⁰ 下面
左片 tso³⁵pʰiɛn³¹ 左边

右片 iu³¹pʰiɛn⁰ 右边
中间 tsən³¹kan³¹
头上 tʰəu²³hɔŋ⁰ 前面
　　前面 tɕʰiɛn²³miɛn⁵¹
屎窟头 sɿ³⁵kʰuɛʔ⁴⁵tʰəu²³ 后面
　　后面 hɯ³¹miɛn⁵¹
腊=尾 laʔ³³mi³⁵ 末尾
对面 ti⁵³miɛn³¹
面前 miɛn³¹tɕʰiɛn⁰
屎窟头 sɿ³⁵kʰuɛʔ⁴⁵tʰəu²³ 背后
里头 li³⁵tʰɯ⁰ 里面
外头 ŋai³¹tʰɯ⁰ 外面
侧向 tsɛʔ³³ɕiɔŋ⁵¹ 旁边
上 hɔŋ³¹ 碗在桌仔～上作为后字音 hɔŋ³¹，前字音 sɔŋ³¹
下 ha³¹ 凳仔在桌仔～
舷上 ɕiɛn²³hɔŋ⁰ 边儿：桌～
角上 kɔk⁴⁵hɔŋ³¹ 角儿：桌～
上去 sɔŋ³¹kʰi⁵¹
下来 ha³¹li²³
进去 tɕin³³kʰi⁵¹
出来 tsʰeʔ⁴⁵li²³
出去 tsʰeʔ³³kʰi⁵¹
归来 kue³¹li²³ 回来：渠～哩 他回来了
起来 tɕʰi⁵⁵li²³

三　植物

树 su³¹
树仔 su³¹tse⁰ 木头
松树 tɕʰiəŋ²³su³¹
柏树 pak⁴⁵su³¹
杉树 tsʰan⁵³su³¹
柳树 liu³¹su⁰

竹仔 tsək⁴⁵tse⁰ 竹子
笋 ɕin³⁵
叶仔 iɛʔ⁴⁵tse⁰ 叶子
花 fa³¹
花□仔 fa³¹n̪i⁵³tse⁰ 花蕾
梅花 muɛ²³fa⁰
牡丹 məɯ²³tan⁰
荷花 ho²³fa⁰
草 tsʰau³⁵
藤 tʰɛn²³
*劈 lɛʔ⁴⁵
水果 fi³³ko³⁵
苹果 pʰen²³ko³⁵
桃哩 tʰau²³li⁰ 桃子
梨 li²³
李仔 li³⁵tse⁰ 李子
杏 hɛn²³
柑仔 kan³¹tse⁰ 橘子
柚子 iu⁵³tsɿ⁰
柿子 sɿ⁵³tsɿ⁰
石榴 sak⁴⁵liu²³
枣 tsau³⁵
栗子 liʔ³³tsɿ³⁵
核桃 hɛʔ⁴⁵tʰau²³
银杏 ŋɛn²³hɛn³¹
甘蔗 kuɛn³¹tsa⁰
木耳 mək⁴⁵lu⁰
蘑菇 mo²³ku⁰
香菇 ɕioŋ³¹ku³¹
禾 vo²³ 稻子
谷 kək⁴⁵ 稻谷
秆 kuɛn³⁵ 稻草

麦子 mak³³tsɿ³⁵ 大麦
麦子 mak³³tsɿ³⁵ 小麦
麦秆 mak³³kuɛn³⁵ 麦秸
狗尾粟 kəu³³mi³⁵ɕiək⁴⁵ 谷子，指植物，军家话也指脱粒后的小米
高粱 kau³¹liɔŋ²³
包粟 pau³¹ɕiək⁰ 玉米
棉花 miɛn²³fa⁰
油菜 iu²³tsʰai⁵¹ 油料作物，不是蔬菜
麻哩 ma²³li⁰ 芝麻
向日葵 ɕiɔŋ³³n̪iʔ⁴⁵kʰue²³
胡豆 fu²³tʰəɯ⁰ 蚕豆
河南豆 ho³¹nan²³tʰəɯ⁰ 豌豆
番豆 fan³¹tʰəɯ⁰ 花生
黄豆 vɔŋ²³tʰəɯ⁰
绿豆 liək⁴⁵tʰəɯ³¹
长豆角 tsʰɔŋ²³tʰəɯ³¹kɔk⁰ 豇豆
大白菜 tʰai³¹pʰak³³tsʰai⁵¹
包菜 pau³¹tsʰai⁵¹ 包心菜
角菜 kɔk³³tsʰai⁵¹ 菠菜
芹菜 tɕʰin²³tsʰai⁵¹
莴笋 vo³¹ɕin³⁵
韭菜 tɕiu³⁵tsʰai⁵¹
香菜 ɕiɔŋ³¹tsʰai⁵¹
葱 tsʰəŋ³¹
蒜 suɛn⁵¹
姜 tɕiɔŋ³¹
洋葱 iɔŋ²³tsʰəŋ³¹
辣子 laʔ⁴⁵tsɿ⁰ 辣椒
茄 tɕʰio²³ 茄子
番茄 fan³¹tɕʰio²³ 西红柿
萝卜 lo²³pʰiɛʔ⁴⁵

红萝卜 fəŋ³¹lo²³pʰiɛʔ⁴⁵ 胡萝卜
黄瓜 vɔŋ²³kua⁰
纺线 fəŋ²³ɕiɛn⁵¹ 丝瓜
番瓜 fan³¹kua⁰ 南瓜
马子 ma³⁵tsʅ⁰ 荸荠
番薯 fan³¹su²³ 红薯
马铃薯 ma³⁵lɛn³¹su²³
芋仔 i³¹tse⁰ 芋头，统称
药薯 iɔk⁴⁵su²³ 山药
藕 ŋəu³¹

四　动物

老虎 lau³⁵fu⁰
猴子 həɯ³¹tsʅ³⁵
蛇 sa²³
老鼠 lau³⁵tsʰu⁰
匹婆子 pʰeʔ⁴⁵pʰo²³tsʅ⁰ 蝙蝠
禾雀 o²³tɕiɔk⁴⁵ 鸟儿，统称
谷必⁼仔 kək³³peʔ⁴⁵tse⁰ 麻雀
阿鹊 a³⁵ɕiak² 喜鹊
乌鸦 vu³¹a³¹
鸽仔 kaʔ⁴⁵tse⁰ 鸽子
翼甲 iʔ³³kaʔ⁴⁵ 翅膀
爪 tsau³⁵ 爪子
尾巴 mi³⁵pa⁰
*窦 təɯ⁵¹
虫 tsʰəŋ²³ 虫子
羊叶子 iɔŋ²³iɛʔ⁴⁵tsʅ⁰ 蝴蝶
□戒⁼子 kɔŋ²³kai⁵³tsʅ⁰ 蜻蜓
糖蜂 tʰɔŋ²³fəŋ⁰ 蜜蜂
蜂糖 fəŋ²³tʰɔŋ⁰ 蜂蜜
蝉仔 sɛn²³tse⁰ 知了

蚁公 ȵi³⁵kəŋ³¹ 蚂蚁
河⁼鱼 ho³¹ŋe⁰ 蚯蚓
蚕 tsʰan²³
拉⁼斜 la³¹tɕʰia⁰ 蜘蛛
蚊虫 mɛn³¹tsʰəŋ⁰ 蚊子
乌蝇 vu³¹in⁰ 苍蝇，统称
跳蚤 tʰiəu⁵³tsau³¹
虱嬷 sɛʔ⁴⁵ma⁰ 虱子
鱼仔 ŋe²³tse⁰ 鱼
鲤鱼 li³⁵ŋe⁰
雄鲢 ɕiəŋ³¹liɛn⁰ 鳙鱼
鲫鱼 tɕiʔ⁴⁵ŋe⁰
圆鱼 vɛn³¹ŋe⁰ 甲鱼
鳞 lɛn³¹ 鱼鳞
虾公 ha²³kəŋ⁰ 虾
老蟹 lo⁵³ha³¹ 螃蟹
蜗 kuai³⁵ 青蛙
蚊虫蜗 mɛn³¹tsʰəŋ⁰kuai³⁵ 癞蛤蟆
马 ma³⁵
驴 li²³
骡 lo²³
牛 ŋəɯ²³
牛牯 ŋəɯ³¹ku³⁵ 公牛
牛嬷 ŋəɯ³¹mo⁰ 母牛
睽牛 iaŋ⁵⁵ŋəɯ²³ 放牛
羊 iɔŋ²³
猪 tsu³¹
猪牯 tsu³¹ku³⁵ 配种用的公猪
肉猪 ȵiɔk⁴⁵tsu³¹ 公猪
猪嬷 tsu³¹mo⁰ 母猪
猪仔 tsu³¹tse³⁵ 猪崽
猪栏 tsu³¹lan²³ 猪圈

畜猪 ɕiək⁴⁵tsu³¹ 养猪
猫公 miəɯ⁵³kəŋ³¹ 猫
猫牯 miəɯ³³ku³⁵ 公猫
猫嬷 miəɯ⁵⁵mo²³ 母猫
狗 kəɯ³⁵
狗牯 kəɯ³³ku³⁵ 公狗
狗嬷 kəɯ⁵⁵mo²³ 母狗
吠 pʰuɛ³¹ 叫：狗～
兔子 tʰu⁵³tsʅ⁰
鸡 ki³¹
骚鸡头 sau³¹ki³¹tʰəɯ²³ 公鸡
鸡嬷 ki³¹mo²³ 母鸡
啼 tʰi²³ 叫：骚鸡头～
生 saŋ²³ 鸡～蛋
伏 pʰu³¹ 孵小鸡
鸭 aʔ⁴⁵
鹅 ŋo²³
结 tɕiɛʔ⁴⁵ 阉：～猪牯
结 tɕiɛʔ⁴⁵ 阉：～猪嬷
结 tɕiɛʔ⁴⁵ 阉：～鸡
供 tɕiəŋ³¹ 喂：～猪
杀猪 saʔ⁴⁵tsu³¹
杀 saʔ⁴⁵ ～鱼

五 房舍器具

村 tsʰen³¹ 村庄
巷同 hɔŋ³¹tʰəŋ⁰ 胡同
街 kai³¹ 街道
做屋仔 tso³³vək⁴⁵tse⁰ 盖房子
屋仔 vək⁴⁵tse⁰ 房子
间 kan³¹ 屋子
困眼个间 kʰuen³³ŋan³⁵ko⁰kan³¹ 卧室

寮仔 liəɯ²³tse⁰ 茅屋
灶下 tsau⁵³ha³¹ 厨房
灶 tsau⁵¹
锅头 ko³¹tʰəɯ⁰ 锅
锅头 ko³¹tʰəɯ⁰ 饭锅
锅头 ko³¹tʰəɯ⁰ 菜锅
屎缸 sʅ³⁵kɔŋ³¹ 旧式厕所
*桁仔 haŋ²³tse⁰
柱头 tsʰu³¹tʰəɯ⁰ 柱子
大门 tʰai³¹men⁰
门磴 men²³tuen⁵¹ 门槛儿
亮子 liɔŋ³¹tsʅ⁰ 窗户
楼梯 ləɯ²³tʰi⁰ 梯子
秆扫 kuɛn³⁵sau⁵¹ 扫帚
扫地 sau⁵³tʰi³¹
屑劈 ɕiɛʔ³³lɛʔ⁴⁵ 垃圾
家具 ka³¹tɕʰi³¹
东西 təŋ³¹ɕi³¹
床 sɔŋ²³
枕头 tsen³⁵tʰəɯ⁰
被 pʰi³¹ 被子
棉絮 miɛn²³ɕi⁵¹
床单 sɔŋ²³tan⁰
褥子 iək⁴⁵tsʅ⁰
席 tɕʰiak⁴⁵ 席子
蚊帐 men³¹tsɔŋ⁰
桌仔 tsɔk⁴⁵tse⁰ 桌子
柜仔 kʰue³¹tse⁰ 柜子
拖格 tʰo³¹kak⁴⁵ 抽屉
长案桌 tsʰɔŋ²³uɛn³³tsɔk⁴⁵ 案子
凭凳仔 pʰen³¹ten⁵³tse⁰ 靠背椅
凳仔 ten⁵³tse⁰ 凳子

马桶 ma³¹tʰəŋ³⁵
菜刀 tsʰai⁵³tau³¹
瓠勺 pʰu²³sɔk⁴⁵ 瓢
缸 kɔŋ³¹
*罂 aŋ³¹
*罂仔 aŋ³¹tse³⁵
盖仔 kuɛ⁵³tse⁰ 盖子
碗 uɛn³⁵
筷子 kʰuai⁵³tsʅ⁰
调羹 tʰiəɯ²³kaŋ³¹ 汤匙
柴 sai²³ 柴火
自来火 tsʰʅ³¹lai²³ho³⁵ 火柴
锁 so³⁵
锁匙 so³⁵sʅ⁰ 钥匙
电壶 tʰiɛn³¹fu²³ 暖水瓶
面盆 miɛn³¹pʰen⁰ 脸盆
洗面水 se³⁵miɛn³¹fi³⁵ 洗脸水
面帕 miɛn³¹pʰa⁰ 毛巾
手帕 ɕiu³⁵pʰa⁵¹ 手绢
洋碱 iɔŋ³¹tɕiɛn³⁵ 肥皂
梳哩 se³¹li⁰ 梳子
针 tsen³¹ 缝衣针
剪刀 tɕiɛn³⁵tau³¹
蜡烛 laʔ³³tsɔk⁴⁵
电筒 tʰiɛn³¹tʰəŋ²³ 手电筒
伞 san³⁵ 雨伞
单车 tan³¹tsʰa³¹ 自行车

六　服饰饮食

衣裳 i³¹sɔŋ⁰ 衣服
着 tsɔk⁴⁵ 穿：～衣裳
脱 tʰuɛʔ⁴⁵ ～衣裳
系 ki³¹ ～鞋带

衬衣 tsʰen⁵³i³¹ 衬衫
背心 puɛ⁵³ɕin³¹
羊毛衣 iɔŋ²³mau³¹i³¹ 羊毛衫
袄仔 au³⁵tse⁰ 棉衣
衫袖 san³¹tɕʰiu⁰ 袖子
衣裳袋 i³¹sɔŋ⁰tʰuɛ³¹ 衣服的口袋
裤 kʰu⁵¹ 裤子
短裤 tuɛn³⁵kʰu⁵¹
裤脚 kʰu³³tɕiɔk⁴⁵ 裤腿
帽子 mau³¹tsʅ⁰
鞋 hai²³ 鞋子
袜 maʔ⁴⁵ 袜子
颈帕 tɕiaŋ³⁵pʰa⁵¹ 围巾
裙仔 kʰuen²³tse⁰ 围裙
尿布 ȵiəɯ³¹pu⁵¹
纽子 nəɯ³⁵tsʅ⁰ 扣子
纽 nəɯ³⁵ 扣：～纽子 扣扣子
戒指 kai³³tsʅ⁵¹
手镯子 ɕiu³⁵tsʰɔk⁴⁵tsʅ⁰ 手镯
剃头 tʰi⁵⁵tʰəɯ²³ 理发
梳头 se³¹tʰəɯ²³
饭 fan³¹ 米饭
粥 tsɔk⁴⁵ 稀饭
面粉 miɛn³¹fen³⁵
面 miɛn³¹ 面条
粉 fen³⁵ 面儿：胡椒～|辣子～
馒头 man³¹tʰəɯ²³
包子 pau³¹tsʅ⁰
饺子 tɕiəɯ³⁵tsʅ⁰
馄饨 fen³⁵ten³¹
心仔 ɕin³¹tse⁰ 馅儿
　料 liəɯ³¹

油条 iu³¹tʰiɘɯ²³
豆浆 tʰəu³¹tɕiɔŋ⁵¹
豆腐花 tʰəu³¹fu⁰fa³¹ 豆腐脑
汤圆 tʰɔŋ³¹vɛn²³
粽 tsəŋ⁵¹ 粽子
*糖糕糍 tʰŋ²³kau³¹tsʰɿ²³
点心 tiɛn³⁵ɕin³¹
菜 tsʰai⁵¹
菜干 tsʰai⁵³kuɛn³¹ 干菜
豆腐 tʰəu³¹fu⁰
猪血 tsu³¹fɛʔ⁴⁵
猪脚 tsu³¹tɕiɔk⁴⁵ 猪蹄
猪舌嫲 tsu³¹sɛʔ⁴⁵ma⁰ 猪舌头
猪肝 tsu³¹kuɛn³¹
杂 tsʰaʔ⁴⁵ 下水，指猪牛羊的内脏
鸡蛋 ki³¹tʰan³¹
皮蛋 pʰi²³tʰan³¹ 松花蛋
猪油 tsu³¹iu²³
麻油 ma³¹iu²³ 香油
酱油 tɕiɔŋ⁵⁵iu²³
盐 iɛn²³
醋 tsʰu⁵¹
烟 iɛn³¹ 香烟
草烟 tsʰau³⁵iɛn³¹ 旱烟
白酒 pʰak³³tɕiu³⁵
黄酒 vɔŋ²³tɕiu³⁵
酒娘 tɕiu⁵⁵niɔŋ²³ 江米酒
茶叶 tsʰa²³iɛʔ⁴⁵
泡 pʰau⁵¹ 沏：～茶
雪枝 ɕiɛʔ⁴⁵tɕi³¹ 冰棍儿
煮饭 tsu³⁵fan³¹ 做饭
煮菜 tsu³⁵tsʰai⁵¹ 炒菜

*炸 saʔ⁴⁵
煎 tɕiɛn³¹ ～鸡蛋
炸 tsa⁵¹ ～油条
蒸 tsen³¹ ～鱼仔
搓 tsʰai³¹ 揉：～面做馒头
□ tsʰɛn⁵¹ 擀：～面皮
吃朝 tɕʰiak⁴⁵tsəu³¹ 吃早饭
吃昼 tɕʰiak³³tɕiu⁵¹ 吃午饭
吃夜 tɕʰiak⁴⁵ia³¹ 吃晚饭
吃 tɕʰiak⁴⁵ ～饭
吃 tɕʰiak⁴⁵ 喝：～酒
吃 tɕʰiak⁴⁵ 喝：～茶
吃 tɕʰiak⁴⁵ 抽：～烟
盛 saŋ²³ ～饭
夹 tɕiɛʔ⁴⁵ 用筷子～菜
倒 tau³⁵ 斟：～酒
渴 huɛʔ⁴⁵
饥 tɕi³¹ 饿：肚子～
哽 kaŋ³⁵ 噎：吃饭～到哩

七　身体医疗

头□ tʰəu³¹na⁰ 头
头发 tʰəu²³faʔ⁴⁵
辫子 piɛn³¹tsɿ⁰
旋 tɕʰiɛn³⁵
额头 niak⁴⁵tʰəu⁰
相貌 ɕiɔŋ⁵³mau³¹
面 miɛn³¹ 脸
眼珠 ŋan³⁵tsu³¹ 眼睛
眼珠仁 ŋan³⁵tsu³¹in²³ 眼珠
眼泪 ŋan³⁵li⁵¹
眼眉毛 ŋan⁵⁵mi²³mau³¹ 眉毛

耳朵 ȵi³⁵tau⁰

鼻公 pʰi²³kəŋ⁰

鼻脓 pʰi³¹nəŋ⁰ 鼻涕

搌 sen⁵¹ ～鼻涕

嘴 tɕi³⁵ 嘴巴

嘴唇 tɕi⁵⁵sen²³

馋水 tsʰan³¹fi³⁵ 口水

舌嫲 sɛʔ³³ma⁰ 舌头

牙齿 ŋa²³tsɿ⁵¹

*下颔 ha³¹ŋan³¹

须姑 ɕi³¹ku³¹ 胡子

颈官 tɕiaŋ³⁵kuen³¹ 脖子

喉咙管 həu³¹len⁰kuen³⁵ 喉咙

肩头 tɕien³¹tʰɯ⁰ 肩膀

手棍 ɕiu³⁵kuen⁵¹ 胳膊

手 ɕiu³⁵

左手 tso³³ɕiu³⁵

右手 iu³¹ɕiu⁰

拳头 kʰuen³¹tʰɯ⁰

手指 ɕiu³⁵tsɿ⁵¹

伯公手指 pak⁴⁵kəŋ³¹ɕiu³⁵tsɿ⁵¹ 大拇指
　　手指公 ɕiu³⁵tsɿ⁵³kəŋ³¹

鸡公手指 ki³¹kəŋ³¹ɕiu³⁵tsɿ⁵¹ 食指

中手指 tsəŋ³¹ɕiu³⁵tsɿ⁵¹ 中指

狐狸手指 fu³¹li⁰ɕiu³⁵tsɿ⁵¹ 无名指

手指尾 ɕiu³⁵tsɿ³³mi³⁵ 小拇指

手指甲 ɕiu³⁵tsɿ³³kaʔ⁴⁵ 指甲

脚棍 tɕiɔk³³kuen⁵¹ 腿

脚 tɕiɔk⁴⁵ 渠个～笮断哩他的腿压断了

膝头 tɕʰiʔ⁴⁵tʰɯ⁰ 膝盖

背囊 puɛ⁵³nɔŋ³¹ 背

肚屎 tu³¹sɿ³¹ 肚子

肚脐 tu³¹tɕʰi²³
　　肚脐窟 tu³¹tɕʰi²³kʰueʔ⁴⁵

奶姑 nai²³ku⁰ 乳房

屎窟 sɿ³⁵kʰueʔ⁴⁵ 屁股

屎窟窿 sɿ³⁵kʰueʔ⁴⁵ləŋ²³ 肛门

□ tʰuɛ²³ 阴茎

膣嫲 tsɿ³¹ma²³ 女阴

鸟 tiəu³⁵ 龟

□水 tʰuɛ³¹fi³⁵ 精液

来月经 li²³ŋueʔ⁴⁵tɕin³¹
　　来红 li³¹fəŋ²³
　　做事情 tso⁵⁵sɿ³¹tɕʰin²³

屙屎 o³¹sɿ³⁵ 拉屎

屙尿 o³¹ȵiəu³¹ 撒尿

打屁 ta³⁵pʰi⁵¹ 放屁

病哩 pʰiaŋ³¹li⁰ 病了

吹到哩风 tsʰe³¹tau³¹li⁰fəŋ³¹ 着凉

族 ⁼tsʰək⁴⁵ 咳嗽

发烧 faʔ⁴⁵səu³¹

抖抖震 təɯ³³təɯ³⁵tsen³¹ 发抖

肚屎痛 tu³¹sɿ³¹tʰəŋ⁵¹ 肚子疼

屙泄肚 o³¹ɕiɛʔ⁴⁵tu³¹ 拉肚子

打摆子 ta³¹pai³⁵tsɿ⁰ 患疟疾

中暑 tsəŋ³³su⁵¹

肿 tsəŋ³⁵

*贡脓 kəŋ⁵⁵nəŋ²³

疤影 pa³¹iaŋ⁰ 疤，指好了的疤痕

癣 tɕʰiɛn³⁵

痣 tsɿ⁵¹

朦 pʰək⁴⁵ 蚊子叮咬后形成的疙瘩

臭狐物 ⁼tɕʰiu⁵⁵fu²³vɛʔ⁴⁵ 狐臭

看病 kʰuen⁵³pʰiaŋ³¹

打脉 ta³⁵mak⁴⁵ 诊脉

针灸 tsen³¹tɕiu⁵¹

打针 ta³⁵tsen³¹

打吊针 ta³⁵tiəu⁵³tsen³¹ 输液

吃药 tɕʰiak³³iɔk⁴⁵

茶 tsʰa²³ 汤药

病角⁼得哩 pʰiaŋ³¹kɔk³³tɛʔ⁴⁵li⁰ 病轻了

八 婚丧信仰

做介绍 tso³³tɕiai³³səu⁵¹ 说媒

媒人 muɛ³¹n̠in⁰

*讲亲 kɔŋ³⁵tɕʰin³¹

订婚 tiaŋ³¹fen³¹

嫁妆 ka⁵³tsɔŋ³¹

结婚 tɕiɛʔ⁴⁵fen³¹

讨婆哩 tʰau⁵⁵pʰo²³li⁰ 娶妻子

嫁 ka⁵¹ 出嫁：女子～

拜堂 pai⁵⁵tʰɔŋ²³

新郎公 ɕin³¹lɔŋ³⁵kəŋ³¹ 新郎

新人 ɕin³¹n̠in⁰ 新娘子

大肚妇娘 tʰai²³tu³¹fu³¹n̠iɔŋ⁰ 孕妇

掼大肚 kʰuan⁵³tʰai³¹tu⁰ 怀孕

病仔吃 pʰiaŋ³¹tse³⁵tɕʰiak⁴⁵ 害喜，指妊娠反应

供人 tɕiəŋ³¹n̠in²³ 分娩

溜了哩 liu⁵³liəɯ⁰li⁰ 流产

双巴 səŋ³¹pa³¹ 双胞胎

坐月 tsʰo³¹ŋuɛʔ⁴⁵ 坐月子

吃奶 tɕʰiak⁴⁵nai²³

脱奶 tʰuɛʔ⁴⁵nai²³ 断奶

满月 muɛn³⁵ŋuɛʔ⁴⁵

生日 saŋ³¹n̠i⁰

做本生 tso³³pen³⁵sɛn⁰ 做寿

死 sɿ³⁵ 死，统称

过世哩 ko³³sɿ⁵³li⁰ 死，婉称，指老人：渠～

走了哩 tsəu³⁵liəɯ⁰li⁰

*换豆腐吃哩 uɛn³¹tʰəɯ³¹fu⁰tɕʰiak⁴⁵li⁰

自杀 tsʰɿ³¹sa⁴⁵

断气 tʰuɛn³¹tɕʰi⁵¹ 咽气

*捉落棺 tsɔk³³lɔk⁴⁵kuɛn³¹

棺材 kuɛn³¹tsʰai⁰

出葬 tsʰe⁷³³tsɔŋ⁵¹ 出殡

灵位 len²³vi³¹

地 tʰi³¹ 坟墓

醮地 tɕiəɯ⁵³tʰi³¹ 上坟

纸钱 tsɿ⁵⁵tɕʰiɛn²³

老天爷 lau³⁵tiɛn³¹ia²³

菩萨 pʰu²³saʔ⁴⁵

观音菩萨 kuɛn³¹in³¹pʰu²³saʔ⁴⁵

灶头神 tsau⁵⁵tʰəɯ⁰sen²³ 灶神

庙 miəɯ³¹ 寺庙

祠堂 tsʰɿ³¹tʰɔŋ⁰

和尚 o²³sɔŋ⁰

尼姑 ne²³ku⁰

道士 tʰau³¹sɿ³¹

算命 suɛn⁵³miaŋ³¹

运气 ven³¹tɕʰi⁵¹

保佑 pau³⁵iu³¹

九 人品称谓

人 n̠in²³

男子人 nan³¹tsɿ³⁵n̠in⁰ 男人

妇娘仔 fu³¹n̠iɔŋ⁰tse⁰ 女人

单向⁼钢 tan³¹ɕiɔŋ³³kɔŋ⁵¹ 单身汉

老妇娘仔 lau³⁵fu³¹n̠iɔŋ⁰tse⁰ 老姑娘

屙伢佬 o³¹ŋa⁵³lau³¹ 婴儿

细人仔 ɕi⁵⁵n̠in⁰tse⁰ 小孩

大细仔 tʰai³¹ɕi⁵³tse⁰ 男孩

妹子 muɛ⁵³tsɿ⁰ 女孩

老人家 lau³⁵n̠in⁰ka³¹ 老人

亲戚 tɕʰin³¹tɕiʔ⁰

朋友 pʰɛn²³iu⁵¹

邻舍 len²³sa⁵¹ 邻居

客 kʰak⁴⁵ 客人

作田人 tsɔk⁴⁵tʰiɛn²³n̠in⁰ 农民

做生意个人 tso⁵³sɛn³¹i⁰ko⁰n̠in²³ 商人

有手艺个人 iu³³ɕiu³⁵i³¹ko⁰n̠in²³ 手艺人，统称

泥水师傅 n̠i²³fi³⁵sɿ³¹fu³¹ 泥水匠

木匠师傅 mək⁴⁵ɕiɔŋ³¹sɿ³¹fu³¹ 木匠

做衣裳个师傅 tso⁵³i³¹sɔŋ⁰ko⁰sɿ³¹fu³¹ 裁缝

剃头师傅 tʰi⁵⁵tʰəɯ²³sɿ³¹fu⁰ 理发师

厨倌师傅 tsʰu²³kuɛn³¹sɿ³¹fu⁰ 厨师

师傅 sɿ³¹fu⁰

徒弟 tʰu²³tʰi³¹

讨吃告化 tʰau³⁵tɕʰiak⁴⁵kau⁵³faʔ⁰ 乞丐，统称

婊妓 piəɯ³³tɕi³⁵ 妓女

　行分 ⁼hɔŋ²³fen³¹ 骂人时用

流氓 liu³¹mɔŋ²³

贼牯 tsʰɛʔ³³ku³⁵ 贼

瞎佬 haʔ⁴⁵lau⁰ 瞎子

聋子 lɔŋ³⁵tsɿ⁰

哑牯 a³³ku³⁵ 哑巴

拱背佬 kəŋ³¹puɛ⁵³lau³¹ 驼子

□子 tɕia³¹tsɿ⁰ 瘸子

癫牯 tiɛn³¹ku⁰ 疯子

呆鬼 ŋuɛ³¹kue³⁵ 傻子

土佬 tʰu³³lau³⁵ 笨蛋

　唔⁼答⁼仔 ŋaʔ³³taʔ³³tse³⁵

公公 kəŋ³¹kəŋ³¹ 用于呼称爷爷

媪娲 au³⁵va⁰ 用于呼称奶奶

外公公 ŋai²³kəŋ³¹kəŋ³¹ 用于叙称外祖父

外媪娲 ŋai³¹au³⁵va⁰ 用于叙称外祖母

爷老子娘 ia²³lau³⁵tsɿ⁰n̠iɔŋ²³ 用于叙称父母

爷老子 ia²³lau³⁵tsɿ⁰ 用于叙称父亲

娘 n̠iɔŋ²³ 用于叙称母亲

伯伯 pak³³pak⁴⁵ 用于呼称爸爸

　叔叔 sək³³sək⁴⁵

　哥 ko²³

意⁼□ i⁵³iau³¹ 用于呼称妈妈

后来爷 həɯ³¹li³¹ia²³ 用于叙称继父

后来娘 həɯ³¹li³¹n̠iɔŋ²³ 用于叙称继母

丈人公 tsʰɔŋ⁵³n̠in⁰kəŋ³¹ 用于叙称岳父

丈人婆 tsʰɔŋ⁵³n̠in⁰pʰo⁰ 用于叙称岳母

家官 ka³¹kuɛn³¹ 用于叙称公公

家婆 ka³¹pʰo⁰ 用于叙称婆婆

伯伯 pak³³pak⁴⁵ 用于呼称伯父

伯婆 pak⁴⁵pʰo²³ 用于呼称伯母

　母母 mu³³mu³⁵

叔叔 sək³³sək⁴⁵ 用于呼称叔父

满叔 muɛn³⁵sək⁴⁵ 用于呼称排行最小的叔父

婶婶 sen³³sen³⁵ 用于呼称叔母

娘娘 n̠iɔŋ³³n̠iɔŋ⁵¹ 用于呼称姑姑

姑丈 ku³¹tsʰɔŋ³¹ 用于呼称姑父

舅舅 tɕʰiu³¹tɕʰiu³¹ 用于呼称舅舅

舅婆 tɕʰiu³¹mi³¹ 用于呼称舅妈

姨姨 i³¹i²³ 用于呼称姨

姨丈 i²³tsʰɔŋ⁰ 用于呼称姨父

兄弟 fiaŋ³¹tʰi³¹ 用于合称弟兄

姊妹 tɕi³⁵muɛ⁵¹ 用于合称姊妹

哥哥 ko³¹ko²³ 用于呼称哥哥

嫂嫂 sau³⁵sau⁰ 用于呼称嫂子
弟弟 tʰi³¹tʰi³¹ 用于叙称弟弟
弟新妇 tʰi³¹ɕin³¹fu³¹ 用于叙称弟媳
姊姊 tɕi³³tɕi³⁵ 用于呼称姐姐
姐夫仔 tɕia³⁵fu⁰tse⁰ 用于呼称姐夫
妹妹 mue³¹mue³¹ 用于叙称妹妹
妹郎 mue³¹lɔŋ⁰ 用于叙称妹夫
堂兄弟 tʰɔŋ²³fiaŋ³¹tʰi³¹ 用于叙称堂兄弟
老表 lau³³piəu³⁵ 用于叙称表兄弟
子嫂 tsɿ³³sau³⁵ 妯娌
两子姨丈 liəŋ³³tsɿ³⁵i²³tsʰɔŋ⁰ 连襟
仔 tse³⁵ 用于叙称儿子
新妇 ɕin³¹fu³¹ 用于叙称儿媳妇
女 ȵi³⁵ 用于叙称女儿
郎 lɔŋ²³ 用于叙称女婿
孙仔 sen³¹tse⁰ 孙子
虱仔 seʔ⁴⁵tse⁰ 重孙子
侄子 tsʰeʔ³³tsɿ³⁵
外甥 ŋai³¹sen⁰
外孙 ŋai²³sen⁰
两公婆 tiəŋ³⁵kəŋ³¹pʰo⁰ 用于夫妻合称
公哩 kəŋ³¹li⁰ 用于叙称丈夫
婆哩 pʰo²³li⁰ 用于叙称妻子
名字 miaŋ²³tsɿ³¹
花名 fa³¹miaŋ²³ 绰号

十　农工商文

做事 tso⁵³se³¹ 干活儿
事情 sɿ³¹tɕʰin²³
栽禾 tsai³¹vo²³ 插秧
割禾 kueʔ⁴⁵vo²³ 割稻
种菜 tsəŋ³³tsʰai⁵¹
犁 li²³ 名词

锄头 tsʰe³¹tʰəu⁰
镰仔 liɛn²³tse⁰ 镰刀
柄 piaŋ⁵¹ 把儿：刀～
担竿 tan³¹kuɛn³¹ 扁担
箩 lo²³ 箩筐
筛 sai³¹ 筛子
筲箕 sau³¹tɕi³¹ 簸箕，三面有边缘，一面敞口，用来撮粮食等
团箕 tʰuɛn²³tɕi³¹ 簸箕，篾条编的圆形浅帮的用于簸粮食或晒物等的竹器
鸡公车 ki³¹kəŋ³¹tsʰa³¹ 独轮车
轮子 len³¹tsɿ³⁵
碓嬷 tuɛ⁵³ma⁰ 碓
碓臼 tuɛ⁵³kʰəu³¹ 臼
磨石 mo³¹sak⁴⁵ 石磨
年成 ȵiɛn³¹sen⁰
走江湖 tsəu³⁵kɔŋ³¹fu²³
*佮人做事 kaʔ²ȵin²³tso⁵³se³¹
斧头 pu³⁵tʰəu⁰
铰钳 kau³¹tɕʰiɛn²³ 钳子
螺丝䶴 lo²³sɿ³¹pi³¹ 螺丝刀
铁锤仔 tʰiɛʔ⁴⁵tsʰe²³tse⁰ 锤子
钉仔 tiaŋ³¹tse⁰ 钉子
索仔 sɔk⁴⁵tse⁰ 绳子
棍仔 kuen⁵³tse⁰ 棍子
做生意 tso⁵³sɛn³¹i⁰ 做买卖
店 tiɛn⁵¹ 商店
饭店 fan³¹tiɛn⁵¹ 饭馆
旅社 li³⁵sa³¹ 旅馆
贵 kue⁵¹
便宜 pʰiɛn³¹i⁰
合算 haʔ³³suɛn⁵¹
折扣 tsɛʔ³³kʰəu⁵¹

亏本 kʰue³¹pen³⁵

纸票 tsʅ³⁵pʰiəɯ⁵¹ 钱，统称

零钱 lɛn³¹tɕʰiɛn²³

毫仔 hau²³tseº 硬币

本钱 pen³⁵tɕʰiɛnº

工钱 kəŋ³¹tɕʰiɛnº

路费 lu³¹fi⁵¹

用 iəŋ³¹ 花：～钱

　　销 ɕiəɯ³¹

赚 tsʰuɛn³¹ 卖一斤可以～一角钱

赚 tsʰuɛn³¹ 挣：佮给人做事～哩一千块钱

少 səɯ³⁵ 欠：～渠十块钱

　　欠 tɕʰiɛn⁵¹

算盘 suɛn⁵³pʰuɛnº

秤 tsʰen⁵¹ 统称

称 tsʰen⁵¹ 用杆秤～重

赴墟 fu⁵³ɕi³¹ 赶集

墟场 ɕi³¹tsʰɔŋ²³ 集市

庙会 miəɯ³¹fiº

学校 hɔk⁴⁵kau³⁵

教室 kau³³seʔ⁴⁵

读书 tʰək⁴⁵su³¹ 上学

放学 fɔŋ³³hɔk⁴⁵

考试 kʰau³⁵sʅ⁵¹

书包 su³¹pau³¹

本仔 pen³⁵tseº 本子

铅笔 vɛn²³peʔ⁴⁵

钢笔 kɔŋ³³peʔ⁴⁵

原珠笔 niɛn²³tsu³¹peʔ⁴⁵ 圆珠笔

毛笔 mau³¹peʔ⁴⁵

墨 mɛʔ⁴⁵

墨瓦盘 mɛʔ³³ŋa⁵⁵pʰuɛn²³ 砚台

信 ɕin⁵¹

连环画 liɛn³¹fan²³fa³¹

*揞摸俜俜 ɛn³¹mo³¹piaŋ³³piaŋ⁵¹

跳索仔 tʰiəɯ³³sɔk⁴⁵tseº 跳绳

球仔 tɕʰiu²³tseº 毽子

风筝 fəŋ³¹tsɛn³¹

打狮 ta³⁵sʅ³¹ 舞狮

爆铳 pau⁵³tsʰəŋ³¹ 鞭炮，统称

唱歌 tsʰɔŋ⁵³ko³¹

做戏 tso³³tɕʰi⁵¹ 演戏

锣鼓 lo²³ku³⁵

琴仔 tɕʰin²³tseº 二胡

笛子 tʰeʔ⁴⁵tsʅº

划拳 fa³¹kʰuɛn²³

着棋 tsʰɔk⁴⁵tɕʰi²³ 下棋

　　动棋 tʰəŋ³¹tɕʰi²³

打扑克 ta³⁵pɔk³⁵kʰɛʔ⁴⁵

打麻雀 ta⁵⁵ma²³tɕiɔk⁴⁵ 打麻将

　　打麻将 ta⁵⁵ma²³tɕiɔŋ⁵¹

做把戏 tso³³pa³⁵tɕʰi⁵¹ 变魔术

讲故事 kɔŋ³⁵ku⁵³sʅ³¹

猜古 tsʰai³¹ku³⁵ 猜谜语

□耍 uɛ³³sa³⁵ 玩儿，游玩：到城头～

上家走下家 sɔŋ³¹ka³¹tsəɯ³⁵ha³¹ka³¹ 串门儿

做客 tso³³kʰak⁴⁵ 走亲戚

十一　动作行为

看 kʰuɛn⁵¹ ～电视

听 tʰiaŋ³¹ ～歌仔

鼻 pʰi³¹ 闻，嗅：你～啊仔什哩味道？ 你闻一闻什么味道？

吸 ɕiʔ⁴⁵ ～气

*擘 pak⁴⁵
　打 ta³⁵
□ sɛn²³ 闭：～眼
瞑 nɪɛʔ⁴⁵ 眨：～眼
*擘 pak⁴⁵
　合 haʔ⁴⁵ 闭：～嘴
*唔 ŋaʔ⁴⁵
噍 tɕʰiəɯ³¹ 嚼：～饭
吞 tʰen³¹ 咽：～下去
*舐 se³¹
　猎 ˭lɪɛʔ⁴⁵
含 hɛn²³ ～啊嘴上 含在嘴里
亲嘴 tɕʰin³¹tɕi³⁵
□ tsuɛʔ⁴⁵ 吮吸：～奶
吐 tʰu⁵¹ 把核仔～了
吐 tʰu⁵¹ 呕吐：吃酒吃～哩
打鸭˭气 ta³⁵aʔ³³tɕʰi⁵¹ 打喷嚏
拿 na³¹
兜 təɯ³¹ 拿，给：渠～分阿一个苹果 他给我一个苹果
摸 mia³¹
伸 sen³¹
找 ˭tsau³⁵ 挠：～痒
□ nɛʔ⁴⁵ 用拇指和食指的指甲掐：捉渠手上～哩一条影 把他手上掐了一条痕
扭 niu²³ 拧：～螺丝
　□ tɕiu²³
□ tɕiu²³ 拧：～毛巾
捻 nɛn²³ 用拇指和食指来回～碎
*擘 pak⁴⁵
剥 pɔk⁴⁵ ～番豆
*擘 pak⁴⁵
拗 au³⁵ 折：筷子～断哩

扳 paŋ³¹ 拔：～萝卜
摘 tsak⁴⁵
徛 tɕʰi³¹ 站立：～起来
*凭 pʰɛn³¹
□ pu³¹ 蹲
坐 tsʰo³¹
猋 piəɯ³¹ 跳：～起来
架 ka⁵¹ 迈：从门槛上～过去
□ nan⁵¹ 踩：脚～啊牛屎上
翘 tɕʰiəɯ⁵¹ ～脚
麻 ma²³ 弯：～腰
挺 tʰen³⁵ ～胸
伏 pʰɔk⁴⁵ 趴：～倒来困 趴着睡
爬 pʰa²³
行 haŋ²³ 走
亍 tɕʰiɔk⁴⁵ 跑
亍走 tɕʰiɔk⁴⁵tsəɯ⁰ 逃，逃跑：贼牯～哩 小偷逃走了
偷走 tʰəɯ³¹tsəɯ³⁵
逐 tɕiɔk⁴⁵ 追，追赶：～贼牯 追小偷
捉 tsɔk⁴⁵ 抓：～贼牯 抓贼
捧 pəŋ³⁵ 抱：～细人仔 抱小孩
驮 tʰo²³ 背：～细人仔 背小孩
扶 pʰu²³ 搀：～老人家
*扔 səŋ³⁵
跌 tɪɛʔ⁴⁵ 摔：细人仔～倒了 小孩子摔倒了
撞 tsʰɔŋ³¹
挡 tɔŋ³⁵
*併 piaŋ⁵¹
*併 piaŋ⁵¹
放 fɔŋ⁵¹
层 tsʰɛn²³ 摞：把砖～起来

窖 kau⁵¹ 埋：～啊地下
蓋 kɛn²³ 盖：把茶杯～上
*笮 tsak⁴⁵
捻 ɲiɛn³¹ 摁，按
□ təŋ²³ 捅：～禾雀窦捅鸟窝
插 tshaʔ⁴⁵ ～进去
戳 tshɔk⁴⁵ ～一个窿
倒 tau³⁵ 砍：～树
剁 to⁵¹ ～肉
削 ɕiɔk⁴⁵ ～苹果
必 peʔ⁴⁵ 裂：木板～开哩
　爆 pau⁵¹
皱 tɕiu⁵¹
烂 lan³¹ 腐烂：死鱼～肉
拭 tsheʔ⁴⁵ 擦：～汗
倒 tau³⁵ 旧饭～了
拂 feʔ⁴⁵ 扔，丢弃：～了渠扔了它
拂 feʔ⁴⁵ 扔，投掷：比啊仔海⁼人～得远比一
　　　比谁扔得远
跌 tiɛʔ⁴⁵ 掉落，坠落：树上～下来一个梨
滴 teʔ⁴⁵ 水～下来
跌了 tiɛʔ⁴⁵liəɯ⁰ 丢失：锁匙～哩
跟 kɛn³¹ 找：锁匙～到哩
　寻 tɕhin²³
捡 tɕiɛn³⁵
吊 tiəɯ⁵¹ 提：～篮子
挨 khai³¹ 挑：～担
石 sak⁴⁵ 扛：把锄头～啊肩头上
扛 kɔŋ³¹ 抬：～轿
迎 ɲiaŋ²³ 举：～旗仔
擎 tɕhiaŋ²³ 撑：～伞
撬 tɕhiəɯ³¹ ～门

择 thɔk⁴⁵ 挑选，选择：你自家～一个
捡拾 tɕiɛn³⁵seʔ⁴⁵ 收拾
捏 ɲiɛʔ⁴⁵ 挽：～袖子
*荡 thɔŋ³¹
　𫢦 lɔŋ³⁵
洗 se³⁵ ～衣裳
捞 lau²³ ～鱼仔
*缉 thak⁴⁵
绑 pɔŋ³⁵ 捆：～起来
解 kai³⁵
移 i²³ 挪：～桌子
兜 təɯ³¹ 端：～碗
打 ta³⁵ 摔：碗～烂哩
　壁 piak⁴⁵
冲 tshəŋ³¹ 掺：～水
烧 səɯ³¹ ～柴
拆 tshak⁴⁵ ～开
转 tsɛn³⁵ ～圈
捶 tshe²³ 用拳头～
打 ta³⁵ 渠～哩阿一下
打仗 ta³⁵tsɔŋ⁵¹ 打架：两个人在～
□ uɛ³⁵ 休息
嘴紧擘 tɕi³⁵tɕin³¹pak⁴⁵ 打哈欠
啄眼闭 tək³³ŋan³⁵pi⁵¹ 打瞌睡
困 khuen⁵¹ 睡
　困眼 khuen³³ŋan³⁵
打困睡 ta³⁵khuen⁵³se³¹ 打呼噜
发眠梦 faʔ⁴⁵miɛn²³fəŋ³¹ 做梦
起床 tɕhi⁵⁵sɔŋ²³
刷牙齿 suɛʔ⁴⁵ŋa²³tsʅ⁵¹ 刷牙
洗澡 se³³tsau³⁵
能 nɛn²³ 想，思索：等阿～啊仔让
　　　　　　　我想想

想 ɕioŋ³⁵ 想，想念：阿岸⁼～渠我很想他
打算 ta³⁵suɛn⁵¹ 阿～开个店我打算开个店
记得 tɕi³³tɛʔ⁴⁵
添放 tʰiɛn²³fɔŋ⁵¹ 忘记
怕 pʰa⁵¹
相信 ɕiɔŋ³¹ɕin⁵¹
愁 səu²³ 发愁
小心 ɕiəu³⁵ɕin³¹
喜欢 ɕi³⁵huɛn³¹
讨厌 tʰau³⁵iɛn⁵¹
自然 tsʰɿ³¹iɛn²³ 舒服：凉风吹来岸⁼～凉风吹来很舒服
难顶 nan³¹tɛn³⁵ 难受
难过 nan²³ko⁵¹
欢喜 huɛn³¹tɕʰi⁰ 高兴
发脾气 faʔ⁴⁵pʰi²³tɕʰi⁵¹ 生气
责怪 tsɛʔ³³kuai⁵¹
倒悔气 tau³³fi²³tɕʰi⁵¹ 后悔
妒泄⁼ tu³³ɕiɛʔ⁴⁵ 忌妒
　　妒忌 tu³³tɕi⁵¹
怕跌古 pʰa³³tiɛʔ³³ku³⁵ 害羞
跌古 tiɛʔ³³ku³⁵ 丢脸
欺负 tɕʰi³¹fu⁰
诈 tsa⁵¹ 装：～病
惜 ɕiak⁴⁵ 疼：岸⁼～细人仔很疼小孩
要 iəu⁵¹
有 iu³⁵
冇 mau²³ 没有：渠～仔女他没有儿女
是 sɿ³¹
唔是 m²³sɿ³¹ 不是
在 tsʰe³¹
□在 maŋ³¹tsʰe³¹ 不在：渠～屋下他不在家

晓得 ɕiəu³⁵tɛʔ⁴⁵ 知道
唔晓得 m³¹ɕiəu³⁵tɛʔ⁴⁵ 不知道
晓得 ɕiəu³⁵tɛʔ⁴⁵ 懂：我～英语
唔晓得 m³¹ɕiəu³⁵tɛʔ⁴⁵ 不懂
会 uɛ³¹
唔会 m²³muɛ³¹ 不会
识得 seʔ⁴⁵tɛʔ² 认识：阿～渠我认识他
唔识得 m²³seʔ⁴⁵tɛʔ² 不认识
做得 tso⁵³tɛʔ² 行
　　好 hau³⁵
唔做得 m²³tso⁵³tɛʔ² 不行
　　唔好 m³¹hau³⁵
肯 kʰɛn³⁵ ～来
应该 in⁵³kuɛ³¹
可以 kʰo³¹i³⁵
讲 kɔŋ³⁵ 说：～话
话 fa³¹ ①名词，话：说～；②动词，说：屋下渠～事家里她说了算
讲闲谈 kɔŋ³⁵han³¹tʰan²³ 聊天儿
喊 han⁵¹ 叫：～渠一下去叫他一起去
喝 huɛʔ⁴⁵ 吆喝
啼 tʰi²³ 哭
　　啼佬 tʰi²³lau³⁵
骂 ma³¹
吵仗 tsʰau²³tsɔŋ⁵¹ 吵架，动嘴：两个人在～
骗 pʰiɛn⁵¹
拐 kuai³⁵ 哄：～小孩
讲□ kɔŋ³⁵pʰaŋ⁵¹ 撒谎
讲大话 kɔŋ³⁵tʰai³¹fa³¹ 吹牛
　　吹牛 tsʰe³¹ŋəu²³
拍马屁 pʰɔk³³ma³⁵pʰi⁵¹
开玩笑 kʰuɛ³¹ŋan³¹ɕiəu⁵¹

讲□……知 koŋ³⁵van⁵¹…ti³¹ 告诉

多谢 to³¹ɕiaŋ⁰ 谢谢，致谢语

对唔起 ti³³m³¹tɕʰi³⁵ 对不起，致歉语

到转来□ tau³³tsɛn⁵⁵li²³uɛ³⁵ 再见，告别语

十二　性质状态

大 tʰai³¹

细 ɕi⁵¹ 小：～苹果

大行 tʰai³¹haŋ²³ 粗：索仔～

细 ɕi⁵¹

长 tsʰɔŋ²³ 线～

短 tuɛn³⁵ 线～

长 tsʰɔŋ²³ 时间～

短 tuɛn³⁵ 时间～

阔 kʰuɛʔ⁴⁵ 宽：路～

阔 kʰuɛʔ⁴⁵ 宽敞：屋仔□ lɔŋ³⁵ ～房子很宽敞

狭 haʔ⁴⁵ 窄：路□ lɔŋ³⁵ ～路很窄

高 kau³¹ 飞机飞得□ lɔŋ³⁵ ～飞机飞得很高

低 ti³¹ 禾雀飞得□ lɔŋ³⁵ ～鸟飞得很低

高 kau³¹ 渠比阿角⁼ ～他比我高

矮 ai³⁵ 阿比渠角⁼ ～我比他矮

远 vɛn³⁵ 路～

近 tɕʰin³¹ 路～

深 tsʰen³¹

浅 tɕʰiɛn³⁵

鲜 ɕiɛn³¹ 清：～水

浑 vɛn²³ ～水

圆 vɛn²³

扁 piɛn³⁵

方 fɔŋ³¹

尖 tɕiɛn³¹

平 pʰiaŋ²³

肥 fi²³ ～猪肉

精 tɕiaŋ³¹ 瘦：～猪肉

壮 tsɔŋ⁵¹ 肥，形容猪等动物

壮 tsɔŋ⁵¹ 胖，形容人

瘦 səɯ⁵¹

乌 vu³¹ 黑

白 pʰak⁴⁵

红 fəŋ²³

黄 vɔŋ²³

蓝 lan²³

绿 liək⁴⁵

紫 tsɿ³⁵

灰 huɛ³¹

多 to³¹

少 səɯ³⁵

重 tsʰəŋ³¹

轻 tɕʰiaŋ³¹

直 tsʰeʔ⁴⁵

岖 tɕʰi³¹ 陡

□ kəɯ²³ 弯曲

熬⁼ ŋau²³ 歪：帽子戴～哩

厚 həɯ³¹

薄 pʰɔk⁴⁵

□ nəɯ²³ 稠

鲜 ɕiɛn³¹ 稀：～粥

密 meʔ⁴⁵

氀 lau⁵¹ 稀疏：菜种得岸⁼ ～菜种得很稀疏

光 kɔŋ³¹ 亮，指光线明亮

暗 an⁵¹ 黑，指光线不足，完全看不见

热 ɲiɛʔ⁴⁵ 天气～

暖 nuɛn³⁵ 暖和

凉 liɔŋ²³ 凉快：天气～

冷 laŋ³⁵ 天气～

烧 sɔu³¹ 热：～水

冷 laŋ³⁵ 凉：～水

燥 tsau³¹ 干，干燥：衣裳晒～哩

湿 seʔ⁴⁵

*伶俐 liaŋ²³tʰi³¹

窝＝糟 o³¹tsau³¹ 肮脏，不干净：岸＝～很脏

快 kʰuai⁵¹ 锋利：刀～

冇快 mau²³kʰuai⁵¹ 钝：刀～

遽 tɕiak⁴⁵ 快：坐车比行路角＝～坐车比走路快

难 nan²³ 慢：行路比坐车角＝～走路比坐车慢

早 tsau³⁵ 来得～

迟 tsʰŋ²³ 来～哩

夜 ia³¹ 晚：～了哩

松 sәŋ³¹ 捆得～

緪 hɛn²³ 紧：捆得～

得来 tɛʔ⁴⁵li²³ 容易：题目～

难 nan²³ 题目～

新 ɕin³¹ 衣裳～

旧 kʰәu³¹ 衣裳～

老 lau³⁵ 人～

后生 hәu³¹saŋ³¹ ①形容词，年轻。②名词，年轻人

软 ŋuen³⁵ ～糖

硬 ŋaŋ³¹ 骨头～

烂 lan³¹ 肉煮得～

爤 laʔ⁴⁵ 煳：饭烧～哩

扎实 tsaʔ³³seʔ⁴⁵ 结实：家具岸＝～家具很结实

烂 lan³¹ 破：衣裳～了哩

有 iu³⁵ 富：渠屋下岸＝～他家很富有

苦 kʰu³⁵ 穷：渠屋下岸＝～他家很贫穷

冇闲 mau³¹han²³ 没空，忙

闲 han²³ 空闲

蹶 kʰi³¹ 累：行路行得□lɔŋ³⁵～走路走得很累

痛 tʰәŋ⁵¹ 疼：跌～哩摔疼了

痒 iɔŋ³⁵

*穰 iɔŋ³¹

熟 sәk⁴⁵ 熟悉

唔识得 m²³seʔ⁴⁵tɛʔ² 陌生：盖＝个地方阿～

味道 vi³¹tʰau⁰ 尝啊仔～尝尝味道

味 vi³¹ 气味：鼻啊仔什哩～闻闻什么气味

咸 han²³

淡 tʰan³¹

酸 suen³¹

甜 tʰiɛn²³

苦 kʰu³⁵

辣 laʔ⁴⁵

清气 tɕʰin³¹tɕʰi⁵¹ 鲜：鱼汤岸＝～鱼汤很鲜

香 ɕiɔŋ³¹

臭 tsʰiu⁵¹

馊 sәu³¹

腥 ɕiaŋ³¹

好 hau³⁵ 人～

坏 fai³¹ 人～

差 tsʰa³¹ 东西质量～

*着 tsʰɔk⁴⁵

差 tsʰa³¹ 错：账算～哩

俏 tɕʰiәu⁵¹ 漂亮：渠岸＝～她很漂亮

唔好看 m³¹hau³⁵kʰuɛn⁵¹ 丑：渠岸＝～她很丑

遽活 tɕiak³³huɛʔ⁴⁵ 勤快

懒 lan³⁵

　懒尸 lan³⁵sŋ³¹ 懒

活 huɛʔ⁴⁵ 乖

蛮 man²³ 顽皮

老实 lau³⁵seʔ⁴⁵

呆 ŋuɛ²³ 傻，痴呆

笨 pen⁵¹

大方 tʰai²³fɔŋ⁰

小气 ɕiəɯ³⁵tɕʰi⁵¹

硬直 ŋaŋ³¹tsʰeʔ⁴⁵ 直爽：性格～

执 tseʔ⁴⁵ 犟：脾气～

十三　数量

一 iʔ⁴⁵

二 lu³¹

三 san³¹

四 sɿ⁵¹

五 m³⁵

六 tək⁴⁵

七 tɕʰiʔ⁴⁵

八 paʔ⁴⁵

九 tɕiu³⁵

十 seʔ⁴⁵

二十 lu³¹seʔ⁰

三十 san³¹seʔ⁰

一百 iʔ³³pak⁴⁵

一千 iʔ⁴⁵tɕʰien³¹

一万 iʔ⁴⁵van³¹

一百零五 iʔ³³pak⁴⁵lɛn³¹m³⁵

百五 pak³³m³⁵

　　一百五十 iʔ³³pak³³m³⁵seʔ⁴⁵

第一 tʰi³¹iʔ⁴⁵

二两 lu³¹liɔŋ³⁵

几多个 tɕi³⁵to³¹ko⁵¹ 几个：你有～仔女？你有几个儿女？

两个 liɔŋ³⁵ko⁵¹ 俩：你□lɛn⁰～你们俩

三个 san³¹ko⁵¹ 仨：你□lɛn⁰～你们仨

个把仔 ko⁵³pa³¹tse⁰ 个把

个 ko⁵¹ 一～人

只 tsak⁴⁵ 匹：一～马

只 tsak⁴⁵ 头：一～牛

只 tsak⁴⁵ 头：一～猪

只 tsak⁴⁵ 一～狗

只 tsak⁴⁵ 一～鸡

只 tsak⁴⁵ 一～蚊子

只 tsak⁴⁵ 条：一～鱼

　行 haŋ²³

行 haŋ²³ 条：一～蛇

　只 tsak⁴⁵

张 tsɔŋ³¹ 一～嘴

张 tsɔŋ³¹ 一～桌仔

番 fan³¹ 床：一～被

番 fan³¹ 领：一～席

双 sɵŋ³¹ 一～鞋

把 pa³⁵ 一～刀

把 pa³⁵ 一～锁

行 haŋ²³ 根：一～索仔

杆 kuɛn³⁵ 支：一～毛笔

副 fu⁵¹ 一～眼镜

面 miɛn³¹ 一～镜仔

块 kʰuai⁵¹ 一～香碱

辆 liɔŋ²³ 一～车

杠 kɔŋ⁵¹ 座：一～屋仔

　栋 təŋ⁵¹

座 tsʰo³¹ 一～桥

条 tʰiəɯ²³ 一～河

条 tʰiəɯ²³ 一～路

蔸 təɯ³¹ 棵：一～树

枝 tɕi³⁵ 朵：一～花

个 ko⁵¹ 颗：一～珠子

个 ko⁵¹ 粒：一～米

餐 tsʰan³¹ 顿：一～饭

帖 tʰiɛʔ⁴⁵ 剂：一～中药

阵 tsʰen³¹ 股：一～香味

行 hoŋ²³ 一～字

块 kʰuai⁵¹ 一～钱

角 kok⁴⁵ 一～钱

件 tɕʰiɛn³¹ 一～事情

点仔 tiɛn³⁵tse⁰ 点儿：一～东西

些 ɕia³¹ 一～东西

下 ha³¹ 打一～

下仔 ha³¹tse⁰ 会儿：坐哩一～

出火 tsʰeʔ⁴⁵fo³⁵ 顿：打一～

阵 tsʰen³¹ 一～雨

转 tsɛn³⁵ 趟，次：去哩一～

到 tau⁵¹ 去哩一～

十四　代副介连词

阿 a³¹ 我，有时也会说成 "a²³"

你 ni³¹

你 ni³¹ 您

*渠 ki³¹

阿□ a³¹voŋ⁰ 我们

　　阿□ a³¹lɛn⁰

阿□ a³¹voŋ⁰ 咱们

你□ ni³¹lɛn⁰ 你们，表示复数的 "lɛn⁰" 也有
　　人说成 "nɛn⁵¹" 或 "nɛn⁵¹ 人"

渠□ ki³¹lɛn⁰ 他们

大家 tʰai²³ka⁰ 也有发音人说成 "tʰai³¹ka³⁵"

自家 tsʰɿ²³ka⁰ 自己，自个儿，也有发音人说
　　"tsʰɿ³¹ka³¹" "tsʰɿ³¹ka³⁵" "sɿ³¹ka³⁵" 等

各另人 kok⁴⁵lɛn³¹ȵin²³ 别人

阿个爷老子 a³¹ko⁰ia²³lau³⁵tsɿ⁰ 我爸

你个爷老子 ni³¹ko⁰ia²³lau³⁵tsɿ⁰ 你爸

渠个爷老子 ki³¹ko⁰ia²³lau³⁵tsɿ⁰ 他爸

盖⁼个 kue³³ko⁰ 这个

□个 ȵi³³ko⁰ 那个

□个 hɛ²³ko⁵¹ 哪个

□人 hɛ³⁵ȵin⁰ 谁

　　海⁼人 huɛ³⁵ȵin⁰

改⁼里 kuɛ³⁵li⁰ 这里

□样 ȵi⁵³ioŋ³¹ 那里

海⁼里 huɛ³⁵li⁰ 哪里

盖⁼样 kuɛ⁵³ioŋ³¹ 这样

□样 ȵi⁵³ioŋ³¹ 那样

酱⁼仔 tɕioŋ⁵³tse⁰ 怎样：你要～个？

酱⁼仔 tɕioŋ⁵³tse⁰ 这么

酱⁼仔 tɕioŋ⁵³tse⁰ 怎么：盖⁼个字～写这个字怎么写？

什哩 sɛʔ⁴⁵li⁰ 什么：盖⁼个是～字这个是什么字？

什哩 sɛʔ⁴⁵li⁰ 什么：你跟～你找什么？

做什哩 tso³³sɛʔ⁴⁵li⁰ 为什么：你～唔去你为什么不去？也有人说成 "左⁼哩 tso³¹li⁰"

做什哩 tso³³sɛʔ⁴⁵li⁰ 干什么：你在～？

几多 tɕi³⁵to³¹ 多少：盖⁼个村有～人这个村有多少人？

岸⁼ ŋan³¹ 很：今朝～热今天很热

十分 sɛʔ⁴⁵fen³¹ 非常，比 "岸⁼" 程度深：今朝～热

角⁼ kok⁴⁵ 更：天光比今朝～热明天比今天更热

□ loŋ³⁵ 太：盖⁼个东西～贵，买唔起这个东西太贵，买不起

最 tse⁵¹ 兄弟三个渠～高
都 tu³¹ 大家～来哩
一共 i?⁴⁵tɕʰiəŋ³¹ ～几多钱？
一下 i?⁴⁵ha³¹ 一起：阿佮你～去我和你一起去
就 tɕʰiu³¹ 只：阿～去过哩一转我只去过一回
刚 kɔŋ³¹ 盖⁼双鞋阿着哩～好这双鞋子我穿了刚好
　　刚刚 kɔŋ³¹kɔŋ²³
刚 kɔŋ³¹ 阿～到我刚到
　　正 tsaŋ⁵¹
正 tsaŋ⁵¹ 才：你酱⁼仔～来啊你怎么才来？
就 tɕʰiu³¹ 阿吃哩饭～去我吃了饭就去
时常 sʅ³¹sɔŋ²³ 经常：阿～去我经常去
又 iu³¹ 渠～来哩
还 han²³ 渠～□maŋ²³ 归来他还没回来
再 tsai⁵¹ 你天光～来你明天再来
也 ia³⁵ 你去阿～去|阿～是老师
反正 fan³¹tsen⁵¹ 唔要急，～还来得及
冇 mau²³ 没有：□□tsʰai²³ia⁵¹ 阿～去昨天我
　　没去
唔 m²³ 不：天光阿～去明天我不去
唔要 m²³niəɯ⁵¹ 别：你～去
唔要 m²³niəɯ⁵¹ 甭，不用，不必：你～客气
就会 tɕʰiu³¹uɛ³¹ 快：～天光哩快天亮了

差点仔 tsʰa³¹tiɛn³⁵tse⁰ 差点儿：～跌倒哩差点
　　儿摔倒了
宁肯 nɛn²³kʰɛn³⁵ 宁可：～买贵个
特意使 tʰɛʔ³³i⁵³sʅ³¹ 故意：～打烂个
假假仔 ka³³ka³⁵tse⁰ 随便：～弄一下
浪 nɔŋ⁵¹ 白：～行一转白跑一趟
　　白 pʰak⁴⁵
肯定 kʰɛn⁵³tʰen³¹ ～是渠做个
惊怕 tɕiaŋ²³pʰa⁵¹ 可能：～是渠做个
边 piɛn³¹ ～行，～讲
佮 kaʔ⁴⁵ 和：阿～渠都姓王
佮 kaʔ⁴⁵ 和：盖⁼件事阿～渠讲哩这件事我跟他
　　说了
对 ti⁵¹ 渠～阿岸⁼好他对我很好
向 ɕiɔŋ⁵¹ 往：～东行
向 ɕiɔŋ⁵¹ ～渠借一本书
照 tsɔɯ⁵¹ 按：～渠个要求做按他的要求做
替 tʰi⁵¹ ～渠做事
如果 lu²³ko³¹ ～冇闲你就唔要来哩如果没空你就
　　不要来了
唔管 m²³kuɛn³⁵ 不管：～酱⁼仔劝渠
　　都唔听不管怎么劝他都不听

第二节

《汉语方言词语调查条目表》

一 天文	十一 身体	二十一 文体活动
二 地理	十二 疾病医疗	二十二 动作
三 时令时间	十三 衣服穿戴	二十三 位置
四 农业	十四 饮食	二十四 代词等
五 植物	十五 红白大事	二十五 形容词
六 动物	十六 日常生活	二十六 副词介词等
七 房舍	十七 讼事	二十七 量词
八 器具用品	十八 交际	二十八 附加成分等
九 称谓	十九 商业交通	二十九 数字等
十 亲属	二十 文化教育	三十 拟声词

一 天文

天 tiɛn³¹

变天 piɛn⁵³tiɛn³¹ 天气变化，指由晴转阴或乌云密布

热头晒得到个地方 ȵiɛʔ⁴⁵tʰəɯ⁰sa³³tɛʔ⁴⁵tau³¹ koᵘtʰi³¹fɔŋ⁰ 太阳地儿，太阳照到的地方

向阳 ɕiɔŋ⁵⁵iɔŋ²³

背阴 pʰuɛ³¹in³¹

热头下 ȵiɛʔ⁴⁵tʰəɯ⁰ha³¹ 太阳下

热头生毛 ȵiɛʔ⁴⁵tʰəɯ⁰saŋ³¹mau³¹ 日晕

热头须 ȵiɛʔ⁴⁵tʰəɯ⁰ɕi³¹ 阳光

热头影 ȵiɛʔ⁴⁵tʰəɯ⁰iaŋ³⁵ 日光影

热头爁 ȵiɛʔ⁴⁵tʰəɯ⁰laʔ⁴⁵ 太阳毒

出热头 tsʰeʔ³³ȵiɛʔ⁴⁵tʰəɯ⁰ 出太阳

热头落山 ȵiɛʔ⁴⁵tʰəɯ⁰lɔk⁴⁵san³¹ 太阳下山

月光照得到个地方 ȵiɛʔ⁴⁵kɔŋ³¹tsəɯ³³tɛʔ⁴⁵tau³¹ koᵘtʰi³¹fɔŋ⁰ 月亮地儿，月亮照到的地方

月光生毛 ȵiɛʔ⁴⁵kɔŋ³¹saŋ³¹mau³¹ 月晕

七牯星 tɕʰiʔ³³ku³⁵ɕiaŋ³¹ 北斗七星

天光星 tien³¹kəŋ³¹ɕiaŋ³¹ 启明星
银河 ŋen³¹ho²³
星哩泻屎 ɕiaŋ³¹li⁰ɕia³³sɿ³⁵ 流星，动词
秆扫星 kuen³⁵sau⁵³ɕiaŋ³¹ 彗星
大风 tʰai²³fəŋ⁰
恶风 ɔk⁴⁵fəŋ³¹ 狂风
细风 ɕi⁵³fəŋ³¹ 小风
皱螺风 tɕiu³¹lo²³fəŋ³¹ 旋风
斫面风 tsɔk⁴⁵miɛn³¹fəŋ³¹ 顶风
破面风 pʰo⁵³miɛn³¹fəŋ³¹
东风 təŋ³¹fəŋ³¹
西风 ɕi³¹fəŋ³¹
南风 nan²³fəŋ³¹
北风 pɛʔ⁴⁵fəŋ³¹
顺风 sen³¹fəŋ³¹
刮风 kuaʔ⁴⁵fəŋ³¹
上南风 sɔŋ³¹nan²³fəŋ³¹ 回南天
风停哩 fəŋ³¹tʰen²³li⁰ 风停了
乌云 vu³¹ven²³ 黑云
白云 pʰak⁴⁵ven²³
霞 ha²³
朝霞 tsɤɯ³¹ha²³
晚霞 van³¹ha²³
红霞 fəŋ³¹ŋa²³
响雷公 ɕiɔŋ⁵⁵li²³kəŋ³¹ 打雷
雷公刀仔劈哩 li²³kəŋ³¹tau³¹tse⁰pʰiak⁴⁵li⁰
　　闪电劈了：大树分～大树被闪电劈了
雷公□天 li²³kəŋ³¹hən⁵³tʰiɛn³¹ 雷声不断，响
　　彻天空
水点 fi³³tien³⁵ 雨点
大水点 tʰai³¹fi³³tien³⁵ 大雨点
细水点 ɕi³³fi³³tien³⁵ 小雨点

细雨 ɕi³³i³⁵ 小雨
棉毛雨 miɛn²³mau³¹i³⁵ 毛毛雨
大雨 tʰai³¹i³⁵
暴雨 pʰau³¹i³⁵
雷阵雨 li²³tsʰen³¹i³⁵
雨停哩 i⁵⁵tʰen²³li⁰ 雨停了
涿雨 tək³³i³⁵ 淋雨，动宾
□□子 taŋ²³ten⁵³tsɿ⁰ 挂在屋檐下的冰锥
凝凌冰 kʰɛn²³lɛn²³pen³¹ 结冰
落雪 lɔk³³ɕieʔ⁴⁵ 下雪
棉毛雪 miɛn²³mau³¹ɕieʔ⁴⁵ 鹅毛雪
米头雪 mi⁵⁵tʰəu²³ɕieʔ⁴⁵ 雪珠子，即米粒状
　　的雪
烊雪 iɔŋ²³ɕieʔ⁴⁵ 化雪
落露 lɔk³³lu⁵¹ 下露
落霜 lɔk⁴⁵sɔŋ³¹ 下霜
*落雾纱 lɔk³³məŋ³⁵sa³¹
　　落雾雾 lɔk³³məŋ³⁵vu⁵¹
伏天 fək⁴⁵tʰiɛn³¹
入伏 n̻ieʔ³³fək⁴⁵
初伏 tsʰu³¹fək⁴⁵
中伏 tsəŋ³¹fək⁴⁵
末伏 muɛʔ³³fək⁴⁵

二　地理

平原 pʰen³¹n̻iɛn²³
地联 ˉtʰi³¹liɛn⁰ 疑为地田 tʰi³¹tʰiɛn⁰ 的音变，指
　　菜地
荒地 fɔŋ³¹tʰi³¹
沙质土 sa³¹tseʔ³³tʰu³⁵ 比较松散的土地，宜于
　　耕种
黄泥骨 vɔŋ³¹n̻i²³kueʔ⁴⁵ 坚硬贫瘠的土地，一

般呈黄色，故名。此土地不适宜耕种

平地 pʰiaŋ²³tʰi³¹

□笪崠 liɛn³³tɕʰia³³təŋ⁵¹ 坡地

坝 pa⁵¹ 滩地

荒岭 fɔŋ³¹liaŋ³⁵ 山上的荒地

岭岗个地田 liaŋ³⁵kɔŋ³¹koᵒtʰi³¹tʰiɛn⁰ 山上的农业用地

半岭 puɛn³³liaŋ³⁵ 山腰

岭岗脚下 liaŋ³⁵kɔŋ³¹tɕiɔk⁴⁵ha³¹ 山脚

坳 au⁵¹ 山坳，即山间的平地

山沟 san³¹kɯ³¹ 山涧

坑弓 kʰaŋ³¹kəŋ³¹ 山坑

*高山揾湖 kau³¹san³¹ven⁵⁵fu²³

*笪崠 tɕʰia³³təŋ⁵¹

*岭岗崠上 liaŋ³⁵kɔŋ³¹təŋ⁵³hɔŋ³¹

树山 su²³san⁰ 森林茂密的山

树山窿 su²³san⁰ləŋ⁵¹ 山上密林的树荫下

石岩 sak⁴⁵ŋan²³ 山崖

石壁 sak³³piak⁴⁵

河 ho²³

细河仔 ɕi⁵⁵ho²³tse⁰ 小河流

河头 ho²³tʰəɯ⁰ 河里：跌啊～哩 掉河里了

圳 tsen⁵¹ 水渠

潭 tʰan²³ 深的、天然的潭

深潭 tsʰen³¹tʰan²³

塘 tʰɔŋ²³ 水塘

海 huɛ³⁵

河堤 ho³¹tʰi²³ 堤，即沿河防水的建筑物

陂头 pi³¹tʰəɯ⁰ 堤坝

河坝 ho²³pa⁵¹ 河滩

□角 niəŋ³¹kɔk⁴⁵ 河流转弯处的死角，水流较缓慢

水磜 fi³⁵tsai⁵¹ 瀑布

*伶俐水 liaŋ²³tʰi³¹fi³⁵

清水 tɕʰiaŋ³¹fi³⁵

浑水 ven³¹fi³⁵

雨水 i³³fi³⁵

死水 sɿ³³fi³⁵ 不流动的水

泉水 tɕʰiɛn³¹fi³⁵

温烧水 ven³¹səɯ³¹fi³⁵ 温水

大石头 tʰai³¹sak⁴⁵tʰəɯ⁰ 大石块

细石头 ɕi³³sak⁴⁵tʰəɯ⁰ 小石块

石板 sak³³pan³⁵ 板状的石块

鹅卵石 ŋo²³luɛn³¹sak⁴⁵

沙子土 sa³¹tsɿᵒtʰu³⁵ 沙土

沙坝 sa³¹pa⁵¹ 沙滩

土坯 tʰu³⁵pʰuɛ³¹

砖坯 tsen³¹pʰuɛ³¹

坯 pʰuɛ³¹ 坯子

瓦坯 ŋa³⁵pʰuɛ³¹

火砖 ho³⁵tsen³¹ 烧结型建筑砖块

土砖 tʰu³⁵tsen³¹ 在模型里制成的方形黏土块

红砖 fəŋ²³tsen³¹ 烧结型建筑砖块，因呈红色而得名

半截砖 puɛn³³tɕiɛʔ⁴⁵tsen³¹ 对半断开的砖

断截砖 tʰuɛn³¹tɕiɛʔ⁴⁵tsen³¹ 断裂的碎砖

地板砖 tʰi³¹pan³⁵tsen³¹

青砖 tɕʰiaŋ³¹tsen³¹

烂瓦 lan³¹ŋa³⁵ 碎瓦

烂泥 lan³¹ne²³

泥土 ne²³tʰu³⁵

金 tɕin³¹

银 ŋen²³

铜 tʰəŋ²³

铁 tʰiɛʔ⁴⁵
锡 ɕiak⁴⁵
汽油 tɕʰi⁵⁵iu²³
石灰 sak⁴⁵huɛ³¹
玉 ȵiək⁴⁵
城市 saŋ²³sɿ³¹
城墙 saŋ³¹tɕʰiɔŋ²³
沟 kəu³¹ 沟渠
城门 saŋ³¹men⁰
乡下 ɕiɔŋ³¹ha⁰
山寮下 san³¹liəu²³ha³¹ 山沟，指偏僻的山村
家乡 ka³¹ɕiɔŋ³¹
大路 tʰai³¹lu³¹
细路 ɕi⁵³lu³¹ 小路

三　时令时间

春上头 tsʰen³¹hɔŋ⁰tʰəu⁰ 春天
　　春天 tsʰen³¹tʰiɛn³¹
热天头 ȵiɛʔ⁴⁵tʰiɛn³¹tʰəu⁰ 夏天
　　夏天 ha³¹tʰiɛn⁰
秋天 tɕʰiu³¹tʰiɛn³¹
冬下头 təŋ³¹ha³¹tʰəu⁰ 冬天
　　冬天 təŋ³¹tʰiɛn³¹
立春 liʔ⁴⁵tsʰen³¹
雨水 i³³fi³⁵
惊蛰 tɕiaŋ³¹tsʰeʔ⁰
春分 tsʰen³¹fen³¹
谷雨 kək³³i³⁵
立夏 liʔ⁴⁵ha³¹
小满 ɕiəu³³muɛn³⁵
芒种 mɔŋ²³tsəŋ⁵¹
夏至 ha³¹tsɿ⁰

小暑 ɕiəu³⁵tsʰu⁵¹
大暑 tʰai³¹tsʰu⁵¹
立秋 liʔ⁴⁵tɕʰiu³¹
处暑 tsʰu³³tsʰu⁵¹
白露 pʰak³³lu⁵¹
秋分 tɕʰiu³¹fen³¹
寒露 huɛn²³lu⁵¹
霜降 sɔŋ³¹kɔŋ⁵¹
立冬 liʔ⁴⁵təŋ³¹
小雪 ɕiəu³⁵ɕiɛʔ⁴⁵
大雪 tʰai³¹ɕiɛʔ⁴⁵
小寒 ɕiəu³³huɛn²³
大寒 tʰai³¹huɛn²³
拜年 pai⁵⁵ȵiɛn²³
*闹灯 nau³¹tɛn³¹
二月二 lu³¹ŋuɛʔ⁴⁵lu³¹ 农历二月初二。当地的
　　节日，是日军家人家家户户做捏糍庆祝
*四月八 sɿ³³ŋuɛʔ³³paʔ⁴⁵
*游庆 iu²³tɕʰin⁵¹
九月节 tɕiu³⁵ŋuɛʔ³³tɕiɛʔ⁴⁵ 重阳节，即农历九
　　月初九
六月六 tək³³ŋuɛʔ³³tək⁴⁵ 农历六月初六。当地
　　的节日，据说曾经有小孩节日出事，大
　　家认为不祥，之后就不再过此节了
过阳年 ko⁵⁵iɔŋ³¹ȵiɛn²³ 元旦
过阳节 ko⁵⁵iɔŋ²³tɕiɛʔ⁴⁵ 阳历十二月三十一日，
　　是日外嫁女子回娘家过节
大前年 tʰai³¹tɕʰiɛn³¹ȵiɛn⁰
大后年 tʰai²³həu³¹ȵiɛn⁰
每年 mi⁵⁵ȵiɛn²³
年中 ȵiɛn²³tsəŋ³¹
上半年 sɔŋ³¹puɛn⁵⁵ȵiɛn²³
　　上春头 sɔŋ³¹tsʰen³³tʰəu⁰

下半年 ha³¹puɛn⁵⁵ȵiɛn²³
　　下春头 ha³¹tsʰen³³tʰɯ⁰
一年到暗 iʔ⁴⁵ȵiɛn²³tau³³an⁵¹ 整年
闰月 ven³¹ŋuɛʔ⁴⁵
月头 ŋuɛʔ⁴⁵tʰɯ²³ 月初
月半 ŋuɛʔ³³puɛn⁵¹
月底 ŋuɛʔ³³ti³⁵
一个月 iʔ³³ko³³ŋuɛʔ⁴⁵
前一个月 tɕiɛn²³iʔ³³ko³³ŋuɛʔ⁴⁵ 前个月
上个月 sɔŋ³¹ko³³ŋuɛʔ⁴⁵
盖⁼个月 kuɛ³³ko³³ŋuɛʔ⁴⁵ 这个月
下个月 ha³¹ko³³ŋuɛʔ⁴⁵
每个月 mi³⁵ko³³ŋuɛʔ⁴⁵ 每月
上半月 sɔŋ³¹puɛn³³ŋuɛʔ⁴⁵ 上旬
下半月 ha³¹puɛn³³ŋuɛʔ⁴⁵ 下旬
大月 tʰai³¹ŋuɛʔ⁴⁵ 大建，即农历三十天的月份
小月 ɕiəɯ³⁵ŋuɛʔ⁴⁵ 小建，即农历二十九天的月份
第二日 tʰi³¹lu³¹ȵiʔ⁴⁵ 次日，即某日的下一天
前几日 tɕʰiɛn³¹tɕi³⁵ȵiʔ⁴⁵ 前几天
头日 tʰɯ²³ȵiʔ⁴⁵ 前一天
　　隔前头日 kak⁴⁵tɕʰiɛn²³tʰɯ²³ȵiʔ⁴⁵
一个星期 iʔ³³ko⁵¹sɛn³¹tɕʰi²³ 一星期
十多工人 seʔ⁴⁵to³¹kəŋ³¹ȵin²³ 十几天
半工人 puɛn⁵⁵kəŋ³¹ȵin²³ 半天
大半工 tʰai³¹puɛn⁵³kəŋ³¹ 大半天
天放白 tʰiɛn³¹fɔŋ³³pʰak⁴⁵ 凌晨天快亮的时候
天子一光 tʰiɛn³¹tsɿ³⁵iʔ⁴⁵kɔŋ³¹ 清晨，日出前后的一段时间
昼边以前 tɕiu⁵³piɛn³¹i³¹tɕʰiɛn²³ 午前
　　当昼以前 tɔŋ³¹tɕiu⁰³¹tɕʰiɛn²³

昼边以后 tɕiu⁵³piɛn³¹i³¹hɯ³¹ 午后
　　当昼以后 tɔŋ³¹tɕiu⁰i³¹hɯ³¹
断暗边 tʰuɛn³¹an⁵³piɛn³¹ 黄昏，指日落以后星出以前
上半夜 sɔŋ³¹puɛn⁵³ia³¹
下半夜 ha³¹puɛn⁵³ia³¹
一夜头 iʔ⁴⁵ia³¹tʰɯ⁰ 整夜
日日夜头 ȵiʔ³¹ȵiʔ⁴⁵ia³¹tʰɯ⁰ 每天晚上
年份 ȵiɛn²³fen³¹
月份 ŋuɛʔ⁴⁵fen³¹
日子 ȵiʔ⁴⁵tsɿ⁰ 什哩~什么日子
先头 ɕiɛn³¹tʰɯ²³ 先前
　　先日头 ɕiɛn³¹ȵiʔ⁴⁵tʰɯ²³
　　加早 ka³¹tsau³⁵
腊⁼尾 laʔ³³mi³⁵ 后来，指过去某事之后
　　后来 hɯ³¹li²³
从哥⁼以后 tɕʰiɛŋ²³ko³¹i³⁵hɯ³¹ 从今往后，即将来
上间 sɔŋ³¹kan³¹……的时候：出门~
　　上子 sɔŋ³¹tsɿ⁰
　　当子 tɔŋ³¹tsɿ⁰
　　当仔 tɔŋ³¹tse⁰
哥⁼ ko³¹ ①相当于"如今""现在"：你哥⁼出去做什哩啊你现在出去干什么？②相当于"正在"：渠~佮一个朋友讲稳哩话他正在跟一个朋友说着话

四　农业

春耕 tsʰen³¹kɛn³¹
夏收 ha²³ɕiu³¹
秋收 tɕʰiu³¹ɕiu³¹
犁田耙田 li³¹tʰiɛn⁰pʰa³¹tʰiɛn⁰ 整地

播种 po³³tsəŋ³⁵ 下种
扐草 paŋ³¹tsʰau³⁵ 薅草
禾枝 vo²³tɕi³¹ 稻穗
割麦子 kuɛʔ³³mak³³tsɿ³⁵
打禾 ta⁵⁵vo²³ 打场
晒谷坪 sa³³kək⁴⁵pʰiaŋ²³ 场院
锄地联 ⁼tsʰe²³tʰi³¹liɛn⁰ 锄地
松土 səŋ³¹tʰu³⁵
塞灰 sɛʔ⁴⁵huɛ³¹ 施肥
位⁼肥料 vi³¹fi²³liəɯ³¹ 撒肥料
泼大肥 pʰuɛʔ⁴⁵tʰai³¹fi²³ 浇粪
积肥 tɕiʔ⁴⁵fi²³
挟猪屎 tɕiɛʔ⁴⁵tsu³¹sɿ³⁵ 拾猪粪
挟牛屎 tɕiɛʔ⁴⁵ŋəɯ³¹sɿ³⁵ 拾牛粪
挟狗屎 tɕiɛʔ³³kəɯ³³sɿ³⁵ 拾狗粪，也指脏活累活
牛栏粪 ŋəɯ³¹lan²³fen⁵¹ 牛粪
猪栏粪 tsu³¹lan²³fen⁵¹ 猪粪
鸡厕粪 ki³¹tɕi³³fen⁵¹ 鸡粪
鸭厕粪 aʔ³³tɕi³³fen⁵¹ 鸭粪
大肥 tʰai³¹fi²³ 粪肥
化肥 fa⁵⁵fi²³
碳肥 tʰan³¹fi²³ 一种新型有机肥料
钾肥 kaʔ⁴⁵fi²³
鳞肥 len³¹fi²³
泼水 pʰuɛʔ³³fi³⁵ 浇水
放水 fɔŋ³³fi³⁵ 灌水，使水入地
排水 pʰai²³fi³⁵ 使水出地
打水 ta³³fi³⁵ 从井里或河里取水
*濂水 liɛn³³fi³⁵
井 tɕiaŋ³⁵ 水井，仅指饮用水的水井，当地没有专门用于浇地的水井

水桶 fi³³tʰəŋ³⁵
井桶索 tɕiaŋ³³tʰəŋ³⁵sɔk⁴⁵ 井绳
井桶 tɕiaŋ³³tʰəŋ³⁵
水车 fi³⁵tsʰa³¹
大车 tʰai²³tsʰa⁰
铁乌轮 tʰiɛʔ⁴⁵vu³¹len²³ 当地常用农用工具车，载重1.2吨
六轮 tək⁴⁵len²³ 当地常用农用车，前两轮，后四轮，载重4.5吨以上
牛轭 ŋəɯ²³ak⁴⁵ 耕地时套在牛颈上的曲木
牛嘴络 ŋəɯ³¹tɕi³⁵lɔk⁴⁵ 牛笼嘴
牛鼻桊 ŋəɯ²³pʰi³¹tɕʰiɛn⁵¹ 穿在牛鼻子里的木棍儿或铁环
犁圆 li³¹ven⁰ 犁身
犁头 li³¹tʰəɯ²³
犁壁 li²³piak⁴⁵ 犁土时侧端挡土的部分
犁把手 li²³pa³³ɕiu³⁵ 犁把
犁头犁壁 li³¹tʰəɯ²³li²³piak⁴⁵ 犁铧
犁横倒 li²³vaŋ⁵³tau³¹ 犁两端的铁钩
犁卡子 li²³kʰa³¹tsɿ³⁵ 装犁壁的十字卡
耙仔 pʰa²³tse⁰ 耙子
鲢鲤铲 liɛn²³li³¹tsʰan³⁵ 扁形锄头
工子锄头 kəŋ³¹tsɿ³⁵tsʰe³¹tʰəɯ⁰ 工字锄头，用于深挖
大板锄头 tʰai³¹pan³⁵tsʰe³¹tʰəɯ⁰ 宽扁形锄头
刮啄子 kuaʔ³³tək⁴⁵tsɿ⁰ 带尖钩的小锄头
啄钩 tək⁴⁵kəɯ³¹
禾仓 vo²³tsʰɔŋ³¹ 粮仓
风车 fəŋ³¹tsʰa³¹ 扇车，一种使米粒跟谷壳分离的农具
砻 ləŋ²³
砻钩 ləŋ²³kəɯ³¹ 砻的推把，呈"7"字形

第五章　分类词表

165

磨盘 mo³¹pʰuɛn⁰

磨盘柄 mo³¹pʰuɛn⁰piaŋ⁵¹ 磨把儿

榫头 ɕin⁵⁵tʰəu²³ 磨脐儿

筛箩 sai³¹lo²³ 筛粉末状细物用的器具

碓嫲头 tuɛ⁵⁵ma⁰tʰəu²³ 碓杵

耙 pʰa²³ 钉耙

十字镐 seʔ⁴⁵tsʰʅ³¹kau³⁵ 刨硬地用，一头尖形、一头扁小的镐

铡刀 tsaʔ⁴⁵tau³¹

柴刀 sai²³tau³¹ 用来劈开或剁断木柴的砍刀

箩 lo²³

孩担 kʰai³¹tan³¹ 挑担子

芒花秆扫 mɔŋ²³fa³¹kuɛn³⁵sau⁵¹ 笤帚，用芦苇绑成，一般用于扫室内的地

五 植物

庄稼 tsɔŋ³¹ka⁵¹

光头红 kɔŋ³¹tʰəu³¹fəŋ²³ 红米品种

大冬红 tʰai³¹təŋ³³fəŋ²³ 红米品种

禾谷 o²³kək⁴⁵ 当地的水稻品种，较香，但产量较低

杂油 tsʰaʔ⁴⁵iu²³ 杂交水稻

郑＝子 tsʰaŋ³¹tsʅ⁰ 间种的水稻

番子 fan³¹tsʅ⁰ 引进的外来水稻品种

粮食 liaŋ²³seʔ⁴⁵

五谷 ŋ³⁵kək⁴⁵

麦蔸 mak⁴⁵təu³¹ 麦茬儿

早子谷 tsau³³tsʅ⁰kək⁴⁵ 早稻

下当谷 ha³¹tɔŋ³³kək⁴⁵ 晚稻

稗草 pʰai³¹tsʰau⁰

*藻 pʰiəu²³

□谷 pʰaŋ³³kək⁴⁵ 秕子，即空的或不饱满的子粒

米 mi³⁵

糯谷 no³¹kək⁴⁵

糯米 no³¹mi⁰

粘米 tsɛn³¹mi⁰ 大米，相对糯米而言

禾米 o²³mi³⁵ 禾谷脱粒后的米

早子米 tsau³³tsʅ⁰mi³⁵ 早米

下当米 ha³¹tɔŋ³³mi³⁵ 晚米

糙米 tsʰau³³mi³⁵

白米 pʰak³³mi³⁵

白番薯 pʰak⁴⁵fan³¹su²³ 白色地瓜

红番薯 fəŋ²³fan³¹su²³ 红色地瓜

树番薯 su²³fan³¹su²³ 木薯

芋卵 i³¹luɛn³⁵ 指芋这种植物

芋头 i³¹tʰəu²³ 芋之大者

芋仔 i³¹tse⁰ ①芋之统称，见上节。②芋之小者

芋荷 i³¹ho²³ 芋苗叶子，因形似荷花而得名

莲子 liɛn²³tsʅ³⁵

苎叶 tsʰu³¹iɛʔ⁴⁵ 苎麻叶子

乌豆子 vu³¹tʰəu³¹tsʅ⁰ 黑豆

黄花豆 vɔŋ²³fa³¹tʰəu³¹ 红小豆

扁豆 piɛn³⁵tʰəu³¹

苦瓜 kʰu³⁵kua³¹

冬瓜 təŋ³¹kua³¹

葫芦 fu³¹lu²³

瓠仔 pʰu²³tse⁰

葱叶 tsʰəŋ³¹iɛʔ⁴⁵

葱白 tsʰəŋ³¹pʰak⁴⁵

蒜蔸 suɛn⁵³təu³¹ 蒜头，即蒜的鳞茎，由蒜瓣构成

蒜子 suɛn⁵³tsʅ⁰ 蒜苗

蒜弓 suɛn⁵³tɕiəŋ³¹ 蒜薹

蒜梗 suɛn⁵³kuaŋ³¹ 摘去蒜叶的蒜苗
蒜叶 suɛn³³iɛʔ⁴⁵
蒜泥 suɛn⁵⁵ne²³
苋菜 han³¹tsʰai⁰
甜椒 tʰiɛn²³tɕiəu³¹ 柿子椒
指天公 tsʅ³⁵tʰiɛn³¹kəŋ³¹ 小米椒
牛角辣 ŋəu²³kɔk³³laʔ⁴⁵ 形状像牛角的辣椒
大辣子 tʰai³¹laʔ⁴⁵tsʅ⁰ 形状较大的辣椒
辣子粉 laʔ⁴⁵tsʅ⁰fen³⁵ 辣椒面儿
青菜 tɕʰiaŋ³¹tsʰai⁰ 芥菜
菜蔸 tsʰai⁵³təu³¹ 菜的根茎部分
胡椒 fu²³tɕiəu³¹
小白菜 ɕiəu³⁵pʰak³³tsʰai⁵¹
莴麦=叶 o³¹mak³³iɛʔ⁴⁵ 莴苣叶
长麦=tsʰɔŋ²³mak⁴⁵ 长叶莴苣
短麦=tuɛn³⁵mak⁴⁵ 短叶莴苣
猪嬷菜 tsu³¹mo²³tsʰai⁵¹ 莙荙菜
□心萝卜 pʰaŋ⁵³ɕin³¹lo²³pʰiɛʔ⁴⁵ 萝卜糠了
萝卜菜 lo²³pʰiɛʔ⁴⁵tsʰai⁵¹ 萝卜缨儿
萝卜干 lo²³pʰiɛʔ⁴⁵kuɛn³¹
禾笋 o³¹ɕin³⁵ 茭白
油菜 iu²³tsʰai⁵¹
油菜心 iu²³tsʰai⁵³ɕin³¹ 油菜苔
蕹菜 vɔŋ³³tsʰai⁵¹
树林 su³¹len²³
树苗 su³¹miəu²³
树梗 su³¹kuaŋ³⁵ 树干
树尾 su³¹mi³⁵ 树梢
树根 su³¹kɛn³¹
树叶 su³¹iɛʔ⁴⁵
树桍 su³¹kʰua³⁵ 树枝
种树 tsəŋ⁵³su³¹

倒树 tau³⁵su³¹ 砍树
*树柿 su³¹pʰi⁵¹
松毛 tɕʰiəŋ³¹mau³¹ 松针
松角嘎 tɕʰiəŋ³¹kɔk⁴⁵ka²³ 松球
松香 tɕʰiəŋ³¹ɕiəŋ³¹
*杉毛劈 tsʰan³³mau³⁵lɛʔ⁴⁵
杉桍 tsʰan³³kʰua³⁵ 杉篙
酸子树 suɛn³¹tsʅ³⁵su³¹ 桑树
酸子 suɛn³¹tsʅ³⁵ 桑葚儿
酸叶 suɛn³¹iɛʔ⁴⁵ 桑叶
茶树 tsʰa²³su³¹
茶藨 tsʰa²³pʰau³⁵ 指病变的茶树叶子，肉厚，可食
杨树 iɔŋ²³su³¹
片荷枫 pʰiɛn³¹ho²³fəŋ³¹ 一棵树上一半是荷树，一半是枫树，是国家保护品种
鱼骨柴 ŋe²³kueʔ⁴⁵sai²³ 檵木，灌木，叶子椭圆形或卵圆形，木质细腻、坚硬、韧性好
黄粄柴 vɔŋ²³pan⁵⁵sai²³ 黄瑞木，落叶灌木，老干黄色，枝丫黄色。当地一般砍来烧灰做黄粄糍
桐树 tʰəŋ²³su³¹ 桐油树
桐子 tʰəŋ²³tsʅ³⁵
桐油 tʰəŋ³¹iu⁰
苦楝子树 kʰu³⁵liɛn³¹tsʅ⁰su³¹ 苦楝树
红豆杉 fəŋ²³tʰəu³¹tsʰan⁵¹ 红豆树
*冬笋 təŋ³¹ɕin⁰
*孤老笋 ku³¹lau³³ɕin³⁵
春笋 tsʰen³¹ɕin⁰
笋壳 ɕin³⁵kʰɔk⁴⁵
*笋干 ɕin³⁵kuɛn³¹

竹篙 tsək⁴⁵kau³¹ 竹竿儿
竹叶 tsək³³iɛʔ⁴⁵
篾 miɛʔ⁴⁵ 竹子劈成的长条形薄片
竹片 tsək³³pʰiɛn³⁵ 竹子劈成的薄片
篾瓤 miɛʔ⁴⁵nɔŋ³¹ 篾黄
篾青 miɛʔ⁴⁵tɕʰiaŋ³¹
竹桍 tsək³³kʰua³⁵ 竹枝
大竹 tʰai³¹tsək⁴⁵ 毛竹
赤竹仔 tsʰak³³tsək⁴⁵tse⁰ 质地较硬的竹子品种
苦竹 kʰu³⁵tsək⁴⁵ 竹笋带苦味，竹的个子较小
乌竹 vu³¹tsək⁴⁵ 黑色竹子
麻竹 ma²³tsək⁴⁵
观音竹 kuɛn³¹in³¹tsək⁴⁵ 属大竹品种
蚁公竹 n̠i³⁵kəŋ³¹tsək⁴⁵ 竹的变异，因蚂蚁喜食而得名
锯=竹 ke³³tsək⁴⁵ 竹的一种，形体较小，一般只有拇指大小
干果 kuɛn³¹ko³⁵
柿饼 sɿ³³piaŋ³⁵
须姑 ɕi³¹ku³¹ 橘络，即橘瓣上的丝儿
膜 mək⁴⁵
金橘仔 tɕin³¹tɕiʔ⁴⁵tse⁰ 金橘
橙子 tsʰaŋ²³tsɿ³⁵
脐橙 ɕʰi³¹tsʰaŋ²³
木瓜 mək⁴⁵kua³¹
龙眼 liaŋ²³ŋan³⁵
龙眼肉 liaŋ²³ŋan³⁵n̠iək⁴⁵
桂圆肉 kue⁵⁵vɛn³¹n̠iək⁴⁵
荔枝 li³¹tsɿ³⁵
芒果 mɔŋ²³ko³⁵
菠萝 po³¹lo²³
橄榄 ka³⁵lan⁰

*牛核卵 ŋəu²³hak³³luɛn³⁵
加藤瓜 ka³¹tʰen²³kua³¹
*几酒子 tɕi³¹tɕiu³¹tsɿ³⁵
*当莲子 tɔŋ³¹liɛn³¹tsɿ⁰
*劈蕉 lɛʔ⁴⁵pʰau³¹
*酒饭团 tɕiu³⁵fan³¹tʰuɛn²³
娘饭团 n̠iɔŋ²³fan³¹tʰuɛn²³
圆子 vɛn²³tsɿ³⁵ 榛子
钩栗 kəu³¹liʔ⁴⁵ 锥栗
栗子 liʔ³³tsɿ³⁵ 板栗
西瓜 ɕi³¹kua³¹
瓜子 kua³¹tsɿ³⁵
甜瓜 tʰiɛn²³kua³¹
番豆仁 fan³¹tʰəu⁰in²³ 花生米
衣仔 i³¹tse⁰ 花生米外面的红皮
桂花 kue⁵³fa³¹
替=子花 tʰi⁵³tsɿ⁰fa³¹ 蟹爪兰
菊花 tɕʰiək⁴⁵fa³¹
荷叶 ho²³iɛʔ⁴⁵
莲蓬 liɛn³¹pʰəŋ²³
水仙花 fi³⁵ɕiɛn³¹fa³¹
茉莉花 mək⁴⁵li³¹fa³¹
喇叭花 la²³pa⁰fa³¹ 牵牛花
羊角花 iɔŋ²³kɔk⁴⁵fa³¹ 杜鹃花
芙蓉花 fu³¹iɔŋ²³fa³¹
万年青 van³¹n̠iɛn²³tɕʰiaŋ³¹
仙人掌 ɕiɛn³¹n̠in⁰tsɔŋ³⁵
花片 fa³¹pʰiɛn³⁵ 花瓣儿
花心 fa³¹ɕin³¹ 花蕊
芒苋 mɔŋ²³təu³¹ 芦苇
冬菇 təŋ³¹ku³¹
*红菌 fəŋ²³tɕʰin³¹

*菌王 tɕʰin³¹voŋ²³
　　灵芝 len²³tsʅ³¹
金线莲 tɕin³¹ɕien⁵⁵lien²³
青丝苔 tɕʰian³¹sʅ³¹tʰai²³ 青苔

六　动物

头牲 tʰəɯ²³saŋ³¹ 牲口
马牯 ma³³ku³⁵ 公马
马嬷 ma⁵⁵mo²³ 母马
阉核牯 iɛn³¹hak³³ku³⁵ 犍牛，即阉过的公牛
黄牛 voŋ³¹ŋəɯ⁰
水牛 fi³⁵ŋəɯ⁰
细牛仔 ɕi⁵⁵ŋəɯ²³tse⁰ 牛犊
驴公 li²³kəŋ³¹ 公驴
驴嬷 li³¹mo²³ 母驴
骆驼 lɔk⁴⁵tʰo⁰
绵羊 miɛn³¹ioŋ²³
山羊 san³¹ioŋ²³
细羊仔 ɕi⁵⁵ioŋ²³tse⁰ 羊羔
□狗仔 nɛn³³kəɯ³⁵tse⁰ 乳狗儿，即尚未脱奶的幼犬
细狗仔 ɕi³³kəɯ³⁵tse⁰ 小狗儿，指脱奶后的幼犬
哈巴狗 haʔ³³paʔ³³kəɯ³⁵
结猪嫲 tɕieʔ⁴⁵tsu³¹mo²³ 阉猪，动宾
骚鸡仔 sau³¹ki³¹tse⁰ 鸡角，指未成年的小公鸡
鸡公 ki³¹kəŋ³¹ 阉鸡，指阉过的公鸡
赖伏鸡嬷 lai³¹pʰu³¹ki³¹mo²³ 抱窝鸡，指正在孵蛋的母鸡
鸡健仔 ki³¹luɛn⁵³tse⁰ 鸡娘，指未成年的小母鸡
细鸡仔 ɕi³³ki³¹tse³⁵ 小鸡儿

鸡髻 ki³¹tɕi⁵¹ 鸡冠
*颏 kuɛ³¹
鸡脚爪 ki³¹tɕiɔk³³tsau³⁵ 鸡爪子
鸭牯 aʔ³³ku³⁵ 公鸭
鸭嬷 aʔ⁴⁵mo⁰ 母鸭
细鸭仔 ɕi³³aʔ⁴⁵tse⁰ 小鸭子
鸭嬷蛋 aʔ⁴⁵mo⁰tʰan³¹ 鸭蛋
嘎嘎蛋 ka³¹ka²³tʰan³¹ 蛋，对小孩说，鸡蛋鸭蛋皆可，"嘎嘎"为拟声词，指母鸡下蛋后的叫声
细鹅仔 ɕi⁵⁵ŋo²³tse⁰ 小鹅儿
野兽 ia³⁵tɕʰiu⁵¹
野东西 ia³⁵təŋ³¹ɕi³¹
野猪 ia³⁵tsu³¹
山鹿 san³¹lək⁴⁵
山牛 san³¹ŋəɯ²³
豹虎子 pau⁵³fu³¹tsʅ⁰ 蝇虎
黄猄 voŋ²³tɕian³¹ 麂子
野猫 ia³⁵miəɯ⁵¹
山羊 san³¹ioŋ²³
山鸡 san³¹ki³¹
狮仔 sʅ³¹tse⁰ 狮子
老虎嬷 lau³⁵fu⁰mo²³ 母老虎，即雌虎
熊 ɕioŋ²³
豹 pau⁵¹
狐狸 fu³¹li⁰
黄鼠狼 voŋ²³tsʰu⁵⁵lioŋ²³
*蚺蛇 nan³¹sa²³
乌癞蛇 vu³¹laʔ⁴⁵sa²³ 一种黑皮的蛇
饭勺头 fan³¹sɔk⁴⁵tʰəɯ²³ 一种眼镜蛇，因头伸出来像饭勺，故名
眼镜蛇 ŋan³⁵tɕian⁵⁵sa²³

青竹蛇 tɕʰiaŋ³¹tsək⁴⁵sa²³

草花蛇 tsʰau³⁵fa³¹sa²³ 一种小蛇，身上有青色花纹

白公塘 pʰak⁴⁵kəŋ³¹tʰoŋ²³ 银环蛇

水节蛇 fi³⁵tɕiɛʔ⁴⁵sa²³ 水蛇，生活在水里，黑褐色，体形小，善游水

泥蛇 ne³¹sa²³ 一种水蛇，通常生活在小溪、水沟、稻田及池塘的淤泥中

黄金条 vɔŋ²³tɕin³¹tʰiəu²³ 金环蛇

狗嬷蛇 kəu³³mo³¹sa²³ 蜥蜴

燕子 iɛn⁵³tsʅ⁰

斑鸠 pan³¹kəu³¹

鹌鹑 ɛn³¹tsʰen²³

鹧鸪 tsa⁵³ku³¹

角˭公˭鸟 kɔk⁴⁵kəŋ³¹tiəu³⁵ 布谷鸟

啄木鸟 tək³³mək³³ȵiəu³⁵ 也可说"tək³³mək³³ȵiəu³¹"，普通话折合的说法

猫头鹰 miəu⁵⁵tʰəu²³in³⁵

八哥子喳喳 pak³³kɔ³⁵tsʅ⁰tsa³³tsa⁵¹ 八哥儿

白鹤 pʰak³³hɔk⁴⁵

外˭婆 ŋai³¹pʰo²³ 老鹰

野鸡 ia³⁵ki³¹

野鸭 ia³⁵aʔ⁴⁵

野鸽仔 ia³⁵kaʔ⁴⁵tse⁰ 野鸽子

鸬鹚 lu³¹tsʰʅ⁰

嘴甲 tɕi³⁵kaʔ⁴⁵ 鸟类的嘴

土狗仔 tʰu³³kəu³⁵tse⁰ 蝼蛄

牛屎婆婆 ŋəu³¹si³⁵pʰo³¹pʰo⁰ 土鳖，可入药

舐螺仔 se³¹lo³¹tse⁰ 蜗牛

喷屎公 pʰen³³sʅ³⁵kəŋ³¹ 蜣螂

蛾公虫 ŋo²³kəŋ³¹tsʰəŋ²³ 蜈蚣

蝎子 sɛʔ⁴⁵tsʅ⁰

辣毛虫 laʔ⁴⁵mau³¹tsʰəŋ²³ 毛毛虫

蛀米虫 tsu³³mi⁵⁵tsʰəŋ²³ 肉虫，指米里的米色虫

蚜虫 ŋa³¹tsʰəŋ²³

干蜱 kuɛn³¹pʰi³¹ 臭虫

*牛蜱 ŋəu²³pi³¹

草蜢仔 tsʰau³⁵tɕiʔ⁴⁵tse⁰ 蟋蟀

灶鸡仔 tsau⁵³ki³¹tse⁰ 灶蟋蟀，形似蟋蟀，常出没于厨房

黄□ vɔŋ²³tsʰaʔ⁴⁵ 蟑螂

草蚂 tsʰau³⁵maŋ⁰ 蚱蜢

猴哥仔 həu²³kɔ³¹tse⁰ 螳螂

牛牯蜂 nəu³¹ku³⁵fəŋ³¹ 大马蜂

麻辣仔 ma²³laʔ⁴⁵tse⁰ 小马蜂

黄蜂肉 vɔŋ²³fəŋ³¹niək⁴⁵ 蜂蛹

叼 tiəu³¹ 蜇人：马蜂～马蜂蜇人

黄蜂窦 vɔŋ²³fəŋ³¹təu⁵¹ 蜂窝

火炎虫 ho³⁵iɛn³¹tsʰəŋ²³ 萤火虫

臭鼻虫 tɕʰiu⁵⁵pʰi³¹tsʰəŋ²³ 臭大姐

蛾仔 ŋo²³tse⁰ 灯蛾

花螺虫 fa³¹lo³¹tsʰəŋ²³ 花大姐，学名"瓢虫"

鲩鱼 van³¹ŋe⁰ 草鱼

带鱼 tai⁵⁵ŋe⁰

鲈鱼 lu³¹ŋe⁰

塘鲫 tʰɔŋ²³tɕiʔ⁴⁵ 池塘里养的鲫鱼

塘婆癞 tʰɔŋ³¹pʰo²³laʔ⁴⁵ 有青黑花纹的鱼

塘虱 tʰɔŋ²³sɛʔ⁴⁵ 鲇鱼

明菩˭仔 men³¹pʰu²³tse⁰ 墨鱼

鱿鱼 iu³¹ŋe⁰

金鱼 tɕin³¹ŋe²³

黄鳅 vɔŋ²³tɕʰiu³¹ 泥鳅

黄鳝 voŋ²³sɛn³¹ 鳝鱼

鱼干 ŋe²³kuɛn³¹ 鲞，即剖开晒干的鱼

鱼骨头 ŋe²³kuɛʔ⁴⁵tʰəɯ⁰ 鱼刺

鱼泡 ŋe²³pʰau⁵¹ 鱼鳔

鳃 sai³¹ 鱼鳃

鱼仔蛋 ŋe²³tseº tʰan³¹ 鱼的卵

鱼苗 ŋe³¹miəɯ⁰

钓鱼 tiəɯ⁵⁵ŋe²³

钓鞭 tiəɯ⁵³piɛn³¹ 钓鱼竿儿

钓子 tiəɯ⁵³tsʅ⁰ 钓鱼钩儿

鱼篓 ŋe³¹ləɯ³⁵

渔网 ŋe³¹mɔŋ³⁵

虾米 ha²³mi³⁵

龟 kue³¹

蟹黄 ha³¹vɔŋ²³

蛤蟆鮎 ha³¹maº ȵiɛn²³ 蝌蚪

蝴蜞 fu³¹tɕʰi²³ 水蛭

细口窖=仔 ɕi³³pʰuɛn³¹kau⁵³tseº 蛤蜊

田螺 tʰiɛn³¹lo⁰ 螺蛳

口窖= pʰuɛn³¹kau⁵¹ 蚌

七　房舍

屋 vək⁴⁵ 住宅
　屋舍 vək³³sa⁵¹

坪 pʰiaŋ²³ 院子

围墙 vi³¹tɕʰiɔŋ⁰ 院墙

外隔仔 ŋai²³kak⁴⁵tseº 外间

里隔仔 li³⁵kak⁴⁵tseº 里间

正栋间 tsen³³təŋ⁵³kan³¹ 正房

厢房间 ɕiɔŋ³¹fɔŋ²³kan³¹ 厢房

间头 kan³¹tʰəɯ⁰ 房间

客厅 kʰak⁴⁵tʰiaŋ³¹

矮屋仔 ai³⁵vək⁴⁵tseº 平房

楼屋 ləɯ²³vək⁴⁵

楼上 ləɯ²³hɔŋ²³

楼下 ləɯ²³ha³¹

门楼 men³¹ləɯ²³ 大门儿上边牌楼式的顶

阳台 iɔŋ³¹tʰai²³

晒坪 sa⁵⁵pʰiaŋ²³ 晒台

*屋崠 vək³³təŋ⁵¹

屋顶 vək³³tɛn³⁵ 房顶：徛啊～上 站在屋顶上

屋檐 vək⁴⁵iɛn²³ 房檐儿

梁 liɔŋ²³

*桷仔 kɔk⁴⁵tseº

*桁头瓦桷 haŋ³¹tʰəɯ²³ŋa³⁵kɔk⁴⁵

柱头石 tsʰu³¹tʰəɯ⁰sak⁴⁵ 柱下石

碫 tuɛn⁵¹ 台阶儿

倒板 tau³³pan³⁵ 天花板

正门 tsen⁵⁵men²³

后门 həɯ³¹men²³

侧门 tsɛʔ⁴⁵men²³ 边门儿

门角头 men²³kɔk⁴⁵tʰəɯ²³ 门后，即门扇的后面

门栓子 men²³tsʰuɛn³¹tsʅ⁰ 门栓

门扇叶 men²³sɛn³³iɛʔ⁴⁵ 门扇

走廊 tsəɯ⁵⁵lɔŋ²³

过道 ko⁵³tʰau³¹

楼道 ləɯ²³tʰau³¹

楼板 ləɯ²³pan³⁵

牛栏 ŋəɯ³¹lan⁰ 牛圈

猪栏 tsu³¹lan²³ 猪圈

猪笩 tsu³¹təɯ³¹ 猪食槽

羊栏 iɔŋ³¹lan²³ 羊圈

鸡厩 ki³¹tɕi⁵¹ 鸡窝

鸡□子 ki³¹kʰɛn³¹tsɿ³⁵ 鸡罩，竹子编的，罩鸡的器具

狗窦 kəu³⁵təɯ⁵¹ 狗窝

八　器具用品

圆桌 vɛn²³tsɔk⁴⁵

方桌 fɔŋ³¹tsɔk⁴⁵

办公桌 pʰan³¹kəŋ³¹tsɔk⁴⁵

吃饭桌 tɕʰiak⁴⁵fan³¹tsɔk⁴⁵ 饭桌

*桌框 tsɔk⁴⁵kuaŋ³¹

眠椅 men²³i³⁵ 躺椅

藤椅 tʰɛn²³i³⁵

靠背 kʰau³³puɛ⁵¹ 椅子背儿

五尺凳 ŋ³⁵tsʰak³³tɛn⁵¹ 板凳，长条形的

方凳 fɔŋ³¹tɛn⁵¹

矮凳仔 ai³⁵tɛn⁵³tseº 小板凳儿

圆凳 vɛn²³tɛn⁵¹

高凳 kau³¹tɛn⁵¹

*凳框 ten⁵³kuaŋ³¹

垫坐个 tʰiɛʔ⁴⁵tsʰo³¹koº 蒲团

铺板 pʰu³¹pan³⁵ 一块块的木板，用来拼搭床铺

棕垫 tsəŋ³¹tʰiɛn³¹

竹床 tsək⁴⁵sɔŋ²³

蚊帐 men³¹tsɔŋº

蚊钩 men³¹kəɯ³¹ 帐钩

毯子 tʰan³⁵tsɿº

被里 pʰi³¹li³⁵

被面 pʰi³¹miɛn³¹

草席 tsau³⁵tɕʰiak⁴⁵

竹席 tsək³³tɕʰiak⁴⁵

枕头套 tsen³⁵tʰəɯºtʰau⁵¹ 枕套

枕头芯 tsen³⁵tʰəɯºɕin³¹

镜仔 tɕiaŋ⁵³tseº 镜子

手提箱 ɕiu⁵⁵tʰi²³ɕiɔŋ³¹

衣架 i³¹ka⁵¹ 立在地上的衣架

衣裳架 i³¹sɔŋºka⁵¹ 晾衣架

夜壶 ia³¹fu²³

火笼 ho³⁵lɔŋ³¹ 手炉

火盆 ho⁵⁵pʰen²³

风箱 fəŋ³¹ɕiɔŋ³¹

铁棍 tʰiɛʔ³³kuen⁵¹ 通条，通炉子用的

划火棍 vak³³ho³⁵kuen⁵¹ 拨弄柴火用的棍子

铁钳 tʰiɛʔ⁴⁵tɕʰiɛn²³ 火钳

火铲 ho³³tsʰan³⁵ 铲炉灰用的铲

柴草 sai²³tsʰau³⁵

秆 kuɛn³⁵ 稻草

麦秆 mak³³kuen³⁵ 麦秸

高粱秆 kau³¹liɔŋ²³kuen³⁵

豆壳 tʰəɯ³¹kʰɔk⁴⁵

锯屎 ki⁵³sɿº 锯末

刨仔屎 pʰau²³tseºsɿ³⁵ 刨花

锅□糊 ko³¹lau³¹fu²³ 锅烟子

烟囱 iɛn³¹tsʰəŋ³¹

铝锅 li³⁵ko³¹

沙锅 sa³¹ko³¹

大锅 tʰai²³ko³¹

细锅 ɕi⁵³ko³¹ 小锅

拖板 tʰo³¹pan³⁵ 锅盖

锅铲 ko³¹tsʰan³⁵

水壶 fi⁵⁵fu²³

大碗头 tʰai³¹uɛn⁵⁵tʰəɯ²³ 海碗

水角 fi³⁵kɔk⁴⁵ 茶杯，瓷的带把的

盘仔 pʰuɛn²³tseº 碟子

饭勺子 fan³¹sɔk⁴⁵tsʅ⁰ 饭勺，盛饭用的
筷子筒 kʰuai⁵⁵tsʅ⁰tʰən²³ 筷笼，放筷子用的
茶盘 tsʰa³¹pʰuɛn⁰ 茶托，瓷的碟形的
茶碗 tsʰa²³uɛn³⁵ 盖碗儿，喝茶用，有盖不带
　　把儿，下有茶托儿
酒杯 tɕiu³⁵pi³¹
　酒碗 tɕiu³³uɛn³⁵
盘子 pʰuɛn²³tsʅ⁰
酒壶 tɕiu³⁵fu⁰
酒罂 tɕiu³⁵aŋ³¹ 酒坛子
罐仔 kuɛn⁵³tse⁰
笊篓 tsau⁵³ləɯ³¹ 笊篱
筲箕 sau³¹tɕi³¹
笓篮 pʰa³¹lan²³ 比簸箕大，边沿更深的竹制
　　器具
罂仔盖 aŋ³¹tse³⁵kuɛ⁵¹ 瓶盖儿
砧板 tsɛn³¹pan³⁵
碾盘 nien⁵⁵pʰuɛn²³ 研船，铁制研药材用具，
　　船形
饭甑 fan³¹tsɛn⁵¹ 装饭的桶
箅子 pi⁵³tsʅ⁰
糍笪子 tsʰʅ²³taʔ⁴⁵tsʅ⁰ 蒸糕点用的箅子
水缸 fi³⁵kɔŋ³¹
窝⁼糟槽 o³¹tsau³¹pʰaŋ³¹ 泔水缸
窝⁼糟水 o³¹tsau³¹fi³⁵ 泔水
抹布 muɛʔ³³pu⁵¹
拖把 to³¹pa³⁵
刨仔 pʰau²³tse⁰ 刨子
锯仔 ki⁵³tse⁰
凿子 tsʰɔk⁴⁵tsʅ⁰
尺仔 tsʰak⁴⁵tse⁰
曲尺 tɕʰiək³³tsʰak⁴⁵

折尺 tseʔ³³tsʰak⁴⁵
卷尺 tɕien³⁵tsʰak⁴⁵
墨斗 mɛʔ³³təɯ³⁵
墨线 mɛʔ³³ɕien⁵¹ 墨斗线
老虎钳 lau³¹fu⁰tɕʰien²³
夹子 tɕiɛʔ⁴⁵tsʅ⁰ 镊子
合叶 haʔ³³iɛʔ⁴⁵
瓦刀 ŋa³⁵tau³¹
抿子 men³⁵tsʅ⁰ 抹子
纸筋 tsʅ³⁵kɛn³¹ 麻刀，指抹墙用的碎麻，放在
　　泥灰中增加凝聚力
錾子 tsan³⁵tsʅ⁰
砧子 tsɛn³¹tsʅ⁰
剃头刀 tʰi⁵⁵tʰəɯ²³tau³¹ 剃刀
挥剪 fi³¹tɕien³⁵ 推子
剪刀 tɕien³⁵tau³¹ 理发剪
剃头帮 ⁼tʰi⁵⁵tʰəɯ²³pɔŋ³¹ 鐾刀布
衣裳车 i³¹sɔŋ⁰tsʰa³¹ 缝纫机
烫斗 tʰɔŋ³³tʰəɯ³⁵ 熨斗
饭勺头 fan³¹sɔk⁴⁵tʰəɯ²³ 烙铁
织布机 tseʔ³³pu⁵³tɕi³¹ 旧式的
面架 mien³¹ka⁰ 脸盆架
坐盆 tsʰo³¹pʰen⁰ 澡盆
香碱 ɕiɔŋ³¹tɕien³⁵ 香皂
洗衣粉 se³⁵i³¹fen³⁵
洗脚盆 se³⁵tɕiɔk⁴⁵pʰen²³
擦脚布 tsʰaʔ³³tɕiɔk³³pu⁵¹
煤气灯 muɛ²³tɕʰi⁵¹tɛn³¹ 气灯
灯仔火 tɛn³¹tse⁰ho³⁵ 煤油灯，有玻璃罩的
车灯 tsʰa³¹tɛn³¹
灯芯 tɛn³¹ɕin³¹
灯罩 tɛn³¹tsau⁵¹

灯盏 tɛn³¹tsan³⁵
灯草 tɛn³¹tsʰau³⁵
灯油 tɛn³¹iu²³
灯笼 tɛn³¹ləŋ²³
手提包 ɕiu⁵⁵tʰi²³pau³¹
荷包 ho²³pau³¹ 钱包
印子 in⁵³tsʅ⁰ 图章，私人用的
望远镜 vɔŋ³¹vɛn³⁵tɕiaŋ⁵¹
糨糊 tɕiɔŋ⁵⁵fu²³
线团 ɕiɛn⁵⁵tʰuɛn²³ 线轴儿
针眼 tsen³¹ŋan³⁵ 针鼻儿，指针上引线的孔
针嘴 tsen³¹tɕi³⁵ 针尖
针脚 tsen³¹tɕiɔk⁴⁵
看针 kʰuɛn⁵³tsen³¹ 穿针，动宾
钻子 tsuɛn³³tsʅ³⁵ 锥子
耳钩子 ȵi³⁵kəɯ³¹tsʅ³⁵ 耳挖子
洗衣裳板 se³⁵i³¹sɔŋ⁰pan³⁵ 洗衣板儿
鸡毛扫子 ki³¹mau³¹sau⁵³tsʅ⁰ 鸡毛掸子
扇仔 sen⁵³tse⁰ 扇子
蒲叶扇 pʰu²³iɛʔ⁴⁵sen⁵¹ 蒲扇
拐杖 kuai³⁵tsʰɔŋ³¹
手杖 ɕiu³⁵tsʰɔŋ³¹
草纸 tsʰau³³tsʅ³⁵ 手纸
恰⁼屎个纸 kʰaʔ³³sʅ³⁵ko⁰tsʅ³⁵ 擦屁股的纸

九　称谓

老头 lau⁵⁵tʰəɯ²³
老骨头 lau³⁵kuɛʔ³³tʰəɯ⁰ 老头子，带贬义
老太婆 lau³⁵tʰai⁵⁵pʰo²³
后生人 həɯ³¹saŋ³¹ȵin²³ 小伙子
城头人 saŋ²³tʰəɯ⁰ȵin²³ 城里人
乡巴佬 ɕiɔŋ³¹pa³¹lau³⁵
乡下人 ɕiɔŋ³¹ha⁰ȵin²³
本屋下人 pen³⁵vək⁴⁵ha³¹ȵin²³ 一家子，指同宗同姓的
军家佬 tɕʰin³¹ka³¹lau³¹ 军家人
广东蚓 kɔŋ³⁵təŋ³¹kuai³⁵ 指广东人
老表 lau³³piəɯ³⁵ 指江西人
江西老表 kɔŋ³¹ɕi³¹lau³³piəɯ³⁵
外地人 ŋai³¹tʰi⁰ȵin⁰
本地人 pen³⁵tʰi³¹ȵin²³
外国人 ŋai³¹kuɛʔ⁴⁵ȵin²³
自家个人 tsʅ²³ka⁰ko⁰ȵin²³ 自己人
外人 ŋuɛ³¹ȵin²³
老庚 lau³⁵kaŋ³¹ 同庚
同年 tʰəŋ³¹ȵiɛn⁰
内行 ne³¹hɔŋ²³
外行 ŋai³¹hɔŋ²³
半桶水 puɛn³³tʰəŋ³³fi³⁵ 半瓶醋，比喻性说法
细新妇 ɕi⁵³ɕin³¹fu³¹ 童养媳
二婚 lu²³fen³¹ 二婚头
寡妇 kua³⁵fu³¹
络人嫲 lok⁴⁵ȵin³¹ma²³ 婊子
姣嫲婆 ɕiəɯ³¹ma³¹pʰo²³ 指举止轻佻，作风放荡的女人
*野绽仔 ia³⁵tsʰan³³tse³⁵
关房鬼 kuan³¹fɔŋ⁰kue³⁵ 囚犯
暴发户 pʰauʔ⁴⁵faʔ⁴⁵fu³¹
小气鬼 ɕiəɯ³⁵tɕʰi³³kue³⁵ 吝啬鬼
衰鬼 sue³¹kue³⁵ 运气背的人
酒鬼 tɕiu³³kue³⁵ 嗜酒成性的人
撑门棍 tsʰaŋ⁵⁵men²³kuen⁵¹ 家里的顶梁柱，指男性
郁佬 veʔ⁴⁵lau³¹ 寡言少语的小孩

瘸脚鸡 tɕʰio²³tɕiɔk⁴⁵ki³¹ 走路不顺畅的人
呱呱鸟 kua²³kua⁵¹tiəu³⁵ 能说会道的人
□屎狗 nu³³sɿ³³kɯ³⁵ 搬弄是非的人
料子哥 liəu³¹tsɿ⁰ko³⁵ 败家子
走江湖个 tsəu³⁵kɔŋ³¹fu²³ko⁵¹ 走江湖的
骗子 pʰiɛn⁵³tsɿ⁰
土匪 tʰu³⁵fi³¹
恶贼 ɔk³³tsʰɛʔ⁴⁵ 强盗
大贼牯 tʰai³¹tsʰɛʔ³³ku³⁵ 用于昵称自家年龄较大的小孩
细贼牯 ɕi³³tsʰɛʔ³³ku³⁵ 用于昵称自家年龄较小的孩子
三只手 san³¹tsak³³ɕiu³⁵ 扒手
壮牯子 tsɔŋ⁵⁵ku²³tsɿ⁰ 胖子
瘦蚓 səu³³kuai³⁵ 瘦子
高脚 kau³¹tɕiɔk⁴⁵ 高个子
矮牯子 ai³¹ku³¹tsɿ⁰ 矮个子
滑头货 vaʔ⁴⁵tʰəu²³ho⁵¹ 滑头
酸接=货 suɛn³¹tɕiɛʔ³³ho⁵¹ 好色之人
四六货 sɿ³³tək³³ho⁵¹ 不正经之人
懒鬼 lan³³kue³⁵ 懒人
　　懒尸牯 lan³⁵sɿ³¹ku³⁵ 懒人，指男性
　　懒尸嫲 lan³⁵sɿ³¹ma²³ 懒人，指女性
灵活哥子 len²³faʔ⁴⁵ko³⁵tsɿ⁰ 机灵鬼
□牯 pəŋ³³ku³⁵ 精明过头的人
　　□鬼 pəŋ³³kue³⁵
大白番薯 tʰai²³pʰak⁴⁵fan³¹su²³ 骂人的话，指蠢笨的人
两百五 liɔŋ³⁵pak³³m³⁵ 傻瓜
脓包 nəŋ²³pau³¹ 无用的人
□子 ŋan⁵³tsɿ⁰ 没出息的人
工作 kəŋ³¹tsɔk⁴⁵

工人 kəŋ³¹n̩in⁰
雇工 ku⁵³kəŋ³¹
长工 tsʰɔŋ²³kəŋ³¹
短工 tuen³⁵kəŋ³¹
零工 liaŋ²³kəŋ³¹
老板 lau³³pan³⁵
东军 təŋ³¹tɕin³¹ 东家
老板娘 lau³³pan⁵⁵n̩iɔŋ²³
店员 tiɛn⁵⁵vɛn²³
长工 tsʰɔŋ²³kəŋ³¹
学徒 hɔk⁴⁵tʰu²³
顾客 ku³³kak⁴⁵
摆摊子个 pa³⁵tʰan³¹tsɿ⁰ko⁰ 摊贩
教书先生 kau³¹su³¹ɕiɛn³¹sɛn³¹ 旧称老师
老师 lau³⁵sɿ³¹ 学校教员
学生 hɔk⁴⁵sɛn³¹
同学 tʰəŋ²³hɔk⁴⁵
兵 pen³¹
警察 tɕin³⁵tsʰaʔ⁴⁵
医生 i³¹sɛn³¹
司机 sɿ³¹tɕi³¹
打锡师傅 ta³⁵ɕiak⁴⁵sɿ³¹fu³¹ 锡匠
打铜师傅 ta⁵⁵tʰəŋ²³ sɿ³¹fu³¹ 铜匠
打铁师傅 ta³⁵tʰiɛʔ⁴⁵sɿ³¹fu³¹ 铁匠
补锅头个 pu³⁵ko³¹tʰɯ⁰ko⁰ 补锅的
焊洋铁壶个 huɛn³¹iɔŋ²³tʰiɛʔ⁴⁵fu²³ko⁰ 焊洋铁壶的
杀猪个 saʔ⁴⁵tsu³¹ko⁰ 屠户
走脚板个 tsəu³³tɕiɔk³³pan³⁵ko⁰ 脚夫，搬运夫的旧称
挎担个 kʰai³¹tan³¹ko⁰ 挑夫
扛轿个 kɔŋ³¹tɕʰiəu³¹ko⁰ 轿夫

撑船个 tsʰaŋ⁵⁵sɛn²³ko⁰ 船工
管家 kuɛn³⁵ka³¹
佮伙个 kaʔ³³ho³⁵ko⁰ 伙计，指合作的人
饲养员 sʅ³¹ioŋ⁵⁵vɛn²³
婢婆妹子 pʰi³¹pʰo²³muɛ⁵³tsʅ⁰ 丫鬟
接生婆 tɕiɛʔ⁴⁵saŋ³¹pʰo²³
鬼名 kue⁵⁵miaŋ²³ 绰号

十　亲属

长辈 tsɔŋ³⁵pi⁵¹
太公 tʰai⁵³kəŋ³¹ 曾祖父
太婆 tʰai⁵⁵pʰo²³ 曾祖母
姑婆 ku³¹pʰo²³ 姑奶奶，指父之姑母
姑丈公 ku³¹tsʰɔŋ³¹kəŋ³¹ 姑爷爷，即父之姑父
姨婆 i³¹pʰo²³ 姨奶奶
姨丈公 i²³tsʰɔŋ³¹kəŋ³¹ 姨丈爷，即父之姨父
平辈 pʰiaŋ²³pi⁵¹
后裔 həu²³i⁰
小婆 ɕiəu⁵⁵pʰo²³ 小老婆
伯公 pak⁴⁵kəŋ³¹ 大伯子，即夫之兄
　大伯公 tʰai³¹pak⁴⁵kəŋ³¹ 大伯
　细伯公 ɕi³³pak⁴⁵kəŋ³¹ 小伯
　三伯公 san³¹pak⁴⁵kəŋ³¹ 三伯，依排行类推
小郎仔 ɕiəu⁵⁵lɔŋ²³tse⁰ 小叔子，即夫之弟
姊姊 tɕi³³tɕi³⁵ 大姑子，指夫之姐，未生孩子
　大姊 tʰai³¹tɕi³⁵ 夫之大姐
　细姊 ɕi³³tɕi³⁵ 夫之二姐
　三姊 san³¹tɕi³⁵ 夫之三姐，依排行类推
妹仔 muɛ³¹tse⁰ 小姑子，指夫之妹，未生孩子
大娘 tʰai³¹niɔŋ⁵¹ 大姑子，指夫之姐，生小孩后
细娘 ɕi³³niɔŋ⁵¹ 小姑子，指夫之妹，生小孩后

兄弟 fiaŋ³¹tʰi³¹ 内兄弟，即妻之兄弟
老伯 lau³¹pak⁴⁵ 内兄，指未生小孩
弟弟 tʰi³¹tʰi³¹ 内弟，指未生小孩
舅舅 tɕʰiu³¹tɕʰiu³¹ 内兄，指生小孩后
婆哩舅 pʰo²³li⁰tɕʰiu³¹ 内兄弟，指妻之兄弟，生小孩后
大舅 tʰai³¹tɕʰiu³¹ 大舅子
细舅 ɕi⁵³tɕʰiu³¹ 小舅子
大姨 tʰai³¹i²³ 大姨子
细姨 ɕi⁵⁵i²³ 小姨子
堂兄 tʰɔŋ²³fiaŋ³¹
堂弟子 tʰɔŋ²³tʰi³¹tsʅ⁰ 堂弟
堂姊妹 tʰɔŋ²³tɕi³⁵muɛ⁵¹
堂姊姊 tʰɔŋ²³tɕi³³tɕi³⁵ 堂姐
堂妹仔 tʰɔŋ²³muɛ³¹tse⁰ 堂妹
老表 lau³³piəu³⁵ 表兄弟
表嫂 piəu³³sau³⁵
表姊妹 piəu³³tɕi³⁵muɛ⁵¹
表姊 piəu³³tɕi³⁵
表妹 piəu³³muɛ³¹
下辈 ha³¹pi⁵¹ 晚辈
仔女 tse³⁵ni⁰ 子女，儿子和女儿的总称
大仔 tʰai³¹tse³⁵ 大儿子
细仔 ɕi³³tse³⁵ 小儿子
带到来个仔 tai⁵³tau³¹li²³ko⁰tse³⁵ 养子
孙新妇 sen³¹ɕin³¹fu³¹ 孙媳妇
女孙仔 ni³⁵sen³¹tse³⁵ 孙女
孙女婿 sen³¹ni³⁵ɕi⁵¹
　仔个郎 tse³⁵ko⁰lɔŋ²³
虱嫲女 sɛʔ⁴⁵ma⁰ni³⁵ 重孙女
外甥女 ŋai³¹sen⁰ni³⁵ 姐妹之女

侄女 tseʔ³³n̻i³⁵
外甥 ŋai³¹sɛn⁰ 内侄，妻的兄弟之子
外甥女 ŋai³¹sɛn⁰n̻i³⁵ 内侄女，妻之兄弟之女
亲家 tɕʰin³¹ka³¹ ①两家儿女相婚配的亲戚关系。②称儿子的丈人或女儿的公公。③称弟兄的岳父、姐妹的公公
亲家母 tɕʰin³¹ka³¹mu³⁵
　亲母 tɕʰin³¹mu³¹
亲家公 tɕʰin³¹ka³¹kəŋ³¹ 亲家翁
带来个仔女 tai⁵⁵li²³koʔ⁰tse³⁵n̻i⁰ 带犊儿，指妇女改嫁带的儿女
外家 ŋai³¹ka⁰ 娘家
家婆个屋下 ka³¹pʰo⁰koʔ⁰vək⁴⁵ha³¹ 婆家
男家头 nan²³ka³¹tʰəɯ²³ 从外人角度说婚姻关系中的男方
女家头 n̻i³⁵ka³¹tʰəɯ²³ 从外人角度说婚姻关系中的女方
媪娲个屋下 au³⁵va⁰koʔ⁰vək⁴⁵ha³¹ 姥姥家
丈人公个屋下 tsʰɔŋ⁵¹n̻in⁰kəŋ³¹koʔ⁰vək⁴⁵ha³¹ 丈人家

十一　身体

身体 sɛn³¹tʰi⁰
身材 sɛn³¹tsʰai²³
□额 ŋan³⁵n̻iak⁴⁵ 奔儿头，指前额生得向前突
光头 kɔŋ³¹tʰəɯ²³ 秃头，指头发掉光了的头
光头子 kɔŋ³¹tʰəɯ²³tsɿ⁰ 指头发脱光的人
头□顶 tʰəɯ³¹na⁰tɛn³⁵ 头顶
后脑背 həɯ³¹nau³⁵puɛ⁵¹ 后脑勺儿
脑沟□ nau³⁵kəɯ³¹veʔ⁴⁵ 后脑窝子，颈后凹处
脱头发 tʰuɛʔ⁴⁵tʰəɯ²³faʔ⁴⁵ 掉头发，动宾
脑囟 nau³⁵ɕin⁵¹ 囟门

鬓角 pen³¹kɔk⁴⁵
髻子 tɕi⁵³tsɿ⁰ 髻，指中老年妇女盘在脑后的髻
算拨仔 suen³³puɛʔ⁴⁵tse⁰ 刘海儿
面颊卵 mien³¹kaʔ³³luen³⁵ 脸蛋儿
面腔骨 mien³¹tɕʰiɔŋ³³kueʔ⁴⁵ 颧骨
酒靥仔 tɕiu³⁵iɛʔ⁴⁵tse⁰ 酒窝
*颏下 kuɛ³¹ha³¹
嘴包 tɕi³⁵pau³¹ 腮帮子
眼珠眶 ŋan³⁵tsu³¹kʰɔŋ³¹ 眼眶
白仁仔 pʰak⁴⁵in²³tse⁰ 白眼珠儿
乌仁仔 vu³¹in²³tse⁰ 黑眼珠儿
眼角 ŋan³⁵kɔk⁴⁵
眼屎 ŋan³⁵sɿ⁰ 眼眵
眼皮 ŋan⁵⁵pʰi²³
上眼盖 sɔŋ³¹ŋan³⁵kuɛ⁵¹ 上眼皮
下眼盖 ha³¹ŋan³⁵kuɛ⁵¹ 下眼皮
单眼皮 tan³¹ŋan⁵⁵pʰi²³
双眼皮 sɔŋ³¹ŋan⁵⁵pʰi²³
眼皮毛 ŋan⁵⁵pʰi²³mau³¹ 眼睫毛
皱额头 tɕiu³³n̻iak⁴⁵tʰəɯ²³ 皱眉头，动宾
鼻公癞 pʰi²³kəŋ⁰laʔ⁴⁵ 干鼻涕
鼻公窿 pʰi²³kəŋ⁰lɔŋ²³ 鼻孔
鼻公毛 pʰi²³kəŋ⁰mau³¹ 鼻毛
鼻公□灵 pʰi²³kəŋ⁰nɔŋ⁵⁵len²³ 鼻子尖，嗅觉灵敏
鼻公□ pʰi²³kəŋ⁰kɛn⁵¹ 鼻梁儿
鼻公扇 pʰi²³kəŋ⁰sɛn⁵¹ 鼻翅儿
红鼻公 fəŋ³¹pʰi²³kəŋ⁰ 酒糟鼻子
□舌头 tɔk³³sɛʔ⁴⁵tʰəɯ²³ 大舌头，指口齿不清
□子嫲 tɔk⁴⁵tsɿ⁰ma²³ 大舌头，可指男女
当门牙齿 tɔŋ³¹men³¹ŋa²³tsɿ⁵¹ 门牙
牙公 ŋa²³kəŋ³¹ 大牙

□牙 liəɯ⁵⁵ŋa²³ 翘起的牙齿
牙黄 ŋa³¹vɔŋ⁰ 牙垢
牙窖 ŋa²³kau⁵¹ 牙床
蛀牙 tsu⁵⁵ŋa²³ 虫牙
耳朵窿 ȵi³⁵tau⁰lǝŋ²³ 耳朵眼儿
耳屎 ȵi³⁵sʅ⁰
耳背 ȵi³⁵pʰuɛ³¹
喉咙核 hǝɯ³¹lɛn⁰feʔ⁴⁵ 喉结
胡佬 fu²³lau³¹ 留胡须的人
大胡佬 tʰai³¹fu²³lau³¹ ①络腮胡子。②长络腮胡子的人
八字胡 paʔ⁴⁵tsʰʅ³¹fu²³
羊牯须 iɔŋ³¹ku³⁵ɕi³¹ 下巴须
肩胛骨 tɕiɛn³¹ka³³kueʔ⁴⁵
　　扇子骨 sɛn³³tsʅ³⁵kueʔ⁴⁵
肩头垂个 tɕiɛn³¹tʰǝɯ⁰se²³ko⁰ 溜肩膀儿
肩头偏孩垂 tɕiɛn³¹tʰǝɯ⁰pʰiɛn³¹kʰai³¹se²³ 肩头一边高一边低
手静头 ɕiu³⁵tsaŋ³¹tʰǝɯ⁰ 胳膊肘儿
手胛下 ɕiu³⁵kaʔ⁴⁵ha³¹ 胳肢窝
手腕 ɕiu³³uɛn³⁵
手指节 ɕiu³⁵tsʅ³³tɕiɛʔ⁴⁵ 指头关节
手指□ ɕiu³⁵tsʅ³³la⁵¹ 手指缝儿
手锥⁼ɕiu³⁵tse³¹ 手跰子
鼓指勺 ku³¹tsʅ³¹sɔk⁴⁵ 五指并拢弯曲，关节朝外，用于敲打人的头部
　　五鼓戳 m³³ku³⁵tsʰɔk⁴⁵
手指肚 ɕiu³⁵tsʅ³³tu³⁵ 手指头肚儿，指手指末端有指纹的略微隆起的部分
巴掌 pa³¹tsɔŋ³¹
手前 ɕiu⁵⁵tɕʰiɛn²³ 手心
手背 ɕiu³⁵puɛ⁵¹

大脚棍 tʰai³¹tɕiɔk³³kuen⁵¹ 大腿
*大脚髀 tʰai³¹tɕiɔk³³pi³⁵
细脚棍 ɕi³³tɕiɔk³³kuen⁵¹ 小腿
脚腩肚 tɕiɔk⁴⁵naŋ²³tu³⁵ 腿肚子
五寸骨 m³⁵tsʰɛn³³kueʔ⁴⁵ 胫骨
屎窟臀 sʅ³⁵kʰueʔ⁴⁵tʰen²³ 胯骨
脚胁 tɕiɔk³³tɕʰiɛʔ⁴⁵ 裆
屎窟□ sʅ³⁵kʰue³³la⁵¹ 屁股沟儿
□几仔 tʰue²³tɕi³⁵tse⁰ 鸡鸡，即赤子阴
　　鸡鸡 ki³¹ki³¹
脚腕 tɕiɔk³³uɛn³⁵
脚眼珠 tɕiɔk³³ŋan³⁵tsu³¹ 踝子骨
赤脚 tsʰak³³tɕiɔk⁴⁵
脚背 tɕiɔk³³puɛ⁵¹
脚底 tɕiɔk³³ti³⁵
脚盘 tɕiɔk⁴⁵pʰuɛn²³ 脚掌正面
脚心 tɕiɔk⁴⁵ɕin³¹
脚尖 tɕiɔk⁴⁵tɕiɛn³¹
脚指头 tɕiɔk³³tsʅ⁵⁵tʰǝɯ²³
脚指甲 tɕiɔk³³tsʅ³⁵kaʔ⁴⁵
脚静 tɕiɔk⁴⁵tsaŋ³¹ 脚跟
脚迹 tɕiɔk³³tɕiak⁴⁵ 脚印
　　脚影 tɕiɔk⁴⁵iaŋ⁰
鸡眼 ki³¹ŋan³⁵
心肝窝 ɕin³¹kuɛn³¹o³¹ 心口
心肝前 ɕin³¹kuɛn³¹tɕʰiɛn²³ 胸脯
排沙⁼骨 pʰai²³sa³¹kueʔ⁴⁵ 肋骨
奶 nai²³ 奶汁
*肚豚下 tu³⁵tǝk⁴⁵ha³¹
肚脐窟 tu³¹tɕʰi²³kʰueʔ⁴⁵ 肚脐眼儿
腰 iǝɯ³¹
背囊骨 puɛ³³nɔŋ³¹kueʔ⁴⁵ 脊梁骨

两个旋 liɔŋ³⁵ko³³tɕʰiɛn³⁵ 双旋儿
手指䐃 ɕiu³⁵tsʅ⁵⁵lo²³ 斗，指圆形的指纹
筲箕 sau³¹tɕi³¹ 箕，指簸箕形的指纹
寒毛 huɛn²³mau³¹
*浼 man³¹
痣 tsʅ⁵¹
骨 kueʔ⁴⁵
筋 kɛn³¹
血 fɛʔ⁴⁵
血管 fɛʔ³³kuɛn³⁵
脉 mak⁴⁵
内脏 ȵi³¹tsʰɔŋ³¹ 五脏
心 ɕin³¹
肝 kuɛn³¹
肺 fi⁵¹
胆 tan³⁵
盐帖⁼iɛn²³tʰiɛʔ⁴⁵ 脾
胃 vi³¹
腰子 iəɯ³¹tsʅ⁰ 肾
肠仔 tsʰɔŋ²³tse⁰ 肠
大肠 tʰai³¹tsʰɔŋ²³
小肠 ɕiəɯ⁵⁵tsʰɔŋ²³
盲肠 mɔŋ⁵⁵tsʰɔŋ²³

十二　疾病医疗

小病 ɕiəɯ³⁵pʰiaŋ³¹
大病 tʰai²³pʰiaŋ³¹ 重病
病好哩 pʰiaŋ³¹hau³⁵li⁰ 病好了
请先生 tɕʰiaŋ³⁵ɕiɛn³¹sɛn³¹ 请医生的旧时说法
　　请医师 tɕʰiaŋ³⁵i³¹sʅ³¹ 现在的说法
开单仔 kʰuɛ³¹tan³¹tse⁰ 开药方子
走偏方 tsɤɯ³⁵pʰian³¹fɔŋ³¹ 偏方儿

□药 tsɤʔ³³iɔk⁴⁵ 抓药，指中药
买药 mai³⁵iɔk⁴⁵
中药店 tsəŋ³¹iɔk³³tiɛn⁵¹
西药店 ɕi³¹iɔk³³tiɛn⁵¹
*药罂仔 iɔk⁴⁵aŋ³¹tse³⁵
*炙药 tsak³³iɔk⁴⁵
药膏 iɔk⁴⁵kau³¹
膏药 kau³¹iɔk⁰
药粉 iɔk³³fen³⁵
搽药膏 tsʰa²³iɔk⁴⁵kau³¹
上药 sɔŋ³⁵iɔk⁴⁵
发汗 faʔ⁴⁵huɛn³¹
去风 kʰi⁵³fəŋ³¹
去火 kʰi³³fo³⁵
去湿 kʰi³³seʔ⁴⁵
去毒 kʰi³³tʰək⁴⁵
消食 ɕiəɯ³¹seʔ⁴⁵
刮赤痢 kuaʔ³³tsʰak⁴⁵li³¹ 拉肚子，也用于骂人
　　或否定别人说的话
岸⁼冷 ŋan³¹laŋ³⁵ 发冷
起鸡嬷皮 tɕʰi³⁵ki³¹mo⁰pʰi²³ 起鸡皮疙瘩
冻感哩 təŋ³³kan³⁵li⁰ 伤风
气紧 tɕʰi³³tɕin³⁵ 气喘
气管炎 tɕʰi³³kuɛn⁵⁵iɛn²³
上火 sɔŋ³¹ho³⁵
生积 saŋ³¹tɕiʔ⁴⁵ 积滞
心肝头痛 ɕin³¹kuɛn³¹tʰəɯ³¹tʰəŋ⁵¹ 胸口痛
头□昏 tʰəɯ³¹na⁰fen²³ 头晕
昏车 fen²³tsʰa³¹ 晕车
昏船 fen³¹sɛn²³ 晕船
头□痛 tʰəɯ³¹na⁰tʰəŋ⁵¹ 头疼
恶恶转 ɔk³³ɔk³³tsɛn³⁵ 恶心要呕吐

吐了 tʰu⁵³liəɯ⁰ 呕吐

打噎督⁼子 ta³⁵aʔ³³tək⁴⁵tsʅ⁰ 打嗝儿

疝气 san³¹tɕʰi⁵¹

屙屎腩公 o³¹sʅ³⁵naŋ²³kəŋ³¹ 脱肛

子宫下垂 tsʅ³⁵kəŋ³¹ha³¹se²³ 子宫脱垂

走腕 tsɤɯ³³uan³⁵ 脱臼

水痘 fi³⁵tʰəɯ³¹

天花 tʰiɛn³¹fa³¹

种水痘 tsəŋ³³fi³⁵tʰəɯ³¹ 种痘

黄疸 vɔŋ³¹tan³⁵

肝炎 kuɛn³¹iɛn²³

胃病 vi³¹pʰiaŋ³¹

盲肠炎 mɔŋ⁵⁵tsʰɔŋ²³iɛn²³

发痨 faʔ⁴⁵lau²³ 痨病，中医指结核病
　　肺结核 fi³³tɕiɛʔ³³hɛʔ⁴⁵

跌伤 tiɛʔ⁴⁵sɔŋ³¹

碍伤 ŋuɛ³¹sɔŋ³¹ 碰伤

擦□哩皮 tsʰaʔ³³lɛʔ⁴⁵li⁰pʰi²³ 蹭破皮儿

生石□ saŋ³¹sak³³an⁵¹ 一种脚病，碰到石头
　　会痛

出血 tsʰɛʔ³³fɛʔ⁴⁵

淤血 i³¹fɛʔ⁴⁵

结痂 tɕiɛʔ³³laʔ⁴⁵ 结痂

生猪头肥 saŋ³¹tsu³¹tʰəɯ³¹pʰi²³ 腮腺炎

生疮 saŋ³¹tsʰɔŋ³¹ 长疮

生乌头毒 saŋ³¹vu³¹tʰəɯ²³tʰək⁴⁵ 长疔

屎疮 sʅ³⁵tsʰɔŋ³¹ 痔疮

疮 tsʰɔŋ³¹ 疥疮

热痱子 niɛʔ⁴⁵pi⁵¹tsʅ⁰ 痱子

汗斑 huɛn²³pan³¹

痦子 vu³¹tsʅ⁰ 色素痣，一般为黑褐色

白蜡 pʰak³³laʔ⁴⁵ 白癜风

乌蝇屎 vu³¹in⁰sʅ³⁵ 雀斑

骚朦 sau³¹pʰək⁴⁵ 粉刺

嘴臭 tɕi³⁵tɕʰiu⁵¹ 口臭

*大颏 tʰai²³kuɛ³¹

鼻公百⁼塞 pʰi²³kəŋ³¹pak⁴⁵sɛʔ⁴⁵ 鼻齉儿，指鼻
　　子不通气，发音不清

鸭牯声 aʔ³³ku³⁵saŋ³¹ 公鸭嗓儿，指嗓音沙哑

只眼公 tsak³³ŋan³⁵kəŋ³¹ 一只眼儿，一只眼睛
　　是瞎的

近视眼 tɕʰin³¹sʅ³¹ŋan³⁵

远视 vɛn³⁵sʅ³¹ 远视眼

老花眼 lau³⁵fa³¹ŋan³⁵

暴目 pau³³mək⁴⁵ 鼓眼泡儿

眯目 mi³³mək⁴⁵ 眯眼睛

怕光 pʰa⁵³kɔŋ³¹ 畏光

发死 faʔ³³sʅ³⁵ 癫痫

中风 tsəŋ⁵³fəŋ³¹

瘫痪 tʰan³¹huɛn³¹
　　唔会行 m²³muɛ³¹haŋ²³

拱背 kəŋ³¹puɛ⁵¹ 罗锅儿

□手 tɕia³¹ɕiu³⁵ 拽子，指手残者

麻子 ma³¹tsʅ³⁵ 人出天花后留下的疤痕

疤嬷 pa³¹ma²³ 脸上有麻子的女人

疤牯 pa³¹ku³⁵ 脸上有麻子的男人

阔嘴仔 kʰuɛ³³ɕi³⁵tse⁰ 豁唇子

兔子嘴 tʰu³³tsʅ⁰tɕi³⁵ 兔唇

叉佬 tsʰa⁵³lau³¹ 六指儿

左劈⁼子 tso³⁵pʰiak⁴⁵tsʅ⁰ 左撇子
　　左手左□□ tso³³ɕiu³⁵tso⁵⁵lai²³pai³¹

*屈脚 kʰueʔ³³tɕiɔk⁴⁵

*屈尾 kʰueʔ³³mi³⁵

十三　衣服穿戴

打扮 ta³⁵pʰan⁵¹
制服 tsɿ³³fək⁴⁵
中装 tsəŋ³¹tsɔŋ³¹
西装 ɕi³¹tsɔŋ³¹
长衣裳 tsʰɔŋ²³i³¹sɔŋ⁰ 长衫
背搭仔 puɛ³³taʔ⁴⁵tse⁰ 马夹
旗袍 tɕʰi³¹pʰau²³
棉袄 miɛn²³au³⁵
皮袄 pʰi²³au³⁵
呢大袄 n̠i²³tʰai³¹au³⁵ 呢大衣
棉大袄 miɛn²³tʰai³¹au³⁵ 棉大衣
短大袄 tuɛn³⁵tʰai³¹au³⁵ 短大衣
面衣裳 miɛn³¹i³¹sɔŋ⁰ 外衣
底褂仔 ti³⁵kua⁵³tse⁰ 内衣
领仔 liaŋ³⁵tse⁰ 领子
圆领衣裳 vɛn²³liaŋ³⁵i³¹sɔŋ⁰ 圆领衫
汗褂仔 huɛn³¹kua⁵³tse⁰ 汗背心
衣裳尾巴 i³¹sɔŋ⁰mi³⁵pa³¹ 下摆
侧面襟 tsɛʔ⁴⁵miɛn³¹tɕin³¹ 侧面扣扣子的旧式
　　上衣
领仔 liaŋ³⁵tse⁰ 领子
长袖 tsʰɔŋ²³tɕʰiu³¹
　　长衫袖 tsʰɔŋ²³san³¹tɕʰiu³¹
短袖 tuɛn³⁵tɕʰiu³¹
裙（仔）kʰuɛn²³(tse⁰) 裙子
单裤 tan³¹kʰu⁵¹
节裤仔 tɕiɛʔ³³kʰu⁵³tse³¹ 贴身穿的裤衩儿
擘屎裤 pak³³sɿ³⁵kʰu⁵¹ 开裆裤
裤□ kʰu³³nɤŋ⁵¹ 裤裆
裤头 kʰu⁵⁵tʰɯ²³ 裤腰

裤头带 kʰu⁵⁵tʰɯ²³tai⁵¹ 裤腰带
布纽子 pu³³nɤɯ³⁵tsɿ⁰ 中式的纽扣
纽襻 nɤɯ³⁵pʰan⁵¹ 中式的扣襻
纽子眼 nɤɯ³⁵tsɿ⁰ŋan³⁵ 西式的扣眼儿
鞋拖仔 hai²³tʰo³¹tse⁰ 拖鞋
　　拖鞋 tʰo³¹hai²³
棉鞋 miɛn³¹hai²³
皮鞋 pʰi³¹hai²³
毛鞋 mau³¹hai²³ 毡鞋
布鞋 pu⁵⁵hai²³
鞋底 hai³¹ti³⁵
鞋䯲 hai²³tsaŋ³¹ 鞋帮儿
鞋模 hai³¹mu²³ 鞋楦子
鞋拔子 hai²³pʰaʔ⁴⁵tsɿ⁰
水鞋 fi⁵⁵hai²³ 橡胶做的雨鞋
广屐仔 kɔŋ³⁵tɕʰiak⁴⁵tse⁰ 木屐
鞋带仔 hai²³tai⁵¹tse⁰ 鞋带儿
线袜 ɕiɛn³³maʔ⁴⁵
丝袜 sɿ³¹maʔ⁴⁵
长袜 tsʰɔŋ²³maʔ⁴⁵
短袜 tuɛn³⁵maʔ⁴⁵
袜带仔 maʔ³³tai⁵³tse⁰ 袜带
皮帽 pʰi²³mau³¹
礼帽 li³⁵mau³¹
军帽 tɕin³¹mau³¹
草帽 tsʰau³⁵mau³¹
笠嫲 liʔ⁴⁵ma⁰ 斗笠
帽舌仔 mau³¹sɛʔ⁴⁵tse⁰ 帽檐儿
玉镯 n̠iək³³tsʰɔk⁴⁵
项链 hɔŋ³¹liɛn³¹
百家锁 pak⁴⁵ka³¹so³⁵
扣针 kʰɤɯ⁵³tsɛn³¹ 别针儿

簪子 tsan³¹tsʅ⁰
耳襻 ȵi³⁵pʰan⁵¹ 耳环
粉 fen³⁵
馋枷仔 tsʰan²³ka³¹tse⁰ 围嘴儿
手袜仔 ɕiu³⁵maʔ⁴⁵tse⁰ 手套
眼镜 ŋan³⁵tɕiaŋ⁵¹
蓑衣 so³¹i³¹
雨衣 i³⁵i³¹
手表 ɕiu³³piəɯ³⁵

十四 饮食

点心 tiɛn³⁵ɕin³¹ ①糕饼之类的食品。②打尖，指途中吃点东西
吃个东西 tɕʰiak⁴⁵ko⁰təŋ³¹ɕi³¹ 食物
零□ lɛn²³taʔ⁴⁵ 零食
茶点 tsʰa²³tiɛn³⁵
夜宵 ia²³ɕiəɯ⁰
吃夜宵 tɕʰiak⁴⁵ia²³ɕiəɯ⁰
*长饭碗 tsʰɔŋ³¹fan³¹uɛn³⁵
馊了哩 səɯ³¹liəɯ⁰li⁰ 馊了，指饭菜
饭爁仔 fan³¹laʔ⁴⁵tse⁰ 锅巴
粥 tsək⁴⁵
饮汤 in³⁵tʰɔŋ⁰ 米汤
羹 kaŋ³¹ 米糊，即用米磨成的粉做的糊状食物
*层层糕 tsʰɛn³¹tsʰɛn²³kau³¹
*糕仔 kau³¹tse⁰
*粫 ɕiak⁴⁵
*糍 tsʰʅ²³
*糍粑 tsʰʅ²³pa³¹
*芋仔糍 i³¹tse⁰tsʰʅ²³
*黄板糍 vɔŋ³¹pan⁵⁵tsʰʅ²³
*捏糍 ȵiɛʔ⁴⁵tsʰʅ²³

*蜗仔糍 kuai³⁵tse⁰tsʰʅ²³
*苎叶糍 tsu³¹iɛʔ⁴⁵tsʰʅ²³
*艾糍 ŋe⁵⁵tsʰʅ²³
*禾米糍 o²³mi⁵⁵tsʰʅ²³
*搞浆米糍 kau³⁵tɕiɔŋ³¹mi⁵⁵tsʰʅ²³
*爁汤糍 lək⁴⁵tʰɔŋ³¹tsʰʅ²³
*薯糍 su³¹tsʰʅ⁰
*酒糍仔 tɕiu⁵⁵tsʰʅ²³tse⁰
*馃子 ko³³tsʅ³⁵
　煎馃子 tɕiɛn³¹ko³³tsʅ³⁵
*炒米糎 tsʰau³⁵mi⁵⁵tsʰaŋ²³
*仙人冻 ɕiɛn³¹ȵin⁰təŋ⁵¹
煮面 tsu³¹miɛn³¹ 带汤的面条
臊子 sau⁵¹tsʅ⁰
蛋糕 tʰan²³kau³¹
汤圆 tʰɔŋ³¹vɛn²³
月光饼 ȵiɛʔ⁴⁵kɔŋ³¹piaŋ³⁵ 月饼
饼干 piaŋ³⁵kuɛn³¹
丁字块 tɛn³¹tsʅ³¹kʰuai⁵¹ 肉丁
肉片 ȵiək³³pʰiɛn³⁵
肉丝 ȵiək⁴⁵sʅ³¹
肉末 ȵiək³³muɛʔ⁴⁵
肉皮 ȵiək⁴⁵pʰi²³
肉松 ȵiək⁴⁵sɔŋ³¹
起手肉 tɕʰi³³ɕiu³⁵ȵiək⁴⁵ 猪宰杀好后的第一刀肉
寸子骨 tsʰen³³tsʅ⁰kuɛʔ⁴⁵ 猪后腿上的寸骨
背崠骨 puɛ³³təŋ³³kuɛʔ⁴⁵ 龙骨
脚筋 tɕick⁴⁵kɛn³¹ 蹄筋
牛舌嬷 ŋəɯ²³sɛʔ⁴⁵ma⁰ 牛舌头
肺 fi⁵¹
猪肠 tsu³¹tsʰɔŋ²³

排骨 pʰai²³kueʔ⁴⁵

牛百叶 ŋəɯ²³pak³³iɛʔ⁴⁵ 带毛状物的牛肚儿

牛光舷 ŋəɯ²³kɔŋ³¹ɕiɛn²³ 光滑的牛肚儿

猪腰子 tsu³¹iəɯ³¹tsɿ⁰

鸡杂 ki³¹tsʰaʔ⁴⁵

鸡胗 ki³¹tɕʰin³¹ 鸡肫

鸡血 ki³¹fɛʔ⁴⁵

炒蛋 tsʰau³⁵tʰan³¹ 炒鸡蛋

煎蛋 ɕiɛn³¹tʰan³¹ 油煎的荷包蛋

*炸蛋 saʔ⁴⁵tʰan³¹

蛋花 tʰan³¹fa⁰ 加水调匀蒸的蛋羹

咸鸡蛋 han²³ki³¹tʰan³¹

咸鸭蛋 han²³aʔ⁴⁵tʰan³¹

酿肠 iɔŋ³¹tsʰɔŋ²³ 香肠

腊猪肉 laʔ⁴⁵tsu³¹n̠iək⁴⁵

红烧肉 fəŋ²³səɯ³¹n̠iək⁴⁵

□刮 ˉlak³³kuaʔ⁴⁵ 没一丁点儿瘦肉的肥肉

斋菜 tsai³¹tsʰai⁵¹ 素菜

荤菜 fen³¹tsʰai⁵¹

挼菜 no²³tsʰai⁵¹ 咸菜

小菜 ɕiəɯ³⁵tsʰai⁵¹

豆腐皮 tʰəɯ³¹fu⁰pʰi²³ 腐竹

豆腐干 tʰəɯ³¹fu⁰kuɛn³¹

豆腐泡 tʰəɯ³¹fu⁰pʰau³¹

*酿豆腐 iɔŋ³¹tʰəɯ³¹fu⁰

豆霉 tʰəɯ³¹muɛ²³ 豆腐乳

红菌仔 fəŋ²³tɕʰin³¹tse⁰ 豆腐渣发酵后制成的食品

粉丝 fen³⁵sɿ³¹

索粉 sɔk³³fen³⁵ 绿豆做的、细条的粉丝

豆豉 tʰəɯ³¹sɿ⁰

薯粉 su³¹fen³⁵ 芡粉

白耳 pʰak⁴⁵lu³¹ 银耳

金针 tɕin³¹tsen³¹

海参 huɛ³⁵sen³¹

海带 huɛ³⁵tai⁵¹

海蜇 huɛ³⁵tsɛʔ⁴⁵

味道 vi³¹tʰau⁰ 吃的滋味

颜色 ŋan²³sɛʔ⁴⁵

植物油 tsʰeʔ³³veʔ⁴⁵iu²³ 素油

番豆油 fan³¹tʰəɯ⁰iu²³ 花生油

茶油 tsʰa³¹iu⁰

菜籽油 tsʰai³³tsɿ⁰iu²³

*鈷 ku³¹

*茶鈷 tsʰa²³ku³¹

*番豆鈷 fan³¹tʰəɯ⁰ku³¹

粗盐 tsʰu³¹iɛn²³

精盐 tɕin³¹iɛn²³

辣酱 laʔ⁴⁵tɕiɔŋ⁵¹

料酒 liəɯ³¹tɕiu³⁵

黄糖 vɔŋ³¹tʰɔŋ⁰ 红糖

白糖 pʰak⁴⁵tʰɔŋ²³

石头糖 sak⁴⁵tʰəɯ⁰tʰɔŋ²³ 冰糖

麦芽糖 mak⁴⁵ŋa³¹tʰɔŋ²³

配料 pʰi⁵³liəɯ³¹ 作料

烟 iɛn³¹

烟叶 iɛn³¹iɛʔ⁴⁵

草烟 tsʰau³⁵iɛn³¹ 烟丝

黄烟 vɔŋ²³iɛn³¹

水烟筒 fi³⁵iɛn³¹tʰɔŋ²³ 铜制的水烟袋

烟筒 iɛn³¹tʰɔŋ²³ 旱烟袋

烟盒 iɛn³¹haʔ⁴⁵

烟油 iɛn³¹iu²³

烟灰 iɛn³¹huɛ³¹

纸引 tsȵ³⁵in⁰ 纸媒儿
倒茶 tau⁵⁵tsʰa²³
下茶 ha³¹tsʰa²³ 配茶

十五　红白大事

亲事 tɕʰin³¹sȵ³¹
年龄 ȵiɛn³¹lɛn²³
彩礼 tsʰai³¹li³⁵
喜酒 tɕʰi³³tɕiu³⁵
*踏人家 tʰaʔ⁴⁵ȵin²³ka³¹
*送年节 səŋ⁵⁵ȵiɛn²³tɕiɛʔ⁴⁵
*筞落 tsak³³lɔk⁴⁵
　筞日子 tsak³³ȵiʔ⁴⁵tsȵ⁰
*小看 ɕiəɯ³⁵kʰuɛn⁵¹
*小讲 ɕiəɯ³³kɔŋ³⁵
*大讲 tʰai³¹kɔŋ³⁵
*过彩 ko³³tsʰai³⁵
嫁女 ka³³ȵi³⁵ 嫁闺女
花轿 fa³¹tɕiəɯ³¹
三角袋 san³¹kɔk⁴⁵tʰuɛ³¹ 用红布做成的三角形的袋子，女孩出嫁时用来装种子、红包和糖果等
*拖青 tʰo³¹tɕʰiaŋ³¹
新娘间 ɕin³¹ȵiɔŋ⁰kan³¹ 新房
交杯酒 kau³¹pi³¹tɕiu³⁵
　打交杯 ta³⁵kau³¹pi³¹
*归门 kuɛ³¹mɛn²³
　上门 sɔŋ³¹mɛn²³
接生 tɕiɛʔ⁴⁵saŋ³¹
胞衣 pau³¹i³¹ 胎盘
*做朝 tso⁵³tsɯ³¹
*做炒酒 tso³³tsʰau³³tɕiu³⁵

*做三朝 tso⁵³san³¹tsɯ³¹
*报姜酒 pau³³tɕiɔŋ³¹tɕiu³⁵
*做满月 tso³³muɛn³⁵ŋuɛʔ⁴⁵
*做过周 tso³³ko⁵³tɕiu³¹
*上灯 sɔŋ³¹tɛn³¹
*送上灯 səŋ⁵³sɔŋ³¹tɛn³¹
　*头灯 tʰəɯ²³tɛn³¹
　*二灯 lu²³tɛn³¹
　*三灯 san³¹tɛn³¹
　*下灯 ha³¹tɛn³¹
头胎 tʰəɯ²³tʰuɛ³¹
打胎 ta³⁵tʰuɛ³¹
带仔 tai³³tsɛ³⁵ 遗腹子，指父亲死后才出生的孩子
奶嘴 nai³¹tɕi³⁵
□尿 lai²³ȵiəɯ³¹ 小孩子尿床
祝寿 tsək⁴⁵ɕiu³¹
白好事 pʰak³³hau³⁵sȵ³¹ 丧事
*看倒头 kʰuɛn³³tau⁵⁵tʰəɯ²³
*看落棺 kʰuɛn³³lɔk⁴⁵kuɛn³¹
半夜光 puɛn⁵⁵ia²³kɔŋ³¹
*成服 tsʰɛn²³fək⁴⁵
*做斋 tso⁵³tsai³¹
*半消斋 puɛn⁵³ɕiəɯ³¹tsai³¹
*大旺斋 tʰai³¹vɔŋ³¹tsai³¹
*返山 fan³¹san³¹
*串九品 tsʰuɛn⁵³tɕiu³¹pʰɛn³¹
*缴钱 tɕiəɯ⁵⁵tɕʰiɛn²³
*把路祭 pa³⁵lu³¹tɕi⁵¹
灵床 lɛn³¹sɔŋ²³
寿板 ɕiu³¹pan³⁵ 寿材，指生前预制的棺材
灵堂 lɛn³¹tʰɔŋ²³

佛堂 feʔ⁴⁵tʰɔŋ²³
守灵 ɕiu⁵⁵len²³
做七 tso³³tɕʰiʔ⁴⁵
守孝 ɕiu³⁵hau⁵¹
带孝 tai³³hau⁵¹
谢孝 tɕʰia³¹hau⁵¹ 除孝
孝仔 hau³³tse³⁵ 孝子
孝孙 hau³³sen³¹
送葬 sɔŋ³³tsɔŋ⁵¹
*孝杖棍 hau³³tsʰɔŋ³¹kuen⁵¹
*系秆索 ki³¹kuɛn³⁵sɔk⁴⁵
*拿白 na³¹pʰak⁴⁵
*八仙 paʔ⁴⁵ɕien³¹
*办十碗 pʰan³¹seʔ³³uɛn³⁵
*红蛋 fəŋ²³tʰan³¹
纸扎 tsʅ³⁵tsaʔ⁴⁵
坟地 fen²³tʰi³¹
碑 pi³¹
墓碑 mu⁵³pi³¹
投河族⁼死 tʰəɯ³¹ho²³tsʰək³³sʅ³⁵ 投水自尽
族⁼死 tsʰək³³sʅ³⁵ 淹死
*缢颈 tʰak³³tɕiaŋ³⁵
死佬 sʅ³³lau³⁵ 尸骨
*金罂 tɕin³¹aŋ³¹
*捡尸 tɕien³⁵sʅ³¹
佛 feʔ⁴⁵
土地庙 tu³⁵tʰi³¹miəɯ³¹
关帝庙 kuau³¹ti⁵³miəɯ³¹
城隍庙 saŋ³¹fɔŋ²³miəɯ³¹
阎王 ien³¹vɔŋ²³
神龛 sen²³kʰan³¹ 佛龛
香桌 ɕiɔŋ³¹tsɔk⁴⁵ 香案

烛台 tsək⁴⁵tʰai²³
香 ɕiɔŋ³¹ 敬神的线香
香炉 ɕiɔŋ³¹lu²³
烧香 səɯ³¹ɕiɔŋ³¹
  *上香 sɔŋ³¹ɕiɔŋ³¹
  *三牲 san³¹sen³¹
签 tɕʰien³¹ 签诗，指印有谈吉凶的诗文的
    纸条
求签 tɕʰiu²³tɕʰien³¹
卜卦 pʰək³³kua⁵¹ 打卦
珓 kau⁵¹
阴珓 in³¹kau⁵¹
阳珓 iɔŋ²³kau⁵¹
圣珓 sen³³kau⁵¹
打醮 ta³⁵tɕiəɯ⁵¹ 做道场
念经 nien²³tɕin³¹
测字 tsʰɛʔ⁴⁵tsʅ³¹
看风水 kʰuen³³fəŋ³¹fi⁰
算命先生 suen⁵³mian³¹ɕien³¹sen³¹
神婆 sen³¹pʰo²³ 巫婆
跳神 tʰiəɯ⁵⁵sen²³
祈福 tɕʰi²³fək⁴⁵ 许愿
还福 van²³fək⁴⁵ 还愿

十六　日常生活

脱鞋 tuɛʔ⁴⁵hai²³
量衣裳 liəŋ²³i³¹sɔŋ⁰ 量衣服
做衣裳 tso³³i³¹sɔŋ⁰ 做衣服
捆舷 kʰuen⁵⁵ɕien²³ 滚边，指在衣服、布鞋等
    的边缘特别缝制的一种圆棱的边儿
缲边 tɕʰiəɯ³¹pien³¹
安纽子 uɛn³¹nəɯ³⁵tsʅ⁰ 钉扣子

绣花 ɕiu⁵³fa³¹
补衣裳 pu³⁵i³¹sɔŋ⁰ 打补丁
做被 tso⁵³pʰi³¹ 做被卧
洗一到 se³⁵iʔ³³tau⁵¹ 洗一水，即洗一次
*荡 tʰɔŋ³¹
晒衣裳 sa⁵³i³¹sɔŋ⁰ 晒衣服
晾衣裳 lɔŋ²³i³¹sɔŋ⁰ 晾衣服
浆衣裳 tɕiɔŋ³¹i³¹sɔŋ⁰
烫衣裳 tʰɔŋ⁵³i³¹sɔŋ⁰ 熨衣服
起火 tɕʰi³³ho³⁵ 生火
烧火 sɔɯ³¹ho³⁵
洗米 se³³mi³⁵ 淘米
发面 faʔ⁴⁵miɛn³¹
蒸馒头 tsen³¹man³¹tʰəɯ²³
择菜 tʰɔk³³tsʰai⁵¹
煮菜 tsu³⁵tsʰai⁵¹ 做菜
煮汤 tsu³⁵tʰɔŋ³¹ 做汤
饭好哩 fan³¹hau³⁵li⁰ 饭好了
生 saŋ³¹ 饭~
开饭 kʰuɛ³¹fan³¹
挟菜 tɕiɛʔ³³tsʰai⁵¹ 搛菜
沥⁼菜 lak³³tsʰai⁵¹ 舀汤
吃零嗒⁼ tɕʰiak⁴⁵lɛn²³taʔ⁴⁵ 吃零食
用筷子 iɔŋ³¹kʰuai⁵³tsɿ⁰
*敦筷子 ten³³kʰuai⁵³tsɿ⁰
肉冇烂 ȵiak⁴⁵mau²³lan³¹ 肉不烂
噍唔进 tɕʰiəɯ³¹m³¹tɕin⁵¹ 嚼不动
呕 əɯ²³ 吃饭后打嗝儿
　　紧呕 tɕin³¹əɯ²³
撑稳哩 tsʰaŋ⁵¹ven³¹li⁰ 吃得太多了，撑着了
嘴上淡瘪⁼瘪⁼哩 tɕi³⁵hɔŋ³¹tʰan³¹piɛʔ³³
　　　piɛʔ⁴⁵li⁰ 嘴没味儿

洗手 se³³ɕiu³⁵
洗面 se³⁵miɛn³¹ 洗脸
*荡口 tʰɔŋ³¹kʰəɯ³⁵
编头发 pʰiɛn³¹tʰəɯ²³faʔ⁴⁵ 梳辫子
剪手指甲 tɕiɛn³³ɕiu³⁵tsɿ³³kaʔ⁴⁵
钩耳屎 kəɯ³¹ȵi³⁵sɿ⁰ 掏耳朵
抹身 muɛʔ⁴⁵sen³¹ 擦澡
□凉 uɛ⁵⁵liɔŋ²³ 乘凉
晒热头 sa³³ȵiɛʔ⁴⁵tʰəɯ⁰ 晒太阳
*炙火 tsak³³ho³⁵
点灯 tiɛn³⁵tɛn³¹
□乌 pʰaŋ³¹vu³¹ 熄灯
□啊仔 uɛ³⁵a³¹tsɛ⁰ 歇歇，休息一会儿
摊床 tʰan³¹sɔŋ²³ 铺床
困下 kʰuen⁵³ha³¹ 躺下
困着哩 kʰuen³³tsʰɔk⁴⁵li⁰ 睡着了
困唔着 kʰuen⁵⁵ŋ²³tsʰɔk⁴⁵ 睡不着
困当昼 kʰuen³³tɔŋ³¹tɕiu⁵¹ 睡午觉
向天困 ɕiɔŋ⁵³tʰiɛn³¹kʰuen⁵¹ 仰面睡
侧个困 tsɛʔ⁴⁵ko⁰kʰuen⁵¹ 侧着睡
□□覆困 an³³an³⁵pʰək³³kʰuen⁵¹ 趴着睡
偏颈 pʰiɛn³¹tɕiaŋ³⁵ 落枕
抽筋 tɕʰiu³¹kɛn³¹
说梦话 kɔŋ³⁵mɛn³¹fa³¹
吓醒哩 hak³³ɕiaŋ³⁵li⁰ 魇住了
熬夜 ŋau²³ia³¹
熬眼过夜 ŋau²³ŋan³³ko⁵³ia³¹ 开夜车
□ kəɯ²³ 看
出工 tsʰeʔ⁴⁵kəŋ³¹ 上工
　上工 sɔŋ³¹kəŋ³¹
放工 fɔŋ⁵³kəŋ³¹ 收工
出去哩 tsʰeʔ²³kʰi⁵³li⁰ 出去了

归屋下哩 kue³¹vək⁴⁵ha³¹li⁰ 回家了
浪街 lɔŋ⁵³kai³¹ 逛街
散步 san⁵³pʰu³¹

十七　讼事

告状 kau⁵³tsʰɔŋ³¹
原告 ȵiɛn²³kau⁵¹
被告 pʰi³¹kau⁵¹
状子 tsʰɔŋ⁵³tsɿ⁰
退堂 tʰi⁵⁵tʰɔŋ²³
问案 men³¹uɛn⁵¹
过堂 ko⁵⁵tʰɔŋ²³
证人 tsen⁵⁵ȵin²³
人证 ȵin²³tsen⁵¹
物证 veʔ³³tsen⁵¹
对质 ti³³tseʔ⁴⁵
刑事 ɕin²³sɿ³¹
民事 men²³sɿ³¹
家务事 ka³¹vu⁵³sɿ³¹
律师 liʔ⁴⁵sɿ³¹
代笔 tʰai³¹peʔ⁴⁵ 代书，指代人写状子的
服 fək⁴⁵
唔服 m²³fək⁴⁵ 不服
判 pʰan⁵¹ 宣判
承认 sen²³ȵin³¹
口供 kʰəɯ³⁵kəŋ³¹
供 kəŋ⁵¹ ～出同谋
同谋 tʰəŋ³¹məɯ²³
犯法 fan³¹faʔ⁴⁵
犯罪 fan³¹tsʰe³¹
诬告 mu²³kau⁵¹
连坐 liɛn²³tsʰo³¹

取保 tɕʰi³³pau³⁵
捉起来 tsɔk³³tɕʰi⁵⁵li²³ 逮捕
押 aʔ⁴⁵ 押解
囚车 tɕʰiu²³tsʰa³¹
青天老爷 tɕʰian³¹tʰiɛn³¹lau³⁵ia⁰
贪官 tʰan³¹kuɛn³¹
得背 tɛʔ⁴⁵pʰuɛ³¹ 受贿
送背 səŋ⁵³pʰuɛ³¹ 行贿
罚款 faʔ³³kʰuɛn³⁵
斩头 tsan⁵⁵tʰəɯ²³
打靶 ta³³pa³⁵ 枪毙
　　枪毙 tɕʰiɔŋ³¹pi³⁵
拷打 kau³³ta³⁵
打屎窟 ta³³sɿ³⁵kʰueʔ⁴⁵ 打屁股
上枷 sɔŋ³¹ka³¹
脚链 tɕiɔk⁴⁵liɛn³¹ 脚镣
*缚起来 tʰak³³tɕʰi⁵⁵li²³
　　捆起来 kʰuen³³tɕʰi⁵⁵li²³
关起来 kuan³¹tɕʰi⁵⁵li²³ 囚禁起来
坐关房 tsʰo³¹kuan³¹fɔŋ²³ 坐牢
偷走 tʰəɯ³¹tsəɯ³⁵ 越狱
立字据 liʔ⁴⁵tsɿ³¹tɕi³¹
按手指模 uɛn³³ɕiu³⁵tsɿ⁵⁵mu²³ 按手印
交税 kau³¹se⁵¹
地租 tʰi²³tsu³¹
地契 tʰi³¹kʰi⁵¹
税契 se³³kʰi⁵¹
纳税 naʔ³³se⁵¹
　　交税 kau³¹se⁵¹
执照 tseʔ³³tsəɯ⁵¹
告示 kau⁵³sɿ³¹
通知 tʰəŋ³¹tsɿ³¹

路条 lu³¹tʰiəɯ²³

命令 men³¹len³¹

印 in⁵¹

交代 kau³¹tʰue³¹

上任 sɔŋ³¹in³¹

下任 ha³¹in³¹ 卸任

撤了 tsʰɛʔ⁴⁵liəɯ⁰ 罢免

案卷 uen³³tɕien³⁵

传票 tsʰuen²³pʰiəɯ⁵¹

十八　交际

应酬 in⁵⁵tɕiu²³

来往 li²³vɔŋ³⁵

看人 kʰuɛn⁵⁵ȵin²³ 去看望人

拜往 pai³³vɔŋ³⁵ 拜访

请客 tɕʰiaŋ³⁵kʰak⁴⁵

招待 tsəɯ³¹tʰai³¹

男子客 nan³¹tsɿ³⁵kʰak⁴⁵ 男客

妇娘客 fu³¹ȵiɔŋ⁰kʰak⁴⁵ 女客

送礼 sɔŋ³³li³⁵

礼物 li³⁵veʔ⁴⁵

人情 ȵin³¹tɕʰin⁰

做客 tso³³kʰak⁴⁵

待客 tʰai³¹kʰak⁴⁵

陪客 pʰi²³kʰak⁴⁵

送客 sɔŋ³³kʰak⁴⁵

唔送哩 ŋ²³sɔŋ⁵³li⁰ 不送了，主人说的客气话

唔客气 ŋ²³kʰak³³tɕʰi⁵¹ 不客气

摆桌席 pai³⁵tsɔk³³ɕiʔ⁴⁵ 摆酒席

一桌酒席 iʔ²³tsɔk⁴⁵tɕiu³⁵ɕiʔ⁴⁵

请帖 tɕʰiaŋ³⁵tʰiɛʔ⁴⁵

送帖 sɔŋ³³tʰiɛʔ⁴⁵ 下请帖

坐桌 tsʰo³¹tsɔk⁴⁵ 入席

上菜 sɔŋ³¹tsʰai⁵¹

劝酒 tɕʰien³³tɕiu³⁵

猜拳 tsʰai³¹kʰuɛn²³ 行酒令

唔合适 ŋ²³haʔ³³seʔ⁴⁵ 不和：渠□ lɛn⁰ 两个～他们俩不和

冤家 vɛn³¹ka³¹

冤枉 vɛn³⁵vɔŋ³¹

插话 tsʰaʔ⁴⁵fa³¹

闲谈 han³¹tʰan²³ 名词，闲话

讲闲谈 kɔŋ³⁵han³¹tʰan²³ 闲聊

做作 tso³³tsɔk⁴⁵

摆架子 pai³⁵ka⁵³tsɿ⁰

诈呆 tsa⁵⁵ŋuɛ²³ 装傻

出洋相 tsʰeʔ⁴⁵iɔŋ²³ɕiɔŋ⁵¹

跌古 tiɛʔ³³ku³⁵ 丢人
　跌人 tiɛʔ⁴⁵ȵin²³

巴结 pa³¹tɕiɛʔ⁰

□□前 lau³¹lau³¹tɕʰien²³ 拉近乎

看得起 kʰuɛn³³teʔ³³tɕʰi³⁵

看唔起 kʰuɛn³³ŋ³¹tɕʰi³⁵ 看不起

恰伙 kaʔ³³ho³⁵ 合伙儿

应 ɛn⁵¹ 答应

唔应 ŋ²³ɛn⁵¹ 不答应

逐出去 tɕiək³³tsʰeʔ³³kʰi⁵¹ 撵出去

十九　商业交通

字号 tsʰɿ³¹hau³¹

招牌 tsəɯ³¹pʰai⁰

广告 kɔŋ³⁵kau⁵¹

开店 kʰuɛ³¹tien⁵¹

店面 tien⁵³mien³¹

摆摊子 pai³⁵tʰan³¹tsɿ⁰
饭店上吃 fan³¹tiɛn⁵³hɔŋ³¹tɕʰiak⁴⁵ 下馆子
小工 ɕiəɯ³⁵kəŋ³¹
布店 pu³³tiɛn⁵¹
百货店 pak³³ho³³tiɛn⁵¹
杂货店 tsʰaʔ³³ho³³tiɛn⁵¹
油盐店 iu³¹iɛn²³tiɛn⁵¹
粮店 liɔŋ²³tiɛn⁵¹
瓷器店 tsʰɿ²³tɕʰi³³tiɛn⁵¹
文具店 vɛn²³tɕʰi³¹tiɛn⁵¹
茶馆 tsʰa²³kuɛn³⁵
剃头店 tʰi⁵⁵tʰəɯ²³tiɛn⁵¹ 理发店
刮面 kuaʔ⁴⁵miɛn³¹ 刮脸
剃须姑 tʰi⁵³ɕi³¹ku³¹ 刮胡子
当馆 tɔŋ³³kuɛn³⁵ 当铺
租屋仔 tsu³¹vək⁴⁵tse⁰ 租房子
煤球 muɛ³¹tɕʰiu²³
开业 kʰuɛ³¹n̥iɛʔ⁴⁵
停业 tʰɛn²³n̥iɛʔ⁴⁵
盘点 pʰuɛn²³tiɛn³⁵
柜台 kʰuɛ³¹tʰai²³
开价 kʰuɛ³¹ka⁵¹
还价 van²³ka⁵¹
降价 kaŋ³³ka⁵¹
加价 ka³¹ka⁵¹
公道 kəŋ³¹tʰau⁰
暴⁼啊了 pʰau³¹a³¹liəɯ³⁵ 包圆儿
生意好 sɛn³¹i⁰hau³⁵
冇生意 mau²³sɛn³¹i⁰ 买卖清淡
保本 pau³³pɛn³⁵
赚钱 tsʰuɛn³¹tɕʰiɛn²³
利息 li³¹ɕiʔ⁰

运气好 vɛn³¹tɕʰi³³hau³⁵
差 tsʰa³¹ ~ tsa³¹ ~五角钱
押金 aʔ⁴⁵tɕin³¹
开消 kʰuɛ³¹ɕiəɯ³¹
收账 ɕiu³¹tsɔŋ⁵¹
出账 tsʰeʔ³³tsɔŋ⁵¹
欠账 tɕʰiɛn³³tsɔŋ⁵¹
要账 iəɯ³³tsɔŋ⁵¹
死账 sɿ³⁵tsɔŋ⁵¹ 烂账
发票 faʔ³³pʰiəɯ⁵¹
收据 ɕiu³¹tɕi³¹
存款 tsʰɛn²³kʰuɛn³⁵
纸票 tsɿ³⁵pʰiəɯ⁵¹ 纸币
铜钱 tʰəŋ³¹tɕʰiɛn⁰ 铜板儿
花边 faʔ³¹piɛn³¹ 银圆
一分钱 iʔ⁴⁵fɛn³¹tɕʰiɛn²³
一角钱 iʔ³³kɔk⁴⁵tɕʰiɛn²³
一块钱 iʔ³³kʰuai⁵⁵tɕʰiɛn²³
十块钱 sɛʔ³³kʰuai⁵⁵tɕʰiɛn²³
一百块钱 iʔ³³pak³³kʰuai⁵⁵tɕʰiɛn²³
一张纸票 iʔ⁴⁵tsɔŋ³¹tsɿ³⁵pʰiəɯ⁵¹ 一张钞票
一个铜钱 iʔ⁴⁵ko⁵³tʰəŋ³¹tɕiɛn⁰ 一个铜子儿
天平 tʰiɛn³¹pʰiaŋ²³
磅秤 pɔŋ³³tsʰɛn⁵¹
秤盘 tsʰɛn⁵¹pʰuɛn²³
秤星 tsʰɛn⁵³ɕiaŋ³¹
秤梗 tsʰɛn³³kuaŋ³⁵ 秤杆儿
秤钩子 tsʰɛn³³kəɯ³¹tsɿ³⁵
秤砣 tsʰɛn⁵⁵tʰo²³ 秤锤
秤毫 tsʰɛn⁵⁵hau²³
秤纽 tsʰɛn³³nəɯ³⁵
高 kau³¹ 称物时，秤尾高，指足秤

□ lai²³ 称物时，秤尾低，指不足秤
荡斗 tʰɔŋ³³təu³⁵ 刮板，指平斗斛的木片
铁路 tʰiɛʔ⁴⁵lu³¹
铁轨 tʰiɛʔ⁴⁵kue³⁵
火车 ho³⁵tsʰa³¹
火车站 ho³⁵tsʰa³¹tsan³⁵
公路 kɔŋ³¹lu³¹
汽车 tɕʰi⁵³tsʰa³¹
客车 kʰak⁴⁵tsʰa³¹
 大车 tʰai³¹tsʰa³¹
货车 ho⁵³tsʰa³¹
公共汽车 kɔŋ³¹kʰəŋ³¹tɕʰi⁵³tsʰa³¹
细车仔 ɕi⁵³tsʰa³¹tseº 小轿车
 小车 ɕiəu³⁵tsʰa³¹
 小包车 ɕiəu³⁵pau³¹tsʰa³¹
摩托车 mo²³tʰɔk⁴⁵tsʰa³¹
三轮车 san³¹len²³tsʰa³¹
船 sɛn²³
帆 fan²³
篷 pʰəŋ²³
旗杆 tɕʰi²³kuɛn³¹ 桅杆

二十　文化教育

进学 tɕin³³hɔk⁴⁵ 开始上小学
小学 ɕiəu³³hɔk⁴⁵
中学 tsəŋ³¹hɔk⁴⁵
大学 tʰai³¹hɔk⁴⁵
偷归 tʰəu³¹kue³¹ 逃学
 逃学 tʰau²³hɔk⁴⁵
幼儿园 iu³³lu³¹vɛn²³
托儿所 tʰɔk⁴⁵lu³¹so³⁵
学费 hɔk³³fi⁵¹

放假 fɔŋ³³ka³⁵
暑假 su³³ka³⁵
寒假 huɛn²³ka³⁵
请假 tɕʰiaŋ³³ka³⁵
上课 sɔŋ³¹kʰo⁵¹
下课 ha³¹kʰo⁵¹
讲台 kɔŋ⁵⁵tʰai²³
黑板 hɛʔ³³pan³⁵
白粉 pʰak³³fen³⁵ 粉笔
黑板擦 hɛʔ³³pan³⁵tsʰaʔ⁴⁵
点名册 tien⁵⁵miaŋ²³tsʰak⁴⁵
戒尺 kai³³tsʰak⁴⁵
图钉 tʰu²³tiaŋº
笔记本 peʔ³³tɕi³³pen³⁵
课本 kʰo³³pen³⁵
铅笔刀 vɛn²³peʔ⁴⁵tau³¹
圆规 vɛn²³kue³¹
三角板 san³¹kɔk⁴⁵pan³⁵
作文本 tsɔk⁴⁵vɛn²³pen³⁵
大字本 tʰai³¹tsʰɿ³¹pen³⁵
笔鞘 peʔ³³ɕiəu⁵¹ 保护毛笔头的笔帽
笔筒 peʔ⁴⁵tʰəŋ²³
挼墨 no²³mɛʔ⁴⁵ 研墨，动宾
钢笔水 kɔŋ³³peʔ³³fi³⁵ 钢笔用的墨水儿
读书人 tʰək⁴⁵su³¹ȵin²³
识字个 sɛʔ⁴⁵tsʰɿ³¹koº 识字的
唔识字个 m²³sɛʔ⁴⁵tsʰɿ³¹koº 不识字的
读书 tʰək⁴⁵su³¹
背书 pʰuɛ³¹su³¹
报考 pau³³kʰau³⁵
考场 kʰau⁵⁵tsʰɔŋ²³
进场 tɕin³³ tsʰɔŋ²³ 进考场

考卷 kʰau³³tɕien³⁵
满分 muɛn³³fen³⁵
零分 lɛn³¹fen³⁵
放榜 fɔn³³pɔŋ³⁵ 发榜
头名 tʰiɐɯ³¹miaŋ²³
落□名 lɔk³³tɔk⁴⁵miaŋ²³ 末名
毕业 peʔ³³ŋuɛʔ⁴⁵
文凭 ven³¹pʰen²³
大楷 tʰai³¹kʰai³⁵
小楷 ɕiəɯ³³kʰai³⁵
字帖 tsʰi³¹tʰiɛʔ⁴⁵
描 miəɯ²³ 临帖
涂了 tʰu²³liəɯ⁰
写白字 ɕia³⁵pʰak⁴⁵tsʰɿ³¹
漏字 ləɯ³¹tsʰɿ³¹ 掉字
草稿 tsʰau³³kau³⁵
起稿 tɕʰi³¹kau³⁵
抄正 tsʰau³¹tsen⁵¹ 誊清
一点 iʔ³³tiɛn³⁵
一横 iʔ⁴⁵vaŋ²³
一直 iʔ³³tsʰeʔ⁴⁵ 一竖
一劈 iʔ³³pʰiak⁴⁵ 一撇
一捺 iʔ⁴⁵nai³¹
一勾 iʔ⁴⁵ kəɯ³¹
一提 iʔ⁴⁵tʰi²³ 一挑
一划 iʔ³³vak⁴⁵ 一画，王字是四画
偏旁 pʰiɛn³¹pʰɔŋ²³
单人旁 tan³¹n̩in³¹pʰɔŋ²³ 立人儿
双人旁 sɔŋ³¹n̩in³¹pʰɔŋ²³ 双立人儿
宝盖头 pau³⁵kuɛ⁵⁵tʰəɯ²³ 宀
竖心旁 su⁵⁵ɕin³¹pʰɔŋ²³
狗爪旁 kəɯ³³tsau⁵⁵pʰɔŋ²³ 反犬旁

单耳旁 tan³¹n̩i⁵⁵pʰɔŋ²³ 卩
双耳旁 sɔŋ³¹n̩i⁵⁵pʰɔŋ²³ 阝
反文旁 fan³⁵ven³¹pʰɔŋ²³ 攵
王字旁 vɔŋ²³tsʰɿ³¹pʰɔŋ²³
敦土旁 ten³³tʰu³³pʰɔŋ²³ 提土旁
竹字头 tsək⁴⁵tsʰɿ³¹tʰəɯ²³
火字旁 ho³⁵tsʰɿ³¹pʰɔŋ²³
四点水 sɿ³³tiɛn³³fi³⁵ 灬
三点水 san³¹tiɛn³³fi³⁵
两点水 liɔŋ³³tiɛn³³fi³⁵
病字头 pʰiaŋ²³tsʰɿ³¹tʰəɯ²³ 疒
走字底 tsəɯ³⁵tsʰɿ³¹te³⁵ 辶
绞丝旁 kau³⁵sɿ³¹pʰɔŋ²³
提手旁 tʰi³¹ɕiu³⁵pʰɔŋ²³
草字头 tsʰau³⁵tsʰɿ³¹tʰəɯ²³

二十一　文体活动

踢球仔 tʰiak⁴⁵tɕʰiu²³tse⁰ 踢毽儿
打□霸 ta⁵⁵pia²³pa⁵¹ 一种折纸游戏，把纸折成小块厚四方形，用劲摔到地下，看其正反面定胜负。
外＝婆吊鸡仔 ŋai³¹pʰo³¹tiəɯ³³ki³¹tse³⁵ 小孩游戏，老鹰抓小鸡
打王＝妄 ta⁵⁵vɔŋ²³vɔŋ⁵¹ 荡秋千
打袭削子 ta³⁵ɕiʔ³³ɕiɔk⁴⁵tsɿ⁰ 打水漂儿
跳格仔 tʰiəɯ³³kak⁴⁵tse⁰ 跳房子
作古 tsɔk³³ku³⁵ 出谜语
麻雀 ma²³tɕiɔk⁴⁵ 麻将
　麻将 ma²³tɕiɔŋ⁵¹
丢骰子 tiu³¹tʰəɯ³¹tsɿ³⁵ 掷色子
密牯 mɛʔ³³ku³⁵ 赌博的一种，三张牌合计整数称为密牯

放炮仗 fɔŋ³³pau⁵³tsʰɔŋ³¹ 放鞭炮
两响炮 liɔŋ³³ɕiɔŋ³⁵pʰau⁵¹ 二踢脚
烟花 iɛn³¹fa³¹
放烟炮 fɔŋ³³iɛn³¹pʰau⁵¹ 放花炮
象棋 ɕiɔŋ³¹tɕʰi²³
将 tɕiɔŋ⁵¹
帅 sai⁵¹
士 sɿ³¹
象 ɕiɔŋ³¹
相 ɕiɔŋ³¹
车 tɕi³¹
马 ma³¹
炮 pʰau⁵¹
兵 pen³¹
卒 tseʔ⁴⁵
*扨卒 sɔŋ³⁵tseʔ⁴⁵
叉士 tsʰa⁵³sɿ³¹ 上士，即士走上去
上士 sɔŋ³¹sɿ³¹
落士 lɔk⁴⁵sɿ³¹ 士走下来
飞象 fi³¹ɕiɔŋ³¹
落象 lɔk⁴⁵ɕiɔŋ³¹
将军 tɕiɔŋ³¹tɕin³¹
围棋 vi³¹tɕʰi²³
乌子 vu³¹tsɿ³⁵ 黑子
白子 pʰak³³tsɿ³⁵
和棋 ho³¹tɕʰi²³
拔河 pʰaʔ⁴⁵ho²³
洗澡仔 se³³tsau³⁵tseº 游泳
*骨⁼汤记⁼ kueʔ³³mi³³tɕi⁵¹
打球 ta⁵⁵tɕʰiu²³
比赛 pi³⁵sai⁵¹
乒乓球 pen³³paŋ⁵⁵tɕʰiu²³
篮球 lan³¹tɕʰiu²³

排球 pʰai³¹tɕʰiu²³
脚球 tɕiɔk⁴⁵tɕʰiu²³ 足球
羽毛球 i³¹mau³³tɕʰiu²³
跳远 tʰiɯ³³vɛn³⁵
跳高 tʰiɯ⁵³kau³¹
栽翻斗 tsai³¹fan³³təɯ³⁵ 翻跟头
□ kʰuan³¹ 地下打滚
蜡⁼蜡⁼倒 laʔ³³laʔ⁴⁵tau⁵¹ 倒立
*打船灯 ta⁵⁵sɛn²³tɛn³¹
*船公 sɛn²³kɔŋ³¹
*船婆 sɛn³¹pʰo²³
*舞龙灯 vu⁵⁵liɔŋ²³tɛn³¹
驳高脚 pɔk⁴⁵kau³¹tɕiɔk⁴⁵ 高跷
打腰鼓 ta³⁵iɯ³¹ku³⁵
跳舞 tʰiɯ³³vu³⁵
傀儡戏 kue³³li³⁵tɕʰi⁵¹ 木偶戏
京戏 tɕin³¹tɕʰi⁵¹ 京剧
话戏 fa³¹tɕʰi⁵¹ 话剧
戏院 tɕʰi³³vɛn⁵¹
戏台 tɕʰi⁵⁵tʰai²³
演员 iɛn⁵⁵vɛn²³
丑角 tɕʰiu³⁵kɔk⁴⁵
老生 lau³⁵sɛn³¹
小生 ɕiɯ³⁵sɛn³¹
武生 vu³⁵sɛn³¹
老旦 lau³⁵tan⁵¹
青衣 tɕʰiaŋ³¹i³¹
花旦 fa³¹tan⁵¹
小旦 ɕiɯ³⁵tan⁵¹
锯琴仔 ki⁵⁵tɕʰin²³tseº 拉二胡

二十二　动作

跌倒哩 tieʔ⁴⁵tau³¹liº 跌倒了

纵⁼tsəŋ⁵¹头朝下摔倒：～啊地下头朝下摔到地下

爬起来pʰa²³tɕi⁵⁵lɿ²³

摇头iəu³¹tʰəu²³

　□头men⁵⁵tʰəu²³小孩摇头

鎮头ŋan⁵⁵tʰəu²³点头

昂头ŋɔŋ⁵⁵tʰəu²³抬头

□头tɕʰin⁵⁵tʰəu²³低头

到头tau⁵⁵tʰəu²³回头

东⁼təŋ³¹用头顶：新人出门上间渠头□na²³上要～一个红帕新娘出门时头上要顶一个红帕子

面到转来mien³¹tau³³tsen⁵⁵lɿ²³脸转过来

面到转去mien³¹tau³³tsen³⁵kʰi⁵¹脸转过去

□kuan²³瞪大眼睛斜视

撞倒tsʰɔŋ³¹tau³¹遇见

出眼泪tsʰeʔ³³ŋan³⁵li⁵¹流眼泪

嘴嘟嘟tɕi³³tu³³tu⁵¹努嘴

嘴翘翘tɕi³³tɕʰiəu³³tɕʰiəu⁵¹噘嘴

动手tʰən³¹ɕiu³⁵

拍手pʰɔk³³ɕiu³⁵

背手pʰueʔ³¹ɕiu³⁵背着手儿

交手kʰau³¹ɕiu³⁵①叉着手，指两手交叉在胸前。②指不干活或活儿很轻松

掆mak⁴⁵用棍子打：捉渠紧～用棍子把他狠揍一顿

*搣vaʔ³⁵

*燂tʰan²³

□pʰia⁵¹摔易碎的东西：～烂打破

*撐稳εʔ⁴⁵venʔ³¹

*艬头tʰen³¹tʰəu²³

□伙tʰen⁵³ho³¹①凑热闹。②帮忙

*扔扔扔扔paŋ³¹paŋ³¹sən³³sən³⁵

引引前in³¹in³¹tɕʰien²³小孩不断往前靠

惜ɕiak⁴⁵用手摩挲：～细人仔

摸mia³¹用手摩挲：～猫公

迎niaŋ²³用手托着向上

兜屎təu³¹sɿ³⁵把屎

兜屎təu³¹niəu³¹把尿

扶稳pʰu²³venʔ³⁵扶着

必⁼手指peʔ³³ɕiu³⁵tsɿ⁵¹弹指头

扼拳头ak⁴⁵kʰuen³¹tʰəu⁰攥起拳头

□nak⁴⁵做糕点时用手抓捏

蹬脚ten³³tɕiɔk⁴⁵跺脚

□脚naŋ³³tɕiɔk⁴⁵踮脚

翘交脚tɕʰiəu³³kʰau³¹tɕiɔk⁴⁵跷二郎腿

缩脚sək³³tɕiɔk⁴⁵蜷腿

艳⁼脚ien³³tɕiɔk⁴⁵抖腿

踢脚tʰiak³³tɕiɔk⁴⁵踢腿

伸腰tsʰen³¹iəu³¹

撑腰tsʰaŋ⁵³iəu³¹

翘屎窟tɕʰiəu³³sɿ³⁵kʰueʔ⁴⁵撅屁股

搥背tsʰe²³pueʔ⁵¹

说⁼鼻脓sueʔ⁴⁵pʰi³¹nəŋ⁰吸溜鼻涕

嫌弃ɕien²³tɕʰi⁵¹

□tɔk⁴⁵吃大餐：～一餐好吃个吃一顿好吃的

□ŋaʔ⁴⁵吃，诙谐说法，贬义：渠岸⁼会～他很能吃

□taʔ⁴⁵吃，喝酒之类：昼边有冇～啊中午有没有好吃的啊？

□kuaʔ⁴⁵吃，贬义：□lɔŋ³⁵会～骂小孩很能吃

□fen⁵¹吃，有消灭之意：～了渠吃掉它｜～饱来吃饱来

兜起təu³¹tɕʰi³⁵提起：～东西

拭tsʰeʔ⁴⁵擦掉

跌tieʔ⁴⁵落，指因忘记而把东西遗放在某处

跟到哩ken³¹tau³¹li⁰找着了

蒙miaŋ³¹把东西蒙起来：～稳鼓来打指背着他人做事情

族⁼上族⁼下 tsʰək⁴⁵sɔŋ³¹tsʰək⁴⁵ha³¹ 走上走下，贬义

□进□出 tak³³tɕin³³tak³³tsʰeʔ⁴⁵ 频繁进出并开门关门

堆 tue³¹ 码起来

密⁼meʔ⁴⁵ ①搞，弄：～哩一嘴都乌个 弄了一嘴都黑的。②让，使：盖⁼件事～阿好唔高兴 这件事让我很不高兴

舞 vu³¹

弄 lɔŋ³¹

剹 lak⁴⁵ 用刀划

*刾 tʰiəɯ³¹

*绽 tsʰan⁵¹

*斗 təɯ⁵¹

*摎 lo³¹

*攊 lək⁴⁵

*揾 ven⁵¹

赶 kuɛn³⁵ 断暗ᵗⁱᵃⁿ天黑前你一定要～到

晓得哩 ɕiəɯ³⁵tɛʔ⁴⁵li⁰ 懂了

会哩 ue³¹li⁰ 会了

识字 seʔ⁴⁵tsʰɿ³¹

能⁼一下 nɛn²³iʔ⁴⁵ha³¹ 想一想

掐 kʰaʔ⁴⁵ 估量

想主意 ɕiɔŋ³³tsu³⁵i⁵¹

猜想 tsʰai³¹ɕiɔŋ³⁵

算定 sue⁵³tʰen³¹ 料定

主张 tsu³⁵tsɔŋ³¹

怀疑 fai³¹n̩i²³

冇宗旨 mau²³tsɔŋ³¹tsɿ³⁵ 犹疑

注意 tsu³³i⁵¹ 留神

吓到哩 hak⁴⁵tau³¹li⁰ 吓着了

着急 tsʰɔk³³tɕiʔ⁴⁵

挂念 kua⁵³n̩iɛn³¹

放心 fɔŋ⁵³ɕin³¹

想 ɕiɔŋ³⁵ 盼望

巴不得 pa³¹pɛʔ³³tɛʔ⁴⁵

想起来哩 ɕiɔŋ³³tɕʰi⁵⁵li²³li⁰

眼珠红 ŋan³⁵tsu³¹fɔŋ²³ 眼红，指嫉妒

恨 hɛn³⁵

岸⁼想 ŋan³¹ɕiɔŋ³⁵ 羡慕

偏心 pʰiɛn³¹ɕin³¹

膨气 pʰaŋ²³tɕʰi⁵¹ 怄气

郁气 veʔ⁴⁵tɕʰi⁵¹

打□ ta³⁵nək⁴⁵ ①打寒噤。②吓一跳

怨 vɛn⁵¹ 抱怨

忍气 n̩in³¹tɕʰi⁵¹ 憋气

敨气 tʰəɯ³¹tɕʰi⁵¹ 呼吸

敨大气 tʰəɯ³¹tʰai³¹tɕʰi⁵¹ ①干活累了时喘气。②叹气

轻惜 tɕʰiaŋ³¹ɕiak⁴⁵ 对物爱惜

多谢 to³¹ɕiaŋ⁰～to³¹ɕiak⁰ 前一个是老派说法，后一个是新派说法，表感谢

顺 sen³¹ 娇惯

得意 tɛʔ³³i⁵¹ 宠爱

让 n̩iɔŋ³¹ 迁就

搭嘴 taʔ³³tɕi³⁵ 搭茬儿

唔声唔气 ŋ²³saŋ³¹ŋ²³tɕʰi⁵¹ 不作声

背短撑 pi³³tuɛn³⁵tsʰaŋ⁵¹ 抬杠

应嘴 ɛn³³tɕi³⁵ 顶嘴

分人骂 peʔ⁴⁵n̩in²³ma³¹ 挨骂

交代 kau³¹tai⁵¹ 嘱咐

分人声 peʔ⁴⁵n̩in²³saŋ³¹ 挨说，挨批评

年⁼□ n̩iɛn²³n̩iɛn⁵¹ 叨唠

叽叽□□ tɕi³¹tɕi²³tɕia³³tɕia⁵¹ 叽叽喳喳，指不断说话的声音

哇哇哇哇 via³¹via²³via³³via⁵¹ 哇哇叫，指话多

死嬷声 sŋ⁵⁵ma²³saŋ³¹ 歇斯底里发出的声音

喊 han⁵¹ ～渠来叫他来

辟⁼你个□□ pʰeʔ⁴⁵n̩³¹koºtɕiʔ³³tɕiɔk⁴⁵ 回敬别人不吉利的话时的用语

二十三　位置

地下 tʰi²³haº ①地下：小心！唔要跌啊～小心!不要掉到地下。②地上：～岸窝⁼糟地上很脏

天上 tʰiɛn³¹hɔŋº

半天门 puɛn⁵⁵tʰiɛn³¹men²³ 半空中

岭岗上 liaŋ³⁵kɔŋ³¹hɔŋ³¹ 山上

墙头上 tɕʰiɔŋ³¹tʰəu²³hɔŋº 墙上

门上 men²³hɔŋº

桌（仔）上 tsɔk⁴⁵（tseº）hɔŋ³¹ 桌上

舷上 ɕien²³hɔŋº 边儿上

手上 ɕiu³⁵hɔŋº 手里

心上 ɕin³¹hɔŋº 心里

大门壁背 tʰai³¹men²³piak³³puɛ⁵¹ 大门外

门背 men²³puɛ⁵¹ 门儿外

墙头壁背 tɕʰiɔŋ³¹tʰəuºpiak³³puɛ⁵¹ 墙外 壁背 piak³³puɛ⁵¹

亮子壁背 liɔŋ³¹tsŋ³piak³³puɛ⁵¹ 窗户外头

车上 tsʰa³¹hɔŋº ～坐哩二十个人

车壁背 tsʰa³¹piak³³puɛ⁵¹ 车外

车面前 tsʰa³¹miɛn³¹tɕʰiɛnº 车前

车个屎窟头 tsʰa³¹koºsŋ³⁵kʰueʔ⁴⁵tʰəu²³ 车后

岭岗面前 liaŋ³⁵kɔŋ³¹miɛn³¹tɕʰiɛnº 山前

岭岗屎窟头 liaŋ³⁵kɔŋ³¹sŋ³⁵kʰueʔ⁴⁵tʰəu²³ 山后

屋背头 vək³³puɛ⁵⁵tʰəu²³ 屋后

村肚头 tsʰen³¹tu²³tʰəuº 村里面

城肚头 saŋ³¹tu²³tʰəuº 城内

城壁背 saŋ²³piak⁴⁵puɛ⁵¹ 城外

以上 i³⁵sɔŋ³¹

以下 i³⁵ha³¹

东 tɤŋ³¹

西 ɕi³¹

南 nan²³

北 pɛʔ⁴⁵

东南 tɤŋ³¹nan²³

东北 tɤŋ³¹pɛʔ⁴⁵

西南 ɕi³¹nan²³

西北 ɕi³¹pɛʔ⁴⁵

路舷上 lu³¹ɕien²³hɔŋº 路边儿

床底下 sɔŋ³¹ti³⁵ha³¹

楼下 ləm²³ha³¹ 楼底下

脚底下 tɕiɔk³³ti³⁵ha³¹

*碗豚 uɛn³⁵tək⁴⁵

*锅头豚 ko³¹tʰəuºtək⁴⁵

*缸豚 kɔŋ³¹tək⁴⁵

附近 fu⁵³tɕʰin³¹

告⁼ kau⁵¹ 相当于"这里"，常用于故事结束之时：故事就讲到～[哩哟]

　告⁼窝 kau⁵³o³¹

闹⁼仔 nau³¹tseº ①相当于"那儿"：到哩男方～到了男方那儿；②相当于"……的时候"：出门～出门的时候

□闹⁼ n̩i⁵³nau³¹ 也可合音为 nau⁵¹

□饿⁼ n̩i⁵³ŋo³¹ 也可合音为 n̩io⁵¹

眼仔前 ŋan³⁵tseºtɕʰiɛn²³ 跟前儿

　眼珠□下 ŋan³⁵tsu³¹ŋaʔ⁴⁵ha³¹

往里头走 vɔŋ³¹li³⁵tʰəuºtsəu³⁵ 以下四条里的"往"都可以说成"向 ɕiɔŋ³³"

往外头走 vɔŋ³¹ŋai³¹tʰəuºtsəu³⁵

往东走 vɔŋ³¹tɤŋ³¹tsəu³⁵

往西走 voŋ³¹ɕi³¹tsəu³⁵
到转来 tau³³tsɛn⁵⁵li²³ 往回走
往前走 voŋ³¹tɕʰiɛn²³tsəu³⁵
以东 i³⁵təŋ³¹
以西 i³⁵ɕi³¹
以南 i⁵⁵nan²³
以北 i³⁵pɛʔ⁴⁵
以内 i³⁵ne³¹
以外 i³⁵ŋuɛ³¹
以来 i⁵⁵li²³
以后 i³⁵həɯ³¹ 之后
以前 i⁵⁵tɕʰiɛn²³ 之前
之间 tsʅ³¹kan³¹
以上 i³⁵soŋ³¹ 之上
以下 i³⁵ha³¹ 之下

二十四　代词等

阿个 a³¹ko⁰ 我的
人家 n̪in²³ka⁰
囊⁼哩 noŋ²³li⁰ ～ noŋ²³n̪i⁰ 这么：～做
　挪⁼哩 no²³li⁰ ～ no²³n̪i⁰
□ loŋ³⁵ 那么：～高
　囊⁼哩 noŋ²³li⁰ ～ noŋ²³n̪i⁰ 那么：～做
　挪⁼哩 no²³li⁰ ～ no²³n̪i⁰
酱⁼仔办 tɕioŋ⁵³tse⁰pʰan³¹ 怎么办
几 tɕi³⁵ 多：～久｜～高｜～大｜～厚｜～重
阿□两个 a³¹voŋ⁰lioŋ³⁵ko⁰ 我们俩
你□两个 n̪i³¹lɛn⁰lioŋ³⁵ko⁰ 你们俩
渠□两个 ki³¹lɛn⁰lioŋ³⁵ko⁰ 他们俩
两公婆 lioŋ³⁵kəŋ³¹pʰo²³ 夫妻俩
两子娘 lioŋ³³tsʅ⁵⁵n̪ioŋ²³ 娘儿俩，指母亲和子女

两子爷 lioŋ³³tsʅ⁵⁵ia²³ 爷儿俩，指父亲和子女
两子公公 lioŋ³³tsʅ³⁵kəŋ³¹kəŋ³¹ 爷孙俩
两子嫂 lioŋ³³tsʅ³³sau³⁵ 妯娌俩
两子姑 lioŋ³³tsʅ³⁵ku³¹ 姑嫂俩
两子家婆 lioŋ³³tsʅ³⁵ka³¹pʰo²³ 婆媳俩
两兄弟 lioŋ³⁵fiaŋ³¹tʰi³¹ 兄弟俩
两姐妹 lioŋ³³tɕi³⁵muɛ⁵¹ 姐妹俩
两姊妹 lioŋ³³tsʅ³⁵muɛ⁵¹ 姐弟俩
两子舅 lioŋ³³tsʅ³⁵tɕʰiu³¹ 舅甥俩
两子叔 lioŋ³³tsʅ³⁵sək⁴⁵ 叔侄俩
两子师傅 lioŋ³³tsʅ³⁵sʅ³¹fu⁰ 师徒俩

二十五　形容词

不会差 m²³muɛ³¹tsʰa³¹ 不错，颇好之意
透 tʰəɯ⁵¹ ①糟糕：唔会比渠角⁼ ～ 不会比他更糟糕。②程度深：吓哩还 ～ 吓得半死
透火 tʰəɯ³³ho³⁵
意遭 i³³tsau³⁵ 意外
差唔多 tsʰa³¹ŋ²³to³¹ ～ tsa³¹ŋ²³to³¹ 差不多
冇酱⁼仔 mau²³tɕioŋ⁵³tse⁰ 不怎么样
将就 tɕioŋ³¹tɕʰiu³¹ 凑合
俏 tɕʰiəɯ⁵¹ 美，漂亮
硬程 ŋaŋ³¹tsʰaŋ²³ 坚固
怕相 pʰa³³ɕioŋ⁵¹ 腼腆
还会 han²³uɛ³¹ 真行：你～呃！
　岸⁼壁 ŋan³¹piak⁴⁵
唔壁 m²³piak⁴⁵ 不行：盖⁼个家伙头～ 这个家伙不行
失时 sɛʔ⁴⁵sʅ²³ 缺德
灵活 lɛn²³faʔ⁴⁵ 机灵
灵巧 lɛn³¹kʰau³⁵ 渠个手岸⁼ ～
呆碓⁼ ŋuɛ²³tuɛ⁵¹ 糊涂

□ku²³ 不善言辞

*胐缩 nək³³sək⁴⁵

　胐之胐缩 nək⁴⁵tsɿ³¹nək³³sək⁴⁵

执 tseʔ⁴⁵ 死心眼儿

冇□用 mau³¹tʰuɛ²³iəŋ³¹ 孬种

□pəŋ⁵¹ 形容人精明过头，反而失算

整 tsen³⁵ 鸡蛋吃～的

　全 tɕʰiɛn²³

　一个 iʔ³³ko⁵¹

一身 iʔ⁴⁵sen³¹ 全身：～个汗

　全身 tɕʰiɛn²³sen³¹

凸 tʰeʔ⁴⁵

凹 au⁵¹

凉爽 liɔŋ²³sɔŋ³⁵ 凉快

僻静 pʰeʔ⁴⁵tɕʰin³¹

络壳 lɔk³³kʰɔk⁴⁵ 活络，即活动的、不稳固：

　渠买个锄头还～

平正 pʰiaŋ²³tsaŋ⁵¹ 整齐

　整齐 tsen⁵⁵tɕʰi²³

一般般 iʔ⁴⁵puen³¹puen³¹ 一样

称心 tsʰen³¹ɕin³¹

正 tsen⁵¹

斜 tɕʰia²³

走暂 ˭tsɯ³¹tsan³¹ 偏离，指口音不纯正：讲

　稳哩军家话又～哩 说着军家话又走了，指偏

　　到客家话了

*秾 n̩iəŋ²³

*薎 məŋ²³

*溚湿 taʔ³³seʔ⁴⁵

□pʰia³¹ 贪心，什么都想要

□□滚 lɔ³³lɔ³³kuen³⁵ 形容吃饭声音大，速

　度快

□□跌 tɔk³³tɔk³³tiɛʔ⁴⁵ 形容东西不断往下掉

□□滚 ŋaŋ³¹ŋaŋ³¹kuen³⁵ 形容某种声音一直

　在响

猪肝红 tsu³¹kuɛn³¹fəŋ²³ 朱红

粉红色 fen⁵⁵fəŋ²³sɛʔ⁴⁵

深红 tsʰen³¹fəŋ²³

淡红 tʰan³¹fəŋ²³ 浅红

大红 tʰai³¹fəŋ²³

桃红 tʰau³¹fəŋ²³

淡蓝 tʰan³¹lan²³ 浅蓝

深蓝 tsʰen³¹lan²³

天蓝 tʰien³¹lan²³

葱绿 tsʰəŋ³¹liək⁴⁵

草绿 tsʰau³⁵liək⁴⁵

淡绿 tʰan³¹liək⁴⁵ 浅绿

灰白 huɛ³¹pʰak⁴⁵

深灰 tsʰen³¹huɛ³¹

淡灰 tʰan³¹huɛ³¹

深黄 tsʰen³¹vɔŋ²³

淡黄 tʰan³¹vɔŋ²³ 浅黄

青 tɕʰiaŋ³¹

瓦青色 ŋa³⁵tɕʰiaŋ³¹sɛʔ⁴⁵

二十六　副词介词等

刚好 kɔŋ³¹hau³⁵ ～十块钱

刚刚合适 kɔŋ³¹kɔŋ³¹haʔ³³seʔ⁴⁵ 刚巧：～阿在

　□n̩i⁵¹ 样 刚巧我在那儿

*忒 tʰiɛʔ⁴⁵

净 tɕʰiaŋ³¹ ～吃米，唔吃面

有点仔 iu³³tiɛn³⁵tse⁰ 有点儿：天～冷

　有滴仔 iu³⁵teʔ⁴⁵tse⁰

怕 pʰa⁵¹ 也许：～会落雨

唔……唔 ŋ²³…ŋ²³ 非……不：唔到九点唔开会 不到九点不开会

马上 ma³⁵soŋ³¹ 你先行，阿～就来

赶早 kuɛn³³tsau³⁵ 趁早儿：～走

几时 tɕi⁵⁵sŋ²³ 随时：～来都做得 随时来都可以

看稳哩 kʰuɛn⁵³vɛn³¹li⁰ 眼看：～到期哩

好在 hau³⁵tsʰai³¹ 幸亏：～你来哩，唔使阿□lɛn⁰就行差[哩哟] 幸亏你来了，要不然我们就走错了

当面 toŋ³¹mien³¹ 有话～讲

背后 puɛ⁵³hɯɯ³¹ 背地：唔要～讲

一个人 i?³³ko⁵⁵n̠in²³ 一个人，自己：渠～去

顺带 sen³¹tai⁵¹ 顺便儿：请渠～俺阿买本书 请他顺便给我买本书

究竟 tɕiu³³tɕin⁵¹ 到底：渠～走哩啊□maŋ²³走 他到底走了没有？

根本 kɛn³¹pen³⁵ 压根儿：渠～就唔晓得 他压根儿不知道

实在 se?⁴⁵tsʰai³¹ 盖⁼个人～好

快会 kʰuai⁵³uɛ³¹ 将要，接近：盖⁼个人～四十岁哩

唔要 ŋ²³niəu⁵¹ 不要：□□仔行，～丁 慢慢走，不要跑

白 pʰak⁴⁵ ①无代价，不要钱：唔要钱，～吃。②徒然：～行一转 白走一趟

偏偏 pʰien³¹pʰien³¹ 你唔喊阿去，阿～要去

乱 luɛn³¹ 胡：～搞|～讲

先 ɕien³¹ ①某一动作行为或事件发生在前：你～行，阿就跟来。②暂时：盖件事～放下。③原先：渠～喂唔晓得，后来正听人讲 他原先不知道，后来才听人说

另外 lɛn³¹ŋuɛ³¹ ～还有一个人

分 pe?⁴⁵ ①给：送本书～渠。②被：～狗啃哩

一口

把 pa³¹ ～门关稳渠 把门关上

对稳 ti⁵³vɛn³¹ 对着：渠～阿紧笑 他对着我一直笑

到 tau⁵¹ ①往：你～海⁼里去？②达于某一点：～海⁼日为止？

啊 a³¹ ①相当于"在"：放～桌上。②相当于"到"：拂～水斗⁼里 丢到水里。③短时貌和尝试貌标记：吃哩饭出去行～仔 吃了饭出去走走|你尝～仔阿做个点心 你尝尝我做的点心

在 tsʰe³¹ ①表示时间、处所、范围等：渠～海⁼里住 他在哪里住？②从：～海⁼里行 从哪里走？

自从 tsʰŋ³¹tɕʰiəŋ²³ ～渠走哩以后，阿一直唔放心

用 iəŋ³¹ 使：你～毛笔写

藤 tʰen²³ 顺着：～盖⁼条大路一直行

往 voŋ³⁵ 朝：～后面看

俺阿 ka?⁴⁵a³¹ 给我，加重语气：盖⁼碗饭你～吃伶俐来

问 men³¹ ～渠借一本书

喊做 han³³tso⁵¹ 管……叫：有兜地方白薯～山药

拿……做 na³¹…tso⁵¹ 拿……当：有兜地方拿麦梗做柴烧

还细 han²³ɕi⁵¹ 从小：渠～就岸⁼吃苦 他从小就很吃苦

往外 voŋ³¹ŋuɛ³¹ 老王钱岸⁼多，从来就唔～拿 老王钱很多，从来就不往外拿

二十七　量词

张 tsoŋ³¹ 一～椅子|一～凳子|一～桌子

枚 muɛ²³ 一～奖章
　　个 ko⁵¹ 一～奖章
本 pen³⁵ 一～书
笔 peʔ⁴⁵ 一～钱
封 fəŋ³¹ 一～信
服 fək⁴⁵ 一～药
帖 tʰieʔ⁴⁵ 一～药
种 tsəŋ³¹ 一～药
条 tʰiɯ²³ 一～河
顶 ten³⁵ 一～帽子
块 kʰuai⁵¹ 一～墨
行 haŋ²³ 条：一～手巾
行 haŋ²³ 根：一～香
枝 tɕi³⁵ 一～花儿
只 tsak⁴⁵ 一～手
盏 tsan³⁵ 一～灯
桌 tsɔk⁴⁵ 一～酒席
到 tau⁵¹ 场：落一～雨
到 tau⁵¹ 出：看一～戏
身 sen³¹ 一～衣裳
把 pa³⁵ 杆：一～枪
管 kuɛn³⁵ 一～笔
行 haŋ²³ 根：一～头发
个 ko⁵¹ 颗：一～米
块 kʰuai⁵¹ 一～砖
个 ko⁵¹ 口：一～人
眼 ŋan³⁵ 家：一～店
架 ka⁵¹ 一～飞机
间 kan³¹ 一～屋仔
件 tɕʰiɛn³¹ 一～衣裳
篇 piɛn³¹ 一～文章
页 iɛʔ⁴⁵ 一～书
节 tɕiɛʔ⁴⁵ 一～文章

段 tʰuɛn³¹ 一～文章
片 pʰiɛn³⁵ 一～好心
块 kuai⁵¹ 一～肉
脚 tɕiɔk⁴⁵ ①面：一～红旗。②把：一～伞
层 tsʰɛn²³ 一～纸
盘 pʰuɛn²³ 一～棋
头 tʰəɯ²³ 门：一～亲事
刀 tau³¹ 一～纸
叠 tʰiɛʔ⁴⁵ 沓儿：一～纸
件 tɕʰiɛn³¹ 桩：一～事情
缸 kɔŋ³¹ 一～水｜一～金鱼
碗 uɛn³⁵ 一～饭
杯 pi³¹ 一～茶
挼 va³⁵ 把：一～米
抓 tsa³¹ 把儿：一～萝卜菜
包 pau³¹ 一～花生｜一～书
捆 kʰuen³⁵ 卷儿：一～纸
　　筒 tʰəŋ²³
捆 kʰuen³⁵ 一～行李
担 tan³¹ 一～米
担 tan³¹ 挑：一～水
排 pʰai²³ 一～桌子
过 ko⁵¹ 进：一～院子
挂 kua⁵¹ 一～鞭炮
句 tɕi⁵¹ 一～话
个 ko⁵¹ 位：一～客人
对 ti⁵¹ 一～花瓶
套 tʰau⁵¹ 一～书
种 tsəŋ³¹ 一～虫子
伙 ho³⁵ 一～人
帮 pɔŋ³¹ 一～人
批 pʰi³¹ 一～货
出 tsʰeʔ⁴⁵ 拨儿：一～人

下 ha³¹ 起：一～去

窦 təu⁵¹ 窝：一～蜂｜一～狗

串 tsʰuɛn⁵¹ 嘟噜：一～葡萄

刊⁼ kʰan³¹ 大拇指与中指或食指张开的长度

寻 ɕin²³ 两臂平伸两手伸直的长度

手指 ɕiu³⁵tsʅ⁵¹ 一～长

驳仔 pɔk⁴⁵tse⁰ 停儿：一～

成 tsʰaŋ²³ 今年个米贵哩一～

面 miɛn³¹ 脸：一～泥

身 sen³¹ 一～泥

肚仔 tu³⁵tse⁰ 肚子：一～气

餐 tsʰan³¹ 顿：吃一～好吃个

下 ha³¹ 一眼：看一～

　　眼 ŋan³⁵

口 kʰəu³⁵ 吃一～

下仔 ha³¹tse⁰ 一会儿：坐下来讲～

场 tsʰɔŋ²³ 闹一～

面 miɛn³¹ 见一～

个 ko⁵¹ 尊：一～佛像

皮 pʰi²³ 扇：一～门

幅 fək⁴⁵ 一～画

扇 sɛn⁵¹ 堵：一～墙

片 pʰiɛn³⁵ 瓣：一～花

个 ko⁵¹ 处：一～地方

部 pʰu³¹ 一～书

班 pan³¹ 一～车

到 tau⁵¹ 一水：盖⁼件新衣裳洗哩一～

窑 iəu²³ 一炉：烧哩一～砖

团 tʰuɛn²³ 一～泥

堆 tue³¹ 一～屎｜一～尿

排 pʰai²³ 一～牙齿

列 liɛʔ⁴⁵ 一～火车

系列 ɕi³¹liɛʔ⁴⁵

路 lu³¹ 一～公共汽车

师 sʅ³¹ 一～兵

旅 li³¹ 一～兵

团 tʰuɛn²³ 一～兵

营 iaŋ²³ 一～兵

连 liɛn²³ 一～兵

排 pʰai²³ 一～兵

班 pan³¹ 一～兵

组 tsu³¹ 一～学生

撮 tsueʔ⁴⁵ 一～毛

绞 kau³⁵ 轴：一～线

手 ɕiu³⁵ 一～好字｜一～好牌

笔 peʔ⁴⁵ 一～好字

届 tɕia⁵¹ 一～学生

任 in³¹ 做一～村干部

盘 pʰuɛn²³ 一～棋

桌 tsɔk⁴⁵ 请一～客

圈 tɕʰiɛn³¹ 打一～麻将

台 tʰai²³ 唱一～戏

出 tsʰeʔ⁴⁵ 唱一～戏

滴子 teʔ⁴⁵tsʅ⁰ 丝：一～肉

点仔 tiɛn³⁵tse⁰ 点儿：一～面粉

滴 teʔ⁴⁵ 一～雨｜一～眼泪

盒 haʔ⁴⁵ 一～自来火一盒火柴

匣仔 haʔ⁴⁵tse⁰ 匣子：一～首饰

箱仔 ɕiɔŋ³¹tse⁰ 箱子：一～衣裳

架仔 ka⁵³tse⁰ 架子：一～小说

橱 tsʰu²³ 一～书

拖格 tʰo³¹kak⁴⁵ 抽屉：一～文件

篮仔 lan²³tse⁰ 篮子：一～梨

篓 ləu³⁵ 一～炭

炉仔 lu²³tseº 炉子：一～灰
袋 tʰuɛ³¹ 一～干粮
窖子 kau⁵³tsʅº 池：一～水
*罂仔 aŋ³¹tsɛ³⁵
*罂 aŋ³¹
桶 tʰəŋ³⁵ 一～汽油
壶 fu²³ 一～滚水|一～茶
盆 pʰen²³ 一～洗面水
锅头 ko³¹tʰəɯº 锅：一～饭
笪 taʔ⁴⁵ 笼：一～包子
盘 pʰuɛn²³ 一～水果
碟 tʰiɛʔ⁴⁵ 一～小菜
瓠勺 pʰu²³sɔk⁴⁵ 瓢：一～水
勺子 sɔk⁴⁵tsʅº 一～汤
调羹 tʰiəɯ²³kaŋ³¹ 一～酱油|一～汤
莞 təɯ³¹ 棵：一～菜|一～树
钵 puɛʔ⁴⁵ 一～花|一～饭
饭甑 fan³¹tsen⁵¹ 一～饭
菩⁼ pʰu²³ 堆：一～草
帮⁼ pɔŋ³¹ 季，轮：红菌一年可以摘两～
合 kaʔ⁴⁵ 一～米
个把仔 ko⁵³paʔ³¹tseº 个把两个
百把仔 pak⁴⁵paʔ³¹tseº 百把来个
千把仔 tɕʰiɛn³¹paʔ³¹tseº 千把个
万把仔 van³¹paʔ³¹tseº 万把个
里把仔 li³⁵paʔ³¹tseº 里把路
一两里路 iʔ³³liɔŋ³³li³⁵lu³¹
一两亩 iʔ³³liɔŋ³³məɯ³⁵

二十八　附加成分等

后加成分：

绝哩 tɕʰiɛʔ⁴⁵liº 极了：酸～|苦～|远～

得很 tɛʔ³³hen⁵¹ 好～|热～
会死 uɛ³¹sʅ³⁵ 要死：热啊～哩|吵啊～哩
死哩 sʅ³⁵liº 死了：热～|急～|烦～|重～
还透哩 han²³tʰəɯ⁵³liº 得慌：热啊～哩热得慌|病啊～哩病得很严重
吃头 tɕʰiak⁴⁵tʰəɯ²³ ①吃头儿：盖⁼碗菜冇什哩～②喝头儿：盖⁼罂酒冇什哩～
看头 kʰuɛn⁵⁵tʰəɯ²³ 盖⁼出戏冇什哩～
做头 tso⁵⁵tʰəɯ²³ 盖⁼件事冇什哩～
苦头 kʰu⁵⁵tʰəɯ²³ 你唔听人讲啊，以后会有～吃
甜头 tʰiɛn³¹tʰəɯ²³ 渠种脐橙吃到哩～
出头 tsʰeʔ⁴⁵tʰəɯ²³ 在屋下做事做唔～

前加成分：

八⁼ paʔ⁴⁵ ～靓|～牯～靓漂漂亮亮
溜 liu⁵ ～乌|～牯～乌乌黑乌黑
吉⁼ tɕiʔ⁴⁵ ～韧|～牯～韧韧韧的、非常韧
喷 pʰəŋ⁵¹ ～香|～牯～香香喷喷
烹⁼ pʰen³¹ ～轻|～牯～轻轻飘飘
续⁼ ɕʰiək⁴⁵ ～青|～牯～青碧绿碧绿

虚字：

仔 tseº 地：□□nau³³nau⁵¹～行慢慢地走|轻轻～放
得 tɛʔ⁴⁵ 吃～岸⁼多吃得很多|算～□lɔŋ³⁵快算得很快
个 koº 的：阿～|你～|渠～
哩 liº 了：①完成体助词，表示动作、变化已经发生或完成：渠今朝去～两转县头他今天去了两趟县城|阿吃～饭哩。②语气词，表示事情发生变化或即将发生变化：会落雨～，行遽点仔|阿喜欢吃番茄～
稳 ven³¹ 着：①持续体助词，表示动作行为

的持续：你倚～，唔要动。|含～，唔要吐了。②先行体助词：你先行～，阿就跟来

稳哩 ven³¹li⁰ 着：①进行体标志，表示动作行为正在发生：渠吃～饭|渠在讲～话|阿在上～课。②持续体标志：渠手上～笔。③进行＋持续：外头落～雨，你等雨停哩再走

啊 a³¹ 语气词，因语气不同调值不太固定，多为轻声，也有人有时不读轻声。可用于各句类表示各种语气，用于陈述句中也可表示不穷尽列举：做糍吃～，杀头牲～，鸡～，鸭～，猪肉～

欸 e³¹ 语气词，因语气不同调值不固定，多为轻声。①用于疑问句中，相当于"呢"：老四～？②可广泛用于陈述句中，表示停顿或舒缓语气：每一个节～大家人就会做糍做馃；有时也带有假设的语气：添女丁～就冇"上灯"

□ hia³⁵ 语流中习惯性的发语词，表示停顿或舒缓语气，也有人说成 "ha" "lia" 之类的音

甲 ⁼kaʔ⁴⁵ 话语开头习惯性的发语词，也有人说成 "加 ⁼ka³¹" 或 "嘎 ⁼ka²³"

二十九 数字等

一号 iʔ⁴⁵hau³¹

两号 lioŋ³⁵hau³¹

三号 san³¹hau³¹

四号 sɿ⁵³hau³¹

五号 m³⁵hau³¹

六号 tək⁴⁵hau³¹

七号 tɕʰiʔ⁴⁵hau³¹

八号 paʔ⁴⁵hau³¹

九号 tɕiu³⁵hau³¹

十号 seʔ⁴⁵hau³¹

初一 tsʰu³¹iʔ⁴⁵

初二 tsʰu³¹lu³¹

初三 tsʰu³¹san³¹

初四 tsʰu³¹sɿ⁵¹

初五 tsʰu³¹m³⁵

初六 tsʰu³¹tək⁴⁵

初七 tsʰu³¹tɕʰiʔ⁴⁵

初八 tsʰu³¹paʔ⁴⁵

初九 tsʰu³¹tɕiu³⁵

初十 tsʰu³¹seʔ⁴⁵

老大 lau³⁵tʰai³¹

老两 lau³³lioŋ³⁵ 老二

老三 lau³⁵san³¹

老四 lau³⁵sɿ⁵¹

老五 lau³³m³⁵

老六 lau³⁵tək⁴⁵

老七 lau³⁵tɕʰiʔ⁴⁵

老八 lau³⁵paʔ⁴⁵

老九 lau³³tɕiu³⁵

老十 lau³⁵seʔ⁴⁵

满仔 muɛn³⁵tse⁰ 老幺

大哥 tʰai³¹ko³¹

二哥 lu³¹ko³¹

老满仔 lau³³muɛn³⁵tse⁰ 老末儿

一个 iʔ³³ko⁵¹

两个 lioŋ³⁵ko⁵¹

三个 san³¹ko⁵¹

四个 sɿ³³ko⁵¹

五个 m³⁵ko⁵¹
六个 tək³³ko⁵¹
七个 tɕʰiʔ³³ko⁵¹
八个 paʔ³³ko⁵¹
九个 tɕiu³⁵ko⁵¹
十个 seʔ³³ko⁵¹
第一 tʰi³¹iʔ⁴⁵
第二 tʰi³¹lu³¹
第三 tʰi³¹san³¹
第四 tʰi³¹sɿ⁵¹
第五 tʰi³¹m³⁵
第六 tʰi³¹tək⁴⁵
第七 tʰi³¹tɕʰiʔ⁴⁵
第八 tʰi³¹paʔ⁴⁵
第九 tʰi³¹tɕiu³⁵
第十 tʰi³¹seʔ⁴⁵
第一个 tʰi³¹iʔ³³ko⁵¹
第二个 tʰi³¹lu³¹ko⁵¹
第三个 tʰi³¹san³¹ko⁵¹
第四个 tʰi³¹sɿ³³ko⁵¹
第五个 tʰi³¹m³⁵ko⁵¹
第六个 tʰi³¹tək³³ko⁵¹
第七个 tʰi³¹tɕʰiʔ³³ko⁵¹
第八个 tʰi³¹paʔ³³ko⁵¹
第九个 tʰi³¹tɕiu³⁵ko⁵¹
第十个 tʰi³¹seʔ³³ko⁵¹
十一 seʔ³³iʔ⁴⁵
二十一 lu³¹seʔ³³iʔ⁴⁵
三十一 san³¹seʔ³³iʔ⁴⁵
四十 sɿ³³seʔ⁴⁵
四十一 sɿ³³seʔ³³iʔ⁴⁵
五十 m³⁵seʔ⁴⁵

五十一 m³⁵seʔ³³iʔ⁴⁵
六十 tək³³seʔ⁴⁵
六十一 tək³³seʔ³³iʔ⁴⁵
七十 tɕʰiʔ³³seʔ⁴⁵
七十一 tɕʰiʔ³³seʔ³³iʔ⁴⁵
八十 paʔ³³seʔ⁴⁵
八十一 paʔ³³seʔ³³iʔ⁴⁵
九十 tɕiu³⁵seʔ⁴⁵
九十一 tɕiu³⁵seʔ³³iʔ⁴⁵
百一 pak³³iʔ⁴⁵ 一百一十
　一百一 iʔ³³pak³³iʔ⁴⁵
百一个 pak³³iʔ³³ko⁵¹ 一百一十个
　一百一个 iʔ³³pak³³iʔ³³ko⁵¹
一百一十一 iʔ³³pak³³iʔ³³seʔ³³iʔ⁴⁵
一百一十二 iʔ³³pak³³iʔ³³seʔ⁴⁵lu³¹
百二 pak⁴⁵lu³¹ 一百二十
百三 pak⁴⁵san³¹ 一百三十
百五个 pak³³m³⁵ko⁵¹ 一百五十个
两百五 liɔŋ³⁵pak³³m³⁵ 二百五十
两百五个 liɔŋ³⁵pak³³m³⁵ko⁵¹ 二百五十个
三百一 san³¹pak³³iʔ⁴⁵ 三百一十
三百三 san³¹pak⁴⁵san³¹ 三百三十
三百六 san³¹pak³³tək⁴⁵ 三百六十
三百八 san³¹pak³³paʔ⁴⁵ 三百八十
千一 tɕʰiɛn³¹iʔ⁴⁵ 一千一百
千一个 tɕʰiɛn³¹iʔ³³ko⁵¹ 一千一百个
千九 tɕʰiɛn³¹tɕiu³⁵ 一千九百
千九个 tɕʰiɛn³¹tɕiu³⁵ko⁵¹ 一千九百个
万二 van³¹lu³¹ 一万二千
万二个 van³¹lu³¹ko⁵¹ 一万二千个
三万五（千）个 san³¹van³¹ŋ³⁵（tɕʰiɛn³¹）ko⁵¹
　三万五千个

第五章　分类词表

203

零 lɛn²³

两斤 liɔŋ³⁵tɕin³¹

两钱 liɔŋ⁵⁵tɕʰiɛn²³

两分 liɔŋ³⁵fen³¹ ~钱

两厘 liɔŋ⁵⁵li²³

两丈 liɔŋ³⁵tsʰɔŋ³¹

两尺 liɔŋ³⁵tsʰak⁴⁵

两寸 liɔŋ³⁵tsʰen⁵¹

两分 liɔŋ³⁵fen³¹ ~长

两里 liɔŋ³³li³⁵

两担 liɔŋ³⁵tan³¹

两斗 liɔŋ³³təɯ³⁵

两升 liɔŋ³⁵sen³¹

两合 liɔŋ³⁵kaʔ⁴⁵

两项 liɔŋ³⁵ɕiɔŋ³¹

两亩 liɔŋ³³məɯ³⁵

好多个 hau³⁵to³¹ko⁵¹

好几个 hau³³tɕi³⁵ko⁵¹

好些个 hau³⁵ɕia³¹ko⁵¹

好一点仔 hau³⁵iʔ³³tiɛn³⁵tse⁰ 好一些

一点仔 iʔ³³tiɛn³⁵tse⁰ 一点儿

一滴仔 iʔ³³teʔ⁴⁵tse⁰ 一点点

大滴仔 tʰai³¹teʔ⁴⁵tse⁰ 大点儿

　　大点仔 tʰai³¹tiɛn³⁵tse⁰

十多个 seʔ⁴⁵to³¹ko⁵¹

百多个 pak⁴⁵to³¹ko⁵¹ 一百多个

十零个 seʔ⁴⁵lɛn²³ko⁵¹ 十来个，不到十个

千多个 tɕʰiɛn³¹to³¹ko⁵¹ 一千多个

百把个 pak⁴⁵pa³¹ko⁵¹

半个 puɛn³³ko⁵¹

一半 iʔ³³puɛn⁵¹

两半 liɔŋ³⁵puɛn⁵¹

半多 puɛn⁵³to³¹ 多半儿

　　一半多 iʔ³³puɛn⁵¹to³¹

一大半 iʔ⁴⁵tʰai³¹puɛn⁵¹

个半 ko³³puɛn⁵¹ 一个半

　　一个半 iʔ³³ko³³puɛn⁵¹

上下 sɔŋ³¹ha³¹

左右 tso³⁵iu³¹

一来两去 iʔ⁴⁵li²³liɔŋ³⁵kʰi⁵¹ 一来二去

一清两楚 iʔ⁴⁵tɕʰin³¹liɔŋ³⁵tsʰu³¹ 一清二楚

一刀两断 iʔ⁴⁵tau³¹liɔŋ³⁵tuɛn⁵¹

一举两得 iʔ⁴⁵tɕi³¹liɔŋ³⁵teʔ⁴⁵

三番五次 san³¹fan³¹m³⁵tsʰɿ⁵¹

三年五载 san³¹ɲiɛn²³m³⁵tsai⁵¹

三长两短 san³¹tsʰɔŋ²³liɔŋ³⁵tuɛn³⁵

三言两语 san³¹ɲiɛn²³liɔŋ³⁵ɲi⁵¹

三心两意 san³¹ɕin³¹liɔŋ³⁵i⁵¹

三三两两 san³¹san³¹liɔŋ³³liɔŋ³⁵

四平八稳 sɿ⁵⁵pʰen²³paʔ³³ven³⁵

四通八达 sɿ⁵³tʰəŋ³¹paʔ³³tʰaʔ⁴⁵

四面八方 sɿ⁵³miɛn³¹paʔ⁴⁵fɔŋ³¹

四时八节 sɿ⁵⁵sɿ²³paʔ³³tɕiɛʔ⁴⁵

五湖四海 m⁵⁵fu²³sɿ³³huɛ³⁵

五花八门 m³⁵fa³¹paʔ⁴⁵men²³

七上八下 tɕʰiʔ⁴⁵sɔŋ³¹paʔ⁴⁵ha³¹

乱七八糟 luɛn³¹tɕʰiʔ³³paʔ⁴⁵tsau³¹

七拼八凑 tɕʰiʔ⁴⁵pʰen³¹paʔ³³tsʰəɯ⁵¹

七手八脚 tɕʰiʔ⁴⁵ɕiu³¹paʔ³³tɕiɔk⁴⁵

七嘴八舌 tɕʰiʔ⁴⁵tɕi³⁵paʔ³³seʔ⁴⁵

千辛万苦 tɕʰiɛn³¹ɕin³¹van³¹kʰu³⁵

千真万确 tɕʰiɛn³¹tsen³¹van³¹kʰɔk⁴⁵

千变万化 tɕʰiɛn³¹piɛn⁵¹van³¹fa⁵¹

千家万户 tɕʰiɛn³¹ka³¹van³¹fu⁵

千言万语 tɕʰiɛn³¹n̩iɛn²³van³¹n̩i⁵¹

□来□学着 ŋo⁵⁵li²³ŋo³³hɔk³³tsʰɔk⁴⁵ 歪打正着

浩浩沥⁼沥⁼ ho³³ho³³lak³³lak⁴⁵ 浩浩荡荡

啮牙森⁼齿 ŋa⁻⁴⁵ŋa²³sɛn³¹tsɿ⁵¹ 咬牙切齿

对唔答碓⁼ ti⁵⁵ŋ²³ta²³tuɛ⁵¹ 牛头不对马嘴

鬼子鬼督⁼ kue³³tsɿ³³kue³⁵tək⁴⁵ 诡计多端

蛇窿窜蚓窿 sa³¹lən²³tsʰɛn³³kuai⁵⁵lən²³ 喻有各种关系网

甲 kaʔ⁴⁵

乙 vɛʔ⁴⁵

丙 piaŋ³⁵

丁 tɛn³¹

戊 vu³¹

己 tɕi³⁵

庚 kaŋ³¹

辛 ɕin³¹

壬 in³¹

癸 kʰue²³

子 tsɿ³⁵

丑 tɕʰiu³⁵

寅 in³⁵

卯 mau³⁵

辰 sen²³

巳 sɿ³¹

午 ŋ³⁵

未 vi³¹

申 sen³¹

酉 iu³⁵

戌 ɕiʔ⁴⁵

亥 huɛ³¹

三十　拟声词

锵 tɕʰiaŋ⁵¹ ～咚～咚～打击乐器的声音

咚 təŋ²³ 锵～锵～锵 打击乐器的声音

咯 ko²³ 母鸡叫的声音，可"AAAA"变调重叠，指母鸡唱歌

嘎嘎 ka³¹ka²³ 母鸡下蛋后的叫声：～蛋 对小孩说鸡蛋鸭蛋

呱 kua²³ 青蛙叫的声音，可"AAAA"变调重叠，形容人多嘴多舌

叽 tɕi²³ 老鼠叫的声音，可"AAAA"变调重叠，表示叫声持续不断

□ pəŋ⁵¹ 鞭炮声，枪声

□ pia²³ 模拟把纸用劲摔在地上的声音：～霸⁼ 一种折纸游戏

霸⁼ pa⁵¹ 模拟把纸用劲摔在地上的声音

□ tɕʰia⁵¹ 拟声词：～子 一种打击乐器，用铜制成，两手各拿一片，对敲后发出～的声音，"□ kɔŋ²³～□ kɔŋ²³～"形容这种乐器声持续不断

□ kɔŋ²³ ①敲钟的声音：～□ tɕʰia⁵¹～□ tɕʰia⁵¹ 见上条"tɕʰia⁵¹"。②造土纸的声音

□ kʰa²³ 吐痰时喉咙清痰的声音

□ pʰia⁵¹ 碗碟等摔到地下的声音，也可指摔的动作：碗～烂哩 碗摔破了

□ kən²³ 小孩子玩水的声音

多⁼ to³¹ 水流声，可"AAAA"四声变读重叠，指水流不断

□ lo⁵¹ 吃饭时食物大口进嘴的声音：～～滚 形容吃饭声音很大，三下五除二很快吃完

啪 pʰɔk⁴⁵ 拍打的声音

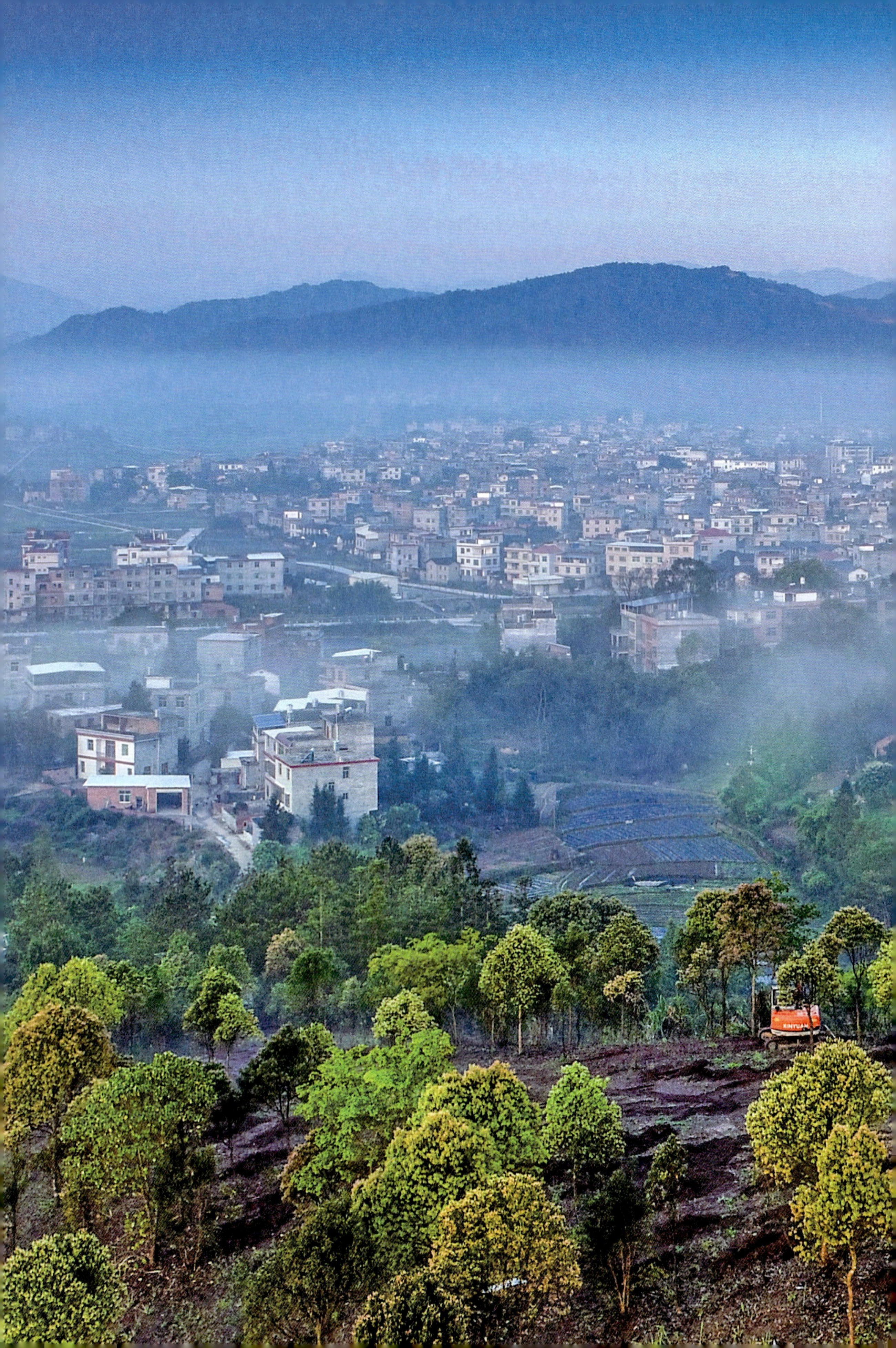

第六章 语法

第一节

词法

一 构词法

构词法指词的内部构造。军家话的构词法与普通话大同小异，也有复合式、重叠式、派生式三种。只是在语音形式、语素选择等方面存在一些差异而已。

（一）复合构词

复合词指由词根和词根组合而成的词。从词根之间的关系看，军家话的复合式合成词构成方式与普通话基本相同，即使是独具方言特色的复合词也主要是由联合、偏正、主谓、述宾和述补等五种基本类型构成的。其中，最常见的是偏正型和述宾型，其他类型相对较少。现略举例如下：

1.联合型：由两个意义相同、相近、相关或相反的语素并列组合而成，例如：岭岗山、平正整齐、开关。

2.偏正型：前一词根修饰、限制后一词根。中心语素是名语素的如：番豆花生、乌蝇苍蝇、颈帕围巾、斫面风顶风、三只手扒手；中心语素是动语素的如：小看男方初次到女方家、小讲小送彩礼、大讲大送彩礼、偷走偷跑、越狱、顺带顺便；中心语素是形语素的如：笔直、溚湿湿透、溜乌乌黑、喷香。

3.述宾型：前一词根支配、关涉后一词根，例如：睺牛放牛、剃头理发、吃朝吃早饭、归门回门、绾颈上吊、炙火烤火、得背受贿、坐桌入席、诈呆装傻、走腕脱白。

4.主谓型：后一词根陈述说明前一词根，例如：耳背、气紧气喘。

5.述补型：后一词根补充说明前一词根，例如：跟到找着、兜起提起、算定料定、揞稳捂住、族=死淹死。

此外，军家话中还有一些与普通话同素逆序的词，即构成语素与普通话相同，但构造顺序与普通话相反。例如：人客_{客人}、菜干_{干菜}、尘灰_{灰尘}、良善_{善良}、欢喜_{喜欢}。

（二）重叠构词

重叠词指由相同的词根相叠而成的词，例如：公公_{爷爷}、妈妈、哥哥、妹妹、刚刚、偏偏、嘎嘎_{母鸡叫}。

（三）派生构词

派生词指由词根和词缀构成的词。从词根和词缀组合的位置看，主要有两类：

1.前加式：由前缀附加在词根上构成，例如：老师、老表_{表兄弟}、老虎、老鼠。

2.后加式：由词根附加后缀构成，例如：星哩_{星星}、城头_{城里}、扇仔_{扇子}、钻子_{锥子}、鼻公_{鼻子}、虾公_虾、呆鬼_{呆子}、瞎佬_{瞎子}、碓嫲_碓。

二 名词词缀

（一）名词前缀

军家话名词前缀很少，较典型的只有"老"[lau³⁵～lau³¹]，用在名语素之前，构成名词，指人或动物。指人的如：老师、老公、老表_{指江西人}、老表_{表兄弟}；指动物的如：老鼠、老虎、老蟹_{螃蟹}。

（二）名词后缀

相对于名词前缀而言，军家话的名词后缀要丰富得多。常见的名词后缀有"公、牯、嬷、嫲、仔、子、头、哩、佬"等等。这些后缀有些从指称动物的性别语素虚化而来，有些从指人语素虚化而来。

1.与指称性别相关的语素"公[kaŋ³¹]、牯[ku³⁵]、嬷[mo²³]、嫲[ma²³]"

"公、牯、嬷、嫲"等语素与动物的性别有关。"牯"的本义指公牛，《广韵》上声姥韵公户切："牯，牯牛。"《正字通》牛部："牯，俗呼牡牛曰牯。"《说文》："牡，畜父也。"《广雅·释兽》："牡，雄也。"军家话动物性别标记如表6-1所示：

表6-1 与指称性别相关的语素

动物 性别	牛	猪	狗	马	羊	猫	鸡	鸭
雄	牛牯	猪牯	狗牯	马牯	羊牯	猫牯	鸡公	鸭牯
雌	牛嬷	猪嬷	狗嬷	马嬷	羊嬷	猫嬷	鸡嬷	鸭嬷

这些语素从表示动物的性别进而转指人，这是"跨类属泛化"，是性别标记进一步泛化的表现。"牯（公）"指男性，"嬷（嫲）"指女性，用于人名或排行之后做称呼语，或指各

类人，多带贬义。例如：

建明牯 冠春牯 景发牯 福秀嬷 四妹嬷

贼牯 贼嬷 疤牯 疤嬷 哑牯 哑嬷 癫牯 癫嬷 双巴牯_男双胞胎_ 双巴嬷_女双胞胎_ 懒尸牯_懒人_

这些"牯""嬷"仍具有自然性别的区分功能，基本语义尚未彻底虚化。伍巍、王媛媛（2006：324）认为："'性别标记'是表人的身份的称谓或自然'性别'的义素，具有实在的意义。"通常认为，词缀应该具备几个条件：意义虚化、形式虚化、位置固定、作用类化、构词能力强。上述"牯""嬷"符合后三项，但意义和形式都不太"虚"，也不怎么"实"，属词根和词缀之间的过渡阶段，因此，笔者认为可以把它们看作"类词缀"。

"牯（公）""嬷（嬷）"再进一步引申，用于指称人体部位或其他事物，无关性别。"这时，原有意义上的性别标记不再具有自然性别的语义内涵，只表示某类特征含义，这是词义虚化的表现。"（伍巍、王媛媛 2006：326）这时才真正虚化为名词词缀。例如：

虱嬷_虱子_ 碓嬷_碓_ 舌嬷_舌头_ 笠嬷_斗笠_ 虾公_虾_ 蚁公_蚂蚁_ 猫公_猫_ 鼻公_鼻子_ 雷公_雷_ 喷屎公_蜣螂_

军家话虚化后的"公"尽管不表性别，但有时仍含有"大"的意思，如"牙齿"为统称，但大牙则要说"牙公"。如上文所述，"牯（公）"曾为雄性的标志，虚化后虽然不再具有表示自然性别的语义功能，但却赋予了这类词一些附加意义。这些附加义与自然性别语义仍存在某种内在的联系。在中国传统的文化观念中，男性一般为"高大""强势"的象征，于是，凡为坚固、硬、挺、大的东西，人们往往冠之以"雄性"标记。

2.仔 [tse³⁵]

"仔"是军家话中最为常见的名词后缀，相当于普通话中的"子"或"儿"。南方湘粤赣方言常见，湘赣方言字形作"崽"，粤方言字形作"仔"。"仔（崽）"是指人语素，本义为"儿子"，〔汉〕扬雄《方言》卷十："崽者，子也。湘沅之会凡言是子者谓之崽，若东齐言子矣。"《广韵》平声佳韵山佳切，又山皆切，《集韵》上声海韵子亥切，军家话音合上声子亥切。军家话的 [tse³⁵] 也有可能就是"子"的白读，军家话之韵字有白读 [e] 的，如"做事"的"事"白读为 [se³¹]，同韵的"子"亦有可能白读为 [tse³⁵]。庄初升（2020：66—76）认为，"子"和"崽"都是上古之部字，"崽"是通语词"子"的方言分化词。军家话词缀 [tsɿ³⁵][tse³⁵] 并存，本书 [tsɿ³⁵] 写作"子"（见下条），[tse³⁵] 写作"仔"。今军家话"儿子"说"仔" [tse³⁵]，与周边客家话说"徕子" [lai⁵³tsɿ³¹] 或"大细子" [tʰai³¹si⁵³tsɿ³¹] 不同。由"儿子"义引申指动植物等有生命物体的幼小者，再进一步泛化指无生命物体，虚化为名词后缀。军家话"仔"缀的构词能力很强，带"仔"缀的词语计有100多条。"仔"可读原调 [35]，但一般读作轻声，以 [31] 调为常，也可读 [51] 及 [55] 调，详见第二章轻声词部分相关说明。例略举如下：

猪仔_小猪_ 细牛仔_牛犊_ 细羊仔_羊羔_ 细狗仔_小狗儿_ 细鸡仔_小鸡儿_ 细鸭仔_小鸭子_ 细鹅仔_小鹅儿_

叶仔_叶子_ 竹仔_竹子_ 树仔_木头_ 李仔_李子_ 芋仔_芋头_ 谷必仔_麻雀_ 鸽仔_鸽子_ 鱼仔_鱼_ 蝉仔_知了_

屋仔房子 寮仔茅草房 桁仔檩 桌仔桌子 柜仔柜子 凭凳仔椅子 凳仔凳子 罂仔瓶子 盖仔盖子
袄仔棉衣 裙仔围裙 刨仔刨子 桷仔椽子 手袜仔手套 土狗仔蝼蛄 舐螺仔蜗牛 草蜥仔蟋蟀
灶鸡仔灶蟋蟀 麻辣仔马蜂 矮屋仔平房 外隔仔外间 里隔仔里间 广厪仔木屐 馋柳仔围嘴儿
扇仔扇子 镜仔镜子 领仔领子 汗褂仔汗背心 节裤仔裤衩儿 帽舌仔帽檐儿 盘仔碟子 肠仔肠

军家话的小称没有词音的屈折变化，主要用词缀"仔"来表示，如"禾雀"[o²³tɕiɔk⁴⁵]是鸟类的统称，"禾雀仔"[o²³tɕiɔk⁴⁵tse⁰]则指小鸟；"罂"[aŋ³¹]指瓶子，"罂仔"[aŋ³¹tse³⁵]指小瓶子。若着眼于大小比较，一般还会在前头加上"细"字，如"米"[mi³⁵]是正常的米，若要表示碎米，则会说"细米仔"[ɕi³³mi³⁵tse⁰]。军家话小称与非小称情况详见表6-2：

表6-2 军家话小称与非小称对照表

词条	大	小
车	大车 tʰai²³tsʰa³¹	细车仔 ɕi⁵³tsʰa³¹tse⁰⁽³¹⁾
房子	大屋 tʰai³¹vək⁴⁵	细屋仔 ɕi³³vək⁴⁵tse⁰⁽³¹⁾
洞	大窿 tʰai³¹lɔŋ²³	细窿仔 ɕi⁵⁵lɔŋ²³tse⁰⁽⁵¹⁾
花	大花 tʰai²³fa⁰	细花仔 ɕi⁵³fa³¹tse⁰⁽³¹⁾
妹	大妹 tʰai²³muɛ³¹	细妹仔 ɕi⁵³muɛ³¹tse⁰⁽³¹⁾
猫	大猫公 tʰai³¹miəu⁵³kəŋ³¹	细猫仔 ɕi³³miəu⁵³tse⁰⁽³¹⁾
桃子	大桃哩 tʰai³¹tʰau²³li⁰	细桃哩仔 ɕi⁵⁵tʰau²³li⁰tse⁰⁽³¹⁾
碗	大碗 tʰai³¹uɛn³⁵	细碗仔 ɕi³³uɛn³⁵tse⁰⁽⁵¹⁾
刀	大刀 tʰai²³tau⁰	细刀 ɕi⁵³tau³¹ 细刀仔 ɕi⁵³tau³¹tse⁰⁽³¹⁾
盘子	大盘 tʰai³¹pʰuɛn²³	细盘仔 ɕi⁵⁵pʰuɛn²³tse⁰⁽⁵¹⁾
袋子	大袋 tʰai³¹tʰuɛ³¹	细袋仔 ɕi⁵³tʰuɛ³¹tse⁰⁽³¹⁾
包	大包 tʰai²³pau⁰	细包仔 ɕi⁵³pau³¹tse⁰⁽³¹⁾

在两相对照时，量小、个小的一方也可以加上"仔"，例如：

盖ᵈ个细人仔是□高仔，还是□高那个小孩是这么高，还是那么高？kuɛ³³ko⁰ɕi⁵⁵n̩in⁰tse⁰sŋ³¹lɔŋ³⁵kau³¹tse³⁵, han²³sŋ³¹lɔŋ³⁵kau³¹？

忒多咧，要唔了□多，就要□多仔就够得咧太多了，要不了那么多，只要这么多就够了。tʰiɛʔ⁴⁵to³¹lɛ⁰, iəu⁵⁵ŋ²³liəu⁰lɔŋ³⁵to³¹, tɕʰiu³¹iəu³³lɔŋ³⁵to³¹tse⁰tɕʰiu³¹kəu³³tɛʔ⁴⁵liɛ⁰.

3. 子 [tsŋ³⁵]

军家话"子"缀也很常见，可读原调[35]，但一般读作轻声，以[31]调为常，也可读

[51]调。用法跟普通话差不多，不再赘述，仅略举例如下：

沙子 炭子炭 柑子橘子 柚子 栗子 辣子辣椒 匹婆子蝙蝠 马子荸荠 猴子 麦子 桐子
热痱子痱子 褥子 筷子 帽子 纽子扣子 手镯子 包子 饺子 辫子 兔子 羊叶子蝴蝶
打摆子患疟疾 妹子女孩 聋子 轮子 笛子 腰子肾 日子 瓠子 蒜子 橙子 圆子榛子
酸子桑葚儿 爷老子父亲 八哥子八哥 豹虎子蝇虎 当莲子桃金娘 燕子 蝎子 狮子 钓子钓鱼钩儿
门栓子 毯子 锯子 凿子 尺子 饭勺子 盘子 罐子 夹子 砧子砧 印子图章 钻子锥子
糍笪子做糍用的算子 臊子 麻子 摆摊子 摆架子 勺子 痦子 骗子 亮子窗户 秤钩子

4. 哩 [li⁰]

军家话的"哩"[li⁰]是个多功能成分，只读轻声，以[31]调为常，也可读[33]调或[51]调。作为词缀，它参与构词并不多，一般跟在名语素或动语素之后，构成名词，大体相当于普通话的"子"。例如：

星哩星星 桃哩桃子 麻哩芝麻 梳哩梳子 婆哩妻子 公哩丈夫

5. 头 [tʰəu²³]

军家话"头"缀很常见，主要作为时间、方位和物体或人体部位名词的后缀，也有把动词、形容词性成分名词化的作用。军家话的"头"缀读音变化多样，可读原调[23]，但一般要读轻声，以[31]调为常，也可读[33]、[35]、[51]、[55]等调。详见第二章轻声词部分相关说明。

（1）做时间名词的后缀：日时头白天、夜时头夜晚、冬下头冬天、上春头上半年、一夜头整夜、日日夜头每天晚上、先以头先前。

（2）做方位名词的后缀：上头上面、下头下面、屎窟头后面、里头里面、外头外面、城头城里、城肚头城内。

（3）做一般物体或人体部位名词的后缀：热头太阳、石头、锅头锅、柱头柱子、锄头、斧头斧子、肩头肩膀、拳头、膝头膝盖、手静头胳膊肘儿、脚指头。

（4）做动词、形容词的名词化词缀：吃头、看头、做头干头儿、出头、苦头、甜头。

6. 佬 [lau³⁵]

军家话的"佬"主要作为社会称谓词的后缀，指具有某种特征的人，有时带有轻蔑和鄙视的感情色彩，一般用作背称。例如：

屙伢佬婴儿 军家佬军家人 瞎佬瞎子 叉佬六指儿 外国佬外国人 跛脚佬瘸腿的人 拱背佬驼子 土佬笨蛋 啼佬爱哭的小孩 乡巴佬 郁佬寡言少语的小孩 胡佬留胡须的人 大胡佬长络腮胡的人 死佬尸骨

7. 其他指人的名词后缀

军家话还有一些名词后缀，如"鬼""蜕""货"等，常用于骂人或贬称，也用于人名之后做称呼语。

（1）鬼[kue³⁵]：迷信的人称人死后的灵魂为鬼。意义虚化后，用在一些动词性、形容词性或名词性语素之后，构成名词，表示一类人的称呼，或用于骂人，含贬义。例如：

小气鬼_{吝啬鬼} 衰鬼_{运气背的人} 呆鬼_{呆子} 关房鬼_{囚犯} 懒鬼_{懒人} 酒鬼

（2）蚜[kuai³⁵]：意为青蛙，用于指人，一般为贬称，也用于人名之后做称呼语，男女皆可，用于同辈或晚辈，不用于长辈。例如：

广东蚜_{广东人} 瘦蚜_{瘦子} 芳蚜_{人名}

（3）货[ho⁵¹]：本指售卖的货物，用在表人的称呼当中含贬义，有轻视的意味，例如：

滑头货_{滑头} 酸接˚货_{好色之人} 四六货_{不正经之人}

三 数量、方所和指代

（一）数量

1.数词

军家话的系数词和位数词与普通话差不多，除了读音之外没有什么特别之处。系数词"二"读音比较特殊，音[lu³¹]。数词"一"经常可以省略，如"一百多个"说"百多个"[pak⁴⁵to³¹ko⁵¹]，"一个半"说"个半"[ko³³puɛn⁵¹]。当位数词后没有其他数字时，位数词"十""百""千"也可以省略。例如："一百一十"说"百一"[pak³³iʔ⁴⁵]，"三百五十"说"三百五"[san³¹pak³³m³⁵]，"一千一百"说"千一"[tɕʰiɛn³¹iʔ⁴⁵]，"一万二千"说"万二"[van³¹lu³¹]。

军家话的概数用"多""零""把"等表示，例如"十几个"说"十多个"[seʔ⁴⁵to³¹ko⁵¹]，"一千多"说"千多个"[tɕʰiɛn³¹to³¹ko⁵¹]，"十来个"说"十零个"[seʔ⁴⁵lɛn²³ko⁵¹]，"一百个左右"说"百把个"[pak⁴⁵pa³¹ko⁵¹]。

2.量词

量词是表示人、事物和动作行为的计量单位的词类，普遍使用量词是汉语的典型特性之一。军家话量词十分丰富，下面列举一些常见的量词。

（1）物量词

个[ko⁵¹]："个"是军家话中比较通用的量词，可用于指人和各种事物，与普通话的"个"不完全相同，还可相当于普通话的"粒""颗""尊"等。例如：一个人、一个杯子、一个碗、一个奖章、一个地方、一个佛像、一个珠子、一个米。

只[tsak⁴⁵]：主要用于指动物或其他物体，与普通话差别不大。例如：一只鸡、一只鸭、一只牛、一只狗、一只猪、一只羊、一只鱼仔、一只蛇、一只蚊虫、一只眼珠、一只手、一只耳朵、一只袜子。

行[haŋ²³]：用于长条形的动物或物体，大致相当于普通话的"条""根"，例如：一行蛇、一行鱼仔、一行毛巾、一行香、一行头发。

条 [tʰiəu²³]：用于长条形的动物或物体，例如：一条绳子、一条路、一条圳沟。

张 [tsɔŋ³¹]：用于纸张、桌子、凳子或一些工具等物品，相当于普通话的"张""把"，例如：一张纸、一张桌子、一张凳子、一张刀、一张锄头、一张嘴。

番 [fan³¹]：用于被子等床上用品，相当于普通话的"床"，例如：一番被、一番棉絮、一番席子。

皮 [pʰi²³]：用于扁薄形的物品，相当于普通话的"片"或"扇"，例如：一皮门、一皮菜、一皮叶子。

笗 [təu³¹]：用于树、菜等植物，相当于普通话的"棵""颗"，例如：一笗菜、一笗禾、一笗树。

堆 [tuɛ³¹]：用于成堆的事物，例如：一堆番薯藤、一堆粪、一堆屎、一堆尿。屙一堆尿实际上仅仅是意念上成"堆"。

菩⁼ [pʰu²³]：用于成堆的事物或植物，大体相当于普通话的"堆"或"丛"，例如：一菩⁼番薯、一菩⁼番豆、一菩⁼草。

（2）动量词

军家话比较常见的动量词有：

到 [tau⁵¹]：相当于"趟""次"，例如：去哩一到、吃过哩一到。

转 [tsɛn³⁵]：相当于"趟""次"，但偏向于强调有来回，例如：去一转，不但要"去"，还要有"回"。

回 [fi²³]：相当于"趟""次"，与普通话差别不大，例如：去哩一回，吃过哩一回。

下 [ha³¹]：可以表示具体的量，例如：分人打哩一下被人打了一下、跌哩一下摔了一跤；也可以表示短时、模糊量，例如：等一下。

不管是物量词还是动量词，都可以重叠，重叠式可以是"AA"，也可以加数词构成"一AA"或"一A一A"式，表示"每一""逐一"或"多"的意思。物量词重叠后可以充当主语、谓语、定语和状语等多种句法成分，动量词重叠后主要做状语。例如：

做主语：个个都来哩。ko³³ko⁵¹tu³³li²³li⁰.

做谓语：天上个白云一团一团天上白云朵朵。tiɛn³¹hɔŋ⁰ko⁰pʰak⁴⁵vɛn²³iʔ⁴⁵tʰuɛn²³iʔ⁴⁵tʰuɛn²³.

做定语：张张桌仔都坏个。tsɔŋ³¹tsɔŋ³¹tsɔk⁴⁵tsɛ⁰tu³¹fai³¹ko⁰.

个个朋友都来看渠。ko³³ko⁵¹pʰɛn²³iu⁵¹tu³³li²³kʰuɛn⁵³ki³¹.

做状语：家具要一件件搬。ka³¹tɕʰi³¹iəu³³iʔ⁴⁵tɕʰiɛn³¹tɕʰiɛn³¹pan³¹.

你□一个一个进去你们一个一个进去。ȵi³¹lɛn⁰iʔ³³ko⁵¹iʔ³³ko⁵¹tɕin³³kʰi⁵¹.

渠到到都白行他每次都白跑。ki³¹tau³³tau⁵¹tu³³pak⁴⁵haŋ²³.

（二）方所

方所是个语法范畴，顾名思义包括方位和处所。方位词和处所词都属名词的小类。

1. 方位

方位词指表示方向、位置的一类词。它是一个封闭性的词类，属于可以全数列举的一类词。尽管方位词是一个封闭的类，但由于取舍不同，各家统计的数目也存在一定的差异。一般认为，普通话的单纯方位词有十四个：上、下、前、后、左、右、里、外、东、西、南、北、内、中。合成方位词主要有两类：一是由单纯方位词后边加上"边""面""头"构成，如"上边、上面、上头"；二是由单纯方位词前边加上"以""之"构成，如"以上""之上"。此外，还有一些特殊方位词，可以是单纯方位词相互组合，如"东南""西北"；也可以是单纯方位词跟别的语素组合，如"南方""中间""背后"；还可以是"边""面""头"跟别的语素组合，如"旁边""对面""这头"。方言的情况大体类似，不过，数量、词形及构成成分可能和普通话大不相同。下面从单纯方位词、合成方位词两个方面来看军家话的方位词系统。

（1）单纯方位词

军家话的单纯方位词有"东"[toŋ³¹]、"西"[ɕi³¹]、"南"[nan²³]、"北"[pɛʔ⁴⁵]、"前"[tɕʰien²³]、"中"[tsəŋ³¹]、"后"[həu³¹]、"上"[sɔŋ³¹]、"下"[ha³¹]、"左"[tso³⁵]、"右"[iu³¹]、"舷边"[ɕien²³]、"外"[ŋai³¹]、"头"[tʰəu²³]、"尾"[mi³¹]、"面"[mien³¹]、"底"[ti³⁵]、"豚底"[tək⁴⁵]、"顶"[ten³⁵]、"背"[puɛ⁵¹]等。大部分与普通话相同，少数比较特殊。单纯方位词较少单用，一般是加在名词之后表示处所。下面对几个特殊方位词加以说明。

舷[ɕien²³]：表示边缘，如河边说"河舷"，路边说"路舷"，桌边说"桌舷"。

豚（屚）[tək⁴⁵]：表示底端，如碗底说"碗豚"，底下说"豚下"，锅底说"锅头豚"，缸底说"缸豚"。赣方言有类似说法，如江西南昌方言：话又不会话，躲到桌子屚下。

头[tʰəu²³]：原义为人体的部位，引申为方位词，指开端处、前端，与"尾"相对。"头上"指前面，"腊⁼尾"指后面。"头"更多地是构成合成方位词。

背[puɛ⁵¹]：本义为"脊背"，《说文》肉部："背，脊也。"引申指物体的后面或反面，《广雅·释诂四》："背，后也。"《易·艮》："艮其背，不获其身。"王弼注："所止在后，故不得其身也。"今普通话表方位时，只可说"背后""腹背受敌"，不做单纯方位词用。军家话的"背"既可做单纯方位词，也可与其他语素组合构成合成方位词。做单纯方位词时，不单用，总是附着在名词性成分的后面，构成"名＋背"的结构，如"门背门外"[men²³puɛ⁵¹]、"壁背墙外、外面"[piak³³puɛ⁵¹]。

上[sɔŋ³¹]：军家话的"上"可做单纯方位词，也可与其他语素组合构成合成方位词。

做单纯方位词及用在合成方位词中做前一语素时，音[sɔŋ³¹]，如"上头上面"[sɔŋ³¹tʰəɯ⁰]"上下"[sɔŋ³¹ha³¹]；做合成方位词后一语素或用在名词后面的"上"，则音[hɔŋ³¹]，如"桌上"[tsɔk⁴⁵hɔŋ³¹]，因为是后字，也常读作轻声，如"门上"[men²³hɔŋ⁰]。有时相当于"里"，如"手上手里"[ɕiu³⁵hɔŋ⁰]、"心上心里"[ɕin³¹hɔŋ⁰]。这种"名+上"结构为语法性临时组合，普通话中，只有少数组合应用日久，有了固定或特殊的意义，进入了词汇系统，如春上春季、府上敬辞，称对方的家、柜上柜房，商店、路上①道路上面；②在路途中、马上立刻、身上①身体上；②随身（携带）、世上世界上，社会上、堂上①指父母；②旧时受审讯的人称审案的官吏、天上天空等。吕叔湘主编（1980：416）《现代汉语八百词》在"名+上"结构下列出了"上"的四个义项：a）指物体的顶部或表面，如"山上""脸上"；b）指范围，有时是"里"的意思，如"书上""报上"；c）指方面，前面常用介词"在""从"，如"思想上""口头上"；d）用在表示年龄的词语后，等于"……的时候"，如"我十七岁上来到了北京"。上列四个义项中，军家话除d）不用"上"外，其余三项都与普通话相同，但读音特殊，为[hɔŋ³¹]。上列普通话中进入了词汇系统的九个词中，因"马上立刻"不表方位，所以"上"军家话读作[sɔŋ³¹]（其余表方位的八词"上"均读[hɔŋ³¹]），但如果是"骑在马上"，则"上"该读[hɔŋ³¹]。可见，作为合成词后一语素或在名词后头的"上"只有表方位时，才可以变读为[hɔŋ³¹]。军家话"上"的特殊读音与各地客家话相同，应该是客家话横向渗透的结果。

（2）合成方位词

军家话的合成方位词可以由单纯方位词互相组合，例如，"东南"[təŋ³¹nan²³]、"东北"[təŋ³¹pɛʔ⁴⁵]、"西南"[ɕi³¹nan²³]、"西北"[ɕi³¹pɛʔ⁴⁵]、"前后"[tɕʰien²³həɯ³¹]、"左右"[tso³⁵iu³¹]、"上下"[sɔŋ³¹ha³¹]等，与普通话相同。方位词加"面"构成的合成方位词如"前面"[tɕʰien²³mien⁵¹]、"面前"[mien³¹tɕʰien⁰]、"后面"[həɯ³¹mien⁵¹]等也与普通话无异，在此不赘。军家话也有一些比较特殊的合成方位词，如"屎窟头后面、背后"[sɿ³⁵kʰueʔ⁴⁵tʰəɯ²³]、"壁背外面"[piak³³puɛ⁵¹]。它们本身是"名+方位"结构，但又可以作为合成方位词来用。例如：

大门壁背大门外[tʰai³¹men²³piak³³puɛ⁵¹]　　墙头壁背墙外[tɕʰiɔŋ³¹tʰəɯ⁰piak³³puɛ⁵¹]
亮子壁背窗户外头[liɔŋ³¹tsɿ⁰piak³³puɛ⁵¹]　　车壁背车外[tsʰa³¹piak³³puɛ⁵¹]
车个屎窟头车后[tsʰa³¹ko⁰sɿ³⁵kʰueʔ⁴⁵tʰəɯ²³]　　岭岗屎窟头山后[liaŋ³⁵kɔŋ³¹sɿ³⁵kʰueʔ⁴⁵tʰəɯ²³]

2. 处所

军家话的处所词有两类：一类表示特定的地点，地点名词都属这类，如中山、老城、新城、城中、武溪、阳民、龙济、武平等；一类表示相对的地点，如方位词上头上面、下头下面、里头里面、外头外面、屎窟头后面、左片左边、右片右边、头上前面、腊=尾后面等。

上文所述"名词+方位"的结构均可表示处所，这类结构数量巨大，无法穷尽列举。

不再赘述。

（三）指代

代词是具有替代、指示、区别功能的词，也是个封闭性的词类，一般分为人称代词、指示代词、疑问代词三类。

1.人称代词

军家话的人称代词详见表6-3：

表6-3　军家话人称代词表

人称		军家话	普通话
第一人称	单数	阿 a³¹ 阿哩 a³¹li⁰	我
	复数	阿□ a³¹vɔŋ⁰ 阿□ a³¹lɛn⁰	我们、咱们
	领属	阿个 a³¹ko⁰ 阿□个 a³¹vɔŋ⁰ko⁰ 阿□个 a³¹lɛn⁰ko⁰	我的 我们的、咱们的
第二人称	单数	你 n̪i³¹	你、您
	复数	你□ n̪i³¹lɛn⁰	你们
	领属	你个 n̪i³¹ko⁰ 你□个 n̪i³¹lɛn⁰ko⁰	你的 你们的
第三人称	单数	渠 ki³¹ 渠哩 ki³¹li⁰	他、她、它
	复数	渠□ ki³¹lɛn⁰	他们、她们、它们
	领属	渠个 ki³¹ko⁰ 渠□个 ki³¹lɛn⁰ko⁰	他的、她的 他们的、她们的
反身代词		自家 tsʰʅ²³ka⁰	自己
	领属	自家个 tsʰʅ²³ka⁰ko⁰	自己的
统称代词		大家 tʰai²³ka⁰	大家
	领属	大家个 tʰai²³ka⁰ko⁰	大家的
旁称代词		各另人 kɔk⁴⁵lɛn³¹n̪in²³ 人家 n̪in²³ka⁰	别人 人家
	领属	各另人个 kɔk⁴⁵lɛn³¹n̪in²³ko⁰ 人家个 n̪in²³ka⁰ko⁰	别人的 人家的

军家话人称代词的特点：

（1）军家话三身代词都读同一调类，这种现象在各大方言很常见。第三人称读阴平调应该是受第一、第二人称感染的结果。一般来说，语音变化是有规律的，但在这些演变规律中也有很多零碎的例外，"感染作用"就是其中一种例外。李荣（1982：109—110）认为："语法上属于同一小类的用法相近的字，有时在读音上互相吸引，引起字音的改变。"这种现象被称为"感染作用"，也有学者称之为"类化作用"。军家话第一人称代词"阿"为阴平调，第二人称代词"你"为次浊上声字，军家话归入阴平调，第三人称代词"渠"为古全浊声母平声字，按演变规律应读阳平调，但今读阴平，是受了同类代词"阿、你"读阴平的影响。李荣先生在谈到这一语音现象时指出，汉语方言内部人称代词用字虽然不一致，但声调常常相同。可见，这一小类常常发生感染作用。

（2）军家话第一人称单数一般说"阿"，第三人称说"渠"，但有时也可说"阿哩""渠哩"。例如：

才⁼□小张钓到一行大鱼仔，阿哩□钓到小张昨天钓了一条大鱼，我没有钓到鱼。tsʰai²³ia³³ɕiəɯ³⁵ tsɔŋ³¹tiəɯ⁵³tau³¹iʔ⁴⁵ haŋ²³ tʰai³¹ŋe²³tseº, a³¹liºmaŋ²³tiəɯ⁵³tau³¹.

冇岸⁼轻，重得连阿哩都拿唔动真不轻，重得连我都拿不动了。mau²³ŋan³¹tɕʰiaŋ³¹, tsʰən³¹tɛʔ²liɛn²³a³¹liºtu³³na³¹ŋ²³tʰəŋ³¹.

阿坐稳哩（就）唔动，看你把阿哩酱⁼仔我就是坐着不动，看你能把我怎么着。a³¹tsʰo³¹ven³¹liº(tɕʰiu³¹)ŋ²³tʰəŋ³¹, kʰuɛn⁵³n̩i³¹pa³¹a³¹liºtɕiɔŋ⁵³tseº.

阿哩五点半就起来哩，你酱⁼仔七点半还唔起来呀我五点半就起来了，你怎么七点半还不起来呀？a³¹liºŋ³³tien³⁵puen⁵¹tɕʰiu³¹tɕʰi⁵⁵li²³liº, n̩i³¹tɕiɔŋ⁵³tseºtɕʰiʔ³³tien³⁵puen⁵¹han²³ŋ²³tɕʰi⁵⁵li²³iaº?

把□个东西传分阿哩把那个东西递给我。pa³¹n̩i³³koºtəŋ³¹ɕi³¹tsʰɛn²³peʔ⁴⁵a³¹liº.

渠哩□有闲，连吃哩□吃（饭）都添放哩他忙得很，忙得连吃过饭没有都忘了。ki³¹liºlɔŋ³⁵mau³¹ha²³, liɛn²³tɕʰiak⁴⁵liºmaŋ²³tɕʰiak⁴⁵(fan³¹)tu³³tʰien³¹fɔŋ⁵³liº.

（3）第一人称复数形式用"□"[vɔŋº]、"□"[lɛnº]，第二、第三人称用"□"[lɛnº]，来源不明。第二、第三人称的"□"[lɛnº]也有发音人说"□"[nɛnº]或"□人"[nɛn⁵¹n̩in²³]。第一人称复数在语法例句部分都用"阿□"[a³¹vɔŋº]，但话语讲述部分说"阿□"[a³¹lɛnº]的比例比"阿□"[a³¹vɔŋº]高。笔者节选了一段老男发音人对当地情况的讲述，用了六次[a³¹lɛnº]，一次[a³¹vɔŋº]。话语讲述时偶见一例"阿们"，或许这个"□"[lɛnº]由"们"音变而来。

（4）第一人称复数没有包括式与排除式之分，不管是否包括听话人，一律说"阿□"[a³¹vɔŋº]～[a³¹lɛnº]。例如：

阿□走[哩呃]，你再坐一下仔呃我们走了，你再坐一会儿。a³¹vɔŋºtsəɯ³⁵liəº, n̩i³¹tsai⁵³tsʰo³¹iʔ⁴⁵

ha³¹tse⁰iə⁰.

阿□一下来去走咱们一起走。a³¹vɔŋ⁰iʔ⁴⁵ha³¹li²³kʰi³³tsɯ³⁵.

夜了哩就唔好[哩哟]，阿□放遽啊仔行晚了就不好了,咱们快点儿走吧。ia³¹liəɯ⁰li⁰tɕʰiu³¹ŋ³¹hau³⁵lio⁰, a³¹vɔŋ⁰fɔŋ³³tɕiak⁴⁵a³¹tse⁰haŋ²³.

（5）第二人称没有敬称，一律说"你"，这与汉语南方诸方言相同。

（6）人称代词的"属格"用"个"，如"阿个""你个""渠个""阿□lɛn⁰个""你□lɛn⁰个""渠□lɛn⁰个""大家个"，与南方诸方言相同，但主元音圆唇，音[ko⁵¹]，一般读轻声，偏向赣方言，与武平客家话不同。

2.指示代词

指示代词主要用于指称人、物、处所、时间、程度、性状、方式等。军家话的指示代词详见表6-4：

表6-4　军家话的指示代词表

指示内容		军家话	普通话
人或事物	近指	盖═kuɛ⁵¹ 盖═个 kuɛ³³ko⁰	这 这个
	远指	□ ȵi⁵¹ □个 ȵi³³ko⁰	那 那个
处所	近指	改═里 kuɛ³⁵li⁰	这儿、这里
	远指	□样 ȵi⁵³iɔŋ³¹	那儿、那里
性质、状态、方式	近指	盖═样 kuɛ⁵³iɔŋ³¹ 囊═哩 nɔŋ²³li⁰ ～ nɔŋ²³ȵi⁰ 挪═哩 no²³li⁰ ～ no²³ȵi⁰	这样、这么
	远指	□样 ȵi⁵³iɔŋ³¹ 囊═哩 nɔŋ²³li⁰ ～ nɔŋ²³ȵi⁰ 挪═哩 no²³li⁰ ～ no²³ȵi⁰	那样、那么
程度	近指	□ lɔŋ³⁵	这么
	远指	□ lɔŋ³⁵	那么
数量	近指	盖═些 kuɛ⁵³ɕia³¹ 盖═兜 kuɛ⁵³təɯ³¹	这些
	远指	□些 ȵi⁵³ɕia³¹ □兜 ȵi⁵³təɯ³¹	那些

军家话指示代词的特点：

（1）军家话的指示代词二分为近指和远指，没有中指或更远指。例如：

改˭里是武溪，□样是城头，□样是县头这里是武溪，那里是城里，那里是县城。kuɛ³⁵li⁰sɿ³¹vu³¹hai³¹, n̠i⁵³ioŋ³¹sɿ³¹saŋ²³tʰəu⁰, n̠i⁵³ioŋ³¹sɿ³¹fen³¹tʰəu⁰.

仔欢喜盖˭双鞋，唔欢喜□双鞋，也唔欢喜□双鞋儿子喜欢这双鞋，不喜欢那双，也不喜欢那双。tse³⁵huɛn³¹tɕʰi³¹kuɛ⁵³səŋ³¹hai²³, ŋ²³huɛn³¹tɕʰi³¹n̠i⁵³səŋ³¹hai²³, ia⁵⁵ŋ²³huɛn³¹tɕʰi³¹n̠i⁵³səŋ³¹hai²³.

（2）军家话的指示代词大多有音无字，来源不明。近指代词"盖˭个"[kuɛ³³ko⁰]与"改˭里"[kuɛ³⁵li⁰]应该是同一来源，只是语音形式发生了变化而已。这种情况在汉语方言中很常见。有些方言写作"该"字，但"该"为阴平字，军家话音[kuɛ³¹]，与指代词[kuɛ⁵¹]的去声调不同音，所以我们选用了完全同音的"盖"和"改"来记录。

（3）军家话最基本的指示代词是"盖˭"[kuɛ⁵¹]和"□"[n̠i⁵¹]，相当于普通话的"这""那"。它们一般不直接与名词组合，得先与量词构成指量短语之后才能修饰名词。如普通话"这人""那人"军家话不说[kuɛ⁵⁵n̠in²³][n̠i⁵⁵n̠in²³]，而要说成[kuɛ³³ko⁰n̠in²³][n̠i³³ko⁰n̠in²³]。

（4）表示程度的"□"[loŋ³⁵]无近指远指之分。例如：

盖˭个细人仔是□高仔，还是□高这个小孩是这么高，还是那么高？kuɛ³³ko⁰ɕi⁵⁵n̠in⁰tse⁰sɿ³¹loŋ³⁵kau³¹tse³⁵, han²³sɿ³¹loŋ³⁵kau³¹?

表示性状的"囊˭哩"[noŋ²³li⁰]～[noŋ²³n̠i⁰]也无近指远指之分，此词可能是向武平客家话借用的，有时又可说成[no²³li⁰]～[no²³n̠i⁰]。例如：

酱˭仔弄？唔是挪˭哩弄，要挪˭哩弄正着怎么办呢？不是那么办，要这么办才对。tɕioŋ⁵³tse⁰ləŋ³¹? ŋ²³sɿ³¹no²³n̠i⁰ləŋ³¹, iəɯ⁵⁵no²³li⁰ləŋ³¹tsak³³tsʰok⁴⁵.

3.疑问代词

疑问代词表示疑问。军家话疑问代词系统见表6-5。

表6-5 军家话疑问代词表

疑问内容	军家话	普通话
人	□人 hɛ³⁵n̠in⁰、海˭人 huɛ³⁵n̠in⁰	谁
事物	什哩 seʔ⁴⁵li⁰	什么
指人或事物	□个 hɛ²³ko⁵¹	哪个
处所	海˭里 huɛ³⁵li⁰、□哩 hɛ³⁵li⁰	哪儿、哪里
性质、状态、方式	酱˭仔 tɕioŋ⁵³tse⁰	怎么、怎样、怎么样
程度	几 tɕi³⁵	几

续表

疑问内容	军家话	普通话
数量	几多 tɕi³⁵to³¹	多少
原因	做什哩 tso³³sɛʔ⁴⁵li⁰ 酱⁼仔 tɕioŋ⁵³tse⁰	为什么、干什么 怎么、怎样、怎么样

军家话疑问代词的特点：

（1）相当于普通话"谁"的指人疑问代词[hɛ³⁵][huɛ³⁵]不单独使用，必须在后头加上"人"才可自由运用。相当于普通话"哪"的指人或事物的疑问代词[hɛ²³]也不单独使用，必须在后头带上量词"个"，构成疑量结构后才可以自由运用。这两个代词来源不明，有可能为同一来源。

（2）军家话的疑问代词和普通话一样，也有引申用法，主要是任指、虚指及否定，例如：

□人都讲唔过盖⁼个家伙头谁都说不过这个家伙。hɛ³⁵n̩in⁰tək⁴⁵koŋ³³ŋ²³koʔ³³kuɛ³³ko⁰kaʔ³¹ho³¹tʰəɯ²³.

四 性状与程度

（一）形容词重叠与形容词的生动式

军家话形容词重叠可以有"AA仔/子"式、"AABB"式、"A牯AB/A牯A绝"式、"A过A绝"式以及个别其他形式。其中，"AA仔/子"式可以表示程度增加，相当于普通话"AA的"，也可以表示程度减弱，相当于普通话"有点儿A"。"AABB"式与普通话相同，表示程度增加。"A牯AB/A牯A绝"式和"A过A绝"式表示达到了极致。军家话形容词重叠详细情况见表6-6。

表6-6 军家话形容词生动形式表

例词	军家话原形	军家话生动形式	普通话生动形式
大	大 tʰai³¹	大过大绝 tʰai³¹koʔ⁵³tʰai³¹tɕʰiɛʔ⁴⁵	大大的
好	好 hau³⁵	好好哩个 hau³³hau³⁵li⁰ko⁰	好好的 好端端的
红	红 fəŋ²³	红过红绝 fəŋ²³koʔ⁵⁵fəŋ²³tɕʰiɛʔ⁴⁵	红红的 红彤彤的
绿	青 tɕʰiaŋ³¹	青过青绝 tɕʰiaŋ³¹koʔ⁵³tɕʰiaŋ³¹tɕʰiɛʔ⁴⁵	绿绿的 绿油油的
香	香 ɕioŋ³¹	喷牯喷香 pʰəŋ³³ku³⁵pʰəŋ⁵³ɕioŋ³¹	香香的 香喷喷的
臭	臭 tɕʰiu⁵¹	臭牯臭绝 tɕʰiu³³ku³⁵tɕʰiu³³tɕʰiɛʔ⁴⁵	臭臭的 臭烘烘的

续表

例词	军家话原形	军家话生动形式	普通话生动形式
稀	鲜 ɕien³¹（流质） 藜 lau⁵¹（植物）	鲜水□□ ɕien³¹fi³⁵laŋ²³kaŋ⁵¹ 藜牯藜绝 lau³³ku³⁵lau³³tɕʰiɛ⁴⁵	稀稀的
厚	厚 həɯ³¹	厚牯厚绝 həɯ³¹ku³⁵həɯ³¹tɕʰiɛ⁴⁵	厚厚的
重	重 tsʰəŋ³¹	重过重绝 tsʰəŋ³¹ko⁵³tsʰəŋ³¹tɕʰiɛ⁴⁵	重重的
轻	轻 tɕʰiaŋ³¹	□牯□轻 pʰen³¹ku³⁵pʰen³¹tɕʰiaŋ³¹	轻轻的 轻飘飘的
胖	壮 tsɔŋ⁵¹	壮过壮绝 tsɔŋ³³ko³³tsɔŋ³³tɕʰiɛ⁴⁵	胖胖的
瘦	瘦 səɯ⁵¹	瘦牯瘦绝 səɯ³³ku³⁵səɯ³³tɕʰiɛ⁴⁵	瘦瘦的
亮	光 kɔŋ³¹	锃牯锃光 tsaŋ³³ku³⁵tsaŋ⁵³kɔŋ³¹	亮亮的 亮晶晶的 锃亮的
慢	□ nau⁵¹ 难 nan²³	□□仔 nau³³nau⁵³tse⁰ 难牯难绝 nan²³ku⁵⁵nan²³tɕʰiɛ⁴⁵	慢慢的 慢吞吞的
快	遽 tɕiak⁴⁵	遽过遽绝 tɕiak³³ko³³tɕiak³³tɕʰiɛ⁴⁵	快快的
酸	酸 suɛn³¹	酸过酸绝 suɛn³¹ko³¹suɛn³¹tɕʰiɛ⁴⁵	酸酸的 酸溜溜的 酸不拉叽的
甜	甜 tʰiɛn²³	甜牯甜绝 tʰiɛn²³ku³⁵tʰiɛn²³tɕʰiɛ⁴⁵ 甜过甜绝 tʰiɛn²³ko⁵⁵tʰiɛn²³tɕʰiɛ⁴⁵	甜甜的 甜津津的 甜不拉叽的
漂亮	俏 tɕʰiəɯ⁵¹	俏牯俏绝 tɕʰiəɯ³³ku³⁵tɕʰiəɯ³³tɕʰiɛ⁴⁵ 八⁼牯子八⁼靓 paʔ⁴⁵kuʔ³¹tsɿ⁰paʔ³³lɛn⁵¹	漂漂亮亮的
干净	伶俐 liaŋ²³tʰi³¹	伶伶俐俐 liaŋ²³liaŋ²³tʰi³¹tʰi³¹	干干净净的
糊涂	糊涂 fu³¹tʰu²³ 懵懂 məŋ³¹təŋ³¹	糊里糊涂 fu²³li⁰fu³¹tʰu²³ 懵懵懂懂 məŋ³¹məŋ³¹təŋ³¹təŋ³¹	糊里糊涂的
土气	土 tʰu³⁵	土牯土绝 tʰu³⁵ku³¹tʰu³³tɕʰiɛ⁴⁵	土里土气
呆	呆 ŋuɛ²³	呆牯呆绝 ŋuɛ²³ku³¹ŋuɛ²³tɕʰiɛ⁴⁵	呆呆的
冷	冷 laŋ³⁵	冷牯冷绝 laŋ³³ku³⁵laŋ³⁵tɕʰiɛ⁴⁵ 冷过冷绝 laŋ³³ko³³laŋ³⁵tɕʰiɛ⁴⁵	冷冷的
热	热 niɛʔ⁴⁵	热牯热绝 niɛʔ³³ku³⁵iɛʔ³³tɕʰiɛ⁴⁵	热热的
黑	乌 vu³¹	乌牯乌绝 vu³¹ku³⁵vu³¹tɕʰiɛ⁴⁵ 乌过乌绝 vu³¹ko³¹vu³¹tɕʰiɛ⁴⁵	黑黑的 黑不溜秋
白	白 pʰak⁴⁵	白牯白绝 pʰak⁴⁵ku³¹pʰak³³tɕʰiɛ⁴⁵ 白过白绝 pʰak⁴⁵ko³¹pʰak³³tɕʰiɛ⁴⁵	白白的
衰	衰 suɛ³¹	衰过衰绝 suɛ³¹ko³¹suɛ³¹tɕʰiɛ⁴⁵	衰衰的

（二）程度副词

军家话的程度副词可以表示极端程度、高程度、低程度、比较程度和过量程度。详见表6-7：

表6-7　军家话程度副词表

程度	军家话	普通话
极端程度	最 tse⁵¹	最
高程度	岸 ŋan³¹ ～ ŋan³⁵ □ lɔŋ³⁵ 好 hau³⁵ 十分 seʔ⁴⁵fen³¹ 还 han²³	很 非常 好 十分 多、多么
低程度	有点仔 iu³³tien³⁵tse⁰ 有滴仔 iu³³teʔ⁴⁵tse⁰	有点儿
比较程度	角⁼ kɔk⁴⁵	更、更加
过量程度	忒 tʰieʔ⁴⁵ 太 tʰai⁵¹	太

1. 极端程度

军家话表示极端程度的副词主要是"最"[tse⁵¹]，与普通话相同。例如：

瘦个壮个都唔好，唔瘦唔壮最好_{瘦的胖的都不好，不瘦不胖最好}。səɯ³³koʰ⁰tsɔŋ³³koʰ⁰tu³³ŋ³¹hau³⁵，ŋ²³səɯ⁵¹ŋ²³tsɔŋ⁵¹tse³³hau³⁵.

三兄弟渠最大_{弟兄三个他最大}。san³¹fiaŋ³¹tʰi³¹ki³¹tse⁵³tʰai³¹.

水果阿最喜欢吃柑仔_{水果我最爱吃橘子}。fi³³ko³⁵a³¹tse⁵³tɕʰi³¹huen³¹tɕʰiak⁴⁵kan³¹tse⁰.

另外，上文所述形容词的"A牯A绝"式和"A过A绝"式也表示极端程度。例如"大过大绝"[tʰai³¹kɔ⁵³tʰai³¹tɕʰieʔ⁴⁵]意为"大极了"，"臭牯臭绝"[tɕʰiu³³kʰu³⁵tɕʰiu³³tɕʰieʔ⁴⁵]意为"臭极了"。

2. 高程度

军家话表示高程度的副词最常用的主要是"岸⁼"[ŋan³¹]～[ŋan³⁵]和"□"[lɔŋ³⁵]，相当于普通话的"很""非常"。例如：

屋下个人对阿岸⁼好_{家里人对我很好}。vək⁴⁵ha³¹koʰ⁰nin²³ti⁵³a³¹ŋan³¹hau³⁵.

老张是唔是岸⁼凶_{老张是不是很凶}？ lau³⁵tsɔŋ³¹sɿ³¹ŋ²³sɿ³¹ŋan³⁵ɕiɔŋ³¹？

屋下坐倒□多人_{屋子里坐着很多人}。vək⁴⁵ha³¹tsʰo³¹tau³¹lɔŋ³⁵to³¹n̩in²³.

你讲哩□好，你还会讲什哩东西_{你说得很好，你还会说些什么呢}？ n̩i³¹kɔŋ³⁵li⁰lɔŋ³³hau³⁵，n̩i³¹ han²³uɛ³¹kɔŋ³⁵seʔ⁴⁵li⁰təŋ³¹ɕi³¹?

"岸⁼"[ŋan³¹]～[ŋan³⁵]和"□"[lɔŋ³⁵]用在感叹句中，有时相当于普通话的"真"。例如：

讲到做得了，□雄板说到做得了，真棒！kɔŋ³⁵tau⁵¹tso⁵³tɛʔ²liəɯ³⁵, lɔŋ⁵⁵ɕiəŋ²³pan³⁵!

盖⁼苋树个树叶岸⁼大/□大/还大呃这棵树叶子真大！kuɛ⁵³təɯ³¹su³¹ko⁰su³¹iɛʔ⁴⁵ŋan³⁵tʰai³¹/lɔŋ³⁵tʰai³¹/han²³tʰai³¹iə⁰!

"□"[lɔŋ³⁵]还可相当于普通话的指示代词"这么""那么"，也表高程度。例如：

路□狭，□大个车过得去冇路这么窄，大车过得去吗？lu³¹lɔŋ³⁵haʔ⁴⁵, lɔŋ³⁵tʰai³¹ko⁰tsʰa³¹ko³³tɛʔ³³kʰi⁵¹mau⁰?

天上乌云□多，惊怕要落雨[哩哟]黑云这么厚，可能要下雨了。tʰiɛn³¹hoɯ⁰vu³¹ven²³lɔŋ³⁵to³¹, tɕiaŋ²³pʰa³³iəɯ³³lɔk³³i³⁵lio⁰.

有时也可以用"还""好""十分"表示高程度，"还"主要用于感叹句中，相当于普通话的"多""多么"。例如：

还俏个一个妹子呃多漂亮的一个姑娘！han²³tɕʰiəɯ³³ko⁰iʔ³³ko³³muɛ⁵³tsɿ⁰ə⁰!

好靓板个一个妹子好漂亮的一个姑娘！hau³⁵lɛn³³pan³⁵ko⁰iʔ³³ko³³muɛ⁵³tsɿ⁰!

盖⁼苋树还高哦这棵树多高啊！kuɛ⁵³təɯ³¹su³¹han²³kau³¹o⁰!

岭岗生得十分秀气，也岸⁼还灵气，也十分漂亮山十分秀气，也非常有灵气，非常漂亮。liaŋ³⁵kɔŋ³¹saŋ³¹tɛʔ²seʔ⁴⁵fen³¹ɕiu³³tɕʰi⁵¹, iaʔ⁴⁵ŋan³¹han²³len²³tɕʰi⁵¹, iaʔ⁴⁵seʔ⁴⁵fen³¹pʰiəɯ⁵³liɔŋ³¹.

3. 低程度

军家话低程度副词很少，通常只用"有点仔"[iu³³tiɛn³⁵tse⁰]、"有滴仔"[iu³⁵tɛʔ⁴⁵tse⁰]表示。例如：

天有点仔/有滴仔冷天有点儿冷。tʰiɛn³¹iu³³tiɛn³⁵tse⁰/iu³⁵tɛʔ⁴⁵tse⁰laŋ³⁵.

4. 比较程度

军家话的比较程度副词只有一个"角⁼[kɔk⁴⁵]"，相当于普通话的"更""更加"。例如：

瘦个比壮个角⁼好瘦的比胖的更好。səɯ³³ko⁰pi³⁵tsɔŋ³³ko⁰kɔk³³hau³⁵.

以后个日子比哥⁼个日子会角⁼好以后的日子比现在更好。i³⁵həɯ³¹ko⁰n̩iʔ⁴⁵tsɿ⁰pi³⁵ko³¹ko⁰n̩iʔ⁴⁵tsɿ⁰uɛ³¹kɔk³³hau³⁵.

好好哩做，盖⁼个日子一日比一日角⁼好好好干吧，这日子一天比一天好。hau³³hau³⁵li⁰tso⁵¹, kuɛ³³ko⁰n̩iʔ⁴⁵tsɿ⁰iʔ³³n̩iʔ⁴⁵pi³³iʔ³³n̩iʔ⁴⁵kɔk³³hau³⁵.

你比阿角⁼高，渠比你还角⁼高你比我高，他比你还要高。n̩i³¹pi³⁵a³¹kɔk⁴⁵kau³¹, ki³¹pi³⁵n̩i³¹han²³kɔk⁴⁵kau³¹.

5. 过量程度

军家话过量程度副词一般用"忒"[tʰiɛʔ⁴⁵]或"太"[tʰai⁵¹]，有时略带主观不满情绪。例如：

盖⁼个东西好是好，就是忒贵这个东西好是好，就是太贵了。kuɛ³³ko⁰təŋ³¹ɕi³¹hau³⁵sɿ³¹hau³⁵, tɕʰiu³¹sɿ³¹tʰiɛʔ³³kuɛ⁵¹.

忒多咧，要唔了□多，就要□多仔就够得咧太多了，要不了那么多，只要这么多就够了。tʰiɛʔ⁴⁵to³¹lɛ⁰, iəɯ⁵⁵ŋ²³liəɯ⁰ləŋ³⁵to³¹, tɕʰiu³¹iəɯ³¹ləŋ³⁵to³¹tse⁰tɕʰiu³¹kəɯ³³tɛʔ⁴⁵lɛ⁰.

盖⁼碗菜忒咸/太咸哩呃这碗菜太咸了。kuɛ³³uɛn³⁵tsʰai⁵¹tʰiɛʔ⁴⁵han²³/tʰai⁵⁵han²³li⁰iə⁰.

阿算得太快哩，算差哩，等一下阿重新再算一遍我算得太快，算错了，让我重新算一遍。a³¹suɛn⁵³ tɛʔ²tʰai³³kʰuai⁵¹li⁰, suɛn⁵³tsʰa³¹li⁰, tɛn³⁵iʔ⁴⁵ha³¹a³¹tsʰəŋ²³ɕin³¹tsai³³suɛn⁵³iʔ²piɛn⁵¹.

五　介引与关联

（一）介词

军家话的介词系统见表6-8：

表6-8　军家话介词表

介词类别		军家话	普通话
时空介词	特定时空介词	在 tsʰe³¹ 啊 a³¹	在
	源点时空介词	从 tɕʰiəŋ²³	从
	方向介词	向 ɕiɔŋ⁵¹ 往 vɔŋ³¹	向 往
	途经介词	藤 tʰɛn²³	沿、顺着
	终点介词	到 tau⁵¹ 啊 a³¹	到
对象介词	受事介词	把 pa³⁵	把
	施事介词	分 peʔ⁴⁵	被、给、让
	同事介词	佮 kaʔ⁴⁵	和、跟
	与事介词	分 peʔ⁴⁵ 给 kɛʔ⁴⁵ 佮 kaʔ⁴⁵	给、替

续表

介词类别		军家话	普通话
方式手段介词	依据方式	照 tsəu⁵¹	按照
	材料工具	用 iəŋ³¹	用
原因、目的介词	原因介词	因为 i³¹vi²³	因为
	目的介词	为 vi²³～vi⁵¹	为、为了
比较、排除介词	比较介词	比 pi³⁵	比
	排除介词	除哩 tsʰu²³li⁰	除了

从表6-8可以看出，军家话的介词大多与普通话相同。下面我们介绍几个较常用并有一定特色的介词：

1. 在 [tsʰe³¹]

特定时空介词"在"一般前置，引进时间、处所，用在谓词性成分前做状语。例如：

渠在电视机面前看来看去就困着哩_{他在电视机前看着看着睡着了}。ki³¹tsʰe³¹tʰiɛn³¹sɿ³¹ki³¹miɛn³¹tɕʰiɛn⁰kʰuɛn⁵⁵li²³kʰuɛn³³kʰi⁵¹tɕʰiu³¹kʰuen³³tsʰɔk⁴⁵li⁰.

阿□是在车站买个车票_{我们是在车站买的车票}。a³¹vɔŋ⁰sɿ³¹tsʰe³¹tsʰa³¹tsan⁰mai³⁵ko⁰tsʰa³¹pʰiəu⁵¹.

在什哩地方学个普通话啊_{在什么地方学的普通话？} tsʰe³¹sɛʔ⁴⁵li³¹tʰi³¹fɔŋ⁰hɔk⁴⁵ko⁰pʰu³¹tʰəŋ³¹fa³¹a⁰？

在屋下做什哩啊？在屋下吃饭_{在家做什么？在家吃饭呢}。tsʰe³¹vək⁴⁵ha³¹tso⁵³sɛʔ⁴⁵li⁰a⁰?tsʰe³¹vək⁴⁵ha³¹tɕʰiak⁴⁵fan³¹.

2. 啊 [a³¹]

军家话的"啊"功能多样，可相当于普通话特定时空介词"在"，也可相当于终点介词"到"，引进时间、处所，用在谓词性成分后做补语。此外，军家话的"啊"还可作为短时貌和尝试貌的标记（见下文"助词"部分的相关论述）。例如：

渠做事做啊半夜哩_{他做事做到半夜了}。ki³¹tso⁵³se³¹tso⁵³a³¹puɛn⁵³ia³¹li⁰.

丢啊街上去哩_{丢在街上了}。tiu³¹a³¹kai³¹hɔŋ⁰kʰi⁵³li⁰.

放啊桌仔上哩_{搁在桌上了}。fɔŋ⁵³ŋa³¹tsɔk⁴⁵tse⁰hɔŋ³¹li⁰.

跌啊地下去哩_{掉到地上了}。tiɛʔ⁴⁵a³¹tʰi²³ha⁰kʰi⁵³li⁰.

渠像个有病个人凭啊沙发上_{他像个病人似的靠在沙发上}。ki³¹tɕʰiɔŋ³³ko³³iu³⁵pʰiaŋ³¹ko⁰nin²³pʰɛn³¹ŋa³¹sa³¹faʔ⁴⁵hɔŋ³¹.

渠跳啊末班车上走哩_{他跳上末班车走了}。ki³¹tʰiəu⁵³a³¹muɛʔ⁴⁵pan³¹tsʰa³¹hɔŋ³¹tsəu³⁵li⁰.

当着渠个面欻就拂=啊河头_{当着他的面就扔到河里}。tɔŋ³¹tsɔk²ki³¹ko⁰miɛn³¹ŋe⁰tɕʰiu³¹feʔ²a³¹ho³¹ tʰəɯ²³.

3. 藤 [tʰɛn²³]

途经介词"藤"[tʰɛn²³]相当于普通话的"沿""顺着"。例如：

藤盖=条路一直行就到武溪哩沿着这条路一直走到武溪村了。tʰɛn²³kuɛ⁵⁵tʰiəɯ²³lu³¹iʔ³³tsʰeʔ⁴⁵ haŋ²³tɕʰiu³¹tau⁵³vu³¹hai³¹li⁰.

藤河坝去就到哩沿河坝去就到了。tʰɛn²³ho²³pa³³kʰi⁵¹tɕʰiu³¹tau⁵³li⁰.

4. 佮 [kaʔ⁴⁵]

军家话的介词"佮"由动词"佮伙合伙""摎佮混合"义虚化而来，主要用于引进同事对象或与事对象。

（1）同事标记介词

"佮"作为同事标记介词，经常用于引进动作行为的参与者和伴随者，相当于普通话的"和""跟"。例如：

老四欸？渠哥=佮一个朋友讲稳哩话老四呢？他正在跟一个朋友说着话呢。lau³¹sŋ⁵¹e⁰ʔki³¹ko³¹kaʔ³³ iʔ³³ko⁵⁵pʰɛn²³iu⁵¹kɔŋ³⁵ven³¹li⁰faʔ³¹.

阿佮渠讲，天光会落雨我跟他说，明天要下雨。a³¹kaʔ⁴⁵ki³¹kɔŋ³⁵, tʰiɛn³¹kɔŋ³¹uɛ³¹lɔk³³i³⁵.

为盖=个事情阿佮邻舍紧吵，还唔值得为这事儿我和邻居吵架，很不值得。vi²³kuɛ³³ko⁰sŋ³¹tɕʰin²³ a³¹kaʔ⁴⁵len²³sa⁵¹tɕin³¹tsʰau²³, han²³ŋ²³tsʰeʔ⁴⁵tɛʔ².

（2）与事标记介词

"佮"作为与事标记介词，经常用于引进动作行为的间接承受者，相当于普通话的"给""替"。例如：

你去佮老张倒杯水吃你去给老张倒杯水喝。ȵi³¹kʰi³³kaʔ³³lau³⁵tsɔn³¹tau³¹pi³¹fi³⁵tɕʰiak⁴⁵.

请渠顺带佮阿买本书请他顺便给我买本书。tɕʰiaŋ³⁵ki³¹sen³¹tai⁵¹kaʔ⁴⁵a³¹mai³³pen³⁵su³¹.

你考得倒举人啊，阿门前佮你做牌坊你考得到举人的话，我门前给你做牌坊。ȵi³¹kʰau³⁵tɛʔ²tau³¹ tɕi³¹ȵin²³ŋa³¹, a²³men³¹tɕʰiɛn²³kaʔ⁴⁵ȵi³¹tso⁵⁵pʰai³¹fɔŋ²³.

阿去佮渠开门我去给他开门。a³¹kʰi³³kaʔ⁴⁵ki³¹kʰuɛ³¹men²³.

□辆单车渠佮阿舞坏哩那辆自行车他给我弄坏了。ȵi³³liɔŋ³⁵tan³¹tsʰa³¹ki³¹kaʔ⁴⁵a³¹vu³⁵fai³¹li⁰.

5. 分 [peʔ⁴⁵]

军家话的介词"分"[peʔ⁴⁵]由动词"分"的给予义虚化而来，主要用于介绍引进与事者或施事者。读音[peʔ⁴⁵]应该是"分"的白读音[pen³¹]的阳入对转，有时还读[pen³¹]。例如：

老师拿了一本□厚个书分你老师给了你一本很厚的书？ lau³⁵sŋ³¹na³¹liəɯ⁰iʔ³³pen³⁵lɔŋ³⁵həɯ³¹ ko⁰su³¹pen³¹ȵi³¹?

从我们调查的情况来看，作为介词的"分"基本上读[peʔ⁴⁵]。

（1）与事标记介词

军家话的介词"分"作为与事标记介词，经常用于介绍引进动作行为的间接承受者，通常是双宾句的近宾语，相当于普通话的"给"。例如：

渠拿分阿一个桃哩_{他给我一个桃子}。ki³¹na³¹peʔ⁴⁵a³¹iʔ³³ko⁵¹tʰau²³li⁰.

老张兜分老李一千块钱_{老张给了老李一千块钱}。lau³⁵tsɔŋ³¹təu³¹peʔ⁴⁵lau³³li³⁵iʔ⁴⁵tɕʰiɛn³¹kʰuai⁵⁵tɕʰiɛn²³.

送本书分渠_{送本书给他}。səŋ³³pen³⁵su³¹peʔ⁴⁵ki³¹.

你拿一把剪刀分阿_{你给我一把剪刀}。n̩i³¹na³¹iʔ⁴⁵pa³¹tɕiɛn³⁵tau³¹peʔ⁴⁵a³¹.

盖⁼只碗就借分你用_{这只碗借给你用}。kuɛ³³tsak³³uɛn³⁵tɕʰiu³¹tɕia³³peʔ⁴⁵n̩i³¹iəŋ³¹.

（2）施事标记介词

军家话的介词"分"作为施事标记介词，经常用于介绍引进自发动作行为的发出者，相当于普通话的"被"。例如：

盖⁼个碗分渠打烂哩_{这个碗被他打破了}。kuɛ³³ko⁰uɛn³⁵peʔ⁴⁵ki³¹ta³⁵lan³¹li⁰.

门分渠关稳哩_{门被他关上了}。men²³peʔ⁴⁵ki³¹kuan³¹ven³¹li⁰.

盖⁼本书阿看了两个月，始终都分阿看了哩_{这本书我看了两个月了，终于被我看完了}。kuɛ³³pen³⁵su³¹a³¹kʰuɛn⁵³liəu⁰liɔŋ³⁵ko⁰ŋuɛʔ⁴⁵, sɿ³⁵tsɔŋ³¹tu³¹peʔ⁴⁵a³¹kuɛn⁵³liəu⁰li⁰.

军家话还有一些其他介词，词形、用法与普通话大体相同，不再一一介绍。

（二）连词

1. 词语连词

军家话的词语连词最常用的是"佮"[kaʔ⁴⁵]（语流中常受周边客家话的影响读成低促调），相当于普通话的"和""跟"。这个"佮"是个多功能词，从动词、介词到连词，语法化的路径比较清晰。作为连词，经常用于连接两个并列关系的词或短语，一般不用于连接分句。例如：

阿天光佮渠一下去钓鱼仔_{我明天跟他一起去钓鱼}。a³¹tʰiɛn³¹kɔŋ³¹kaʔ⁴⁵ki³¹iʔ⁴⁵ha³¹kʰi³³tiəu⁵⁵ŋe²³tse⁰.

精佮□，平平过_{机灵和傻，日子都一样过，不相上下}。tɕin³¹kaʔ³³ŋo⁵¹, pʰiaŋ³¹pʰiaŋ²³ko⁵¹.

你佮渠两个人□人要去北京_{你还是他要去北京？} n̩i³¹kaʔ⁴⁵ki³¹liɔŋ³⁵ko⁰n̩in²³hɛ³⁵n̩in⁰iəu³³kʰi³³peʔ⁴⁵tɕin³¹?

阿佮弟弟一直把老张当作自家个长辈_{我和弟弟一直把老张当我们自己的长辈}。a³¹kaʔ⁴⁵tʰi³¹tʰi³¹iʔ³³tsʰeʔ⁴⁵pa³¹lau³⁵tsɔŋ³¹tɔŋ³¹tsɔk⁴⁵tsʰɿ²³ka⁰ko⁰tsɔŋ³⁵pi⁵¹.

一瞇眼，牛郎啊佮织女就供哩一个仔一个女_{一眨眼，牛郎和织女就生了一儿一女}。iʔ³³n̩iɛʔ³³ŋan³⁵, ŋəu³¹lɔŋ²³ŋa³¹kaʔ⁴⁵tseʔ³³n̩i³⁵tɕʰiu³¹tɕiəŋ⁵³li⁰iʔ³³ko³³tse³⁵iʔ³³ko³³n̩i³⁵.

2.分句连词

军家话的分句连词不多,且基本与普通话相同,应该是从普通话借用而来的。例如:

渠当年因为屋下穷,所以就读唔起书他当年因为家里穷,所以读不起书。ki³¹toŋ³¹ȵiɛn⁰in³³vi²³vək⁴⁵ha³¹tɕʰiəŋ²³, so³⁵i³¹tɕʰiu³¹tʰək⁴⁵ŋ³¹tɕʰi³⁵su³¹.

因为屋下十分苦哇,所以就向各另人借哩一条裤仔着因为家里很穷,所以就向别人借了一条裤子穿。in⁵⁵vi²³vək⁴⁵kʰa³¹seʔ⁴⁵fen³¹kʰu³¹ua³¹, so³¹i⁵¹tɕʰiu³¹tɕʰiəŋ³³kɔk⁴⁵lɛn³¹ȵin²³tɕia⁵³liʔ²tʰiəɯ²³kʰu⁵³tseʔ⁰tsɔk².

因为两个妹子欸角˭有钱,所以欸送个礼啊比较厚实因为两个妹妹更有钱,所以送的礼比较丰厚。in⁵⁵vi²³tiɔŋ³⁵ko⁰muɛ³¹tsŋ⁰eʔkɔk³³iu⁵⁵tɕʰiɛn²³, so³¹i⁵¹e⁰səŋ³³ko⁰li³⁵ia⁰pi³⁵kau³¹həɯ³¹seʔ⁰.

六 动词的体貌

动词的体貌范畴,也叫时体、动相,是表示动作行为、事件发展变化的情况的语法范畴。要了解一种方言语法的概貌,动词的体貌范畴是重点考察对象之一。军家话中常见的体貌范畴有完成体、已然体、未然体、进行体、持续体、经历体、起始体、将始体、先行体、重行貌、短时貌、反复貌、尝试貌等。

(一)完成体

完成体表示动作行为已经完成、实现,或者状态已经存在。军家话的完成体主要有如下形式:

1. VP＋哩[li⁰]

"哩"[li⁰]是一个虚化比较彻底的体标记,相当于普通话的"了₁",用在动词或动词结构后面,表示动作行为的完成和实现。VP中的动词可以是持续性动词,比如:看、问、写、买、说、等、洗、扫、种、讲、哭、笑、想、帮、用等。例如:

打哩一下打了一下。ta³⁵li⁰iʔ⁴⁵ha³¹.

阿买哩一个碗我买了一个碗。a³¹mai³⁵li⁰iʔ³³ko³³uɛn³⁵.

去哩一转去了一趟。kʰi⁵³li⁰iʔ⁴⁵tsɛn³¹.

阿吃哩三碗饭还□吃饱我吃了三碗饭还没吃饱。a³¹tɕʰiak⁴⁵li⁰san³¹uɛn³⁵fan³¹han²³maŋ²³tɕʰiak³³pau³⁵.

老张才˭□买哩两斤青菜老张昨天买了两斤青菜。lau³⁵tsɔŋ³¹tsʰai²³ia³³mai³⁵li⁰liɔŋ³⁵tɕin³¹tɕʰiaŋ³¹tsʰai⁵¹.

VP中的动词还可以是非持续性动词,如:死、断、去、赢、输、散、走离开、丢等。例如:

一个人先走哩一个人先离开了。iʔ³³ko⁵⁵ȵin²³ɕiɛn³¹tsəɯ³⁵li⁰.

不管是持续性动词，还是非持续性动词，如果后加形容词做补语，要表示动作的完成时，需要把体貌标记"哩"加在补语后面，表示状态变化已经完成。例如：

盖⁼个碗分渠打烂哩这个碗被他打破了。kue³³ko⁰uɛn³⁵peʔ⁴⁵ki³¹ta³⁵lan³¹li⁰.

□辆单车渠佮阿舞坏哩那辆自行车他给我弄坏了。ȵi⁵⁵liɔŋ²³tan³¹tsʰa³¹ki³¹kaʔ⁴⁵a³¹vu³⁵fai³¹li⁰.

门分渠关稳哩门被他关上了。men²³peʔ⁴⁵ki³¹kuan³¹ven³¹li⁰.

离合词如吃饭、结婚、影相、洗澡、剪发等，在表示动作完成的时候，需在离合词中间加入体貌标记"哩"，句末一般还有语气词"哩"或"咧""啊"。例如：

阿才⁼□影哩相哩我昨天照了相了。a³¹tsʰai²³ia⁵¹iaŋ³¹li⁰ɕiɔŋ⁵¹li⁰.

阿洗哩澡，今朝唔打篮球咧我洗过澡了，今天不打篮球了。a³¹se³⁵li⁰tsau³⁵, tɕin³¹tsəu³¹ŋ²³ta³⁵lan³¹tɕʰiu²³lɛ⁰.

渠吃哩饭，你吃哩□吃啊他吃了饭了，你吃了饭没有呢？ki³¹tɕʰiak⁴⁵li⁰fan³¹, ȵi³¹tɕʰiak⁴⁵li⁰maŋ²³tɕʰiak⁴⁵a⁰?

阿吃哩夜，阿出去行哩啊仔我吃了晚饭，出去溜达了一会儿。a³¹tɕʰiak⁴⁵li⁰ia³¹, a³¹tsʰe²³kʰi⁵¹haŋ²³li⁰ia³¹tse⁰.

2. V + 到 [tau³¹]（音同"倒"）

军家话的"到"是一个动词补语，尚未彻底虚化为体标记。例如：

老张才⁼□有买到菜老张昨天没有买到菜。lau³⁵tsɔŋ³¹tsʰai²³ia⁵³mau³¹mai³⁵tau³¹tsʰai⁵¹.

才⁼□小张钓到一行大鱼仔，阿哩□钓到小张昨天钓了一条大鱼，我没有钓到鱼。tsʰai²³ia³³ɕiəu³⁵tsɔŋ³¹tiəu⁵³tau³¹iʔ⁴⁵haŋ²³tʰai¹ŋe²³tse⁰, a³¹li⁰maŋ²³tiəu⁵³tau³¹.

"V+到"这一结构无论在意义还是用法上大体相当于普通话中完成体的表达形式"VP了₁"，但"V+到"还表示带有某种目的、预期达到某种结果的动作的完成。例如：

你今朝买到哩什哩赢货哇你今天买了什么便宜货哇？ȵi³¹tɕin³¹tsəu³¹mai³⁵tau³¹li⁰seʔ⁴⁵li⁰iaŋ²³ho⁵¹ua⁰?

你捡到了什哩窖哇你捡了什么便宜呀？ȵi³¹tɕiɛn³¹tau³¹li⁰seʔ⁴⁵li⁰kau⁵¹ua⁰?

（二）已然体

已然体是指动作或事态已经出现了变化。军家话中表已然体的形式是"VP/AP+哩[li⁰]"。在这个句式里，VP指动词或动词性短语，AP是形容词或形容词性短语，"哩"相当于普通话"了₂"或"了₃"。例如：

渠来哩他来了。ki³¹li²³li⁰.

受凉哩着凉了。ɕiu³¹liɔŋ²³li⁰.

落雨哩，路上要小心下雨了，路上小心着！lɔk³³i³⁵li⁰, lu³¹hɔŋ⁰iəu³³ɕiəu³⁵ɕin³¹!

饭好[哩啊]，放遽来吃饭好了，快来吃吧。fan³¹hau³⁵lia⁰, fɔŋ³³tɕiak⁴⁵li²³tɕʰiak⁴⁵.

饭都冷了哩饭都凉了。fan³¹tu³³laŋ³⁵liəu⁰li⁰.

天晴[哩哟]天晴开了。tʰiɛn³¹tɕʰiaŋ²³lio⁰.

军家话的已然体常与其他体，如完成体、持续体、起始体、经历体等共现，例如：

点着火哩点着火了。tiɛn³⁵tsʰɔk⁴⁵ho³⁵li⁰.

夜了哩就唔好[哩哟]，阿□放遽啊仔行晚了就不好了，咱们快点儿走吧。ia³¹liəu⁰li⁰tɕʰiu³¹ŋ³¹hau³⁵lio⁰, a³¹vɔŋ⁰fɔŋ³³tɕiak⁴⁵a³¹tse⁰haŋ²³.

（三）未然体

未然体表示动作尚未进行。军家话表示未然体的形式是"VP＋来[li²³]"。这个句式经常用于祈使句，"来"经常置于句末。结构上要求动词后面一定要带上表结果的补语。例如：

门要关转来门要关上。men²³iəu⁵³kuan³¹tsɛn⁵⁵li²³.

你要问清楚来你要问清楚。n̠i³¹iəu⁵³men³¹tɕʰin³¹tsʰu³¹li²³.

你要□饱来你要吃饱来。n̠i³¹iəu³³fen³³pau⁵⁵li²³.

句末的"来"体现了说话者对事件的主观态度，而就事件本身来说又是尚未进行和实现的。

（四）进行体

进行体是指动作、行为正在进行。军家话中表示进行体的格式主要有两种。

一种是"在＋V"，例如：

渠在吃饭他在吃饭。ki³¹tsʰe³¹tɕʰiak⁴⁵fan³¹.

另一种是"V＋稳哩[ven³¹li⁰]"。这个格式中的动词V前面经常有表示对象、处所的状语，修饰后面正在进行的动作。动词V具有[－完成、＋持续]义，如看、说、食吃、打、哭、吃、抹等。"稳"和"哩"是时态助词，"稳哩"相当于普通话的"着"，是表示动作进行和持续的标记。"稳"音[ven³⁵]，但语流中经常读作[ven³¹]，当为客家话影响而致。例如：

渠吃稳哩饭他吃着饭。ki³¹tɕʰiak⁴⁵ven³¹li⁰fan³¹.

渠哥=佮一个朋友讲稳哩话他正在跟一个朋友说着话呢。ki³¹ko³¹kaʔ³³iʔ³³ko⁵⁵pʰɛn³¹iu⁵¹kɔŋ³⁵ven³¹li⁰fa³¹.

阿□唱，阿放稳哩录音我没在唱，我放着录音呢。a²³maŋ²³tsʰɔŋ⁵¹, a²³fɔŋ⁵³ven³¹li⁰liək⁴⁵in³¹.

（五）持续体

持续体是指状态的持续存在。军家话表持续体的结构是"V＋稳[ven³⁵]～[ven³¹]""V＋哩[li⁰]""V＋稳哩[ven³⁵li⁰]"。其中V具有[＋完成、＋持续]义，如坐、看、住、挂、吊、种、着穿、戴、贴等。"V＋稳[ven³⁵]"后面一般不带宾语，而"V＋哩[li⁰]、V＋稳哩[ven³⁵li⁰]"后面可以带宾语，也可以不带。例如：

坐稳，唔要徛起来坐着，别站起来。tsʰo³¹ven³⁵, ŋ²³n̠iəu⁵¹tɕʰi³¹tɕʰi⁵⁵li²³.

渠今朝着哩一身新衣裳他今天穿着一身新衣服。ki³¹tɕin³¹tsəɯ³¹tsɔk⁴⁵li⁰i?⁴⁵sen³¹ɕin³¹i³¹sɔŋ⁰.

今朝渠着稳哩一身新衣裳今天他穿着一身新衣服。tɕin³¹tsəɯ³¹ki³¹tsɔk⁴⁵ven³¹li⁰i?⁴⁵sen³¹ɕin³¹i³¹sɔŋ⁰.

渠屋下个门锁稳哩，亮子门也关稳哩，一个人都冇他家门锁着，窗户也关着，一个人都没有。ki³¹vək⁴⁵ha³¹ko⁰men²³so³⁵ven³¹li⁰, liɔŋ³¹tsŋ⁰men²³ia³¹kuan³¹ven³¹li⁰, i?³³ko⁵⁵n̪in²³tu³³mau²³.

墙头上贴哩一张地图墙上贴着一张地图。tɕʰiɔŋ³¹tʰəɯ⁰hɔŋ³¹tiɛ?⁴⁵li⁰i?⁴⁵tsɔŋ³¹tʰi³¹tʰu²³.

床上困哩一个老人家床上躺着一个老人。sɔŋ²³hɔŋ³¹kʰuen⁵³li⁰ i?³³ko⁰lau³⁵n̪in⁰ka⁰.

墙头上挂稳哩一张年画墙上挂着一张年画。tɕʰiɔŋ³¹tʰəɯ²³hɔŋ³¹kua³³ven³⁵li⁰i?⁴⁵tsɔŋ³¹n̪iɛn²³fa³¹.

阿看稳哩看稳哩就困着哩我看着看着睡着了。a³¹kʰuɛn⁵³ven³¹li⁰kʰuɛn⁵³ven³¹li⁰tɕʰiu³¹kʰuen³³tsʰɔk⁴⁵li⁰.

（六）经历体

经历体表示动作、情况等曾经发生过。军家话表示经历体的格式主要是"V＋过[ko⁵¹]"，有宾语时，宾语置于"V＋过"后面。例如：

盖=只牛拖过哩车，冇人骑过这牛拉过车，没人骑过。kue³³tsak⁴⁵ŋəɯ²³tʰo³¹ko⁵³li⁰tsʰa³¹, mau³¹n̪in²³tɕʰi²³ko⁵¹.

先日头阿坐过哩船，可从来都□骑过马以前我坐过船，可从来没骑过马。ɕien³¹n̪i?⁴⁵tʰəɯ²³a³¹tsʰo³¹ko⁵³li⁰sen²³, kʰo³¹tɕʰiəŋ²³lai²³tu³³maŋ²³tɕʰi²³ko³³ma³⁵.

阿吃过哩兔子肉，你前=吃过我吃过兔子肉，你吃过没有？a²³tɕʰiak³³ko⁵³li⁰tʰu³³tsŋ³⁵n̪iək⁴⁵, n̪i³¹tɕʰiɛn²³tɕʰiak³³ko⁵¹？

（七）起始体

起始体是指动作、行为或状态变化的开始。军家话表示起始体的形式是"V起来"，这里的"V"可以是光杆动词，即单独做谓语的动词，也可以是带宾语的及物动词，带宾语时的一般结构是"V起N来"。例如：

天时冷起来哩天冷起来了。tʰiɛn³¹sŋ²³laŋ³³tɕʰi⁵⁵li²³li⁰.

讲稳哩讲稳哩就笑啊起来说着说着就笑起来了。kɔŋ³⁵ven³¹li⁰kɔŋ³⁵ven³¹li⁰tɕʰiu³¹ɕiəɯ⁵³a³¹tɕʰi⁵⁵li²³.

渠一欢喜欸就唱起歌仔来[哩哟]他一高兴就唱起歌来了。ki³¹i?⁴⁵huɛn³¹tɕʰi³¹e⁰tɕʰiu³¹tsʰɔŋ³³tɕʰi³⁵ko³¹tse⁰li²³lio⁰.

（八）将始体

将始体是指动作行为等即将发生。军家话中将始体的表达形式有"要V""会V"，表示动作即将发生。例如：

天要落雨哩天要下雨了。tʰiɛn³¹iəu³³lɔk³³i³⁵li⁰.

阿佲渠讲，天光会落雨我跟他说，明天要下雨。a³¹kaʔ⁴⁵ki³¹kɔŋ³⁵, tʰiɛn³¹kɔŋ³¹uɛ³¹lɔk³³i³⁵.

（九）先行体

先行体是指在一个动作、事件进行之前，要先完成另外一个动作、事件。军家话表示这一语法意义主要是使用"先"这个时间副词，构成"先＋VP"句式。这个句式可以表达两种句法义：

一是对事实的陈述，表示是S先完成了VP这个动作或事情。例如：

渠先来他先来。ki³¹ɕiɛn³¹li²³.

盖⁼兜人等了两个点钟，有三个人先走哩一群人等了两个小时了，有三个人先走了。kuɛ⁵⁵təɯ³¹n̻in²³tɛn³⁵liəɯ⁰liɔŋ³⁵kɔ³³tiɛn³⁵tsəŋ³¹, iu³⁵san³¹kɔ⁵⁵n̻in²³ɕiɛn³¹tsəɯ³⁵li⁰.

一个人先走哩一个人先走了。iʔ⁴⁵kɔ⁵⁵n̻in²³ɕiɛn³¹tsəɯ³⁵li⁰.

阿□先行，老张反正唔会来哩咱们先走，老张反正不会来了。a³¹vɔŋ⁰ɕiɛn³¹haŋ²³, lau³⁵tsɔŋ³¹fan³¹tsɛn⁵¹ŋ²³ uɛ³¹li²³li⁰.

二是表祈使义，要求S先完成VP这个动作或事情。例如：

公公，你先坐一下仔啊爷爷，你/您先坐一会儿。kəŋ³¹kəŋ³¹, n̻i³¹ɕiɛn³¹tsʰo³¹iʔ⁴⁵ha³¹tsɛ³¹a⁰.

你先行稳，阿就跟来你先走，我就跟来。n̻i³¹ɕiɛn³¹haŋ²³vɛn³¹, a³¹tɕʰiu³¹kɛn³¹li²³.

（十）重行貌

重行貌是指动作再一次发生。军家话重行貌的表达形式有"再V""V……添""再V……添""V过₂"。

1. 再V

"再V"结构中，用副词"再"表示动作再一次发生，后头往往要加数量短语，与普通话相同。例如：

阿藤□仔点钱点得唔着，等阿再点一遍我刚才数钱数得不对，让我重新数一遍。a³¹tʰɛn²³lɛn⁵³tse⁰tiɛn⁵⁵tɕʰiɛn²³tiɛn³⁵tɛʔ⁴⁵ŋ²³tsʰɔk⁴⁵, tɛn³⁵a³¹tsai³³tiɛn³⁵iʔ³³piɛn⁵¹.

你再吃一碗。n̻i³¹tsai³³tɕʰiak³³iʔ³³uɛn³⁵.

等细人仔先走，你再把展览欸仔细个看一遍让孩子们先走，你再把展览仔仔细细地看一遍。tɛn³⁵ɕi⁵⁵n̻in⁰tse⁰ɕiɛn³¹tsəɯ³⁵, n̻i³¹tsai⁵³pa³¹tsɛn³³lan³⁵e⁰tsŋ³⁵ɕi⁵³kɔ⁰kʰuɛn⁵³iʔ²piɛn⁵¹.

2. V……添

"V……添"结构中，用后附成分"添"表示动作再一次发生，"V"后同样要加数量短语，例如：

阿藤□仔点钱点得唔着，等阿点一遍添我刚才数钱数得不对，让我重新数一遍。a³¹tʰɛn²³lɛn⁵³tse⁰tiɛn⁵⁵tɕʰiɛn²³tiɛn³⁵tɛʔ⁴⁵ŋ²³tsʰɔk⁴⁵, tɛn³⁵a³¹tiɛn³⁵iʔ³³piɛn⁵¹tʰiɛn³¹.

你吃一碗添你再吃一碗。n̠i³¹tɕʰiak³³iʔ³³uen³⁵tʰien³¹.

3. 再V……添

"再V……添"结构中，表示重复的"再"与"添"同现，例如：

阿在改⁼里买哩一套屋仔，老张劝阿再买一套添我在这里买下了一套房子，老张劝我再买上一套。a³¹tsʰe³¹kue³⁵li⁰mai³⁵liʔ³³tʰau³³vək⁴⁵tse⁰, lau³⁵tsoŋ³¹tɕʰien⁵³a³¹tsai³³maiʔ³⁵iʔ³³tʰau⁵³tʰien³¹.

你正吃一碗饭，再吃一碗添你才吃了一碗米饭，再吃一碗吧。n̠i³¹tsak³³tɕʰiak³³iʔ³³uen³⁵fan³¹, tsai³³tɕʰiak³³iʔ³³uen³⁵tʰien³¹.

4. V+过

军家话的重行貌还可以用"V过"的形式来表示，相当于普通话的"重+V"。例如：

阿藤□仔点钱点得唔着，等阿点过一遍我刚才数钱数得不对，让我重新数一遍。a³¹tʰen²³len⁵³tse⁰tien⁵⁵tɕʰien²³tien³⁵teʔ⁴⁵ŋ²³tsʰɔk⁴⁵, ten³⁵a³¹tien³⁵ko³³iʔ³³pien⁵¹.

除了以上四种形式，有时也可以直接用"重+V"，这应该是受普通话影响的结果。例如：

阿□听清楚，你重讲一遍我没听清，你重说一遍。a³¹maŋ²³tʰiaŋ³¹tɕʰin³¹tsʰu³¹, n̠i³¹tsʰəŋ²³koŋ³⁵iʔ³³pien⁵¹.

（十一）短时貌和尝试貌

军家话短时貌的形式是"V啊仔"，相当于普通话的动词重叠"VV"或"V一V"。短时貌的意义是相对而言动作持续的时间较短。这里的"V"是持续性动词，而且是光杆动词，后面不带宾语。"V啊仔"表示动作发生的时间短，只是"一会儿、一下子"，表现轻松、随意的一面。"V啊仔"后面还可以加宾语，经常用于祈使句，表示让听话人做某事，例如：

盖⁼件事阿□商量啊仔这件事我们商量商量。kue⁵³tɕʰien³¹sŋ³¹a³¹voŋ⁰soŋ³¹lioŋ²³ŋa³¹tse⁰.

阿□吃哩饭出去行啊仔我们吃了饭出去走走。a³¹voŋ⁰tɕʰiak⁴⁵li⁰fan³¹tsʰeʔ²³kʰi⁵⁵haŋ²³ŋa³¹tse⁰.

你把间头捡拾啊仔／你捡拾啊仔间头你收拾收拾房间。n̠i³¹pa³¹kan³¹tʰɯ⁰tɕien³⁵seʔ⁴⁵a³¹tse⁰/n̠i³¹tɕien³⁵seʔ⁴⁵a³¹tse⁰kan³¹tʰɯ⁰.

你去看啊仔你去看一看。n̠i³¹kʰi³³kʰuen⁵³a³¹tse⁰.

尝试貌表示把某种有可能实现的动作试一试。军家话的尝试貌形式与短时貌相同，也是"V啊仔"结构，"V"为光杆动词，例如：

你尝啊仔渠做个点心再走你尝尝他做的点心再走吧。n̠i³¹soŋ²³ŋa⁵³tse⁰ki³¹tso³³ko⁰tien³⁵ɕin³¹tsai³³tsəɯ³⁵.

（十二）反复貌

反复貌的形式是"V稳哩V稳哩""V来V去"和"V啊V"，用动词反复形式，表示某种动作反复进行或者动作持续了比较长的时间。例如：

讲稳哩讲稳哩就笑啊起来说着说着就笑起来了。kɔŋ³⁵vɛn³¹li⁰kɔŋ³⁵vɛn³¹li⁰tɕʰiu³¹ɕiəɯ⁵³a³¹tɕʰi⁵⁵li²³.

渠看电视看来看去就困着哩他看电视看着看着睡着了。ki³¹kʰuɛn⁵³tʰiɛn³¹sʅ³¹kʰuɛn⁵⁵li²³kʰuɛn³³kʰi⁵¹tɕʰiu³¹kʰuɛn³³tsʰɔk⁴⁵li⁰.

阿□就到街上行啊行哩，行到临夜仔我们就在街上逛啊逛的，逛到傍晚。a³¹vɔŋ⁰tɕʰiu³¹tau⁵³kai³¹hɔŋ⁰haŋ²³ŋa³¹haŋ²³li⁰, haŋ²³tau⁵⁵lɛn²³ia³¹tsɛ⁰.

七　语气词

语气词是表示语气的虚词，常用在句尾或句中停顿处表示种种语气。军家话中常见的语气词有"哩[li⁰]、欸[e⁰]、啊[a⁰]～[a³¹]（呀[ia⁰]、哇[ua⁰]）、呃[ə⁰]、咧[lɛ⁰]、嘛[ma⁰]、哦[o⁰]、哟[io⁰]"等，还可以两个语气词共现，如"哩哟、哩啊、哩呃"等。句类不同，语气词的使用也有别。

（一）陈述语气词

军家话的陈述语气词有"哩、欸、啊（呀、哇）、咧、呃、嘛、哩哟、哩呃"等，其中，"哩"和"欸"的使用频率较高。

1. 哩[li⁰]

语气词"哩"相当于普通话的"了₂"，表示实现态或即现态。例如：

天晴哩天晴了。tʰiɛn³¹tɕʰiaŋ²³li⁰.

会落雨哩，行遽点仔快下雨了，走快点。uɛ³¹lɔk³³i³⁵li⁰, haŋ³⁵tɕiak³³tiɛn³⁵tsɛ⁰.

只有五分钟个时间哩只有五分钟时间了。tsɛʔ³³iu³³ŋ³⁵fɛn³¹tsəŋ³¹ko⁰sʅ²³kan³¹li⁰.

只要渠肯来，阿就有什哩讲哩只要他肯来，我就没有什么说的了。tsɛʔ³³iəɯ⁵¹ki³¹kʰɛn⁵⁵li²³, a³¹tɕʰiu³¹mau²³sɛʔ⁴⁵li⁰kɔŋ³⁵li⁰.

渠唔在屋下，应该是去等细人仔哩她不在家，应该是出去接孩子了。ki³¹ŋ²³tsʰe³¹vək⁴⁵ha³¹, in⁵³kuɛ³¹sʅ³¹kʰi³³tɛn³⁵ɕi⁵⁵n̠in⁰tsɛ⁰li⁰.

2. 欸[e⁰]

语气词"欸"相当于普通话的"呢"，经常用于陈述句中，表示停顿或舒缓语气，有时也带有假设的意味。例如：

烧哩以后欸下一年欸添丁又角═旺烧了以后呢下一年添丁又更旺。səɯ³¹li⁰i³⁵həɯ³¹e⁰ha³¹i²⁴⁵n̠iɛn²³ŋe⁰tʰiɛn³¹tɛn³¹iu³¹kɔk⁴⁵vɔŋ³¹.

每一个节欸大家人都会做糍做粿每个节呢大家人都会做糍做粿。mi³⁵iʔ³³ko³³tɕiɛʔ⁴⁵e⁰tʰai³¹ka⁵⁵n̠in²³tu³⁵uɛ³¹tso⁵⁵tsʰʅ²³tso³³ko³⁵.

添女丁欸就冇"上灯"生女孩呢就不上灯。tʰiɛn³¹ɲi³⁵tɛn³¹ŋe⁰tɕʰiu³¹mau²³ "sɔŋ³¹tɛn³¹".

3. 啊 [a⁰]

语气词"啊"也经常用于陈述句,用法跟普通话大体差不多,也可以用来表示不穷尽列举。例如:

喊渠公哩屋下做衣裳个尺啊剪刀哇拿出来叫她丈夫把做衣裳的尺啊、剪刀哇拿出来。han⁵³ki³¹kəŋ³¹li⁰vək⁴⁵ha³¹tso³³i³¹sɔŋ⁰ko⁰tsʰak⁴⁵a³¹tɕiɛn³⁵tau³¹ua³¹na³¹tsʰeʔ⁴⁵li²³.

渠做糍吃啊,杀头牲啊,鸡呀,鸭啊,猪肉啊,都有盖⁼个就会来过节她做糍吃啊、杀牲口啊、鸡呀、鸭呀、猪肉啊、都准备好了(亲戚)就会来过节。ki³¹tso⁵⁵tsʰɿ²³tɕʰiak⁴⁵a⁰, saʔ⁴⁵tʰəu²³saŋ³¹ŋa⁰, ki³¹ia⁰, aʔ⁴⁵a⁰, tsu³¹ɲiək⁰a⁰, tək³³iu³⁵kuɛ³³ko⁰tɕʰiu³¹uɛ²³li²³ko³³tɕiɛʔ⁴⁵.

4. 咧 [lɛ⁰]、嘛 [ma⁰]、呃 [ə⁰]

这几个语气词及其他陈述语气词跟普通话比较接近。例如:

阿洗哩澡,今朝唔打篮球咧我洗过澡了,今天不打篮球了。a³¹se³⁵li⁰tsau³⁵, tɕin³¹tsəu³¹ŋ²³ta³⁵lan³¹tɕʰiu²³lɛ⁰.

还□呃,还要一下仔再吃得了呃还没有呢,再有一会儿就吃完了。han²³maŋ²³ŋə⁰, han²³iəu³³iʔ⁴⁵ha³¹tse⁰tsai³³tɕʰiak⁴⁵tɛʔ³³liɯ³⁵ə⁰.

把人家头□都打出了血呃,你还笑把人家脑袋都打出血了,你还笑! pa³¹ɲin²³ka⁰tʰəu³¹na⁰tu³³ta³⁵tsʰeʔ⁴⁵liɯ⁰fɛʔ⁴⁵ə⁰, ɲi³¹han²³ɕiəu⁵¹!

本来就是一家人嘛本来是一家嘛。pen⁵⁵lai²³tɕʰiu³¹sɿ³¹iʔ⁴⁵ka³¹ɲin²³ma⁰.

5. [哩哟][lio⁰]、[哩呃][liə⁰]

"哩哟、哩呃"等共现语气词语流中常常合音。例如:

渠一欢喜欸就唱起歌仔来[哩哟]他一高兴就唱起歌来了。ki³¹iʔ⁴⁵huɛn³¹tɕʰi³¹e⁰tɕʰiu³¹tsʰɔŋ³³tɕʰi³⁵ko³¹tse⁰li²³lio⁰.

五点[哩哟],阿要走[哩哟]五点了,我该走了。ŋ³³tiɛn³⁵lio⁰, a³¹iəu³³tsəu³⁵lio⁰.

天上乌云□多,惊怕要落雨[哩哟]黑云这么厚,可能要下雨了。tʰiɛn³¹hɔŋ⁰vu³¹ven²³lɔŋ³⁵to³¹, tɕiaŋ²³pʰa³³iəu³³lɔk³³i³⁵lio⁰.

好在你来哩,唔使阿□就行差[哩哟]幸亏你来了,要不然我们就走错了。hau³⁵tsʰai³¹ɲi³¹li²³li⁰, ŋ²³sɿ³¹a³¹lɛn⁰tɕʰiu³¹haŋ²³tsʰa³¹lio⁰.

对渠确实冇(一)点办法,烦死[哩呃]真拿他没办法,烦死我了。ti⁵³ki³¹kʰɔk³³seʔ⁴⁵mau²³(iʔ³³)tiɛn³⁵pʰan³¹faʔ², fan²³sɿ³⁵liə⁰.

盖⁼碗菜太咸/忒咸哩呃这碗菜太咸了。kuɛ³³uɛn³⁵tsʰai⁵³tʰai⁵⁵han²³/tʰiɛʔ⁴⁵han²³li⁰ə⁰.

(二)疑问语气词

军家话的疑问语气词有"冇、欸、啊(呀、哇)、哩啊、哟"等。其中"冇"本是否

定副词"冇没有",用于疑问句时,只用于是非问句,不能用于其他问句,相当于普通话的"吗"。例如:

听清楚哩冇听清楚了吗?　　　tʰian³¹tɕʰin³¹tsʰu³¹li⁰mau⁰?

老王打太极拳冇老王打太极拳吗?　　lau⁵⁵vɔŋ²³ta³⁵tʰai³³tɕʰiʔ⁴⁵kʰuɛn²³mau⁰?

老张走哩冇老张走了吗?　　lau³⁵tsɔŋ³¹tsəu³⁵li⁰mau⁰?

天光王经理会归公司冇明天王经理会来公司吗?　　tʰiɛn³¹kɔŋ³¹vɔŋ²³tɕin³¹li³⁵uɛ³¹kuɛ³¹kəŋ³¹sɿ³¹mau⁰?

你还会讲各个地方的话冇你还会说别的地方的话吗?　　n̠i³¹han²³uɛ³¹kɔŋ³⁵kɔk⁴⁵ko⁵¹tʰi³¹fəŋ⁰ko⁰fa³¹mau⁰?

"欸、啊(呀、哇)、哩啊、哟"等只用于其他问句,不用于是非问句。例如:

阿喜欢红色,你欸我喜欢红色,你呢?　　a³¹tɕʰi³⁵huɛn³¹fəŋ²³sɛʔ⁴⁵, n̠i³¹ie⁰?

在什哩地方学个普通话啊在什么地方学的普通话?　　tsʰe³¹sɛʔ⁴⁵li³¹tʰi³¹fəŋ⁰hɔk⁴⁵ko⁰pʰu³¹tʰəŋ³¹fa³¹a⁰?

酱ᐟ仔半工人都还唔走啊怎么半天了还不走?　　tɕiɔŋ⁵³tse⁰puɛn³³kəŋ³¹n̠in²³tu³³han²³m̩²³tsəu³⁵a⁰?

□人把盖ᐟ瓶酒吃了哩啊谁把那瓶酒给喝完了?　　he³⁵n̠in⁰pa³¹kuɛ⁵⁵pʰen²³tɕiu³⁵tɕʰiak⁴⁵liəu⁰li⁰a⁰?

渠今年几大仔[哩啊]他今年多大了?　　ki³¹tɕin³¹n̠iɛn⁰tɕi³¹tʰai³¹tse⁰lia⁰?

你酱ᐟ仔七点半还唔起来呀你怎么七点半了还不起来?　　n̠i³¹tɕiɔŋ⁵³tse⁰tɕʰiʔ³³tiɛn³⁵puɛn⁵¹han²³ŋ³¹tɕʰi⁵⁵li²³ia⁰?

(三)祈使语气词

军家话的祈使语气词一般用"啊",或者是合音语气词[哩哟][哩啊]。例如:

阿□行啊咱们走吧!　　a³¹vɔŋ⁰haŋ²³ŋa⁰!

小心点仔啊小心点儿!　　ɕiəu³⁵ɕin³¹tiɛn³¹tse⁰a⁰!

渠在做作业,你一个人去□啊她正做作业呢,你一个人去玩儿吧。　　ki³¹tsʰe³¹tso³³tsɔk³³n̠iɛʔ⁴⁵, n̠i³¹iʔ³³ko⁵⁵n̠in²³kʰi³³uɛ³⁵a⁰!

夜了[哩哟],唔要出去[哩啊]天黑了,不要出去了。　　ia³¹liəu⁰lio⁰, ŋ²³n̠iəu³³tsʰe²³kʰi⁵¹lia⁰.

(四)感叹语气词

军家话的感叹语气词一般有"啊(呀、哇)、咧、哟、呃、哦"。例如:

什哩啊?渠喊你(喊)爷老子啊什么?他管你叫爸爸!　　seʔ⁴⁵li⁰a⁰?ki³¹han⁵³n̠i³¹(han⁵⁵)ia²³lau³⁵tsɿ⁰a⁰!

忒多咧,要唔了□多,就要□多仔就够得咧太多了,要不了那么多,只要这么多就够了。　　tʰiɛʔ⁴⁵to³¹lɛ⁰, iəu⁵⁵ŋ²³liəu⁵lɔŋ³⁵to³¹, tɕʰiu³¹iəu³³lɔŋ³⁵to³¹tse⁰tɕʰiu³¹kəu⁵³tɛʔ²lɛ⁰.

渠呀,十分厉害哟他呀,可厉害着呢!　　ki³¹ia³¹, seʔ⁴⁵fen³¹li³¹huɛ³¹io⁰!

盖=荚树还高哦这棵树多高啊！　kuɛ⁵³təɯ³¹su³¹han²³kau³¹o⁰!

盖=荚树个树叶还大呃这棵树叶子真大！　kuɛ⁵³təɯ³¹su³¹ko⁰su³¹iɛʔ⁴⁵han²³tʰai³¹iə⁰!

还俏个一个妹子呃好漂亮的一个姑娘！　han²³tɕʰiəɯ³³ko⁰iʔ³³ko³³muɛ⁵³tsʅ⁰ə⁰!

第二节

句法

本节主要介绍军家话的一些句法特点，包括处置句、被动句、双宾句、比较句、疑问句、否定句和动补句等。本节涉及的语法例句均做全句标音。

一 处置句和被动句

(一) 处置句

所谓处置，是指使某种事物产生某种结果，发生某种变化，或处于某种状态。普通话的处置句最常见的标志是"把"字。军家话中相当于普通话"把"字句，表"处置义"的句式主要有三种。

1."把"字句

军家话"把"表处置义时一般出现在"S＋把＋NP＋VP"这个句式中，用法与普通话中的把字句相同。例如：

你要把钱放好，唔要跌了哩你把钱放好，别丢了。ȵi³¹iəu³³pa³¹tɕʰiɛn²³fɔŋ³³hau³⁵, ŋ²³ȵiəu³³tiɛʔ⁴⁵liəu⁰li⁰.

把□个东西拿分阿把那个东西拿给我。pa³¹ȵi³³ko⁰təŋ³¹ɕi³¹na³¹peʔ⁴⁵a³¹.

渠把钱一拂=，一句话都唔讲，转身就走哩他把钱一扔，二话不说，转身就走。ki³¹pa³¹tɕʰiɛn²³iʔ³³feʔ⁴⁵, iʔ³³tɕi⁵³fa³¹tu³³ŋ³¹kɔŋ³⁵, tsɛn³⁵sen³¹tɕʰiu³¹tsəu³⁵li⁰.

你放遽把盖=碗饭吃了，饭都冷了哩你快把这碗饭吃了，饭都凉了。ȵi³¹fɔŋ³³tɕiak⁴⁵pa³¹kuɛ³³uɛn³⁵fan³¹tɕʰiak⁴⁵liəu⁰, fan³¹tu³³laŋ³⁵liəu⁰li⁰.

把□个东西传分阿哩把那个东西递给我。pa³¹ȵi³³ko⁰təŋ³¹ɕi³¹tsʰɛn²³peʔ⁴⁵a³¹li⁰.

放遽把书（哇）还分渠快去把书还给他。fɔŋ³³tɕiak⁴⁵pa³¹su³¹(ua⁰)van²³peʔ⁴⁵ki³¹.

否定词"唔""唔要""□"[maŋ²³]等要放在"把"字前，例如：

唔要把杯仔打烂哩不要把茶杯打碎了。ŋ²³n̠iəɯ⁵³pa³¹pi³¹tse⁰ta³⁵lan³¹li⁰.

你酱⁼仔唔把各另人当人看你怎么能不把人当人呢？n̠i³¹tɕiɔŋ⁵³tse⁰ŋ²³pa³¹kɔk⁴⁵lɛn³¹n̠in²³tɔŋ⁵⁵n̠in²³kʰuɛn⁵¹？

阿真个还后悔当时□把渠留黑⁼来我真后悔当时没把他留住。a³¹tsen³¹ko⁰han²³həɯ³¹fi⁵¹tɔŋ³¹sŋ³¹maŋ²³pa³¹ki³¹liu³¹hɛʔ⁴⁵li²³.

2. "捉"字句

军家话还可以用"捉"字表处置义，例如：

你酱⁼仔捉各另人唔当人你怎么能不把人当人呢？n̠i³¹tɕiɔŋ⁵³tsok³³kɔk⁴⁵lɛn³¹n̠in²³ŋ²³tɔŋ³¹n̠in²³？

大家乱棍捉渠紧打大家用乱棍把他一顿狠打。tʰai³¹ka³³luɛn³¹kuɛn⁵¹tsok²ki³¹tɕin³¹ta³⁵.

3. 无标记处置句

除了以上两种处置句式，军家话还可使用无标记的处置句，一般为祈使句。例如：

□个碗拿来把那个碗拿来！n̠i³³ko⁰uɛn³⁵na³¹li²³！

你洗一下碗你把碗洗一下。n̠i³¹se³⁵iʔ⁴⁵ha³¹uɛn³⁵.

放遽请渠来赶快把他请来。fɔŋ³³tɕiak⁴⁵tɕʰiaŋ³⁵ki³¹li²³.

你门要关转来你把门关上。n̠i³¹men²³iəɯ⁵¹kuan³¹tsɛn⁵⁵li²³.

（二）被动句

军家话的被动句根据有无被动标志可以分为两类。

1. "分[peʔ⁴⁵]"字句

军家话主要用"分"字句来表示被动。"分"相当于普通话的被动标记"被""给"。

"分"字表被动时的句式是"甲＋分＋（乙）＋VP＋（AP）"。"甲"是受事，做主语，VP表示动作，AP表示结果，整个句子表示被动意义，表示甲被乙怎么样了，一般表达不如意、不希望的事情。用法与普通话中的"被"字句相同。例如：

帽子分风吹走哩帽子被风吹走了。mau³¹tsŋ⁰peʔ⁴⁵fəŋ³¹tsʰe³¹tsəɯ³¹li⁰.

盖⁼个碗分渠打烂哩这个碗被他打破了。kuɛ³³ko⁰uɛn³⁵peʔ⁴⁵ki³¹ta³⁵lan³¹li⁰.

渠分渠个娘讲啼哩他被妈妈说哭了。ki³¹peʔ⁴⁵ki³¹ko⁰n̠iɔŋ²³kɔŋ⁵⁵tʰi²³li⁰.

通通信都分火烧了哩，一点仔都冇哩所有的书信都被火烧了，一点儿剩的都没有。tʰəŋ³³tʰəŋ³⁵ɕin⁵¹tu³³peʔ³³ho³⁵səɯ³¹liəɯ⁰li⁰, iʔ³³tien³⁵tse⁰tu³³mau²³li⁰.

分渠纠了一下昼，什哩事情都□做成被他缠了一下午，什么都没做成。peʔ⁴⁵ki³¹tɕiu⁵³liəɯ⁰iʔ⁴⁵ha³¹tɕiu⁰, seʔ⁴⁵li⁰sŋ³¹tɕʰin²³tu³³maŋ²³tso⁵⁵saŋ²³.

分人打蒙哩，一下仔□清醒过来让人给打蒙了，一下子没明白过来。peʔ⁴⁵n̠in²³ta³⁵məŋ³¹li⁰,

i$ʔ^{45}$ha^{31}tse^{0}maŋ^{23}tɕʰin^{31}ɕiaŋ^{35}ko^{55}li^{23}.

分雨涿哩一身淋淋□□_{给雨淋了个浑身湿透}。pe$ʔ^{33}$i^{35}tək^{45}li$ʔ^{0}$i$ʔ^{45}$sen^{31}len^{31}len^{23}kɛn^{33}kɛn^{51}.

军家话也可用"被"字句来表被动，用法与普通话相同，可能是受普通话影响的结果。例如：

老张吃完饭去田头做事，渠个仔被锁啊门壁背哩_{老张吃完饭去地里干活了，他儿子被锁在门外面了}。lau^{35}tsɔŋ^{31}tɕʰiak^{45}van^{23}fan^{31}kʰi^{55}tʰiɛn^{23}tʰəɯ^{0}tso^{53}se^{31}, ki^{31}ko^{0}tse^{35}pi^{33}so^{35}a^{31}men^{23}piak^{33}puɛ^{51}li^{0}.

2. 无标志被动句

无标志被动句或叫意义被动句，即没有或不需要被动标志，但意义上仍表被动。例如：

饭渠吃了哩_{饭他吃完了}。fan^{31}ki^{31}tɕiak^{45}liəɯ^{0}li^{0}.

杯子打烂哩_{杯子打破了}。pi^{31}tsɿ^{0}ta^{35}lan^{31}li^{0}.

二　双宾句

双宾句是指谓语之后先后出现指人和指事物两种宾语的句子。军家话的双宾结构与普通话相同：S＋V＋O$_1$＋O$_2$。O$_1$是间接宾语，一般指人，O$_2$是直接宾语，一般指事物。军家话双宾句根据动词的语义关系可分三类。

1. 给予类

这类双宾句述语动词表示给予义，如分_给、兜_拿、给、送、奖励、教、借_{借出}等。例如：

老张兜分老李一千块钱_{老张给了老李一千块钱}。lau^{35}tsɔŋ^{31}təɯ^{31}pe$ʔ^{45}$lau^{33}li^{35}i$ʔ^{45}$tɕʰiɛn^{31}kʰuai^{55}tɕʰiɛn^{23}.

小张奖励自家一辆新车_{小张奖励了自己一辆新车}。ɕiəɯ^{35}tsɔŋ^{31}tɕiɔŋ^{33}li^{35}sʰɿ^{23}ka^{0}i$ʔ^{33}$liɔŋ^{35}ɕin^{31}tsʰa^{31}.

渠送哩阿一块表_{他送了我一块表}。ki^{31}səŋ^{53}li^{0}a^{31}i$ʔ^{2}$kʰuai^{33}piəɯ^{35}.

分阿一本书_{给我一本书}。pe$ʔ^{45}$a^{31}i$ʔ^{33}$pen^{35}su^{31}.

渠拿分阿一个桃哩_{他给我一个桃子}。ki^{31}na^{31}pe$ʔ^{45}$a^{31}i$ʔ^{33}$ko^{51}tʰau^{23}li^{0}.

老张借分老李一百块钱_{老张借给老李一百块钱}。lau^{35}tsɔŋ^{31}tɕia^{33}pe$ʔ^{45}$lau^{33}li^{35}i$ʔ^{33}$pak^{45}kʰuai^{55}tɕʰiɛn^{23}.

2. 取得类

这类双宾句述语动词表示取得义，如抢、偷、借_{借入}、骗、买、赚、赢、罚、收等。例如：

渠抢哩阿一千块钱呃_{他抢了我一千块钱呢}。ki^{31}tɕʰiɔŋ^{35}li^{0}a^{31}i$ʔ^{45}$tɕʰiɛn^{31}kʰuai^{55}tɕʰiɛn^{23}ŋə^{0}.

老张借哩老李一百块钱_{老张借了老李一百块钱}。lau^{35}tsɔŋ^{31}tɕia^{53}li^{0}lau^{33}li^{35}i$ʔ^{33}$pak^{45}kʰuai^{55}tɕʰiɛn^{23}.

3. 称说类

这类双宾句述语动词表示称说义，如骂、喊、叫等，例如：

大家骂渠老骨头_{大家骂他老骨头}。tʰai²³ka⁰ma³¹ki³¹lau³⁵kueʔ³³tʰɤɯ⁰.

渠喊你爷老子_{他叫你爸爸}？ki³¹han⁵³n̟i³¹ia²³lau³⁵tsʅ⁰？

三 比较句

军家话的比较句分平比句、差比句、极比句和递比句四种。

（一）平比句

平比句主要用来比较事物的异同，表示相比较的两个对象在某一方面一致，也叫等比句。军家话常见的平比句有如下几种形式：

1. 甲＋佮＋乙＋一般般＋A

这是平比句中最常见的格式，其中甲是比较主体，乙是比较基准，"佮"是介词，引进比较对象（比较基准），"一般般"是比较结果，A是比较点。例如：

老王佮老张一般般高_{老王跟老张一样高}。lau⁵⁵vɔŋ²³kaʔ³³lau³⁵tsɔŋ³¹iʔ⁴⁵puɛn³¹puɛn³¹kau³¹.

老王以前佮老张一般般有钱_{老王从前跟老张一样有钱}。lau⁵⁵vɔŋ²³i³¹tɕʰiɛn²³kaʔ³³lau³⁵tsɔŋ³¹iʔ⁴⁵puɛn³¹puɛn³¹iu⁵⁵tɕʰiɛn²³.

阿个头发佮你个（头发）一般般长_{我的头发跟你的一样长}。a³¹ko⁰tʰɤɯ²³faʔ⁴⁵kaʔ⁴⁵n̟i³¹ko⁰(tʰɤɯ²³fa³⁵)iʔ⁴⁵puɛn³¹puɛn³¹tsʰɔŋ²³.

渠行路佮渠个爷老子一般般遽_{他走路跟他爸爸一样快}。ki³¹haŋ²³lu³¹kaʔ⁴⁵ki³¹ko⁰ia²³lau³⁵tsʅ⁰iʔ⁴⁵puɛn³¹puɛn³¹tɕiak⁴⁵.

2. 甲＋同＋乙＋一样＋（A）

这种格式明显是受普通话影响的结果。例如：

盖⁼个同□个大细一样，分唔出_{这个跟那个大小一样，分不出来}。kuɛ³³ko⁰tʰəŋ²³n̟i³³ko⁰tʰai³¹ɕiʔ⁴⁵iɔŋ³¹, fen³¹ŋ²³tsʰeʔ⁴⁵.

3. 否定式：冇＋一般般＋A

平比句的否定式是在"一般般"前面加上否定词"冇"。例如：

盖⁼个大，□个细，两个冇一般般大_{这个大，那个小，两个不一样大}。kuɛ³³ko⁰tʰai³¹, n̟i³³ko⁰ɕi⁵¹, liɔŋ³⁵ko⁰mau²³iʔ⁴⁵puɛn³¹puɛn³¹tʰai³¹.

（二）差比句

差比句用来比较两个比较项的高下，有胜过式和不及式两种。

1. 胜过式

胜过式差比句表示前一比较项优于或超过后一比较项。军家话的胜过式差比句主要有两种形式：

（1）甲＋比＋乙＋A/AP

这类比较句使用范围较广，其中，"甲"是比较主体，"乙"是比较基准，"比"是比较标记，A/AP是比较项目。例如：

盖⁼个比□个好这个比那个好。kuɛ³³ko⁰pi³⁵n̠i³³ko⁰hau³⁵.

盖⁼个比□个好好多这个比那个好多了。kuɛ³³ko⁰pi³⁵n̠i³³ko⁰hau³⁵hau³⁵to³¹.

盖⁼个人比□个人高这个人比那个人高。kuɛ³³ko⁰n̠in²³pi³⁵n̠i³³ko⁰n̠in²³kau³¹.

才⁼□个天气比今朝好好多昨天的天气比今天好多了。tsʰai²³ia³³ko⁰tʰiɛn³¹tɕʰi⁰pi³⁵tɕin³¹tsəɯ³¹hau³³hau³⁵to³¹.

天光个天气肯定比今朝好明天的天气肯定比今天好。tʰiɛn³¹kɔŋ³¹ko⁰tʰiɛn³¹tɕʰi⁰kʰɛn⁵³tʰin³¹pi³⁵tɕin³¹tsəɯ³¹hau³⁵.

（2）甲＋比＋乙＋角⁼＋A/AP

这类比较句中，"角⁼"相当于普通话的"更"，用于形容词前，表示具有一定的程度。例如：

坐倒哩吃比徛倒来吃角⁼好坐着吃比站着吃更好。tsʰo³¹tau³¹li⁰tɕʰiak⁴⁵pi³⁵tɕʰi³¹tau³¹li⁰tɕʰiak⁴⁵kɔk⁴⁵hau³⁵.

你比阿角⁼高，渠比你还角⁼高你比我高，他比你还要高。n̠i³¹pi³⁵a³¹kɔk⁴⁵kau³¹, ki³¹pi³⁵n̠i³¹han²³kɔk⁴⁵kau³¹.

渠比阿吃得角⁼多，做得也角⁼多他比我吃得更多，干得也更多。ki³¹pi³⁵a³¹tɕʰiak⁴⁵tɛʔ²kɔk⁴⁵to³¹, tso⁵³tɛʔ²ia³¹kɔk⁴⁵to³¹.

瘦个比壮个角⁼好瘦的比胖的更好。səɯ³³ko⁰pi³⁵tsɔŋ³³ko⁰kɔk³³hau³⁵.

盖⁼个比□个角⁼细一点仔，看唔多出这个比那个小了一点点儿，不怎么看得出来。kuɛ³³ko⁰pi³⁵n̠i³³ko⁰kɔk³³ɕi⁵¹iʔ³³tiɛn³⁵tse⁰, kʰuɛn⁵⁵ŋ²³to³¹tsʰeʔ⁴⁵.

2. 不及式

不及式差比句表示前一比较项不及后一比较项。军家话不及式差比句主要用否定词"冇"或"当唔得"构成，有如下几种形式：

（1）甲＋冇＋乙＋A/AP

这种不及句中，否定词"冇"相当于普通话的"没""没有"。例如：

今朝个天气冇才⁼□个好今天的天气没有昨天好。tɕin³¹tsəɯ³¹ko⁰tʰiɛn³¹tɕʰi⁰mau²³tsʰai³³ia³³ko⁰hau³⁵.

□个屋仔冇盖⁼个屋仔好那个房子没有这个房子好。n̠i³³ko⁰vək⁴⁵tse⁰mau²³kuɛ³³ko⁰vək⁴⁵tse⁰hau³⁵.

盖⁼个东西冇□个东西好用这个东西没有那个东西好用。kuɛ³³ko⁰tɤŋ⁵³ɕi³¹mau²³n̠i³³ko⁰tɤŋ³¹ɕi³¹ hau³⁵iəŋ³¹.

（2）甲+冇+乙+□[lɔŋ³⁵]+A/AP

这种格式中，"□"[lɔŋ³⁵]是程度指示代词，相当于普通话的"这么""那么"。例如：

阿冇渠□聪明我不及/不如他聪明。/我没有他那么聪明。a³¹mau²³ki³¹lɔŋ³⁵tsʰəŋ³¹men²³.

阿个头发冇你个□长我的头发没你的那么长。a³¹ko⁰tʰəɯ²³faʔ⁴⁵mau²³n̩i³¹ko⁰lɔŋ³⁵tsʰɔŋ²³.

渠行路冇渠个爷老子□遽他走路没有他爸爸那么快。ki³¹haŋ²³lu³¹mau²³ki³¹ko⁰ia²³lau³⁵tsɿ⁰lɔŋ³⁵tɕiak⁴⁵.

（3）甲+冇+比+乙+A/AP

这种形式实际上是胜过式差比句"甲+比+乙+A/AP"的否定式，例如：

□个冇比盖⁼个好，差岸⁼多那个没有这个好，差多了。n̩i³³ko⁰mau²³pi³⁵kuɛ³³ko⁰hau³⁵, tsʰa³¹ŋan³⁵to³¹.

（4）甲+当唔得+乙+A/N/VP

这种格式中，"当唔得"相当于普通话的"不如""不及""比不上"。例如：

盖⁼个屋仔当唔得□个屋仔好这个房子不如那个房子好。kuɛ³³ko⁰vək⁴⁵tse⁰tɔŋ⁵⁵ŋ²³tɛʔ⁴⁵n̩i³³ko⁰vək⁴⁵tse⁰hau³⁵.

阿当唔得你我比不上你。a³¹tɔŋ⁵⁵ŋ²³tɛʔ⁴⁵n̩i³¹.

行路当唔得坐车走路不如坐车。haŋ²³lu³¹tɔŋ⁵⁵ŋ²³tɛʔ⁴⁵tsʰo³¹tsʰa³¹.

（三）极比句

极比句表示在同类事物的比较中胜过或不及其他事物。极比句实际上也是一种特殊的差比句，只不过比较对象有一定的区别。极比句比较对象的范围比较宽泛，往往是遍指或者任指的。军家话中常用的极比句通过极端程度副词"最"来表示，与普通话相同。例如：

瘦个壮个都唔好，唔瘦唔壮最好瘦的胖的都不好，不瘦不胖最好。səɯ³³ko⁰tsɔŋ³³ko⁰tu³¹ŋ³¹hau³⁵, ŋ²³səɯ⁵¹ŋ²³tsɔŋ⁵¹tse³³hau³⁵.

三兄弟渠最大弟兄三个他最大。san³¹fiaŋ³¹tʰi³¹ki³¹tse⁵³tʰai³¹.

水果阿最喜欢吃柑仔水果我最爱吃橘子。fi³³ko³⁵a³¹tse⁵³tɕʰi³¹huɛn³¹tɕʰiak⁴⁵kan³¹tse⁰.

（四）递比句

递比句也称渐进比较句，它表示一些事物之间渐次性的比较，比较对象的程度逐渐加深或减弱。军家话递比句的一般形式是：一+量+比+一+量+A，"比"字前后的两个比较项都是"一+量"式数量短语。这种形式的比较句常常和时间挂上钩，可以以时间作为切入点，两个"一+量"尽管表示的意义不同，一般前者处于离目前最近的时间场，但是二者的形式必须相同。例如：

好好哩做，盖⁼个日子一日比一日角⁼好好好干吧，这日子一天比一天好。hau³³hau³⁵li⁰tso⁵¹,

kuɛ³³koʰn̠i ʔ⁴⁵tsʅºi ʔ³³n̠i ʔ⁴⁵pi ʔ³⁵i ʔ³³n̠i ʔ⁴⁵kɔk³³hau³⁵.

盖⁼些年个生活一年比一年好，越来越好这些年的生活一年比一年好，越来越好。kuɛ⁵³ɕia³¹n̠iɛn²³koºsɛn³¹fa ʔ⁴⁵i ʔ⁴⁵n̠iɛn²³pi ʔ³⁵i ʔ⁴⁵n̠iɛn²³hau³⁵, iɛ ʔ⁴⁵li²³iɛ ʔ⁴⁵hau³⁵.

渠丁得比阿还角⁼遽，一个比一个丁得遽他跑得比我还快，一个比一个跑得快。ki³¹tɕʰiɔk³³tɛ ʔ³³pi³⁵a³¹han²³kɔk³³tɕiak⁴⁵, i ʔ³³koˁ¹pi³⁵i ʔ³³ko⁵¹tɕʰiɔk³³tɛ ʔ³³tɕiak⁴⁵.

四　疑问句

（一）是非问

是非问句是对整个句子所表示的事情提出疑问，希望听话者对提出的问题作出肯定（是）或否定（非）的回答的句子。军家话的是非问句的句末一般只使用疑问语气词"冇" [mau²³]，相当于普通话的"吗"。例如：

你可以去兜一下冇你可以去取一下吗？n̠i³¹kʰo³¹i³³kʰi⁵¹təɯ³¹i ʔ⁴⁵ha³¹mauº？

路□狭，□大个车过得去冇路这么窄，大车过得去吗？lu³¹lɔŋ³⁵ha ʔ⁴⁵, lɔŋ³⁵tʰai³¹koºtsʰa³¹ko⁵³tɛ ʔ² kʰi⁵¹mauº？

天光王经理会归公司冇明天王经理会来公司吗？tʰiɛn³¹kɔŋ³¹vɔŋ²³tɕin³¹li³⁵uɛ³¹kuɛ³¹kəŋ³¹sʅ³¹mauº？

你还会讲各个地方个话冇你还会说别的地方的话吗？n̠i³¹han²³uɛ³¹kɔŋ³⁵kɔk³³ko⁵¹tʰi³¹fəŋºkoºfa³¹mauº？

会讲普通话冇会说普通话吗？uɛ³¹kɔŋ³⁵pʰu³¹tʰəŋ³¹fa³¹mauº？

听清楚哩冇听清楚了吗？tʰiaŋ³¹tɕʰin³¹tsʰu³¹liºmauº？

有时也用"吗"，应该是普通话影响而致。例如：

盖⁼件事你讲□渠知哩吗你告诉他这件事了吗？kuɛ⁵³tɕʰiɛn³¹sʅ³¹n̠i³¹kɔŋ³⁵van⁵³ki³¹ti³¹liºmaº？

（二）特指问

特指问句使用疑问代词对事情中的人物、事物、数量、状况、处所、时间、原因等情况进行提问，疑问代词所提出的问题即为句中的疑问点，希望听话人对此作出针对性的回答。例如：

□人才⁼□来哩谁昨天来了？hɛ³⁵n̠inºtsʰai²³ia⁵⁵li²³liº？

才⁼□屋下来个是□人昨天家里来的是谁？tsʰai²³ia³³vək⁴⁵ha³¹li²³koºsʅ³¹hɛ³⁵n̠inº？

□人把盖⁼瓶酒吃了哩啊谁把这瓶酒给喝完了？hɛ³⁵n̠inºpa³¹kuɛ⁵⁵pʰen²³tɕiu³⁵tɕʰiak⁴⁵liɯºliºiaº？

盖⁼个是□人写个字这是谁写的字？kuɛ³³koºsʅ³¹hɛ³⁵n̠inºɕia³⁵koºtsʰʅ³¹？

你海⁼日仔去个北京你哪天去的北京？n̠i³¹huɛ³⁵n̠i ʔ⁴⁵tseºkʰi³³koºpɛ ʔ⁴⁵tɕin³¹？

你什哩时候吃个夜你什么时候吃的晚饭？ n̠i³¹seʔ⁴⁵li⁰sʅ²³həɯ⁰tɕʰiak⁴⁵ko⁰ia³¹?

你从□里来你是从哪里来的？ n̠i³¹tɕʰiəŋ²³hɛ³⁵li⁰li²³?

老张藤□仔讲过什哩/讲哩什哩老张刚才说什么了/说了什么？ lau³⁵tsɔŋ³¹tʰɛn²³lɛn⁵³tse⁰kɔŋ³⁵ko³³seʔ⁴⁵li⁰/kɔŋ³⁵li⁰seʔ⁴⁵li⁰?

渠有什哩地方比各另人角⁼好她有什么比别人好的地方？ ki³¹iu³³seʔ⁴⁵li⁰tʰi³¹fəŋ⁰pi³⁵kɔk⁴⁵lɛn³¹n̠in²³kɔk⁴⁵hau³⁵?

特指问句可以有简略形式，例如：

阿喜欢红色，你欤我喜欢红色，你呢？ a³¹tɕʰi³⁵huɛn³¹fəŋ²³sɛʔ⁴⁵, n̠i³¹ie⁰?

（三）选择问

选择问句是提出两种或两种以上的情况，让对方从中进行选择的疑问句。军家话的选择问句主要格式是"（是）X，还是Y"，例如：

你要盖⁼个，还是（要）□个你要这个，还是那个？ n̠i³¹iəɯ³³kuɛ³³ko⁰, han²³sʅ³¹(iəɯ³³)n̠i³³ko⁰?

盖⁼个细人仔是□高仔，还是□高这个小孩是这么高，还是那么高？ kuɛ³³ko⁰ɕi⁵⁵n̠in⁰tse⁰sʅ³¹lɔŋ³⁵kau³¹tse³⁵, han²³sʅ³¹lɔŋ³⁵kau³¹?

你吃饭还是吃馒头你吃米饭还是吃馒头？ n̠i³¹tɕʰiak⁴⁵fan³¹han²³sʅ³¹tɕʰiak⁴⁵man³¹tʰəɯ²³?

你佮渠两个人□人要去北京你还是他要去北京？ n̠i³¹kaʔ⁴⁵ki³¹liɔŋ³⁵ko⁰n̠in²³hɛ³⁵n̠in⁰iəɯ³³kʰi³³peʔ⁴⁵tɕin³¹?

（四）反复问

反复问也叫正反问，即通过谓语的肯定否定相重叠的形式或"是不是"格式来提问，要求答话人作出肯定或否定的回答，或者作出选择性的回答。军家话的反复问句有如下几种形式：

1. X+唔+X

在这一句式中，X可以是形容词、动词或者动词性词组，但不可以是名词或名词性词组。否定词为"唔"。例如：

你去唔去你去不去？ n̠i³¹kʰi⁵⁵ŋ²³ kʰi⁵¹?

渠到底愿唔愿意讲他到底愿不愿意说？ ki³¹tau³³ti³⁵n̠iɛn³¹ŋ²³n̠iɛn³¹i³³kɔŋ³⁵?

盖⁼件事渠晓唔晓得这件事他知道不知道？ kuɛ⁵³tɕʰiɛn³¹sʅ³¹ki³¹ɕiəɯ³⁵ŋ²³ɕiəɯ³⁵tɛʔ²?

盖⁼兜字你晓唔晓得这些字你认得不认得？ kuɛ⁵³təɯ³¹tsʰʅ³¹n̠i³¹ɕiəɯ³⁵ŋ²³ɕiəɯ³⁵tɛʔ²?

渠讲得遽唔遽他说得快不快？ ki³¹kɔŋ³⁵tɛʔ⁴⁵tɕiak⁴⁵ŋ²³tɕiak⁴⁵?

阿要唔要来我该不该来呢？ a³¹iəɯ⁵⁵ŋ²³iəɯ⁵⁵li²³?

老张是唔是岸⁼凶老张是不是很凶？ lau³⁵tsɔŋ³¹sʅ³¹ŋ²³sʅ³¹ŋan³⁵ɕiəŋ³¹?

你吃唔吃_{你吃不吃}？ n̪i³¹tɕʰiak⁴⁵ŋ²³tɕʰiak⁴⁵？

吃哩饭再去好唔好_{吃了饭再去好不好}？ tɕʰiak⁴⁵li⁰fan³¹tsai³³kʰi⁵¹hau³⁵ŋ³¹hau³⁵？

你到底应唔应渠_{你到底答应不答应他}？ n̪i³¹tau³³ti³³ɛn⁵⁵ŋ²³ɛn⁵³ki³¹？

2. X + 还是 + 唔 + X

句式"X + 还是 + 唔 + X"用选择问句的形式提出肯定否定两种情况，让对方从中作出选择性的回答。例如：

你吃还是唔吃_{你吃还是不吃}？ n̪i³¹tɕʰiak⁴⁵han²³sɿ³¹ŋ²³tɕʰiak⁴⁵？

盖⁼个东西岸⁼重，拿得动还是拿唔动_{这个东西很重，拿得动拿不动}？ kuɛ³³ko⁰təŋ³¹ɕi³¹ŋan³⁵ tsʰən³¹, na³¹tɛʔ²tʰəŋ³¹han²³sɿ³¹na³¹ŋ²³tʰəŋ³¹？

盖⁼个事情讲得还是讲唔得_{这个事情说得说不得呀}？ kuɛ³³ko⁰sɿ³¹tɕʰin²³kɔŋ³⁵tɛʔ⁴⁵hau²³sɿ³¹kɔŋ³⁵ŋ²³tɛʔ⁴⁵？

盖⁼些果子吃得还是吃唔得_{这些果子吃得吃不得}？ kuɛ⁵³ɕia³¹ko³⁵tsɿ⁰tɕʰiak⁴⁵tɛʔ²han²³sɿ³¹tɕʰiak⁴⁵ŋ²³tɛʔ⁴⁵？

你□来得了还是来唔了_{你们来得了来不了}？ n̪i³¹lɛn⁰li²³tɛʔ⁴⁵liəɯ³⁵han²³sɿ³¹li³¹ŋ²³liəɯ³⁵？

3. 有冇 VP/N

这个句式也用于询问是否存在什么事物，动作行为是否已经完成。例如：

你有冇钱_{你有没有钱}？ n̪i³¹iu³⁵mau³¹tɕʰiɛn²³？

还有冇饭吃啊_{还有没有饭吃}？ hau²³iu³⁵mau²³fan³¹tɕʰiak⁴⁵a⁰？

昼边有冇□啊？_{中午有没有好吃的啊}？ tɕiu⁵³piɛn³¹iu³⁵mau²³taʔ⁴⁵a⁰？

4. 陈述，X + 唔 + X

反复问句还可以先陈述说话人自己对某件事的认识、看法和意见，然后再用"X + 唔 + X"提问。例如：

渠已经归屋下咧，是唔是啊_{她已经回家了，是不是}？ ki³¹i³¹tɕʰin³³kuɛ³¹vək⁴⁵ha³¹lɛ⁰, sɿ³¹ŋ²³sɿ³¹a⁰？

岸⁼香，是唔是_{好香呀，是不是}？ ŋan³⁵ɕiɔŋ³¹, sɿ³¹ŋ²³sɿ³¹？

五 否定句

否定句从语义上看，是对人或事物作出反面陈述的句子，从成分上看，需要使用否定词语。军家话的否定句一般使用否定副词"唔"[m²³]、"冇"[mau²³]、"□"[maŋ²³]，它们位于动词或形容词前面，对动作行为或性质状态进行否定。

（一）"唔"[m²³]字否定句

军家话用"唔"[m²³]否定的否定句一般用于未然体，"唔"相当于普通话的"不"。

"唔"[m²³]（经常自由变读为[ŋ²³]）系否定副词还有"唔要不要"[ŋ²³iəɯ⁵¹]～[ŋ²³n̠iəɯ⁵¹]、"唔会不会"[m²³uɛ³¹]～[m²³muɛ³¹]。例如：

阿洗哩澡，今朝唔打篮球咧我洗过澡了，今天不打篮球了。a³¹se³⁵li⁰tsau³⁵, tɕin³¹tsəɯ³¹ŋ³¹ta³⁵lan³¹tɕʰiu²³lɛ⁰.

快落雨哩，你□唔要出去快要下雨了，你们别出去了。kuai³³lɔk³³i³⁵li⁰, n̠i³¹lɛn⁰ŋ²³iəɯ³³tsʰeʔ³³kʰi⁵¹.

唔要急，□□哩来甭着急，慢慢儿来。ŋ²³n̠iəɯ³³tɕiʔ⁴⁵, nau³³nau⁵³li⁰li²³.

你唔要吃酒你不要喝酒。n̠i³¹ŋ²³n̠iəɯ³³tɕʰiak³³tɕiu³⁵.

正正经经行，唔要紧汀！好好儿走，别跑！tsen³³tsen⁵³tɕin³¹tɕin³¹haŋ²³, ŋ²³n̠iəɯ³³tɕin³¹tɕʰiɔk⁴⁵!

（二）"冇"[mau²³]字否定句

军家话用"冇"[mau²³]否定的否定句一般用于已然体，"冇"大体相当于普通话的"没""没有"。例如：

渠冇来他没来。ki³¹mau³¹li²³.

阿十几年前去过，冇酱⁼仔去□我十几年前去过，可没怎么玩。a³¹seʔ⁴⁵tɕi³⁵n̠iɛn³¹tɕʰiɛn²³kʰi³³ko⁵¹, mau²³tɕiɔŋ⁵³tse⁰kʰi³³uɛ³⁵.

有时也相当于"不"，例如：

阿冇吃烟我不抽烟。a³¹mau²³tɕʰiak⁴⁵iɛn³¹.

（三）"□"[maŋ²³]字否定句

军家话用"□"[maŋ²³]否定的否定句一般用于已然体，"□"[maŋ²³]大体相当于普通话的"没""没有""未曾"。例如：

才⁼□小张钓到一行大鱼仔，阿哩□钓到小张昨天钓了一条大鱼，我没有钓到鱼。tsʰai²³ia³³ɕiəɯ³⁵tsɔŋ³¹tiəɯ⁵³tau³¹iʔ⁴⁵haŋ²³tʰai³¹ŋe²³tse⁰, a³¹li⁰maŋ²³tiəɯ⁵³tau³¹.

分渠纠了一下昼，什哩事情都□做成被他缠了一下午，什么都没做成。peʔ⁴⁵ki³¹tɕiu⁵³liəɯ⁰iʔ⁴⁵ha³¹tɕiu⁰, seʔ⁴⁵li⁰sɿ³¹tɕʰin²³tu³³maŋ²³tso⁵⁵saŋ²³.

分人打蒙哩，一下仔□清醒过来让人给打蒙了，一下子没明白过来。peʔ⁴⁵n̠in²³ta³⁵məŋ³¹li⁰, iʔ⁴⁵ha³¹tse⁰maŋ²³tɕʰin³¹ɕiaŋ³⁵ko⁵⁵li²³.

才⁼□渠□来，今朝渠还是□来昨天他没有来，今天他还没有来。tsʰai²³ia⁵³ki³¹maŋ³¹li²³, tɕin³¹tsəɯ³¹ki³¹han²³sɿ³¹maŋ³¹li²³.

"□"[maŋ²³]有时也可用于未然，例如：

饭还□熟饭还没熟。fan³¹han³¹maŋ²³sək⁴⁵.

阿□吃过我没吃过。a³¹maŋ²³tɕʰiak³³ko⁵¹.

阿□去过我没去过。a³¹maŋ²³kʰi³³ko⁵¹.

"□"[maŋ²³]有时可以与否定词"唔"、"冇"一起使用，例如：

唔会讲，□学过不会说，没有学过。m²³muɛ³¹koŋ³⁵, maŋ²³hɔk³³ko⁵¹.

渠冇来，还□到他没来，还没到。ki³¹mau³¹li²³, han²³maŋ²³tau⁵¹.

"□"[maŋ²³]有时相当于普通话的"不"，例如：

照阿看□算错依我看不算错。tsəɯ⁵³a³¹kʰuɛn⁵⁵maŋ²³suɛn³³tsʰo⁵¹.

六 可能句

军家话的可能句常用结构助词"得"[tɛʔ⁴⁵]（语流中经常受客家话影响读成低促调[tɛʔ²]）作为形式标记，表示动作发生的可能性。可以肯定否定对举，否定式用"唔"。常见的可能句有以下几种类型：

表6-9 军家话带"得"可能句的类型

类型	肯定形式	否定形式
可能	V得	V唔得
	V得O	V唔得O
可能结果 可能趋向	V得C	V唔C
	V得CO	V唔CO
	V得倒	V唔倒
	V得倒O/V得O倒	V唔倒O/VO唔倒

（一）V得

这类可能句中的"得"既是可能补语标记又是可能补语本身，否定式是"V唔得"。例如：

盖ⁿ个事情讲得还是讲唔得这个事情说得说不得呀？kuɛ³³koº sʅ³¹tɕʰin²³koŋ³⁵tɛʔ⁴⁵han²³sʅ³¹koŋ⁵⁵ŋ²³tɛʔ⁴⁵?

盖ⁿ些果子吃得还是吃唔得这些果子吃得吃不得？kuɛ⁵³ɕia³¹ko³⁵tsʅº tɕʰiak³³tɛʔ⁴⁵han²³sʅ³¹tɕʰiak⁴⁵ŋ²³tɛʔ⁴⁵?

（二）V得O

这类可能句与"V得"一样，"得"既是可能补语标记又是可能补语本身，后面带上宾语。否定式是"V唔得O"。肯定否定并列时，宾语可省略。例如：

阿吃得酒，渠吃唔得我可以喝酒，她不能喝。a³¹tɕʰiak³³tɛʔ³³tɕiu³⁵, ki³¹tɕʰiak⁴⁵ŋ²³tɛʔ².

阿喉咙管发炎，吃唔得辣我喉咙发炎，不能吃辣。a³¹həɯ³¹lɛn⁰kuɛn³⁵faʔ⁴⁵iɛn²³, tɕʰiak⁴⁵ŋ²³tɛʔ³³laʔ⁴⁵.

（三）V得C

这类可能句往往由结果补语或趋向补语与中心语之间插入补语标记"得/唔"构成，表示动作行为的目的或变化可不可能实现。例如：

你做得了，阿做唔了你做得了，我做不了。ȵi³¹tso³³tɛʔ³³liəɯ³⁵, a³¹tso³³ŋ³¹liəɯ³⁵.

讲到做得了，□雄板说得到，做得了，真棒！kɔŋ³⁵tau⁵¹tso³³tɛʔ³³liəɯ³⁵, lɔŋ³⁵ɕiəŋ²³pan³⁵!

你□来得了还是来唔了你们来得了来不了？ȵi³¹lɛn⁰li²³tɛʔ³³liəɯ³⁵han²³sɿ³¹li³¹ŋ³¹liəɯ³⁵?

阿拿得动，渠拿唔动我拿得动，他拿不动。a³¹na³¹tɛʔ²tʰəŋ³¹, ki³¹na³¹ŋ²³tʰəŋ³¹.

肉煮得烂肉能煮烂。ȵiək⁴⁵tsu³⁵tɛʔ⁴⁵lan³¹.

盖＝个岭岗阿爬得上，渠爬唔上这座山我爬得上，他爬不上。kuɛ³³ko⁰liaŋ³⁵kɔŋ³¹a³¹pʰa²³tɛʔ⁴⁵sɔŋ³¹, ki³¹pʰa³¹ŋ²³sɔŋ³¹.

（四）V得CO

这类可能句与"V得C"一样，"得"是可能补语标记，"C"是表结果和趋向的补语，后头再带上宾语。否定式是V唔CO。例如：

老张一餐饭吃得了三个饼老张一顿饭吃得完三张饼。lau³⁵tsɔŋ³¹iʔ⁴⁵tsʰan³¹fan³¹tɕʰiak⁴⁵tɛʔ²liəɯ³⁵san³¹ko³³piaŋ³⁵.

老张一餐饭吃唔了三个饼老张一顿饭吃不完三张饼。lau³⁵tsɔŋ³¹iʔ⁴⁵tsʰan³¹fan³¹tɕʰiak⁴⁵ŋ²³liəɯ³⁵san³¹ko³³piaŋ³⁵.

你骗唔了阿你骗不了我。ȵi³¹pʰiɛn⁵⁵ŋ³¹liəɯ³⁵a³¹.

阿打得过渠我打得过他。a³¹ta³⁵tɛʔ³³ko⁵¹ki³¹.

阿打唔过渠我打不过他。a³¹ta⁵⁵ŋ²³ko⁵¹ki³¹.

阿爬得上盖＝个岭岗，渠爬唔上我爬得上这座山，他爬不上。a³¹pʰa²³tɛʔ⁴⁵sɔŋ³¹kuɛ³³ko⁰liaŋ³⁵kɔŋ³¹, ki³¹pʰa³¹ŋ²³sɔŋ³¹.

（五）V得倒

这类可能句的"得"是补语标记，"倒"音[tau³⁵]（语流中经常受客家话影响读作[tau³¹]），是补语，表示"达到""得到"之意。否定式是"V唔倒"。例如：

盖＝样热头晒得到，□样热头晒唔到这里太阳晒得到，那里太阳晒不到。kuɛ⁵³iɔŋ³¹ȵiɛʔ⁴⁵tʰəɯ⁰sa⁵³tɛʔ²tau³¹, ȵi⁵³iɔŋ³¹ȵiɛʔ⁴⁵tʰəɯ⁰sa⁵⁵ŋ²³tau³¹.

老师黑板上写个字你看得倒冇老师黑板上写的字你看得到吗？lau³⁵sɿ³¹hɛʔ³³pan³⁵hɔŋ³¹ɕia³⁵ko⁰tsʰɿ³¹ȵi³¹kʰuɛn⁵³tɛʔ²tau³¹mau⁰?

（六）V得倒 O/V得 O 倒

这类可能句与"V得倒"一样，"得"是补语标记，"倒"是补语，后头再带上宾语。宾语可以在补语"倒"之前，也可以在补语"倒"之后。否定式是"V唔倒O/VO唔倒"。例如：

你考得倒举人啊，阿门前俉你做牌坊_{你考得上举人的话，我在门前给你做牌坊}。ɲi³¹kʰau³⁵tɛʔ²tau³¹ tɕi³¹n̩in²³ŋa³¹, a²³men³¹tɕʰiɛn²³kaʔ⁴⁵ɲi³¹tso⁵⁵pʰai³¹foŋ²³.

河面阔得嘞盖⁼片看唔倒□片_{河面宽得这边看不到那边}。ho²³miɛn³³kʰuɛʔ⁴⁵tɛʔ²leºkuɛ⁵³pʰiɛn³¹ kʰuɛn⁵⁵ŋ²³tau³⁵ɲi³¹pʰiɛn³¹.

越是饥荒米就越贵，所以渠就赚得越多钱倒_{越是饥荒米就越贵，他就越能赚更多钱}。vɛʔ⁴⁵sŋ³¹tɕi³¹ foŋ³¹mi³⁵tɕʰiu³¹vɛʔ³³kuɛ⁵¹, so³¹i⁵¹ki³¹tɕʰiu³¹tsʰuɛn³¹tɛʔ²vɛʔ⁴⁵to³¹tɕʰiɛn²³tau³¹.

渠行得紧来紧快，阿都逐渠唔倒_{他走得越来越快，我都跟不上了}。ki³¹haŋ²³tɛʔ²tɕin³¹li²³tɕin³¹ kʰuai⁵¹, a³¹tu³³tɕiək⁴⁵ki³¹ŋ²³tau³⁵.

七 动补句

动补句是指谓语由动词和它后边的补语构成的句子。补语主要起补充说明的作用，表示动作、行为的结果、趋向、数量、时间、处所、可能性或性状的程度和人、物的状态。根据动补结构的语义，军家话中的动补句可以分为以下几类（可能补语句见上文"可能句"）：

（一）结果补语句

此类动补结构一般不用结构助词，补语表示动作行为导致的结果，例如：

杯仔打烂哩_{茶杯打碎了}。pi³¹tseºta³⁵lan³¹liº.

阿算差哩_{我算错了}。a³¹suɛn⁵³tsʰa³¹liº.

老张吃了哩盖⁼瓶酒_{老张喝完了这瓶酒}。lau³⁵tsoŋ³¹tɕʰiak⁴⁵liəɯºliºkuɛ⁵⁵pʰen²³tɕiu³⁵.

大家乱棍捉渠紧打，打死哩，拿去供狗供了[哩哟]_{大家乱棍把它揍了，打死了，拿去喂狗喂完了}。tʰai³¹kaºluɛn³¹kuen⁵¹tsok⁴⁵ki³¹tɕin³¹ta³⁵, ta³³sŋ³⁵liº, na³¹kʰi³³tɕiəŋ³¹kəɯ³⁵tɕiəŋ³¹liəɯºlioº.

（二）处所/方位补语句

此类动补结构的补语一般是介词结构或方位短语，形式标志是"啊"[a³¹]，相当于普通话的"在"。军家话用"啊"引进的方位处所只能用在谓词性成分之后做补语。例如：

渠像个有病个人凭啊沙发上_{他像个病人似的靠在沙发上}。ki³¹tɕʰioŋ³³koʔ³³iu³⁵pʰiaŋ³¹koºn̩in²³ pʰɛn³¹ŋa³¹saʔ³¹faʔ⁴⁵hoŋ³¹.

渠跳啊末班车上走哩_{他跳上末班车走了}。ki³¹tʰiəɯ⁵³a³¹muɛʔ⁴⁵pan³¹tsʰa³¹hoŋ³¹tsəɯ³⁵liº.

丢啊街上去哩_{丢在街上了}。tiu³¹a³¹kai³¹hoŋºkʰi⁵³liº.

放啊桌仔上放在桌子上。foŋ⁵³ŋa³¹tsɔk⁴⁵tse⁰hoŋ³¹.

跌啊地下去哩掉到地上了。tiɛʔ⁴⁵a³¹tʰi²³ha⁰kʰi⁵³li⁰.

（三）情态补语句

此类动补结构的结构助词一般是"哩、得"，位于动词和补语之间，也可以没有结构助词，补语指向动作行为，表示动作的状态，例如：

一个村仔都跟交哩，□寻到渠找遍了整个村子都没找到他。iʔ³³ko⁵³tsʰen³¹tse⁰tu³³kɛn³¹kau³¹li⁰, maŋ²³tɕʰin²³tau⁵³ki³¹.

渠分渠个娘讲啼哩他被妈妈说哭了。ki³¹peʔ⁴⁵ki³¹ko⁰ȵiɔŋ²³kɔŋ⁵⁵tʰi²³li⁰.

老张气得话都讲唔出老张气得话都说不出来。lau³⁵tsɔŋ³¹tɕʰi³³tɛʔ⁴⁵fa³¹tu³³kɔŋ⁵⁵ŋ²³tsʰeʔ⁴⁵.

渠行得紧来紧快，阿都逐渠唔到他走得越来越快，我都跟不上了。ki³¹haŋ²³tɛʔ²tɕin³¹li²³tɕin³¹kʰuai⁵¹, a³¹tu³³tɕiək⁴⁵ki³¹ŋ³¹tau³⁵.

你看渠□急，急哩面都红[哩呃]你看他急得，急得脸都红了。ȵi³¹kʰuɛn⁵³ki³¹lɔŋ³⁵tɕiʔ⁴⁵, tɕiʔ⁴⁵li⁰miɛn³¹tu³³fəŋ²³liə⁰.

分雨逐哩一身淋淋□□给雨淋了个浑身湿透。peʔ³³i³⁵tək⁴⁵li⁰iʔ⁴⁵sen³¹len³¹len²³kɛn³³kɛn⁵¹.

阿坐稳哩（就）唔动，看你把阿哩酱=仔我就是坐着不动，看你能把我怎么着。a³¹tsʰo³¹ven³¹li⁰(tɕʰiu³¹)ŋ²³tʰən³¹, kʰuɛu⁵³ȵi³¹pa³¹li⁰tɕiɔŋ⁵³tse⁰.

渠个字写得岸=好看他的字写得很好看。ki³¹ko⁰tsʰɿ³¹ɕia³⁵tɛʔ⁴⁵ŋan³¹hau³⁵kʰuɛn⁵¹.

盖=个演员唱戏唱得好多人都困着哩这个演员唱戏唱得好多人都睡着了。kuɛ³³ko⁰iɛn⁵⁵vɛn²³tsʰɔŋ³³tɕʰi⁵¹tsʰɔŋ³³tɛʔ⁴⁵hau³⁵to³¹ȵin³¹tu³³kʰuen³³tsʰɔk⁴⁵li⁰.

王先生刀开得岸=好王先生的刀开得很好。vɔŋ²³ɕiɛn³¹sɛn³¹tau³¹kʰuɛ³¹tɛʔ²ŋan³¹hau³⁵.

渠手岸=巧，画得岸=好看他手很巧，画得很好看。ki³¹ɕiu³⁵ŋan³¹kʰau³⁵, fa³¹tɛʔ²ŋan³¹hau³⁵kʰuɛn⁵¹.

（四）程度补语句

此类动补结构实际上应该称为形补结构，中心语一般为形容词，补语为程度副词或表程度的形容词"死、多、透"等。例如：

盖=个村主任凶得很，要命这个村主任凶得很呢，要命。kuɛ³³ko⁰tsʰen³¹tsu³⁵in³¹ɕiɔŋ³¹tɛʔ⁴⁵hen⁵¹, iɔɯ⁵³miaŋ³¹.

今朝热啊还透哩今天热得半死。tɕin³¹tsəɯ³¹ȵiɛʔ⁴⁵a³¹han²³tʰəɯ⁵³li⁰.

渠病啊还透哩他病得很严重。ki³¹pʰiaŋ³¹ŋa³¹han²³tʰəɯ⁵³li⁰.

话是□话，不过吓得还透批是没批评/批评是没批评，不过还是吓得够呛。va³¹sɿ³¹maŋ²³va³¹, peʔ⁴⁵ko⁵¹hak⁴⁵tɛʔ²han²³tʰəɯ⁵¹.

累哩渠半生死啊，累哩渠十分透哇累得他半死，累得他十分难受。li³¹li⁰ki³¹puɛn³³saŋ³¹sɿ³⁵a³¹, li³¹li⁰ ki³¹seʔ⁴⁵fen³¹tʰəɯ⁵³ua³¹.

（五）趋向补语句

此类动补结构的补语由趋向动词充当，表示事物随动作而移动的方向。例如：

坐稳，唔要倚起来坐着，别站起来。tsʰo³¹vɛn³⁵, ŋ²³n̠iəɯ⁵¹tɕʰi³¹tɕʰi⁵⁵li²³.

天时冷起来哩天冷起来了。tʰiɛn³¹sʅ²³laŋ³⁵tɕʰi⁵⁵li²³li⁰.

讲稳哩讲稳哩就笑啊起来说着说着就笑起来了。kɔŋ³⁵vɛn³¹li⁰kɔŋ³⁵vɛn³¹li⁰tɕʰiu³¹ɕiəɯ⁵³a³¹tɕʰi⁵⁵li²³.

小心点仔啊，唔是个话你跌下去哩爬都爬唔起来小心点儿，不然的话摔下去爬都爬不起来。ɕiəɯ³⁵ɕin³¹tiɛn³¹tsɛ⁰a⁰, ŋ²³sʅ³¹ko⁰fa³¹n̠i³¹tiɛʔ⁴⁵ha³¹kʰi⁵³li⁰pʰa²³tu³³pʰa²³ŋ³¹tɕʰi⁵⁵li²³.

海⁼人猜出来哩阿就奖励海⁼个人十块钱谁猜出来我就奖励谁十块钱。huɛ³⁵n̠in⁰tsʰai³¹tsʰeʔ⁴⁵li²³li⁰a³¹tɕʰiu³¹tɕiɔŋ³³li³³huɛ³⁵ko⁰n̠in⁰sɛʔ³³kʰuai⁵⁵tɕʰiɛn²³.

紧凿紧凿，窿上□啊进去呀一直凿一直凿，从窟窿里拱了进去。tɕin³¹tsʰɔk⁴⁵tɕin³¹tsʰɔk⁴⁵, ləŋ²³hɔŋ³¹kən⁵³ŋa³¹tɕin³³kʰe⁵³ia⁰.

（六）数量补语句

此类动补结构的动词和补语之间常有动态助词"哩"[li⁰]作为形式标志，补语指向动作行为，表示动作行为发生的次数，后面可以带宾语，也可以不带。例如：

阿分渠打哩一下我被他打了一下。a³¹pɛʔ⁴⁵ki³¹ta³⁵li⁰iʔ⁴⁵ha³¹.

阿出去行哩一转我出去走了一趟。a³¹tsʰeʔ³³kʰi⁵¹haŋ²³li⁰iʔ⁴⁵tsɛn³¹.

县头阿去哩一到县城我去了一次。fɛn³¹tʰəɯ⁰a³¹kʰi⁵³li⁰iʔ³³tau⁵¹.

你洗一下碗你把碗洗一下。n̠i³¹se³⁵iʔ⁴⁵ha³¹uɛn³⁵.

阿走[哩呃]，你两个人再坐得一下仔添我走了，你们俩再多坐一会儿。a³¹tsəɯ³⁵liə⁰, n̠i³¹liɔŋ³⁵ko⁰n̠in²³tsai⁵³tsʰo³¹tɛʔ²iʔ⁴⁵ha³¹tse⁰tʰiɛn³¹.

绿水青山

第七章 语法例句

说明：

1.本章收录福建武平军家话的语法例句。其中第一节收录《中国语言资源调查手册·汉语方言》中的语法例句，共50条，均附视频。视频目录与《中国语言资源调查手册·汉语方言》语法例句条目一致。第二节收录《汉语方言语法调查例句》中的语法例句，共248条，均不附视频。

2.本章语法例句发音人为老男邱桂兆先生。由于军家话受客家话影响很大，例句中难免会夹杂一些客家话成分，比较明显的有两点：一是古阴入字经常不自觉地读成低促调，直接搬了客家话音，例句中常见的有"一""得"等字的高低调混读；二是阴平调[31]和上声调[35]的混读，因为军家话与客家话这两个声调的调值正好相反。

3.本章例句中可有可无的内容用"（　）"表示，如"对渠确实冇（一）点办法"。

第一节

《中国语言资源调查手册·汉语方言》

01 小张昨天钓了一条大鱼，我没有钓到鱼。

　　tsʰai²³ia³³ɕiəɯ³⁵tsɔŋ³¹tiəɯ⁵³tau³¹iʔ⁴⁵haŋ²³tʰai³¹ŋe³¹tse⁰, a³¹li⁰maŋ²³tiəɯ⁵³tau³¹.

　　才⁼ □ 小 张 钓 到 一 行 大 鱼 仔，阿 哩□ 钓 到。

02 a.你平时抽烟吗？ b.不，我不抽烟。

　　a. ȵi³¹pʰen³¹sɿ²³iu⁵⁵mau²³tɕʰiak⁴⁵iɛn³¹？ b. mau²³, a³¹mau²³tɕʰiak⁴⁵iɛn³¹.

　　a.你 平 时 有 冇 吃 烟？ b.冇，阿 冇 吃 烟。

03 a.你告诉他这件事了吗？ b.是，我告诉他了。

　　a. kuɛ⁵³tɕʰiɛn³¹sɿ³¹ȵi³¹kɔŋ³⁵van⁵¹ki³¹ti³¹li⁰ma⁰？ b. sɛ²³, a³¹kɔŋ³⁵van⁵¹ki³¹ti³¹lɛ⁰.

　　a.盖⁼ 件 事 你 讲 □ 渠 知 哩吗？ b.□，阿 讲 □ 渠 知 咧。

04 你吃米饭还是吃馒头？

　　ȵi³¹tɕʰiak⁴⁵fan³¹han²³sɿ³¹tɕʰiak⁴⁵man³¹tʰəɯ²³？

　　你 吃 饭 还 是 吃 馒 头？

05 你到底答应不答应他？

　　ȵi³¹tau³³ti³⁵ɛn⁵⁵ŋ²³ɛn⁵³ki³¹？

　　你 到 底 应 唔 应 渠？

06 a.叫小强一起去电影院看《刘三姐》。

　　a. han³³ɕiəɯ⁵⁵tɕʰiɔŋ²³iʔ⁴⁵ha³¹kʰi⁵³tʰiɛn³¹iaŋ³⁵vɛn⁵¹kʰuɛn⁵⁵liu²³san³⁵tɕi³¹.

　　a.喊 小 强 一 下 去 电 影 院 看 《刘 三 姐》。

　　b.这部电影他看过了。/他这部电影看过了。/他看过这部电影了。

　　b. ki³¹kʰuɛn³³ko⁵³li⁰kuɛ⁵³pʰu³¹tʰiɛn³¹iaŋ³⁵.

　　b.渠 看 过 哩盖⁼ 部 电 影。

07　**你把碗洗一下。**
　　ȵi³¹se³⁵iʔ⁴⁵ha³¹uɛn³⁵.
　　你　洗　一　下　碗。

08　**他把橘子剥了皮，但是没吃。**
　　ki³¹pa³¹tɕiʔ⁴⁵tsɿ⁰pʰi²³pɔk⁴⁵li⁰, tan³¹sɿ³¹maŋ²³tɕʰiak⁴⁵.
　　渠把橘　子皮　剥　哩，但　是　□　吃。

09　**他们把教室都装上了空调。**
　　ki³¹lɛn⁰pa³¹kau³³seʔ⁴⁵tu³⁵tsɔŋ³¹li⁰kɔŋ³¹tʰiəu²³.
　　渠□把教　室　都　装　哩空　调。

10　**帽子被风吹走了。**
　　mau³¹tsɿ⁰peʔ⁴⁵fəŋ³¹tsʰe³¹tsəu³¹li⁰.
　　帽　子分　风　吹　走　哩。

11　**张明被坏人抢走了一个包，人也差点儿被打伤。**
　　tsɔŋ³¹mɛn²³ko⁰pau³¹peʔ⁴⁵fai³¹ȵin²³tɕiɔŋ³⁵tsəu³¹li⁰, ȵin²³ia³⁵tsʰa³¹tiɛn³⁵tseʔ⁰peʔ⁴⁵ȵin²³ta³⁵sɔŋ³¹li⁰.
　　张　明　个包　分　坏人　抢　走　哩，人　也　差　点　仔分人　打伤　哩。

12　**快要下雨了，你们别出去了。**
　　kuai³³lɔk³³i³⁵li⁰, ȵi³¹lɛn⁰ŋ²³iəu³³tsʰeʔ³³kʰi⁵¹.
　　快　落　雨　哩，你　□　唔要　出　去。

13　**这毛巾很脏了，扔了它吧。**
　　kuɛ⁵⁵haŋ²³miɛn³¹pʰa⁰ŋan³⁵o³¹tsau³¹, feʔ⁴⁵liəɯ⁰ki³¹lia⁰.
　　盖ᵈ行　面　帕岸ᵈ窝ᵈ糟，拂ᵈ了　渠［哩啊］。

14　**我们是在车站买的车票。**
　　a³¹vɔŋ⁰sɿ³¹tsʰe³¹tsʰa³¹tsan⁰mai³⁵ko⁰tsʰa³¹pʰiəu⁵¹.
　　阿□是在　车　站　买　个车　票。

15　**墙上贴着一张地图。**
　　tɕʰiɔŋ³¹tʰəɯ²³hɔŋ⁰tiɛʔ⁴⁵liʔ⁴⁵tsɔŋ³¹tʰi³¹tʰu²³.
　　墙　头　上贴　哩一　张　地　图。

16　**床上躺着一个老人。**
　　sɔŋ²³hɔŋ³¹kʰuen⁵³li⁰iʔ³³ko⁰lau³⁵ȵin⁰ka³¹.
　　床　上　困　哩一　个　老　人　家。

17　**河里游着好多小鱼。**
　　ho²³tʰəɯ⁰ŋan³¹to³¹ɕi⁵⁵ŋe²³tse⁰tɕin³¹iu²³.
　　河　头　岸ᵈ多　细鱼仔紧　游。

18 **前面走来了一个胖胖的小男孩。**

tɕʰiɛn³¹tʰəɯ²³li²³li⁰iʔ³³ko⁰tsɔŋ⁵⁵ku²³tsʅ⁰.

前　头　来哩一个壮　牯　子。

19 **他家一下子死了三头猪。**

ki³¹vək⁴⁵ha³¹iʔ⁴⁵ha³¹tse⁰sʅ³⁵liəɯ⁰san³¹tsak⁴⁵tsu³¹.

渠屋　下一下仔死了　三　只　猪。

20 **这辆汽车要开到广州去。／这辆汽车要开去广州。**

kuɛ⁵⁵liɔŋ²³tɕʰi⁵³tsʰa³¹iəɯ⁵³kʰuɛ³¹ia³¹kɔŋ³⁵tɕiu³¹kʰi⁵¹.

盖ᵉ辆　汽车　要　开　啊广　州　去。

21 **学生们坐汽车坐了两整天了。**

hɔk⁴⁵sɛn³¹tse⁰tsʰo³¹liəɯ⁰liɔŋ³⁵ȵiʔ⁴⁵ko⁰tɕʰi⁵³tsʰa³¹.

学　生　仔坐　了　两　日　个汽车。

22 **你尝尝他做的点心再走吧。**

ȵi³¹sɔŋ²³ŋa⁵³tse⁰ki³¹tso³³ko⁰tiɛn³⁵ɕin³¹tsai³³tsəɯ³⁵.

你尝　啊仔渠做　个点　心　再　走。

23 **a.你在唱什么？ b.我没在唱，我放着录音呢。**

a. ȵi³¹tsʰe³¹tsʰɔŋ³³seʔ⁴⁵li⁰? b. a²³maŋ²³tsʰɔŋ⁵¹, a²³fɔŋ⁵³ven³¹li⁰liək⁴⁵in³¹.

a.你在　唱　什哩? b.阿口　唱，　阿放　稳　哩录　音。

24 **a.我吃过兔子肉，你吃过没有？ b.没有，我没吃过。**

a. a²³tɕʰiak³³ko⁵³li⁰tʰu³³tsʅ³⁵ȵiək⁴⁵,ȵi³¹tɕʰiɛn²³tɕʰiak³³ko⁵¹?b. maŋ²³, a³¹maŋ²³tɕʰiak³³ ko⁵¹.

a.阿吃　过哩兔子肉，你前ᵉ吃　过? b.口，阿口　吃　过。

25 **我洗过澡了，今天不打篮球了。**

a³¹se³⁵li⁰tsau³⁵, tɕin³¹tsəɯ³¹ŋ³¹ta³⁵lan³¹tɕʰiu²³lɛ⁰.

阿洗　哩澡，今　朝　唔打篮　球　咧。

26 **我算得太快算错了，让我重新算一遍。**

a³¹suɛn⁵³tɛʔ²tʰai³³kʰuai⁵³li⁰, suɛn⁵³tsʰa³¹li⁰, tɛn³⁵iʔ⁴⁵ha³¹a³¹tsʰɔŋ²³ɕin³¹tsai³³suɛn⁵³iʔ²piɛn⁵¹.

阿算　得太　快　哩,算　差　哩,等　一下阿重　新　再　算　一遍。

27 **他一高兴就唱起歌来了。**

ki³¹iʔ⁴⁵huɛn³¹tɕʰi³¹ie⁰tɕʰiu³¹tsʰɔŋ³³tɕʰi³⁵kɔ³¹tse⁰li²³lio⁰.

渠一欢　喜　欸就　唱　起　歌仔来 [哩哟]。

28 **谁刚才议论我老师来着？**

tʰɛn²³lɛn⁵³tse⁰hɛ³⁵ȵin⁰kɔŋ³⁵a³¹ko⁰lau³¹sʅ³⁵?

藤　口　仔口人　讲　阿个老　师?

29 只写了一半，还得写下去。

tɕʰiu³¹ɕia³⁵liɔ⁰iʔ³³puɛn⁵¹, han²³iɯ³³ɕia³⁵ha³¹kʰi⁵¹.

就　写　哩一半，还　要　写　下　去。

30 你才吃了一碗米饭，再吃一碗吧。

n̠i³¹tsak³³tɕʰiak³³iʔ³³uɛn³⁵fan³¹, tsai³³tɕʰiak³³iʔ³³uɛn³⁵tʰiɛn³¹.

你　正　吃　一　碗　饭，再　吃　一　碗　添。

31 让孩子们先走，你再把展览仔仔细细地看一遍。

tɛn³⁵ɕi⁵⁵n̠in⁰tsɤ⁰ɕiɛn³¹tsəu³⁵, n̠i³¹tsai⁵³pa³¹tsɛn³³lan³⁵e⁰ tsɿ³⁵ɕi⁵¹ko⁰kʰuɛn⁵³iʔ²piɛn⁵¹.

等　细　人仔　先　走，你　再　把　展　览　欸仔　细　个　看　一遍。

32 他在电视机前看着看着睡着了。

ki³¹tsʰe³¹tʰiɛn³¹sɿ³¹tɕi³¹miɛn³¹tɕʰiɛn⁰ kʰuɛn⁵⁵li²³kʰuɛn³³kʰi⁵¹tɕʰiu³¹kʰuɛn³³tsʰɔk⁴⁵li⁰.

渠　在　电　视　机　面　前　看　来　看　去　就　困　着　哩。

33 你算算看，这点钱够不够花？

n̠i³¹suɛn⁵³ŋa³¹tse⁰, kuɛ⁵³tiɛn³¹tɕʰiɛn²³kəɯ⁵⁵ŋ²³kəɯ⁵³iəŋ³¹?

你　算　啊仔，盖ᵐ点　钱　够　唔够　用?

34 老师给了你一本很厚的书吧？

lau³⁵sɿ³¹na³¹liəɯ⁰iʔ³³pen³⁵lɔŋ³⁵həɯ³¹ko⁰su³¹pen³¹n̠i³¹?

老　师　拿　了　一　本　□厚　个　书　分　你?

35 那个卖药的骗了他一千块钱呢。

n̠i³³ko⁰mai³¹iɔk⁴⁵ko⁰ua³¹pʰiɛn⁵³liəɯ⁰ki³¹iʔ⁴⁵tɕʰiɛn³¹kʰuai⁵⁵tɕʰiɛn²³.

□个　卖　药　个　哇　骗　了　渠　一　千　块　钱。

36 a.我上个月借了他三百块钱。借入。

a. sɔŋ³¹ko³³ŋuɛʔ⁴⁵a³¹tɕia⁵³li⁰ki³¹san³¹pak³³kʰuai⁵⁵tɕʰiɛn²³.

a.上　个　月　阿借　哩渠　三　百　块　钱。

b.我上个月借了他三百块钱。借出。

b. a³¹sɔŋ³¹ko³³ŋuɛʔ⁴⁵tɕia³¹peʔ⁴⁵ki³¹san³¹pak³³kʰuai⁵⁵tɕʰiɛn²³.

b.阿上　个　月　借　分　渠三　百　块　钱。

37 a.王先生的刀开得很好。王先生是医生（施事）。b.王先生的刀开得很好。王先生是病人（受事）。

a. vɔŋ²³ɕiɛn³¹sɛn³¹kʰuɛ³¹tau³¹ŋan³¹hau³⁵. b. vɔŋ²³ɕiɛn³¹sɛn³¹tau³¹kʰuɛ³¹tɛʔ⁴⁵ŋan³¹hau³⁵.

a.王　先　生　开　刀　岸ᵐ好。b.王　先　生　刀　开　得　岸ᵐ好。

38 我不能怪人家，只能怪自己。

a³¹ŋ³¹kan³⁵kuai³³kɔk⁴⁵lɛn³¹n̠in⁰, tseʔ⁴⁵nɛn²³kuai⁵⁵tsʰɿ²³ka⁰.

阿　唔敢　怪　各　另人，只　能　怪　自　家。

39　a.明天王经理会来公司吗？ b.我看他不会来。

　　a. tʰiɛn³¹kɔŋ³¹vɔŋ²³tɕin³¹li³⁵uɛ³¹kuɛ³¹kəŋ³¹sʮ³¹mau⁰? b. a³¹kʰuɛn⁵³ki³¹mau²³kuɛ³¹li²³.

　　a.天　光　王　经　理　会　归　公　司　冇？ b.阿看　渠冇　归　来。

40　我们用什么车从南京往这里运家具呢？

　　a³¹vɔŋ⁰iəŋ³¹seʔ⁴⁵li⁰tsʰa³¹tau⁵⁵nan²³tɕin³¹vɛn³¹ka³¹tɕʰi³¹kuɛ³¹li²³?

　　阿□用什哩车　到　南　京　运　家　具　归　来?

41　他像个病人似的靠在沙发上。

　　ki³¹tɕʰiɔŋ²³ko³³iu³⁵pʰiaŋ³¹ko⁰ɲin²³pʰɛn³¹ŋa³¹sa³¹faʔ⁴⁵hɔŋ³¹.

　　渠像　个有病　个人　凭　啊沙发　上。

42　这么干活连小伙子都会累坏的。

　　no²³ɲi⁰tso⁵³　seʔ³¹ia³¹　liɛn²³həɯ³¹saŋ³¹ɲin²³tu³¹uɛ³¹tɛn⁵⁵ŋ²³hɛʔ⁴⁵.

　　挪=哩做事呀连　后　生人　都会顶　唔黑=。

43　他跳上末班车走了。我迟到一步，只能自己慢慢走回学校了。

　　ki³¹tʰiəɯ⁵³a³¹muɛʔ⁴⁵pan³¹tsʰa³¹hɔŋ³¹tsəɯ³⁵li⁰. a³¹tsʮ²³tau⁵¹li⁰iʔ²pʰu³¹, mau²³piɛn⁵¹, tsʮ²³ka⁰

　　渠跳　啊末　班　车　上　走　哩。阿迟到　哩一步，冇　变，自　家

　　nau³³nau⁵³tseʰhaŋ²³tau³³hɔk⁴⁵tʰɔŋ⁰ha³¹.

　　□　□　仔行　到　学　堂　下。

44　这是谁写的诗？谁猜出来我就奖励谁十块钱。

　　kuɛ³³ko⁰huɛ³⁵　ɲin⁰ɕia³⁵　ko⁰sʮ³¹? huɛ³⁵ɲin⁰tsʰai³¹　tsʰɛʔ⁴⁵li²³a³¹tɕʰiu³¹tɕiɔŋ³³li³⁵huɛ³⁵ko⁰

　　盖=个海=人　写个诗? 海=人　猜　出　来哩阿就　奖　励海=个

　　ɲin²³seʔ³³kʰuai⁵⁵tɕʰiɛn²³.

　　人　十　块　钱。

45　我给你的书是我教中学的舅舅写的。

　　a³¹təɯ³¹peʔ⁴⁵ɲi³¹ko⁰su³¹a³¹sʮ³¹a³¹kau³¹tsəŋ³¹hɔk⁴⁵ko⁰tɕʰiu³¹tɕʰiu³¹ɕia³⁵ko⁰.

　　阿兜　分　你个书啊是阿教　中　学　个舅　舅　写　个。

46　你比我高，他比你还要高。

　　ɲi³¹pi³⁵a³¹kɔk⁴⁵kau³¹, ki³¹pi³⁵ɲi³¹han²³kɔk⁴⁵kau³¹.

　　你比阿角=高，　渠比你还　角=高。

47　老王跟老张一样高。

　　lau⁵⁵vɔŋ²³kaʔ³³lau³⁵tsɔŋ³¹iʔ⁴⁵puɛn³¹puɛn³¹kau³¹.

　　老王　佮　老张　一　般　般　高。

48　我走了，你们俩再多坐一会儿。
　　a³¹tsɯ³⁵liə⁰, n̠i³¹　liɔŋ³⁵ko⁵⁵n̠in²³tsai⁵³tsʰo³¹tɛʔ²iʔ³³ha⁵³tse⁰tʰiɛn³¹.
　　阿走　[哩呃],你 两　个 人 再　坐　得 一 下 仔 添。

49　我说不过他，谁都说不过这个家伙。
　　a³¹kɔŋ³⁵ŋ²³ko⁵³ki³¹, hɛ³⁵n̠in⁰tək⁴⁵kɔŋ³⁵ŋ²³ko³³kuɛ³³ko⁰ka³¹　ho³¹tʰəɯ²³.
　　阿讲　唔过 渠，□人 都　讲　唔过 盖⁼个 家　伙 头。

50　上次只买了一本书，今天要多买几本。
　　sɔŋ³¹tau⁰tɕʰiu³¹mai³⁵liəɯ⁰iʔ³³pen³⁵su³¹, tɕin³¹tsəɯ³¹iəɯ⁵³to³¹mai³⁵tɕi³³pen³⁵.
　　上 到　就　买 了 一 本　书, 今　朝　要 多 买 几 本。

第二节

《汉语方言语法调查例句》

001 这句话用军家话怎么说?
　　kuɛ⁵³tɕi³¹fa³¹iəŋ³¹tɕin³¹ka³¹fa³¹tɕiɔŋ⁵³tse⁰kɔŋ³⁵?
　　盖⁼ 句 话 用 军 家 话 酱⁼ 仔 讲?

002 你还会说别的地方的话吗?
　　n̠i³¹han²³uɛ³¹kɔŋ³⁵kɔk³³ko⁵¹tʰi³¹fɔŋ⁰ko⁰fa³¹mau⁰?
　　你 还 会 讲 各 个 地 方 个 话 冇?

003 不会了,我从小就没出过门,只会说军家话。
　　m²³muɛ³¹,a³¹han²³ɕi⁵⁵mau²³tsʰeʔ³³ko⁵⁵men²³,tsʰiu³¹uɛ³¹kɔŋ³⁵tɕin³¹ka³¹fa³¹.
　　唔会, 阿 还 细 冇 出 过 门, 就 会 讲 军 家 话。

004 会,还会说客家话,不过说得不怎么好。
　　uɛ³¹,a³¹hai²³uɛ³¹kɔŋ³⁵kʰak⁴⁵ka³¹fa³¹,pək³³ko⁵¹kɔŋ³⁵tɛʔ⁴⁵mau²³tɕiɔŋ⁵¹tse³¹hau³⁵.
　　会, 阿 还 会 讲 客 家 话, 不 过 讲 得 冇 酱⁼ 仔 好。

005 会说普通话吗?
　　uɛ³¹kɔŋ³⁵pʰu³¹tʰəŋ³¹fa³¹mau⁰?
　　会 讲 普 通 话 冇?

006 不会说,没有学过。
　　m²³muɛ³¹kɔŋ³⁵,maŋ²³hɔk³³ko⁵¹.
　　唔 会 讲, □ 学 过。

007 会说一点儿,不标准就是了。
　　iu³⁵tiɛn³¹tse⁰uɛ³¹, mau²³ŋaŋ³¹han²³piəu³¹tsen³⁵tɕʰiu³¹sɿ³¹.
　　有 点 仔 会, 冇 岸⁼ 还 标 准 就 是。

008 在什么地方学的普通话？
tsʰe³¹seʔ⁴⁵liº tʰi³¹fəŋº hɔk³³kɔº pʰu³¹tʰəŋ³¹fa³¹aº?
在 什 哩 地 方 学 个 普 通 话 啊？

009 上小学中学都学普通话。
tʰək³³ɕiəu³⁵hɔk⁴⁵tsəŋ³¹hɔk⁴⁵tu³⁵hɔk⁴⁵pʰu³¹tʰəŋ³¹fa³¹.
读 小 学 中 学 都 学 普 通 话。

010 谁呀？我是老王。
huɛ³⁵n̠iŋº aº? a³¹sʅ³¹lau⁵⁵vɔŋ²³.
海⁼ 人 啊？阿 是 老 王。

011 您贵姓？我姓王，您呢？
n̠i³¹kue³³ɕiaŋ⁵¹?a³¹ɕiaŋ⁵⁵vɔŋ²³,n̠i³¹ieº?
你 贵 姓？ 阿 姓 王， 你 欸？

012 我也姓王，咱俩都姓王。
a³¹ia³³ɕiaŋ⁵⁵vɔŋ²³,a³¹vɔŋº liəŋ³⁵kɔº tu³³ɕiaŋ⁵⁵vɔŋ²³.
阿 也 姓 王， 阿□ 两 个 都 姓 王。

013 巧了，他也姓王，本来是一家嘛。
haʔ³³seʔ⁴⁵liaº, ki³¹ia³³ɕiaŋ⁵⁵vɔŋ²³,pen⁵⁵lai²³tɕʰiu³¹sʅ¹ʔ⁴⁵ka³¹n̠in²³maº.
合 适 [哩啊],渠 也 姓 王， 本 来 就 是 一 家 人 嘛。

014 老张来了吗？说好他也来的！
lau³⁵tsɔŋ³¹li²³liº mauº?kɔŋ³³hau³⁵liº ki³¹ue³¹li²³kɔº voº!
老 张 来 哩 冇？ 讲 好 哩 渠 会 来 个 哦！

015 他没来，还没到吧。
ki³¹mau³¹li²³,han³¹maŋ²³tau⁵¹.
渠 冇 来,还 □ 到。

016 他上哪儿了？还在家里呢。
ki³¹kʰi³³hɛ³⁵liº liaº? han²³tsʰe³¹vək⁴⁵ha³¹.
渠 去 □ 哩[了啊]？ 还 在 屋 下。

017 在家做什么？在家吃饭呢。
tsʰe³¹vək⁴⁵ha³¹tsɔ³³seʔ⁴⁵liº iaº? tsʰe³¹vək⁴⁵ha³¹tɕʰiak⁴⁵fan³¹.
在 屋 下 做 什 哩 呀？ 在 屋 下 吃 饭。

018 都几点了，怎么还没吃完？
tu³³tɕi³⁵tɔ³¹tiɛn³⁵liaº, tɕiɔŋ⁵³tseº han³¹maŋ²³tɕʰiak⁴⁵liəuº?
都 几 多 点 [了啊],酱⁼ 仔 还 □ 吃 了？

019 还没有呢，再有一会儿就吃完了。
　　han²³maŋ²³ŋə⁰,han²³iəɯ³³iʔ⁴⁵ha³¹tse⁰tsai³³tɕʰiak⁴⁵tɛʔ³³liəɯ³⁵ə⁰.
　　还 □ 呃, 还 要 一下 仔 再 吃 得 了 呃。

020 他在哪儿吃的饭？
　　ki³¹tsʰe³¹huɛ³⁵li⁰tɕʰiak⁴⁵ko⁰fan³¹?
　　渠 在 海＝ 里吃 个 饭？

021 他是在我家吃的饭。
　　ki³¹tsʰe³¹a³¹vək⁴⁵ha³¹tɕʰiak⁴⁵ko⁰fan³¹.
　　渠 在 阿屋 下 吃 个 饭。

022 真的吗？真的，他是在我家吃的饭。
　　tsen³¹ka³¹ho³⁵ka⁰? tsen³¹ko⁰,ki³¹(sʅ³¹)tsʰe³¹a³¹vək⁴⁵ha³¹tɕʰiak⁴⁵ko⁰fan³¹.
　　真 家伙 嘎？ 真 个, 渠（是）在 阿屋 下 吃 个 饭。

023 先喝一杯茶再说吧！
　　ɕiɛn³¹tɕʰiak³³iʔ⁴⁵pi³¹tsʰa²³tsai³³kɔŋ³⁵!
　　先 吃 一 杯 茶 再 讲！

024 说好了就走的，怎么半天了还不走？
　　kɔŋ³³hau³⁵li⁰tɕʰiu³¹tsəɯ³⁵ko⁰,tɕiɔŋ⁵³tse⁰puɛn⁵⁵kəŋ³¹n̠in²³tu³⁵han²³m³¹tsəɯ³⁵a⁰?
　　讲 好 哩就 走 个,酱＝仔半 工 人 都 还 唔走 啊？

025 他磨磨蹭蹭的，做什么呢？
　　ki³¹vɛ³¹mo³¹mo³¹kʰai³³kʰai⁵¹,tso³³seʔ⁴⁵li⁰təŋ³¹ɕi³¹ia⁰?
　　渠 喂 磨 磨 □ □, 做 什 哩东 西 呀？

026 他正在那儿跟一个朋友说话呢。
　　ki³¹tsʰe³¹n̠i⁵³iɔŋ³¹kaʔ³³iʔ³³ko⁵⁵pʰɛn²³iu⁵¹kɔŋ³⁵vɛn³¹lɛ⁰.
　　渠 在 □ 样 佮 一 个 朋 友 讲 稳 咧。

027 还没说完啊？催他快点儿！
　　han²³maŋ²³kɔŋ³⁵liəɯ⁰a⁰? tsʰe³¹ki³¹fɔŋ³³tɕiak⁴⁵a³¹tse⁰!
　　还 □ 讲 了 啊？ 催 渠 放 遽 啊仔！

028 好，好，他就来了。
　　hau³⁵,hau³⁵,ki³¹tɕʰiu³¹li²³li⁰.
　　好, 好, 渠 就 来 哩。

029 你上哪儿去？我上街去。
　　n̠i³¹kʰi³³hɛ³⁵li⁰ia⁰? a³¹kʰi³³tsʰeʔ⁴⁵kai³¹io⁰.
　　你 去 □ 里呀？ 阿去 出 街 哟。

030 你多会儿去？我马上就去。
ȵi³¹tɕi⁵⁵sȵ²³kʰi⁵³ia⁰? a³¹ma³⁵sɔŋ³¹tɕʰiu³¹kʰi⁵³io⁰.
你 几 时 去 呀？阿 马 上 就 去 哟。

031 做什么去呀？家里来客人了，买点儿菜去。
tso³³seʔ⁴⁵li⁰kʰi⁵³ia⁰? vək⁴⁵ha³¹li²³li⁰kʰak⁴⁵,mai³⁵tien³¹tse⁰tsʰai⁵¹.
做 什 哩去 呀？屋 下 来哩客， 买 点 仔菜。

032 你先去吧，我们一会儿再去。
ȵi³¹ɕien³¹kʰi⁵³ia⁰, a³¹lɛn⁰ko³³iʔ⁴⁵ha³¹tse⁰tsai³³kʰi⁵³ia⁰.
你 先 去 呀,阿□ 过 一 下 仔再 去 啊。

033 好好儿走，别跑！小心摔跤了。
tsen³³tsen⁵³tɕin³¹tɕin³¹haŋ²³,ŋ³¹ȵiəɯ⁵³tɕin³¹tɕʰiɔk⁴⁵!ɕiəɯ³⁵ɕin³¹mau²³tieʔ⁴⁵li⁰.
正 正 经 经 行， 唔要 紧 宁！ 小 心 冇 跌 哩。

034 小心点儿，不然的话摔下去爬都爬不起来。
ɕiəɯ³⁵ɕin³¹tien³¹tse⁰ia⁰, ŋ²³sȵ³¹ko⁰fa³¹ȵi³¹tieʔ⁴⁵ha³¹kʰi⁵³li⁰ pʰa²³tu³⁵pʰa²³ŋ³¹tɕʰi⁵⁵li²³.
小 心 点 仔呀,唔是 个 话 你 跌 下 去 哩爬 都 爬 唔 起 来。

035 不早了，快去吧！
mau²³tsau³⁵liə⁰, fɔŋ³³tɕiak⁴⁵kʰi⁵³ia⁰!
冇 早 [哩呃],放 遽 去 呀！

036 这会儿还早呢，过一会儿再去吧。
kuɛ³³ko⁰sȵ²³həɯ⁰han²³tsau³⁵,ten³⁵iʔ⁴⁵ha³¹tse⁰tsai³³kʰi⁵¹.
盖⁼ 个 时 候 还 早, 等 一 下 仔再 去。

037 吃了饭再去好不好？
tɕʰiak⁴⁵li⁰fan³¹tsai³³kʰi³³hau³⁵ŋ³¹hau³⁵?
吃 了饭 再 去 好 唔好？

038 不行，那可就来不及了。
tso⁵⁵ŋ²³tɛʔ⁴⁵,ka³¹tɕʰiu³¹uɛ³¹li³¹ŋ²³tɕʰiʔ⁴⁵.
做 唔得， 加⁼就 会 来 唔及。

039 不管你去不去，反正我是要去的。
ŋ²³kuɛn³⁵ȵi³¹kʰi⁵⁵ŋ²³kʰi⁵¹,fan³¹tsen⁵³a³¹sȵ³¹iəɯ⁵³kʰi³³ko⁰.
唔管 你 去 唔去， 反 正 阿是要 去 个。

040 你爱去不去。你爱去就去，不爱去就不去。
sɛ²³ȵi³¹kʰi⁵⁵ŋ²³kʰi⁵¹.ȵi³¹ɕiɔŋ³⁵kʰi⁵³tɕʰiu³¹kʰi⁵¹,ŋ³¹ɕiɔŋ³⁵kʰi⁵³tɕʰiu³¹ŋ²³ȵiəɯ³³kʰi⁵¹.
随你去 唔去。你 想 去 就 去， 唔想 去 就 唔要 去。

041 那我非去不可！
a²³tɕiɔŋ⁵³tse⁰ tu³³iəɯ³³kʰi⁵¹！
阿酱⁼ 仔都要 去！

042 这个东西不在那儿，也不在这儿。（那个东西不在那儿，也不在这儿。）
kuɛ³³ko⁰təŋ³¹ɕi³¹maŋ³¹tsʰe³¹kuɛ³⁵li⁰, ia⁵⁵ŋ²³tsʰe³¹n̠i⁵³iɔŋ³¹.
盖⁼ 个 东 西 □ 在 改⁼ 里，也 唔在 □ 样。

043 那到底在哪儿？
ka²³tau⁵³ti³¹tsʰe³¹huɛ³⁵li⁰？
嘎⁼到 底在 海⁼ 里？

044 我也说不清楚，你问他去！
a³¹ia³³kɔŋ⁵⁵ŋ²³tɕʰin³¹tsʰu³¹, n̠i³¹kʰi⁵³men³¹ki³¹！
阿也讲 唔清 楚，你去 问 渠！

045 怎么办呢？不是那么办，要这么办才对。
tɕiɔŋ⁵³tse⁰ləŋ³¹?ŋ²³sɿ³¹no²³n̠i⁰ləŋ³¹, iəɯ⁵⁵no²³li⁰ləŋ³¹tsak³³tsʰɔk⁴⁵.
酱⁼ 仔弄？唔是 □ 哩弄，要 □ 哩弄 正 着。

046 要多少才够呢？
iəɯ³³tɕi³⁵to³¹tse⁰tsak³³kəɯ³³tɛʔ⁴⁵？
要 几 多仔正 够 得？

047 太多了，要不了那么多，只要这么多就够了。
tʰiɛʔ⁴⁵to³¹lɛ⁰, iəɯ⁵⁵ŋ²³liəɯ⁰ləŋ³⁵to³¹, tɕʰiu³¹iəɯ⁵⁵ləŋ³⁵to³¹tse⁰tɕʰiu³¹kəɯ³³tɛʔ⁴⁵lɛ⁰.
忒 多咧,要 唔了 □ 多，就 要 □ 多仔就 够 得 咧。

048 不管怎么忙，也得好好儿学习。
an⁵⁵mau³¹han²³a³¹tu³³iəɯ³³hau³³hau³⁵li⁰koʰ⁰hɔk³³ɕiʔ⁴⁵.
□ 冇 闲 阿都要 好 好 哩个学 习。

049 你闻闻这朵花香不香？
n̠i³¹pʰi³¹ia³¹tse⁰kuɛ⁵³tɕi³¹fa³¹ɕiɔŋ³¹ŋ²³ɕiɔŋ³¹？
你 鼻 啊仔盖⁼ 枝 花香 唔香？

050 好香呀，是不是？
ŋan³⁵ɕiɔŋ³¹, sɿ³¹ŋ²³sɿ³¹？
岸⁼ 香， 是 唔是？

051 你是抽烟呢，还是喝茶？
n̠i³¹sɿ³¹tɕʰiak⁴⁵iɛn³¹ŋe⁰, han²³sɿ³¹tɕʰiak⁴⁵tsʰa²³？
你 是 吃 烟欸,还 是 吃 茶？

052 烟也好，茶也好，我都不会。
iɛn³¹ia³³hau³⁵,tsʰa²³ia³³hau³⁵,a³¹tu⁵⁵m²³muɛ³¹.
烟 也 好，茶 也 好，阿 都 唔 会。

053 医生叫你多睡一睡，抽烟喝茶都不行。
i³¹sen³¹han⁵³n̠i³¹to³¹kʰuen⁵³a³¹tse⁰,tɕʰiak⁴⁵iɛn³¹tɕʰiak⁴⁵tsʰa²³tu³³ŋ³¹hau³⁵.
医生 喊 你 多 困 阿仔, 吃 烟 吃 茶 都 唔好。

054 咱们一边走一边说。
a³¹lɛn⁰piɛn³¹haŋ²³piɛn³¹kɔŋ³⁵.
阿□ 边 行 边 讲。

055 这个东西好是好，就是太贵了。
kuɛ³³ko⁰təŋ³¹ɕi³¹hau³⁵sŋ³¹hau³⁵,tɕʰiu³¹sŋ³¹tʰiɛʔ³³kuɛ⁵¹.
盖ᵉ 个 东 西 好 是 好，就 是 忒 贵。

056 这个东西虽说贵了点儿，不过挺结实的。
kuɛ³³ko⁰təŋ³¹ɕi³¹ɕi³³lan²³kuɛ⁵³li⁰i³³tiɛn³⁵tse⁰,pɛʔ³³ko⁵⁵han²³sŋ³¹ŋan³¹han²³tsaʔ³³ seʔ⁴⁵.
盖ᵉ 个 东 西 虽 然 贵 哩 一 点 仔, 不 过 还 是 岸ᵉ 还 扎 实。

057 他今年多大了？
ki³¹tɕin³¹n̠iɛn⁰tɕi³⁵tʰai³¹tse⁰lia⁰?
渠 今 年 几 大 仔 [哩啊]?

058 也就是三十来岁吧。
tɕʰiu³¹sŋ³¹san³¹seʔ⁴⁵to³¹ɕi⁵¹.
就 是 三 十 多 岁。

059 看上去不过三十多岁的样子。
kʰuɛn⁵³a³¹tse⁰tɕʰiu⁰ŋ²³ko⁵³san²³seʔ³³ɕi⁵¹ko⁰iɔŋ³¹tsŋ⁰.
看 啊仔 就 唔过 三 十 岁 个 样 子。

060 这个东西有多重呢？
kuɛ³³ko⁰ təŋ³¹ɕi³¹iu³³tɕi³⁵tsʰəŋ³¹tse⁰?
盖ᵉ 个 东 西 有 几 重 仔?

061 怕有五十多斤吧。
kʰo³¹nɛn²³iu³³ŋ³⁵seʔ⁴⁵to³¹tɕin³¹.
可 能 有 五 十 多 斤。

062 我五点半就起来了，你怎么七点了还不起来？
a³¹li⁰ŋ³³tiɛn³⁵puɛn⁵¹tɕʰiu³¹tɕʰi⁵⁵li²³li⁰, n̠i³¹tɕiɔŋ⁵³tse⁰tɕʰi³³tiɛn³⁵han²³ŋ²³tɕʰi⁵⁵li²³ia⁰?
阿哩五点 半 就 起 来 哩,你 酱ᵉ 仔 七 点 还 唔 起 来 呀?

063 三四个人盖一床被。一床被盖三四个人。
　　san³¹sɿ³³ko⁵⁵ȵin²³kuɛ³³iʔ⁴⁵fan³¹pʰi³¹.
　　三　四　个　人　盖　一　番　被。
　　iʔ⁴⁵fan³¹pʰi³¹san³¹sɿ³³ko⁵⁵ȵin²³kuɛ⁵¹.
　　一　番　被　三　四　个　人　盖。

064 一个大饼夹一根油条。一根油条外加一个大饼。
　　iʔ³³ko⁵³tʰai³¹piaŋ³⁵pau³¹iʔ⁴⁵haŋ²³iu³¹tʰiɤɯ²³.
　　一　个　大　饼　包　一　行　油　条。
　　iʔ⁴⁵haŋ²³iu³¹tʰiɤɯ²³iu³¹ka³¹iʔ³³ko⁵³tʰai³¹piaŋ³⁵.
　　一　行　油　条　又　加　一　个　大　饼。

065 两个人坐一张凳子。一张凳子坐了两个人。
　　liɔŋ³⁵ko⁵⁵ȵin²³tsʰo³¹iʔ⁴⁵tsɔŋ³¹tɛn⁵³tse⁰.
　　两　个　人　坐　一　张　凳　仔。
　　iʔ⁴⁵tsɔŋ³¹tɛn⁵³tse⁰hɔŋ³¹tsʰo³¹liɔŋ³⁵ko⁵⁵ȵin²³.
　　一　张　凳　仔　上　坐　两　个　人。

066 一辆车装三千斤麦子。三千斤麦子刚好够装一辆车。
　　iʔ⁴⁵liɔŋ²³tsʰa³¹tsɔŋ³¹san³¹tɕʰiɛn³¹tɕin³¹mak³³tsɿ³⁵.
　　一　辆　车　装　三　千　斤　麦　子。
　　san³¹tɕʰiɛn³¹tɕin³¹mak³³tsɿ³⁵kɔŋ³¹hau³⁵tsɔŋ³¹iʔ⁴⁵liɔŋ²³tsʰa³¹.
　　三　千　斤　麦　子　刚　好　装　一　辆　车。

067 十个人吃一锅饭。一锅饭够吃十个人。
　　seʔ³³ko⁵⁵ȵin²³tɕʰiak³³iʔ⁴⁵ko³¹tʰɤɯ⁰fan³¹.
　　十　个　人　吃　一　锅　头　饭。
　　iʔ⁴⁵ko³¹tʰɤɯ⁰fan³¹kɤɯ³³seʔ³³ko⁵⁵ȵin²³tɕʰiak⁴⁵.
　　一　锅　头　饭　够　十　个　人　吃。

068 十个人吃不了这锅饭。这锅饭吃不了十个人。
　　seʔ³³ko⁵⁵ȵin²³tɕʰiak⁴⁵ŋ²³liɤɯ³⁵iʔ⁴⁵ko³¹tʰɤɯ⁰fan³¹.
　　十　个　人　吃　唔　了　一　锅　头　饭。
　　kuɛ⁵³ko³¹tʰɤɯ⁰fan³¹seʔ³³ko⁵⁵ȵin²³ŋ²³kɤɯ³³tɕʰiak⁴⁵.
　　盖⁼　锅　头　饭　十　个　人　唔　够　吃。

069 这个屋子住不下十个人。
　　kuɛ³³ko⁰　vək⁴⁵tse⁰tsʰu³¹ŋ²³ha³¹seʔ³³ko⁵⁵ȵin²³.
　　盖⁼　个　屋　仔　住　唔　下　十　个　人。

070 小屋堆东西，大屋住人。
ɕi³³vək⁴⁵tse⁰tɕʰiuɛ³¹tuɛ³¹təŋ³¹ɕi³¹,tʰai³¹vək⁴⁵tse⁰tsʰu³¹n̠in²³.
细屋仔就 堆东西,大 屋 仔住 人。

071 他们几个人正说着话呢。
ki³¹lɛn⁰tɕi³⁵ko⁵⁵n̠in²³tsʰe³¹kɔŋ³⁵vɛn³¹li⁰fa³¹.
渠□ 几 个 人 在 讲 稳 哩话。

072 桌上放着一碗水，小心别碰倒了。
tsɔk⁴⁵hɔŋ³¹fɔŋ⁵³li⁰i?³³uɛ³³fi³⁵,ɕiəɯ³⁵ɕin³¹ŋ³¹kan³⁵tau³⁵liəɯ⁰li⁰.
桌 上 放 哩一碗水,小 心 唔敢 倒 了 哩。

073 门口站着一帮人，在说着什么。
mɛn³¹kʰəɯ³⁵tɕʰi³¹li⁰i?³³ho⁵⁵n̠in²³,tsʰe³¹kɔŋ³⁵vɛn³¹li⁰se?⁴⁵li⁰.
门 口 倚 哩一伙人, 在 讲 稳 哩什 哩。

074 坐着吃好，还是站着吃好？
tsʰo³¹vɛn³¹li²³tɕʰiak³³hau³⁵,han²³sɿ³¹tɕʰi³¹vɛn³¹li²³tɕʰiak³³kɔk³³hau³⁵?
坐 稳 来吃 好 还 是 倚 稳 哩吃 角=好?

075 想着说，不要抢着说。
ɕiɔŋ³⁵vɛn³¹li²³kɔŋ³⁵,ŋ²³n̠iəɯ⁵³tsaŋ³¹vɛn³¹li²³kɔŋ³⁵.
想 稳 来讲, 唔要 争 稳 来讲。

076 说着说着就笑起来了。
kɔŋ³⁵vɛn³¹li⁰kɔŋ³⁵vɛn³¹li⁰tɕʰiu³¹ɕiəɯ⁵³a³¹tɕʰi⁵⁵li²³.
讲 稳 哩讲 稳 哩就 笑 啊起 来。

077 别怕！你大着胆子说吧。
ŋ²³n̠iəɯ³³pʰa⁵¹! n̠i³¹tʰai³¹tan³⁵ko⁰kɔŋ³⁵.
唔要 怕! 你大 胆 个 讲。

078 这个东西重着呢，足有一百来斤。
kuɛ³³ko⁰təŋ³¹ɕi³¹hau³⁵tsʰəŋ³¹ŋə⁰,tɕiək³³tɕiək⁴⁵li⁰iu³³i?³³pak⁴⁵to³¹tɕin³¹.
盖=个东 西 好 重 呃,足 足 哩有一百 多 斤。

079 他对人可好着呢。
ki³¹ti⁵⁵n̠in²³ŋan³¹hau³⁵.
渠 对人 岸= 好。

080 这小伙子可有劲着呢。
kuɛ³³ko⁰ həɯ³¹saŋ³¹ŋan³¹iu³⁵le?⁴⁵.
盖=个 后 生 岸= 有 力。

081 别跑，你给我站着！
ŋ²³n̠iɤɯ³³tɕʰiɔk⁴⁵,n̠i³¹kaʔ⁴⁵a³¹tɕʰi³¹tau³¹li²³！
唔要 丁， 你 佮 阿猗 倒 来！

082 下雨了，路上小心着！
lɔk³³i³⁵li⁰, lu³¹hɔŋ⁰iɤɯ³³ɕiɤɯ³⁵ɕin³¹！
落 雨哩,路 上 要 小 心！

083 点着火了。着凉了。
tiɛn³⁵tsʰɔk³³ho³⁵li⁰. ɕiu³¹liɔŋ²³li⁰.
点 着 火 哩。受 凉 哩。

084 甭着急，慢慢儿来。
ŋ²³n̠iɤɯ³³tɕiʔ⁴⁵,nau³³nau⁵³li⁰li²³.
唔要 急， □ □ 哩来。

085 我正在这儿找着你，还没找着。
a³¹tɕʰiu³¹tsʰe³¹kuɛ³⁵li⁰kɛn³¹n̠i³¹,han²³maŋ²³kɛn³¹tau³¹.
阿就 在 改=里跟 你,还 □ 跟 到。

086 她呀，可厉害着呢！
ki³¹ia³¹,seʔ⁴⁵fɛn³¹li³¹huɛ³¹io⁰！
渠呀,十 分 厉害 哟！

087 这本书好看着呢。
kuɛ³³pen³⁵su³¹ŋau³¹hau³⁵kʰuɛn⁵¹.
盖= 本 书 岸= 好 看。

088 饭好了，快来吃吧。
fan³¹hau³⁵lia⁰, fɔŋ³³tɕiak⁴⁵li²³tɕʰiak⁴⁵.
饭 好 [哩啊],放 遽 来吃。

089 锅里还有饭没有？你去看一看。
ko³¹tʰɤɯ⁰hɔŋ³¹han²³iu³⁵mau²³fan³¹?n̠i³¹kʰi³³kʰuɛn⁵³a³¹tse⁰.
锅 头 上 还 有 冇 饭？你去 看 啊仔。

090 我去看了，没有饭了。
a³¹kʰi³³kʰuɛn⁵³li⁰, mau²³fan³¹li⁰.
阿去 看 哩,冇 饭 哩。

091 就剩一点儿了，吃了得了。
han²³iu³⁵iʔ³³tiɛn³⁵tse⁰,tɕʰiu³¹tɕʰiak⁴⁵liɤɯ⁰ki³¹.
还 有 一 点 仔,就 吃 了 渠。

092 **吃了饭要慢慢儿地走，别跑，小心肚子疼。**
tɕʰiak⁴⁵li⁰fan³¹iɯ³³nau³³nau⁵³li⁰haŋ²³,ŋ²³ɲiɯ³³tɕʰiɔk⁴⁵,ɕiəɯ³⁵ɕin³¹tu³¹sʅ³¹tʰəŋ⁵¹.
吃　哩饭要□　□　哩行，唔要　亍，　小　心肚屎痛。

093 **他吃了饭了，你吃了饭没有呢？**
ki³¹tɕʰiak⁴⁵li⁰fan³¹,ɲi³¹tɕʰiak⁴⁵li⁰maŋ²³tɕʰiak⁴⁵a⁰?
渠吃　哩饭，你吃　哩□吃　啊?

094 **我喝了茶还是渴。**
a³¹tɕʰiak⁴⁵li⁰tsʰa²³han²³sʅ³¹ŋan³¹kʰəɯ³⁵kʰuɛʔ⁴⁵.
阿吃　哩茶还是岸⁼口　渴。

095 **我吃了晚饭，出去溜达了一会儿，回来就睡下了，还做了个梦。**
(a³¹)tɕʰiak⁴⁵li⁰ia³¹,a³¹tsʰeʔ³³kʰi⁵¹haŋ²³li⁰ia³¹tse⁰,kuɛ³¹li²³tɕʰiu³¹kʰuen³³ŋan³⁵,han²³faʔ⁴⁵ li⁰iʔ³³ko⁵⁵miɛn²³fəŋ³¹.
（阿）吃　哩夜, 阿出　去行　哩呀仔,归来就　困　眼,还发
哩一个眠　梦。

096 **吃了这碗饭再说。**
tɕʰiak⁴⁵liəɯ⁰kuɛ³³uɛ³⁵fan³¹tsai³³kɔŋ³⁵.
吃　了盖⁼碗饭再　讲。

097 **我昨天照了相了。**
a³¹tsʰai²³ia⁵¹iaŋ³¹li⁰ɕiəŋ⁵¹li⁰.
阿才⁼□影哩相　哩。

098 **有了人，什么事都好办。**
iu⁵⁵ɲin²³,seʔ⁴⁵li⁰sʅ³¹tɕʰin²³tu³³hau³⁵pʰan³¹.
有人，什哩事情　都好办。

099 **不要把茶杯打碎了。**
ŋ²³ɲiəɯ⁵¹pa³¹pi³¹tse⁰ta³⁵lan³¹li⁰.
唔要　把杯仔打烂　哩。

100 **你快把这碗饭吃了，饭都凉了。**
ɲi³¹fɔŋ³³tɕiak⁴⁵pa³¹kuɛ³³uɛn³⁵fan³¹tɕʰiak⁴⁵liəɯ⁰,fan³¹tu³³laŋ³⁵liəɯ⁰li⁰.
你放遽　把盖⁼碗饭吃　了，饭都冷了哩。

101 **下雨了。雨不下了，天晴开了。**
lɔk³³i³⁵lio⁰. i³⁵iu³¹lɔk⁴⁵ŋ²³ha³¹lio⁰, tʰiɛn³¹tɕʰiaŋ²³lio⁰.
落　雨[哩哟]。雨又落　唔下　[哩哟],天　晴　[哩哟]。

102 打了一下。去了一趟。
ta³⁵li⁰iʔ²ha³¹.kʰi⁵³liʔ²iʔ²tsɛn³¹.
打 哩一下。去 哩一转。

103 晚了就不好了，咱们快点儿走吧！
ia³¹liəɯ⁰li⁰tɕʰiu³¹ŋ³¹hau³⁵lio⁰, a³¹vɔŋ⁰fɔŋ³³tɕiak⁴⁵a³¹tse⁰haŋ²³!
夜了 哩就 唔好 [哩哟],阿□ 放 遽 啊仔 行！

104 给你三天时间做得了做不了？
peʔ⁴⁵n̩i³¹san³¹n̩iʔ³³ko⁰sŋ²³kan³¹tso⁵⁵ŋ²³tso³³tɛʔ²liəɯ³⁵?
分 你 三 日 个时间 做 唔做 得 了？

105 你做得了，我做不了。
n̩i³¹tso³³tɛʔ²liəɯ³⁵,a³¹tso³³ŋ³¹liəɯ³⁵.
你 做 得 了， 阿做 唔了。

106 你骗不了我。
n̩i³¹pʰiɛn³³ŋ³¹liəɯ³⁵a³¹.
你 骗 唔了 阿。

107 了了这桩事情再说。
tɕiai³⁵tɕiɛʔ⁴⁵li⁰kuɛ⁵³tɕʰiɛn³¹sŋ³¹tɕʰin²³tsai³³kɔŋ³⁵.
解 决 哩盖⁼件 事 情 再 讲。

108 这间房没住过人。
kuɛ³³kan³¹vək⁴⁵mau³¹n̩in²³tsʰu³¹ko⁵¹.
盖⁼间 房 冇 人 住 过。

109 这牛拉过车，没骑过人。
kuɛ³³tsak⁴⁵ŋəɯ²³tʰo³¹ko⁵³li⁰tsʰa³¹,mau³¹n̩in²³tɕʰi²³ko⁵¹.
盖⁼只 牛 拖过 哩车，冇 人 骑 过。

110 这小马还没骑过人，你小心点儿。
kuɛ³³ko⁰ɕi³³ma³⁵han²³mau³¹n̩in²³tɕʰi²³ko⁵¹,n̩i³¹iəɯ³³ɕiəɯ³⁵ɕin³¹tien³¹tse⁰.
盖⁼个 细 马 还 冇 人 骑 过，你要 小 心 点 仔。

111 以前我坐过船，可从来没骑过马。
ɕien³¹n̩iʔ⁴⁵tʰəɯ²³a³¹tsʰo³¹ko⁵³li⁰sen²³,kʰo³¹tɕʰiəŋ²³lai²³tu³⁵maŋ³¹tɕʰi²³ko³³ma³⁵.
先 日 头 阿坐 过 哩船，可 从 来 都□ 骑 过 马。

112 丢在街上了。搁在桌上了。
tiu³¹a³¹kai³¹hɔŋ⁰kʰi⁵³li⁰. fɔŋ⁵³ŋa³¹tsɔk⁴⁵tse⁰hɔŋ³¹li⁰.
丢 啊街 上 去 哩。放 啊桌 仔上 哩。

113 掉到地上了，怎么都没找着。
tiɛʔ⁴⁵a³¹tʰi²³haºkʰi⁵³liº, tɕiɔŋ⁵³tseºtu³³maŋ³¹tɕʰin²³tau⁵¹.
跌 啊地 下 去 哩,酱⁼ 仔都 □ 寻 到。

114 今晚别走了，就在我家住下吧!
ia³¹tʰəuºŋ²³ȵiəu³³tsəɯ³⁵liº, tɕʰiu³¹tau⁵³a³¹vək⁴⁵ha³¹tsʰu³¹ha³¹li²³!
夜 头 唔要 走 哩,就 到 阿屋 下 住 下 来!

115 这些果子吃得吃不得?
kuɛ⁵³ɕia³¹ko³⁵tsɿºtɕʰiak⁴⁵tɛʔ²han²³sɿ³¹tɕʰiak⁴⁵ŋ²³tɛʔ²?
盖⁼ 些 果 子 吃 得 还 是 吃 唔得?

116 这是熟的，吃得。那是生的，吃不得。
kuɛ³³koºsɿ³¹sək⁴⁵liºkoº,tɕʰiak⁴⁵tɛʔ². ȵi³³koºsɿ³¹saŋ³¹koº,tɕʰiak⁴⁵ŋ²³tɛʔ².
盖⁼ 个 是 熟 哩个,吃 得。□ 个 是 生 个 吃 唔得。

117 你们来得了来不了?
ȵi³¹lɛnºli²¹tɛʔ³³liəɯ³⁵han²³sɿ³¹li³¹ŋ³¹liəɯ³⁵?
你 □ 来 得 了 还 是 来 唔了?

118 我没事，来得了，他太忙，来不了。
a³¹mau²³sɿ³¹,li²³tɛʔ³³liəɯ³⁵,ki³¹ŋan³¹mau³¹han²³,li³¹ŋ³¹liəɯ³⁵.
阿 冇 事,来 得 了, 渠岸⁼ 冇 闲,来 唔了。

119 这个东西很重，拿得动拿不动?
kuɛ³³koºtəŋ³¹ɕi³¹ŋan³⁵tsʰəŋ³¹,na³¹tɛʔ²tʰəŋ³¹han²³sɿ³¹na³¹ŋ²³tʰəŋ³¹?
盖⁼ 个 东 西 岸⁼ 重, 拿 得 动 还 是 拿 唔动?

120 我拿得动，他拿不动。
a³¹na³¹tɛʔ²tʰəŋ³¹,ki³¹na³¹ŋ²³tʰəŋ³¹.
阿 拿 得 动, 渠 拿 唔动。

121 真不轻，重得连我都拿不动了。
mau²³ŋan³¹tɕʰiaŋ³¹,tsʰəŋ³¹tɛʔ²liɛn²³a³¹liºtu³³na³¹ŋ²³tʰəŋ³¹.
冇 岸⁼ 轻, 重 得 连 阿哩都 拿 唔动。

122 他手巧，画得很好看。
ki³¹ɕiu³⁵ŋan³¹kʰau³⁵,fa³¹tɛʔ²ŋan³¹hau³⁵kʰuɛn⁵¹.
渠 手 岸⁼ 巧, 画 得 岸⁼ 好 看。

123 他忙得很，忙得连吃过饭没有都忘了。
ki³¹liºlɔŋ³⁵mau³¹ha²³,liɛn²³tɕʰiak⁴⁵liºmaŋ²³tɕʰiak⁴⁵(fan³¹)tu³⁵tʰiɛn³¹fɔŋ⁵³liº.
渠 哩□ 冇 闲,连 吃 哩□ 吃 (饭)都 添 放 哩。

124 你看他急得，急得脸都红了。

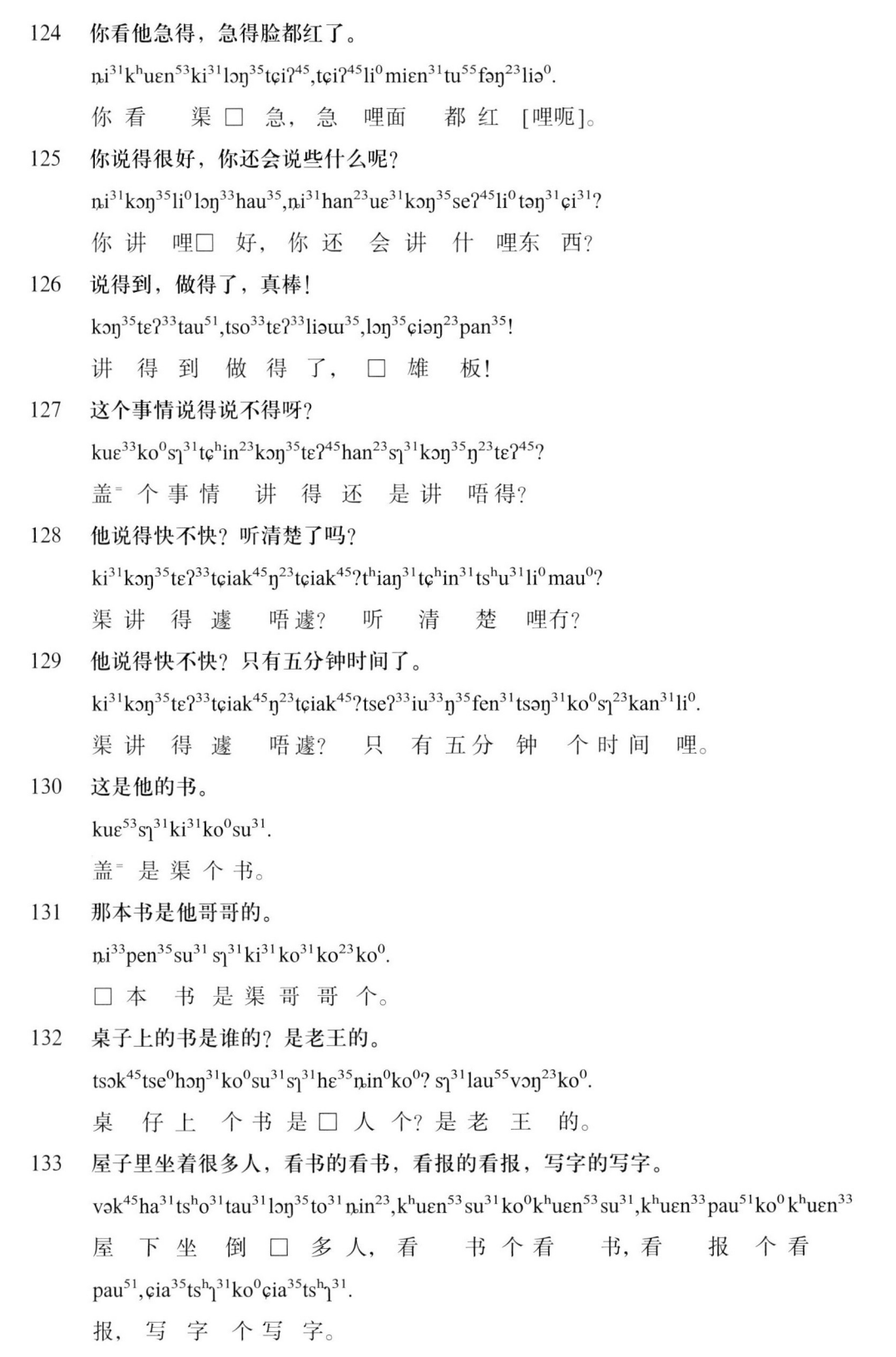

ȵi³¹kʰuɛn⁵³ki³¹lɔŋ³⁵tɕiʔ⁴⁵,tɕiʔ⁴⁵li⁰miɛn³¹tu⁵⁵fəŋ²³liə⁰.

你看　渠□急，急　哩面　都红［哩呃］。

125 你说得很好，你还会说些什么呢？

ȵi³¹kɔŋ³⁵li⁰lɔŋ³³hau³⁵,ȵi³¹han²³uɛ³¹kɔŋ³⁵seʔ⁴⁵li⁰təŋ³¹ɕi³¹?

你讲　哩□好，你还　会讲　什　哩东　西？

126 说得到，做得了，真棒！

kɔŋ³⁵tɛʔ³³tau⁵¹,tso³³tɛʔ³³liəu³⁵,lɔŋ³⁵ɕiəŋ²³pan³⁵!

讲　得　到　做　得　了，□雄　板！

127 这个事情说得说不得呀？

kuɛ³³ko⁰sʅ³¹tɕʰin²³kɔŋ³⁵tɛʔ⁴⁵han²³sʅ³¹kɔŋ³⁵ŋ²³tɛʔ⁴⁵?

盖⁼个事情　讲　得　还　是讲　唔得？

128 他说得快不快？听清楚了吗？

ki³¹kɔŋ³⁵tɛʔ³³tɕiak⁴⁵ŋ²³tɕiak⁴⁵?tʰiaŋ³¹tɕʰin³¹tsʰu³¹li⁰mau⁰?

渠讲　得　遽　唔遽？听　清　楚　哩有？

129 他说得快不快？只有五分钟时间了。

ki³¹kɔŋ³⁵tɛʔ³³tɕiak⁴⁵ŋ²³tɕiak⁴⁵?tseʔ³³iu³³ŋ³⁵fen³¹tsəŋ³¹ko⁰sʅ²³kan³¹li⁰.

渠讲　得　遽　唔遽？只　有五　分　钟　个时间　哩。

130 这是他的书。

kuɛ⁵³sʅ³¹ki³¹ko⁰su³¹.

盖⁼是渠个书。

131 那本书是他哥哥的。

ȵi³³pen³⁵su³¹ sʅ³¹ki³¹ko³¹ko²³ko⁰.

□本　书　是渠哥　哥　个。

132 桌子上的书是谁的？是老王的。

tsɔk⁴⁵tse⁰hɔŋ³¹ko⁰su³¹sʅ³¹hɛ³⁵ȵin⁰ko⁰? sʅ³¹lau⁵⁵vɔŋ²³ko⁰.

桌　仔上　个书是□人　个？是老　王　的。

133 屋子里坐着很多人，看书的看书，看报的看报，写字的写字。

vək⁴⁵ha³¹tsʰo³¹tau³¹lɔŋ³⁵to³¹ȵin²³,kʰuɛn⁵³ su³¹ ko⁰kʰuɛn⁵³ su³¹, kʰuɛn³³ pau⁵¹ko⁰ kʰuɛn³³

屋　下　坐　倒　□多人，看　书个看　书，看　报个看

pau⁵¹,ɕia³⁵tsʰʅ³¹ko⁰ɕia³⁵tsʰʅ³¹.

报，写　字　个写　字。

134 要说他的好话，不要说他的坏话。
iəɯ³³kɔŋ³⁵ki³¹ko⁰hau³⁵fa³¹,ŋ²³niəɯ³³kɔŋ³⁵ki³¹ko⁰fai³¹fa³¹.
要 讲 渠 个 好 话,唔要 讲 渠 个 坏 话。

135 上次是谁请的客？是我请的。
tʰəɯ²³tau³³hɛ³⁵n̩in⁰tɕʰiaŋ³⁵ko⁰kʰak⁴⁵ʔa³¹tɕʰiaŋ³⁵ko⁰.
头 到 □ 人 请 个 客? 阿 请 个。

136 你是哪年来的？
n̩i³¹sɿ³¹huɛ⁵⁵niɛn²³tse⁰li²³ko⁰ua⁰?
你 是 海⁼ 年 仔 来 个 哇?

137 我是前年到的北京。
a³¹sɿ³¹tɕʰiɛn³¹niɛn⁰tse⁰tau³³pɛʔ⁴⁵tɕin³¹ko⁰.
阿 是 前 年 仔 到 北 京 个。

138 你说的是谁？
n̩i³¹kɔŋ³⁵ko⁰sɿ³¹huɛ³⁵n̩in⁰?
你 讲 个 是 海⁼ 人?

139 我反正不是说的你。
a³¹fan³¹tsen⁵⁵ŋ²³sɿ³¹kɔŋ³⁵ko⁰n̩i³¹.
阿 反 正 唔是 讲 个 你。

140 他那天是见的老张，不是见的老王。
ki³¹n̩i³³n̩iʔ⁴⁵tse⁰tɕiɛn³³ko⁰sɿ³¹lau³⁵tsɔŋ³¹,ŋ²³sɿ³¹tɕiɛn³³ko⁰lau⁵⁵vɔŋ²³.
渠 □ 日 仔 见 个 是 老 张, 唔是 见 个 老 王。

141 只要他肯来，我就没的说了。
tseʔ³³iəɯ⁵¹ki³¹kʰen⁵⁵li²³,a³¹tɕʰiu³¹mau²³seʔ⁴⁵li⁰kɔŋ³⁵li⁰.
只 要 渠 肯 来,阿 就 冇 什 哩 讲 哩。

142 以前是有的做，没的吃。
i³¹tɕʰiɛn²³sɿ³¹iuʔ³³tɛʔ³³tso⁵¹,mau²³tɛʔ³³tɕʰiak⁴⁵.
以 前 是 有 的 做, 冇 的 吃。

143 现在是有的做，也有的吃。
ko³¹(e⁰) sɿ³¹iuʔ³⁵tɛʔ³³tso⁵¹,iaʔ³³iuʔ³⁵tɛʔ³³tɕʰiak⁴⁵.
哥⁼ (欸)是 有 的 做, 也 有 的 吃。

144 上街买个蒜啊葱的，也方便。
sɔŋ³¹kai³¹mai³⁵ko⁰tsʰəŋ³¹ŋa⁰suɛn⁵³ŋa⁰,ia³³ŋan³⁵fɔŋ³¹pʰiɛn³¹.
上 街 买 个 葱 啊 蒜 啊,也 岸⁼ 方 便。

145 柴米油盐什么的，都有的是。
ȿai²³mi³⁵iu³¹iɛn²³seʔ⁴⁵li⁰tən³¹ɕi³¹ia⁰, tu³⁵seʔ⁴⁵fen³¹iu³⁵.
柴 米 油 盐 什 哩东 西 呀，都 十 分 有。

146 写字算账什么的，他都能行。
ɕia³⁵tsʰʅ³¹suɛn³³tsɔŋ³³, seʔ⁴⁵li⁰ki³¹tu³³ŋan³⁵uɛ³¹.
写 字 算 账， 什 哩渠 都 岸⁼ 会。

147 把那个东西递给我。
pa³¹ɲi³³ko⁰təŋ³¹ɕi³¹tsʰɛn²³peʔ⁴⁵a³¹li⁰.
把 □ 个 东 西 传 分 阿 哩。

148 是他把那个杯子打碎了。
sʅ³¹ki³¹pa³¹ɲi³³ko⁰pi³¹tse⁰ta³⁵lan³¹lio⁰.
是 渠 把 □ 个 杯 仔 打 烂 [哩哟]。

149 把人家脑袋都打出血了，你还笑！
pa³¹ɲin²³ka⁰tʰɯɯ³¹na⁰tu³³ta³⁵tsʰe²³⁴⁵liɯɯ⁰fɛʔ⁴⁵ə⁰, ɲi³¹han²³ɕiəɯ⁵¹!
把 人 家 头 □ 都 打 出 了 血 呃,你 还 笑!

150 快去把书还给他。
fɔŋ³³tɕiak⁴⁵pa³¹su³¹(ua⁰)van²³peʔ⁴⁵ki³¹.
放 遽 把 书（哇）还 分 渠。

151 我真后悔当时没把他留住。
a³¹tsen³¹ko⁰han²³hɯɯ³¹fi⁵³tɔŋ³¹sʅ³¹maŋ²³pa³¹ki³¹liu²³heʔ⁴⁵li²³.
阿 真 个 还 后 悔 当 时 □ 把 渠 留 黑⁼ 来。

152 你怎么能不把人当人呢？
ɲi³¹tɕiɔŋ⁵³tse⁰ŋ²³pa³¹kɔk⁴⁵lɛn³¹ɲin²³tɔŋ³¹ɲin²³kʰuɛn⁵¹?
你 酱⁼ 仔 唔把 各 另 人 当 人 看?
ɲi³¹tɕiɔŋ⁵³tse⁰tsɔk³³kɔk⁴⁵lɛn³¹ɲin²³ŋ²³tɔŋ³¹ɲin²³?
你 酱⁼ 仔 捉 各 另 人 唔当 人?

153 有的地方管太阳叫日头。
iu³³təɯ³⁵tʰi³¹fɔŋ⁰tʰai⁵⁵iɔŋ²³han³³ɲiɛʔ⁴⁵tʰəɯ⁰.
有 兜 地 方 太 阳 喊 热 头。

154 什么？她管你叫爸爸！
seʔ⁴⁵li⁰ia⁰? ki³¹han⁵³ɲi³¹(han⁵⁵)ia²³lau³⁵tsʅ⁰a⁰!
什 哩呀? 渠 喊 你（喊）爷 老 子 啊!

155 你拿什么都当真的，我看没必要。
ȵi³¹seʔ⁴⁵li⁰tu³³tɔŋ³¹tsen³¹ko⁰,a³¹kʰuɛn⁵⁵mau²³seʔ⁴⁵li⁰peʔ³³iəu⁵¹.
你　什　哩都当　真　个,阿看　冇　什　哩必　要。

156 真拿他没办法，烦死我了。
ti⁵³ki³¹kʰɔk³³seʔ⁴⁵mau²³(iʔ³³)tien³⁵pʰan³¹faʔ⁴⁵,fan²³sɿ³⁵liə⁰.
对渠确　实冇（一)点　办　法，烦　死 [哩呃]。

157 看你现在拿什么还人家。
kʰuɛn⁵³ȵi³¹ko³¹na³¹seʔ⁴⁵li⁰van²³pen³¹ȵin²³ka⁰.
看　　你哥⁼拿什　哩还　分　人　家。

158 他被妈妈说哭了。
ki³¹peʔ⁴⁵ki³¹ko⁰ȵiəŋ²³kɔŋ⁵⁵tʰi²³li⁰.
渠分　渠个　娘　讲　啼哩。

159 所有的书信都被火烧了，一点儿剩的都没有。
tʰəŋ³³tʰəŋ³³ɕin⁵¹tu³³peʔ³³ho³⁵səu³¹liəɯ⁰li⁰, iʔ³³tien³⁵tse⁰tu³³mau²³li⁰.
通　通　信　都分　火　烧　了　哩,一点　仔都冇　哩。

160 被他缠了一下午，什么都没做成。
peʔ⁴⁵ki³¹tɕiu⁵³liəɯ⁰iʔ⁴⁵ha³¹tɕiu⁰,seʔ⁴⁵li⁰sɿ³¹tɕʰin²³tu³³maŋ²³tso⁵⁵saŋ²³.
分　渠纠　了　一　下昼,什　哩事　情　都□　做　成。

161 让人给打蒙了，一下子没明白过来。
peʔ⁴⁵ȵin²³ta³⁵məŋ³¹li⁰, iʔ⁴⁵ha³¹tse⁰maŋ²³tɕʰin³¹ɕiaŋ³⁵ko⁵⁵li²³.
分　人　打蒙　哩,一　下　仔□　清　醒　过　来。

162 给雨淋了个浑身湿透。
peʔ³³i³⁵tək⁴⁵li⁰iʔ⁴⁵sen³¹len³¹len²³kɛn³³kɛn⁵¹./peʔ³³i³⁵tək⁴⁵li⁰iʔ⁴⁵sen³¹taʔ³³seʔ⁴⁵.
分　雨涿　哩一　身淋淋　□　□。/分　雨涿　哩一　身　溚　湿。

163 给我一本书。给他三本书。
peʔ⁴⁵a³¹iʔ³³pen³⁵su³¹. peʔ⁴⁵ki³¹san³¹pen³⁵su³¹.
分阿一本　书。分渠三　本　书。

164 这里没有书，书在那里。
kuɛ³⁵li⁰mau²³su³¹,su³¹tsʰe³¹hɛ³⁵li⁰.
改⁼里冇　书,书　在　□　里。

165 叫他快来找我。
han⁵³ki³¹fɔŋ³³tɕiak⁴⁵li²³kɛn³¹a³¹.
喊　渠放　遽　来跟　阿。

166 **赶快把他请来。**
　　　fɔŋ³³tɕiak⁴⁵tɕʰiaŋ³⁵ki³¹li²³.
　　　放 遽 请 渠来。

167 **我写了条子请病假。**
　　　a³¹ɕia³⁵li⁰ko⁰tʰiəɯ²³tsɿ³⁵tɕʰiaŋ³⁵pʰiaŋ³¹ka³⁵.
　　　阿写 哩个条 子请 病 假。

168 **我上街买了份报纸看。**
　　　a³¹tsʰeʔ⁴⁵kai³¹mai³⁵li⁰fen³¹pau³³tsɿ³⁵kʰuɛn⁵¹.
　　　阿出 街买 哩份 报 纸 看。

169 **我笑着躲开了他。**
　　　a³¹ɕiəɯ⁵³ven³¹li⁰tɕʰiu³¹sɛn³⁵kʰuɛ³¹li⁰ki³¹.
　　　阿笑 稳 哩就 闪 开 哩渠。

170 **我抬起头笑了一下。**
　　　a³¹ŋɔŋ³³tɕʰi⁵⁵tʰəɯ²³ɕiəɯ⁵³li⁰iʔ⁴⁵ha³¹.
　　　阿仰 起头 笑 哩一下。

171 **我就是坐着不动，看你能把我怎么着。**
　　　a³¹tsʰo³¹ven³¹li⁰(tɕʰiu³¹)ŋ²³tʰəŋ³¹,kʰuɛn⁵³n̩i³¹pa³¹a³¹li⁰tɕiɔŋ⁵³tse⁰.
　　　阿坐 稳 哩（就） 唔动， 看 你把阿哩酱⁼仔。

172 **她照顾病人很细心。**
　　　ki³¹tsəɯ³³ku⁵³pʰiaŋ³¹n̩in²³ŋan³¹ɕi³³ɕin³¹.
　　　渠照 顾病 人 岸⁼细心。

173 **他接过苹果就咬了一口。**
　　　ki³¹na³¹tau³¹pʰen²³ko³⁵tɕʰiu³¹ŋaʔ⁴⁵liəɯ⁰iʔ³³kʰəɯ³⁵.
　　　渠拿到苹 果就 啃 了 一口。

174 **他的一番话使在场的所有人都流了眼泪。**
　　　ki³¹kɔŋ³⁵ko⁰fa³¹sɿ³¹tsʰai³¹tsʰɔŋ²³ko⁰so³¹iu⁵⁵n̩in²³tu³³(liu²³)tsʰeʔ⁴⁵li⁰ŋan³⁵li⁵¹.
　　　渠讲 个话使在 场 个所有人 都（流）出 哩眼泪。
　　　ki³¹ko⁰kɔŋ³⁵fa³¹sɿ³¹tsʰai³¹tsʰɔŋ²³ko⁰so³¹iu⁵⁵n̩in²³tu³³(liu²³)tsʰeʔ⁴⁵li⁰ŋan³⁵li⁵¹.
　　　渠个讲 话使在 场 个所有人 都（流）出 哩眼 泪。

175 **我们请他唱了一首歌。**
　　　a³¹vɔŋ⁰tɕʰiaŋ³⁵ki³¹tsʰɔŋ⁵³liəɯ⁰iʔ³³tsak⁴⁵ko³¹.
　　　阿□请 渠唱 了 一只 歌。

176　我有几个亲戚在外地做工。
　　a³¹iu³³tɕi³⁵ko⁰tɕʰin³¹tɕi ʔ⁰tsʰe³¹ŋai³¹tʰəɯ⁰tso⁵³kəŋ³¹.
　　阿有几个亲　戚在外头做工。

177　他整天都陪着我说话。
　　ki³¹tsen³⁵ȵiʔ⁴⁵tu⁵⁵pʰi²³a³¹li⁰kɔŋ³⁵fa³¹.
　　渠整日都陪阿哩讲话。

178　我骂他是个大笨蛋，他居然不恼火。
　　a³¹ma³¹ki³¹sɿ³¹koʰtʰai³¹fan³¹su²³,ki³¹tu⁵⁵ŋ²³(ŋuɛ³¹)faʔ³³fo³⁵.
　　阿骂渠是个大　番薯，渠都唔(会)发火。

179　他把钱一扔，二话不说，转身就走。
　　ki³¹pa³¹tɕʰiɛn²³iʔ³³feʔ⁴⁵,iʔ³³tɕi⁵³fa³¹tu³³ŋ³¹kɔŋ³⁵,tsɛn³⁵sen³¹tɕʰiu³¹tsəɯ³⁵li⁰.
　　渠把钱　一拂⁼,一句话都唔讲,转身就　走哩。

180　我该不该来呢？
　　a³¹iəɯ⁵⁵ŋ²³iəɯ⁵⁵li²³?
　　阿要唔要来？

181　你来也行，不来也行。
　　ȵi³¹li²³ia³³tso⁵³tɛʔ²,ŋ³¹li²³ia³¹tso⁵³tɛʔ².
　　你来也做得,唔来也做得。

182　要我说，你就不应该来。
　　iəɯ⁵³a³¹kɔŋ³⁵,ȵi³¹tɕʰiu³¹ŋ²³in⁵³kuɛ³¹li²³.
　　要阿讲,你就唔应该来。

183　你能不能来？
　　ȵi³¹uɛ³¹ŋ²³uɛ³¹li²³?
　　你会唔会来？

184　看看吧，现在说不准。
　　kʰuɛn⁵³a³¹tse⁰,ko³¹han²³kɔŋ⁵⁵ŋ²³tsʰɔk⁴⁵.
　　看　啊仔,哥⁼还讲唔着。

185　能来就来，不能来就不来。
　　uɛ³¹li²³tɕʰiu³¹li²³,mau²³kʰo⁵⁵nɛn²³li²³tɕʰiu³¹ŋ³¹li²³.
　　会来就来,冇可能来就唔来。

186　你打算不打算去？
　　ȵi³¹ta³⁵(suɛn⁵¹)ŋ³¹ta³⁵suɛn³³kʰi⁵¹?
　　你打(算)唔打算去？

187 去呀！谁说我不打算去？
kʰi⁵³iaº！hɛ³⁵n̠inºkɔŋ³⁵a³¹ŋ³¹ta³⁵suɛn³³kʰi⁵³iaº？
去 呀！□ 人 讲 阿唔打算 去 呀？

188 他一个人敢去吗？
ki³¹iʔ³³ko⁵⁵n̠in²³kan³⁵kʰi⁵⁵mauº？
渠 一 个 人 敢 去 冇？

189 敢！那有什么不敢的？
kan³⁵！iu³⁵seʔ⁴⁵liºŋ³¹kan³⁵koº？
敢！有 什 哩唔敢 个？

190 他到底愿不愿意说？
ki³¹tau³³ti³⁵n̠iɛn³¹ŋ²³n̠iɛn³¹i³³kɔŋ³⁵？
渠 到 底 愿 唔愿 意讲？

191 谁知道他愿意不愿意说？
hɛ³⁵n̠inºɕiəɯ³³tɛʔ⁴⁵ki³¹n̠iɛn³¹ŋ²³n̠iɛn³¹i³³kɔŋ³⁵ŋaº？
□ 人 晓 得 渠愿 唔愿 意讲 啊？

192 愿意说得说，不愿意说也得说。
n̠iɛn³¹i³³kɔŋ³⁵iəɯ³³kɔŋ³⁵，ŋ²³n̠iɛn³¹i³³kɔŋ³⁵ia³⁵iəɯ³³kɔŋ³⁵.
愿 意讲 要 讲，唔愿 意讲 也 要 讲。

193 反正我得让他说，不说不行。
fan³¹tsen⁵¹a³¹tɕʰiu³¹iəɯ⁵³n̠iɔŋ³¹ki³¹kɔŋ³⁵，ŋ³¹kɔŋ³⁵tso⁵⁵ŋ²³tɛʔ⁴⁵.
反 正 阿就 要 让 渠讲，唔讲 做 唔得。

194 还有没有饭吃？
han²³iu³⁵mau²³fan³¹tɕʰiak⁴⁵aº？
还 有 冇 饭 吃 啊？

195 有，刚吃呢。
iu³⁵，kɔŋ³¹kɔŋ²³tɕʰiak⁴⁵.
有，刚 刚 吃。

196 没有了，谁叫你不早来！
mau²³liº，hɛ³⁵n̠inºhan⁵³n̠i³¹ŋ³¹tsau³⁵tiɛn³¹tseºli²³！
冇 哩，□ 人 喊 你唔早 点 仔来！

197 你去过北京吗？我没去过。
n̠i³¹kʰi³³ko³³pɛʔ⁴⁵tɕin³¹mauº？a³¹maŋ²³kʰi³³ko⁵¹.
你去过 北 京 冇？阿□ 去过。

198 我十几年前去过，可没怎么玩，都没印象了。
a³¹sɛ³³tɕʰiɛn³¹tɕʰiɛn²³kʰi³³ko⁵¹,mau²³tɕiɔŋ⁵³tseºkʰi³³uɛ³⁵,tu⁵⁵mau²³sɛʔ⁴⁵liº in⁵³ɕiɔŋ³¹liº.
阿 十 几 年 前 去过, 冇 酱⁼ 仔去 □, 都 冇 什 哩印 象 哩。

199 这件事他知道不知道？
kuɛ⁵³tɕʰiɛn³¹sɿ³¹ki³¹ɕiəɯ³⁵ŋ³¹ɕiəɯ³⁵tɛʔ⁴⁵？
盖⁼件 事渠晓 唔晓 得？

200 这件事他肯定知道。
kuɛ⁵³tɕʰiɛn³¹sɿ³¹ki³¹kʰɛn⁵³tʰin³¹ɕiəɯ³⁵tɛʔ⁴⁵.
盖⁼件 事渠肯 定 晓 得。

201 据我了解，他好像不知道。
tɕi³¹a³¹liəɯ³³tɕiai³⁵,ki³¹hau³⁵ɕiɔŋ³¹ŋ³¹ɕiəɯ³⁵tɛʔ⁴⁵.
据阿了 解, 渠好 像 唔晓 得。

202 这些字你认得不认得？
kuɛ⁵³təɯ³¹tsʰɿ³¹ɲi³¹ɕiəɯ³⁵ŋ³¹ɕiəɯ³⁵tɛʔ⁴⁵？
盖⁼兜 字 你 晓 唔晓 得？

203 我一个大字也不认得。
a³¹iʔ³³ko⁵³tʰai³¹tsʰɿ³¹ia³⁵ɲin³¹ŋ²³tɛʔ⁴⁵.
阿一 个 大 字 也认 唔得。

204 只有这个字我不认得，其他字都认得。
tseʔ³³iu³⁵kuɛ³³koºtsʰɿ³¹a³¹ɲin³¹ŋ²³tɛʔ⁴⁵,han²³iu³⁵koºtsʰɿ³¹a³¹tu³³ɲin³¹tɛʔ⁴⁵.
只 有盖⁼个字 阿认 唔得, 还 有个字 阿都 认 得。

205 你还记得不记得我了？
ɲi³¹han²³tɕi⁵⁵ŋ²³tɕi⁵³tɛʔ⁴⁵a³¹？
你 还 记 唔记 得 阿？

206 记得，怎么能不记得！
tɕi³³tɛʔ⁴⁵,tɕiɔŋ⁵³tseºuɛ³¹ŋ²³tɕi³³tɛʔ⁴⁵！
记 得, 酱⁼ 仔会 唔记 得！

207 我忘了，一点都不记得了。
a³¹tʰiɛn³¹fɔŋ⁵³liº, iʔ³³tiɛn³⁵tseºtu⁵⁵ŋ²³tɕi³³tɛʔ⁴⁵liº.
阿添 放 哩,一点 仔都 唔记 得 哩。

208 你在前边走，我在后边走。
ɲi³¹tsʰe³¹tɕʰiɛn³¹tʰəɯºhaŋ²³,a³¹tsʰe³¹həɯ³¹tʰəɯºhaŋ²³.
你 在 前 头 行,阿在 后 头 行。

209 我告诉他了，你不用再说了。
a³¹kɔŋ³⁵van⁵¹ki³¹ti³¹li⁰, ȵi³¹ŋ²³ȵiəɯ³³tsai³³kɔŋ³⁵li⁰.
阿讲 □ 渠知哩,你唔要 再 讲 哩。

210 这个大，那个小，你看哪个好？
kuɛ³³ko⁰tʰai³¹,ȵi³³ko⁰ɕi⁵¹,ȵi³¹kʰuɛn⁵³a³¹tseʰɛ²³ko³³hau³⁵？
盖⁼ 个大，□ 个 细,你 看 啊仔□ 个 好？

211 这个比那个好。
kuɛ³³ko⁰pi³⁵ȵi³³ko⁰hau³⁵.
盖⁼ 个 比 □ 个 好。

212 那个没有这个好，差多了。
ȵi³³ko⁰mau²³(pi³⁵)kuɛ³³ko⁰hau³⁵,tsʰa³¹ŋan³⁵to³¹.
□ 个 冇 （比）盖⁼ 个 好， 差 岸⁼ 多。

213 要我说这两个都好。
iəɯ³³a³¹kɔŋ³⁵kuɛ³³liɔŋ³⁵ko³³tu³³hau³⁵.
要 阿讲 盖⁼ 两 个 都 好。

214 其实这个比那个好多了。
tɕʰi²³seʔ⁴⁵kuɛ³³ko⁰pi³⁵ȵi³³ko⁰hau³⁵hau³⁵to³¹.
其 实 盖⁼ 个 比 □ 个 好 好 多。

215 今天的天气没有昨天好。
tɕin³¹tsəɯ³¹ko⁰tʰiɛn³¹tɕʰi⁰mau²³tsʰai²³ia³³ko⁰hau³⁵.
今 朝 个 天 气 冇 才⁼ □ 个 好。

216 昨天的天气比今天好多了。
tsʰai²³ia³³ko⁰tʰiɛn³¹tɕʰi⁰pi³⁵tɕin³¹tsəɯ³¹hau³³hau³⁵to³¹.
才⁼ □ 个 天 气 比 今 朝 好 好 多。

217 明天的天气肯定比今天好。
tʰiɛn³¹kɔŋ³¹ko⁰tʰiɛn³¹tɕʰi⁰kʰɛn⁵³tʰin³¹pi³⁵tɕin³¹tsəɯ³¹hau³⁵.
天 光 个 天 气 肯 定 比 今 朝 好。

218 那个房子没有这个房子好。
ȵi³³ko⁰vək⁴⁵tse⁰mau²³kuɛ³³ko⁰vək⁴⁵tse⁰hau³⁵.
□ 个 屋 仔 冇 盖⁼ 个 屋 仔 好。

219 这些房子不如那些房子好。
kuɛ³³ko⁰vək⁴⁵tse⁰tɔŋ³¹ŋ²³tɛʔ⁴⁵ȵi³³ko⁰vək⁴⁵tse⁰hau³⁵.
盖⁼ 个 屋 仔 当 唔 得 □ 个 屋 仔 好。

220 这个有那个大没有？

kuɛ³³ko⁰iu³⁵n̠i³³ko⁰tʰai³¹mau⁰？

盖⁼个 有 □ 个 大 冇？

kuɛ³³ko⁰iu³⁵mau²³n̠i³³ko⁰(lɔŋ³⁵)tʰai³¹？

盖⁼个 有 冇 □ 个（□）大？

221 这个跟那个一般大。

kuɛ³³ko⁰tʰəŋ²³n̠i³³ko⁰iʔ⁴⁵puɛn³¹puɛn³¹tʰai³¹.

盖⁼个 同 □ 个 一 般 般 大。

222 这个比那个小了一点点儿，不怎么看得出来。

kuɛ³³ko⁰pi³⁵n̠i³³ko⁰kɔk⁴⁵ɕi³¹iʔ³³tiɛn³⁵tse⁰,kʰuɛn⁵⁵ŋ²³to³¹tsʰeʔ⁴⁵.

盖⁼个 比 □ 个 角⁼细 一 点 仔,看 唔多出。

223 这个大，那个小，两个不一般大。

kuɛ³³ko⁰tʰai³¹,n̠i³³ko⁰ɕi⁵¹,liɔŋ³⁵ko⁰mau²³iʔ⁴⁵puɛn³¹puɛn³¹tʰai³¹.

盖⁼个 大，□ 个 细，两 个 冇 一 般 般 大。

224 这个跟那个大小一样，分不出来。

kuɛ³³ko⁰tʰəŋ²³n̠i³³ko⁰tʰai³¹ɕi⁵¹iʔ⁴⁵iɔŋ³¹,fen³¹ŋ²³tsʰeʔ⁴⁵.

盖⁼个 同 □ 个 大 细 一 样，分 唔出。

225 这个人比那个人高。

kuɛ³³ko⁰n̠in²³pi³⁵n̠i³³ko⁰n̠in²³kau³¹.

盖⁼个 人 比 □ 个 人 高。

226 是高一点儿，可是没有那个人胖。

sɿ³¹kau³¹li⁰iʔ³³tiɛn³⁵tse⁰,ko³¹sɿ³¹mau²³n̠i³³ko⁰n̠in²³lɔŋ³⁵tsɔŋ⁵¹.

是 高 哩一点 仔,可 是 冇 □ 个人 □ 壮。

si³¹kɔk⁴⁵kau³¹iʔ³³tiɛn³⁵tse⁰,tɕʰiu³¹mau²³n̠i³³ko⁰n̠in²³lɔŋ³⁵tsɔŋ⁵¹.

是 角⁼高 一 点 仔,就 冇 □ 个人 □ 壮。

227 他们一般高，我看不出谁高谁矮。

ki³¹lɛn⁰iʔ⁴⁵puɛn³¹puɛn³¹kau³¹,a³¹kʰuɛn⁵⁵ŋ²³tsʰeʔ⁴⁵li²³hɛ³⁵n̠in⁰kɔk⁴⁵kau³¹hɛ³⁵n̠in⁰kɔk³³ai³⁵.

渠 □ 一 般 般 高，阿看 唔出 来□人 角⁼高 □ 人 角⁼矮。

228 胖的好还是瘦的好？

tsɔŋ³³ko⁰hau³⁵han²³sɿ³¹səu³³ko⁰hau³⁵？

壮 个 好 还 是 瘦 个 好？

229 瘦的比胖的好。
səɯ³³ko⁰pi³⁵tsɔŋ³³ko⁰kɔk³³hau³⁵.
瘦 个 比 壮 个 角⁼ 好。

230 瘦的胖的都不好，不瘦不胖最好。
səɯ³³ko⁰tsɔŋ³³ko⁰tu³³ŋ³¹hau³³,ŋ²³səɯ⁵¹ŋ²³tsɔŋ⁵¹tse³³hau³⁵.
瘦 个 壮 个 都 唔好， 唔瘦 唔壮 最 好。

231 这个东西没有那个东西好用。
kuɛ³³ko⁰təŋ⁵³ɕi³¹mau²³n̩i³³ko⁰təŋ³¹ɕi³¹hau³⁵iŋ³¹.
盖⁼ 个 东 西 冇 □ 个 东 西 好 用。

232 这两种颜色一样吗？
kuɛ³³lioŋ³⁵tsɔŋ³¹ŋan²³sɛʔ⁴⁵iʔ⁴⁵ioŋ³¹ioŋ³¹ŋa⁰？
盖⁼ 两 种 颜 色 一 样 样 啊？

233 不一样，一种色淡，一种色浓。
mau²³iʔ⁴⁵ioŋ³¹ioŋ³¹,iʔ⁴⁵tsɔŋ³¹sɛʔ⁴⁵kɔk⁴⁵tʰan³¹,iʔ⁴⁵tsɔŋ³¹sɛʔ⁴⁵kɔk⁴⁵n̩ioŋ²³.
冇 一 样 样， 一 种 色 角⁼ 淡， 一 种 色 角⁼ 浓。

234 这种颜色比那种颜色淡多了，你都看不出来？
kuɛ⁵³tsɔŋ³¹ŋan²³sɛʔ⁴⁵pi³⁵n̩i⁵³tsɔŋ³¹ŋan²³sɛʔ⁴⁵tʰan³¹ŋan³⁵to³¹,n̩i³¹kʰuɛn⁵⁵ŋ²³tsʰeʔ⁴⁵li²³ia⁰？
盖⁼ 种 颜 色 比 □ 种 颜 色 淡 岸⁼ 多，你 看 唔出 来 呀？

235 你看看现在，现在的日子比过去强多了。
n̩i³¹kʰuɛn⁵³a³¹tse⁰ko³¹,ko³¹ko⁰n̩iʔ⁴⁵tsɿ⁰pi³⁵i⁵⁵tɕʰiɛn²³hau³³ŋan³⁵to³¹.
你 看 啊仔哥⁼, 哥⁼ 个 日 子 比 以前 好 岸⁼ 多。

236 以后的日子比现在更好。
i³⁵həɯ³¹ko⁰n̩iʔ⁴⁵tsɿ⁰pi³⁵ko³¹ko⁰n̩iʔ⁴⁵tsɿ⁰uɛ³¹kɔk³³hau³⁵.
以后 个 日 子 比 哥⁼ 个 日 子 会 角⁼ 好。

237 好好干吧，这日子一天比一天好。
hau³³hau³⁵li⁰tso⁵¹,kuɛ³³ko⁰n̩iʔ⁴⁵tsɿ⁰iʔ³³n̩iʔ⁴⁵pi³⁵iʔ³³n̩iʔ⁴⁵kɔk³³hau³⁵.
好 好 哩做， 盖⁼ 个 日 子 一 日 比 一 日 角⁼ 好。

238 这些年的生活一年比一年好，越来越好。
kuɛ⁵³ɕia³¹n̩iɛn²³ko⁰sɛn³¹faʔ⁴⁵iʔ⁴⁵n̩iɛn²³pi³⁵iʔ⁴⁵n̩iɛn²³hau³⁵,iɛʔ⁴⁵li²³iɛʔ⁴⁵hau³⁵.
盖⁼ 些 年 个 生 活 一 年 比 一 年 好， 越 来 越 好。

239 咱兄弟俩比一比谁跑得快。
a³¹vɔŋ⁰fiaŋ³¹tʰi³¹lioŋ³⁵ko⁵⁵n̩in²³pi³⁵a³¹tse⁰heʔ³⁵n̩in⁰tɕʰiok³³tɛʔ⁴⁵kɔk³³tɕiak⁴⁵.
阿□ 兄 弟 两 个 人 比 呀仔□ 人 亍 得 角⁼ 遽。

240 我比不上你，你跑得比我快。
　　a³¹toŋ⁵³ŋ²³tɛʔ⁴⁵n̩i³¹,n̩i³¹tɕʰiɔk³³tɛʔ³³pi³⁵a³¹kɔk³³tɕiak⁴⁵.
　　阿当 唔得 你，你 亍　 得 比 阿角⁼ 遽。

241 他跑得比我还快，一个比一个跑得快。
　　ki³¹tɕʰiɔk³³tɛʔ⁴⁵pi³⁵a³¹han²³kɔk³³tɕiak⁴⁵,iʔ³³ko⁵¹pi³⁵iʔ³³ko⁵¹tɕʰiɔk³³tɛʔ³³tɕiak⁴⁵.
　　渠亍　 得 比 阿还 角⁼ 遽，一 个 比一 个 亍　 得 遽。

242 他比我吃得多，干得也多。
　　ki³¹pi³⁵a³¹tɕʰiak³³tɛʔ³³kɔk⁴⁵to³¹,tso³³tɛʔ⁴⁵ia³¹kɔk⁴⁵to³¹.
　　渠 比 阿吃　 得 角⁼ 多，做 得 也 角⁼ 多。

243 他干起活来，比谁都快。
　　ki³¹tso³³tɕʰi³⁵sʅ³¹seʔ⁴⁵li²³pi³¹he³⁵n̩in⁰tu³³kɔk³³tɕiak⁴⁵.
　　渠 做 起 事 实 来 比 □ 人 都 角⁼ 遽。

244 说了一遍，又说一遍，不知说了多少遍。
　　koŋ³⁵li⁰iʔ²piɛn⁵¹,iu³¹koŋ³⁵iʔ²piɛn⁵¹,ŋ³¹ɕiəu³⁵tɛʔ⁴⁵koŋ³⁵li⁰tɕi³⁵to³¹piɛn⁵¹.
　　讲 哩一 遍， 又 讲 一 遍， 唔晓　 得 讲 哩几 多 遍。

245 我嘴笨，怎么也说不过他。
　　a³¹tɕi³⁵kʰueʔ⁴⁵ko⁰,tɕiɔŋ⁵³tse⁰(e⁰) tu³³koŋ³⁵ŋ²³ko⁵³ki³¹.
　　阿嘴 屈　 个, 酱⁼ 仔（欸）都 讲 唔过 渠。

246 他走得越来越快，我都跟不上了。
　　ki³¹haŋ²³tɛʔ⁴⁵tɕin³¹li²³tɕin³¹kʰuai⁵¹,a³¹tu³³tɕiɔk⁴⁵ki³¹ŋ²³tau³⁵.
　　渠 行 得 紧 来 紧 快， 阿都 逐　 渠 唔倒。
　　ki³¹haŋ²³tɛʔ³³iɛʔ⁴⁵li²³iɛʔ⁴⁵kʰuau⁵¹,a³¹tu³³tɕiɔk⁴⁵ki³¹ŋ²³tau³⁵.
　　渠 行 得 越 来越 快， 阿都 逐　 渠 唔倒。

247 越走越快，越说越快。
　　tɕin³¹haŋ²³tɕin³¹kʰuai⁵¹,tɕin³¹koŋ³⁵tɕin³¹kʰuai⁵¹.
　　紧 行 紧 快， 紧 讲 紧 快。

248 慢慢说，一句一句地说。
　　nau³³nau⁵³li⁰koŋ³⁵,iʔ³³tɕi⁵¹iʔ³³tɕi⁵¹li²³koŋ³⁵.
　　□ □ 哩讲，一 句 一 句 来 讲。

第八章 话语材料

说明：

1.本章收录军家话的俗语谚语、歌谣、故事、话语讲述等口头文化内容，均附视频。视频目录与小节标题一致。

2.本章的发音人较多，除武溪村的邱桂兆、邱冠玉、邱煜彬三位先生和邱荣凤、邱林芳两位女士外，还有阳民村的洪炳东、新城村的危金志、城中村的程明泉、龙济村的危龙泉诸位先生。既有老中青年龄的差异，又有地域的不同。有些村庄与客家人杂居，有些家庭不全是军家人，故而发音人之间存在一定的个体差异。如有个别发音人[an][aŋ]不分，果摄部分字混同遇摄读[u]，来母字读[t]的数量较多，[31][35]互混或入声读低促调的现象更为常见等，详见前文"异读"部分的相关论述。

第一节

俗语、谚语和谜语

本节收录军家话常见常用的俗语、谚语和谜语，每条均标注读音。

一 俗语、谚语

01 tɕʰiak⁴⁵ŋ³¹tɕʰiəŋ²³tsɔk⁴⁵ŋ³¹tɕʰiəŋ²³, mau³¹fa²³mau²³suen⁵¹tɕʰiu³¹iʔ³³sɿ⁵⁵tɕʰiəŋ²³.
　吃　唔穷　着　唔穷，　冇　划　冇　算　　就　一　世　穷。

　吃不穷穿不穷，做事没有计划一世穷，意为做什么事要有计划有目标。

02 iu⁵⁵iu²³mɔk³³tien³⁵tioŋ³³tsan³³fo³⁵, mien³⁵tɛʔ⁴⁵mau³¹iu²³ta³⁵an⁵³mo³¹.
　有油 莫　点　两　盏　火，　免　得　冇　油　打 暗　摸。

　有灯油时别点两盏灯，免得没有灯油时摸黑，意指平时要节俭。

03 tɕʰiak⁴⁵lɔŋ²³fan³¹tsuen⁵⁵lɔŋ²³saŋ³¹, ŋ²³tsuen⁵⁵lɔŋ²³saŋ³¹tɕʰiu³¹kueʔ³³tʰəu⁰tɕʰiaŋ³¹.
　吃　郎　饭　转　郎　声，唔转　郎　声　就　骨　头　轻。

　吃了男家的饭要转男家的口音，不转男家口音的话就是不识好歹，意指外来新媳妇嫁进男家后要尽快改说军家话。

04 hɔk⁴⁵tɕʰin²³san³¹nien²³, hɔk⁴⁵lan³⁵san³¹niʔ⁴⁵.
　学　勤　三　年，　学　懒　三　日。

　意为学勤快不容易，变懒惰很容易。

05 han²³ɕi⁵¹tɕʰiu³¹tʰəu³¹tsen³¹, tʰai³¹li⁰ tɕʰiu³¹tʰəu³¹tɕin³¹.
　还　细　就　偷　针，　大　哩　就　偷　金。

　意为坏习惯是从小养成的，要杜绝小的错误，才能防止大的错误发生。

06 tsʰen³¹fen³¹tɕʰiu³¹fen³¹, ni ʔ⁴⁵ia³¹pʰiaŋ²³fen³¹.
　春　分　秋　分，　日　夜　平　分。

07 sɿ³³ŋuɛʔ³³paʔ⁴⁵, tʰai³¹fi³⁵ta⁵⁵pʰu²³saʔ⁴⁵.
　　四　月　八，大　水　打　菩　萨。

　　也说"四月八，大水扛菩萨"。农历四月初八是武溪村"扛菩萨"打醮的日子，意为四月份雨水多，大水会把菩萨冲走。

08 sɿ³³ŋuɛʔ⁴⁵iɔŋ³¹muɛ⁰tʰiɛn³¹, ŋ³⁵ŋuɛʔ⁴⁵iu³¹kɔk⁴⁵tiɛn³¹.
　　四　月　杨　梅　天，　五　月　又　角⁼癫。

　　也说"四月杨梅天，五月雨水又角"连""。指四月份杨梅天，雨水多，五月份雨水更多。

09 ŋ³⁵ŋuɛʔ³³tɕiɛʔ⁴⁵, iɔŋ³¹muɛ⁰fəŋ²³tsʰeʔ³³fɛʔ⁴⁵.
　　五　月　节，杨　梅　红　出　血。

　　意为端午节时杨梅熟透了。

10 liʔ⁴⁵tsʰen³¹i³³fi³⁵, tɕiɔk⁴⁵tsaŋ³¹mau²³liɛn³³fi³⁵.
　　立　春　雨水，脚　胖　冇　潋　水。

　　立春雨水季节下雨天多，脚后跟的水基本上干不了。

11 kək⁴⁵tsɿ⁰iʔ³³lɔk³³fi³⁵, tɕiɔk⁴⁵tsaŋ³¹mau²³liɛn³³fi³⁵.
　　谷　子　一　落　水，脚　胖　冇　潋　水。

　　谷子播种之后经常要下田，脚后跟的水基本上干不了，指脚上的水还未干又要下田。

12 ha³¹tsɿ⁵⁵ŋ²³kɔ⁵⁵ŋ²³ɲiɛʔ⁴⁵, təŋ³¹tsɿ⁵⁵ŋ²³kɔ⁵³tɕʰiu³¹ŋ³¹laŋ³⁵.
　　夏　至　唔　过　唔　热，冬　至　唔　过　就　唔冷。

　　夏至不过不热，冬至不过不冷。

13 mɔŋ²³tsəŋ⁵¹ha³¹tsɿ⁵¹tʰiɛn³¹, haŋ²³lu³¹iəɯ⁵⁵ɲin²³tɕʰiɛn³¹.
　　芒　种　夏　至　天，行　路　要　人　牵。
mɔŋ²³tsəŋ⁵¹ha³¹tsɿ⁵¹tʰiɛn³¹, haŋ²³lu³¹ta³⁵tɕiɔk⁴⁵pʰiɛn³¹.
　　芒　种　夏　至　天，行　路　打　脚　偏。

　　芒种夏至天是农忙时节，天天忙个不停，累得走路都走不稳。

14 liʔ⁴⁵ha³¹ɕiəɯ³³muɛn³⁵, pʰen²³muɛn³⁵paʔ³³muɛn³⁵.
　　立　夏　小　满，盆　满　钵　满。

　　指立夏小满降雨多、雨量大。

15 ɕiəɯ⁵⁵huɛn²³tʰai³¹huɛn²³, laŋ³³fi³⁵saŋ³¹tʰuɛn²³.
　　小　寒　大　寒，冷　水　成　团。

　　小寒大寒是最冷的季节，冷水容易结冰。

16 liʔ⁴⁵təŋ³¹ŋ²³kuɛʔ⁴⁵o²³, ia³¹ia³¹iəɯ³³iʔ⁴⁵lo²³.
　　立　冬　唔　割　禾，夜　夜　要　一　箩。

　　立冬时节稻子已经成熟，要抓紧收割，不收割的话谷粒就会脱落，每天都要损失。

17 tsʰu³¹iʔ³³lɔk³³i³⁵tsʰu³¹lu³¹tɕʰiaŋ²³, tsʰu³¹san³¹lɔk³³i³⁵lan³¹n̠i³¹pʰiaŋ²³.
   初 一 落 雨 初 二 晴， 初 三 落 雨 烂 泥 坪。
   tsʰu³¹sɿ³³lɔk³³i³⁵suɛn⁵⁵ŋ²³tʰin³¹, tsʰu³¹ŋ³⁵lɔk³³i³⁵tau³³ŋuɛʔ⁴⁵tɕʰin³¹.
   初 四 落 雨 算 唔 定， 初 五 落 雨 到 月 尽。

   初一下雨的话初二天会放晴，初三下雨的话说明上半月基本会是雨天。初四下雨还说不准，初五下雨的话就会延续到月尾。

18 ɕiəu³⁵ɕiɛʔ⁴⁵tʰai³¹ɕiɛʔ⁴⁵, tsu³⁵fan³¹mau³¹tʰen²³mau²³ɕiɛʔ⁴⁵.
   小 雪 大 雪， 煮 饭 冇 停 冇 歇。

   指从此进入白昼最短、黑夜最长的月份了，早饭刚吃过，就得煮午饭，午饭刚吃过，又得准备晚饭了，成天烧火煮饭不停歇。

19 paʔ³³ŋuɛʔ⁴⁵ŋəu²³hak³³luɛn³⁵, ko³³ko⁵¹tu³³pau³³muɛn³⁵.
   八 月 牛 核 卵， 个 个 都 饱 满。

   八月份是当地的野果牛核卵（木通果）成熟的季节。

20 tɕiu³⁵ŋuɛʔ³³tɕiɛʔ⁴⁵, tɔŋ³¹liɛn²³tsɿ⁰tɔk³³tɔk³³tiɛʔ⁴⁵.
   九 月 节， 当 莲 子 □ □ 跌。

   指九月重阳时节桃金娘已经过熟，不采摘就会不断往下掉了。

21 məŋ³¹məŋ³¹təŋ³¹təŋ³¹, tɕiaŋ³¹tseʔ⁴⁵tɕin³³tsəŋ³⁵.
   懵 懵 懂 懂， 惊 蛰 浸 种。

   即使糊里糊涂，到了惊蛰也该浸种了。意为到了惊蛰时节，新的一年的农耕活动就开始了。

22 tsɔu³¹tsʰeʔ⁴⁵fəŋ³¹ŋa²³ia³¹lɔk³³i³⁵, ia³¹tsʰeʔ⁴⁵fəŋ³¹ŋa²³sa³³sɿ³¹kue³⁵.
   朝 出 红 霞 夜 落 雨， 夜 出 红 霞 晒 死 鬼。

   早晨出了红霞，晚上就会下雨；傍晚出红霞，第二天太阳很猛。

23 li²³kəŋ³¹ɕiɛn³¹tsʰɔŋ⁵³ko³¹, iu³³i³⁵tu³¹mau²³to³¹.
   雷 公 先 唱 歌， 有 雨 都 冇 多。

   先打雷后下雨的话往往是热雷雨，持续时间短，下了就停，雨量小。

24 pʰak³³lu³³tsʰau³⁵, vɛn²³ŋa⁵³tau³⁵, ŋ³¹vɛn²³ia⁵³tau³⁵.
   白 露 草， 耘 也 倒， 唔 耘 也 倒。

   意为到了白露就错过了耘田的季节，耘不耘田意义不大了。

25 tɕʰiʔ³³ŋuɛʔ⁴⁵sa²³sɔŋ³¹su³¹, paʔ³³ŋuɛʔ⁴⁵sa²³lan²³lu³¹, tɕiu³⁵ŋuɛʔ⁴⁵sa²³tɕin⁵⁵ləŋ²³.
   七 月 蛇 上 树， 八 月 蛇 拦 路， 九 月 蛇 进 窿。

   七月份的蛇最凶猛，可以爬上树；八月份天气热，蛇经常在地下乘凉；到了九月份蛇就进洞过秋准备冬眠了。

26 tʰai³¹lɛʔ⁴⁵kʰuɛ³¹fa³¹hau³⁵tsʰau⁵⁵tʰiɛn²³, ɕi³³lɛʔ⁴⁵kʰuɛ³¹fa³¹hau³⁵tsai³¹o²³.
   大 勢 开 花 好 耖 田， 细 勢 开 花 好 栽 禾。

   大勢子花（当地一种带刺的花）开花时节可以耖田准备耕作，小勢子花开花时节就可以插秧了。

27　ŋ²³tʰiaŋ³¹lau³⁵n̩in⁰ka³¹kɔŋ³⁵ŋa³¹, tɕʰiak⁴⁵kʰue³¹tsʰai³¹ŋan³¹tɕʰiɛn²³.
　　唔听　老人家讲啊，吃　亏　在　眼　前。
　　不听老人言，吃亏在眼前。

28　ɔk⁴⁵n̩in²³ɕiɛn³¹kau⁵³tsʰɔŋ³¹, həu³¹lai²³tso⁵⁵o²³tsʰɔŋ³¹.
　　恶　人　先　告　状，　后　来　做　和　尚。
　　意为坏人做了坏事，反而抢先诬告别人。

29　ka⁵³ki³¹se²³ki³¹, ka³³kəɯ³⁵se²³kəɯ³⁵, ka³³tau⁵¹fu³¹li²³tɕʰiu³¹man³⁵san³¹tsəɯ³⁵.
　　嫁　鸡　随　鸡，嫁　狗　随　狗，嫁　到　狐　狸　就　满　山　走。

30　tʰi³¹li³⁵ɕiɛn³¹sɛn³¹mau²³vək⁴⁵tsʰɔŋ²³ŋa³¹, suɛn⁵³miaŋ³¹ɕiɛn³¹sɛn³¹tɕʰiu³¹puɛn⁵³lu³¹mɔŋ²³.
　　地　理　先　生　冇　屋　场　啊，算　命　先　生　就　半　路　亡。
　　看风水的没有居所，算命的半路死亡，意指看风水算命都不管用。

31　iu³⁵tɕʰiak⁴⁵mau²³tɕʰiak⁴⁵, uɛ³³tau⁵¹tsaŋ³¹ŋaʔ⁰lu³¹seʔ⁰.
　　有　吃　冇　吃，□　到　正　月　二　十。
　　不管有吃的还是没吃的，都要玩到正月二十，意为春节到这一天才结束。

32　tsʰen³¹iɔŋ²³ha³¹kəɯ³⁵, tɕʰiu³¹aʔ⁴⁵təŋ³¹ki³¹.
　　春　羊　夏　狗，秋　鸭　冬　鸡。
　　春天湿冷，吃羊肉可以暖胃；夏天湿热，狗肉可以除湿；秋天的鸭子肉质最好；冬天的鸡肉最有营养。

33　hau³³ma³⁵ŋ²³tɕʰiak⁴⁵fi³¹tʰəɯ²³tsʰau³⁵, hau³⁵huɛn⁵¹ŋ²³tɕʰiak⁴⁵ŋan³¹tɕʰiɛn²³kʰue³⁵.
　　好　马　唔　吃　回　头　草，好　汉　唔　吃　眼　前　亏。
　　好马不吃回头草，好汉不吃眼前亏。

34　həu³¹saŋ³¹tsɿ⁵⁵n̩in²³iəɯ⁵¹tɕʰin²³fen⁵¹, tsʰuɛn³¹tau⁵¹tɕʰiɛn³¹tsʰuɛ²³tʰau⁵⁵pʰo²³li⁰.
　　后　生　子　人　要　勤　奋，赚　到　钱　财　讨　婆　哩。
　　年轻人要勤奋，赚到钱来娶媳妇。

35　tsau³¹tɕʰi³⁵san³¹tsəɯ³¹tɔŋ³¹iʔ⁴⁵kəŋ³¹.
　　早　起　三　朝　当　一　工。
　　如果能连续早起三天，就可以多做一天的工作。

36　tɕin³¹kaʔ³³ŋo⁵¹, pʰiaŋ³¹pʰiaŋ²³ko⁵¹.
　　精　佮　□，平　平　过。
　　精明和傻笨，日子都是一样过。

37　hau³³tɕin⁵¹ia³¹iɔŋ²³iəɯ⁵¹sen²³tsen³¹, ŋ²³kan³¹piəɯ³⁵miɛn⁵¹tso⁵⁵n̩in²³kʰuɛn⁵¹.
　　孝　敬　爷　娘　要　纯　真，唔　敢　表　面　做　人　看。
　　孝敬父母要真心实意，不能做表面文章给别人看。

38 ɕiəŋ³¹sen²³ɔk³³saʔ⁴⁵huɛ³¹tsʰɿ²³ka⁰, iʔ⁴⁵sɛn³¹sɿ⁵⁵n̠in²³mo²³ke⁵³ka³¹.
    凶 神 恶 煞 害 自 家，一 生 世 人 冇 个 家。

    凶神恶煞害自己，一辈子没个家。

39 tɕiəŋ³¹tse³⁵ŋ²³tʰək⁴⁵su³¹, pək⁴⁵lu²³iɔŋ³⁵tsak⁴⁵tsu³¹.
    供 仔 唔读 书，不 如 养 只 猪。

    生了孩子就要让他读书，不读书的话就不如养只猪。

40 sɿ⁵³kan³¹tʰi³¹iʔ⁴⁵mɔk⁴⁵tɕʰi³¹n̠in²³, tsɿ³⁵sen³¹muɛn⁵⁵tʰɔŋ²³tsen³¹huɛn³¹ɕi³¹.
    世 间 第一 莫 欺 人，子 孙 满 堂 真 欢 喜。

41 kʰuɛn³¹tʰəɯ⁰ɕiɔŋ⁵³ŋuai³¹ta³⁵, ɕiu³⁵tsɿ⁵¹ɕiɔŋ⁵³ne³¹van³¹.
    拳 头 向 外 打，手 指 向 内 弯。

    意指要对内团结，对外排他。

42 tɕiəŋ³¹tse³⁵ŋ²³pʰa⁵³to³¹, tɕʰiu³¹pʰa⁵³tɕiəŋ³¹tau³¹ŋaʔ²taʔ²ko³⁵.
    供 仔 唔怕 多，就 怕 供 到 㗂⁼答⁼哥。

    不怕多生孩子，就怕生到傻里傻气没用的孩子。

43 tsʰəɯ²³li⁰mau³¹ŋin²³mɔk⁴⁵mɔŋ²³kuɛn³⁵, tsʰu²³li⁰mau³¹n̠in²³tɕʰiu³¹mɔk⁴⁵luɛn³¹tsuɛn³⁵.
    朝 里 冇 人 莫 望 官，厨 里 冇 人 就 莫 乱 钻。

    朝廷里没有后台的人，不要指望去做官；厨房里没有人罩着你，别到处乱钻。

44 pʰiɛʔ⁴⁵n̠in³¹pʰo²³li⁰ŋ²³ko⁵³ia³¹, tsʰɿ²³ka⁰pʰo²³li⁰ia³¹ia³¹tsʰe³¹.
    别 人 婆 哩唔过 夜，自 家 婆 哩夜 夜 在。

    别人的妻子不能过夜，自己的妻子每晚在身边，意为只有自己的东西才能长久。

45 pʰo⁵⁵sai²³ŋ²³seʔ⁴⁵lu³¹, li³¹sɿ³¹tʰai³¹leʔ³³ku³⁵.
    破 柴 唔识 路，累死 大 力 牯。

    劈柴要顺着纹路，要不然累死大力士，意为做事情要讲究方法。

46 n̠in²³pi³⁵n̠in²³, pi³⁵sɿ⁵⁵n̠in²³.
    人 比 人， 比 死 人。

    人比人，气死人。

47 kɔŋ³³tɕi³⁵tɕʰiu³¹iʔ³³pak⁴⁵lɛn²³ŋ³⁵.
    讲 嘴就 一 百 零 五。

    口头说得好听，没有实际行动。

48 kue³⁵ɕi⁵⁵n̠in²³, tɕiaŋ³¹ku³¹n̠iɔŋ²³, seʔ³³paʔ³³muɛ⁵³tsɿ⁰mau²³tɕʰiu³¹n̠i³¹.
    鬼 细 人， 精 姑 娘， 十 八 妹 子 冇 丑 女。

    虽然小时候并不好看，但女大十八变，十八岁的姑娘都是漂亮的。

49 mau²³ko⁵¹tʰieŋ³¹tɕʰiaŋ²³ ŋ³⁵ ŋueʔ³³ tɕieʔ⁴⁵, mau²³ ko⁵¹ lɔk³³ i³⁵ ko⁵⁵tsʰəŋ³¹ iɔŋ²³.
   冇 个 天 晴 五 月 节， 冇 个 落 雨 过 重 阳。

   意为端午节一般都会下雨，重阳节则一般都是晴天。

50 laŋ³⁵tɕiu³¹laŋ³⁵tsʰai³¹fəŋ³¹, tɕʰiəŋ²³tɕʰiu³¹tɕʰiəŋ²³tsʰai³¹tsai⁵¹.
    冷 就 冷 在 风， 穷 就 穷 在 债。

    冷的原因在于风，穷的原因在于债务。

51 sa²³tɕin³³sɿ³⁵kʰueʔ⁴⁵tək⁴⁵lan³⁵paŋ³¹.
    蛇 进 屎 窟 都 懒 扐。

    蛇进屁股了都懒得拔出来，极言其懒。

52 hau³⁵huɛn⁵¹nan²³tsʰan³¹tək³³ŋueʔ⁴⁵tɕʰien²³.
    好 汉 难 赚 六 月 钱。

    六月份天气炎热，不适合劳作，所以这个时间挣不到钱。

53 tʰien³¹tɕiəŋ³¹lan²³tʰien³¹, i³³ŋ⁵²³tsan⁵¹pien³¹.
    天 弓 拦 天， 雨 水 唔 沾 边。

    天边出现彩虹的话一般不会下雨。

54 tsəu³¹pien⁵¹ia³¹pien⁵¹, mau²³fi³⁵se³⁵mien³¹.
    朝 变 夜 变， 冇 水 洗 面。

    天气早晚变化多端，容易干旱。

55 ka³¹iu³⁵tɕʰien³¹tʰəu²³tsəŋ³¹, tsəŋ³³iu³⁵iʔ³³tau⁵³səŋ³¹.
    家 有 千 头 棕， 总 有 一 到 松。

    也说"家有千头棕，子孙有下松"。意为假如家中种了千棵棕树，总会有一次大的收成，有利于子孙后代。

56 tək³³seʔ³³tək⁴⁵, hɔk⁴⁵ŋ²³tɕiək⁴⁵.
    六 十 六， 学 唔 足。

    意为活到老学到老。

57 tsen³¹tɕiu³⁵tsɔk⁴⁵tʰəu³¹fu⁰, ŋ²³kan³⁵tsʰen³¹sɿ³¹fu⁰.
    蒸 酒 作 豆 腐，唔 敢 称 师 傅。

    酿酒和做豆腐是两门手艺活，有很多细节需要注意，而且还会受到外界的影响，容易出意外，因此即使酒酿得再好，豆腐做得再好的人也不敢称自己是师傅。

58 ȵin²³tai³³mien³¹mək⁰ su³¹tai⁵¹pʰi²³.
    人 带 面 目 树 带 皮。

    人活着最重要的是保住自己的面子，就像树活着要保护自己的树皮一样，意指个人尊严和自尊心的重要性。

59 tsʰeʔ⁴⁵men²³kʰuɛn³³tʰiɛn³¹seʔ⁴⁵, tɕin⁵⁵men²³kʰuɛn³³miɛn³¹seʔ⁴⁵.
出　门　看　天　色，进　门　看　面　色。
指出门要看天色阴晴冷热变化，及时做好适应性的安排；进门要察言观色判断情况，以便见机行事。

二　谜语

01 pʰak³³sak⁴⁵tʰəɯ⁰tɕieʔ⁴⁵tʰiɛn²³kʰan⁵¹, fəŋ²³li³⁵ŋe⁰liu³¹liu³¹tsan⁵¹.
白　石　头　结　田　坎，红　鲤　鱼　溜　溜　占〓。（谜底：嘴巴）
溜溜占〓意思是滴溜溜转。

02 iʔ³³tiɛn³⁵iʔ⁴⁵vaŋ²³kɔŋ⁵¹, liɔŋ³⁵tsak⁴⁵kuɛn³¹pʰi³¹ta⁵⁵vɔŋ²³vɔŋ⁵¹.
一　点　一　横　杠，两　只　干　蜱　打　王〓妄〓。（谜底：六）
打王〓妄〓意思是荡秋千。

03 kʰaŋ³¹kʰaŋ³¹lak³³lak⁴⁵, lak³³lak⁴⁵kʰaŋ³¹kʰaŋ³¹, tɕʰiɛn³¹ŋəɯ²³ŋ̍ko⁵¹, tsəŋ³³tsʰai⁵¹ŋ̍³¹saŋ²³.
坑　坑　坜　坜，坜　坜　坑　坑，牵　牛　唔　过，种　菜　唔　成。
（谜底：屋顶）

04 tʰiɛn³¹hɔŋ⁰iʔ⁴⁵haŋ²³sɔk⁴⁵, tieʔ⁴⁵ha³¹li²³meʔ³³tiʔ³³tɔk⁴⁵.
天　上　一　行　索，跌　下　来　没　□　□。（谜底：下雨）
没□□[meʔ³³tiʔ³³tɔk⁴⁵]指没入水中不见了。

05 iu³³tu³⁵mau²³tu³¹tɕʰi²³, iu³³ŋan³⁵mau²³ŋan³⁵mau³¹, iu³⁵iʔ³³kaʔ⁴⁵m̍²³muɛ³¹fi²³, mau²³tɕiok⁴⁵tsəɯ³⁵ tɕʰiɛn³¹li³⁵.
有　肚　冇　肚　脐，有　眼　冇　眼　毛，有　翼甲　唔　会　飞，冇　脚　走
千　里。（谜底：鱼）

06 sɔŋ³¹tʰəɯ⁰sɿ³³sɿ⁵³fɔŋ³¹, ha³¹tʰəɯ⁰vɛn²³tɛn³¹tɔŋ³¹, iʔ³³n̍iʔ⁴⁵iəŋ³¹san³¹tau⁵¹, ia³¹li⁰mau²³sɿ³¹tau⁵³ tʰiɛn³¹kɔŋ³¹.
上　头　四　四　方，下　头　圆　叮　当，一　日　用　三　到，夜　哩　冇　事　到
天　光。（谜底：筷子）
圆叮当意思是圆溜溜的。

07 vɛn²³tɛn³¹tɔŋ³¹, piɛn³⁵tɛn³¹tɔŋ³¹, tsəŋ³¹kan⁵¹iʔ³³pa³⁵tɕʰiɔŋ³¹.
圆　叮　当，扁　叮　当，中　间　一　把　枪。（谜底：锅盖）

08 ku³³ku³³ku³⁵, san³⁵piaŋ⁵¹van³³tsu³¹tu³⁵, hau³³tɕʰiak⁴⁵ŋ̍²³hau³³tsu³⁵.
估　估　估，伞　柄　挽　猪　肚，好　吃　唔　好　煮。（谜底：茶蕨）
估是猜的意思。茶蕨指病变的茶树叶子，肉厚，可食。

09 tɕʰiaŋ³¹tsək⁴⁵sa²³, tai³³liʔ³³ma⁰, ki³¹mo²³tai³³tse³⁵tʰi²³ha³¹pʰa²³.
青 竹 蛇，戴 笠 嫲，鸡 嬷 带 仔 地 下 爬。（谜底：芋头）

鸡嬷带仔意思是母鸡带小鸡。

10 iʔ³³tsak³³vək⁴⁵tse⁰haʔ³³tɕʰiɛʔ³³tɕʰiɛʔ⁴⁵, piaŋ⁵³liɯu⁰ŋ³⁵ko³³tɕʰiɛʔ⁴⁵.
一 只 屋 仔 狭 绝 绝， 偋 了 五 个 贼。（谜底：鞋子）

狭绝绝意思是非常狭窄。偋表示藏。

11 iʔ⁴⁵haŋ²³kuen⁵³tse⁰ŋ³⁵tsʰen⁵⁵tsʰɔŋ²³, tsəŋ³¹kan³¹iʔ⁴⁵pau³¹tʰɔŋ²³.tsʰai³¹tɛʔ³³tsʰɔk⁴⁵,na³¹li³¹sɔŋ²³.
一 行 棍 仔 五 寸 长， 中 间 一 包 糖。猜 得 着， 拿 来 尝。（谜底：揩屁股）

旧时农村用竹篾揩屁股，故有此谜语。

12 nan³¹tsɿ³⁵n̩in⁰tʰiak³³tɕiɔk³³tsɿ⁵¹, fu³¹n̩iɔŋ⁰tse⁰tʰiak³³tɕiɔk⁴⁵tsaŋ³¹.
男 子 人 踢 脚 趾，妇 娘 仔 踢 脚 胂。（谜底：尿桶）

第二节

歌谣和吟诵

一 歌谣

1. 月光光（1）

ɲiɛʔ⁴⁵kɔŋ³¹kɔŋ³¹, tsəɯ³³sɿ⁵³fɔŋ³¹. sɿ⁵³fɔŋ³¹an⁵¹, tsəɯ⁵⁵tʰiɛn²³kʰan⁵¹. tʰiɛn²³kʰan⁵¹pɛn³¹,tɕiɛn³⁵tau⁵¹
月 光 光，照 四 方。四 方 暗，照 田 坎。田 坎 崩，捡 到
tsen³¹. tsen³¹iu³³ŋan³⁵, kau³¹pɛʔ³³san³⁵. san³³iu⁵⁵tʰəɯ²³, kau³¹pɛʔ⁴⁵ŋəɯ²³. ŋəɯ²³iu³⁵kɔk⁴⁵, kau³¹pɛʔ³³
针。针 有 眼，交 分 伞。伞 有 头， 交 分 牛。牛 有 角， 交 分
tsɔk⁴⁵. tsɔk³³iu³⁵kuaŋ³¹, kau³¹pɛʔ⁴⁵aŋ³¹. aŋ³¹iu³³kʰəɯ³⁵, kau³¹pɛʔ³³kəɯ³⁵. kəɯ³³iu³³mi³⁵, kau³¹pɛʔ⁴⁵ki³¹.
桌。桌 有 桄， 交 分 罂。罂 有 口， 交 分 狗。狗 有 尾，交 分 鸡。
ki³¹iu³⁵tɕi⁵¹, liɔŋ³⁵kəŋ³¹pʰo²³, hɔk³³tsʰɔŋ³³tɕʰi⁵¹.
鸡 有 髻， 两 公 婆， 学 唱 戏。

2. 月光光（2）

ɲiɛʔ⁴⁵kɔŋ³¹kɔŋ³¹, ɕiu⁵⁵tsʰai³¹lɔŋ²³, tsʰai³¹lɔŋ²³muɛ⁵¹, tsʰɔŋ³³tɕiu³⁵tsʰai⁵¹. tɕiu³⁵tsʰai⁵³fa³¹, tɕiɛʔ⁴⁵tɕʰin³¹
月 光 光，秀 才 郎， 才 郎 妹， 种 韭 菜。韭 菜 花,结 亲
ka³¹. tɕʰin³¹ka³¹men²³kʰəɯ³¹iʔ⁴⁵kʰəɯ³¹tʰɔŋ²³, ta⁵⁵haŋ²³van³¹ŋe⁰paʔ³³tsʰak⁴⁵tsʰɔŋ²³. van³⁵ŋe⁰tu²³
家。亲 家 门 口 一 口 塘， 打 行 鲩 鱼 八 尺 长。 鲩 鱼 肚
tʰəɯ⁰tso³³hɔk⁴⁵tʰɔŋ⁰, tso³³ko⁰hɔk⁴⁵tʰɔŋ⁰ sɿ³³sɿ⁵³fɔŋ³¹.tɕiɛŋ³¹ko⁰tse³⁵li²³tʰək⁴⁵ven²³tsɔŋ³¹,tʰək⁴⁵ko⁰
头 做 学 堂， 做 个 学 堂 四 四 方。供 个 仔 来 读 文 章， 读 个

ven²³ tsɔŋ³¹ ma³⁵ iu³¹ tsəu³⁵. iʔ⁴⁵ tsəu³³ tsəu³⁵ a³¹ pak⁴⁵ kəŋ³¹ au⁵¹, pak⁴⁵ kəŋ³¹ han⁵³ a³¹ tiɛʔ³³ sen³³ kau⁵¹.
文　章　马　又　走。一　走　走　啊伯　公　凹，伯　公　喊　阿跌　圣　玟①。
tiɛʔ⁴⁵ ko⁰ sen³³ kau⁵¹in³³ in⁵⁵ iɔŋ²³, pak⁴⁵ kəŋ³¹ han⁵³ a³¹ tʰau⁵⁵ pʰo²³ li⁰. tʰau³⁵ ko⁵¹ pʰo²³ li⁰kau³¹ tɕia³¹
跌　个　圣　玟阴阴阳，伯　公　喊　阿讨　婆　哩②。讨　个　婆　哩高　斜⁼
tɕʰia²³, tsu³⁵ ko⁵¹ fan³¹ li²³ lan³¹ pi³¹ pia⁵³. tʰau³⁵ ko⁵¹ pʰo²³ li⁰ ai³⁵ teʔ³³ teʔ⁴⁵,tsu³⁵ ko⁰ fan³¹ li²³ pʰəŋ³³
斜⁼③，煮个　饭　来　烂　□□④。讨　个　婆　哩矮　滴　滴⑤，煮个　饭　来　喷
pʰəŋ⁵³ ɕiɔŋ³¹.
喷　香。

3．月光东东

niɛʔ⁴⁵ kɔŋ³¹ təŋ³¹ təŋ³¹, kʰai³¹ tan³¹ fu³⁵ ləŋ³¹. tan³¹ tse⁰ kʰai³¹ ia³¹ hue³⁵ li⁰ kʰi⁵¹ʔ kɔŋ⁵⁵ pʰo²³ li⁰.
月　光　东　东，孩　担⑥胡　弄。担　仔　孩　啊海⁼里去？讲　婆　哩。
mue⁵³ tsɿ⁰ tɕʰiəu⁵⁵ ŋ²³ tɕʰiəu⁵¹? ŋan³¹ tɕʰiəu⁵¹.
妹　子俏　　唔俏？　岸⁼俏。

4．排排坐

pʰai³¹ pʰai²³ tsʰo³¹, tsʰɔŋ⁵³ ɕin³¹ ko³¹, ɕin³¹ ko³¹ tse³⁵, iaŋ³³ ŋəu²³ tse³⁵. ŋəu²³ tse³⁵ tiɛʔ³³ lɔk⁴⁵ kʰaŋ³¹,
排　排　坐，唱　新　歌，新　哥　仔，瞏　牛　仔⑦。牛　仔跌　落　坑，
ŋəu³¹ mo⁰ li²³ tɕiu⁵³ miaŋ³¹.
牛　嬷　来　救　命。

5．羊角仔

iɔŋ²³ kɔk⁴⁵ tse⁰, kɔk⁴⁵ ɕi³¹ ɕi³¹,　tien³³ ho³⁵ səu³¹ ləu²³ tɕi³¹. ləu²³ tɕi³¹ tɕʰien³¹ ko³³ ŋan³⁵, tien³³ ho³⁵
羊　角　仔，角　须　须⑧，点　火　烧　篓　箕。篓　箕千　个　眼，点　火

---

① 圣玟：是求神占卜的器具，正面是阳玟，表示吉利，反面是阴玟，不吉。"跌圣玟"指把圣玟往地下丢，看正面还是反面。

② 讨婆哩：娶媳妇。

③ 高斜⁼斜⁼：瘦高瘦高的。

④ 烂□□pi³¹pia²³：指非常烂。

⑤ 矮滴滴：矮墩墩的。

⑥ 孩担：挑担子。

⑦ 瞏牛仔：放牛。

⑧ 羊角仔，角须须：也可说"羊角花，角须须"。角须须指羊角花的心比较长，心的周围一条一条的，像胡须一样。

səu³¹tɛn³¹tsan³⁵.tɛn³¹tsan³⁵iʔ³³ko⁵³o³¹, tiɛn³¹ho³⁵səu³¹ko³¹ko²³. ko³¹ko²³iəu³³kʰi³³sɿ³⁵,tiɛn³³ho³⁵səu³¹
烧 灯 盏。灯 盏 一 个 窝,点 火 烧 哥 哥。哥 哥 要 去 死,点 火 烧

tɕi³³tɕi³⁵. tɕi³³tɕi³⁵iəu³³kʰi³³ka⁵¹,tiɛn³³ho³⁵səu³¹kau⁵³faº. kau⁵³faºŋ²³kʰuan⁵⁵tʰəŋ²³, tiɛn³³ho³⁵səu³¹
姊 姊。姊 姊 要 去 嫁,点 火 烧 告 化①。告 化 唔 摜 筒②,点 火 烧

lɛʔ⁴⁵pʰəŋ²³.lɛʔ⁴⁵pʰəŋ²³təu⁵¹liº iʔ⁴⁵haŋ³¹sa²³,a³¹n̠iəŋ²³hak⁴⁵liº mək⁴⁵ia³¹ia²³.
劈 蓬③。劈 蓬 窦 里 一 行 蛇,阿 娘 吓 哩 目 丫⁼丫⁼④。

6. 高凳坐

kau³¹tɛn⁵¹tsʰo³¹, ai³⁵tɛn³³tʰiɛʔ⁴⁵, tʰəu³¹fuºkuɛn³¹tseºɕiu⁵⁵li²³n̠iɛʔ⁴⁵.
高 凳 坐, 矮 凳 垫, 豆 腐 干 仔 手 来 捏。

7. 先生教阿一本书

ɕiɛn³¹sɛn³¹kau³¹a³¹iʔ³³pɛn³⁵su³¹,a³¹kau³¹ɕiɛn³¹sɛn³¹ta³³ia³⁵tsu³¹.ia³⁵tsu³¹tsəu³⁵ko⁵¹ho²³,ɕiɛn³¹sɛn³¹
先 生 教 阿一 本 书,阿教 先 生 打 野 猪。野 猪 走 过 河,先 生

tɕiək⁴⁵liºpuɛ⁵⁵tʰo³¹tʰo²³. ia³⁵tsu³¹tsəu³⁵koɜɜkɛn⁵¹, ɕiɛn³¹sɛn³¹tɕiək⁴⁵liºpuɛ³³kɛn³³kɛn⁵¹.
逐 哩背 驼 驼。野 猪 走 过 □⑤,先 生 逐 哩背 □ □⑥。

二 吟诵

本小节采集了武平县中山百家姓宗祠落成庆典暨先祖开光、祭祀祭文,由口头文化发音人危金志吟诵,有一定的节奏和韵律。

武平县中山百家姓宗祠落成庆典暨先祖开光、祭祀祭文

vɛ²³kəŋ³¹ŋɛn²³⁷tiəŋ⁵⁵lɛn²³iʔ³³ŋ³⁵n̠iɛn²³ŋ³⁵ŋuɛʔ⁴⁵sɛ³³paʔ³³n̠iʔ⁴⁵,nəŋ²³liʔ⁴⁵vɛʔ⁴⁵vi³¹n̠iɛn²³sɿ³³
惟 公 元 两 〇 一 五年 五月 十 八 日,农 历 乙 未 年 四

---

① 告化:叫花子。
② 摜筒:旧时叫花子提着个竹筒去乞讨。
③ 劈蓬:荆棘丛。
④ 目丫⁼丫⁼:瞪大眼睛,形容很害怕的样子。
⑤ □kɛn⁵¹:陡峭的山脊。
⑥ 背□□kɛn³³kɛn⁵¹:背部不直,驼背。
⑦ 此处口误,当为[n̠iɛn²³]。

ŋuɛʔ⁴⁵tsʰu³¹iʔ³³n̠i²⁴⁵lioŋ³¹tsʰen²³tɕiʔ⁴⁵sɿ²³,tsʰai³¹vu⁵⁵pʰen²³vɛn³¹tsɔŋ³¹san³¹tsen³⁵pak⁴⁵ka³¹ɕiaŋ⁵¹tsɔŋ³¹
月 初 一 日 良 辰 吉 时,在 武 平 县 中 山 镇 百 家 姓 宗
tsʰɿ²³ne³¹,tɕin³¹ɕiʔ⁴⁵tʰuɛʔ⁴⁵piəɯ³⁵fɔŋ³¹fu³¹sɔŋ²³tsen³¹ɕien³¹sen³¹ten³⁵iʔ³¹tʰien³¹tʰiʔ³¹ti⁵⁵vɔŋ²³sɿ³¹tsu³⁵ien²³
祠 内, 军 籍 代 表 洪 府 尚 珍 先 生 等 于 天 地 帝 皇 始 祖 炎
ti⁵¹vɔŋ²³ti⁵¹tʰien³¹ha³¹tɕi⁵³pak³³ɕiaŋ⁵¹liɛʔ³³liɛʔ³³tsu³⁵tsɔŋ³¹sen²³iu⁵⁵tɕien³¹tsək³³kau⁵¹iɛʔ⁴⁵:
帝、黄 帝 殿 下 暨 百 姓 列 列 祖 宗 神 佑 前 祝 告 曰:

　　　　van³¹vɛʔ⁴⁵tsɿ³¹n̠ien³¹,tɕʰiʔ⁴⁵iəɯ³¹tɕi⁵³fɔŋ³¹,tʰien³¹tʰiʔ³¹tsau³³fa⁵¹,n̠in²³kan³¹ɕin³¹pɔŋ³¹,ien³¹vɔŋ²³
　　　　万 物 之 源, 七 曜 济 荒, 天 地 造 化,人 间 兴 邦, 炎 黄
tioŋ³⁵ti⁵¹,kau³³fa⁵¹iu³⁵fɔŋ³¹,sen²³tɕiu³¹tʰai³¹tʰiʔ³¹,n̠iʔ³³n̠iɛʔ⁴⁵tsen³¹kɔŋ³¹.
两 帝,教 化 有 方, 神 州 大 地,日 月 增 光。

　　　　seʔ³³paʔ⁴⁵tɕiɔŋ³¹tɕin³¹, fu³³①tsɿ³⁵fu⁵³tɕiɔŋ³¹, pʰen²³ɕiʔ⁴⁵kʰəɯ⁵³luɛn³¹, tsʰɔŋ³¹in³¹tan³¹tɔŋ³¹,
　　　　十 八 将 军, 赴 旨 赴 疆, 平 息 寇 乱, 重 任 担 当,
tsu⁵⁵fɔŋ²³vu³³su³⁵, tsʰəɯ²³ia³¹ tɕiʔ⁴⁵ɕiɔŋ²³, fan²³ien⁵³sen³¹ɕiʔ⁴⁵, n̠iɛʔ³³tɕiʔ⁴⁵tsəɯ³¹tsɔŋ³¹.
驻 防 武 所, 朝 野 吉 祥, 繁 衍 生 息, 业 绩 昭 彰。

　　　　tɕʰien³¹n̠ien²³ku³³tsen³⁵, liʔ⁴⁵sɿ⁵¹iu⁵⁵tsʰɔŋ²³, vɛn²³fa⁵³həɯ⁵³tsʰəŋ³¹, tsu³⁵tɛʔ⁴⁵liu²³fɔŋ³¹, ɕiaŋ⁵¹
　　　　千 年 古 镇, 历 史 悠 长, 文 化 厚 重, 祖 德 流 芳, 姓
ho²³tsʰək³³mək⁴⁵, uɛ⁵³kuɛʔ⁴⁵uɛ⁵³ɕiɔŋ³¹, pak³³ɕiaŋ⁵¹həɯ²³i⁰, fen³³faʔ⁴⁵tʰu³¹tɕʰiɔŋ²³, tɕʰi²³ɕin³¹ɕiɛʔ³³
和 族 睦, 爱 国 爱 乡, 百 姓 后 裔, 奋 发 图 强, 齐 心 协
liʔ⁴⁵,tɕien³³sɛʔ⁴⁵ɕiəɯ³⁵kʰɔŋ³¹. pak³³n̠iɛʔ⁴⁵ɕin⁵³vɔŋ³¹, vɛʔ⁴⁵fəɯ³¹men²³tsʰɔŋ³¹, n̠in³¹tsʰai²³pɛ³³tsʰɛʔ⁴⁵,
力, 建 设 小 康。百 业 兴 旺, 物 阜 民 昌, 人 才 辈 出,
ɕiək³³ɕia³⁵fa²³tsɔŋ³¹, iu⁵³sen³¹tɕin³¹sen²³, sɿ⁵³tʰuɛ³¹həŋ²³iɔŋ²³.
续 写 华 章, 友 善 精 神, 世 代 弘 扬。

　　　　pen³¹sen²³tsu³⁵tɛʔ⁴⁵, ɕien³¹tsu³⁵iəŋ²³kɔŋ³¹, fɔŋ²³sɿ³¹iəŋ³¹tsʰɔŋ³¹, kʰɔŋ³¹kʰai³⁵tɕiai⁵⁵nɔŋ²³, tɕien³¹
　　　　秉 承 祖 德, 先 祖 荣 光, 洪 氏 荣 昌, 慷 慨 解 囊, 捐
tsɿ³¹tɕʰien³¹van³¹, tɕien³³tsʰau⁵¹tsʰɿ³¹tʰɔŋ⁰, mien³¹fai²³ɕien³¹tsu³⁵, n̠in³¹n̠in²³tɕin³³n̠iɔŋ³⁵, pak³³ɕiaŋ⁵¹
资 千 万, 建 造 祠 堂, 缅 怀 先 祖, 人 人 敬 仰。百 姓
tsʰen³¹səŋ⁵¹, van³¹tʰuɛ³¹tsan⁵⁵iɔŋ²³.
称 颂, 万 代 赞 扬。

　　　　kau³³vi⁵¹ɕien³¹tsu³⁵, tʰen³¹vi³¹liəŋ²³kɔŋ³¹, həɯ³¹tʰuɛ³¹tsɿ³⁵sen³¹, tɕʰien³¹tɕʰiu³¹n̠iɔŋ³⁵vɔŋ³¹.
　　　　告 慰 先 祖, 定 位 龙 岗, 后 代 子 孙, 千 秋 仰 望。

---

① 此处口误,当为"奉[fəŋ³¹]旨赴疆"。

tɕʰi³¹tɕʰiu²³sɔŋ³¹tsʰɔŋ³⁵, ven³¹ven³⁵uɛ³¹ɕiɔŋ²³, fək³³tsʰɛʔ⁴⁵kuɛʔ⁴⁵men²³, fi⁵³tɕiʔ⁴⁵van³¹fɔŋ³¹.
祈　求　上　苍，永　远　安　详，福　泽　国　民，惠　及　万　方。
kʰue³³pai⁵¹fək³³sən⁵¹, tʰi³¹tɕiu³⁵tʰiɛn³¹tsʰɔŋ²³, ɕiɛn³¹tsu³⁵in³¹len²³, ɲiʔ³³ɲiɛʔ⁴⁵tʰən²³kɔŋ³¹.
跪　拜　伏　颂，地　久　天　长，先　祖　英　灵，日　月　同　光。
sɔŋ³¹ɕiɔŋ³⁵!
尚　飨！

tsəŋ³¹san³¹tɕin³¹ɕiʔ⁴⁵tsəŋ⁵¹həɯ²³ i⁰pai³³ tɕi⁵¹
中　山　军　籍　众　后　裔拜　祭
kəŋ³¹ɲiɛn²³tiɔŋ⁵⁵lɛn²³iʔ³³ŋ³⁵ɲiɛn²³ŋ³⁵ŋuɛʔ⁴⁵seʔ³³paʔ³³ɲiʔ⁴⁵,
公　元　两　〇　一五年　五月　十　八　日，
nən²³liʔ⁴⁵vɛʔ⁴⁵vi³¹ɲiɛn²³sɿ⁵³ŋuɛʔ⁴⁵tsʰu³¹iʔ³³ɲiʔ⁴⁵
农　历乙　未年　四月　初　一日

（危金志吟诵，2016年）

第三节

故事

1. 军家佬吃猪毛

tɕiɛʔ⁴⁵ha³¹kʰi⁵³ia³¹a³¹kɔŋ³⁵iʔ³³ko⁵³e⁰tɕin³¹ka³¹lau³¹tɕʰiak⁴⁵tsu³¹mau³¹ko⁰ku⁵³sɿ³¹.
接　下　去　啊阿讲　一　个　欸军　家　佬　吃　　猪　毛　个故事。

fa³¹suɛʔ⁴⁵a³¹, tsəŋ³¹san³¹ȵiɛn³¹men²³ȵiɛn³¹miaŋ²³tɕʰiu³¹han³³vu³³su³⁵, tɔŋ³¹sɿ²³a³¹tɕiəɯ³³tso⁵⁵
话　说　啊，中　山　原　名　原　名　　就　喊　武　所， 当　时　啊叫　　做

men²³tsʰu³¹, au⁰, tɔŋ³¹sɿ²³li²³kɔŋ³⁵ne⁰tɕʰiu³¹kɔŋ³⁵ŋe⁰, tsəŋ³¹san³¹hau³⁵to³¹nan³¹maŋ²³ŋa³¹se⁴⁵tseʔ²
明　初，　噢，当　时　来　讲　　呢就　　讲　欸，中　山　好　多　南　蛮　啊实　质

hɔŋ³¹tɕʰiu³¹m²³sɿ³¹nan³¹maŋ²³, tɕʰiu³¹sɿ³¹ȵiɛn³¹tsʰəɯ²³ko⁰tɕʰiu³¹pʰu³¹m²³ȵiɛn³¹i⁵¹ia³¹fək⁴⁵men³¹
上　就　唔是　南　蛮，　就　是　元　　朝　　个旧　部　唔愿　　意啊服　明

tsʰəɯ²³ko⁰kuɛn³³li³⁵,tɕʰiu³¹m²³tʰiaŋ³¹ki³¹ko⁰tsɿ³⁵fi³¹. e⁰, su³¹i⁵¹m²³hau³⁵kuɛn³³li³⁵io⁰, kaʔ⁴⁵ tsu³¹
朝　　个管　　理，就　唔听　　渠个指　挥。欸，所　以唔好　管　　理哟，甲①朱

ȵiɛn²³ tsɔŋ³¹ŋe⁰ki³¹tɕʰiu³¹ɕiɔŋ³⁵li⁰a³¹, tsʰe³¹ka³³ko⁰ kuɛn³¹li³¹, au⁰, li²³ liəɯ⁰iʔ³³ko⁵¹tɕʰiɔŋ³⁵piʔ³⁵iʔ³³ko⁵¹
元　　璋　欸渠就　　想　　哩啊，在　架ᵈ个②管　理，噢，来　了　一　个　像　　比一　个

liu²³tseⁿia³¹puɛn³¹li⁰, m²³paʔ³¹kiʔ³¹kuɛʔ⁴⁵liəɯ⁰m²³paʔ³¹kiʔ³¹ta³⁵haʔ³¹kʰi⁵¹m²³hau³⁵. su³¹i⁵¹kiʔ³¹tɕʰiu³¹ɕiɔŋ³⁵
瘤　仔呀　般　　哩，唔把　渠割　　了　唔把　渠打　下　去　唔好。　所　以渠就　　想

pʰai⁵³ia³¹hau³⁵to³¹tɕin³¹ti³³kʰi⁵¹tau³³kau³³tsen³⁵ŋaʔ⁴⁵kuɛ³³ko⁰nan³¹maŋ²³. kaʔ⁴⁵pʰaiʔ³³hɛ³⁵ȵin⁰
派　啊好　多　军　队　去　到　告ᵈ镇　　压　盖ᵈ个南　蛮。　甲ᵈ派　□人③

---

① 甲ᵈ：话语开头习惯性的发语词，语流中也可变读为 "嘎ᵈ" [ka²³] 或 "加ᵈ" [ka³¹]。
② 架ᵈ个：那个，客家话词。
③ □hɛ³⁵人：谁。

kʰi⁵³ne⁰?
去 呢？

toŋ³¹sʅ²³a³¹ki³¹tsak³³tʰəŋ³³i²⁴⁵tɕʰiɛn²³kuɛ²², foŋ²³ti⁵¹tso⁵³li⁰ mau²³tɕi³³tɕiu³⁵tse⁰. tʰai³¹ka³³ tək⁴⁵ ŋ²³
当 时 啊渠正 统 一 全 国, 皇 帝 做 哩冇 几 久 仔。大 家 都 唔
ɕioŋ³⁵kʰi⁵¹, tək³¹pʰa³¹ta³⁵tsoŋ⁵¹, hia³⁵, ɕioŋ³⁵ko⁵³a³¹tse⁰hau³⁵ko⁰sɛn³¹fa²⁴⁵. ka²⁴⁵su³¹i³¹ka²³³ka² ko⁰
想 去, 都 怕 打 仗, □①,想 过 啊仔好 个 生 活。甲⁼ 所以呀佮 架⁼个
tɕin³¹sʅ³¹liu²³pak³³vɛn⁵¹ki³¹tɕʰiu³¹ɕioŋ³⁵li⁰ i²³³ko⁰fa²⁴⁵tsʅ⁰,ka²⁴⁵tsu³¹niɛn²³tsoŋ³¹koŋ³¹,ki³¹va³¹e⁰, noŋ²³
军 师 刘 伯 温 渠就 想 哩一个法 子,佮 朱元 璋 讲, 渠话 欸,囊⁼
li⁰ ia³¹,a³¹, han⁵³tʰai³¹ka⁵⁵n̠in²³ŋe⁰,ŋ³¹, tɕioŋ³¹tɕin³¹ŋe⁰,e⁰, ɕioŋ³⁵ko⁰fa²⁴⁵tsʅ⁰e⁰ li²³han⁵³ki³¹lɛn⁰kʰi⁵¹.ka²⁴⁵
哩呀,啊,喊 大家人 欸,嗯,将 军 欸,欸,想 个法 子欸来喊 渠□ 去。甲⁼
ɕioŋ³⁵ko⁰sɛ²⁴⁵li⁰fa²⁴⁵tsʅ⁰e⁰? e⁰ ki³¹va³¹tɕʰiak⁴⁵tsu³¹n̠iək⁰ko⁰fa²⁴⁵tsʅ⁰. ka²³³su³⁵ɕiɛn³¹ki³¹tɕʰiu³¹
想 个什 哩法 子欸?欸渠话 吃 猪 肉 个法 子。甲⁼ 首先 渠就
pʰai³³ɕiu³⁵ha³¹ko⁰n̠in²³na³¹sa²⁴⁵li⁰tsak⁴⁵tsu³¹, au⁰, tsu³¹mau³¹e⁰ ŋ²³n̠iəɯ⁵⁵pʰau²¹, a⁰, tsu³⁵sək⁴⁵li⁰i³⁵
派 手 下 个人 啊杀 哩只 猪, 噢, 猪 毛 欸唔要 刨, 啊,煮 熟 哩以
həɯ³¹e⁰ tɕʰiu³¹na³¹pɛn²³tse⁰ia³¹tʰai³¹pɛn²³ŋa³¹na³¹tau⁵¹e⁰ tsək⁴⁵hoŋ³¹, na³¹li⁰i²³³pa³⁵ko⁰kʰuai⁵³tsʅ⁰n̠i⁵³ioŋ³¹
后 欸就 拿 盆 仔啊大 盆 啊拿 到 欸桌 上, 拿 哩一把 个筷 子□ 样
foŋ⁵³li⁰, tɕioŋ³¹tɕin³¹men²³ŋe⁰tɕʰiu³¹lɛn³¹liu³¹tɕin³³kʰi⁵¹. ka²⁴⁵ ki³¹toŋ³¹ sʅ²³ ɕiɛn³¹pu⁵¹e⁰, o⁰,
放 哩,将 军 们 欸就 轮 流 进 去。甲⁼ 渠当 时 宣 布 欸,哦,
tɕʰiu³¹sʅ³¹tɕʰiak⁴⁵tɛ²²san³¹kʰuai⁵¹mau³¹tsu³¹n̠iək⁰ha³¹ko⁰n̠in²³tɕʰiu³¹ŋ²³n̠iəɯ³³kʰi⁵¹,tɕʰiak⁴⁵ŋ²³ha³¹ko⁰
就 是吃 得三 块 毛 猪 肉 下 个人 就 唔要 去, 吃 唔下 个
n̠in²³tɕʰiu³¹iəɯ³³kʰi⁵¹io⁰, tɕʰiu³¹iəɯ³³kʰi³³ta³⁵tsoŋ⁵¹ŋo⁰. ka²⁴⁵mau²³piɛn⁵³o⁰, n̠i³¹tɕʰiak⁴⁵ŋ²³ha³¹,
人 就 要 去哟,就 要 去打 仗 哦。甲⁼ 冇 变 哦,你吃 唔下,
kan³¹tsʰe⁵¹ki³¹tɕʰiu³¹pʰai³³n̠i³¹kʰi⁵¹. ka²⁴⁵tɕʰi²³tsoŋ³¹ŋe⁰tɕʰiu³¹sʅ³¹a⁰ toŋ³¹sʅ³¹koŋ³¹ŋe⁰tɕʰiu³¹iu³⁵sɛ²¹
干 脆 渠就 派 你去。甲⁼ 其 中 欸就 是啊当 时 讲 欸就 有 十
pa²²vi³¹,ɕiaŋ³³sɛ²⁴⁵li⁰e⁰? ka³¹tsʰɛn²³tsoŋ³¹tsək³³li³⁵, tɕʰiu³⁵tsʰoŋ²³tsʰai⁵¹,ŋi³¹foŋ³¹tsʰaŋ²³, həɯ²³
八 位, 姓 什 哩欸? 贾 陈 张 祝 李, 邱 常 蔡,危 洪 程, 侯
mau³⁵ku³¹təŋ³³tsək³³mək³³lək⁴⁵. ka²⁴⁵sɛ²⁴⁵pa²⁴⁵vi³¹tɕioŋ³¹tɕin³¹tɕʰiu³¹tɕʰiak⁴⁵li⁰ san³¹kʰuai⁵¹mau³¹tsu³¹
毛 古 董 祝 莫 乐②。甲⁼ 十 八 位 将 军 就 吃 哩三 块 毛 猪

---

① □hia³⁵：语流中习惯性的发语词，表示停顿或舒缓语气。也有人说成[ha][lia]之类的音。

② 关于中山武所军籍十八将军姓氏的说法有多种版本。中山民间流传的军籍姓氏歌为：贾陈张向余，危洪程，祝莫乐，侯毛古董叶夏陶。而据武平文史专家王增能（1989）的考证，十八将军为丘（邱）、危、艾、何、李、余、周、翁、许、舒、程、彭、邬、贾、董、刘、洪等十七姓，还有一姓，无从考证。

ȵiək⁰.kaʔ⁴⁵tsu³¹ȵiək⁰tsak³³tɕʰiak⁴⁵a³¹van²³,e⁰,tɕin³¹sl̩³¹e⁰ki³¹tʰək⁴⁵lan²³tsəu³⁵a³¹tsʰeʔ⁴⁵li²³kɔŋ³⁵
肉。甲⁼ 猪 肉 正 吃 啊完，欸，军师欸渠突 然 走 啊出 来讲：

"hɛ⁵¹,kɔŋ⁵⁵tsʰai²³ko⁰sen³³tsl̩⁵¹a⁰tsʰuɛn²³tsʰo⁵¹li⁰, kɔŋ³⁵tsʰo⁵¹li⁰, e⁰, tɕʰiak⁴⁵tɛʔ²mau³¹tsu³¹ȵiək⁰ha³¹
"嘿，刚 才 个 圣 旨 啊传 错 哩，讲 错 哩，欸，吃 得 毛 猪 肉 下

ko⁰san³¹kʰuai⁵¹mau³¹tsu³¹ȵiək⁰ha³¹ko⁰tɕʰiu³¹iəɯ³³kʰi⁵¹,tɕʰiak⁴⁵ŋ²³ha³¹ko⁰ŋ²³ȵiəɯ³³kʰi⁵¹."e⁰, ka³³
个 三 块 毛 猪 肉 下 个 就 要 去，吃 唔下 个 唔要 去。"欸，架⁼

ko⁰sl̩⁰e⁰ka³³seʔ⁴⁵paʔ²vi³¹tɕiɔŋ³¹tɕin³¹ŋ⁰tɕʰiu³¹…"e⁰, ȵi³¹kɔŋ⁵⁵tsʰai²³kɔŋ³⁵tɕʰiak⁴⁵tɛʔ²ha³¹iəɯ³³kʰi⁵¹,
个事欸架⁼十 八 位将 军 欸就……"欸,你刚 才 讲 吃 得 下 要 去①，

e⁰, ko³¹ tɕʰiak⁴⁵ha³¹kʰi⁵¹li⁰ȵi³¹iu³¹…iu³¹ŋ²³ȵiəɯ³³ kʰi⁵¹ia⁰?" "o³¹," tsu³¹ȵiɛn²³tsɔŋ³¹tɕʰiu³¹
欸，哥⁼②吃 下 去 哩你又……又唔要 去③呀？"哦,"朱 元 璋 就

tɕʰiəŋ²³pʰen³¹fəŋ³¹piak³³puɛ⁵¹ia⁰tsəu³¹a³¹tsʰeʔ²li²³, ki³¹ va³¹:"mau²³tsʰo⁵¹,tɕʰiak⁴⁵tɛʔ²ha³¹ko⁰tɕʰiu³¹
从 屏 风壁 背呀走 啊出 来，渠话："冇 错，吃 得 下 个就

iəɯ³³kʰi⁵¹, tɕʰiak⁴⁵ŋ²³ha³¹ ko⁰tɕʰiu³¹ŋ²³ȵiəɯ³³kʰi⁵¹. ȵi³¹ɕiɔŋ³⁵ŋa³¹tse⁰, mau³¹tsu³¹ȵiək⁰tu³³tɕʰiak⁴⁵tɛʔ²
要 去，吃 唔下 个 就 唔要 去。你想 啊仔，毛 猪 肉 都 吃 得

ha³¹, ȵi³¹han²³pʰa³³seʔ⁴⁵li⁰ia⁰? tʰai³¹ka³³pʰa⁵³ȵi³¹, ȵi³¹ha³¹kʰi⁵¹han²³ta³⁵ŋ²³iaŋ²³ŋa⁰?" su³¹i⁵¹kaʔ³³ki³¹
下，你还 怕 什 哩呀？大 家怕 你，你下 去 还 打唔赢 啊？"所以佮 渠

ɕiaŋ³³ka³⁵ko⁰ki³¹tɕʰiu³¹pʰai³³ɕiaŋ³³ka³⁵ko⁰tso⁵⁵tʰəɯ²³ua⁰,ten³¹i²³ko³¹a³¹pan⁰e⁰tɕʰiu³¹sl̩³¹i³³ko⁰tʰuɛn²³
姓 贾 个 渠就 派 姓 贾 个 做 头 哇,等 于哥⁼啊般 欸就 是 一 个 团

tsɔŋ³⁵i³⁵sɔŋ³¹ko⁰tseʔ⁴⁵vi³¹. pʰai⁵³li⁰iʔ³tɕʰiɛn³¹to³¹ȵin²³ko⁰pʰu³¹ti⁵¹, a⁰, tau⁵³tsɔŋ³¹san³¹, a⁰, li²³tsen³⁵
长 以 上 个职 位。派 哩一 千 多 人 个部 队，啊，到 中 山，啊，来镇

ŋaʔ⁴⁵ka³³ko⁰nan³¹maŋ²³.mau²³tɕi³³tɕiu³⁵tse⁰ia³¹, tɕʰiu³¹peʔ⁴⁵ki³¹lɛn⁰tsen³⁵ŋaʔ⁴⁵ha³¹kʰi⁵¹lio⁰. ko³¹
压 架⁼个南 蛮。冇 几 久 仔呀，就 分 渠□镇 压 下 去 [哩哟]。哥⁼

ko⁰tɕin³¹kaʔ³³lau³¹tɕʰiak⁴⁵tsu³¹mau³¹ko⁰kuʔ⁵³sl̩³¹tɕʰiu³¹sl̩³¹nɔŋ²³li⁰li⁰, ku⁵³sl̩³¹tɕʰiu³¹kɔŋ⁵⁵van²³lio⁰.
个军 家 佬 吃 猪 毛 个 故 事 就 是囊⁼哩哩,故 事就 讲 完 [哩哟]。

（程明泉讲述，2016年）

2．"姐夫仔"佮"借裤仔"

a³¹tɕin³¹tsəɯ³¹kɔŋ³⁵iʔ³³ko⁰pa³¹"tɕia³⁵fu³¹tse⁰" tʰiaŋ³¹tsɔk²sl̩³¹"tɕia³³kʰu⁵³tse⁰" ko⁰kuʔ⁵³sl̩³¹.
阿今 朝 讲 一 个 把"姐 夫仔"听 作 是"借 裤 仔"个 故 事。

---

① 此处口误，当为"吃得下唔要去"。
② 哥⁼：现在。
③ 此处口误，当为"又要去"。

i⁵⁵tɕʰiɛn²³iu³³ko⁰ŋuɛ³¹saŋ⁰ko⁰həu³¹saŋ⁰tau⁵³tsəŋ³¹san³¹ŋe⁰tʰau³⁵li⁰i?³³ko⁰tsəŋ³¹san³¹ko⁰muɛ⁵³
以前　有个外　城　个后　生到中　山　欸讨　哩一个中　山　个妹

tsɿ³¹a³¹tso⁵⁵pʰo²³li⁰.　tɕiɛ?⁴⁵fɛn³¹i³⁵həu³¹e⁰tʰi³¹i?³³tsʰɿ⁵¹tsɛn³¹ŋai³¹ka³¹, in⁵⁵vi²³vək⁴⁵kʰa³¹se?⁴⁵
子 啊做 婆 哩。结　婚 以后 欸第 一 次 转 外 家，因为屋　下 十

fɛn³¹kʰu³⁵ua³¹,so³¹i⁵¹tɕʰiu³¹tɕʰiəŋ³³kɔk⁴⁵lɛn³¹n̩in²³tɕia⁵³li⁰ i?²tʰiəu²³kʰu⁵³tse⁰tsɔk². tau⁵³li⁰ i³⁵həu³¹e⁰
分 苦 哇，所以就　向　各 另 人借　哩一条　裤 仔着。到 哩以后 欸

n̩iəŋ²³ka³¹ko⁰n̩in²³tək⁴⁵se?⁴⁵fɛn³¹n̩iɛ?⁴⁵tɕʰin²³,tək⁴⁵tɕin³¹vai²³: "tɕia³⁵fu³¹tse⁰li²³liə⁰,　tɕia³⁵fu³¹tse⁰
娘　家个人 都　十 分 热 情， 都 紧 哇①："姐 夫 仔来[哩呃]，姐 夫 仔

li²³liə⁰!"　ka?⁴⁵kuɛ³³ko⁰həu³¹saŋ³¹e⁰tʰiaŋ³¹tɕin³¹ka³¹fa³¹iu³¹tʰiaŋ³¹ŋ²³tsʰɔk⁴⁵,ki³¹tɔŋ⁵³tɛ?²sɿ³¹
来[哩呃]!"甲⁼盖⁼个后　生 欸听　军 家 话又 听　唔着， 渠 当 得 是

tʰai³¹ka³¹n̩in²³va³¹ki³¹ia³¹,e⁰, "tɕia³³kʰu⁵³tse⁰li²³liə⁰, tɕia³³kʰu⁵³tse⁰li²³liə⁰." so³¹i⁵¹ki³¹ɕin³¹ha³¹se?⁴⁵
大　家 人 话渠 啊，欸，"借 裤 仔来 哩，借 裤 仔来 哩。"所以渠 心 下 十

fɛn³¹ŋ²³huɛn³¹tɕʰi³¹, se?⁴⁵fɛn³¹ŋ²³lɔk³³i⁵¹ia⁰. n̩in³¹vi²³sɿ³¹ki³¹ko⁰pʰo²³li⁰ pa³¹ki³¹ɕiɔŋ³³kɔk⁴⁵lɛn³¹n̩in²³
分 唔欢　喜，十 分 唔乐 意呀。认　为是 渠 个 婆 哩把 渠 向　各 另人

tɕia³³kʰu⁵³tse⁰ke⁰sɿ³¹se?⁴⁵e⁰ ka?²n̩ai³¹ka³¹ko⁰n̩in²³kɔŋ³¹li⁰, mɛ?⁴⁵ki³¹ia³¹se?⁴⁵fɛn³¹tiɛ?⁴⁵ku?³¹.so³¹
借　裤　仔个事 实 欸佮 外　家 个人　讲 哩，密⁼渠 啊 十 分　跌　古。所

i⁵¹ki³¹kuɛ³¹ko⁰ lu³¹həŋ³¹ŋe⁰tɕʰiu³¹han²³ tək⁴⁵ki³¹ko⁰ pʰo²³li⁰ tɕin³¹ma³¹.tso³⁵ li⁰ iəu⁵³pa³¹tɕia³³kʰu⁵³
以渠 归　个路　上　欸就　还　□②渠 个 婆 哩紧 骂。左⁼哩③要 把 借 裤

tse⁰ko⁰sɿ³¹se?⁴⁵e⁰ ka?⁴⁵n̩i⁰ko⁰ŋai³¹ka³¹ko⁰n̩in²³kɔŋ³¹. ka?³³kuɛ³³ko⁰…kuɛ³³ ko⁰pʰo²³li⁰ ia³¹i?⁴⁵tʰiaŋ³¹
仔个事 实 欸佮　你个外　家 个人 讲。甲⁼盖⁼个……盖⁼个 婆 哩呀一听

ŋa⁰,ɕin³¹ha³¹tɕʰiu³¹sɿ³¹mɔk⁴⁵min²³tɕʰi²³miəu³¹,kan³⁵kɔk⁴⁵tau⁵³sɿ³¹se?⁴⁵fɛn³¹iɛn³⁵vɔŋ³¹ŋa⁰. həu³¹
啊，心 下 就 是莫 名 其 妙， 感　觉 到 是 十 分 冤　柱 啊。后

miɛn⁵¹ka?⁴⁵ki³¹kuɛ³¹ko⁰kəŋ³¹li⁰kɔŋ³⁵,kɔŋ³⁵li⁰i³⁵həu³¹e⁰ ki³¹kəŋ³¹li⁰tsak⁴⁵ɕiəu³⁵tɛ?⁴⁵,n̩iɛn³¹lai²³
面　佮 渠 盖⁼个公　哩讲，讲 哩以后 欸渠 公 哩正 晓　得，原　来

sɿ³¹tʰai³¹ka³¹n̩in²³han³³sɿ³¹ka³⁵han³³ "tɕia³⁵fu³¹tse⁰", a³¹, se?⁴⁵fɛn³¹n̩iɛ?⁴⁵tɕʰin²³.sɿ³¹ka³⁵e⁰ vu³¹ tɕiai³¹
是大　家 人 喊　自家 喊 "姐　夫 仔"，啊，十 分 热　情。自家 欸误 解

li⁰ki³¹lɛn⁰n̩in²³. tɔŋ⁵³tɛ?²tsʰɔŋ⁵³n̩in⁰kəŋ³¹ko⁰vək⁴⁵kʰa³¹e⁰ kʰuɛn⁵³sɿ³¹ka³⁵ŋ²³tɕʰi³⁵,so³¹i⁵¹tʰiaŋ³¹pʰo²³
哩渠 另 人。当 得 丈　人 公 个屋 下 欸看　自家 唔起，所以听 婆

---

① 紧哇：一直喊叫。

② □tək⁴⁵：捉。

③ 左⁼哩：为什么，疑由"做什哩"合音而来。

li⁰ tɕiai³⁵se?²i³⁵ həu³¹ua⁰tsak⁴⁵ɕiəu³⁵tɛ?⁴⁵, so³¹i⁵¹nau³¹li⁰i?³³ko⁰nɔŋ³⁵tʰai³¹ko⁰ɕiəu⁵³fa³¹.
哩解 释 以后 哇正 晓 得，所以闹 哩一个□ 大 个笑 话。

（危龙泉讲述，2016年）

3. 危守志中举

a³¹kɔŋ³⁵ko⁰ku⁵³sɿ³¹ko⁰tʰi²³mək⁴⁵han³³tso⁵⁵"ŋi²³ɕiu³¹tsɿ³³tsəŋ⁵³tɕi³¹".
阿讲 个故 事个题目 喊 做"危守 志中 举"。

men³¹tsʰəɯ²³a³¹iu³⁵ko⁰su³¹sɛn³¹, miaŋ²³tsʰŋ³¹han³³tso⁵⁵ŋi²³ɕiu³¹tsɿ⁵¹. vuk⁴⁵ha³¹e⁰ se?⁴⁵fen³¹
明 朝 啊有个书 生，名 字喊 做危守志。屋 下欹十分

kʰu³⁵,tʰək⁴⁵su³¹a³¹maŋ²³tʰək³³tsʰe?⁴⁵li²³, so³¹i⁵¹ie⁰kʰi³³hok⁴⁵tso³³i³¹sɔŋ⁰. iu³⁵i?²ɲiɛn²³ŋa³¹iu³⁵i?²
苦，读 书啊□① 读 出 来，所以欹去 学 做 衣裳。有一年 啊有一

ɲi?²a³¹, ka?³³na³³ko⁰tsɔŋ⁵³ɲin⁰kəŋ³¹e⁰tso³³pen³⁵sɛn⁰, san³¹tsɿ³⁵muɛ⁵¹ka?³³ka³³ko⁰ kəŋ³¹li⁰ie⁰
日 啊，恰 那个丈 人公 欹做本 生，三 姊妹 恰架个公 哩欹

tək³³kʰi³³tsək⁴⁵ɕiu³¹.in⁵⁵vi²³tiɔŋ³⁵ko⁰muɛ³¹tse⁰ie⁰kɔk³³iu⁵⁵tɕʰiɛn²³,so³¹i⁵¹ie⁰səŋ³³ko⁰li³⁵ia⁰pi³⁵kau³¹
都 去 祝 寿。因为两 个妹 子欹角⁼有钱， 所以欹送 个礼啊比较

həu³¹se?⁰. ki³¹ko⁰kəŋ³¹li⁰kɔk³³kʰu³⁵e⁰ səŋ³³ko⁰li³⁵ie⁰tɕʰiu³¹kɔk³³pʰɔk⁴⁵.ka?³³tsʰɔŋ⁵³ɲin⁰kəŋ³¹ŋe⁰
厚 实。渠个公 哩角⁼苦 欹送 个礼欹就 角⁼薄。 甲⁼丈 人 公 欹

kʰuɛn⁵³ a³¹tau³¹tɕʰiu³¹mau²³ŋan³¹kau³¹ɕin⁵¹ŋo⁰, tɕʰiu³¹pa³¹ka³³ko⁰tiɔŋ³¹ko⁰muɛ³¹lɔŋ⁰tse⁰tɕʰiu³¹uɛn³¹
看 啊到就 冇岸⁼高兴 噢，就 把架⁼个两 个妹 郎仔就 安

pʰai²³tau⁵¹sɔŋ³¹tʰiaŋ⁰tsʰo³¹, ŋi²³ɕiu³¹tsɿ⁵¹tɕʰiu³¹uɛn³¹pʰai²³tau⁵¹ha³¹tʰiaŋ³¹tsʰo³¹. ka?⁴⁵ha³¹tʰiaŋ³¹
排 到 上 厅 坐，危守志就 安 排 到 下厅 坐。 甲⁼下厅

ŋe⁰uɛn³³tsəu⁵¹tɔŋ³¹tʰi³¹ko⁰fəŋ⁰ɕiak⁴⁵,tɕʰiu³¹sɿ³¹san³¹kau⁵¹tɕiu³¹liu²³tsʰo³¹ko⁰tʰi³¹fɔŋ⁰,tɕʰiu³¹m²³
欹按照 当 地个风 俗， 就 是三 教 九 流坐 个地方，就 唔

me⁵³kʰak⁴⁵ɲin²³tsʰo³¹ko⁰tʰi³¹fɔŋ⁰, so³¹i⁵¹kuɛ³³ko⁰pʰo²³li⁰ie⁰tɕʰiu³¹kʰuɛn⁵³a³¹tau⁵¹se?⁴⁵fen³¹ŋ²³kau³¹
系 客 人 坐 个地方，所以盖⁼个婆 哩欹就 看 啊倒 十 分 唔高

ɕin⁵¹.ki³¹va³¹kau⁵³tsʰan³¹fan³¹ŋ²³ɲiəu³³tɕʰiak⁴⁵li⁰, ɲi³¹kɛ?²a³¹vɔŋ⁰tiɔŋ³⁵ko⁰ɲin²³li²³tsəu³⁵, pa³¹
兴。 渠话告⁼餐 饭 唔要 吃 哩，你给 阿□两 个人 来走， 把

ki³¹ko⁰kəŋ³¹li⁰ie⁰tɕʰiu³¹han⁵³ŋa³¹tʰəŋ³¹tɕi³¹men²³hɔŋ⁰, han⁵³ki³¹kəŋ³¹li⁰vək⁴⁵ha³¹tso³³i³¹sɔŋ⁰ko⁰
渠个公 哩欹就 喊 啊通 济门 上， 喊 渠公 哩屋 下做 衣裳 个

tsʰak⁴⁵a³¹tɕiɛn³⁵tau³¹ua³¹na³¹tsʰe?⁴⁵li²³, hia³⁵,tɔŋ³¹tsɔk²ki³¹ko⁰miɛn³¹ŋe⁰tɕʰiu³¹fe?⁴⁵a³¹ho³¹tʰəu²³,
尺 啊剪 刀 哇拿 出 来，□， 当 着 渠个面 欹就 拂⁼啊河 头，

---
① □maŋ²³: 否定词，没有。

ki³¹va³¹:"tɕiaʔ⁴⁵ha³¹kʰi⁵¹ŋ²³n̩iɯu³³kʰi⁵¹tso³³i³¹sɔŋ⁰lio⁰, ŋ²³n̩iɯu³³hɔk⁴⁵tso³³i³¹sɔŋ⁰lio⁰, hia³⁵,
渠话："接 下去 唔要 去做 衣裳 [哩哟],唔要 学做 衣裳 [哩哟],□,
e⁰… kan³¹tsʰe³³tau⁵⁵liəŋ²³tɕi⁵⁵ŋan²³kʰi³³tʰək⁴⁵su³¹."lan²³həɯ³¹e⁰ ki³¹ka³³kɔ⁰ki³¹tsʅ³¹ka⁰ɕiəŋ³⁵ŋa³¹,
欸……干脆 到 龙济岩 去 读 书。"然后 欸渠架ᵈ个渠自 家 想 啊,
ki³¹va³¹vək⁴⁵ha³¹kʰu³⁵, hia³⁵, liɛn²³tsʰɔŋ⁵³n̩in⁰kəŋ³¹tək⁴⁵kʰuɛn³¹ŋ³¹tɕʰi³⁵, iɯu³³ kʰau³⁵tsʰeʔ³³kɔ⁵¹
渠话屋 下 苦, □, 连 丈 人 公 都 看 唔起, 要 考 出 个
iɔŋ³¹tsʅ⁰li²³,hia³⁵, faʔ³³tsʰeʔ³³kɔ⁵¹n̩in²³iɔŋ³¹li²³. ki³¹kɔ⁰tsʰɔŋ⁵³n̩in⁰kəŋ³¹ŋe⁰tʰiaŋ³¹ŋa³¹tau³⁵e⁰ ki³¹
样 子来,□, 活出 个人 样 来。渠个丈 人 公欸听 啊倒欸渠
va³¹: "n̩i³¹kʰau³⁵teʔ³³tau³⁵tɕi³¹n̩in²³ŋa³¹,a²³na⁵³kɔ⁰men³¹tɕʰiɛn²³kaʔ⁴⁵n̩i³¹tso⁵⁵pʰai³¹fɔŋ²³." lan²³
话："你考 得倒 举 人 啊,阿那个 门 前 佮你做 牌 坊。"然
həɯ³¹e⁰ ŋi²³ɕiu³¹tsʅ⁵¹aʔ³¹tɕʰiu³¹kʰuɛ³⁵sʅ³¹o⁰ tsʰeʔ²liəŋ²³tɕi⁵⁵ŋan²³tʰək⁴⁵su³¹o⁰.
后 欸危守 志啊就 开 始 噢出 龙济岩 读 书噢。

iu³⁵iʔ²n̩iʔ²e⁰ ŋ³⁵ŋuɛʔ³³tɕiɛʔ⁴⁵,ki³¹pʰo²³lia³¹tɕʰiu³¹səŋ³³tsəŋ⁵³tse⁰,hia³⁵, ŋi²³ɕiu³¹tsʅ⁵¹e⁰ tsʰe³¹
有 一日 欸五月 节, 渠婆 哩啊就 送 粽仔,□, 危守 志 欸在
no³¹tʰək⁴⁵su³¹ua⁰, ki³¹pʰo²³liokaʔ⁴⁵ki³¹kɔŋ²³,ki³¹va³¹:"na³³kɔ⁰tsəŋ⁵³tseoa³¹, fɔŋ⁵³ŋa³¹kau⁵³tseoia⁰,
糯ᵈ读 书 哇, 渠婆 哩佮 渠讲, 渠话："那个 粽 仔啊, 放 啊告ᵈ仔呀,
na³³kɔ⁰tʰɔŋ²³ŋa³¹tsʰe³¹pʰɔŋ²³piɛn³¹fɔŋ⁵³lia⁰, n̩i³¹tsʰʅ²³kaʔ⁰pɔk⁴⁵tau³¹li²³tɕʰiak⁴⁵a⁰, a³¹li²³ka³³li⁰
那 个糖 啊 在 旁 边 放 [哩啊],你自 家剥 倒来吃 啊,阿来架ᵈ哩
tau³³ha³¹tʰəɯ⁰fi⁵⁵fu²³hɔŋ⁰li²³kaʔ⁴⁵n̩i³¹se³⁵i³¹sɔŋ⁰ŋa⁰." ŋi²³ɕiu³¹tsʅ⁵¹ki³¹va³¹: "hau³⁵."ki³¹tɕʰiu³¹iʔ⁴⁵
到 下头 水 湖 上 来佮 你 洗 衣 裳 啊。"危守 志渠话："好。"渠就 一
piɛn³¹kʰuɛn⁵³su³¹e⁰ tɕʰiu³¹iʔ⁴⁵piɛn³¹pɔk³³tsəŋ⁵³tseoia⁰, tɛn³⁵tau³¹ki³¹pʰo²³li³¹sɔŋ⁰se³⁵kuɛ³¹li²³li⁰,
边 看 书欸就 一 边 剥 粽 子呀,等 到 渠婆 哩衣裳 洗 归 来哩,
iʔ²kʰuɛn⁵³ŋe⁰ŋi²³ɕiu³¹tsʅ⁵¹kɔ⁰tɕi³⁵hɔŋ³¹ŋa³¹,hia³⁵,iʔ³³tɕi³⁵tu³¹vu³¹kɔ⁰, n̩iɛn³¹lai²³sʅ³¹ŋi²³ɕiu³¹tsʅ⁵¹
一看 欸危守 志个嘴 上 啊,□, 一嘴 都乌 个, 原 来是危守 志
e⁰ pa³¹na³³kɔ⁰tɕʰiak⁴⁵tsəŋ⁵³tseotɔŋ³¹kan³¹ŋa⁰tsan⁵¹tʰɔŋ²³sɔŋ³¹ŋa⁰tɕʰiu³¹tɕiɛʔ²kɔ³¹tsan⁵³ŋa³¹na³³kɔ⁰
欸把那个吃 粽 仔当 间 啊蘸 糖 上 啊就 结果蘸 啊那个
mɛʔ⁴⁵pʰan²³hɔŋ³¹,hia³⁵, so³¹i⁵¹e⁰tɕʰiu³¹iʔ³³tɕi³⁵tu³¹vu³¹kɔ⁰. ka³³kɔ⁰pʰo²³lie⁰kʰuɛn⁵³a³¹tau³¹iu³¹
墨 盘 上, □, 所以欸就 一嘴 都乌 个。架ᵈ个婆 哩欸看 啊倒又
hau³⁵tɕʰi⁵³iu³¹hau³⁵ɕiəɯ⁵¹,tɕʰi⁵³kɔ⁰sʅ³¹ki³¹va³¹mɛʔ⁴⁵liiʔ³³tɕi³⁵tu³¹vu³¹kɔ⁰,hia³⁵,kau³¹ɕin⁵¹kɔ⁰e⁰
好 气 又 好 笑, 气 个是渠话密ᵈ哩一嘴 都乌 个,□, 高 兴 个欸
ki³¹va³¹kuɛ²³ha³¹kəŋ³¹li⁰tɕʰiu³¹iu³³mɛʔ³³fi³⁵li⁰, hia³⁵,e⁰… kuɛ⁵³ha³¹tɕʰiu³¹kʰau³⁵sʅ⁵¹a³¹in⁵³kuɛ³¹
渠话盖ᵈ下公 哩就 有墨 水 哩,□, 欸……盖ᵈ下就 考 试啊应 该

tɕʰiu³¹mau²³vɛn⁵⁵tʰi²³li⁰. tɕiɛʔ²ko³¹e⁰ŋi²³ɕiu³¹tsɿ⁵¹e⁰tɕin³¹ko⁵¹kʰau³⁵sɿ⁵¹nu³¹li²⁴⁵a⁰, tsəŋ⁵⁵i²³
就 有 问 题 哩。结 果 欸危守志 欸经 过 考 试 努 力 啊,终 于
kʰau³⁵səŋ³¹li⁰tɕi³¹n̠in²³,vi²³vək⁴⁵ha³¹e⁰ kəŋ³¹tsəŋ³¹iəu⁵³tsu³¹.kaʔ²⁴⁵ki³¹ko⁰tsʰəŋ⁵³n̠in⁰kəŋ³¹ŋe⁰han²³
考 上 哩举人, 为屋 下 欸光 宗 耀 祖。甲⁼ 渠个丈 人 公 欸还
sɿ³¹ɕiu³¹ɕin⁵³iəŋ³¹,tse⁵³həu³¹tsai³¹ki³¹ko⁰vək⁴⁵men³¹tɕʰiɛn²³e⁰ləŋ³¹ŋi²³ɕiu³¹tsɿ⁵¹tso⁵³li⁰ko⁰pʰai³¹
是 守 信 用, 最 后 在 渠个屋 门 前 欸让危守志 做 哩个牌
fɔŋ²³. ku⁵³sɿ³¹tɕʰiu³¹kəŋ³⁵tau³³kau⁵¹lio⁰.
坊。 故 事 就 讲 到 告⁼[哩哟]。

（洪炳东讲述，2016年）

4．出米岩个故事

vu⁵⁵pʰen²³ vɛn³¹tsəŋ³¹ san³¹ tsen³⁵ ŋa³¹səŋ³¹ fəŋ⁰tsʰen³¹ kaʔ² səŋ³¹ liaŋ³⁵ tsʰen³¹ n̠io⁵¹ iu³³ko³³
武 平 县 中 山 镇 啊上 峰 村 佮 上 岭 村 [□饿⁼]① 有个
liaŋ³⁵kəŋ³¹ŋa³¹,han³³tso⁵⁵tsʰəŋ³¹uen³¹təŋ⁵¹. liaŋ³⁵kəŋ³¹saŋ³¹tɛʔ²seʔ⁴⁵fen³¹ɕiu³³tɕʰi⁵¹,ia⁴⁵ŋan³¹han²³
岭 岗 啊,喊 做 长 安 崠。岭 岗 生 得 十 分 秀 气, 也 岸⁼还
len²³tɕʰi⁵¹, iaʔ²⁴⁵ɕiɛn³¹tsai³¹kəŋ³¹ŋa³¹seʔ⁴⁵fen³¹pʰiəu⁵³liəŋ³¹. n̠i⁵³ŋo³¹e⁰ iu³³ tsʰu⁵¹tʰi³¹ fəŋ⁰ŋa³¹han⁵³
灵 气, 也现 在 讲 啊十 分 漂 亮。 □饿⁼欸有 处 地 方 啊喊
tso³³tsʰe³³mi⁵⁵ŋan²³.tsʰai³¹i⁵⁵tɕʰiɛn²³ŋa³¹ku⁵³sɿ²³həu⁰ua³¹n̠i⁵³ha³¹tseʔ² sɛn³¹san³⁵ŋa³¹han²³ŋan³¹
做 出 米 岩。 在 以前 啊古 时 候 哇□下 仔②生 产 啊还 岸⁼
lok⁴⁵həu³¹, n̠in³¹min²³tɕʰin²³tsəŋ⁵¹ko⁰sɛn³¹faʔ⁴⁵e⁰ han³¹ko⁵³tɛʔ²seʔ⁴⁵fen³¹kʰu³⁵. tsʰu³⁵iəu⁵³ko⁰ven⁵⁵
落 后, 人 民 群 众 个 生 活 欸还 过 得十 分 苦。 主 要 个问
tʰi²³ie⁰tɕʰiu³¹tɕʰiak⁴⁵ko⁰ven⁵⁵tʰi²³han³¹mau⁰pʰan³¹faʔ²tɕiai³⁵tɕiɛʔ². tɕiɛʔ²ko³¹kaʔ²⁴⁵səŋ³¹ti⁵¹ie⁰tɕʰiu³¹
题 欸就 吃 个问 题 还 冇 办 法 解 决。 结 果 甲⁼上 帝 欸就
ɕiəŋ³⁵li⁰ko⁰faʔ²⁴⁵tsɿ⁰a³¹, tɕʰiu³¹sɿ⁵¹n̠i⁵³ŋo³¹ in³³sak⁴⁵ŋan²³ŋa³¹n̠iʔ²⁴⁵ha³¹ ua³¹ki³¹tɕʰiu³¹mɛʔ²⁴⁵li⁰ iʔ³³ ko³¹
想 哩个法 子 啊,就 是□饿⁼阴石 岩 啊日⁼下③哇 渠就 密⁼④哩一个
uɛ³¹tsʰe³³mi³⁵ko⁰,uɛ³¹tɕʰiok³³tsʰe³³mi³⁵ko⁰sak⁴⁵ŋan²³tu³¹li³⁵tʰəu⁰hau⁵³ɕiəŋ³¹tɕʰiɛn³¹fi³⁵a³¹pan³¹
会 出 米 个,会 亍 出 米 个石 岩 肚 里 头 好 像 泉 水 啊般
ki³¹uɛ³¹iu³³mi³⁵uɛ³¹tɕʰiok³³tsʰeʔ⁴⁵li²³. so³¹sɿ⁵¹ie⁰tsai³¹n̠i³³ko⁰sɿ²³həu⁰ua⁰tsʰe³³mi⁵⁵ŋan²³ŋa³¹ŋan³¹
渠 会 有 米 会 亍 出 来。所 以欸在 □个时 候 哇出 米 岩 啊岸⁼

---

① [□饿⁼] n̠io⁵¹：那儿。下文有时也不合音，说"□饿⁼"[n̠i⁵³ŋo³¹]。

② □n̠i⁵³下仔：那时候。

③ 日⁼下：那会儿，"日⁼"疑为"□那"[n̠i⁵¹]的促化。

④ 密⁼：摘，弄。

han²³tɕʰi²³kuai⁵¹. ki³¹mi³⁵i²ȵi²²tək⁴⁵iu³³mi³⁵tsʰeʔ². tɕiɛʔ⁴⁵ko³¹kuɛ³³ko⁰mi³⁵e⁰ tsʰeʔ²li⁰i³⁵həu³¹e⁰
还 奇 怪。 渠 每 一 日 都 有 米 出。 结 果 盖⁼个 米 欸 出 哩以后 欸
ki³¹mau²³va⁵³tsʰeʔ²ȵan³¹han²³to³¹o⁰. ȵi³¹iu³⁵tɕi²²to³¹tseʊin²³kʰi⁵¹ki³¹tɕʰiu³¹tsʰeʔ²tɕi²²to³¹tse⁰mi³⁵,
渠 冇 话 出 岸⁼ 还 多 哦。你 有 几 多 仔人 去 渠就 出 几 多 仔米,
tsʰeʔ²tɕi²²to³¹tse⁰mi³³noŋ³⁵to³¹ȵin²³ki³¹iaʔ⁴⁵tɕʰiu³¹kəu⁵³tɛʔ²tɕʰiak⁴⁵ko⁰. su³¹i⁵¹toŋ³¹sʅ²³a³¹tɕʰiu³¹
出 几 多 仔米 □ 多 人 渠也 就 够 得 吃 个。所以当 时 啊就
ŋan³¹han²³to³¹ȵin²³ŋa³¹, tɕʰiəŋ²³kʰu³⁵pak³³ɕiaŋ⁵³ŋa³¹, kɔŋ³¹ɕi³¹ha⁰ko⁰a³¹, kɔŋ³⁵təŋ³¹sɔŋ³¹ko⁰a³¹,
岸⁼ 还 多 人 啊, 穷 苦 百 姓 啊, 江 西 下 个 啊, 广 东 上 个 啊,
han²³iu³³pen³⁵vu³¹pʰen³¹fen³¹ko⁰a³¹, ŋan³¹han²³to³¹tɕʰiəŋ³¹kʰu³⁵lau³⁵pak⁴⁵ɕiaŋ⁵¹ŋa³¹ tu³³tau³³ȵio⁵³
还 有 本 武 平 县 个 啊,岸⁼ 还 多 穷 苦 老 百 姓 啊都 到 [□饿⁼]
kʰi⁵¹.kuɛ³³ko⁰mi³⁵ieʊtseʔ³³kəu³¹tɕʰiak⁴⁵,mau³¹tɛn³⁵ȵi³¹na³¹kʰi⁵³kuɛ³¹ko⁰. su³¹i⁵¹iu³³ɕia³⁵hau³⁵
去。盖⁼ 个 米 欸只 够 你 吃, 冇 等 你 拿 去 归 个。所以有 些 好
ɕiəŋ³¹sʅ³¹sueʔ²iəɯ³³tʰau³⁵tɕʰiak⁴⁵ko⁰ȵin²³ŋa³¹,vək⁴⁵ha³¹iəɯ³¹iu³⁵tɕiu⁵³miaŋ³¹ko⁰ŋan³¹han²³tʰəɯ⁵³ho³¹
像 是 说 要 讨 吃 个 人 啊,屋 下 要 有 救 命 个 岸⁼还 透 火
ko⁰a³¹,mau²³tɕʰiak⁴⁵ko⁰ȵin²³ŋa³¹, tu³³tau³³ȵio⁵³ kʰi⁵¹.iu³⁵i²²ȵiɛn²³tse⁰ia³¹, ȵi⁵³ŋo³¹tso⁵³tɕi³¹fɔŋ³¹
个 啊,冇 吃 个 人 啊, 都 到 [□饿⁼]去。有 一 年 仔呀,□ 饿⁼做 饥 荒
ŋa³¹, tʰien³¹haʊtsen³³ko⁰nan²³fɔŋ³¹ŋa³¹, in³¹vi²³tʰien³¹huɛn³¹,e⁰, tʰiɛn²³hɔŋ⁰ŋe⁰mau²³seʔ⁴⁵li⁰ɕiu³¹
啊, 天 下 整 个南 方 啊, 因 为天 旱, 欸,田 上 欸冇 什 哩收
kuɛʔ⁴⁵,ȵin²³to³¹ko⁰sʅ³¹həɯ⁰ua³¹tɕʰiu³¹tɕʰiɛn³¹ta³¹tɕʰiɛn³¹ȵin²³ŋo⁰,tau³³ȵio⁵³ kʰi³³tɕʰiak⁴⁵fan³¹
割, 人 多 个 时 侯 哇就 千 打 千 人 哦,到 [□饿⁼]去 吃 饭
ŋo⁰,no³³mi³⁵ie⁰iaʔ⁴⁵tɕʰiu³¹kəu⁵³tɛʔ²tɕiəŋ³¹ȵin²³ko⁰. tɔŋ³¹sʅ²³ha³¹tʰəɯ⁰na³³ko⁰tsʰeʔ³³mi⁵⁵ŋan²³ha³¹
哦,□ 米 欸也 就 够 得 供 人 个。当 时 下 头 那 个出 米 岩 下
tʰəɯ⁰ua³¹i²³³ko⁰tɕʰiu³¹tɕi³⁵ia³¹ kʰəɯ³¹tʰien²³ŋa³¹, fɔŋ³¹ȵiəɯ⁰ȵi⁰ia³¹, mau²³kuɛʔ⁴⁵a³¹, na³¹li²³fɔŋ³³tsɔk⁴⁵
头 哇一 个就 几 也⁼口 田 啊, 荒 了 哩啊, 冇 割 啊,拿 来 放 桌
a³¹,fɔŋ⁵³tɛʔ²a³¹tɕʰi²²paʔ²seʔ⁴⁵tsɔŋ³¹tsɔk⁴⁵ha³¹ki³¹va³¹o⁰, su³¹i⁵¹ȵi⁵³ŋo³¹tse³¹ko⁰tsʰeʔ³³mi⁵⁵ŋan²³
啊,放 得 啊七 八 十 张 桌 下 渠话 哦,所 以□ 饿⁼这 个 出 米 岩
ŋa³¹tɕiu⁵³li⁰hau³⁵to³¹hau³⁵to³¹ȵin²³ko⁰miaŋ³¹ŋa⁰,tɕiu⁵³tɕi⁵³li⁰hau³⁵to³¹ȵin²³hau³⁵to³¹ȵin²³ko⁰miaŋ³¹
啊救 哩好 多 好 多 人 个命 啊,救 济 哩好 多 人 好 多 人 个命
ŋa³¹, hau³⁵to³¹ȵin²³ŋe⁰tsʰe³¹kau⁵³o³¹ tsʰeʔ³³kʰi⁵³ie⁰fək⁴⁵tɛʔ²li⁰ki³¹ko⁰ɕin³¹sɛn³¹.kaʔ⁴⁵kuɛ³³ko⁰
啊, 好 多 人 欸在 告⁼窝⁼①出 去 欸获 得 哩渠个 新 生。甲⁼盖⁼个

---

① 告⁼窝⁼: 这儿

sɿ²³həu⁰e⁰ iu³⁵i?³³ko⁵⁵n̩in²³ŋe⁰, hai³¹, ta³⁵li⁰ ko⁰fai³¹tsu³⁵i⁵¹, ki³¹tɕin³¹ɕiɔŋ³⁵ŋe⁰, ki³¹va³¹kuɛ³³ko⁰nɔŋ³⁵
时 候　欵有 一 个 人　欵,嗨, 打 哩 个 坏 主 意,渠 紧　想　 呃, 渠 话 盖⁼个 □①
to³¹mi⁵⁵ie⁰mɛ?²tau³¹li²³mai⁵⁵ie⁰han²³hau³⁵ua⁰,ko³¹i⁵¹tsʰuɛn³¹tɕʰiɛn³¹ŋe²³⁰ki³¹va³¹ə⁰. su³¹i⁵¹ki³¹
多 米　欵 密⁼ 到 来 卖　欵 还 好　哇,可 以 赚　 钱　 呃渠 话 呃。所 以 渠
tɕin³¹kʰi³¹kʰuɛn⁵¹ŋe⁰kuɛ³³tsʰe?³³mi⁵⁵ŋan²³ko⁰lǝŋ³¹ŋa³¹ki³¹va³¹tʰai³³ɕi⁵¹, ki³¹ɕiɔŋ³⁵fa?⁴⁵tsɿ⁰a⁰ pa³¹ki³¹lǝŋ³¹
紧 去 看　欵 盖⁼ 出　 米 岩 个 窿 啊 渠 话太 细, 渠 想　法 子 啊 把 渠 弄
tʰai³¹ia³¹tsɿ⁰,tsʰɔk⁴⁵tʰai³¹ia³¹tse⁰,to³¹tsʰe?⁴⁵tiɛn³³tse⁰mi³⁵ia⁰, i?³³n̩i?⁴⁵va³¹tsʰe?⁴⁵tɛ?²ko⁰i?²lo²³tiɔŋ³¹
大　呀 子, 凿　 大 呀 仔, 多 出　 点　仔 米 呀, 一 日 话 出　 得 个 一 箩 两
lo²³san³¹lo²³sen³¹tsɿ⁵¹tɕi³⁵ia³¹pak⁴⁵tɕin³¹tɕi³⁵ia³¹tɕʰien³¹tɕin³¹, ka?⁴⁵ki³¹ tɕʰiu³¹tsʰuɛn³¹tɛ?²han²³to⁵⁵
箩 三　箩 甚 至 几 呀 百 斤 几 呀 千　斤, 甲⁼ 渠 就　 赚　 得 还 多
tɕʰiɛn²³tau³⁵ua³¹.tɕiɛ?⁴⁵ko³¹ki³¹ko⁰ɕiɔŋ³⁵fa?²e⁰ pen⁵⁵n̩in³¹ɕiəu³⁵tɛ?²li⁰, tʰai³¹ka³⁵tɕʰiu³¹tiəu³³tʰan⁵¹
钱　 到 哇。结 果 渠 个 想　法 欵 分 人 晓　 得 哩, 大 家 就　 鸟　叹⁼②
ki³¹,tɕʰiu³¹ma³¹ki³¹ia³¹,uɛ³¹ia³¹n̩i³¹kuɛ³³ko⁰tɕiɔŋ⁵³tse⁰iəu⁵³tɛ?²ko⁰ua⁰, ko³¹sɿ³¹sɔŋ³¹ti⁵¹ia³¹ɛn³¹su³³
渠 就　　骂 渠 呀,唉 呀 你 盖⁼ 个 酱　 仔 要　得 个 哇, 哥⁼是 上　帝 呀 恩 赐
pe?⁴⁵tʰai³¹ka⁵⁵n̩in²³ko⁰,tɕiu³³tɕi⁵¹tʰai³¹ka⁵⁵n̩in²³ko⁰, ŋ²³sɿ³¹na³¹pe?⁴⁵n̩i³¹tsʰuɛn³¹tɕʰiɛn³¹ko⁵¹.n̩i³¹kuɛ³³
分 大 家 人 个, 救 济 大 家 人 个, 唔 是 拿 分 你 赚　 钱　 个。你 盖⁼
ko⁰n̩in³¹ŋa³¹tsen³¹sɿ³¹tɕʰiɛ?³³tɛ?⁴⁵a⁰, tʰai⁵⁵mau²³liɔŋ²³ɕin³¹ke⁰li⁰iəu⁵⁵ŋ²³tɛ?⁴⁵ko⁰. tʰai³¹ka⁵⁵n̩in²³
个 人 啊 真　是 缺　 德 啊,太 冇 良　 心 个 哩 要　唔 得 个。大 家 人
ŋe⁰tək⁴⁵tsɿ³⁵tsɛ?⁴⁵ki³¹,man³¹ma⁵³ki³¹,tsu³³sɿ³⁵ki³¹kʰi⁵¹.kʰo³¹sɿ³¹ki³¹kuɛ³³ko⁰n̩in²³ŋe⁰han³¹sɿ³¹a³¹
唉 都 指 责 渠, 漫　骂 渠, 阻 止 渠 去. 可 是 渠 盖⁼个 人　 欵 还 是 啊
tsʰai³¹mi²³ɕin³¹tɕiəu⁵¹.tʰai³¹ka³⁵tɕin³¹kʰi³¹tɕʰiɛn⁵³ki³¹ie⁰tɕʰiu³¹mau²³iəŋ³¹.ki³¹ia³¹sɿ⁰tʰəu⁰tso⁵³məŋ³¹
财 迷 心 窍。 大 家 紧 去 劝　 渠 欵 就　 冇 用。渠 夜 时 头 做 梦
ŋa³¹tɕʰiu³¹fa?⁴⁵miɛn³¹məŋ³¹ŋa³¹tək⁴⁵ɕiɔŋ³⁵tau⁰ua⁰tsʰuɛn³¹tɕʰiɛn²³,vɛ?⁴⁵sɿ³¹tɕi³¹fɔŋ³¹mi³⁵tɕʰiu³¹vɛ?³³
啊 就　 发 眠　 梦 啊 都 想　到 哇 赚　钱, 越 是 饥 荒　 米 就　 越
kuɛ⁵¹,su³¹i⁵¹ki³¹tɕʰiu³¹tsʰuɛn³¹tɛ?²vɛ?⁴⁵to³¹tɕʰiɛn³¹tau³¹.tɕin³¹ɕiɔŋ³⁵tu³³ɕiɔŋ⁵³ŋ²³tʰəŋ³¹ŋe⁰ki³¹iə⁰,
贵, 所 以 渠 就　 赚　 得 越 多 钱　 倒。紧 想　 都 想　 唔 通　 欵渠 呃,
tɕin³¹kʰi³³ɕiɔŋ³⁵tsəŋ³¹iəu⁵¹ɕiɔŋ³⁵tau³¹ko⁰fa?⁴⁵tsɿ⁰li²³. ki³¹va³¹a³¹ia³¹a³¹tse⁰tɕiɛ?²ko³¹ki³¹tɕʰiu³¹e⁰
紧　 去 想　 总　 要 想　到 个 法 子 来。渠 话 阿 夜 啊 仔 结 果 渠 就　 欵
ia³¹sɿ⁰tʰəu⁰a³¹puɛn⁵⁵lɛn²³ia³¹a³¹¹tɕʰiu³¹tai⁵³tsɔk²ki³¹ko⁰ka³¹sɿ³¹a³¹, tsʰɔk⁴⁵tsɿ⁰a⁰, pu³⁵tʰəu⁰a⁰,
夜 时 头　 啊 半　临 夜 啊 就　 带 着 渠 个 家 使 啊, 凿　 子 啊, 斧 头 啊,

---

① □nɔŋ³⁵:程度副词,相当于"很"。
② 鸟叹⁼:用粗话骂。

tʰiɛʔ⁴⁵tsʰe²³ia⁰, sen³¹tsʅ³³mi³⁵tʰuɛ³¹io⁰tək⁴⁵han²³kʰuan³³kʰi⁵¹lio⁰.　　i⁵⁵tɕʰiɛn²³ko⁰mi³⁵tʰuɛ³¹sʅ³¹pu³³
铁　锤　啊, 甚 至 米 袋　哟 都 还 掼　去 [哩哟]。以前　个 米 袋 是 布

tso⁵³a³¹tau³¹li²³ko⁰ua³¹,iʔ⁴⁵tʰuɛ³¹tse⁰ie⁰tsɔŋ³¹tɛʔ²kʰo³¹nɛn²³ŋ³⁵tək³³seʔ⁴⁵tɕin³¹ŋə⁰,tɕʰiʔ³³paʔ³³seʔ⁴⁵
做 啊到 来 个 哇, 一 袋 仔 欸装　得 可 能　五 六 十 斤 呃, 七 八 十

tɕin³¹ŋə⁰. ki³¹kʰai³¹li⁰ia⁰kʰo³¹mai³¹tiɔŋ³⁵san³¹tan³¹ŋə⁰ki³³ŋə⁰.　ki³¹va³¹ia³¹sʅ⁰e²tsʰɔk⁴⁵a³¹kʰuɛ³¹
斤 呃。渠 孩　哩呀可　卖 两 三 担 呃渠 呃。　渠 话 夜 时 欸凿　啊开

li²³, ŋ²³niəɯ⁵¹li⁰ a⁰ tɕʰiu³¹ sɛʔ⁴⁵a³¹ ven³⁵, ŋ²³niəɯ⁵³ki³¹ nɔŋ³⁵ to³¹tsʰeʔ⁴⁵. ɕiɔŋ³⁵li⁰ nɔŋ²³ni⁰ ko⁰
来, 唔要　哩啊就　塞 啊稳, 唔要 渠 □ 多 出。　想　哩囊⁼ 哩 个

tsu³⁵i⁵¹.
主 意。

　　su³¹i⁵¹iu³⁵iʔ³³n̠iʔ⁴⁵tse⁰ie⁰ni³³ko⁰ni³³ko⁰lɔk³³i³⁵ia³¹,sɔŋ³¹tsʰen³¹tʰəɯ⁰ua⁰lɔk³³i³⁵ko⁰sʅ²³həɯ⁰ua⁰,
　　所 以有 一 日　仔 欸□ 个 □ 个 落　雨呀,上　春　头　哇落　雨个 时候　哇,

lɔk⁴⁵tʰai³¹i³⁵ia³¹li²³kəŋ⁰hɛn⁵³tʰien³¹ŋa³¹ŋa³¹,ki³¹iu³¹kʰi⁵³io⁰,puen⁵⁵len²³ia³¹kʰi⁵³iə⁰, təɯ³¹tsʰɔk⁴⁵
落 大　雨呀雷 公　□ 天① 啊啊, 渠 就 去　哟, 半　临　夜 去 呃,兜　凿

tsʅ⁰tɕʰiu³¹li²³tsʰɔk⁴⁵. tɕin³¹tsʰɔk⁴⁵tɕin³¹tsʰɔk⁴⁵, ləŋ²³hɔŋ³¹ŋa³¹,kəŋ⁵¹ŋa³¹tɕin³³kʰi⁵³ia⁰, li³¹li⁰ki³¹
子 就　来凿。 紧 凿 紧 凿, 窿 上 啊, □② 啊进 去 啊, 累哩渠

puen³³saŋ³¹sʅ³⁵a³¹, li³¹li⁰ki³¹seʔ⁴⁵fen³¹tʰəɯ⁵³ua³¹, tɕiɛʔ²ko³¹li²³tsʰɔk⁴⁵, tɕiɛʔ²ko³¹li²³kəŋ³¹hɛn⁵³
半　生　死 啊, 累哩渠 十 分　透　哇, 结 果 来 凿,　 结 果雷 公　□

tʰien³¹ko⁰sʅ²³həɯ⁰ua⁰, li²³kəŋ³¹iʔ⁴⁵ta³⁵a⁰　kʰi⁵³ie⁰sɔŋ³¹tʰəɯ⁰e⁰ sɔŋ³¹ti⁵¹faʔ⁴⁵nu³¹kʰi⁵³lia⁰.　tɕʰiu³¹
天　个 时 候　哇,雷 公　一打啊去 欸上　头　欸上　帝发 怒 去 [哩啊]。就

pa³¹kuɛ³³ko⁰n̠in²³ŋe⁰tsʰɔk⁴⁵n̠i³³ko⁰sak⁴⁵tʰəɯ⁰ko⁰n̠in²³ŋe⁰ta³⁵sʅ⁵³lio⁰,　li²³kəŋ³¹ta³⁵a³¹sʅ⁵¹, kaʔ³³mi³⁵
把　盖⁼个 人 欸凿　□ 个 石 头　个 人　欸 打 死 哩,雷 公　打 啊死, 甲⁼米

ie⁰tɕiɛʔ²ko³¹iaʔ⁴⁵tɕʰiu³¹mau²³tsʰeʔ³³kʰi⁵³lio⁰.　　kuɛ⁵³sʅ³¹sɔŋ³¹ti⁵¹ia³¹sɔŋ³¹tʰien³¹ŋa³¹kɛʔ⁴⁵ki³¹
欸结　果也 就　冇　出　去 [哩哟]。盖⁼是 上　帝呀上　天　啊给　渠

kuɛ³³ko⁰ɔk⁴⁵n̠in²³ko⁰ua³¹iʔ³³ko⁵¹tsʰen³¹faʔ⁴⁵. tʰi³¹lu²³n̠iʔ⁴⁵ə⁰ tʰai³¹ka⁵⁵n̠in²³ŋə⁰tʰien³¹tɕʰiaŋ²³i³⁵həɯ³¹
盖⁼个 恶 人　个 哇 一 个　惩　　罚。第 二 日　呃大　家 人 呃天　晴　以后

tʰai³¹ka⁵⁵n̠in²³mau²³tɕʰiak⁴⁵ko⁰n̠in²³ŋa³¹ni³³ko⁰ni³³ko⁰nan³¹men³¹ŋa³¹,iu³¹tau³³n̠io⁵¹　kʰuen⁵³a³¹tse⁰
大　家　人 冇　吃　个 人 啊 □ 个 □ 个 难　民　啊,又 到 [□饿⁼]看　啊仔

iu⁵⁵mau²³tso³³tɕʰiak⁴⁵,iu³⁵mau²³mi³⁵. tɕiɛʔ⁴⁵ko³¹tʰai³¹ka⁰iʔ²kʰuen⁵³ŋe⁰n̠io⁵¹　sʅ³⁵liəɯ⁰iʔ³³ko⁵⁵n̠in²³,
有　冇　做 吃,　有 冇　米。结 果 大 家 一 看　欸[□饿⁼]死 了　一 个 人,

---

① 雷公□hɛn⁵³天：雷声不断，响彻天空。

② □kəŋ⁵¹：用力顶、钻。

mi³⁵tɕʰiu³¹mau²³tsʰeʔ³³kʰi⁵³li⁰, han²³sŋ³¹liu²³ko⁰sŋ³¹fɛʔ⁴⁵.sɔŋ³¹ti⁵³a³¹tʰiaŋ³¹kɔŋ³⁵ŋa³¹kuɛ³³ko⁰ua⁰
米 就 冇 出 去 哩，还 是 流 个 是 血。上 帝 啊听 讲 啊 盖˭ 个 哇

ŋan³⁵tsu³¹ua⁰ŋan³⁵tsu³¹hɔŋ³¹tsʰeʔ³³ko⁰fɛʔ⁴⁵a³¹kuɛ³³ko⁰sŋ³¹. tɕiɛʔ⁴⁵ko⁰ȵi³³ko⁰fai³¹ka³⁵fo³¹e⁰ ia³⁵tɕʰiu³¹
眼 珠 哇眼 珠 上 出 个 血 啊盖˭ 个 是。结 果 □ 个 坏 家 伙 欸也就

sŋ³⁵liəu⁰li⁰. tʰai³¹ka⁵⁵ȵin⁵³kʰuɛn⁵³tau³¹tso³³seʔ⁴⁵li⁰uɛ³¹sŋ³⁵liəu⁰e⁰? o³¹, ki³¹tai⁵³li⁰tsɔk⁴⁵tsŋ⁰
死 了 哩。大 家 人 看 到 做 什 哩会 死 了 欸？哦，渠 带 哩凿 子

a³¹han²³tsʰe³¹ȵio⁵¹, pu³⁵tʰəu⁰ia⁰han²³tsʰe³¹ȵio⁵¹, ɕiu³⁵hɔŋ³¹ŋe⁰tu³³han²³va³⁵vɛn³¹li⁰tsɔk⁴⁵
啊还 在 [□饿˭]，斧 头 呀还 在 [□饿˭]，手 上 欸都 还 挖 稳 哩凿

tsŋ³¹a⁰, iʔ³³tsak³³ɕiu³⁵e⁰ va³³ko⁰pu³⁵tʰəu⁰a³¹, iʔ³³ko⁰e⁰ tsɔk⁴⁵tau³¹ne³³ko⁰ne³³ko⁰sŋ³⁵a³¹ȵio⁵¹
子 啊，一 只 手 欸挖 个 斧 头 啊，一 个 欸捉 到 那 个 那 个 死 啊 [□饿˭]

fɔŋ³³li⁰a⁰. tɕʰiu³¹tɕʰiɛn²³pʰu³¹nan³¹mɛn²³ŋa³¹, tʰai³¹ka⁵⁵ȵin²³tək⁴⁵seʔ³³fɛn³¹hen³⁵ŋa³¹,pa³¹
放 哩啊。就 全 部 难 民 啊，大 家 人 都 十 分 愤 恨 啊，把

ki³¹kuɛ³³ko⁰sŋ³³lau³⁵ua³¹tɕʰiu³¹tʰo³¹a³¹tsʰeʔ⁴⁵li²³ia³¹, na³¹ke⁰tɕiɔk³¹kʰi³¹kəu⁴⁵,tʰai³¹ka³⁵iaʔ⁴⁵ŋ²³kan³¹
渠 盖˭ 个 死 佬 哇就 拖 啊出 来 呀，拿 个 脚 去 勾，大 家 也 唔 敢

kʰi⁵⁵mai²³ki³¹, han⁵³tʰai³¹ka³⁵luɛn³¹kuen⁵¹tsɔk²ki³¹tɕin³¹ta³⁵, ta³⁵sŋ⁵¹li⁰, na³¹kʰi³³tɕiəŋ³¹kəu³⁵tɕiəŋ³¹
去 埋 渠，喊 大 家 乱 棍 捉 渠 紧 打， 打 死 哩，拿 去 供 狗 供

liəu⁰lio⁰. ɔk⁴⁵ȵin²³ŋa³¹, mau²³hau³⁵tsʰu⁵¹ua³¹,tɕʰiu³¹sŋ³¹iu²³ko⁰ɔk⁴⁵ko⁰tɕiɛʔ³³ko³⁵ua³¹.tɕiɛʔ⁴⁵
了 [哩哟]。恶 人 啊，冇 好 处 哇，就 是 有 个 恶 个 结 果 哇。结

ko³¹a³¹mi³⁵mau²³tsʰeʔ³³kʰi⁵³lia⁰. tʰai³¹ka⁰tɕʰiu³¹han²³tʰəu⁵³lia⁰. tɕiɔŋ³³kau³⁵ua⁰?
果 啊米 冇 出 去 [哩啊]。大 家 就 还 透 [哩啊]。酱˭ 搞 哇？

pɛʔ³³tɛʔ³³pɛʔ⁴⁵o⁰, kaʔ⁴⁵tɕʰiu³¹nɔŋ²³ȵio⁰lio⁰, pen³⁵lɛn⁵¹tsɛʔ³³kɔk⁴⁵tɕʰiu³¹han²³iu³⁵iʔ³³ko⁵³
不 得 不 哦，甲˭ 就 囔 哩 [哩哟]，本 □① 侧 角 就 还 有 一 个

miɯu³¹ua⁰,tɕi³⁵ȵiɛn³¹kuɛ³³ko⁰sɔŋ³¹ti⁵¹ia⁰, tɕi³⁵ȵiɛn³¹kuɛ³³ko⁰miəu³¹ua⁰, tɕiɛʔ⁴⁵ko³¹ha³¹tʰəu⁰tsɛʔ³³
庙 哇，纪 念 盖˭ 个 上 帝 呀，纪 念 盖˭ 个 庙 哇，结 果 下 头 侧

kɔk⁴⁵tɕʰiu³¹tso⁵³li⁰iʔ³³ko³³tsʰe³³miɛ⁵⁵ŋan²³, tsʰɛʔ⁴⁵miɛn³¹tso³³li⁰iʔ³³ko⁵³miəu³¹.kuɛ³³ko⁰ miəu³¹
角 就 做 哩一 个 出 米 岩， 侧 面 做 哩一 个 庙。 盖˭ 个 庙

tɕiɛʔ⁴⁵ko³¹ɕiɔŋ³¹ho³⁵a³¹ŋ²³tʰuɛn³¹ŋo⁰,tau⁵³ko³¹tɕʰiu³¹han²³seʔ⁴⁵fɛn³¹vɔŋ³¹sen³¹.kuɛ³³ko⁰miəu³¹e⁰
结 果 香 火 啊唔 断 呃，到 哥˭ 就 还 十 分 旺 盛。盖˭ 个 庙 欸

tau³³ko³¹ua³¹han²³tsʰe³¹ia⁰, ia³¹iu³⁵pʰu²³saʔ⁴⁵a⁰. kuɛ³³ko⁰ kɔŋ³¹ɕi³¹ȵin²³ŋa⁰,kɔŋ³⁵tɔŋ³¹ȵin²³ŋa⁰,
到 哥˭哇还 在 呀，也 有 菩 萨 啊。盖˭ 个 江 西 人 啊，广 东 人 啊，

---

① 本□lɛn⁵¹：本来

a³¹voŋ⁰pen³⁵vu⁵⁵pʰen²³fen³¹ŋa⁰,fək³³tɕiɛn⁵⁵n̥in²³ŋa⁰, sᴀ³¹soŋ²³tu³³uɛ³¹kʰi³³tau³³n̥io⁵¹　　kʰi⁵³səu³¹ɕioŋ³¹.
阿□　本　武平　县　啊,福　建　人　啊,时常　都　会　去　到　[□饿⁼]去　烧　香。
tau⁵³li⁰tsʰe?³³mi³⁵ŋan²³ko⁰pʰu²³sa?⁴⁵e⁰ təŋ³¹ha³¹tʰəu⁰ua⁵¹ki³¹tu³³iu³⁵ko⁰tɕiɛ?³³n̥i?⁴⁵a³¹, pʰu²³sa?⁴⁵
到　哩出　米岩　个菩　萨　欸冬　下　头　啊渠　都　有　个节　日　啊,菩　萨
uɛ³¹koŋ³¹ha³¹li²³,soŋ³¹fəŋ⁰n̥in²³koŋ³¹ŋa³¹uɛ³¹ka?⁴⁵ki³¹se³³tsau³⁵,tsʰe³¹tsʰe³¹ta³³ta³⁵,tɕi⁵³n̥iɛn³¹kuɛ³¹
会　扛　下来,上　峰人①讲　啊会　给　渠洗澡,　吹　吹　打　打,纪念　盖⁼
ko⁰tsʰe?³³mi³⁵ŋan²³.i³⁵həu³¹kuɛ³³ko⁰tsʰe?³³mi⁵⁵ŋan²³ŋa³¹van²³tɕiu⁵³tau⁵³li⁰non³⁵to³¹n̥in²³ko⁰sen³¹
个出　米岩。以后　盖⁼个出　米岩　啊挽救　到　哩□　多人　个生
miɛn³¹ŋa³¹,tɕiu⁵³tau⁵³li⁰non³⁵to³¹n̥in²³ŋa³¹. tʰai³¹ka⁵⁵n̥in²³tɕʰiu³¹kan³¹tau⁵³i?²tʰen³¹iəu³³ven³³ven³⁵
命　啊,救　到　哩□　多人　啊。大　家　人　就　感　到　一定　要　永远
ko⁰tɕi⁵³n̥iɛn³¹ha³¹kʰi⁵¹.kuɛ³³ko⁰ku³⁵sᴀ³¹li³¹miɛn⁵¹ŋa⁰kɛ?⁴⁵a³¹lɛn⁰tɕʰiu³¹ko³³tɕʰi³⁵fa?⁴⁵a³¹, tau⁵³
个纪念　下　去。盖⁼个故　事里面　啊给　阿□　就　有　个启　发　啊,到
ko³¹tʰai³¹ka⁵⁵n̥in²³tu⁵⁵han²³tsʰe²³ɕioŋ³⁵ŋa³¹,soŋ³¹ti⁵¹ɛn³¹su⁵¹pe?⁴⁵tʰai⁵⁵n̥in²³ko⁰tsᴀ³¹lan²³fan²³
哥⁼大　家　人　都　还　在　想　啊,上　帝　恩　赐　分　大　家　人　个自　然　环
tɕin⁵¹ŋa³¹sᴀ³¹ŋ²³in³¹ɕi³¹tʰai³¹ka⁵⁵n̥in²³kʰi³³pʰo⁵³fai³¹ko⁰. təŋ³¹lan²³kuɛ³³ko⁰tsʰe?³³mi³⁵ko⁰fa²³li²³koŋ³¹
境　啊是唔允许大　家　人　去　破　坏　个。当　然　盖⁼个出　米　个话来讲
sᴀ³¹kuɛ³³ko⁰sᴀ³¹tɕʰin³¹sᴀ³¹tsen³¹sᴀ³¹ka³³ko³¹tɕʰiu³¹ŋan³¹han²³nan²³kʰi³³tse³¹sok⁴⁵kʰi³¹lia⁰.
是　盖⁼个事情　是　真　是　假　哥⁼就　岸　还　难　去　追溯渠　[哩啊]。
tɕʰiəŋ²³tsəŋ³¹ko⁰tɕʰi³⁵sᴀ³¹e⁰ tsʰe?⁴⁵tɛ?²tʰai³¹ka⁵⁵n̥in²³sᴀ³³kʰau³⁵.pi⁵⁵lu²³koŋ³¹, soŋ³¹ti⁵¹ɛn³¹su⁵¹ha³¹
从　中　个启　示　欸值　得大　家　人思考。比　如讲, 上　帝　恩　赐　下
li²³ko⁰kuɛ³³ko⁰kɛ?²tʰai³¹ka³³n̥in²³ko⁰hau³⁵tsʰu⁵¹,tsʰe?³³mi³⁵sᴀ³¹ko⁰hau³⁵tsʰu⁵¹ua⁰, tsʰe?⁴⁵tɕʰiɛn²³
来个盖⁼个给大　家　人　个好　处, 出　米是个好　处唯, 出　泉
fi³⁵ia⁵³sᴀ³¹i?³³ko³¹hau³⁵tsʰu⁵¹ua⁰,tsoŋ³¹tsʰe²³liək³³iɛ?⁴⁵a⁰, tsoŋ³¹tsʰe?³³su³¹tse⁰ia⁰, tsᴀ³¹lan²³sen³¹
水也是一个好　处　唯,长　出　绿　叶啊,长　出　树仔呀,自　然　生
tʰai⁵³ia⁰, ia⁵³ti⁵⁵n̥in²³li³¹iu³³hau³⁵tsʰu⁵¹pa⁰? tʰai³¹ka⁰n̥in²³hau³³hau³⁵kʰi³³pau³⁵fu³¹, ŋ³¹kan³⁵n̥in³¹
态　呀,也对人　类有好　处　吧?大　家　人　好　好　去　保护,唔敢　人
vi²³ko⁰kʰi³³pʰo⁵³fai³¹.tɕʰiu³¹tʰəu²³ɕiɛn³¹tsᴀ⁰koŋ³⁵ko⁰tsʰe?³³mi³⁵ŋan²³ko⁰ku⁵³sᴀ³¹li³¹miɛn⁵¹,e⁰, n̥i³¹
为　个去　破　坏。就　头　先　子讲　个出　米岩　个故　事里面,欸,你
na³¹ko³³tsʰok⁴⁵tsᴀ⁰kʰi³³tsʰok⁴⁵, n̥i³¹ɕioŋ³⁵fa?³³ko⁵⁵n̥in²³ko⁰tsʰai²³, n̥i³¹pʰo⁵³fai³¹kuɛ³³ko⁰fan²³tɕin⁵¹,
拿　个凿　子去　凿,　你想　发　个人　个财,　你破　坏　盖⁼个环　境,

---

① 上峰人：上峰村人。

pa³¹tsʰeʔ³³mi³⁵kuɛ³³ko⁰ləŋ⁵¹ɕiɔŋ³¹tsʰɔk⁴⁵tʰai³¹li²³,tɕiɛʔ⁴⁵ko³¹e⁰ tɕʰia?³³tɛʔ⁴⁵tɕʰi²³fan³¹,ɔk⁴⁵tɕʰiu³¹
把 出 米 盖ᵌ 个 窿 想 凿 大 来,结 果 敆恰 得 其 反, 恶 就

iu³⁵ɔk³³pau⁵¹. su³¹i⁵¹ia³¹kuɛ³³tsʰeʔ³³mi³⁵ŋan²³ko⁰ku⁵³sɿ³¹li³¹miɛn⁵¹ŋa³¹in⁵³kuɛ³¹in³¹tɕʰi³¹tʰai³¹ka⁵⁵n̩in²³
有 恶 报。 所 以 呀 盖ᵌ 出 米 岩 个 故 事 里 面 啊 应 该 引 起 大 家 人

ua³¹tsʰəŋ³¹sɿ³¹,tɕʰiu³¹təŋ³¹tɕʰiɛn²³li²³kʰuɛn⁵¹ŋe⁰in⁵³kuɛ³¹sɿ³¹pau³⁵fu³¹fan²³tɕin⁵¹,hau³³hau³⁵li⁰pau³⁵
哇 重 视, 就 当 前 来 看 敆 应 该 是 保 护 环 境, 好 好 哩 保

fu³¹fan²³tɕin⁵¹iu³⁵li³¹i²³tʰai³¹ka⁵⁵n̩in²³ŋa³¹tɕʰiɛn²³kʰɔŋ⁰ŋa³¹, iu³⁵li³¹i²³n̩in³¹sɛn³¹i³¹həu³¹vɛn³³vɛn³⁵
护 环 境 有 利 于 大 家 人 啊 健 康 啊, 有 利 于 人 生 以 后 永 远

ko⁰fan²³iɛn⁵¹. hau³¹, ku⁵³sɿ³¹tɕʰiu³¹kɔŋ³⁵tau³³kau⁵¹li⁰ha⁰.
个 繁 衍。 好, 故 事 就 讲 到 告ᵌ 哩 哈。

（危金志讲述，2016年）

5．牛郎和织女

ŋan³¹han²³tsau³⁵ŋan³¹han²³tsau³⁵i³¹tɕʰiɛn²³ŋa³¹, iu³³ko⁵³həu³¹saŋ³¹,ki³¹ia³¹vək⁴⁵han³¹ŋan³¹
岸ᵌ 还 早 岸ᵌ 还 早 以 前 啊, 有 个 后 生, 渠 呀 屋 下 岸ᵌ

han²³tɕʰiəŋ²³,seʔ⁴⁵fɛn³¹kʰu³⁵, seʔ⁴⁵li⁰tək⁴⁵mau²³.ia²³lau³⁵tsɿ⁰nɔiŋ²³ia⁴⁵sɿ³⁵liɛu⁰li⁰. tseʔ²iu³⁵iʔ³³
还 穷, 十 分 苦, 什 哩 都 冇。 爷 老 子 娘 也 死 了 哩。只 有 一

tsak³³lau⁵⁵ŋəu²³pʰi²³ki³¹, su³¹i⁵¹tʰai³¹ka⁰tɕʰiu³¹han⁵³ki³¹ŋəu³¹lɔŋ²³.ŋəu³¹lɔŋ²³ŋe⁰kʰau³¹lau⁵⁵ŋəu²³
只 老 牛 陪 渠, 所 以 大 家 就 喊 渠 牛 郎。牛 郎 敆 靠 老 牛

tsɔk⁴⁵tʰiɛn²³vi²³tsu³⁵, kɛn³³ŋəu³¹lɔŋ²³ne⁰tɕʰiu³¹sɿ³¹ɕiɔŋ³¹i³¹vi²³mɛn³¹. ŋəu³¹lɔŋ²³ɕi³¹huɛn⁰tsɔk⁴⁵
作 田 为 主, 跟 牛 郎 呢 就 是 相 依 为 命。 牛 郎 喜 欢 作

tʰiɛn²³,lau⁵⁵ŋəu²³tɕʰiu³¹ɕi³¹huɛn⁰ŋəu³¹lɔŋ²³ko⁰tsa³³seʔ⁴⁵, tɕʰin³¹lau²³, sɛn³¹liɔŋ²³, su³¹i⁵¹e⁰ ki³¹
田, 老 牛 就 喜 欢 牛 郎 个 扎 实、勤 劳、善 良、所 以 敆 渠

ɕiɔŋ³¹pɔŋ³¹ki³¹tsʰɛn²³ko⁰ka³¹.
想 帮 渠 成 个 家。

iu³⁵iʔ²n̩i²a³¹, ŋəu³¹lɔŋ²³ ne⁰ tɕʰiu³¹tʰəu³¹tʰiaŋ³¹ tau³¹ tʰiɛn³¹ hɔŋ⁰ ko⁰tɕʰiʔ⁴⁵ɕiɛn³¹n̩i³⁵kɔŋ³⁵fa³¹,
有 一 日 啊, 牛 郎① 呢 就 偷 听 到 天 上 个 七 仙 女 讲 话,

kɔŋ³⁵ŋe⁰iəu³³tau⁵³tsʰɛn³¹təŋ³¹piɛn³¹liaŋ³⁵tɕiɔk⁴⁵ha³¹ko⁰fu²³hɔŋ³¹kʰi³³se³³tsau³⁵.ki³¹tɕʰiu³¹tʰɔk⁴⁵məŋ³¹
讲 敆 要 到 村 东 边 岭 脚 下 个 湖 上 去 洗 澡。渠 就 托 梦

peʔ⁴⁵ŋəu³¹lɔŋ²³, han⁵³ki³¹tʰi³¹tiɔŋ³⁵n̩i⁴⁵tsəu³¹sɛn⁰tau⁵⁵fu²³piɛn³¹,a³¹, kʰi⁵¹ɕiɛn³¹n̩i³⁵kua⁵³a³¹su³¹hɔŋ³¹ko⁰
分 牛 郎, 喊 渠 第 两 日 朝 晨 到 湖 边, 啊, 去 仙 女 挂 啊 树 上 个

---
① 此处为发音人口误，应为老牛。

i³¹soŋ⁰na³¹iʔ²tɕʰiɛn³¹na³¹kue³¹vək⁴⁵ha³¹kʰi⁵¹.na³¹tau³¹li⁰i³¹ko⁰sɿ²³həu⁰e⁰ ȵi²³ŋ²³ȵiəu³³kʰuɛn⁵¹,tɕin³¹
衣裳　拿一件　拿归　屋　下去。拿到　哩衣个时候　欸你唔要　看，　紧

tɕʰiɔk⁴⁵kue³¹kʰi⁵¹, tɕʰiu³¹iu³⁵ko⁰ŋan³¹han²³tɕʰiəu³³ko⁰ɕiɛn³¹ȵi³⁵ia³¹tso⁵⁵pʰo²³li⁰. tʰi³¹tioŋ³⁵ȵiʔ⁴⁵
丁　归去，就　有个岸⁼还俏　个仙　女呀做婆哩。第两日

tsəu³¹sen⁰ŋa³¹ŋan³¹han²³tsau³⁵,ŋəu³¹lɔŋ²³tɕʰiu³¹tɕʰi³⁵li²³li⁰, ki³¹puɛn³³ɕin³³puɛn⁵⁵ȵi²³ia³¹tɕʰiu³¹
朝　晨啊岸⁼还早，牛郎就　起来哩,渠半　信半　疑啊就

tsəu³⁵tau⁵¹tsʰen³¹təŋ³¹piɛn³¹liaŋ²³tɕiɔk⁴⁵ha³¹fu²³piɛn³¹.e⁰, tʰəu³¹kʰuɛn⁵³li⁰iʔ³³ŋan³¹fu²³hɔŋ⁰, e⁰,
走　到村　东边岭　脚　下湖边。欸,偷看　哩一眼湖上，欸,

tsʰe³¹vu³³tɕʰi⁵³təŋ³¹tsəŋ³¹ne⁰,e⁰, fu²³hɔŋ⁰ŋa³¹tsen³¹seʔ⁴⁵ko⁰iu³⁵tɕʰiʔ³³ko⁰ŋan³¹tɕʰiəu³³ko⁰muɛ⁵³
在　雾气　当　中　呢，欸，湖上啊真　实　个有七　个岸⁼俏　个妹

tsɿ⁰tsʰe³¹se³³tsau³⁵, fi³⁵təu⁵³li³¹kau³³fi³⁵. a³¹, kaʔ⁴⁵ŋəu³¹lɔŋ²³ne⁰kəŋ⁵⁵sɿ²³ e⁰tɕʰiu³¹tʰəu³¹tʰəu³¹
子在　洗澡，水斗　哩搞　水。啊,甲⁼牛　郎　呢汞⁼时①欸就　偷　偷

tsɿ⁰pa³¹kua⁵³tsʰai³¹su³¹hɔŋ³¹ko⁰iʔ²tɕʰiɛn³¹fen³¹fəŋ²³sɛʔ⁴⁵ko⁰i³¹soŋ⁰ŋa³¹na³¹tau⁵⁵li²³,tʰəu²³tək⁴⁵ŋ²³
子把挂　在　树上　个一件　粉红色个衣裳啊拿到来,头　都　唔

kʰuɛn⁵¹tɕin³¹tɕʰiɔk⁴⁵tɕin³¹tɕʰiɔk⁴⁵tɕʰiu³¹tɕʰiɔk⁴⁵kue³¹vək⁴⁵ha³¹. kaʔ³³kaʔ⁵³ko⁰muɛ⁵³tsɿ⁰e⁰? he⁰, peʔ⁴⁵
看　紧　丁　紧　丁　就　丁　归屋　下。甲⁼架⁼个妹　子欸? 嘿,分

təu³¹tsəu³⁵tiʔ⁴⁵i³¹soŋ⁰ne⁰? hɛ³⁵ȵin⁰ne⁰? ki³¹tɕʰiu³¹sɿ³¹tseʔ³³ȵi³⁵,tʰiɛn³¹hɔŋ⁰tseʔ³³ȵi³⁵. kaʔ⁴⁵ki³¹
兜　走　的衣裳　呢? □人　呢? 渠就　是织　女，天　上织　女。甲⁼渠

ia³¹tsʰe³¹ia³¹tʰəu⁰a³¹tɕʰiu³¹lɛn³³lɛn⁵³tsɿ⁰ li⁰tsəu³⁵tau⁵¹ŋəu³¹lɔŋ²³ko⁰men²³kʰəu³⁵. a⁰, tɕʰiaŋ³¹
呀在　夜头　啊就　靓⁼靓⁼子②哩走　到牛　郎　个门　口。啊,轻

tɕʰiaŋ³¹tsɿ⁰pʰɔk⁴⁵men²³tsəu³¹tɕin³¹vək⁴⁵ha³¹,e⁰, tioŋ³⁵ko⁰ȵin²³tɕʰiu³¹tso³³tɕʰi³⁵li⁰ɛn³¹uɛ⁵¹fu³¹tɕʰi³¹.
轻　子拍　门　走　进屋　下,欸,两　个人　就　做起哩恩爱夫妻。

iʔ³³ȵiɛ²³ŋan³⁵,ŋəu³¹lɔŋ²³ŋa³¹kaʔ⁴⁵tseʔ³³ȵi³⁵tɕʰiu³¹tɕiəŋ⁵³li⁰iʔ³³ko³³tse³⁵iʔ³³ko³³ȵi³⁵.sen³¹faʔ⁴⁵
一　瞬　眼，牛郎　啊佮织　女就　供　哩一个仔一个女。生活

li⁰ko⁵³li⁰ŋan³¹han²³ɕin³¹fək⁴⁵.su³¹ɕin³¹ka³¹tʰen³¹ho²³mək⁴⁵.kaʔ³³kue³¹ko⁰tseʔ³³ȵi³⁵sɿ³¹tsʰɿ³¹ha³¹
哩过　哩岸⁼还幸　福。所幸　家庭　和睦。甲⁼盖　个织　女私自　下

fan²³ko⁰sɿ³¹tɕʰin²³peʔ⁴⁵ki³¹ko⁰ia²³lau³⁵tsɿ⁰ɕiəu³¹tɛʔ²li⁰. ȵiək⁴⁵fɔŋ²³tʰai³¹ti⁵¹ki³¹tɕʰiu³¹ma³⁵soŋ³¹
凡　个事情　分　渠个爷老子晓　得哩。玉　皇　大帝渠就　马上

pʰai⁵³tʰiɛn³¹pen³¹tʰiɛn³¹tɕioŋ⁵¹ŋa³¹,e⁰, pʰai⁵⁵li²³kəŋ³¹ŋa⁰,tioŋ³¹vɔŋ²³nɛn⁵⁵ȵin²³ŋa³¹,ha³¹kʰi³³iəu⁵¹
派　天　兵　天　将　啊,欸,派　雷公　啊,龙王　□人　啊,下去要

---

① 汞⁼时：当时。
② 靓⁼靓⁼子：悄悄地

pa³¹tseʔ³³n̠i³⁵tsɔk²kue³¹kʰi⁵¹tʰiɛn³¹hɔŋ⁰kʰi⁵¹. kaʔ³³iu³⁵iʔ²n̠iʔ²a³¹, tʰiɛn³¹ŋa³¹vu³¹tʰiɛn³¹heʔ⁴⁵tʰi³¹.
把 织 女 捉 归 去 天 上 去。甲⁼有一日啊，天 啊乌 天 黑 地。
li²³kəŋ³¹tau³¹tseºiaºtɕin³¹lak⁴⁵, li²³kəŋ³¹hen⁵³tʰiɛn³¹,fəŋ³¹ŋºtsʰeºliº vu⁵³a³¹vu⁵³liº. kue³³koºi³³
雷 公 刀 仔 呀 紧 刐①，雷 公 □ 天，风 欻 吹 哩呜 啊呜 哩。盖⁼个雨
tʰiɛn³⁵neº, vu⁵⁵n̠iɛn²³iʔ³³koʔ⁵¹,nɔŋ³⁵tʰai³¹i³³lɔk⁴⁵a³¹ha³¹li²³. kue³³koºsɿ²³həuºneºtseʔ³³n̠i³⁵tɕʰiu³¹
天 呢，乌年② 一 过，□ 大 雨 落 啊下 来。盖⁼个时候 呢织 女 就
peʔ⁴⁵li²³kəŋ³¹kaʔ²liəŋ³¹vɔŋ²³nɛn⁵⁵n̠in²³ŋa³¹tsɔk⁴⁵a³¹tʰiɛn³¹hɔŋ⁰kʰi⁵¹liº. tiɔŋ³⁵koʔ³³tse³⁵n̠iºieºtɕʰiu³¹
分 雷 公 佮 龙 王 □ 人 啊 捉 啊天 上 去 哩。两 个 仔 女 欻就
hak⁴⁵li²³tɕin³¹tʰi²³, tʰai²³saŋ³¹tɕin³¹vai²³: "n̠iɔŋ²³ŋa³¹! n̠iɔŋ²³ŋa³¹!" kaʔ⁴⁵ŋɯu³¹lɔŋ³¹ŋaºki³¹tɕʰiu³¹
吓 哩紧 啼，大 声 紧 哇："娘 啊！娘 啊！" 甲⁼牛 郎 啊渠就
pəŋ³⁵tsɔk²tiɔŋ³¹koʔ³³tse³⁵n̠iº,tɕi³³teʔ³³tʰuɛn³¹tʰuɛn³¹tsuɛn³⁵mau²³pʰan³¹faʔ². eʔ⁴⁵,kue⁵⁵sɿ²³eº, kue⁵⁵
捧 着 两 个 仔 女，急 得 团 团 转 冇 办 法。欻，盖⁼时欻，盖⁼
sɿ²³eº, o³¹,lau⁵⁵ŋɯuki³¹tɕʰiu³¹tʰək⁴⁵lan³¹kɔŋ⁵⁵n̠in²³fa³¹,ki³¹va³¹:"ŋɯu³¹lɔŋ³¹ŋa³¹,n̠i³¹ŋ²³n̠iəu³³
时欻，哦，老 牛 渠就 突 然 讲 人 话，渠话："牛 郎 啊，你 唔要
tɕi⁴⁵,pa³¹a³¹koºtiɔŋ³⁵tsak⁴⁵ŋɯu²³kɔk⁴⁵na³¹ha³¹li²³,ŋɯu²³kɔk⁴⁵leºki²³uɛ³¹piɛn⁵⁵tsʰen²³tiɔŋ³⁵tsak⁴⁵
急，把 阿个 两 只 牛 角 拿 下 来，牛 角 嘞渠会 变 成 两 只
lo²³, kaʔ⁴⁵ki³¹uɛ³¹fi³¹. fi³¹ia³¹tʰiɛn³¹hɔŋ⁰, eº, ɕi⁵⁵n̠in²³tseºpəŋ³¹ŋa³¹lɔŋ³¹ŋºtsʰo³¹liºieº, ki³¹
箩，甲⁼渠会 飞。飞呀天 上，欻，细人 仔 捧 啊箩 上 欻坐 哩欻，渠
tɕʰiu³¹uɛ³¹sɔŋ³¹tʰiɛn³¹hɔŋºkʰi⁵³kɛn³¹ki³¹koºn̠iɔŋ²³."kaʔ⁴⁵ŋɯu³¹lɔŋ²³kan³¹tau⁵³ŋan³¹han²³tɕʰi²³kuai⁵¹.
就 会 上 天 上 去 跟 渠 个娘。" 甲⁼牛 郎 感 到 岸⁼还 奇 怪。
o³¹,iʔ³³kʰuɛn⁵¹,eʔ⁴⁵,ŋɯu²³kɔk⁴⁵tsen³¹seʔ⁴⁵koºtieʔa³¹tʰi²³ha³¹li²³,piɛn⁵⁵liºtiɔŋ³⁵tsak⁴⁵lo²³,piɛn⁵⁵
哦，一 看， 欻，牛 角 真 实 个 跌 啊地 下 来，变 哩两 只 箩，变
tsʰen²³tiɔŋ³⁵tsak⁴⁵lo²³. kaʔ⁴⁵ŋɯu³¹lɔŋ²³tɕʰiu³¹pa³¹tiɔŋ³⁵koºtse³⁵n̠iºia³¹pəŋ³¹ŋa³¹lo²³hɔŋº, iəŋ³¹tan³¹
成 两 只 箩。甲⁼牛 郎 就 把 两 个仔 女呀 捧 啊箩 上，用 担
kuɛn³¹iʔ⁴⁵kʰai³¹,eʔ⁴⁵,tʰək⁴⁵lan³¹kan³¹iʔ⁴⁵tsʰen³¹fəŋ³¹ŋa³¹tsʰe³¹li²³,eʔ⁴⁵,lo²³eº ɕiɔŋ³¹tsʰaŋ³¹liºieʔ⁴⁵
竿 一 挨， 欻，突 然 间 一 阵 风 啊吹 来，欻，箩 欻像 撑 哩翼
kaʔ⁴⁵,aº, fi³¹ia³¹tɕʰi⁵⁵li²³. fi³⁵ia³¹tʰiɛn³¹hɔŋº,kɛn³¹tsɔk⁴⁵tseʔ³³n̠i³⁵ieºtɕin³¹tɕiək⁴⁵,fi³¹ia³¹fi³¹ia³¹,eº,
甲， 啊，飞 呀 起 来。飞 呀 天 上，跟 着 织 女 欻紧 逐， 飞 呀飞 呀，欻，
i³³ŋan³⁵kuɛn⁵³ki³¹tɕʰiu³¹uɛ³¹tɕiək⁴⁵tau³¹liº. kueºkoºsɿ²³həuºeºpeʔ⁴⁵tʰiɛn³¹hɔŋºkoºvɔŋ²³mu³¹n̠iɔŋ³¹
咦眼 看 渠就 会 逐 到 哩。盖⁼个时候 欻分 天 上 个王 母 娘

---

① 刐：原义为用刀划，此处为闪电不断地闪。
② 此处口误，当为"乌云" [vu⁵⁵vɛn²³]。

n̠iɔŋ²³kʰuɛn⁵³tau³¹li⁰, ki²³ma³⁵sɔŋ³¹ŋe⁰tsʰe³¹tʰɯ²³hɔŋ³¹tʰɐɯ³¹na²³ko⁰faʔ⁴⁵tɕi³¹hɔŋ³¹paŋ³¹li⁰iʔ⁴⁵
娘 看 到 哩,渠马 上 欻在 头 上头 □个发髻上 扴 哩一
kɛn³¹ko⁰tɕin³¹tsʰa³¹,tsʰe³¹ŋɯ³¹lɔŋ²³kaʔ²³tse²³n̠i³⁵ko⁰tsəŋ³¹kan²¹vak⁴⁵li⁰iʔ⁴⁵tʰiəɯ²³iaŋ⁵¹.eʔ⁴⁵,kuɛ⁵⁵
根 个金 钗,在 牛 郎 佮 织 女 个中 间 划 哩一 条 印。欻,盖˭
tʰiəɯ²³iaŋ⁵³ŋe⁰tʰək⁴⁵lan²³piɛn⁵⁵tsʰen²³iʔ⁴⁵tʰiəɯ²³tʰiɛn³¹ho²³,pu³¹lɔŋ⁵³tʰau³¹tʰiɛn³¹,paʔ³¹ŋəɯ³¹lɔŋ²³
条 印欻突然变成 一条 天河,波浪滔天,把牛 郎
ŋa³¹ho²³tseʔ²³n̠i³¹ia³¹kak⁴⁵kʰuɛ³¹li²³.ho²³miɛn³³kʰuɛʔ⁴⁵tɛʔ²le⁰, e⁰, kuɛ⁵³pʰiɛn³¹ŋe⁰kʰuɛn⁵⁵ŋ²³tau³⁵
啊 和织 女呀隔 开 来。河面 阔 得嘞,欻,盖˭片 欻看 唔倒
n̠i⁵³pʰiɛn³¹. kaʔ²³aʔ³⁵ɕiak²aʔ⁰ ki³¹kʰuɛn⁵³li⁰iaʔŋan³¹han²³tʰəŋ³¹tɕʰi²³ki³¹,su³¹i⁵¹ie⁰ki³¹mi³⁵n̠iɛn²³ko⁰,
□片①。甲˭阿鹊 啊渠看 哩呀岸˭还 同 情 渠,所以欻渠每年 个,
a⁰, tɕʰiʔ²³ŋuɛʔ⁴⁵tsʰu³¹tɕʰiʔ⁴⁵han⁵³li⁰tsʰen²³tɕʰiɛn³¹sɔŋ³¹van³¹tsak⁴⁵ko⁰aʔ³⁵ɕiakʔ²fi³¹tau⁵¹tʰiɛn³¹ho²³li⁰,
啊,七 月 初 七 喊 哩成 千 上 万 只 个阿鹊 飞 到 天 河 哩,
iʔ³³tsak⁴⁵ŋaʔ⁴⁵iʔ³³tsak⁴⁵ko⁰mi³¹paʔ³¹,taʔ⁴⁵tsʰen²³li⁰iʔ²tʰiəɯ²³ue⁰ŋan³¹han²³tsʰɔŋ²³ko⁰tʰiɛn³¹ho²³…na³³
一只 啮一只 个尾巴,搭成 哩一条 欻岸˭还 长 个天 河……那
ko⁰ɕiak⁴⁵ho²³, sɿ³¹ŋəɯ³¹lɔŋ²³ho²³tseʔ²³n̠i³⁵ne⁰tʰuen³¹vien²³.kuɛ³³ko⁰ku⁵³sɿ³¹aʔ³¹tɕʰiu³¹kɔŋ⁵⁵van²³
个鹊 河②,使牛 郎 和织 女 呢团 圆。盖˭个故事阿就 讲 完
lio⁰.
[哩哟]。

（程明泉讲述，2016年）

---

① 盖˭片欻看唔倒□n̠i⁵³片：这边看不到那边。
② 此处是发音人口误，应为鹊桥。

第四节

讲述

1. 武溪村的情况

a³¹sʅ³¹vu³¹pʰen²³fɛn³¹tsəŋ³¹san³¹tsen³⁵vu³¹hai³¹tsʰen³¹n̠in²³.vu³¹hai³¹tsʰen³¹sʅ³¹ko⁰sʅ³³miɛn⁵
阿 是 武 平 县 中 山 镇 武 溪 村 人。武 溪 村 是 个 四 面
fan²³san³¹,tu³⁵sʅ³¹liaŋ³⁵kɔŋ³¹,tsəŋ³¹kan³¹fu²³tək⁴⁵tse⁰hɔŋ³¹i²³ko⁵⁵pʰen²³tʰi³¹,i³¹tɕʰiɛn²³kɔŋ³⁵ŋe⁰
环 山, 都 是 岭 岗, 中 间 湖 豚 仔 上 一 个 盆 地, 以前 讲 欸
sʅ³¹"kau³¹san³¹ven⁵⁵fu²³".vu³¹hai³¹tsʰen³¹tsʰen³¹tu²³tʰəɯ⁰iu⁵⁵i²ʰaŋ²³ɕi⁵⁵ho²³tse⁰, iɛn²³tsok²kuɛ³³ko⁰
是 "高 山 揾 湖"。武溪村 村 肚头 有 一行 细河仔,沿 着 盖ᵉ 个
tsʰen³¹ɕiɛn²³hɔŋ⁰tsʰen³¹tu²³tʰəɯ⁰tsəɯ³⁵a³¹ko⁵¹,kuɛ³³ko⁰ ho³¹tʰəɯ²³ko⁰liɔŋ³⁵pʰiɛn³¹liɔŋ³⁵ɕiɔŋ⁵¹ŋe⁰
村 舷 上 村 肚头 走 啊过,盖ᵉ 个 河头 个 两 片 两 向 欸
san³¹li⁰se²⁴⁵fen³¹to³¹vu³¹tsək⁴⁵li⁰, ko³³tɕʰi⁵¹ia³¹, ko³³tɕʰi⁵¹ko⁰sʅ³¹həɯ⁰, ia³³han³³kuɛ³³ko⁰vu³¹hai³¹
生 哩十 分 多 乌竹 哩,过 去 呀, 过去 个 时候, 也 喊 盖ᵉ 个 武溪
tsʰen³¹ŋe⁰tɔŋ³¹sʅ²³e⁰ han³³ko⁰sʅ³¹"vu³¹tsək⁴⁵hai³¹",tɕʰiu³¹m²³sʅ³¹kuɛ³³ko⁰vu³¹hai³¹,han³³tso⁵¹"vu³¹
村 欸当 时欸喊 个 是"乌 竹 溪", 就 唔是 盖ᵉ 个 武溪, 喊 做 "乌
tsək⁴⁵hai³¹".həɯ³¹miɛn⁵¹sʅ²³kan³¹ko⁵³li⁰hau³³tɕiu³⁵ua⁰,ia⁵⁵m²³ɕiəɯ³⁵se²⁴⁵li⁰sʅ²³həɯ⁰,tɕʰiu³¹kuɛ⁵⁵
竹 溪"。后 面 时 间 过 哩好 久 哇,也 唔晓 什 哩时候, 就 改
vi²³vu³¹hai³¹, han³³tso⁵¹vu³¹hai³¹tsʰen³¹.n̠iɛn²³ɕiɛn³¹a³¹lɛn⁰vu³¹hai³¹tsʰen³¹han³³tso⁵¹"vu³¹tsək⁴⁵
为 武溪, 喊 做 武溪村。 原 先 阿□武溪村 喊 做 "乌 竹
hai³¹",həɯ³¹miɛn⁵¹kuɛ⁵⁵vi²³vu³¹hai³¹,vu³¹hai³¹ko⁰miaŋ²³tsʰʅ³¹ko⁰le²³li²⁴⁵e⁰ tɕʰiu³¹sʅ³¹nɔŋ⁵⁵le²³.
溪",后 面 改 为 武溪,武溪 个 名 字 个 来 历 欸就 是 □ 来①。

---

① □nɔŋ⁵⁵来:这么来的。"□"nɔŋ⁵⁵疑为"囊=li⁰"的合音。

a³¹lɛŋ⁰vu³¹hai³¹tsʰen³¹ŋe⁰sʅ³¹ko⁰san³¹tɕʰi³¹,len²³n̠iɛʔ⁴⁵tsʅ⁵⁵n̠iɛn²³,sɛn³¹len²³tsʅ⁵⁵n̠iɛn²³fi⁵⁵sɔŋ²³
阿口武溪村　欸是个山区，林业资源，森林资源非常
fəŋ³¹fu⁵¹,sʅ³¹tɕʰiɛn²³fɛn³¹suɛn³³tɛʔ²tau³⁵ko⁰san³¹len²³tse⁵³to³¹ko⁰tsʰen³¹.a³¹lɛŋ⁰kuɛ³³ko⁰ tsʰen³¹
丰　富，是全　县算　得到个山　林最多个村。阿口盖＝个 村
iu²³i²³kuɛ³³ko⁰len²³n̠iɛʔ⁴⁵tsʅ⁵⁵n̠iɛn²³fəŋ³¹fu⁵¹,ia³⁵tɕʰiu³⁵sʅ³¹kʰau⁵³san³¹tɕʰiak⁴⁵san³¹, hia³⁵, tʰu³⁵
由于盖＝个林业　资源　丰富，也就　是靠山吃　山，口，土
tʰi³¹iɛ⁰ia³⁵sʅ³¹tsʰai³¹tɕʰiɛn²³vɛn³¹suɛn³³tɛʔ³²tau³⁵to³¹.uɛn⁵⁵pʰen²³tɕin³¹su⁵¹,so³¹i⁵¹li⁴⁵lɛ²³tu³³kɔŋ³⁵
地欸也是在全　县　算　得到多。按平　均　数，所以历来都讲
vu³¹hai³¹tsʰen³¹ŋe⁰sʅ³¹hau³⁵tsʰu³¹,hau³⁵tso³³tɕʰiak⁴⁵ko⁰tʰi³¹fɔŋ⁰,iu³⁵tɕʰiak⁴⁵tsʰɔŋ²³,iu³⁵tsʰu³¹tsʰɔŋ²³
武溪村　欸是好住、好做吃　个地方，有吃　场，有住　场
ko⁰tʰi³¹fɔŋ⁰. so³¹i⁵¹a³¹lɛŋ⁰vu³¹hai³¹tsʰen³¹tɕi³⁵pak⁴⁵n̠iɛn³¹lɛ²³tu³⁵ sʅ³¹kʰau³³kuɛ³³ko⁰tɔŋ³¹tʰi³¹ko⁰
个地方。所以阿口武溪村　几百　年　来都是靠　盖＝个当地个
len²³n̠iɛʔ⁴⁵,tɔŋ³¹tʰi³¹ko⁰nəŋ³¹tʰiɛn²³sɛn³¹tsʰen²³. so³¹i⁵¹tɕiai³⁵fɔŋ⁵⁵tɕʰiɛn²³¹tɕin³¹ia³⁵suɛn³³tɛʔ²tau³⁵
林业，当地个农田　生存。所以解　放　前　已经　也算得到
vu³¹hai³¹tsʰen³¹sʅ³¹hau³⁵tso³³tɕʰiak⁴⁵ko⁰tʰi³¹fɔŋ⁰, so³¹i⁵¹m²³muɛ³¹pi³⁵ki³¹lɛŋ⁰kɔk³³tʰəu⁵¹.
武溪村　是好做吃　个地方，所以唔会　比渠口角＝透。

…………

a³¹lɛŋ⁰vu³¹hai³¹tsʰen³¹ŋe⁰iu³⁵sɔŋ³¹ha³¹tsʰen³¹ko⁰kɔŋ³⁵faʔ⁴⁵,ha³¹tsʰen³¹ŋe⁰tɕʰiɛn²³pʰu³¹ɕiaŋ⁵³
阿口武溪村　欸有上下村　个讲法，下村　欸全　部姓
tɕʰiu³¹,a³¹lɛŋ⁰tɕʰiu³¹ka³¹mək⁴⁵tɕʰiɛn²³iu³⁵m³⁵pak⁴⁵n̠in²³tso³⁵iu³¹, tu³⁵sʅ³¹kɔŋ³⁵tɕin³¹ka³¹fa³¹. iu²³
邱，阿口邱　家目前　有五百人　左右，都是讲军　家话。由
a³¹lɛŋ⁰ko⁰iʔ³³sʅ³³tsu³⁵kʰuɛ³¹sʅ³¹ko⁰faʔ³¹tu³³iu³⁵sʅ³³pak⁴⁵to³¹n̠iɛn²³li⁰. so³¹i⁵¹a³¹lɛŋ⁰vu³¹hai³¹ɕiaŋ⁵³
阿口个一世祖开　始个话都有四百　多年　哩。所以阿口武溪姓
tɕʰiu³¹ko⁰li²³³sʅ⁵¹ia³³sʅ³¹iu³³tɕiu³⁵ko⁰. hia³⁵, ko³¹mək⁴⁵tɕʰiɛn²³ŋe⁰a³¹mɛn⁰tɕʰiu³¹ka³¹ko⁰e⁰ tʰək⁴⁵
邱　个历史也是悠久　个。口，哥＝目　前　欸阿们邱　家个欸读
su³¹ko⁰e⁰ tu³⁵pi³¹kau³¹tɕʰiɔŋ⁵³iɔŋ³¹,iu³⁵pɔk⁴⁵sʅ³¹tiɔŋ³⁵ko⁵¹,tʰai³¹hɔk⁴⁵sɛn³¹tɕi³¹ia³¹sɛʔ³³ko⁵¹. sʅ³¹
书个欸都比较像　样，有博士两　个，大学生几呀十个①。是
vu³¹hai³¹tsʰen³¹pi³¹kau³¹tʰək⁴⁵su³¹kɔk⁴⁵to³¹n̠in²³ko⁰. hia³⁵,vu³¹hai³¹tsʰen³¹ko⁰tʰək⁴⁵su³¹,tʰai³¹hɔk⁴⁵
武溪村　比较读书角＝多人个。口，武溪村　个读　书，大学

---

① 几呀十个：好几十个。

sɛn³¹to³¹, a²³tɕʰiu³¹ka³¹sɿ³¹kɔk³³tʰiʔ⁴⁵tsʰeʔ²ko⁰.
生 多，阿邱 家 是 角⁼ 突 出 个。
…………

（邱桂兆讲述，2016年，节选）

2. 传统节日介绍

tɕʰiɛn²³tɕʰiu³¹kəŋ³¹ko⁰tsʰɿ²³ko⁰miaŋ²³i⁵¹ia³¹. tsʰɿ²³ve⁰tɕʰiu³¹iu³⁵i³¹tseºtsʰɿ²³, tʰuɛn²³tɕi³¹tseº
前 就 讲 个 糍 个 名 义呀。糍 喂就 有 芋仔糍，团 箕 仔
tsʰɿ²³,tsʰen³¹tsʰen²³kau³,han²³iu³⁵ne³³koº²³mi³⁵tsʰɿ²³,iu³⁵vɔŋ²³pan³⁵tsʰɿ²³,iu³⁵ne³³koºtsʰu³¹iɛʔ⁴⁵
糍，层 层 糕， 还 有 那 个 禾 米 糍， 有 黄 板 糍， 有 那 个 苎 叶
tsʰɿ²³,tsʰɿ²³pa³¹,han²³iu³⁵tau⁵⁵liɛn³¹tsʰɿ²³, han²³iu³⁵ne³³koºkau³⁵tɕiɔŋ³¹mi⁵⁵tsʰɿ²³, kuai³⁵tseºtsʰɿ²³,
糍， 糍 粑， 还 有 到 炼 糍①， 还 有 那 个 搅 浆 米 糍， 蜗 仔 糍，
han²³iu³⁵iɛʔ⁴⁵tseºtsʰɿ²³, iu³⁵no³¹miºkoº, iu³⁵tsɛn³¹miºkoº. no³¹miºieºtɕʰiu³¹tsʰɿ²³pa³¹, ȵiu³³tau³⁵
还 有 叶 仔 糍， 有 糯 米 个， 有 粘 米 个。糯 米 欸 就 糍 粑， 扭 朵
kəŋ³¹tsʰɿ²³. kuɛ³³koºtɕʰiu³¹sɿ³¹kuɛ³³tiɔŋ³⁵iɔŋ³¹tɕʰiu³¹tɕiɛn²³pʰu³¹no³¹miºtso⁵¹,han²³iu³⁵sen³¹ha³¹
公 糍②。盖⁼ 个 就 是 盖⁼ 两 样 就 全 部 糯 米 做， 还 有 剩 下
koºi⁵⁵tɕʰiɛn²³koºtɕʰiu³¹sɿ³¹tsɛn³¹miºkoº. fan³¹tsen⁵¹ŋeºiʔ⁴⁵ȵiɛn²³ŋeºnɔŋ³⁵to³¹ko³³tɕiɛʔ³³ȵiʔ⁴⁵eº tu³⁵
个 以 前 个 就 是 粘 米 个。反 正 欸一年 欸 □ 多 个 节 日 欸都
sɿ³¹ko³³ko³³tɕiɛʔ⁴⁵tək⁴⁵uɛ³¹tso³³tɛʔ⁴⁵iʔ⁴⁵iɔŋ³¹tseºtsʰɿ²³.tau⁵³liºko³³tɕiɛʔ⁴⁵sɿ³¹həɯºeº kak⁴⁵tɕʰiɛn³¹
是 个 个 节 都 会 做 得 一 样 仔 糍。到 哩 过 节 时 候 欸隔 前
tʰəɯ²³ȵiʔ⁴⁵tɕʰiu³¹kʰuɛ³¹sɿ³¹tso⁵⁵tsʰɿ²³,tso⁵⁵tau³¹li²³eº tʰi³¹lu³¹ȵiʔ⁴⁵eº a³¹vɔŋºiəɯ³³ko³³tɕiɛʔ⁴⁵.iu³¹
头 日 就 开 始 做 糍， 做 到 来 欸第 二 日 欸阿□ 要 过 节。 又
iəɯ³³saʔ³a ʔ⁴⁵tseº, iu³¹iəɯ³³saʔ⁴⁵ki³¹kəŋ³¹, iu³¹iəɯ³³tsu³¹ȵiɔkº, tso⁵⁵tsʰɿ²³tɕʰiu³¹tso³³ŋ³¹tau³⁵. kak⁴⁵
要 杀 鸭 仔，又 要 杀 鸡 公， 又 要 猪 肉， 做 糍 就 做 唔 到。 隔
tɕʰiɛn²³iʔ³³ȵiʔ⁴⁵tɕʰiu³¹kʰuɛ³¹sɿ³¹tso⁵⁵tsʰɿ²³, kuɛ⁵³tɕʰiu³¹a³¹lɛnºkoºtsʰuɛn²³tʰəŋ³¹tɕiɛʔ³³ȵiʔ⁴⁵.
前 一 日 就 开 始 做 糍， 盖⁼ 就 阿□ 个 传 统 节 日。

iʔ⁴⁵ȵiɛn²³veºtsen³³ŋuɛʔ⁴⁵tɕʰiu³¹kʰuɛ³¹sɿ³¹,ko⁵⁵ȵiɛn²³tɕʰiu³¹tsen³³ŋuɛʔ⁴⁵,ko⁵³liºtɕʰiu³¹lu³¹ŋuɛʔ⁴⁵
一 年 喂 正 月 就 开 始,过 年 就 正 月， 过 哩 就 二 月
lu³¹,ko⁵³liºtɕʰiu³¹tɕʰiaŋ³¹miaŋºtɕiɛʔ⁴⁵,ko⁵³liºtɕʰiu³¹sɿ³³ŋuɛʔ³³paʔ⁴⁵, ko⁵³liºtɕʰiu³¹ŋ³⁵ŋuɛʔ³³tɕiɛʔ⁴⁵,
二，过 哩 就 清 明 节， 过 哩就 四 月 八， 过 哩就 五 月 节，

---

① 到炼糍：即"黄板糍"。因做此糍时需要翻来覆去揉搓，当地称为"到来到去，炼去炼转"，故名"到炼糍"。今新派一般据其颜色称为"黄板糍"。

② 扭朵公糍：做成像耳朵模样的糍。

ko⁵³li⁰ tɕʰiu³¹tək³³ŋuɛʔ³³tək⁴⁵.i⁵⁵tɕʰiɛn²³sɿ³¹iu³⁵,liəɯ³¹mi³⁵sɿ³¹in³¹vi²³iʔ³³ko³³ɕi⁵⁵n̠in⁰tse⁰,tʰiaŋ³¹
过 哩就 六月 六。以前 是有，了 尾① 是因为一个 细人仔，听
koŋ³⁵ki³¹i⁵⁵tɕʰiɛn²³foŋ³³li⁰i³³tsau³¹ua³¹,foŋ³³li⁰soŋ³¹tsɿ⁰e⁰ki³¹koŋ³⁵ke⁰ɕi⁵⁵n̠in⁰tse⁰e⁰ tsu³⁵fan³¹tsu³⁵
讲 渠以前 放 哩意遭 哇，放 哩上 子欸渠讲 个细人仔欸煮饭 煮
fan³¹soŋ³¹tsɿ⁰tsɔn⁵³ ŋa⁰ko³¹tʰəɯ⁰hoŋ³¹,i³⁵həɯ²³kuɛ⁵¹tək³³ŋuɛʔ³³tək⁴⁵e⁰ tɕʰiu³¹pʰai³¹tsʰu²³tiəɯ⁵³li⁰.
饭 上 子纵⁼② 啊锅 头 上，以后 盖⁼六月 六欸就 排 除 掉 哩。
tɕʰiu³¹han²³soŋ³⁵ɕin³¹ŋo⁰,tɕʰiu³¹mau²³kuɛ⁵¹tək³³ŋuɛʔ³³tək⁴⁵li⁰. kuɛ³³iu³⁵ko³³tɕʰiʔ³³ŋuɛʔ³³tɕiɛʔ⁴⁵,
就 还 伤 心 哦，就 冇 盖⁼六月 六哩。盖⁼有个 七月 节，
iʔ³³ko³³paʔ³³ŋuɛʔ³³tɕiɛʔ⁴⁵, iʔ³³ko³³tɕiu³⁵ŋuɛʔ³³tɕiɛʔ⁴⁵, tɕʰiu³¹tsʰəŋ³¹ioŋ²³tɕiɛʔ⁴⁵, iʔ³³ko⁵³se²³iʔ³³
一个八月 节， 一个 九月 节， 就 重 阳 节， 一过十一
ŋuɛʔ⁴⁵tɕʰiu³¹han²³iu³⁵iʔ³³ko³³tɕiɛʔ⁴⁵,tɕʰiu³¹ne³³ko⁰tɕiɛʔ⁴⁵,ko⁵⁵ioŋ³¹n̠iɛn²³,ioŋ³¹n̠iɛn²³ko⁵¹li⁰tɕʰiu³¹
月 就 还 有一个节， 就 那个节， 过阳年， 阳年 过哩就
ko³³tsʰen³¹tɕiɛʔ⁴⁵.ko³³lau⁵⁵n̠iɛn²³, tʰai³¹n̠iɛn²³,tɕʰiu³¹han²³ko³³tsʰen³¹tɕiɛʔ⁴⁵li⁰, a³¹lɛn⁰n̠in²³han³³
过春 节。过老年③，大年， 就 喊 过春 节 哩,阿□人 喊
"ko⁵⁵tʰai³¹n̠iɛn²³".iʔ⁴⁵n̠iɛn²³ŋe⁰tɕʰiu³⁵noŋ³⁵to³¹ko³³tɕiɛʔ³³n̠iʔ⁴⁵,mi³⁵iʔ³³ko³³tɕiɛʔ⁴⁵e⁰tʰai³¹ka⁵⁵
"过 大 年"。一年 欸就 有□多个 节 日， 每一个 节 欸大 家
n̠in²³tu³⁵uɛ³¹tso⁵⁵tsʰɿ²³tso³³ko³⁵, saʔ⁴⁵ki³¹saʔ²³aʔ⁴⁵, saʔ⁴⁵tʰəɯ²³saŋ³¹. tʰai³¹ka³³tək⁴⁵ko⁵³tɛʔ²seʔ⁴⁵
人 都 会 做 糍 做 粿， 杀 鸡 杀 鸭， 杀 头 牲。大 家都 过得 十
fen³⁵pʰai³¹tsʰɔŋ²³.
分 排 场。

tsaŋ³⁵n̠iɛʔ⁴⁵tʰai³¹ka³³ku³⁵tɕi³¹uɛ⁵⁵li²³,ka³¹ vɛ⁰tɕʰiu³¹tsʰɿ³¹tʰəɯ²³saŋ³⁵,tso³³tɕiɛn³⁵pan³¹,tso³³
正 月 大家姑姊会来,加⁼喂就 治④ 头 牲，做 煎 粄，做
ko³⁵tsɿ⁰a⁰, a³¹lɛn⁰han³³"tso³³ko³⁵tsɿ⁰". no³¹mi⁰tso³³ko⁰, ŋan³¹ŋuɛn³⁵,na³¹iu²³iʔ⁴⁵tɕʰiɛn³¹. kuɛ⁵³
粿 子啊,阿□喊 "做 粿子"。糯 米做 个，岸⁼软， 拿油一煎。 盖⁼
ha³¹vɛ⁰tau³³ŋuɛʔ³³puen⁵¹.tsaŋ³¹ŋuɛʔ⁰seʔ³³m³⁵tɕʰiu³¹ko³³ne³³ko⁰, seʔ⁴⁵san³¹ŋo⁰, seʔ⁴⁵san³¹, a³¹lɛn⁰
下 喂到 月 半。 正 月 十五就 过那个，十三哦，十三，阿□
tsaŋ³¹ŋuɛʔ⁴⁵seʔ⁴⁵san³¹tɕʰiu³¹"soŋ³⁵tɛn³¹",tɕiɛʔ³³n̠iʔ⁴⁵ŋan³¹han²³tʰai³¹.kuɛ⁵³lau³¹tsu³¹tsɔŋ³⁵tsʰɛn²³
正 月 十三就 "上 灯"， 节 日 岸⁼还 大。盖⁼老祖宗 传

---

① 了尾：后来。

② 纵⁼：头朝下摔倒。

③ 老年：春节，与"新年"（元旦）相对。

④ 治：杀，客家话词。

ha³¹li²³tu³³iu³⁵kuɛ³³ko⁰seʔ⁴⁵san³¹.seʔ³³tɕiu³⁵tɕʰiu³¹"ɕia³¹tɛn³¹"ŋa⁰. seʔ⁴⁵san³¹tɕʰiu³¹"sɔŋ³⁵tɛn³¹",
下 来 都 有 盖⁼个 十 三。十 九 就 "下 灯"啊。十 三 就 "上 灯",
uɛn³³tsɤɯ⁵⁵pʰai²³tsɤɯ⁵⁵pʰai²³tʰai²³ko⁰ɕiɛn³¹tsʰeʔ³³sɿ⁵³ko⁰kɔk⁴⁵tʰai³¹ko⁰tɕʰiu³¹ɕiɛn³¹pʰai²³.tsʰeʔ³³
按 照 排 照 排 大 个 先 出 世 个 角⁼ 大 个 就 先 排。出
sɿ⁵³ko⁰tɕʰiu³¹"tʰɤɯ²³tɛn³¹""lu²³tɛn³¹""san³¹tɛn³¹""sɿ⁵³tɛn³¹",tɕʰiu³¹pʰai²³tau³³seʔ³³tɕʰiu³⁵,seʔ³³
世 个 就 "头 灯""二 灯""三 灯""四 灯", 就 排 到 十 九, 十
tɕiu³⁵tɕʰiu³¹"ha³¹tɛn³¹".kuɛ³³ko⁰iʔ⁴⁵tʰuɛn³¹sɿ²³kan³¹ŋe⁰n̻i²³n̻iʔ⁴⁵iɤɯ³³tau³³tsʰɿ³¹tʰɔŋ⁰ha³¹a⁰, a³¹
九 就 "下 灯"。盖⁼个 一 段 时 间 欸日 日 要 到 祠 堂 下啊,阿
lɛn⁰sɿ³¹iu³⁵tsʰɿ³¹tʰɔŋ⁰,tɕʰiu³¹ka³¹tsʰɿ³¹tʰɔŋ⁰,iɤɯ³³tau³³nau⁵¹ kʰi⁵³ sɤɯ³¹ɕiɔŋ³¹.san³¹sɛn³¹tɕin⁵¹,tʰɔŋ²³
□ 是 有 祠 堂, 邱 家 祠 堂, 要 到 □① 去 烧 香。三 牲 敬, 糖
ko³⁵, kau³¹piaŋ⁰, fan³¹tʰɤɯ⁰,ɕiɔŋ³¹tsɿ³⁵,laʔ³³tsək⁴⁵, kʰai³¹tau³¹iʔ⁴⁵tan³¹.pau⁵³tsʰəŋ³¹, iu³⁵tʰai³¹pau⁵³
果、糕 饼、香 豆、香 纸、蜡 烛, 挍 到 一 担。爆 铳, 有 大 爆
tsʰəŋ³¹,ɕi³³pau⁵³tsʰəŋ³¹,tɕʰiɛn²³pʰu³¹n̻in²³tʰai³¹ka⁰n̻in²³han iu³⁵kɔk⁴⁵ka³¹ko⁰ɕiɤɯ³¹pʰen²³iu⁵¹,pau⁵³
铳, 细 爆 铳, 全 部 人 大 家 人 还 有 各 家 个 小 朋 友,爆
tsʰəŋ³¹iʔ³³fɔŋ⁵¹,tʰai³¹ka³⁵tɕʰiu³¹uɛ³¹li²³tɕiɛn⁵⁵tʰɔŋ²³tse⁰,tɕiɛn³⁵kuɛ³³ko⁰fan³¹tʰɤɯ⁰,tʰɔŋ²³tse⁰,tsʰəŋ⁵³
铳 一 放, 大 家 就 会 来 捡 糖 仔,捡 盖⁼个 番 豆、糖 仔、冲
liɛn³¹tsɿ⁰, tʰəŋ³³tʰəŋ³³tək³³iu³⁵. faʔ³³peʔ⁴⁵kuɛ³³ko⁰ɕiɤɯ⁵⁵pʰen²³iu⁵¹,ŋan³¹to³³ɕi⁵⁵n̻in⁰tse⁰uɛ³¹li²³
连 子②, 通 通 都 有。发 分 盖⁼个 小 朋 友,岸⁼ 多 细 人 仔会 来
tɕiɛn³⁵təŋ³¹tɕʰiak⁴⁵, tɕiɛn⁵⁵tʰɔŋ²³tse⁰iaʔ, tɕʰiu³¹uɛ³¹li²³tʰɛn⁵³ho³¹ a⁰. tau⁵³ li⁰ seʔ³³ m̥³⁵ ko⁵³
捡 东 西 吃, 捡 糖 仔呀,就 会 来 □ 伙③啊。到 哩十 五 过
li⁰seʔ³³tɕiu³⁵tɕʰiu³¹"ha³¹tɛn³¹",tɕʰiu³¹iɤɯ⁵¹paʔ³¹kuɛ³³ko⁰tɛn³¹ŋa⁰tɕʰiu³¹iɤɯ⁵¹na³⁵sɤɯ³¹liɤɯ⁰.sɤɯ³¹
哩十 九 就 "下 灯", 就 要 把 盖⁼个 灯 啊就 要 拿 烧 了。烧
li⁰i³⁵hɤɯ³¹e⁰ ha³¹iʔ⁴⁵n̻iɛn²³ŋe⁰tʰiɛn³¹tɛn³¹iu³¹kɛn⁵³vɔŋ³¹, iu³¹kɛn⁵³to³¹tɛn³¹. kuɛ⁵³sɿ³¹iɤɯ⁵⁵nan²³
哩以 后 欸下 一 年 欸添 丁 又 更 旺, 又 更 多 丁。盖⁼是 要 男
tɛn³¹tsaŋ³³iu³⁵sɔŋ³¹,n̻i³⁵tɛn³¹mau²³sɔŋ³¹.kuɛ³¹liʔ⁴⁵tɕʰiu³¹nɔŋ³¹li⁰tsɿ⁰. iɤɯ⁵³tʰiɛn³¹nan²³tɛn³¹,tʰiɛn³¹
丁 正 有 上, 女 丁 冇 上。规 律 就 囊⁼哩子。要 添 男 丁, 添
n̻i³⁵tɛn³¹ŋe⁰tɕʰiu³¹mau²³"sɔŋ³¹tɛn³¹".tsu³⁵tsəŋ³¹tu³³iu³⁵tiɛn³¹tseʔtsʰəŋ²³nan²³tɕʰin³¹n̻i³⁵ko⁰sɿ³⁵ɕiɔŋ³¹
女 丁 欸就 冇 "上 灯"。祖 宗 都 有 点 仔重 男 轻 女 个 思 想

---

① □nau⁵¹: 那里。疑为"闹⁼窝⁼"的合音。

② 冲连子: 上灯时用的一种花炮。一节芒冬梗, 一节硝线, 连在一起, 点着后一飞冲天, 故名"冲连子"。

③ □tʰɛn⁵³伙: 凑热闹。

ŋa⁰. i⁵⁵tɕʰiɛn²³fɔŋ⁵⁵li²³ia⁰, ka³¹tɕʰiu³¹iɯ⁵⁵nan²³tɛn³¹pʰai²³ha³¹a⁰, muɛ⁵³tsŋ⁰in²³mau²³ua⁰,muɛ⁵³
啊。以前　　放　来呀,加ᵌ就　要　男丁　排　下　啊,妹　子人　冇　哇,妹
tsŋ⁰in²³mau²³"sɔŋ³⁵tɛn³¹"ŋa, tɕʰiu³¹iɯ⁵⁵nan²³tɛn³¹tsaŋ³³iu³⁵"sɔŋ³⁵tɛn³¹" ŋa⁰. seʔ³³tɕiu³⁵tɕʰiu³¹
子人　冇　"上　灯"啊,就　要　男　丁　正　有"上　灯"　啊。十　九　就
"ɕia³¹tɛn³¹"ŋa⁰.
"下　灯"啊。

  tɕiɛʔ⁴⁵ha³¹li²³han²³iu³⁵iʔ³³koˀ⁵¹lu³¹ŋuɛʔ⁴⁵lu³¹. lu³¹ŋuɛʔ⁴⁵lu³¹tɕʰiu³¹tʰai³¹ka³⁵tso³³n̩iɛʔ⁴⁵tsʅ²³,
　　接　下　来还　有一个二月　二。二月　二就　大　家做　捏　糍,
ɕiu³⁵tɕin³¹n̩iɛʔ⁴⁵ko⁰n̩iɛʔ⁴⁵tsʅ²³.n̩iɛʔ⁴⁵tsʅ²³tso⁵³li⁰ko³¹ha⁰tɕʰiu³¹san³¹ŋuɛʔ⁰,san³¹ŋuɛʔ⁰tɕʰiu³¹ko⁵⁵
手　紧　捏　个捏　糍。捏　糍做　哩哥ᵌ下就　三　月,三　月就　过
tɕʰiaŋ³¹miaŋ⁰.tɕʰiaŋ³¹miaŋ⁰tɕiɛʔ⁴⁵tʰai³¹ka⁰uɛ³¹tso³³ko⁵³tsʰuʔ³¹iɛʔ⁴⁵tsʅ²³. tsʰuʔ³¹iɛʔ⁴⁵tsʅ²³e⁰ tɕʰiu³¹
清　明。清　明节　大　家会　做个苎　叶　糍。苎　叶　糍 欸就
na³¹tsak⁴⁵a³¹tau³⁵li²³,ɕin³¹kuɛn³¹hɔŋ³¹tuɛn⁵³ŋa³¹tau⁵⁵li²³, iɛʔ⁴⁵nɛʔ⁴⁵a³¹tau⁵⁵li²³,　na³¹kuɛn³³fi⁵³
拿　摘　啊倒　来,心　肝　上　断　啊倒　来,叶　□　啊倒　来①,拿　滚　水
iʔ⁴⁵sau²³,sau²³li⁰ieʔ⁰tɕʰiu³¹na³³kʰi³³fen³⁵,na³³kʰi³³n̩iʔ⁴⁵,fɔŋ⁵⁵iɛn²³ia³¹tso³³tɛʔ³³,fɔŋ⁵⁵tʰɔŋ²³ia³¹tso³³
一　缏,缏　哩欸就　　拿　去粉,拿　去入,放　盐　也做　得,放　糖　也做
tɛʔ⁴⁵,fɔŋ⁵³li⁰ieʔ⁰tɕʰiu³¹na⁵⁵tsʅ²³kʰəw³¹ua⁰,tɕʰiu³¹kʰi³³ta³⁵,ta³⁵li⁰tɕʰiu³¹tɕiʔ⁴⁵ liʔ⁰, tso³³li⁰tsʅ²³e⁰
得, 放　哩欸就　　拿　糍臼　哇,就　　去打,打　哩就　吉ᵌ②　哩,做　哩糍 欸
tɕʰiu³¹ŋan³¹han²³tɕʰiɤ⁵³tsen³¹liʔ⁰.　tɕʰiu³¹tɕʰiaŋ³¹,ɕiɐk⁴⁵tɕʰiaŋ³¹,han³³tso³³"tɕʰiak⁴⁵tɕʰiaŋ³¹miaŋ⁰
就　岸ᵌ还　俏　整　哩。就　青,　续ᵌ青③,　喊　做"吃　清　明
tsʅ²³",han³³tso⁵³tɕʰiu³¹"ko⁵³tɕʰiaŋ³¹".tɕʰiaŋ³¹miaŋ⁰tɕiɛʔ⁴⁵,tɕʰiu³¹han³³tso³³"tɕʰiak⁴⁵tɕʰiaŋ³¹tsʅ²³".
糍",喊　做就　　"过　青"。清　明节,　就　喊　做"吃　青　糍"。

  tɕiɛʔ⁴⁵ha³¹li²³koˀ⁵³liʔ⁰ieʔ⁰tɕʰiu³¹sʅ³³ŋuɛʔ²³paʔ⁴⁵,tʰai³¹fi³⁵kɔŋ³¹pʰuʔ²³saʔ⁴⁵.koˀ³³tɕʰi⁵³ieʔ⁰tɕʰiu³¹taʔ³¹
　　接　下　来过　哩欸就　　四　月　八,大　水　扛　菩　萨。过去　欸就　　打
haʔ³¹liʔ²iʔ⁴⁵haŋ²³tsɔŋ³¹suʔ⁰uaʔ⁰,tɕʰiu³¹na³¹li²³tʰiɤ⁵³pʰu²³saʔ⁴⁵.n̩i³³ko⁰sʅ³hɤɯ⁰ia³⁵uɛ³¹lɔk⁴⁵tʰai³¹i³⁵,
下　来一　行　樟　树　哇,　就　拿　来　刿④ 菩　萨。□ 个时　候　也会　落　大　雨,
ia³⁵uɛ³¹se³⁵luʔ³¹. pʰuʔ²³saʔ⁴⁵tʰiɛn³¹hɔŋ⁰ki³¹tɕʰiu³¹uɛ³¹lɔk⁴⁵ha³¹li²³,lɔk⁴⁵liʔ⁰tɕʰiu³¹taʔ³¹liʔ⁰iʔ⁴⁵haŋ²³tsɔŋ³¹
也会　洗路。菩　萨　天　上　渠就　　会落　下　来,落　哩就　　打　哩一　行　樟

---

① 心肝上断啊倒来,叶□nɛʔ⁴⁵啊倒来：苎麻芯掐下来,叶子摘下来,意指摘下最嫩的苎麻叶。
② 吉ᵌ：软韧。
③ 续ᵌ青：碧绿。
④ 刿：雕刻。

suºvɛºtɕʰiu³¹na³¹li²³tʰiəɯ³¹pʰu²³saʔ⁴⁵,tʰiəɯ³¹tau³¹liºkuɛ⁵⁵pʰu²³saʔ⁴⁵liºsəŋ³¹tsŋ³¹eº tʰai³¹kaºtɕʰiu³¹
树喂就 拿来剡 菩萨， 剡 到 哩盖⁼菩 萨 哩上 子欸大 家就
uɛ³¹tɕin⁵³li³¹. kuɛ⁵⁵pʰu²³saʔ⁴⁵iaʔ⁴⁵seʔ⁴⁵fen³¹len²³n̩ien³¹,han³³tsoº"ɕien³¹sŋ³¹kəŋ³¹kəŋ³¹".ki³¹eº
会 敬 礼。盖⁼菩 萨 也 十 分 灵 验， 喊 做 "仙 师 公 公"。 渠欸
tsʰe³¹a³¹lɛnºtsʰen³¹hɔŋºli²³kəŋ³⁵ŋeº,kuɛ³³koºtɕiɛʔ³³n̩iʔ⁴⁵seʔ⁴⁵fen³¹tʰai³¹,han³³ta³⁵tɕiəɯ⁵¹a³¹puen³¹
在 阿口村 上来讲 欸,盖⁼个节 日 十 分 大, 喊 打 醮 啊般
liº. tʰai³¹kaºin²³tu³³tau⁵³a³¹lɛnºtsʰen³¹hɔŋºli²³koʔ³³kuɛʔ³³tɕiɛʔ³³n̩iʔ⁴⁵.iʔ³³koʔ³³tsen³⁵tɔŋ³⁵tsəŋ³¹
哩。大 家人 都 到 阿口村 上来过盖⁼个 节 日。一个 镇 当 中
ŋeºseʔ⁴⁵fen³¹səɯ³⁵, tɕʰiu³¹a³¹vu³¹hai³¹tsaŋ³³iu³⁵. kuɛ³³tɕiɛʔ³³n̩iʔ⁴⁵tʰai³¹kaʔ⁵⁵n̩in²³tu³³uɛ³¹li²³, tɕi³¹
欸 十 分 少， 就 阿武溪 正 有。盖⁼节 日 大 家人 都 会 来, 基
pen³⁵hɔŋ³¹mi³⁵kaʔ³³miʔ³⁵fu³¹tuʔ³³tɕi³⁵iaʔ³¹ tsɔŋ³³tsɔk⁴⁵kºkʰak⁴⁵n̩in²³li²³tau⁵³a³¹lɛnºkoʔ³¹tɕʰiak⁴⁵. kaʔ²³
本 上 每 家 每 户 都 几 呀 张 桌 个 客 人 来 到 阿口哥⁼吃。 嘎⁼
a³¹lɛnºŋeºiʔ³³tsʰeʔ⁴⁵tɕʰiu³¹tsoʔ³³kuɛ⁵⁵vɔŋ²³pan³⁵tsʰŋ²³.vɔŋ²³pan³⁵tsʰŋ²³eºtɕʰiu³¹iʔ³³təɯ³³miʔ³⁵tɕʰiu³¹
阿口 欸一 直 就 做 盖⁼黄 粄 糍。 黄 粄 糍欸 就 一 斗 米就
tsʰəŋ³¹san³¹sen³¹noʔ³¹miº, uɛ³³koºhuɛ³¹ieºtɕʰiu³¹iəɯ³³kʰi³³əɯ³⁵. na³³koºvɔŋ²³pan³⁵sai²³tseºhuɛ³¹
冲 三 升 糯 米, 煨 个 灰 欸 就 要 去 泅。 拿 个 黄 粄 柴 仔 灰
əɯ³³tau⁵⁵li²³na³³kʰi³³faʔ⁵¹,faʔ⁵³tɕʰiaŋ³¹li²³faʔ³³pʰak⁴⁵li²³,faʔ⁵³liºieºtɕʰiu³¹n̩iʔ³³koºha³¹pien³¹ sai²³ieʔ⁴⁵
泅 倒 来 拿 去 化, 化 净 来 化 白 来, 化 哩 欸 就 口个 夏⁼边⁼ 柴 叶,
na³¹koʔ³¹tʰəɯºhɔŋ³¹kʰi⁵⁵ven²³,ven²³liºieºtɕʰiu³¹na³¹kʰi⁵⁵len²³,len²³tsʰeʔ⁴⁵huɛ³¹fiº,iəɯ³³ ten²³ tau³³
拿 锅 头 上 去 炆, 炆 哩欸就 拿 去 淋, 淋 出 灰 水,要 口①到
lɔk³³tɕiɔk⁴⁵li²³,ten²³liaŋ²³tʰiʔ³¹li²³,tʰen²³tau⁵⁵li²³tɕʰiu³¹na³¹kʰi³³tɕin³³miʔ³⁵.iʔ³³təɯ³³miʔ³⁵tɕʰiu³¹tsʰəɯ³⁵
落 脚 来, 口伶 俐 来, 澄 倒 来就 拿 去 浸 米。一斗 米 就 凑
san³¹sen³⁵noʔ³¹miº,tsʰəɯ³³tauʔ⁵⁵li²³tsoʔ⁵³liºieºkuɛ⁵⁵tsʰŋ²³tɕʰiu³¹seʔ⁴⁵fen³¹tɕiʔ⁴⁵n̩in³¹, tɕiʔ⁴⁵ku³¹tɕiʔ⁴⁵
三 升 糯 米, 凑 倒 来做 哩 欸 盖⁼糍 就 十 分 吉⁼ 韧,吉⁼古 吉⁼
n̩in³¹,tɕʰiu³¹ŋ³¹ɕiəɯ³³tɕiʔ³³tɕʰiəɯ⁵¹.kuɛ⁵³ha³¹tsoʔ³³liºieºkuɛ³³koºtsʰŋ²³iaʔ⁴⁵seʔ⁴⁵fen³¹hau³⁵tɕʰiak⁴⁵,
韧, 就 唔 晓 几 俏。 盖⁼下 做 哩欸盖⁼个 糍 也 十 分 好 吃,
tan³¹sŋ²³iʔ⁴⁵n̩ien²³tɔŋ³¹tsəŋ³¹ŋeºtɕʰiu³¹sŋ³¹kuɛ³³iʔ³³koºtɕiɛʔ⁴⁵kɔk³³iu³⁵tsoʔ³³kuɛ³³koºtsʰŋ²³koº. ki³
但 是一 年 当 中 欸就 是 盖⁼一个 节 角 有 做 盖⁼个 糍 个。渠
koºtsʰŋ²³tsoʔ²³liºieºiaʔ⁴⁵seʔ⁴⁵fen³¹tɕʰiak⁴⁵ɕiŋ³¹ŋoº, iaʔ⁴⁵seʔ⁴⁵fen³¹hau³⁵tɕʰiak⁴⁵,tɕiʔ⁴⁵ku³¹tɕiʔ⁴⁵n̩in³¹.
个 糍 做 哩欸也十 分 吃 香 哦,也 十 分 好 吃, 吉⁼ 古 吉⁼韧。

———

① 口ten²³: 沉淀。

kuɛ⁵³ha³¹e⁰ tʰai³¹kaºȵinºtu³¹ue³¹li²³tɔŋ³¹tsʅ⁰e⁰ təu³¹ki³¹lɛnºtɕʰiak⁴⁵,ia³¹iəu⁵¹təu³¹ki³¹lɛnºkue³¹.
盖⁼下 欸大 家人 都会来当 子欸兜 渠□吃， 也要 兜 渠□归。
ko³¹li²³liºiu³⁵kʰak⁴⁵ȵin²³tɔŋ³¹tsʅ⁰e⁰ tʰai³¹kaºȵinºtɕʰiu³¹təu³¹tsʰʅ²³ki³¹lɛnºkue³¹ioº,səŋ³³kʰi³³səŋ⁵³
哥⁼来哩有客 人 当 子欸大 家人就 兜 糍 渠□归 哟,送 去 送
tsɛn³¹ŋoº. i?³³ko³³tɕiɛ?³³ȵi⁴⁵tɕʰiu³¹ŋ³¹ɕiəu³³tɕi³⁵iɔŋ³¹ŋoº.
转 哦。一个节 日 就 唔晓 几 穰 哦。

…………

sʅ³³ŋuɛ?³³pa⁴⁵sʅ³¹suen³³i?⁴⁵ȵien²³tɔŋ³¹tsəŋ³¹tʰi⁵³ tʰai³¹ koº i?³³ko³³tɕiɛ?³³ȵi⁴⁵,tau⁵³liºtək³³
四月 八 是算 一年 当 中 替=①大 个一个节 日,到 哩六
ŋuɛ?⁴⁵tɕʰiu³¹mau²³ȵi³³koºuaº, tək³³ŋuɛ?³³tək⁴⁵a³¹lɛnºko³¹sʅ³¹mau²³ko⁵³liaº. in³¹vi²³tsʰe?liºsʅ³¹
月 就 冇 □个哇,六 月 六 阿□哥⁼是冇 过 [哩呀]。因为出 哩事
tɕʰin²³,tɕʰiu³¹ŋ²³ko⁵³liaº. tɕʰi³³ŋuɛ?⁴⁵,tɕʰi?³³ŋuɛ?⁴⁵sʅ³¹han³³tso³³"kue³⁵tɕiɛ?⁴⁵",ko³³tɕʰi⁵¹sʅ³¹
情， 就 唔过 [哩呀]。七 月， 七 月 是喊 做 "鬼节"， 过 去 是
kɔŋ³³"kue³⁵tɕiɛ?⁴⁵".ha³⁵,kuɛ³³koºeº tʰai³³kaia³⁵tɕʰiu³¹tso³³tien³⁵tseºtsʰʅ²³,sa?³³tien³⁵tseºa?⁴⁵tseº.
讲 "鬼 节"。哈,盖⁼个 欸大 家也就 做 点 仔糍， 杀 点 仔鸭仔。
pa?³³ŋuɛ?³³tɕiɛ?⁴⁵eº tɕʰiu³¹han⁵¹"tʰuen³¹vɛn²³tɕiɛ?⁴⁵", tʰuen³¹vɛn²³tɕiɛ?⁴⁵eº tɕʰiu³¹ka³³tsʰe?⁴⁵
八 月 节 欸就 喊 "团 圆 节", 团 圆 节 欸就 嫁 出
koºkuˈ³¹tɕi³¹iu³⁵tɛ?²koˈ⁵³pa³¹tseºueˈ³¹koˈ³³tɕiɛ?⁴⁵.i³¹i²³ia³⁵ueˈ³¹li²³,kʰi³³kuɛ²³liºtsen³⁵ŋai³¹kaˈ³¹aº.
个姑 姊 有得 个把 仔会 来 过节。 姨姨也会 来,去 □哩转 外 家 啊。
ki³¹tso⁵⁵tsʰʅ²³tɕʰiak⁴⁵aº, sa?⁴⁵tʰəu²³saŋ³¹ŋº, ŋa³⁵, ki³¹iaº, a?⁴⁵aº, tsu³¹ȵiək⁰aº, tək³³iu³⁵kuɛ³³
渠做 糍 吃 啊,杀 头 牲 啊,啊, 鸡呀, 鸭 啊,猪 肉 啊,都 有 盖⁼
koºtɕʰiu³¹ueˈ³¹li²³koˈ³³tɕiɛ?⁴⁵.
个就 会来过节。

ko³¹ha³¹i?³³koˈ³³tɕiu³⁵ŋuɛ?³³tɕiɛ?⁴⁵,tsʰəŋ³¹iɔŋ²³tɕiɛ?⁴⁵,tʰai³¹kaºia?⁴⁵sʅ³¹nɔŋ³¹liºko³³tɕiɛ?⁴⁵.tau⁵³
哥⁼下一个 九 月 节, 重 阳节, 大 家也 是 囊⁼哩过节。 到
liºse?³³ŋuɛ?⁴⁵tɕʰiu³¹mau²³ȵi³³koºaº, se?³³i?³³ŋuɛ?⁴⁵tɕʰiu³¹iu³⁵i?³³koˈ³³han³³"ko⁵⁵iɔŋ³¹ȵien²³",iɔŋ²³
哩十 月 就 冇 □个啊,十 一 月 就 有一个喊 "过阳年", 阳
li?⁴⁵sʅ³¹han³³koˈ³³tsʰu³¹i?⁴⁵,a³¹lɛnºȵin²³sʅ³¹koˈ³³san³¹se?³³i?³³ȵi?⁴⁵.koˈ³³san³¹se?³³i?⁴⁵koºuaº,kuɛ⁵³
历 是喊 做 初 一,阿□人 是 过 三 十 一日。过 三 十 一个哇,盖⁼

---

① 替⁼:疑为"第一"的合音。

sɿ³¹iɔŋ³¹ȵiɛn²³ŋa⁰. tʰi³¹tɕʰiɛn²³iʔ³³ȵiʔ⁴⁵han³³"ko⁵⁵iɔŋ³¹ȵiɛn²³",iu³⁵ko³³tɕiɛʔ³³ȵiʔ⁴⁵.ko³¹ua³¹tɕiɛʔ⁴⁵
是 阳 年 啊。提前 一 日 喊 "过阳年"，有个节 日。哥⁼哇 接
ha³¹kʰi³³seʔ⁴⁵lu³¹ŋueʔ⁴⁵tɕiu³¹iu³⁵iʔ³³ko³³kue³³ko⁰tsʰen³¹tɕiɛʔ⁴⁵.tsʰen³¹tɕiɛʔ⁴⁵sɿ³¹tʰai³¹ka⁰ȵin⁰tu³³
下 去 十 二 月 就 有 一 个 盖⁼个春 节。春 节是大 家 人 都
iu³³ko⁵³ko⁰. tsʰen³¹tɕiɛʔ⁴⁵sɔŋ³¹tsɿ⁰ia³⁵mau³¹han²³ŋo⁰. lu³¹seʔ⁴⁵ŋ³⁵tɕʰiu³¹kau³¹ȵiɛn²³ka⁵¹, kau³¹
有 过 个。春 节 上 子 也 冇 闲 哦。二 十 五 就 交 年 架①，交
ȵiɛn²³ka⁵¹kau³¹li⁰ȵiɛn²³ka⁵¹i³⁵həɯ³¹e⁰ tʰai³¹ka⁰tɕʰiu³¹tso³³tʰəɯ³¹fu⁰, tso³³ko³⁵tsɿ⁰, ko³¹ha³¹tɕʰiu³¹
年 架 交 哩 年 架 以后 欸大 家 就 做 豆 腐，做 粿子，哥⁼下 就
saʔ⁴⁵ȵiɛn²³tsu³¹.kʰue⁵⁵sɿ²³tʰai³¹ka³¹ȵin⁰tɕʰiu³¹vu³¹li⁰ŋan³¹mau³¹han²³ŋo⁰. iəɯ³³tso⁵³tau³¹tɕi³⁵to³¹
杀 年 猪。盖⁼时大家人就 舞 哩岸⁼冇 闲 呃。要 做 到 几多
tseʔtsʰɿ²³li²³,iəɯ³³tso⁵³tau³¹tɕi³⁵to³¹tseʰ⁰ɕiək²tau³¹tɕi³⁵to³¹tseʰ⁰tʰəɯ²³saŋ³¹li²³ko⁵⁵ȵiɛn²³.mi³⁵iʔ³³ko⁵⁵
仔 糍 来，要 做 到 几 多 仔 畜 到 几 多 仔 头 牲 来过年。每一个
ȵiɛn²³ŋ⁰tʰai³¹ka³⁵tu³³ko⁵³tɛʔ²seʔ⁴⁵fen³⁵pʰai³¹tsʰɔŋ²³.tau⁵³li⁰tsen³³ŋueʔ⁵sɔŋ³¹tsɿ⁰tʰai³¹ka⁰ȵin⁰
年 欸大 家都过得十 分 排 场。到 哩正月 上 子 欸大 家人
iu³¹sɿ³¹kɔŋ³¹tɕʰiaŋ³⁵kʰak⁴⁵.tau⁵³li⁰tsaŋ³¹ŋueʔ⁰sɔŋ³¹tsɿ⁰, tsaŋ³¹ŋueʔ⁰,a³¹lɛn⁰han⁵³"tsaŋ³¹ŋueʔ⁰".tsaŋ³¹
又是讲 请 客。到哩正 月 上 子, 正 月, 阿口喊 "正 月"。正
ŋueʔ⁴⁵veʰ⁰ia³⁵sɿ³¹tʰai³¹ka⁰ȵin⁰han³³tɕʰiaŋ³⁵kʰak⁴⁵,ia³⁵sɿ³¹tɕʰiaŋ³⁵kʰak⁴⁵kʰi⁵³li⁰. kue⁵³tɕʰiu³¹sɿ³¹iʔ⁴⁵
月 喂也是大 家人喊 请 客，也是 请 客 去 哩。盖⁼就 是一
ȵiɛn²³tau³³mi³⁵ko⁰tɕiɛʔ³³ȵiʔ⁴⁵.
年 到尾个节 日。

（邱荣凤讲述，2016年，节选）

3．风俗习惯（1）

m³¹,tɕiɛʔ⁴⁵ha³¹kʰi⁵¹a³¹kaʔ⁵ki³¹kɔŋ³⁵a³¹tseʰ⁰ȵi³³ko⁰tɕiɛʔ⁴⁵fen³¹ŋo⁰. tɕʰiɔŋ⁵³a³¹lɛn⁰nəŋ²³tsʰen³¹
嗯，接 下去 阿倷 渠 讲 啊仔口个 结 婚 哦。像 阿口农村
hɔŋ³¹ŋo⁰,tɕʰiɔŋ⁵³i³¹tɕʰiɛn²³a⁰, tɕiɛʔ⁴⁵fen³¹sɿ³¹iəɯ⁵³ȵi³³ko⁰ua⁰,iəɯ³¹tʰəŋ³¹ko⁵¹ȵin²³ka³¹tɕiai⁵⁵səɯ²³
上 哦，像 以前 啊,结 婚 是要 口个 哇,要 通 过人家介 绍
ua⁰,m²³pi³⁵tɛʔ⁴⁵ko³¹həɯ³¹saŋ³¹ȵin²³ŋa³¹, tɕʰien²³pʰu³¹tək⁴⁵tsʰɿ³¹liu²³lien³¹ue⁵¹ia⁰, hia³⁵, tɕʰiɔŋ⁵³
哇，唔比得哥⁼后 生 人啊，全 部 都自流②恋爱呀，口，像
a³¹lɛn⁰tɔŋ³¹sɿ²³ȵiɛn³¹ha³¹ tseʰ⁰veʰ⁰han²³iəɯ⁵³ȵin³³ka³³ȵi³³ko⁰, ȵin²³ka³³tɕiai⁵⁵səɯ²³.tɕiai⁵⁵səɯ³¹
阿口 当 时愿⁼下③仔喂还 要 人 家口个，人家介 绍。介 绍

---

① 交年架：农历十二月二十五日，是日开始进入备年货、迎新年、送年礼的新年预备阶段。

② 自流：口误，当为"自由"。

③ 愿⁼下：那会儿。

ȵin²³ŋe⁰ki³¹iəɯ⁵³ɕien³¹ȵi³³ko⁰,ki³¹iəɯ³³i?⁴⁵puen³¹li²³koŋ³¹ki³¹ti³³muɛ⁵³tsŋ⁰sŋ³¹kɔk³³ɕiəɯ³⁵tɛ?⁴⁵ko⁰.
人 欸渠要 先 □ 个,渠要 一 般 来讲 渠对妹 子是 角⁼ 晓 得 个。
kuɛ⁵³ha³¹e⁰ ki³¹tau³³nan²³fɔŋ³¹koŋ³⁵,koŋ³⁵pe?⁴⁵ȵi³¹ȵi³³ko⁰muɛ⁵³tsŋ⁰ko⁰tɕi⁵³tʰi³¹tɕʰin²³kʰoŋ⁵¹.koŋ³⁵
盖⁼ 下 欸渠到男 方 讲, 讲 分 你 □ 个妹 子个具 体 情 况。讲
liəɯ⁰ki³¹iu³¹han²³iəɯ³³tau³³muɛ⁵³tsŋ⁰ȵin²³ȵi⁵³ioŋ³¹ia³¹iəɯ³³tɕiai³³koŋ³⁵ŋa³¹tse⁰nan²³fɔŋ³¹ko⁰tɕi⁵³
了 渠又 还 要 到 妹 子 人 □ 样 也 要 介 讲 啊 仔男 方 个具
tʰi³¹tɕʰin²³kʰoŋ⁵¹.tioŋ³⁵ko⁵⁵ȵin²³tək⁴⁵kʰo³¹i⁵¹ko⁰tɕʰin²³kʰoŋ³⁵ha³¹tɕiu³¹iəɯ⁵³tʰəŋ³¹ko³³ȵi³³ko⁰i?³³
体 情 况。两 个 人 都 可 以 个 情 况 下 就 要 通 过 □ 个 一
ko⁵¹"ɕiəɯ³¹kʰuɛn⁵¹"."ɕiəɯ³¹kʰuɛn⁵¹"lio⁰ i?⁴⁵puen³¹iəɯ³³tai³³tsʰai⁵¹.i³¹tɕʰien²³li⁰ia⁰hau³¹tɕʰioŋ⁵³
个 "小 看"。"小 看" [哩哟]一 般 要 带 菜。以前 哩呀好 像
sŋ³¹no³¹li⁰tse⁰:ȵi³¹tsʰai³³tai³³kʰi⁵¹lio⁰, ȵi³⁵fɔŋ³¹ŋo⁰, ki³¹tsʰai⁵¹uɛ³¹tsu³⁵,suɛ?⁴⁵men²³tɕʰiu³¹iu³⁵
是 挪⁼ 哩仔:你 菜 带 去 [哩哟],女 方 哦, 渠菜 会 煮, 说 明 就 有
kuɛ³³ko⁰i³³sŋ⁰, ki³¹ŋ²³tsu³⁵hau³¹tɕʰioŋ⁵³tɕʰiu³¹mau²³kuɛ³³ko⁰i³³sŋ⁰. "ɕiəɯ³¹kʰuɛn⁵¹"kʰuɛn⁵³li⁰io⁰,
盖⁼ 个意思, 渠 唔煮 好 像 就 冇 盖⁼ 个意思。"小 看" 看 哩哟,
tɕiɛ?⁴⁵ha³¹kʰi⁵³io⁰tɕʰiu³¹iu³⁵ȵi³³ko⁰"ɕiəɯ³³koŋ³⁵".kuɛ⁵³tɕʰiu³¹ko⁵³li⁰ie⁰tɕʰiu³¹"tʰai³¹koŋ³⁵"."tʰai³¹
接 下 去哟就 有 □ 个"小 讲"。盖⁼ 就 过 哩欸就 "大 讲"。"大
koŋ³⁵"soŋ³¹kan³¹hau³¹tɕʰioŋ⁵¹sŋ³¹iəɯ³³ȵi³³ko⁰ka?³³ȵi³¹fɔŋ³¹ȵi³³ko⁰ka³¹tsoŋ³⁵koŋ³⁵ȵi³³ko⁰mau²³?
讲" 上 间 好 像 是 要 □ 个 佮 女 方 □ 个 家 长 讲 □ 个 冇?
ȵi³³ko⁰tsʰai³³li³⁵nɛn⁵⁵ȵin²³ŋa⁰,tɕʰioŋ³⁵tɕʰiu³¹iəɯ³³fu⁵¹lio⁰. "tʰai³¹koŋ³⁵"ko⁵³lio⁰ tɕʰiu³¹tɛn³⁵
□ 个彩 礼 □ 人 啊,抢⁼① 就 要 付 [哩哟]。"大 讲" 过 [哩哟]就 等
ha³¹tɕiɛ?⁴⁵ha³¹li³¹tɕʰiu³¹ȵi³³ko⁰tɕiɛ?⁴⁵fen³¹tɕʰiaŋ³⁵kʰak⁴⁵ko⁰sŋ³¹li⁰.
下 接 下 来就 □ 个结 婚请 客 个事哩。
tɕiɛ?⁴⁵ha³¹kʰi⁵¹"tʰai³¹koŋ³⁵","tʰai³¹koŋ³⁵"ŋe⁰ki³¹sŋ³¹iəɯ⁰ȵi³³ko⁰muɛ³¹ȵin⁰pʰo²³a⁰ka?³³ȵi³³
接 下 去"大 讲", "大 讲" 欸渠是 要 □ 个媒 人 婆 啊佮 □
ko⁰sɔŋ³¹fɔŋ³¹ko⁰ka³¹tsoŋ³⁵tau⁵⁵nan²³ka³¹ko⁰ka³¹tsoŋ³⁵,ia²³lau³⁵tsŋ⁰ȵioŋ²³ŋa⁰,iəɯ³³tai³³tau⁵⁵ȵi³³ko⁰
个 双 方 个家 长 到 男 家 个家 长, 爷老 子 娘 啊,要 带 到 □ 个
ȵi³⁵fɔŋ³¹ko⁰vək⁴⁵ha³¹,kʰi³¹koŋ³⁵ȵi³³ko⁰sɔŋ³¹tʰəŋ²³tɕioŋ⁵³tsŋ⁰ li²³ȵi³³ko⁰,pʰan³¹kuɛ³³ko⁰, i?⁴⁵ha³¹
女 方 个屋 下, 去讲 □ 个商 同 酱⁼ 子来 □ 个,办 盖⁼ 个, 一下
tɕʰiu³¹iəɯ³³koŋ³⁵fen³¹ɕioŋ³¹li²³ko⁰. tsŋ³¹pʰiəɯ⁵¹iəɯ³³fu⁵¹tɕʰiu³¹iəɯ³³fu⁵¹. kuɛ⁵³e⁰ nan²³fɔŋ³¹ŋe⁰
就 要 讲 分 相② 来 个。纸 票 要 付 就 要 付。盖⁼ 欸男 方 欸

———
① 抢⁼:差不多,这时候。
② 讲分相:说清楚。

tɕʰiu³¹iəɯ³³kaʔ³³n̠i³¹ko⁰n̠i³⁵fɔŋ³¹ŋa⁰,iəɯ³³mai³³kai³³tsl̩³⁵a⁰, ɕiɔŋ³¹liɛn³¹nɛn⁵⁵n̠in²³no³¹li⁰li²³ko⁰.
就　要　佮ᵈ□个女方啊,要　买　戒　指啊,项　链　□ 人　挪ᵈ哩来个。
ne³³ko⁰kuɛ³³ko⁰tɕi³³pak⁴⁵kɔŋ³⁵tsaŋ⁵¹lio⁰,　　tɕʰiu³³iəɯ³³tɕiɛʔ⁴⁵ha³¹kʰi⁵¹n̠i³³ko⁰tɕʰiaŋ³⁵kʰak⁴⁵ko⁰.
那 个 盖ᵈ个 几 百 讲 正①[哩哟],就　要　接　下去　□个请　客　个。
n̠i³⁵fɔŋ³¹kuɛ⁵⁵tʰəɯ²³ko⁰tɕʰiaŋ³⁵kʰak⁴⁵,tɕiɔŋ⁵³tsl̩⁰n̠i³³ko⁰iu³⁵tɕi³⁵to³¹tsɔŋ³¹tsɔk⁴⁵a⁰, fɛʔ⁴⁵tsa³¹sl̩³¹iu³⁵
女 方　盖ᵈ 头　个　请　客, 酱ᵈ 子□个有几多张　桌　啊,或　者 是 有
seʔ⁴⁵li⁰təŋ³¹ɕi³¹ia³¹, kuɛ³¹tɕʰiu³³iəɯ³³iʔ⁴⁵ha³¹kɔŋ³⁵,kɔŋ³⁵lio⁰ kuɛ⁵³tɕʰiu³¹nan²³fɔŋ³¹tai³³tsʰai⁵¹han²³
什 哩东　西 呀,盖ᵈ 就　要　一 下讲, 讲[哩哟]盖ᵈ 就　男　方　带 菜　还
sl̩³¹tsʰeʔ³³tɕiɛʔ⁴⁵fu⁵³tsl̩³¹pʰiəɯ⁵¹iaʔ⁴⁵kʰo³¹i⁵¹. ki³¹ko⁰n̠i³⁵fɔŋ³¹ko⁰kʰak⁴⁵tɕʰiaŋ³⁵ha³¹kʰi⁵¹lio⁰,
是 直　接　付纸票　也 可 以。渠个女方 个 客 请　下 去[哩哟],
ko³¹ha³¹tɕʰiu³¹iəɯ³³tau³³n̠i³³ko⁰nan²³fɔŋ³¹vək⁴⁵ha³¹tɕʰiaŋ³⁵kʰak⁴⁵lio⁰. ki³¹lɛn⁰n̠i³⁵fɔŋ³¹vək⁴⁵
哥ᵈ 下 就　要 到 □个男　方　屋　下 请　客[哩哟]。渠□女方 屋
ha³¹tɕʰiu³¹iəɯ³³n̠i³³ko⁰,pi³¹lu²³kɔŋ³¹nan²³fɔŋ³¹tɕiɛʔ⁴⁵fɛn³¹n̠i⁵³n̠iʔ²,iʔ⁴⁵kuʔ¹va³¹ tʰəɯ²³n̠iʔ⁴⁵,tɕʰiu³¹
下 就　要　□个,比 如 讲 男　方　结　婚　□日, 抑 估 话② 头　日, 就
n̠i³⁵fɔŋ³¹va³¹tɕʰiu³¹"tsʰeʔ³³ka⁵¹".tsau³¹tau³³nan²³fɔŋ³¹vək⁴⁵ha³¹,iʔ⁴⁵pan³¹li²³kɔŋ³¹ŋe⁰tu³³iu³⁵iʔ³³
女 方 话就　"出　嫁"。找 到　男　方　屋　下, 一 般　来 讲 欸都 有 一
ko³³"n̠iaʔ⁴⁵"."n̠iaʔ⁴⁵"li⁰tu³³iəɯ³³kʰi³³tɕiɛn³⁵n̠i³³ko⁰n̠iʔ⁴⁵tsl̩⁰a⁰, tu³³iu³⁵sl̩³¹tsʰen²³.tɕi³⁵to³¹tiɛn³⁵
个 "人"③。"人" 哩都　要　去　捡　□个日　子 啊,都 有 时　辰。 几 多点
tsʰeʔ⁴⁵men²³,tau⁵⁵nan²³fɔŋ³¹vək⁴⁵ha³¹tɕi³⁵to³¹tiɛn³⁵tɕin⁵⁵men²³.iʔ³³ko⁰sl̩³¹tsʰen²³iu³⁵təɯ³¹sl̩³¹tsʰen²³
出　门, 到　男　方　屋　下 几 多点　进　门。 一 个 时 辰 有 兜　时 辰
ŋe⁰iu³³təɯ³¹n̠i³³ko⁰,pi³¹lu²³kɔŋ³¹hau³⁵tsʰɔŋ²³ko⁰tɕʰin²³kʰɔŋ⁵³ha³¹o⁰, tɕʰiu³¹iəɯ³³tau⁵⁵nan²³fɔŋ³¹
欸 有 兜　□个,比 如 讲 好　长　个 情　况　下哦,就　要　到 男　方
vək⁴⁵ha³¹təŋ³¹kaŋ³¹o⁰, n̠i³⁵fɔŋ³¹ŋeiəɯ⁵⁵tɕʰiu²³iəɯ³³tɛn³³hau³³tɕiu³⁵o⁰. ko³¹aº laʔ⁴⁵tau³¹tən³¹ha³¹
屋　下 当　间 哦,女 方 欸要　求　要　等　好　久　哦。哥ᵈ 啊腊ᵈ 到　冬　下
tən³¹tse⁰ ie⁰li³³ko⁰n̠in²³fu³¹n̠iɔŋ⁰tse⁰e⁰ tɕʰiu³¹uɛ³¹tən⁵³sl̩³¹a⁰. iəɯ⁵³tɛn³¹tau³¹iʔ⁴⁵pan³¹li²³kɔŋ³¹
当 仔④ 欸□个人　妇　娘　仔欸就　会　冻　死 啊。要　等　到　一 般　来 讲
n̠iʔ⁴⁵sl̩⁰tʰəɯ⁰tsəɯ³¹tsʰen⁰tʰəɯ⁰kɔk⁴⁵iu³⁵tɕin⁵⁵men²³.iu³⁵tɛʔ²e⁰, i³⁵vɔŋ³¹li²³kɔŋ³¹e⁰, kɔŋ³¹va³¹tɕi³⁵
日 时头　朝　晨　头　角ᵈ 有 进　门。 有 的 欸,以 往　来 讲 欸,讲 话 几

---

① 讲正:讲好。
② 抑估话:或者。
③ 此处为客家话音,指新娘进男方家的各种仪式。
④ 腊ᵈ到冬下当仔:碰到冬天的时候。

ia³¹tiɛn³⁵tsəŋ³¹tɕʰiu³¹iəɯ³³tsʰeʔ⁴⁵mɛn²³.muɛ⁵³tsŋ⁰ɲin²³a⁰ tau⁵³li⁰nan²³fəŋ³¹vək⁴⁵ha³¹,e⁰, iu³⁵tsʰa³¹
也˭点 钟 就 要 出 门。妹 子 人 啊到 哩男 方 屋 下，欸, 有 车
tɕʰiu³¹iu³¹tɛʔ²tsʰa³¹həŋ⁰uɛ³⁵, iu³¹ŋ²³kan³¹tɕin³³kʰi⁵¹,iʔ⁴⁵tʰen³¹iəɯ²³tau⁵⁵li⁰sŋ³¹sen²³səŋ³¹kaŋ³¹tsak⁴⁵
就 有 得 车 上 □①，又 唔敢 进 去，一 定 要 到 哩时 辰 上 间 正
tɕin³³kʰi⁵¹.tau⁵⁵li⁰sŋ³¹sen²³ko⁰sŋ²³həɯ⁰tɕin⁵⁵mɛn²³koʔsŋ²³həɯ⁰iu³¹ɲi³³koʔa⁰, han²³iu³⁵ɲi³³ko⁰…tɕin³³
进 去。到 哩时 辰 个 时候 进 门 个 时候 又 □ 个啊,还 有 □ 个……进
kʰi⁵¹tsʰeʔ³³tɕiɛʔ⁴⁵tau³³ɲi³³koʔtʰiaŋ³¹ha³¹kʰi³³pai⁵⁵tʰəŋ²³,pai⁵⁵tʰəŋ²³i³⁵həɯ³¹koʔha³¹e⁰ tɕʰiu³¹iəɯ³³
去 直 接 到 □ 个厅 下 去 拜 堂，拜 堂 以后 哥˭下 欸就 要
ɲi³³ko⁰tɕin⁵⁵tʰəŋ³¹fəŋ²³.
□ 个 进 洞 房。

（邱煜彬讲述，2016年，节选）

4．风俗习惯（2）

a³¹lɛn⁰vu³¹hai³¹muɛ⁵³tsŋ⁰kaʔsəŋ³¹kaŋ³¹iu³⁵ko⁰fəŋ³¹ɕiək⁴⁵ɕi²³kuɛn⁵¹,vək⁴⁵ha³¹tʰiaŋ³¹tse⁰həŋ⁰
阿□ 武溪 妹 子嫁 上 间 有 个风 俗 习 惯，屋 下 厅 仔 上
iəɯ³³fəŋ³³iʔ²³ko⁵¹tʰai³¹pʰa³¹lan⁰,tʰai³¹ko⁰pʰa³¹lan⁰. pʰa³¹lan⁰tu³¹li³⁵tʰəɯ⁰iəɯ³³fəŋ³³iʔ²³ko³³tau³⁵,
要 放 一 个大 箥 篮,大 个 箥 篮。箥 篮 肚 里头 要 放 一 个斗,
han²³iəɯ³³fəŋ³³iʔ⁴⁵tsəŋ³¹tʰen²³i³⁵. ə⁰, muɛ⁵¹tsŋ²¹tsʰəŋ²³ləɯ²³həŋ³¹pen³¹ɲin²³tɕʰien³¹ha³¹li²³ko⁰səŋ³¹
还 要 放 一张 藤 椅。呃,妹 子 从 楼 上 分 人 牵 下 来个 上
kaŋ³¹tɛn³⁵ki³¹tsʰo³¹aʔpʰa³¹lan⁰həŋ³¹.paʔ³³paʔ³⁵kaʔ⁴⁵ki³¹tsak⁴⁵səŋ³¹fəŋ³¹hai²³,ə⁰, han²³iu³⁵fəŋ³¹i³¹səŋ⁰.
间 等 渠坐 啊箥 篮 上。爸 爸 佮 渠着 上 红 鞋，呃,还 有 红 衣裳。
laʔ³³mi³⁵vɛ⁰vək⁴⁵ha³¹ko⁰ɲin²³ia³⁵təɯ³¹peʔ⁴⁵ki³¹san³¹ko⁵¹san³¹kok⁴⁵tʰuɛ³¹.san³¹kok⁴⁵tʰuɛ³¹vɛ⁰fen³¹
蜡˭尾 喂屋 下 个 人 也 兜 分 渠三 个 三 角 袋。三 角 袋 喂分
pʰiɛʔ⁴⁵ə⁰, iʔ²³ko⁵¹san³¹kok⁴⁵tʰuɛ³¹sŋ³¹təɯ³¹li²³tsəŋ³¹tsəŋ³⁵tsŋ⁰,iu³⁵naʔ³koʔtʰəɯ³¹tsŋ³³tsəŋ³⁵,kək³³
别 呃,一 个 三 角 袋 是 兜 来 装 种 子,有 那 个 豆 子 种、谷
tsəŋ³⁵,ə⁰, han²³iu³⁵fan³¹tʰəɯ⁰nɛn⁵⁵ɲin²³.tʰi³¹tiəŋ³⁵koʔtʰuɛ³¹tse⁰vɛ⁰sŋ³¹tsuɛn³¹mɛn²³iəŋ³¹li²³tsəŋ³³
种，呃,还 有 番 豆 □ 人。第 二 个 袋 仔 喂是 专 门 用 来 装
fəŋ²³pau³¹ko⁰. tʰi³¹san³¹ko⁵¹tʰuɛ³¹tse⁰tɕiu³¹ə⁰ sŋ³¹tsəŋ³¹fan³¹tʰəɯ⁰,tʰəŋ²³tse⁰,ə⁰, han²³iu³⁵fəŋ²³tsau³⁵
红 包 个。第 三 个 袋 仔就 呃是 装 番 豆、糖 仔,呃,还 有 红 枣

---
① □uɛ³⁵: 玩儿，此处指在车上逗留。

nɛn⁵⁵ȵin²³.tʰi³¹san³¹ko⁵³tʰuɛ³¹tse⁰vɛ⁰tɕiu³¹sʅ³¹təɯ³¹peʔ⁴⁵ɕin³¹ȵin⁰,lan²³həɯ³¹ki³¹ɕin³¹ȵin⁰ko⁰fəŋ³¹
□人。第三个袋仔喂就是兜分新人,然后渠新人个红
i²³sɔŋ⁰hɔŋ³¹iu³⁵ko⁰nəɯ³⁵tsʅ⁰,ko³¹i³³kʰəɯ⁵³ua³¹nəɯ³⁵tsʅ⁰hɔŋ³¹.tɛn³⁵ki³¹tau⁵³li⁰nan²³fəŋ³¹nau³¹tse⁰
衣裳上有个纽子,可以扣啊纽子上。等渠到哩男方闹⁼仔①
vɛ⁰pai⁵⁵li⁰tʰɔŋ²³tsʅ³⁵həɯ³¹,ki³¹tɕiu³¹kʰo³¹i³⁵san³³peʔ⁴⁵nan²³fəŋ³¹ko⁰ɕi⁵⁵ȵin⁰tse⁰tɕʰiak⁴⁵.ə⁰, tɛn³⁵
喂拜哩堂之后,渠就可以散分男方个细人仔吃。呃,等
ki³¹kuɛ⁵³tɕi³¹təɯ³¹tu³³tsen³⁵pʰi³¹hau³⁵li⁰io⁰,tɛn³⁵ɕin³¹ȵin⁰tseʔ⁴⁵men²³sɔŋ³¹ŋan³¹,ki³¹tʰəɯ³¹na²³hɔŋ³¹
渠盖⁼几兜都准备好哩哟,等新人出门上间,渠头□上
iəɯ⁵³təŋ³¹ iʔ³³ko⁵⁵fəŋ²³pʰa⁵¹,ə⁰, tʰəɯ²³pʰa⁵¹.kuɛ³³ko⁰tʰəɯ²³pʰa⁵¹sʅ³¹iu²³fəŋ²³pu⁵¹,lan²³həɯ³¹sɔŋ³¹
要东⁼②一个红帕,呃,头帕。盖⁼个头帕是由红布,然后上
tʰəɯ⁰sʅ³¹tso³³iʔ³³ko⁵¹fa³¹a⁰ nɔŋ³¹li⁰tse⁰,tɛn³⁵ki³¹təŋ³¹ŋa³¹tau³¹li²³,lan²³həɯ³¹tɕiu³¹nɔŋ³¹li⁰tse⁰
头是做一个画啊囊⁼哩仔,等渠东⁼啊到来,然后就囊⁼哩仔
tsʰeʔ⁴⁵men²³.
出门。

（邱林芳讲述，2016年）

---

① 闹⁼仔：那儿，那里。
② 东⁼：（用头）顶。

参考文献

曹志耘　2001　关于濒危汉语方言问题,《语言教学与研究》第1期。

[宋]陈彭年等　1982　《宋本广韵》张氏泽存堂本影印,北京:北京市中国书店。

陈晓锦　2004　一个属于闽方言的军话,《中国语文研究》第1期。

陈云龙　2005　从"旧时正话"看明代官话,《语文研究》第1期。

陈云龙　2006　《旧时正话研究》,北京:中国社会科学出版社。

崔希亮　2000　人称代词及其称谓功能,《语言教学与研究》第1期。

[宋]丁　度等编　1985　《集韵》,上海:上海古籍出版社。

福建省武平县县志编委会编　1993　《武平县志》,北京:中国大百科全书出版社。

汉语大字典编辑委员会　1995　《汉语大字典》,成都:四川辞书出版社、武汉:湖北辞书出版社。

洪　军、洪炳东　2013　《古镇拾萃》,北京:中国旅游出版社。

黄婷婷　2009　广东丰顺客家方言的差比句,《方言》第4期。

黄晓东　2007　汉语军话概述,《语言教学与研究》第3期。

黄雪贞　1994　客家方言的词汇和语法特点,《方言》第4期。

黄雪贞编纂　1995　《梅县方言词典》,南京:江苏教育出版社。

李　蓝　2003　现代汉语方言差比句的语序类型,《方言》第3期。

李　荣　1979　温岭方言的连读变调,《方言》第1期。

李　荣　1982　《音韵存稿》,北京:商务印书馆。

李　荣主编　2002　《汉语方言大词典》,南京:江苏教育出版社。

李如龙　2001　《汉语方言的比较研究》,北京:商务印书馆。

李如龙主编　2001　《汉语方言特征词研究》，厦门：厦门大学出版社。

李如龙、张双庆主编　1992　《客赣方言调查报告》，厦门：厦门大学出版社。

李如龙、张双庆主编　1997　《动词谓语句》，广州：暨南大学出版社。

李如龙、张双庆主编　1999　《代词》，广州：暨南大学出版社。

李永明　1999　双方言区宁远方言的词尾、词腰及其他，《汉语方言共时与历时语法研讨论文集》，广州：暨南大学出版社。

练春招　1998　客家方言词汇比较研究，广州：暨南大学博士学位论文。

练春招　2000　从词汇看客家方言与赣方言的关系，《暨南学报》第3期。

练春招　2009　客家方言的几个方位词，《客家方言研究》，福州：福建人民出版社。

练春招　2013　福建武平岩前客家方言的"牯"字，《方言》第3期。

练春招、侯小英、刘立恒　2010　《客家古邑方言》，广州：华南理工大学出版社。

梁玉璋　1990　武平县中山镇的"军家话"，《方言》第3期。

林镜贤　1992　武平所考之一二，《龙岩师专学报》第2期。

林立芳、邝永辉、庄初升　1995　闽、粤、客方言共同的方言词考略，《韶关大学学报》第3期。

林清书　1989　闽西方言与闽西移民史，《龙岩师专学报》第3期。

林清书　1991　武平方音记略，《龙岩师专学报》第1期。

林清书　2000　武平中山军家话与赣方言，《韶关大学学报》增刊。

林清书　2004　《武平方言研究》，福州：海峡文艺出版社。

林清书　2011　再说武平中山军家话与客赣方言的关系，《龙岩学院学报》第4期。

刘纶鑫主编　1999　《客赣方言比较研究》，北京：中国社会科学出版社。

吕叔湘主编　1980　《现代汉语八百词》，北京：商务印书馆。

罗常培　1989　《语言与文化》，北京：语文出版社。

〔美〕罗杰瑞著，张惠英译　1995　《汉语概说》，北京：语文出版社。

罗竹风主编　1997　《汉语大词典》，上海：汉语大词典出版社。

潘家懿　1998　军话与广东平海"军声"，《方言》第1期。

丘学强　2005　《军话研究》，北京：中国社会科学出版社。

邵　宜　2004　从赣方言看表示动物雌雄语素的词性及其功能，《江西师范大学学报》第5期。

邵　宜　2006　客赣方言"名词+雌/雄语素"结构不表雌雄现象探析,《广西师范大学学报》第1期。

施其生　1995　论广州方言虚成分的分类,《语言研究》第1期。

施其生　2012　闽南方言的比较句,《方言》第1期。

万　波　2009　《赣语声母的历史层次研究》,北京:商务印书馆。

汪国胜　2000　湖北大冶方言的比较句,《方言》第3期。

汪化云　2013　团风方言中的"轻声读阴去"现象,《语言学论丛》(第四十七辑),北京:商务印书馆。

王福堂　1998　关于客家话和赣方言的分合问题,《方言》第1期。

王福堂　1999　《汉语方言语音的演变和层次》,北京:语文出版社。

王士元　1995　语言变异和语言的关系,《汉语研究在海外》,北京:北京语言学院出版社。

王旭东　1992　北京话的轻声去化及其影响,《中国语文》第2期。

王增能　1989　武平所考,《武平文史资料》(内部资料)第8辑。

魏钢强　2000　调值的轻声和调类的轻声,《方言》第1期。

温昌衍　2012　《客家方言特征词研究》,北京:商务印书馆。

温美姬　2009　《梅县方言古语词研究》,广州:华南理工大学出版社。

吴建华　2008　千年古镇——中山镇历史内涵分析,《辽宁行政学院学报》第3期。

吴建生　2008　万荣方言两字组连读变调和轻声——兼谈山西方言重轻式两字组轻声调值的类型,《方言》第4期。

伍　巍、王媛媛　2006　南方方言性别标记的虚化现象研究,《中国语文》第4期。

伍　巍、翁砺锋　2012　汉语方言正偏结构词探讨,《暨南学报》第4期。

伍云姬　1995　谈雌雄动物名称的演变,《汉语研究在海外》,北京:北京语言学院出版社。

武平县地方志编纂委员会编　2007　《武平县志(1988～2000)》,北京:方志出版社。

武平县地方志编纂委员会编　2018　《武平县年鉴2018》,北京:中国文史出版社。

项梦冰　1997　《连城客家话语法研究》,北京:语文出版社。

项梦冰、曹晖编著　2005　《汉语方言地理学——入门与实践》,北京:中国文史出版社。

谢留文　2003　《客家方言语音研究》，北京：中国社会科学出版社。

邢向东　1999　神木方言的两字组连读变调和轻声，《语言研究》第2期。

邢向东　2007　陕北吴堡话的文白异读与语音层次，《语言研究》第1期。

邢向东　2020　《神木方言研究》（增订本），北京：中华书局。

邢向东、王兆富　2014　《吴堡方言调查研究》，北京：中华书局。

熊正辉　1987　广东方言的分区，《方言》第3期。

熊正辉编纂　1995　《南昌方言词典》，南京：江苏教育出版社。

徐世璇　2001　《濒危语言研究》，北京：中央民族大学出版社。

［汉］许　慎　1963　《说文解字》，北京：中华书局。

严修鸿　1995　武平中山镇的"军家话"，《福建双方言研究》，香港：汉学出版社。

严修鸿、邱庆生　2017　《中国语言文化典藏·连城》，北京：商务印书馆。

颜　森　1986　江西方言的分区（稿），《方言》第1期。

颜　森　1993　《黎川方言研究》，北京：社会科学文献出版社。

颜　森　1995　《黎川方言词典》，南京：江苏教育出版社。

詹伯慧　1959　海南岛"军话"语音概述，《语言学论丛》（第三辑），上海：上海教育出版社。

张双庆主编　1996　《动词的体》，香港：香港中文大学中国文化研究所吴多泰中国语文研究中心出版。

［清］张廷玉等　1974　《明史》（卷九十），北京：中华书局。

张谊生　2004　《现代汉语副词探索》，上海：学林出版社。

张振兴　1992　《漳平方言研究》，北京：中国社会科学出版社。

钟毅锋　2008　客家内部的分解与整合——以武平中山为例，《广西民族研究》第2期。

周振鹤、游汝杰　1986　《方言与中国文化》，上海：上海人民出版社。

周祖谟　1993　《方言校笺》，北京：中华书局。

庄初升　1995　双方言现象的一般认识，《韶关大学学报》第1期。

庄初升　1996　试论汉语方言岛，《学术研究》第3期。

庄初升　2020　客家方言名词后缀"子""崽"的类型及其演变，《中国语文》第1期。

庄初升、丁沾沾　2019　《广东连南石蛤塘土话》，北京：商务印书馆。

调查手记

笔者是福建武平本地人，中学时期也有军籍的同学。记得当时邱香同学的"[kəɯ²³li⁰tək⁴⁵maŋ²³kəɯ³⁵tau³¹]东张西望看了都没看到"这异于客家话的说法让众同学惊奇不已，也让军家话披上了一层神秘的面纱。因为当时对方言懵懂无知，所以并没有深究。后来上了研究生，师从李如龙教授研究方言学，跟随恩师和师兄调查了若干客家方言点，合作编写了《客赣方言调查报告》，对方言有了进一步的感性和理性认识。研二时，曾有意以军家话作为毕业论文选题，也找老同学邱香调查了《方言调查字表》中的3000余字音，后因种种原因追逐了当时文化语言学的热点，调查没有继续下去。后来李老师带领两个同门师弟调查福建的双语双方言时，我又恰逢完成人生大事，没有参与调查，所以对军家话一直留有遗憾。2016年2月，同门庄初升教授告知，军家话准备列入国家语言资源保护工程濒危汉语方言调查第二期项目，并问我做不做，我便欣然接受了任务。

本课题的调查始于2016年7月底，当时在中山镇扶贫干部李林上的协助下，笔者与老同学邱香、廖良东一起到了武溪村，向武溪村的村主任、支书了解相关情况，物色发音人。之后几天，中山镇老主任程德全带笔者走访了阳民、龙济、太平、老城、城中等村，与各村干部们沟通交流，他们均表示要找到符合我们条件的发音人很困难。通过摸底排查，我们最后确定以相对偏僻并且军家人居住相对集中的武溪村作为主要调查点。

调查点确定下来之后，物色发音人也不是一件易事。武溪村的邱桂兆先生是邱姓族长，担任了18年的村支书，对军家事业非常热心，提起军家侃侃而谈，是比较理想的发音人，但年龄超了3岁。笔者试着录了一段语音发给庄初升教授听，他觉得发音比较清晰流畅，没有问题，这样老男发音人首先确定了下来。接下来邱老支书和村干部们一起按我们语保工程要求筛选过滤，物色发音人，老女发音人很快就找到了。青男青女相对麻烦，因为很多年轻人都外出学习或打工去了，留在村里的青年人不多。所幸有老支书和村干部们协助，青男青女发音人不久也物色到了。8月初笔者第二次进武溪时，就见到了四位发音人。

一进武溪，与村干部交流，物色发音人 武平县中山镇武溪村 /2016.07.29/ 廖良东 摄

二进武溪，与四位发音人见面 武平县中山镇武溪村 /2016.08.01/ 廖良东 摄

调查点和发音人确定下来后，就正式开始了中国语言生活绿皮书《中国语言资源调查手册·汉语方言》中的语音、词汇、语法项目的调查工作。因武溪比较偏僻，不通公交，平时没有汽车进出，来往不便，我就带上行囊直接住进了邱桂兆先生家里。纸笔记录比较顺利，有时碰到邱先生没太大把握的一些说法，他就叫上夫人邱明秀阿姨一起参谋商议。青男白天要干活，就晚上抽时间过来发音。大概一个星期，到8月8日完成了手册中规定的各种条目的纸笔记录工作。次日，闽粤琼澳濒危方言项目组管理者、我的同门师弟庄初升教授莅临武平，因该日邱先生有事外出，我们就约了老女发音人邱荣凤过来发音，一起了解、核听了音系。

庄初升教授核听老女发音 武平县中山镇武溪村 /2016.08.09/ 廖良东 摄

  这次语保项目最大的特色也是前期最艰巨的任务就是要对发音人的发音进行摄录，而且摄录参数要求很高。我们整个武平县城只有电视台有设备精良的录播室，电视台领导非常支持我们的摄录工作，应允可以插空利用电视台的录播室。11日，我的研究生方晓婷从广东赶来，已毕业研究生刘立恒也带着她的河源语保摄录团队成员张思慧、刘宇琪、李丽文前来协助。次日我们便如约开启了摄录工作。到了电视台才发现，其实电视台的各项事务非常繁忙，冷不丁什么时候就有新闻稿件需要处理，所以插空摄录并不可行。接下来需要另找场地，这个过程可谓一波三折。我们首先想到了文化馆，它坐落在文博园，风景优美，文化馆领导和工作人员也非常热情，馆内各项参数都符合指标，但录音室空间狭长，不适合我们摄录。我们就利用舞蹈室，空间充足，大家非常高兴，当即就开始了摄录。遗憾的是，晚上复听检查时发现，因为场地太空旷，录下的音全部有回声！接下来又重新物色场地。我们去过武平最高级的紫金酒店，测过各个不同朝向的房间，皆因车流过多不符合要求；我们也去过中凯国际酒店和县政府的一处老旧空置房，又因鸟儿欢唱而止步；我们甚至还折回中山镇各处寻找；最后，我们到了梁野山下的客都汇，经多次调试，总算符合要求，解决了摄录场所的问题。摄录过程中难免间或有车鸣和鸟叫声，晓婷和思慧两位姑娘就把酒店的席梦思堵在窗户上，以保证最佳的摄录效果。摄录期间我们还要求酒店服务员暂停整层楼的卫生打扫工作。总之，一切为了摄录！一切为了把军家话的实态语料完整地记录保留下来，让军籍子孙后代可以永远听到这种声音！

录音工作现场 武平县客都汇 /2016.08.20/ 方晓婷 摄

调查摄录团队成员与四位发音人合影 武平县客都汇 /2016.08.22/ 方晓婷 摄

2017年2月，笔者趁寒假回乡之机，到武溪补充调查了《汉语方言词语调查条目表》。期间恰好碰上口头文化发音人邱冠玉老先生的曾孙上"头灯"（"头丁"，上一年家族中出生的最大的男丁），邱老先生热情邀请我参加，使我有机会全程体验军家人的"上灯"习俗。同年8月暑期，又到武溪调查了《汉语方言语法调查例句》《汉语方言语法调查问卷》，初步完成了语保规定项目的调查工作。2018年7月，再次到武溪进一步核实了同音字表及词汇语法条目。2019年春节假期返乡，我又去武溪拜访了邱桂兆先生，他和夫人热情接待了我，并提供了一些儿歌和谜语，让我喜出望外，弥补了之前没有调查出军家话歌谣的缺憾。

如今，调查工作已告一段落，在此我们要向各位发音合作人致以诚挚的谢忱，没有你们的支持帮助，我们就不可能完成调查任务。老支书邱桂兆先生是配合时间最长的发音人，是书中材料的主要提供者。摄录前期由于我们的失误反复折腾，他没有任何怨言，总是默默地配合支持。有时想起某个地道的说法，他也会兴奋地打电话告知。我们在调查过程中结下了深厚的情谊。他的夫人邱明秀阿姨勤劳朴实，任劳任怨，对我也关照有加，我调查结束离开时还特地送给我她亲手做的"炒米糕"，让我口齿留香，至今难忘。邱冠玉老先生八十多岁高龄了，也热心地做口头文化发音人，并认真准备了长篇的军家话《一年使用杂字文》。他还编写了军家话小册子，自费印刷派发给军家人学习参考，可见邱老先生热爱军家话的拳拳之心，让笔者非常感动。时任武平县人大常委会办公室主任洪炳东先生不仅从各方面进行协调帮助，还亲自作为口头文化发音人，讲述故事并提供俗语谚语。还有书中提到的邱荣凤、邱林芳、邱煜彬、危金志、程明泉、危龙泉诸位发音人，在此也一并再次致谢。

在此还要特别感谢我美丽可爱的徒儿方晓婷，她不仅全程参加摄录，还负责了后期的剪辑工作，这本书稿的很多内容也是她负责录入的。还有刘立恒和她的河源语保摄录团队成员，尤其是张思慧同学，也全程参加了摄录，在此一并致谢。

这次语保项目调查得到了中山国家级历史文化名镇管委会的高度重视，管委会王民发主任一直关注调研和摄录工作进程，并抽空亲赴武溪村和阳民村了解军家人和军家话的相关情况，同时关心和慰问发音人邱桂兆先生，笔者也非常感激。此外，还有为我们调查和摄录工作提供支持和帮助的各单位和个人：武平电视台无偿借给我们崭新的Panasonic P2HD摄录机，为我们的摄录工作提供了质量保障；武平县文体广新局为我们的后期调研出行提供了便利；程德全主任帮忙物色口头文化发音人，进行各种协调并提供帮助；还有我的老同学邱香、钟菊玉、廖良东、李清兰和学生练军等，都热心地献计献策，提供各种帮助，也特此致谢。

在这次调查过程中，发音人和调查人对军家话的保护与传承也有一些感想，谨记于此：

老男发音人邱桂兆先生：军家话是当地客家地区的一种独特方言，一枝独秀，几百年来流传至今。一个自然村，一个家庭中的人们，日常生产生活都是用军家话交流，是当地人教育后代，启迪后昆的语言家风。你在何方，军家话就传承到哪里。祖传的军家话是我们的骄傲，我们要代代传承，相传致远。

青女发音人邱林芳：我非常荣幸能够参与保护军家话的录制活动，我觉得军家话的保护是很有必要的。在全国推广普通话的大环境下，很多家长在家里用普通话跟孩子交流，导致很多孩子只会听，却不会说方言，有些孩子甚至连听都听不懂了。说军家话的人相对来说比较少，随着时间的推移，大家都不重视军家话的传承了，以后会说的人越来越少，如果不保护起来，军家话可能就永远消失了。

调查人练春招：方言是一个族群的标志，是一种不可再生的资源。军家话记载了中山的历史和文化，是重要的非物质文化遗产，也是中山镇作为国家级历史文化名镇的一张有特殊分量的名片。军家话一旦消失，"军家人"这个称号就将失去其最独特的部分。希望军籍后代能够有语言保护意识，自觉运用并传承老祖宗留下来的方言。军家话的保护与传承，我们共同努力！在此与军家人共勉。

后 记

拙稿经过漫长的调查、写作、等待、修改,如今即将付梓面世,心里终于舒了口气,千言万语汇聚成一串串深深的谢意:

感谢林伦伦教授、冯爱珍研究员。作为本书稿的初审专家,他们对拙稿的肯定,使拙稿有机会列入商务印书馆"中国濒危语言志"的出版计划。同时,他们提出的宝贵意见也使本书增色不少。

感谢总主编曹志耘教授、主编王莉宁教授和执行编委庄初升教授。他们是这套丛书的策划者和组织者,不仅在选取调查点、确定书稿框架和编写规范等方面进行了顶层设计,而且认真审读书稿,提出了高屋建瓴的修改建议,为本书的质量提高和格式规范严格把关。

感谢商务印书馆的编辑,她在本书的编辑和出版过程中付出了巨大的努力。她虽然年轻,但非常专业和敬业,眼光敏锐独到,工作细致认真,一丝不苟。她一遍遍地提出书稿中待确定的问题,敦促笔者一遍遍地校对和修订,使书稿不断完善,避免了很多疏漏和错误,为本书的质量提高贡献良多。

感谢各位发音人,因为有他们热心提供各种语料,我们才有可能完成本书的调查与写作任务。其中,青男邱煜彬、青女邱林芳还提供了书稿中的若干图片。除书中标明的外,第四章的开章大图也是邱林芳提供的。口头文化发音人洪炳东先生协助笔者核查了第一章第一节的相关数据,在此特别鸣谢。

感谢武平县文化馆馆长黄梅平女士。她在我前期调研时帮忙协调解决交通问题,后期又无私提供开章大图,目录、第三章、第五章、第六章、第八章的开章大图均出自她的手。最后补录歌谣时再次帮忙协调县电视台的录播场所和工作人员,在此也特别鸣谢。

感谢我的学生们,研究生方晓婷帮忙录入了本书稿的多个章节,刘立恒帮忙整理了部分语法条目，刘斯琦、刘艳萍、彭金桂帮忙统计分析了第一章第二、三节的相关数据，汉语言班的本科生赖东宜、黄梓桓、李梦日等帮忙录入了部分语料。对学生们的参与和付出，在此一并致谢。

感谢我的家人和朋友，在调查和写作本书的过程中，他们给予了我各种形式的帮助和支持。感谢所有给予我帮助和支持的人。

此外，还要特别感谢商务印书馆领导的远见卓识，没有他们的策划与支持，这样一本符号繁杂、谈不上什么经济效益的方言志书是很难顺利出版的。

感谢之余，笔者也觉得尚有些许遗憾。由于丛书要求相对整齐划一，因而书中基本上皆为规定动作。初稿也因篇幅过长而被要求压缩，一些不合规定的部分也几经折腾予以修正。因笔者时间精力和学识有限，书中尚存诸多不尽如人意之处，加之书稿由多人录入，曾经乱码，虽经数番核校，错漏在所难免。敬祈读者和方家批评指正！

练春招

2024年9月23日

华南师范大学文学院岭南文化研究中心